AF565044

Michael Bierut

Wie man als Graf
dukte erfolgreich
besser erklärt, Sa
macht, Leute zum
(oder zum Weiner
mal sogar die We

Michael Bierut

kdesigner Pro-
r verkauft, Dinge
chen schöner
Lachen bringt
)–und manch-
t verbessert.

n'li

Geschrieben und gestaltet von Michael Bierut
Deutsche Version von Peter Littger

Produktion (englische Ausgabe):
Sonsoles Alvarez mit Chloe Scheffe
Verantwortlich für die Produktion (englische Ausgabe):
Julia Lindpaintner
Verantwortlich für das Design (englische Ausgabe):
Hamish Smyth
Redaktionelle Beratung (englische Ausgabe):
Andrea Monfried
Lektorat (englische Ausgabe):
Rebecca McNamara

Gesetzt in NeueHelvetica DOT, mit besonderer Genehmigung durch Monotype und das New York City Department of Transportation, sowie in BierutHelvetica

Die Originalausgabe erschien 2015 unter dem Titel „How to use graphic design to sell things, explain things, make things look better, make people laugh, make people cry, and (every once in a while) change the world. Michael Bierut" bei Thames & Hudson Ltd, London.

ein Imprint der bnb media gmbh,
www.niggli.ch
ISBN 978-3-7212-0939-6

Inhalt

**»Inspiration is for amateurs.
The rest of us just show up and get to work.«**
Chuck Close

NORMANDY HIGH SCHOOL
WAIT UNTIL DARK
FRI. & SAT: NOV. 17 & 18, 1972
$1.00
8:00PM

Als Gestalter mitten im Nirgendwo
Einführung

Ich kann mich nicht erinnern, dass ich jemals etwas anderes werden wollte als Gestalter. Schon mit fünf oder sechs Jahren hatte ich diesen Wunsch. Ich erinnere mich genau: Es war an einem Samstag. Mein Vater und ich saßen im Auto auf dem Weg zum Frisör. Wir hielten vor einer Ampel, als er mich auf einen Gabelstapler aufmerksam machte, der auf einem Parkplatz stand. »Ist das nicht lustig?«, fragte er. Was, wollte ich wissen. »Guck mal, wie die ›Clark‹ geschrieben haben.« Clark war das Logo auf einer Seite des Fahrzeugs. Doch ich verstand nicht, was mein Vater sagen wollte. »Siehst Du, wie der Buchstabe ›L‹ das ›A‹ hochnimmt?«, erklärte er. »Er macht genau dasselbe wie der Gabelstapler.«

Auf einmal fühlte sich dieser Moment an wie eine erstaunliche Offenbarung: als ob ein Geheimnis gelüftet worden war, mal eben so, aus dem Autofenster heraus an einer Ampel. Ich war etwas perplex. Und ich war begeistert. Wie viel mehr solcher geheimer Zeichen gab es noch? Waren diese kleinen Wunder überall versteckt? Und wer ließ sie sich einfallen?

Schon in der ersten Klasse der St. Theresa's School in Garfield Heights (das liegt im US-Bundesstaat Ohio) bemerkten meine Lehrer, dass ich eine Begabung hatte zu zeichnen. Das war was! Dass ich insgesamt ein fleißiger Schüler war, stieß unter meines Gleichen in unserer etwas provinziellen Stadt Cleveland auf Argwohn, um nicht zu sagen: auf offene Ablehnung. Künstlerischer Begabung wohnte auf der anderen Seite eine gewisse Magie inne. Da ich total unsportlich war und generell etwas schüchtern, hatte ich auf einmal einen Weg gefunden, mich auf dem Schulhof zu behaupten. Die Nonnen unserer katholischen Schule hatten dafür eine Erklärung: »Gottgegebenes Talent«. Und ich bemühte mich nach allen Regeln der Kunst, dieses vermeintliche Talent auszuschlachten. Zu meinem großen Glück standen meine Eltern stets hinter mir. Sie motivierten mich, wo und wann sie konnten. Und sie schenkten mir immer neue und zunehmend geheimnisvollere Werkzeuge: Kohlestifte! Ölkreide! Knetgummi! Auch schickten sie mich in die Wochenendkurse einer der größten Kultureinrichtungen der Welt: das Cleveland Museum of Art. Als ich schließlich auf die Junior High School kam, konnte ich so ziemlich jeden Gegenstand realistisch zeichnen. Alle glaubten, in mir stecke ein Künstler und ich würde später diesen Beruf ergreifen.

Übrigens half mir Kunst von früh an, Freundschaften zu pflegen – und gelegentlich auch, um von Schlägereien verschont zu bleiben. So kam ich einmal dem Wunsch eines gefürchteten Raufbolds nach und zeichnete mit mühevoller Genauigkeit das Budweiser-Logo auf den Umschlag seines Gemeinschaftskundeordners. Und mit meinen Speedball-Stiften und einer überzeugenden Frakturschrift im Angebot konnte ich für die Halbstarken unserer Schule jederzeit auf Nachfrage auch Heavy Metal-Abzeichen herstellen.

Ein einschneidender Moment ereignete sich, als ich in in der neunten Klasse war. Ich wurde damals gebeten, ein Poster für ein Theaterstück

Linke Seite
Meine erste, in größeren Mengen vervielfältigte grafische Arbeit war ein Poster für ein Theaterstück, das wir an der High School aufführten: *Wait Until Dark* war eine spannende Kriminalgeschichte über eine blinde Frau, die von einer Verbrecherbande bedroht wird (deshalb die Augen). Ich erinnere mich noch gut daran wie aufgeregt ich war, als ich das Poster eines Morgens in allen Gängen unserer Schule hängen sah.

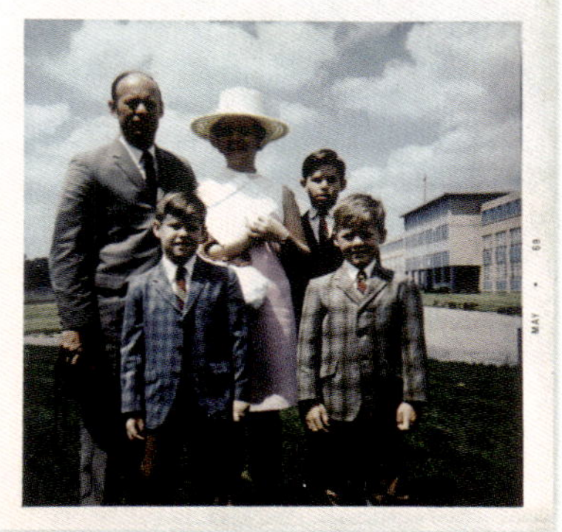

Oben
Ostersonntag 1969 im Örtchen Parma im Bundesstaat Ohio. Meine Eltern: Leonard und Anne Marie. Dahinter meine Zwillingsbrüder Ronald und Donald.

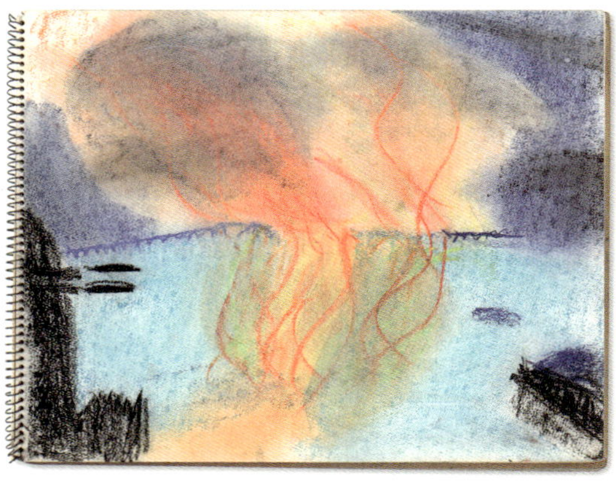

Oben
Meine Eltern hatten mich für die Wochenendkurse am Cleveland Museum of Art angemeldet. Sie fanden immer samstagmorgens statt. Hier ist meine Interpretation eines herausragenden Kunstwerks der Sammlung abgebildet: J. M. W. Turners *The Burning of the Houses of Lords and Commons*. Als ich es zeichnete, war ich sieben Jahre jung.

zu entwerfen, das an unserer Schule aufgeführt wurde. Ich machte eine Zeichnung und gab sie an einem Freitagmorgen ab. Schon am Nachmittag wurde sie vervielfältigt, und montags darauf hing das Poster in allen Gängen des Schulgebäudes. Es war mein erstes Erlebnis mit dem Wunder der Massenproduktion. Ich war begeistert! Denn am Ende sahen wohl weit mehr Leute meine Arbeit als die Aufführung. Mir wurde klar, dass ich in Zukunft als Künstler nicht bloß Einzelstücke erschaffen wollte, damit sie dann an irgendeiner Wand hängen, sagen wir im Cleveland Museum of Art. Ich wollte Kunst für den allgemeinen Gebrauch machen: Werke mit einem Sinn und Zweck, die möglichst viele Menschen an möglichst vielen Orten sehen und denen mehr als bloß ein Selbstzweck innewohnt. Es war nicht so leicht, das zu erklären.

Noch immer hatte ich keine Ahnung, wie all die Poster und Logos eigentlich in Umlauf kamen. Ich kannte niemanden, der solche Sachen produzierte. Und ich wusste auch nicht, wer mir ihre Entstehung erklären konnte. Hätte mich damals jemand gefragt, wer zum Beispiel die Cover von Musikalben entwirft, dann hätte ich wahrscheinlich geantwortet, dass sich echte Künstler wie Franz Kline oder Robert Rauschenberg dafür einen Tag frei nehmen und ein paar Dollar dazu verdienen.

Eines Tages war ich in unserer Schulbibliothek, um mich durch die Berufsberatung zu quälen. »Career Resource Center« war ein großspuriger Name für ein schlichtes Regal, auf dem letztendlich ein paar Bücher standen, die uns Orientierung geben sollten, um unsere Berufswünsche und -aussichten etwas besser zu fassen. Die Bücher trugen Namen wie *Aim for a Job in Baking*, *Aim for a Job in the Dry Cleaning Industry* oder *Aim for a Job in Domestic Help Occupations*. Als ob ich mich als Bäcker, Wäschereibesitzer oder Altenpfleger betätigen wollte! Ein Buch allerdings machte mich sehr neugierig: *Aim for a Job in Graphic Design/Art*. Geschrieben hatte es ein gewisser S. Neil Fujita. Ich öffnete es, und auf einen Schlag war mir klar, dass ich damit auch ein neues Kapitel in meinem Leben geöffnet hatte. Oder mit anderen Worten: Meine berufliche Zukunft lag aufgeschlagen vor mir!

Seite für Seite erfuhr ich mehr über Männer und Frauen, die genau das machten, was ich auch machen wollte. Das Buch war reich an grafischen Beispielen, etwa des Werbegestalters George Lois, der Zeitschriftengestalterin Ruth Ansel oder von Lou Dorfsman, ein Art Director, der für das Fernsehen arbeitete. Ich verstand, was mich die ganze Zeit begeistert hatte: Eine Tätigkeit, die im Englischen den Namen »graphic design« trägt. Ich wollte grafischer Gestalter werden! Mit dieser Gewissheit und hungrig nach mehr Information ging ich in die Stadtbücherei und suchte nach mehr Literatur. Unter dem Schlagwort Grafikdesign fand ich dort nur ein einziges Buch: *Graphic Design Manual: Principles and Practice* von Armin Hofmann.

Wenn ich heute daran denke, erscheint es mir wie ein Wunder, dass ausgerechnet dieses eher seltsame Buch – eine trockene Gesamtschau der Kunstgewerbeschule in Basel – auf dem Regal einer kleinen

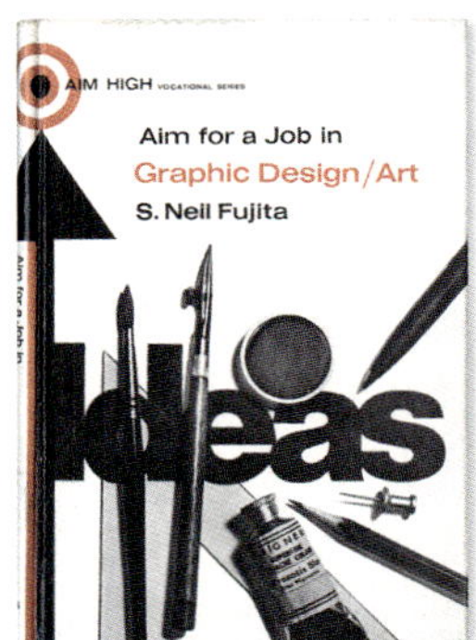

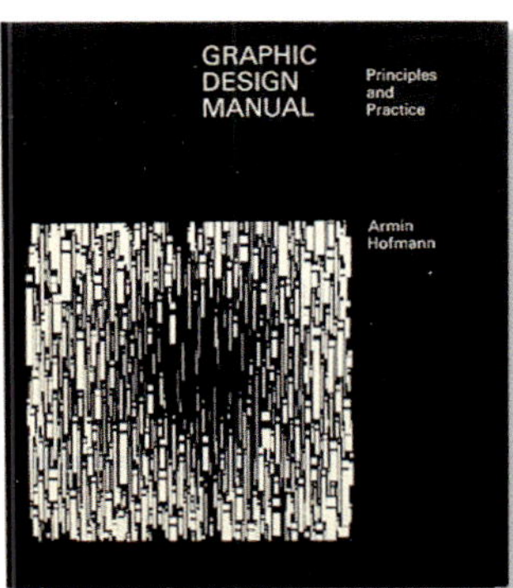

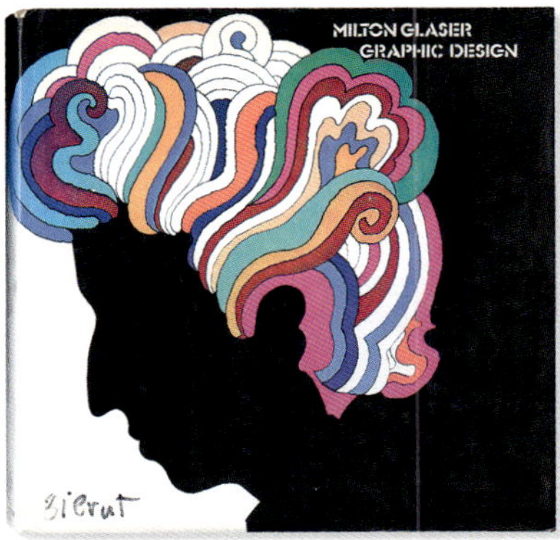

Oben
Die drei Bücher, die mein Leben veränderten: *Aim for a Job in Graphic Design/Art* von S. Neil Fujita, *Graphic Design Manual: Principles and Practice* von Armin Hofmann. Und *Graphic Design* von Milton Glaser. Heute kennt jeder Hofmann und Glaser. Doch an Fujita erinnert sich fast niemand mehr – zu Unrecht. Er hatte das Logo von Columbia Records entworfen und das Cover von Mario Puzos Roman *The Godfather*.

Provinzbücherei in den USA verfügbar war: im Städtchen Parma in Ohio. Und Armin Hofmanns Ausführungen fesselten mich. Egal, ob es die schwarz-weißen Studien von Punkten und Quadraten waren, oder einige grafische Fingerübungen wie die Entwürfe für neue Verpackungen von Glühbirnen in Europa – ich verschlang Seite für Seite! Nachdem ich das Buch immer und immer wieder gelesen und angesehen hatte – ich gehe davon aus, dass ich in Parma der einzige war, der sich dafür interessierte – verriet ich meinen Eltern irgendwann meinen einzigen Weihnachtswunsch: eine eigene Ausgabe!

Meine liebe, gesegnete Mutter fragte sich durch die Geschäfte der Stadt, bis sie einen Laden ausfindig machen konnte, der – welch Wunder – gerade eine Ausgabe geliefert bekommen hatte. Ich öffnete es am Weihnachtsmorgen, um dann allerdings festzustellen, dass sich meine Mutter vertan hatte: Versehentlich hatte sie *Graphic Design* von Milton Glaser besorgt: Glaser war ein Mitbegründer der legendären Push Pin Studios in New York. Auf 240 Seiten hatte er recht prächtige Darstellungen verschiedener Epochen und Stilrichtungen zusammengetragen, ohne seinen ungebremsten Eklektizismus auch nur mit einem Funken Theorie zu untermauern. Trotzdem mochte ich auch dieses Buch.

Insgesamt waren es diese drei Bücher, die meine Karriere wirklich losgetreten hatten. Der praktische Leitfaden eines, ich darf wohl sagen, grafischen Handwerksgesellen der amerikanischen Ostküste. Dann ein strenges Grundgesetz der Gestaltung von einem Schweizer Theoretiker. Und ein mitreißender Rundumschlag von einem wahrlichen Virtuosen. Ich war gerade 18 Jahre jung, und ich war noch nie einem Gestalter in Person begegnet. Dennoch wusste ich schon, was ich für den Rest meines Lebens machen wollte.

Ich danke meinem Betreuungslehrer an der Schule, dass es ihm wenig später gelang, ein absolut passendes College für mich ausfindig zu machen. Es befand sich am anderen, südlichen Ende unseres Bundesstaats Ohio. Am College of Design, Architecture and Art der University of Cincinnati studierte ich in einem fünfjährigen Kurs grafische Gestaltung. Das Milieu, auf das ich dort traf, hatte mehr mit dem Minimalismus der Schweizer Kunstgewerbeschule zu tun als mit der vibrierenden Weltsicht der Push Pin Studios. Das bedeutete, dass ich mich einer knallharten Schule unterwerfen musste und unzählige strenge Übungen absolvierte. Auf diese Weise konnte ich mir meine schlechten Angewohnheiten und schlampigen Arbeitsweisen aberziehen und alle erforderlichen Grundkenntnisse der Gestaltung erlangen: Design, Typografie, Farben und Seitengestaltung. Fantasie und Energie mögen angeborene Fähigkeiten sein, doch Genauigkeit und handwerkliches Können erfordern eine oft mühevolle Ausbildung. Unsere Professoren waren überzeugt, dass ein erfolgreicher Student alle diese Eigenschaften besitzen müsse. Dass ich mein Studium in Cincinnati mit einem Bachelor of Science, also mit einer Art naturwissenschaftlichem Grad abschloss, habe ich nie als Zufall betrachtet. Schließlich hatte ich eine gewissenhafte Art der Gestaltung erlernt,

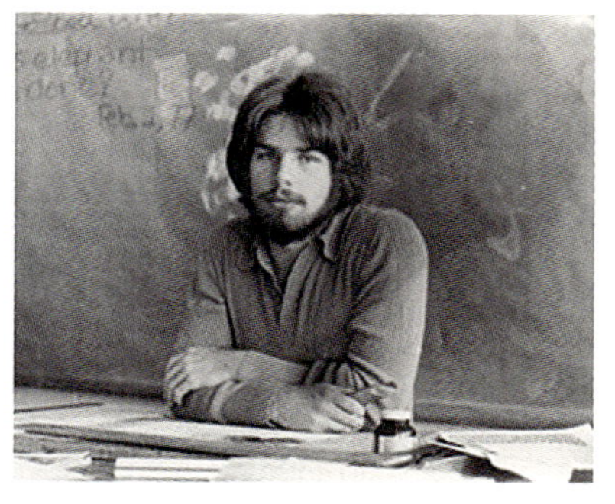

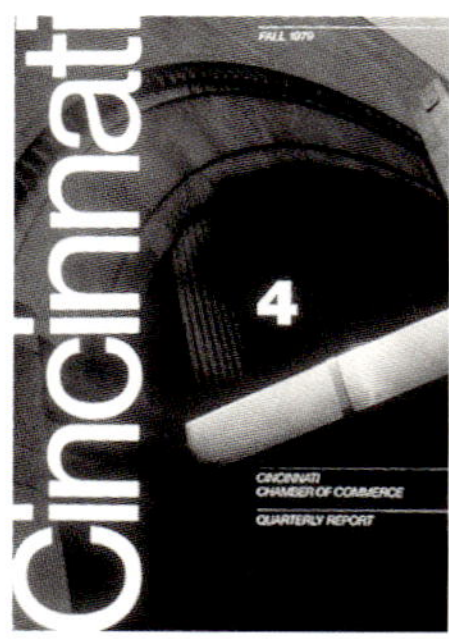

Links
Ein nachdenklicher Blick in den Ateliers des College of Design, Architecture and Art an der University of Cincinnati, ca. 1976.

Rechts
Als ich mein Studium in Cincinnati abschloss, war mir die Helvetica Schrift sehr vertraut, und ich konnte mit Rasteraufrissen arbeiten. In der Fotografie war ich hingegen nie sehr begabt. Meine Freundin Dorothy hatte mich fotografiert. Wir heirateten 1980.

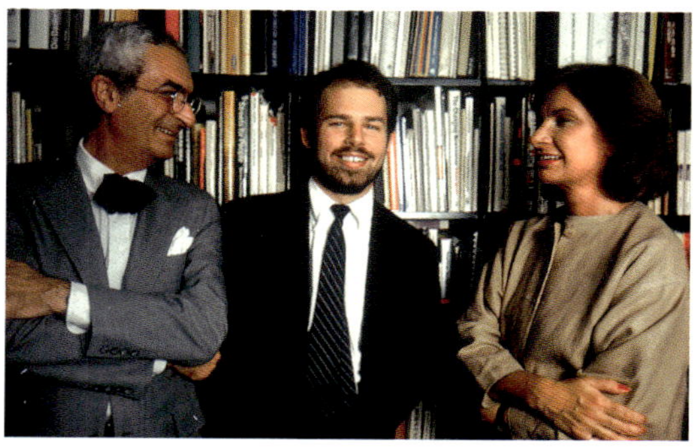

Oben
Zehn Jahre lang arbeitete ich für Massimo und Lella Vignelli. Sie waren wie Ersatzeltern, ihr Studio ein zweites Zuhause – und die Kollegen wie eine Adoptivfamilie.

die beinahe so logisch, streng, rational, eigenständig und formschön war, wie die Gesetze der Physik. Die Kraft und die Bedeutung von Leidenschaft entdeckte ich erst später in New York.

Im Rückblick überrascht es mich nicht, dass Massimo Vignelli Gefallen an meinem Portfolio gefunden hatte: Schließlich verwendete ich Sans Serif-Schrifttypen auf jeder Seite und ein Raster als Basis für meine Seitenentwürfe. Übrigens war er es gewesen, der die Schrift Helvetica in den Vereinigten Staaten etabliert hatte. Auch hatte er eine gnadenlos geometrische Karte für die New Yorker U-Bahn entworfen und ein Konzept entwickelt, das die Broschüren der US-Nationalparks, von Acadia bis Yosemite, wie aus einem Guss wirken ließ. Mit seiner Frau Lella leitete Massimo das Büro in Manhattan, aus dem sich ein unfassbar kreativer Strom von Logos, Postern, Büchern, Innenraumentwürfen und Produktdesigns ergoss. Im Sommer 1980 heiratete ich meine Jugendliebe Dorothy, mit der ich seit der katholischen High School zusammen war. Wir zogen nach New York, und ich war auf einmal der jüngste Angestellte von Vignelli Associates. Ich bewunderte Massimo und konnte mein Glück kaum fassen. Aber ich wusste auch, dass er ein Boss war, der strenge Ansichten und Regeln vertrat und der seine Gestalter anleitete, in einem klar definierten ästhetischen Rahmen zu arbeiten. Ich hatte die Absicht, 18 Monate in seiner Agentur zu bleiben und danach weiterzuziehen.

Tatsächlich blieb ich zehn Jahre! Obwohl unsere Firma im Ruf stand, ein Mekka modernistischer Nüchternheit zu sein, gelang es Lella und Massimo sie mit außerordentlicher Wärme zu erfüllen. Es wurde viel gelacht und Krach gemacht, und wir durften ständig an aufregenden Projekten arbeiten. Design betrachten wir als heilige Berufung, und wer das Privileg besaß dabei zu sein, zog jeden Tag bewusst und allerorten gegen Ignoranz und Hässlichkeit ins Feld. Wir waren sogar überzeugt, dass sich auch unsere Kunden an diesem Kampf beteiligten. Es half mir damals, dass ich ein guter und nicht selten zwanghafter Imitator war. Immerhin hatte ich meine frühesten Fingerübungen und Fertigkeiten aus Büchern über Grafikdesign kopiert. Also war es für mich ein Leichtes, auch Massimos unverwechselbaren Stil nachzuahmen. Er entwickelte langsam so viel Vertrauen zu mir, dass er mich sogar ermutigte nicht aufzugeben, wenn ich einmal von seiner Linie abwich – sei es versehentlich oder auch mit vorsichtiger Absicht. Zehn Jahre nach meinem Einstieg leitete ich bei Vignelli Associates die Abteilung für Grafikdesign. Und je weiter ich vorankam, desto häufiger stellte ich mir die Frage: Wie würde ich mich entwickeln, wenn ich mein eigener Chef wäre? Ich verspürte wohl einen inneren Drang nach Emanzipation.

Die Antwort erhielt ich in Form einer Einladung zu einem Abendessen. Sie kam von Woody Pirtle. Er war Partner im New Yorker Büro einer Firma namens Pentagram. Sie war in der Branche für ihre einzigartige Struktur bekannt, da alle Partner mit kleinen Teams in einem insgesamt hierarchiefreien Kollektiv und in einem internationalen Verbund arbeiteten.

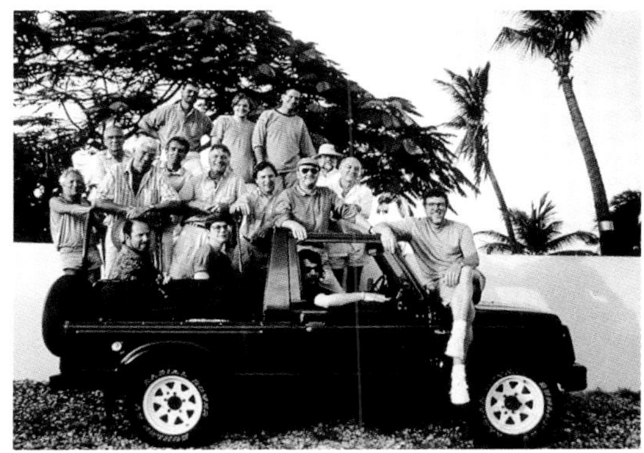

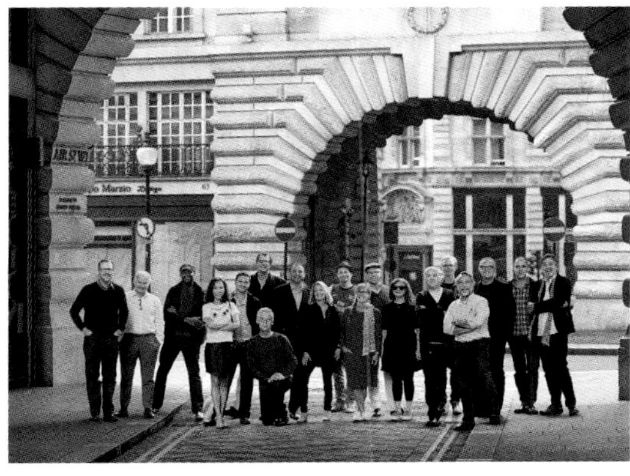

Oben
Meine neue Familie: Als frischgebackener Partner der Agentur Pentagram nahm ich 1990 zum ersten Mal an einem internationalen Treffen auf Antigua teil. Ich sitze hinten auf dem Jeep, umgeben von Mervyn Kurlansky, Colin Forbes, Theo Crosby, David Hillman, Neil Shakery, John Rushworth, Kenneth Grange, Linda Hinrichs, Etan Manasse, Woody Pirtle, John McConnell, Kit Hinrichs, Alan Fletcher und Peter Harrison. Peter Saville sitzt am Steuer.

Unten
Ein Partnertreffen neueren Datums: 2014 trafen wir uns in London. Von links nach rechts: Abbott Miller, John Rushworth, Eddie Opara, Natasha Jen, Luke Hayman, Harry Pearce, Michael Gericke, Lorenzo Apicella, Paula Scher, Angus Hyland, Marina Willer, ich, Emily Oberman, Domenic Lippa, William Russell, Daniel Weil, DJ Stout, Naresh Ramchandani und Justus Oehler.

Ein beiläufiges Gespräch über meine Zukunft gewann auf einmal große Bedeutung. Über einen Kaffee fragte Woody, ob ich vielleicht interessiert sei, in die Partnerschaft von Pentagram einzutreten. Das war der perfekte Zeitpunkt – und wieder ein wundersamer Moment in meinem Leben. Ich bemerkte, dass ich über die vergangenen Jahre eine Sehnsucht oder wenigstens eine Neugier für die Geschäftigkeit in einem großen Büro entwickelt haben musste Die Einsamkeit, die eine eigene kleine Firma mit sich gebracht hätte, war auf jeden Fall nicht reizvoll. Ich halte es für einen Idealzustand, wenn es einem gelingt, Autonomie und Gemeinschaft zu verbinden – und Pentagram bot mir das Beste aus beiden Welten. Ich gab mir eine Nacht Bedenkzeit und besprach den Plan mit Dorothy. Am nächsten Tag sagte ich Woody und seinen Partnern zu, so dass im Herbst 1990 meine zweite Anstellung begann.

Es könnte sein, dass dieser zweite Job in meinem Leben auch mein letzter sein wird. Ich bin jetzt seit 25 Jahren für Pentagram tätig. Und ich kann dort in einem bemerkenswerten Maß genau das machen, was ich immer machen wollte. Ich erinnere mich noch gut an den inneren seismischen Ruck, als ich das Logo auf dem Gabelstapler erkannt oder als ich Fujitas Buch in der Schule aufgeschlagen hatte. Damals fehlte mir noch jede Vorstellung davon, wie Menschen wirklich gestalten. Woher ihre Einfälle kommen. Was zwischen einer Idee und ihrer Verwirklichung passiert. Wann man weiß, ob eine Idee aufgeht. Und wie man die Ideen in die Köpfe der Menschen befördert. Ist es Magie? Oder kann es sein, dass Grafikdesign auch überschätzt wird? All dass wollte ich verstehen und selbst erfahren!

Seit ich mein erstes Poster für unsere High School gestaltete, ist viel Zeit vergangen. Heute weiß ich, dass es viele verschiedene Antworten auf meine Fragen gibt. Keine von ihnen ist abschließend und allumfassend, doch sie alle stecken voller Erkenntnis und neuer Fragen. Vor allem aber bringt keine Antwort ein Standardrezept mit sich, was zu tun sei. Sobald man sich für eine Antwort und einen Weg entschieden hat, beginnt die wahre Freude: Herauszufinden wie man es macht – oder wie wir im Englischen sagen: »Figuring out how to do it«!

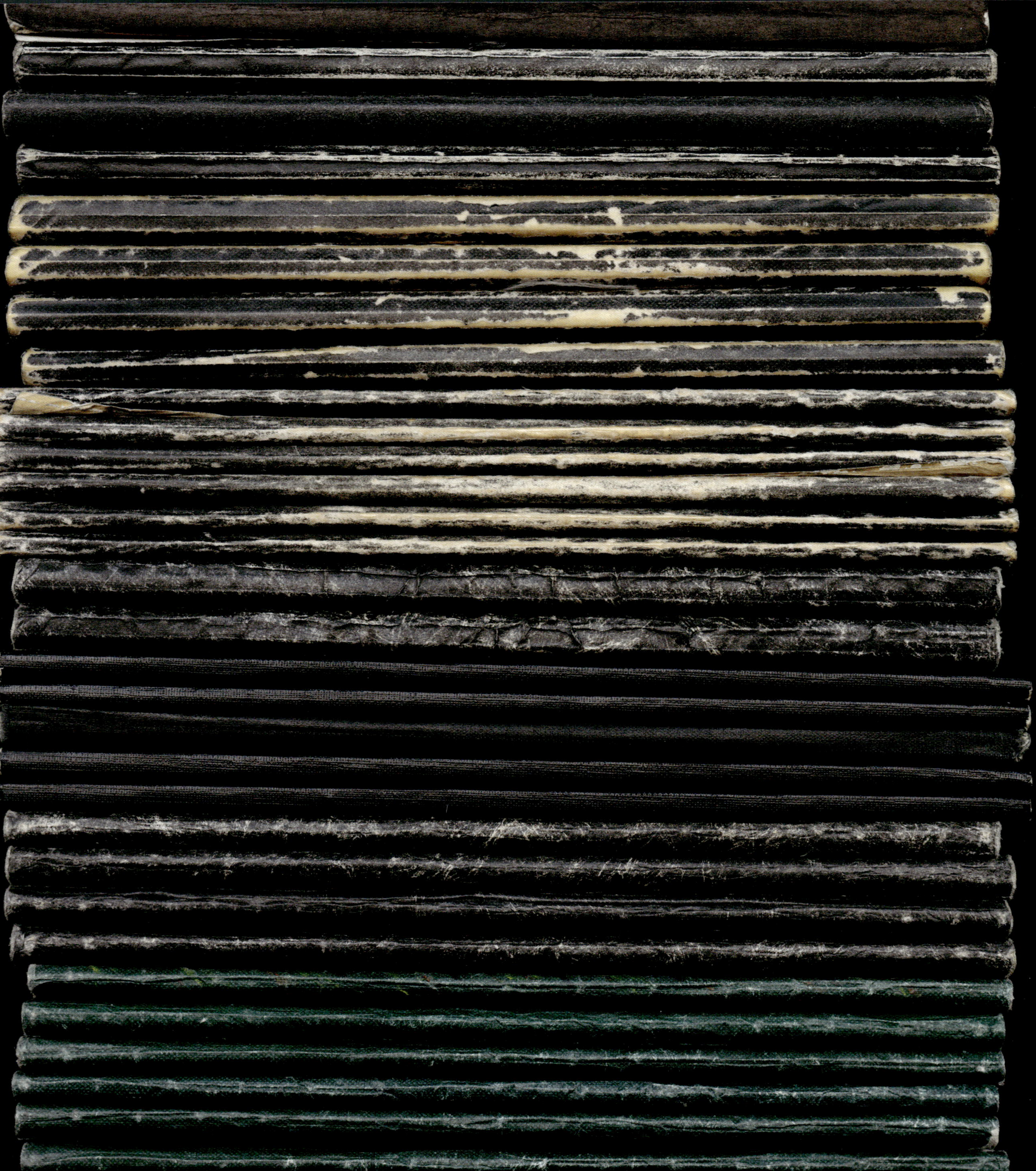

Wie man mit den Händen denkt

Mit dem Notizbuch durch vier Jahrzehnte

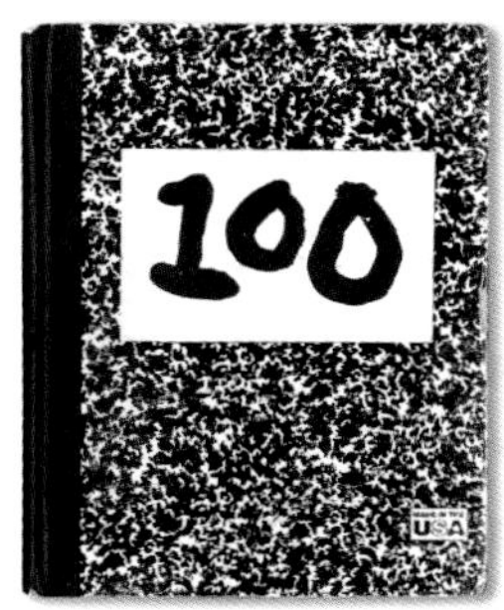

Linke Seite und oben
Seit mehr als 30 Jahren gehe ich selten irgendwo hin, ohne ein typisches »composition book« einzustecken. Umgekehrt müssen auch diese Bücher eine Menge einstecken!

Am 12. August 1982 öffnete ich mein erstes Notizbuch, um mir während eines Telefonats Notizen zu machen. Jeder Schüler und jeder College-Student in den USA kennt sie. Wir nennen sie »notebooks« oder »composition books«, und sie haben die Maße 7,5 mal 9,45 Inch, das sind rund 19 mal 24 Zentimeter. Ich kann mich nicht erinnern, woher ich das Büchlein damals hatte. Wahrscheinlich aus dem Vorratsschrank von Vignelli Associates, wo ich nun schon seit gut zwei Jahren arbeitete.

Es war der Anfang einer Gewohnheit – und eines gewissen Zwangs. Bis heute kann ich nicht ohne Notizbuch in einen Termin gehen, egal, ob es ein Treffen oder ein Telefonat ist. Andere Gestalter haben beeindruckende Skizzenbücher bei sich. Ich nicht. Einige meiner Seiten sehen zwar wirklich aus, wie die eines echten Designers: Skizzen, Schriftentwürfe, visuelle Ideen im Entstehen. Doch auf den meisten Seiten notiere ich irgendwelche Aufgaben, Rückrufnummern, Budgetkalkulationen, Gesprächsnotizen. Seit meiner Zeit im College in Cincinnati schreibe ich mir Sachen auf, die ich nicht vergessen will. Seltsamerweise greife ich auf viele dieser Notizen später gar nicht mehr zurück.

Obwohl ich mich als ganz guten Zeichner betrachte und vor allem behaupten möchte, dass ich es früher einmal war, glaube ich, dass Zeichnen im digitalen Zeitalter keine wirklich entscheidende Fertigkeit mehr darstellt. (Es ist auf jeden Fall wichtiger lesen als zeichnen zu können.) Wenn ich allerdings auf die vielen Jahre zurückschaue, bin ich überrascht, dass ich immer wieder auf die Schnelle Dinge gekritzelt habe, die verblüffend nah an den späteren Ergebnissen lagen. Oft lauert mitten in irgendeiner To-Do-Liste eine kleine Zeichnung, die schon viel von dem hat, was wir später in mehreren Monaten Arbeit tatsächlich entwickeln.

Als mir zum ersten Mal von einem digitalen »Notebook« – wir nannten es »personal digital assistant« – erzählt wurde, sagte ich mir: Ah, wie meine Notizbücher, bloß als Computer. (Ich halte es für keinen Zufall, dass das iPad ungefähr dieselbe Größe hat wie unsere »composition books«.) Wie die meisten Gestalter bin auch ich längst von digitalen Geräten abhängig. Trotzdem habe ich noch immer, wie früher, ein Notizbuch bei mir. Es dient mir nicht nur als Kalender und Skizzenbuch, sondern auch als Freund, der mir stets ein Gefühl der Sicherheit gibt. Am 26. August 2013 – 31 Jahre nach dem ersten Mal – begann ich mit Notizbuch Nummer 100. Was ich dafür geben würde, noch einmal 100 weitere zu füllen!

Rechts
Es dauerte eine gewisse Zeit, bis ich das beste Notizbuch für mich gefunden hatte. Die frühen hatten liniertes oder kariertes Papier, mit dem ich nicht gerne arbeite. Ich glaube, dass ich in den vergangenen Jahrzehnten recht viel Zeit damit verbracht habe, nach Büchlein mit unlinierten Seiten zu suchen. Diese Aufzeichnungen stammen aus dem Jahr 1995. Sie zeigen meine ersten Skizzen für das »Next Wave Festival« der Brooklyn Academy of Music (siehe Seite 44).

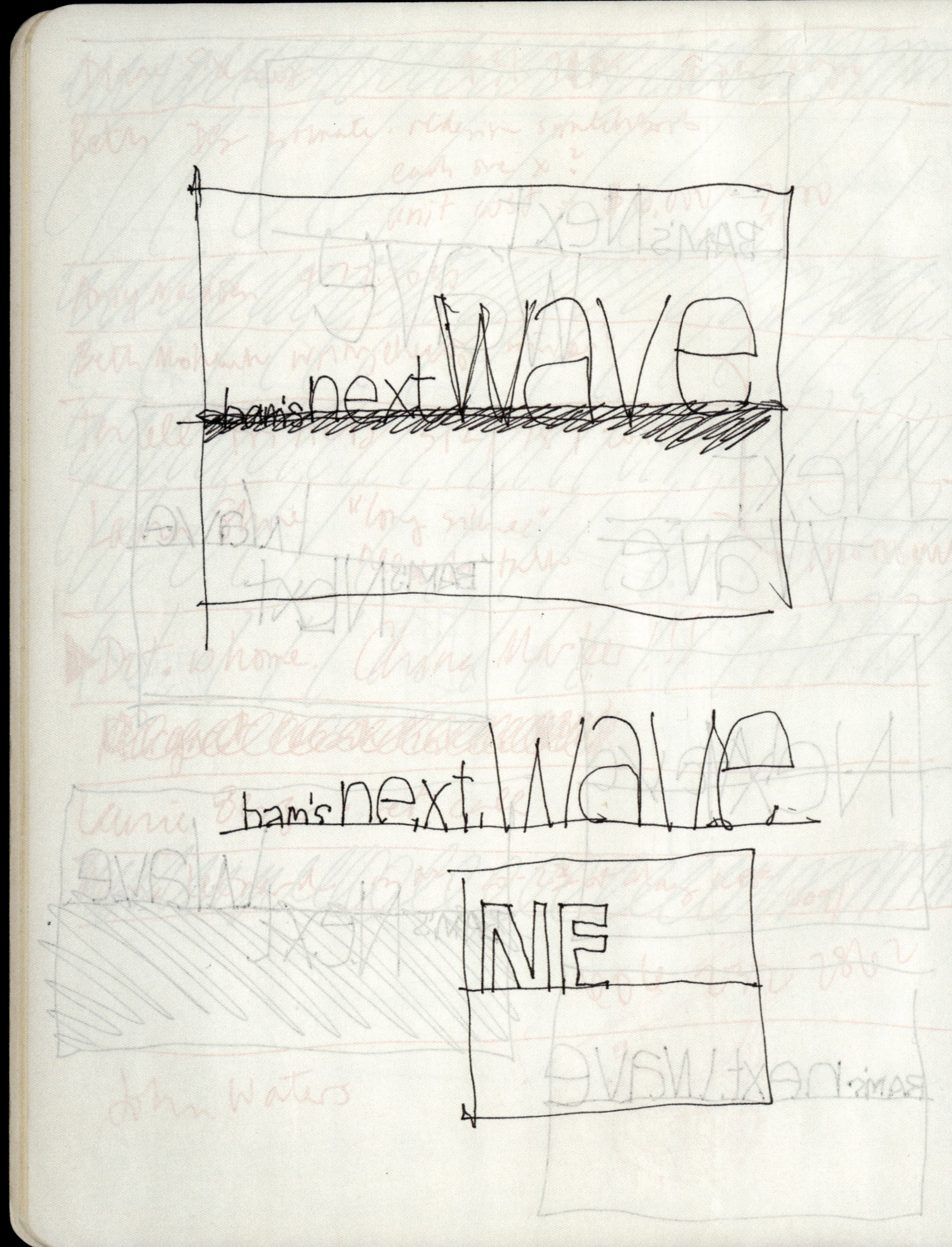

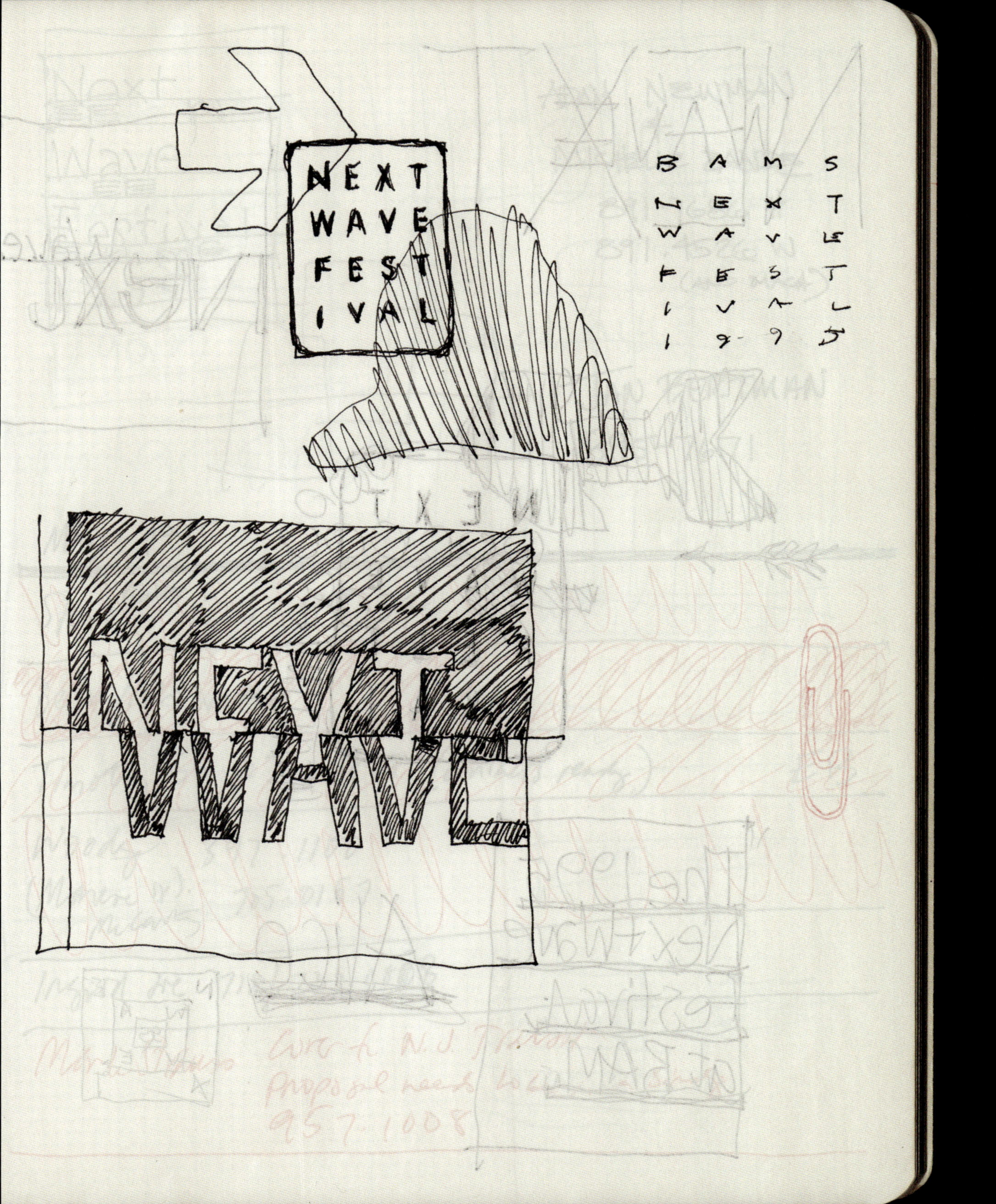
NEXT
WAVE
FEST
IVAL
B A M S
N E X T
W A V E
F E S T
I V A L
1 9 9 5
NEXT
WAVE

Rechts
Normalerweise sind die Seiten voll von Notizen, Telefonnummern und reihenweise Zahlen für irgendwelche Budgets. In diesem Fall dienten sie mir dazu, Zeit totzuschlagen. Wahrscheinlich habe ich mich während eines Termins sehr gelangweilt. Auf jeden Fall sah das Poster letztendlich ganz anders aus (siehe Seite 63).

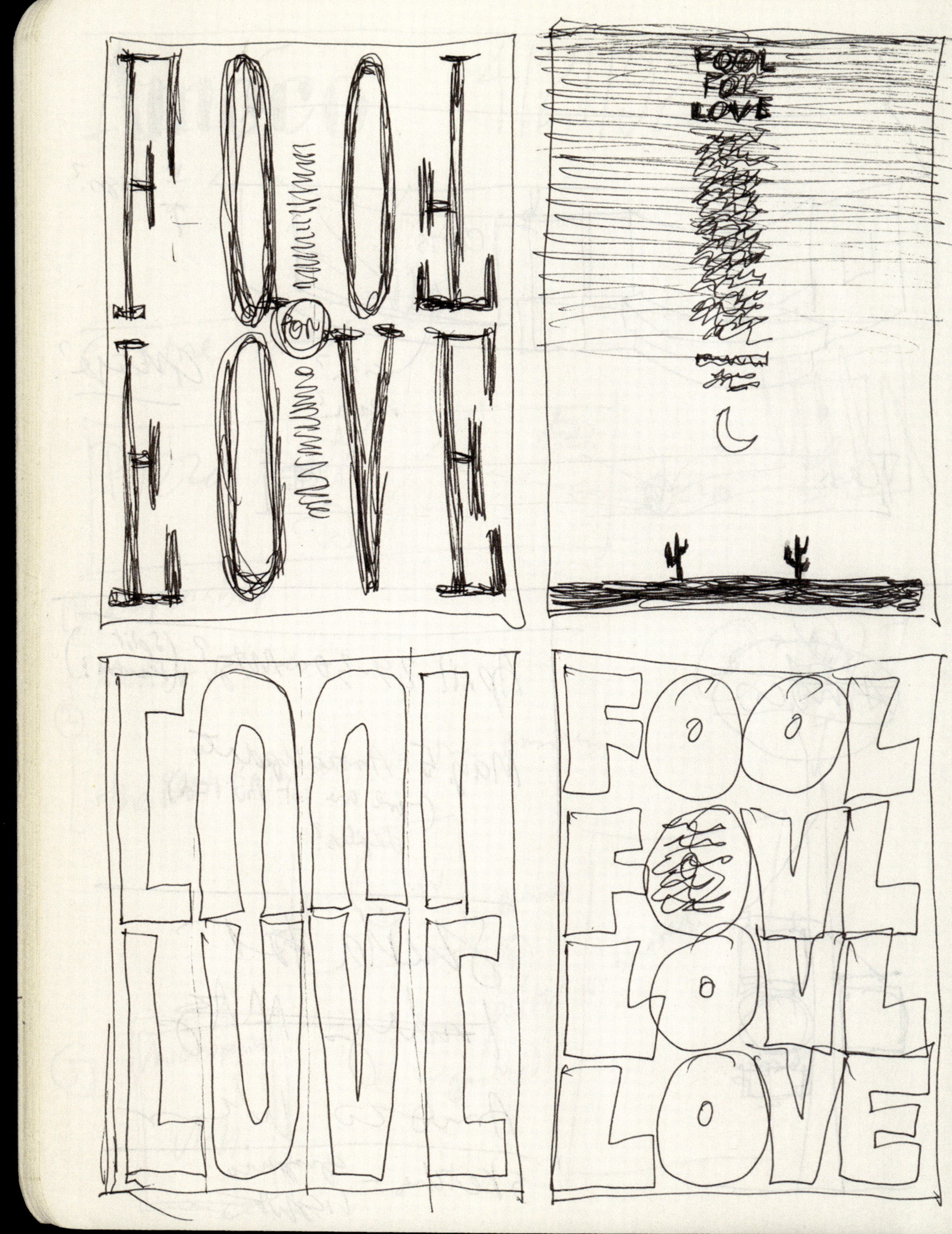

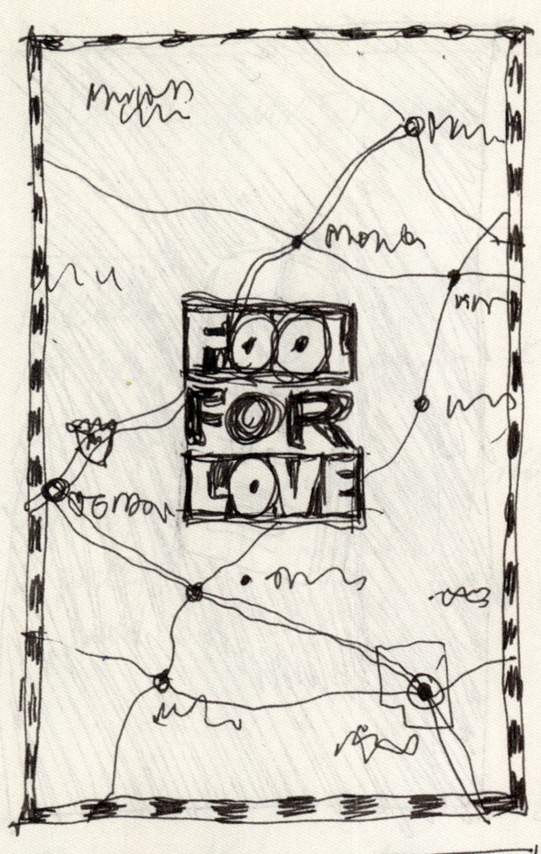
FOOL
FOR
LOVE

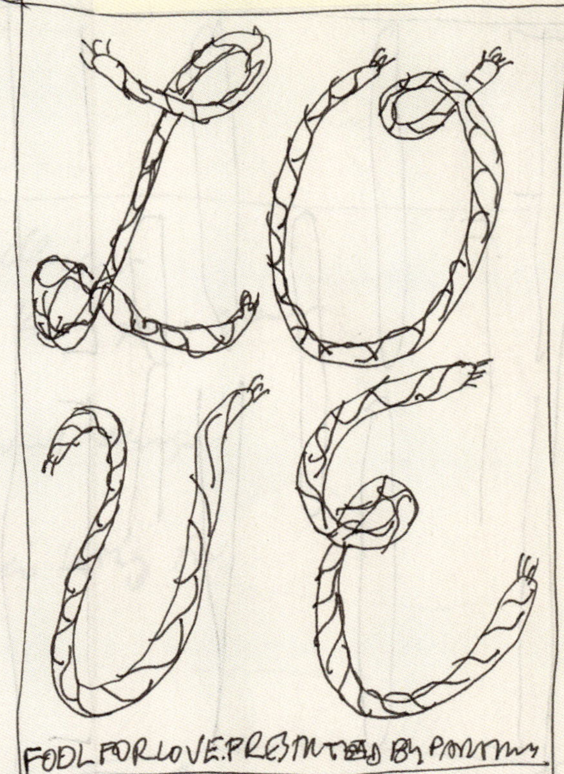
LO
VE
FOOL FOR LOVE

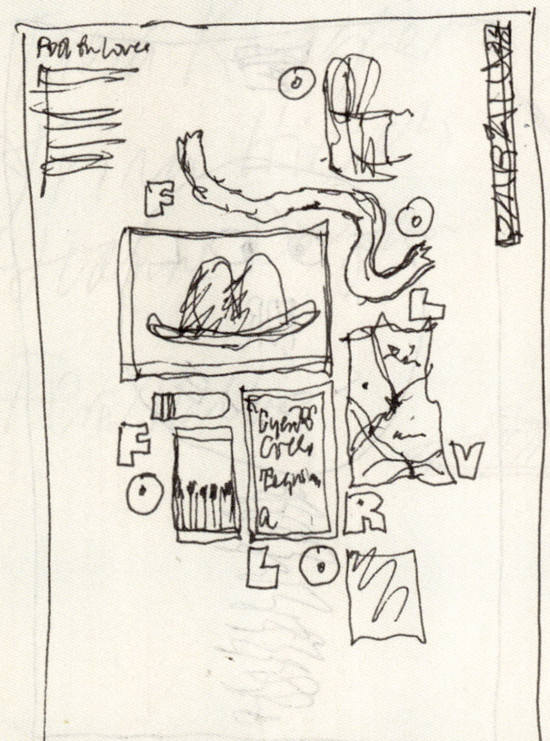

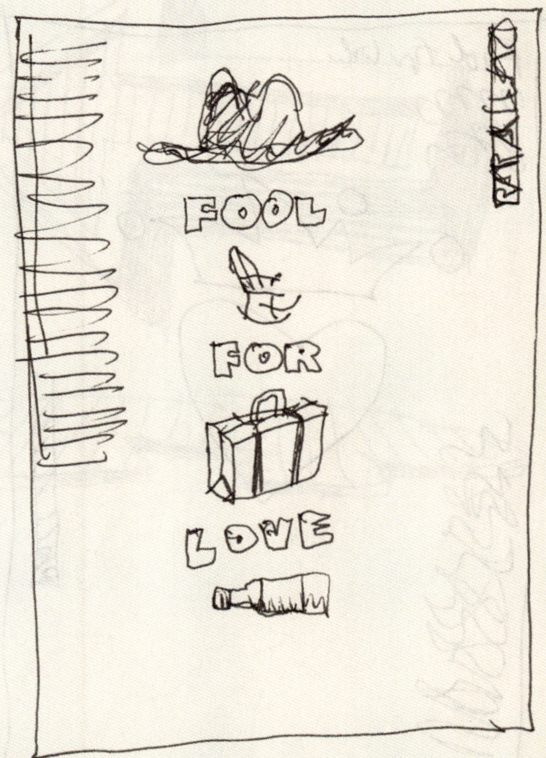
FOOL
FOR
LOVE

Rechts
Diese schnellen Zeichnungen dienten mir und meinen Kollegen als stenografische Notizen, als wir uns mit neuen Einkaufstüten und Verpackungen für das New Yorker Kaufhaus Saks Fifth Avenue beschäftigten (siehe Seite 112).

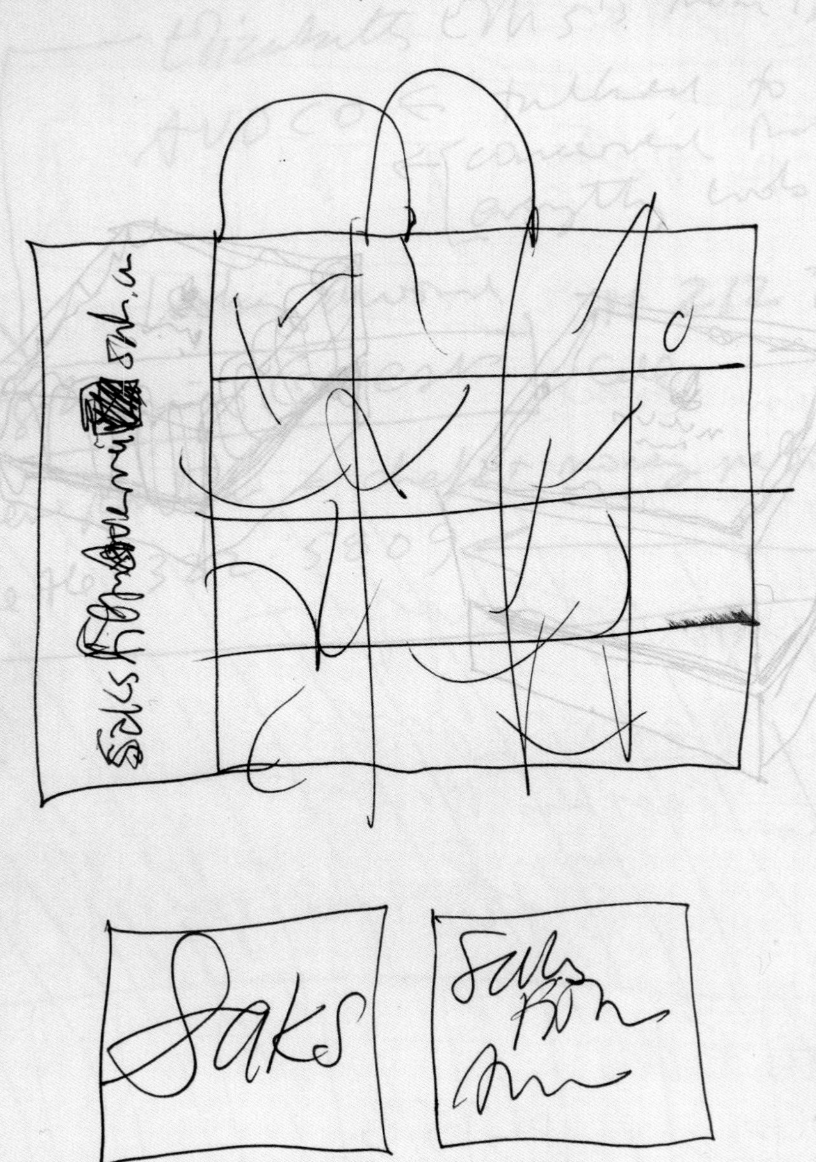

Salon[illegible]

Manchmal entlocke ich meinem System eine zündende Idee, während ich mich zeichnend in Details verliere. Für dieses Poster einer Veranstaltung an der Universität Yale mit dem Architekten Charles Moore reichte uns am Ende die einfache Variante dieses Entwurfs (siehe Seite 144, unten links).

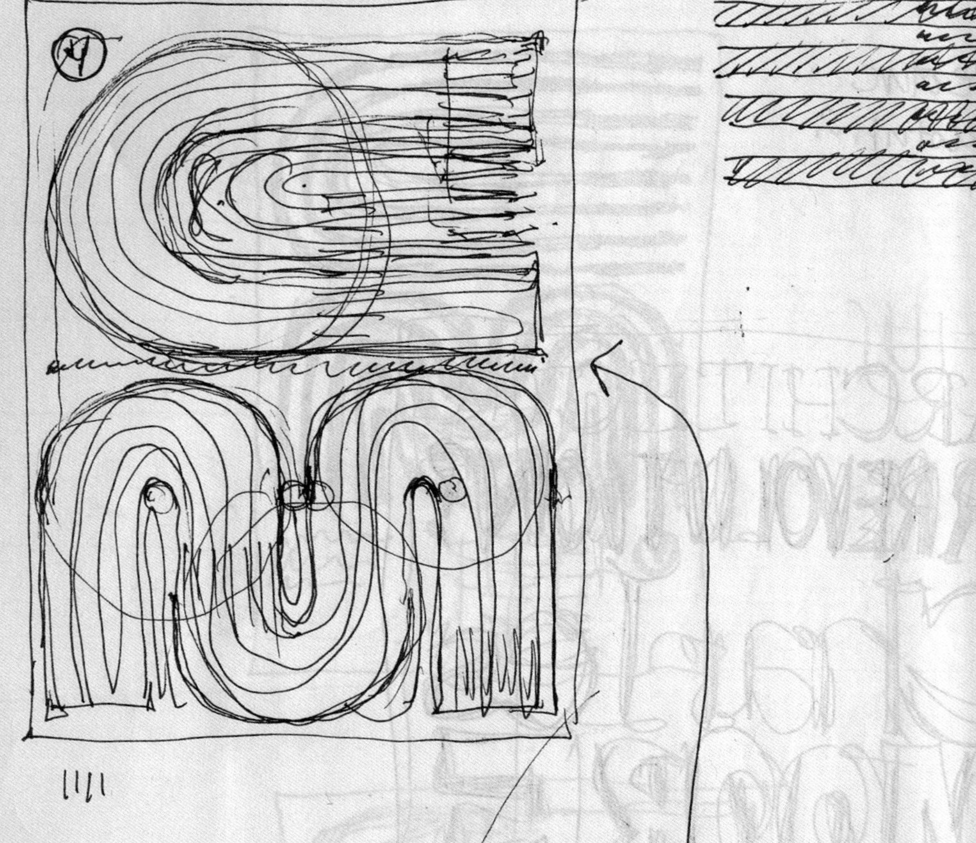

Architecture or Revolution: Charles Moore and Architecture at Yale in the 1960s.

A Symposium. November 2-4, 2001.

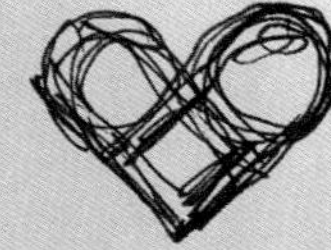

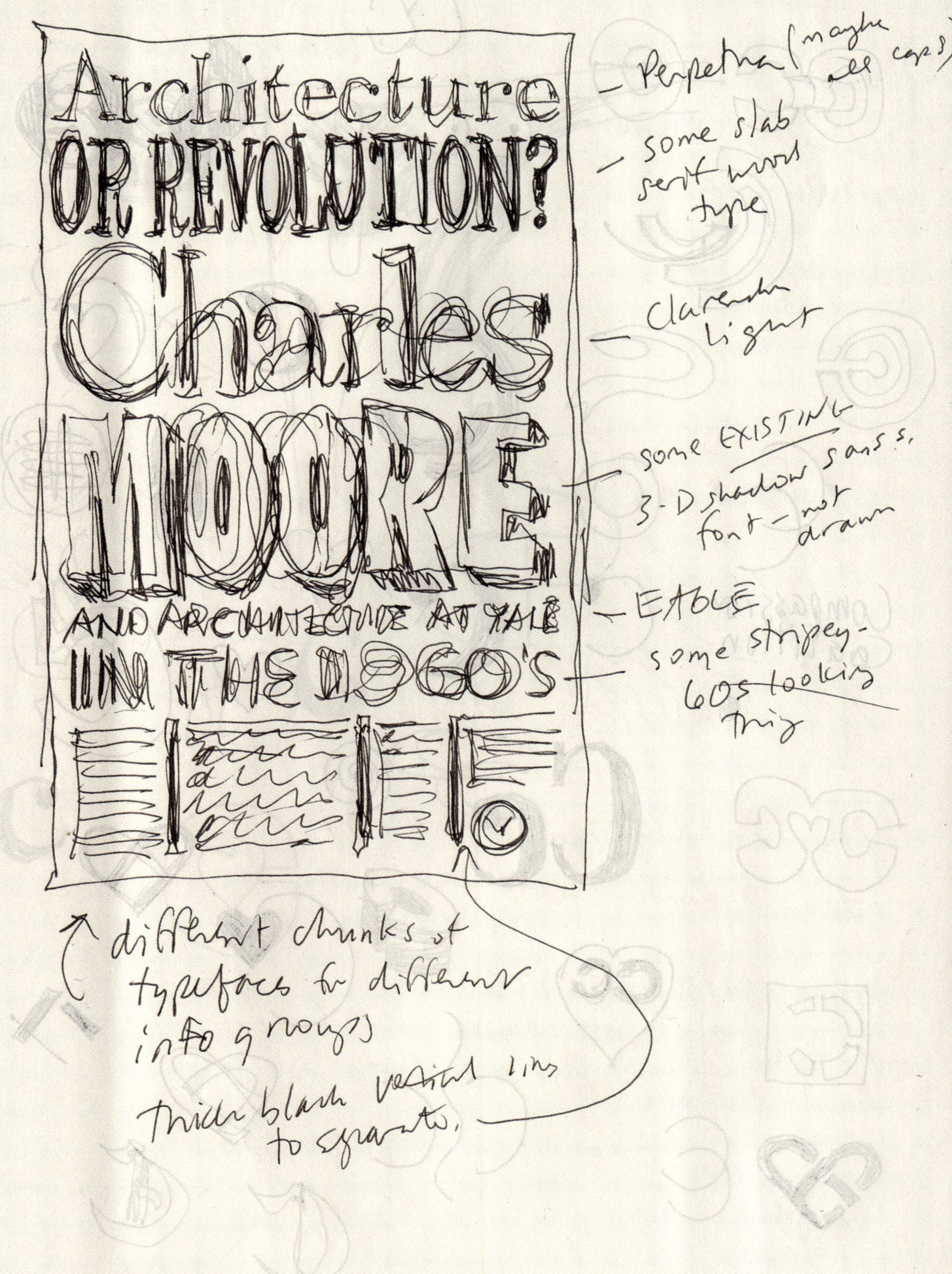
Architecture
OR REVOLUTION?
Charles
MOORE
AND ARCHITECTURE AT YALE
IN THE 1960'S
— Perpetua (maybe all caps)
— some slab serif wood type
— Clarendon Light
— some EXISTING 3-D shadow sans s. font – not drawn
— EAGLE
— some stripey-60s looking thing
different chunks of typefaces for different info groups
Thick black vertical lines to separate.

Rechts
Skizzen für ein Projekt mit der *New York Times* (siehe Seite 156). Daneben eine Liste von Rückrufnummern und Terminen.

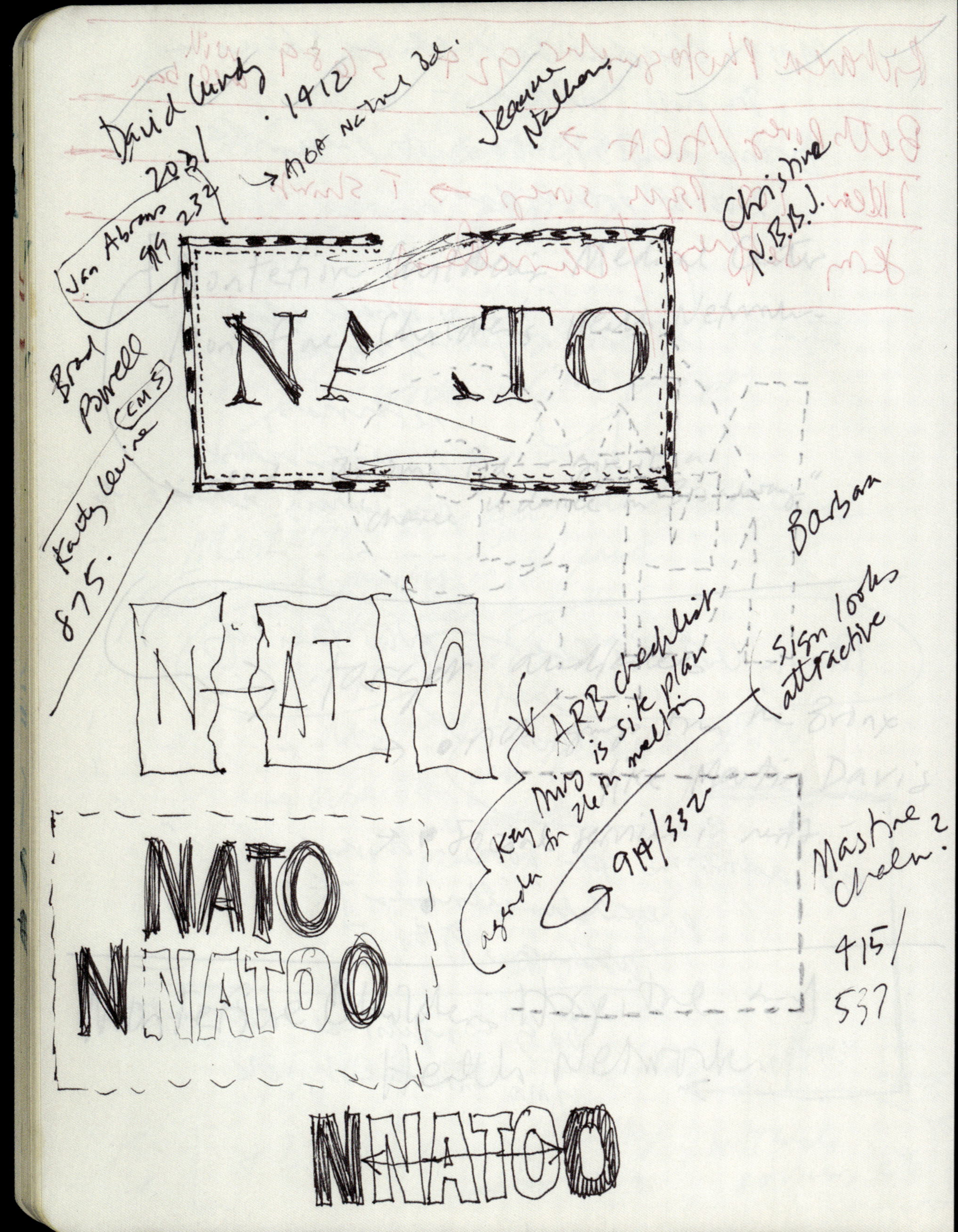

Rethinking Design #4
Deliver Oct 4 M — Sked

Jackie to → at work till 2/14
on vacation 2/15 - 2/23
starts 2/26

United mtg w/ 2/4/97
John Rubach

Liveries
Cargo -
Scott to send cargo

Shuttle 737 | 300 + 500's

Richmond Childrens Museum.

Rechts
»Process, materials, transformation« – in meinen Notizbüchlein sind Worte oft wichtiger als Illustrationen (siehe Seite 164).

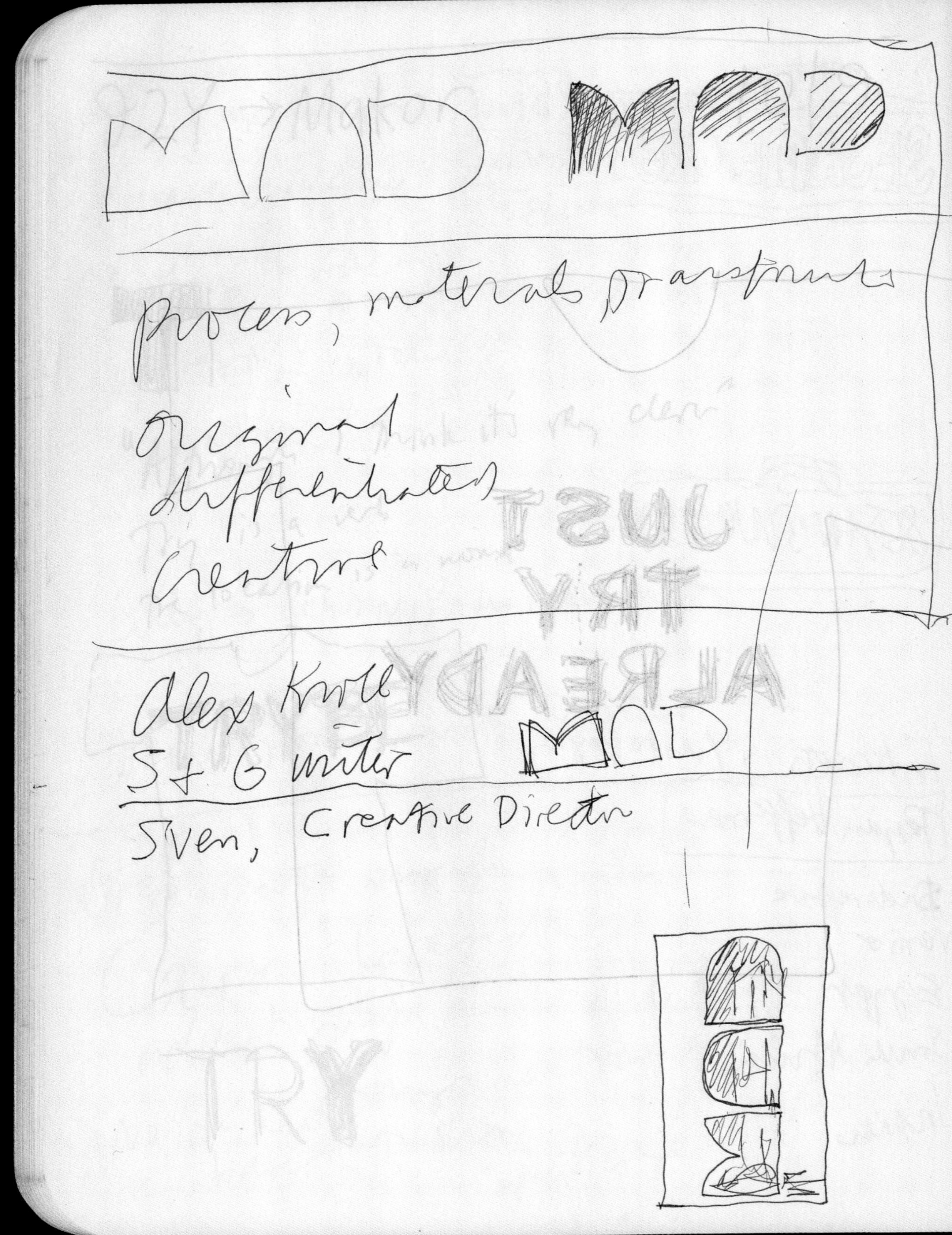

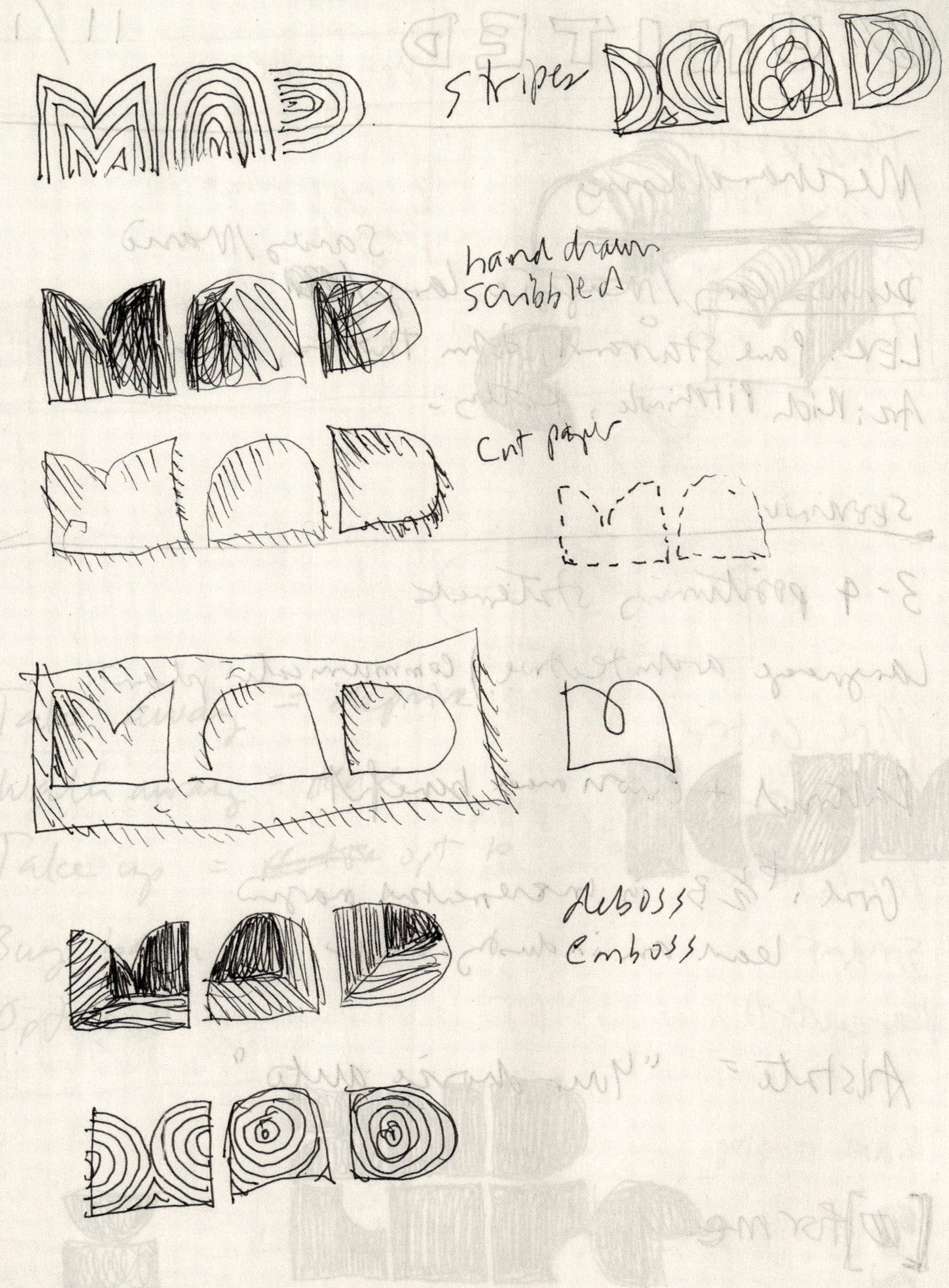

MAD
stripes
hand drawn
scribbled
cut paper
deboss
emboss

Rechts
Ich kann mir eigentlich nichts Langweiligeres vorstellen als das Raster für Seitenentwürfe. Mehr fällt mir nicht ein, wenn ich heute noch einmal meine Aufrisse für die Darstellung von Listen im Magazin *Billboard* sehe (siehe Seite 216).

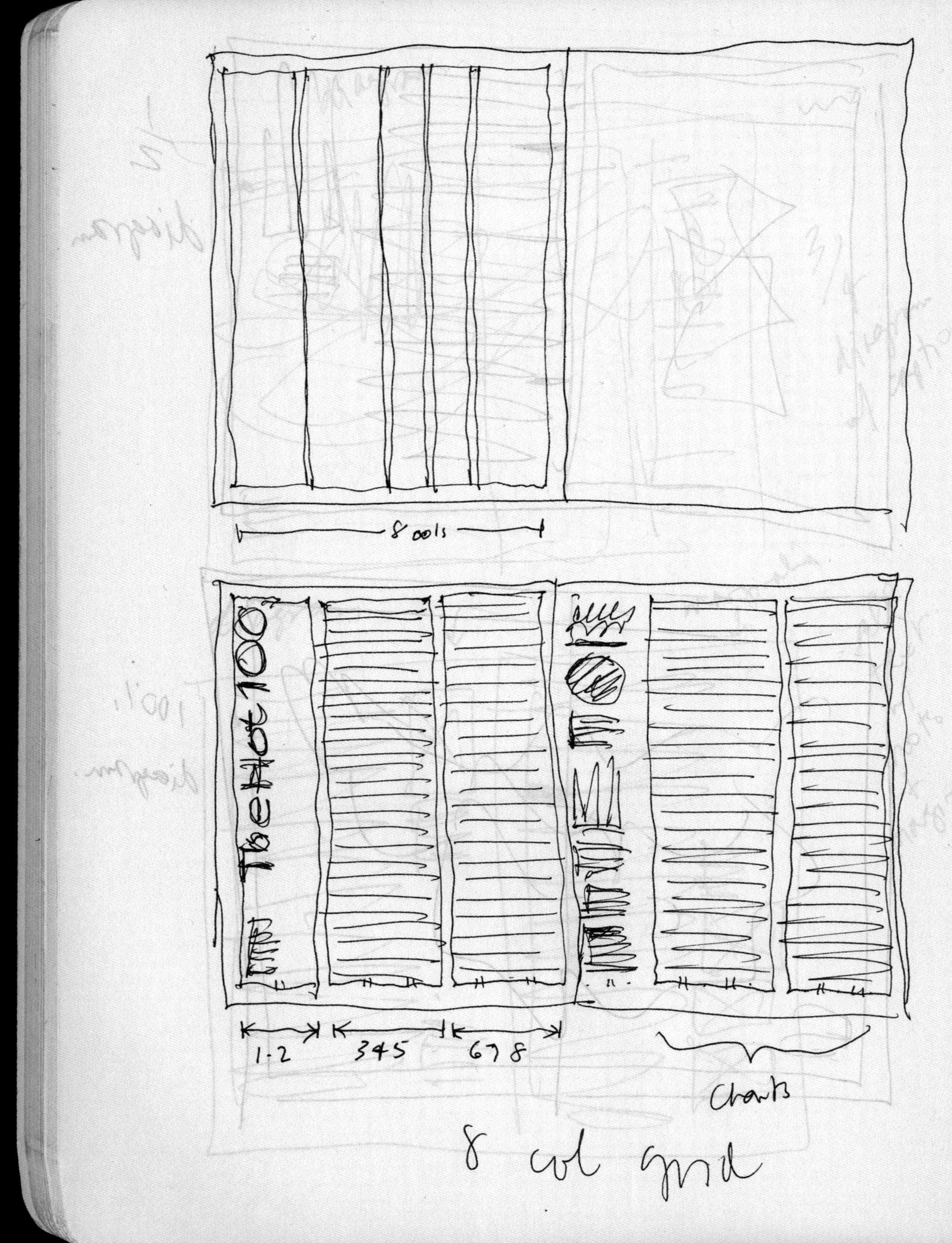

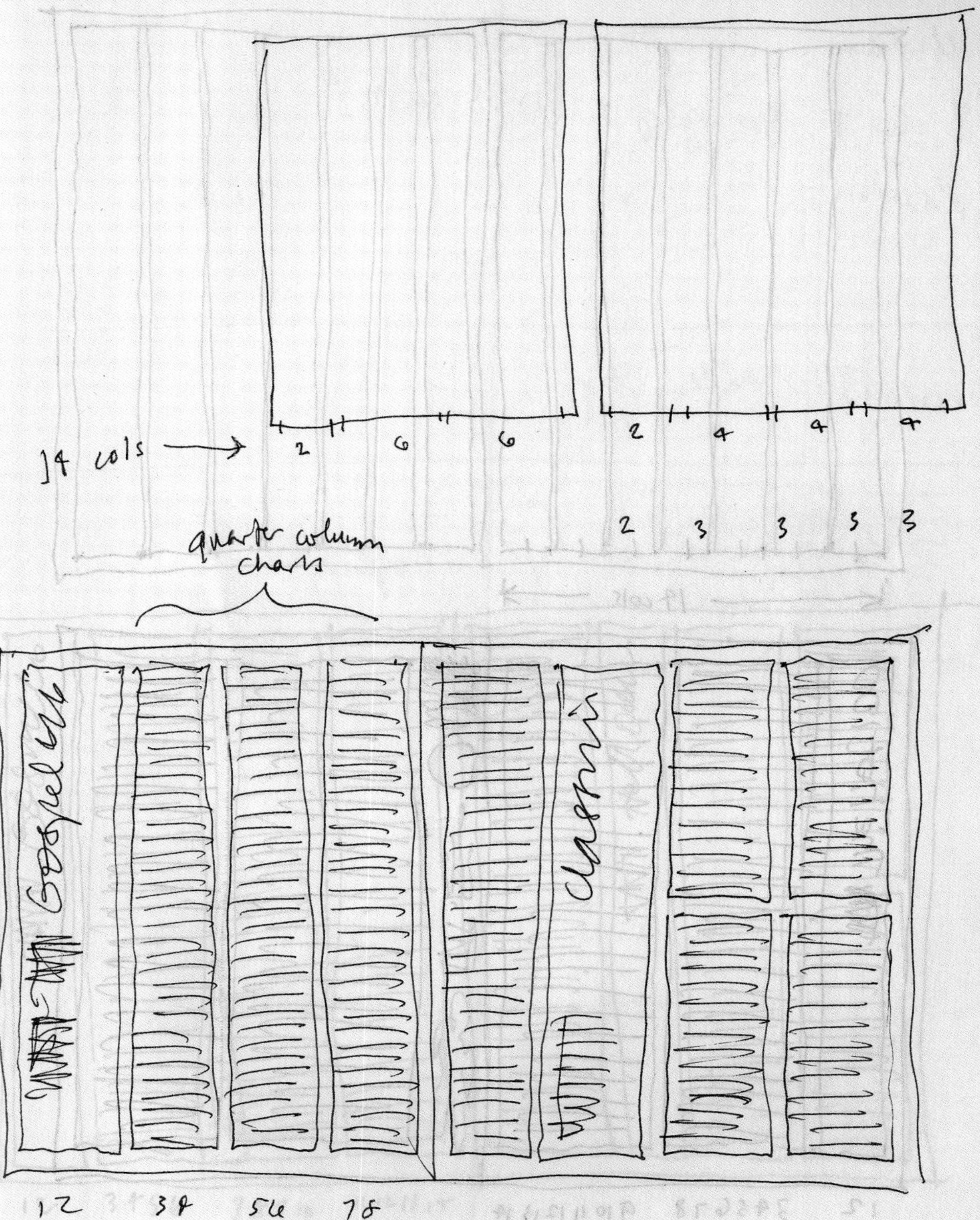

14 cols
2
6
6
2
4
4
4
2
3
3
3
3
quarter column charts
Goopel
1 1 2
3 4
5 6
7 8
1 2

Rechts
Ich benötigte diese zwei Seiten Papier, um in meinem Kopf etwas mehr Klarheit über das innere Wesen des »Media Lab« am Massachusetts Institute of Technology (MIT) zu erlangen (siehe Seite 292).

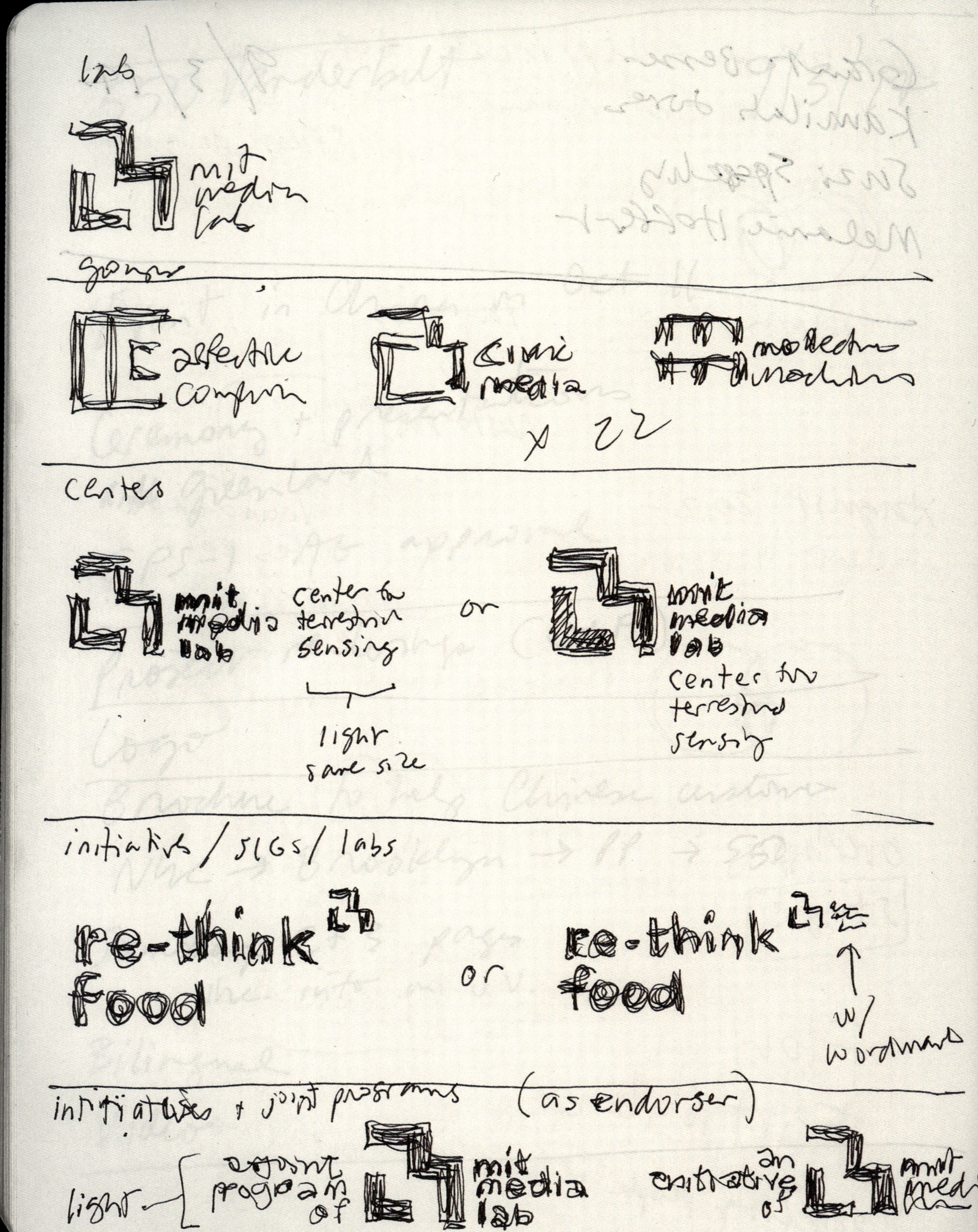

fellows

directors program

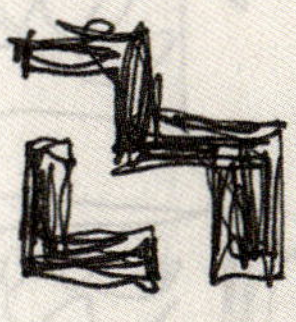

mit
media
lab

director
fellows
program

or

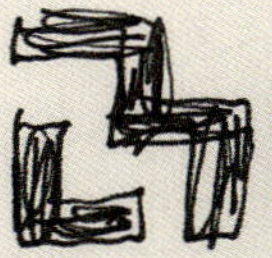

mit
media
lab

director
fellows
program

red

bold + red (or other color)
grey?

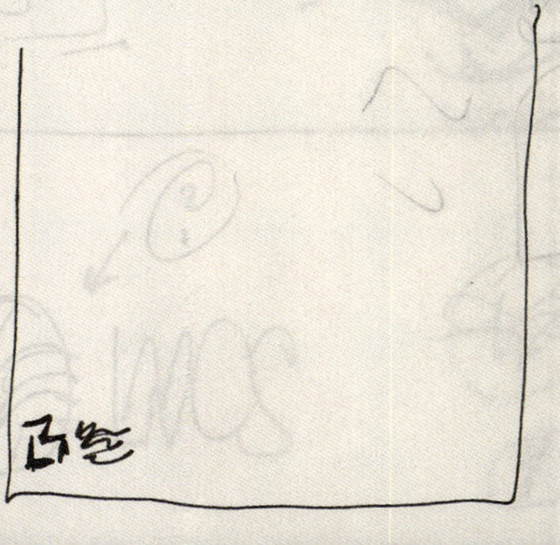

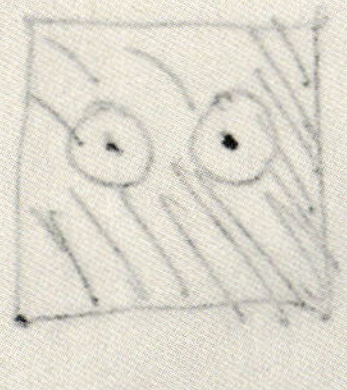

Rechts
Nach einigen Fehlstarts kam ich endlich auf einen angemessen reduzierten Entwurf für ein Logo für die »Library Initiative« der Robin Hood Stiftung (siehe Seite 306). Eine Idee mehr zu haben als erforderlich, ist oft gar nicht schlimm. Es gibt mir das gute Gefühl, auf dem richtigen Weg zu sein.

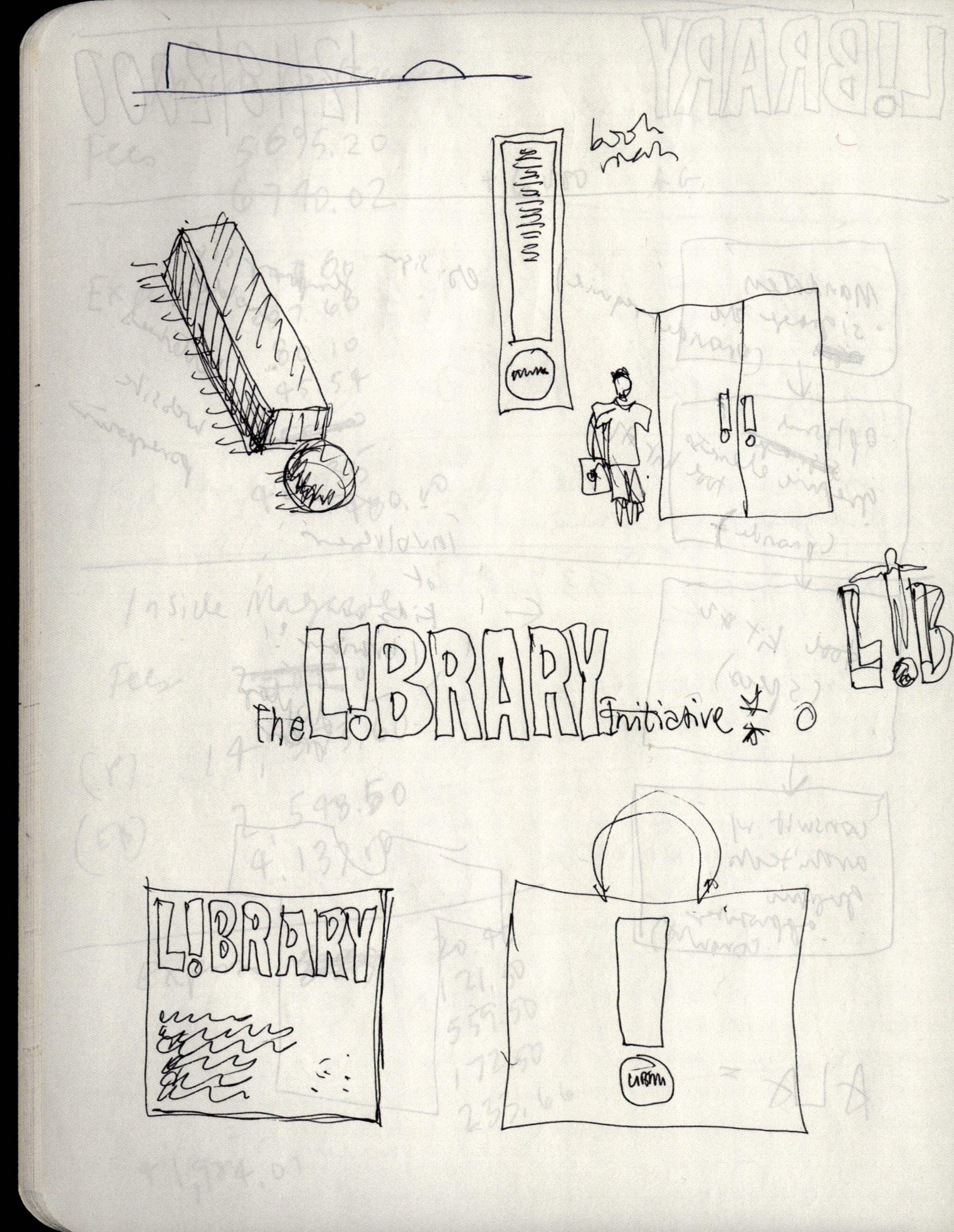

Reinventing the ~~elementary~~ public school library for New York City's ~~public~~ children

The L!BRARY Initiative

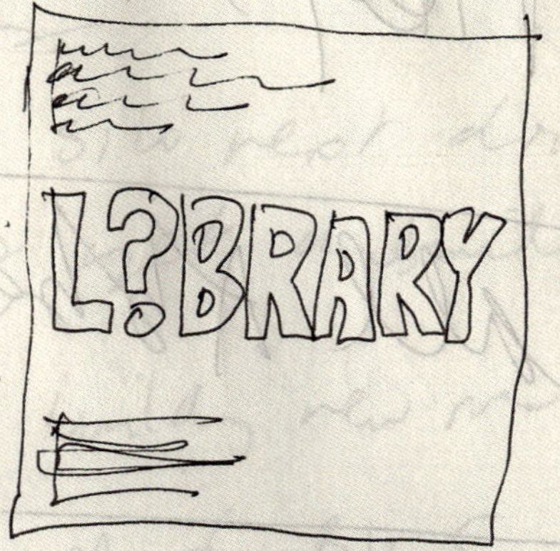

L?BRARY

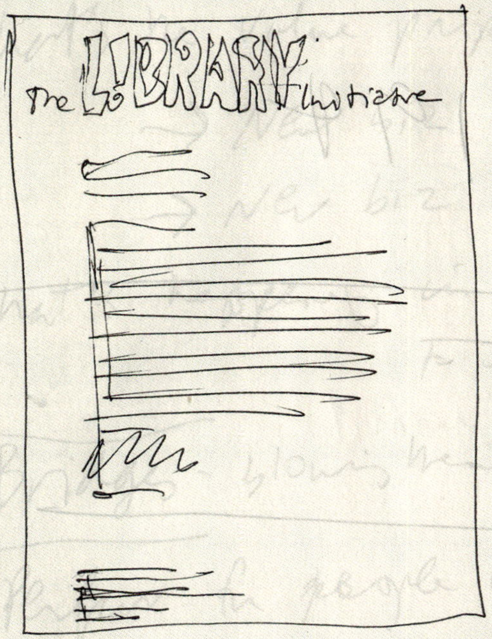

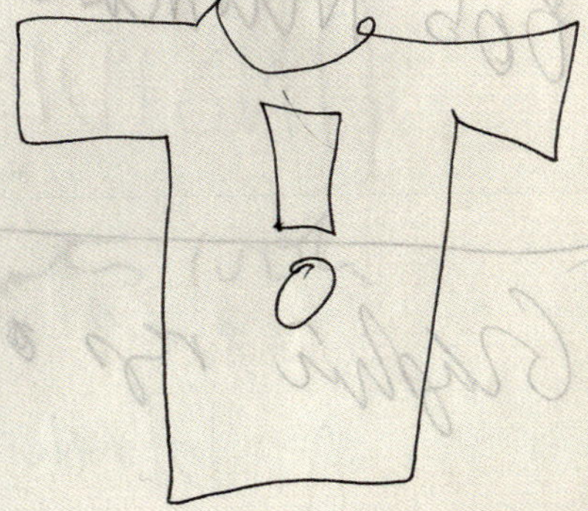

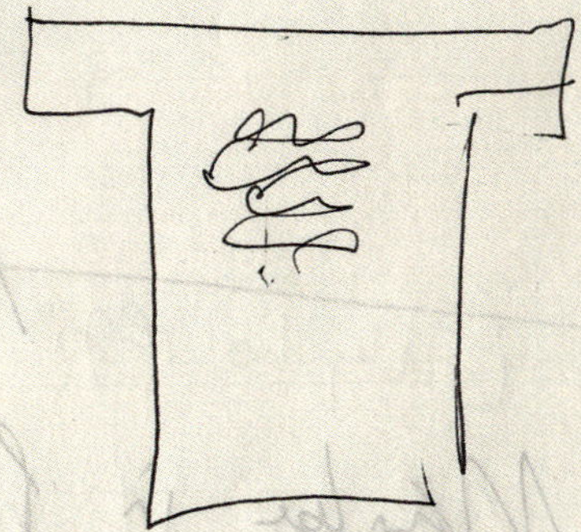

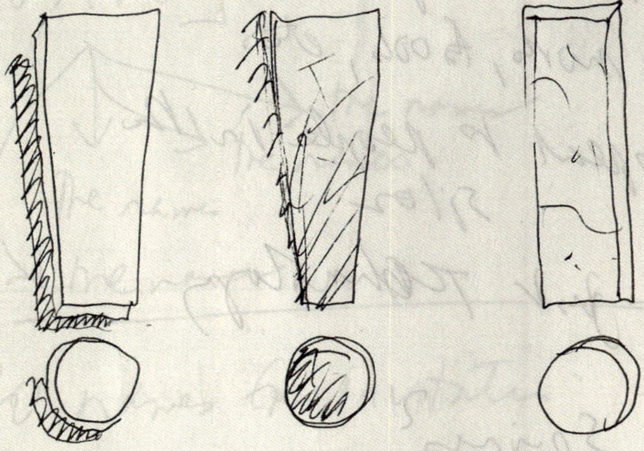

pin mounted + flat

modelled + flush mounted

die cut

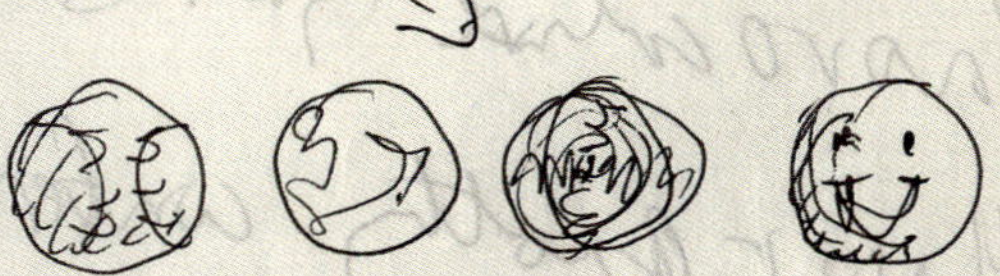

7:30 Balthazaar. Friday

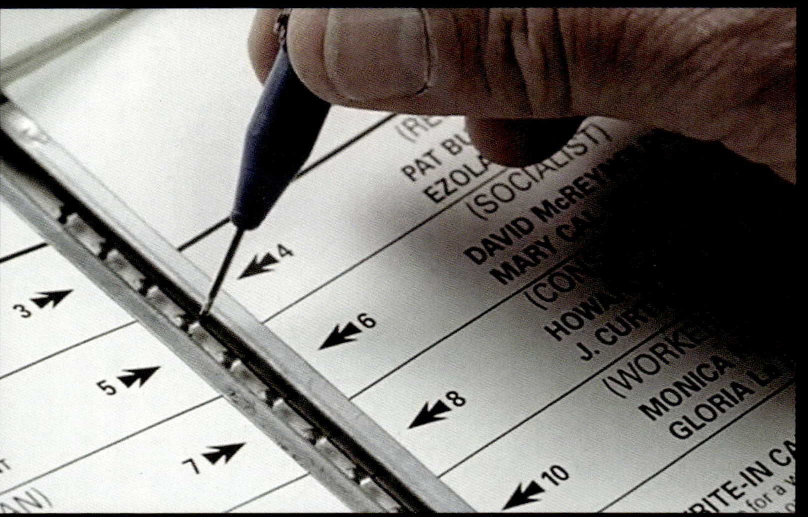

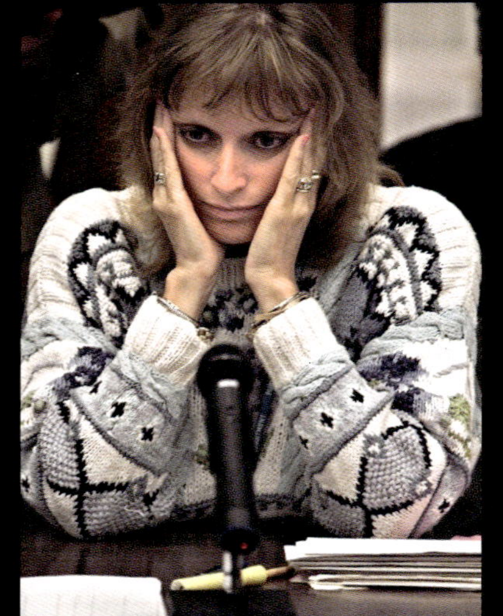

Links
Der sogenannte »Schmetterlingswahlzettel« (»butterfly ballot«) war kein neuer Entwurf. Seine Mängel warfen die 54. Präsidentschaftswahl im Bundesstaat Florida ins Chaos.

Oben
Theresa LePore ist eine der einflussreichsten Gestalterin des 21. Jahrhunderts.

Unten
Es dauerte mehr als einen Monat, um den endgültigen Ausgang der Wahl zu ermitteln, der bis heute umstritten ist.

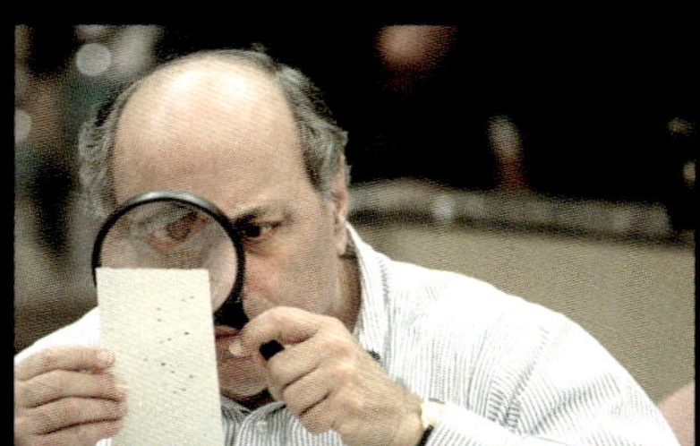

Wie man die Welt zerstören kann
American Institute of Graphic Arts

Im Herbst 2000 hatte Theresa LePore ein außerordentliches Problem. Ihre Aufgabe bestand darin, die Präsidentschaftswahlen in Palm Beach County in Florida zu beaufsichtigen. Zwar war sie keine Gestalterin, doch sie fand sich auf einmal in einer Situation wieder, die sonst nur den Gestaltern in aller Welt sehr vertraut ist: Zu viel Text und zu wenig Platz! Es ging um die Wahlzettel der bevorstehenden 54. Präsidentschaftswahl, also um die Namen der Kandidaten, ihrer Stellvertreter und ihrer politischen Parteien. (Für alle, denen Wahlen in den USA nicht vertraut sind: Kandidaten werden hier nicht direkt gewählt, sondern durch Wahlmänner: sogenannte »electors«.) Das Format der Wahlzettel durfte nicht verändert werden, da es speziell für die Wahlmaschinen in Palm Beach County entworfen worden war. Die Technik dieser Maschinen bestand darin, dass sie ein kleines Loch neben die Kandidaten stanzten, für die sich die Wähler entschieden.

In jenem Jahr jedoch stellten sich mehr Kandidaten zur Wahl als in eine Spalte des vorgegebenen Layouts passten. Also veränderte LePore den Aufriss. Um Platz zu sparen, stellte sie die Namen versetzt auf beide Seiten der Löcher: den ersten Kandidaten links, den zweiten auf halbe Höhe rechts, den dritten auf halbe Höhe links und so weiter. Diese Entscheidung entpuppte sich am Wahltag als Desaster. Die ersten beiden Namen, die auf der linken Seite die Liste anführten, waren die Republikaner George W. Bush und Dick Cheney. Wollte man für sie stimmen, musste man das Loch rechts neben ihnen in der Mitte des Zettels ausstanzen. Direkt unter den beiden waren die Demokraten Al Gore und Joe Lieberman gelistet. Wer jedoch das zweite Loch durchstanzte, der gab damit keine Stimme für Gore und Co. ab, sondern für den erzkonservativen Pat Buchanan, der als erster Name auf der rechten Seite der Löcher stand…

Verwirrt? Damit sind Sie nicht alleine. Die *Palm Beach Post* schätzte später, rund 2800 Wähler hätten versehentlich für Buchanan anstatt für Gore gestimmt. Und wie es das Schicksal wollte, waren es die Stimmen aus Florida, die das Wahlergebnis für die gesamten USA am Ende entschieden. Das Gesamtergebnis von Florida, das über einen Monat immer wieder gezählt und überprüft worden war, wurde wiederum in Palm Beach County entschieden. George W. Bush gewann den Staat mit einem Vorsprung von lediglich 537 Stimmen! Auf dieser Zahlenbasis darf man heute die Annahme wagen, dass es am Ende Theresa LePores Wahlzettel war, der über den 54. Präsidenten der USA entschieden hatte: Bush konnte ihr wahrscheinlich sehr dankbar sein.

Verglichen mit Architektur und Produktdesign nimmt sich die grafische Gestaltung oft flüchtig und ungefährlich aus. Ein miserabler Schriftsatz, so sagt man im Englischen, habe noch niemanden umgebracht. Doch im geschilderten Fall hatte die Verantwortung für einen ziemlich trivialen Job – der Entwurf eines schnöden Formulars – weitreichende Konsequenzen. Für mich ist es ein wahrlich dramatisches Beispiel, das ich für das American Institute of Graphic Arts in einem Plakat darstellte.

Menschen kommunizieren mit Worten und Bildern, und fähige Gestalter wissen, wie man sie effektiv und gewissenhaft einsetzt. Genau darauf kommt es manchmal wirklich an.

Palm Beach County, Florida	Official Ballot	November 7, 2000	General Election
Electors for President and Vice President Choose one group.		A vote for the candidates will actually be a vote for their electors.	
President	Vice President	**Political Affiliation**	
George W. Bush	Dick Cheney	**1** Republican	
Al Gore	Joe Lieberman	**2** Democrat	
Pat Buchanan	Ezola Foster	**3** Reform	
Ralph Nader	Winona LaDuke	**4** Green	
James Harris	Margaret Trowe	**5** Socialist Workers	
John Hagelin	Nat Goldhaber	**6** Natural Law	
Harry Browne	Art Olivier	**7** Libertarian	
David McReynolds	Mary Cal Hollis	**8** Socialist	
Howard Phillips	J. Curtis Frazier	**9** Constitution	
Monica Moorehead	Gloria La Riva	**10** Workers World	

Oben
Der offizielle Stimmzettel zur Wahl des 54. US-Präsidenten im November 2000: Eine andere Gestaltung hätte ein Chaos verhindert.

(REPUBLICAN)

ORGE W. BUSH - PRESIDENT

CK CHENEY - VICE PRESIDENT

(DEMOCRATIC)

GORE - PRESIDENT

Desig

T LIVIER - VICE PRESIDENT

(GREEN)

NONA LaDUKE - VICE PRESIDENT

(SOCIALIST WORKE

MES HARRIS - PRESIDENT

ARGARET TROWE - VICE PRESIDEN

(NATURAL LAW

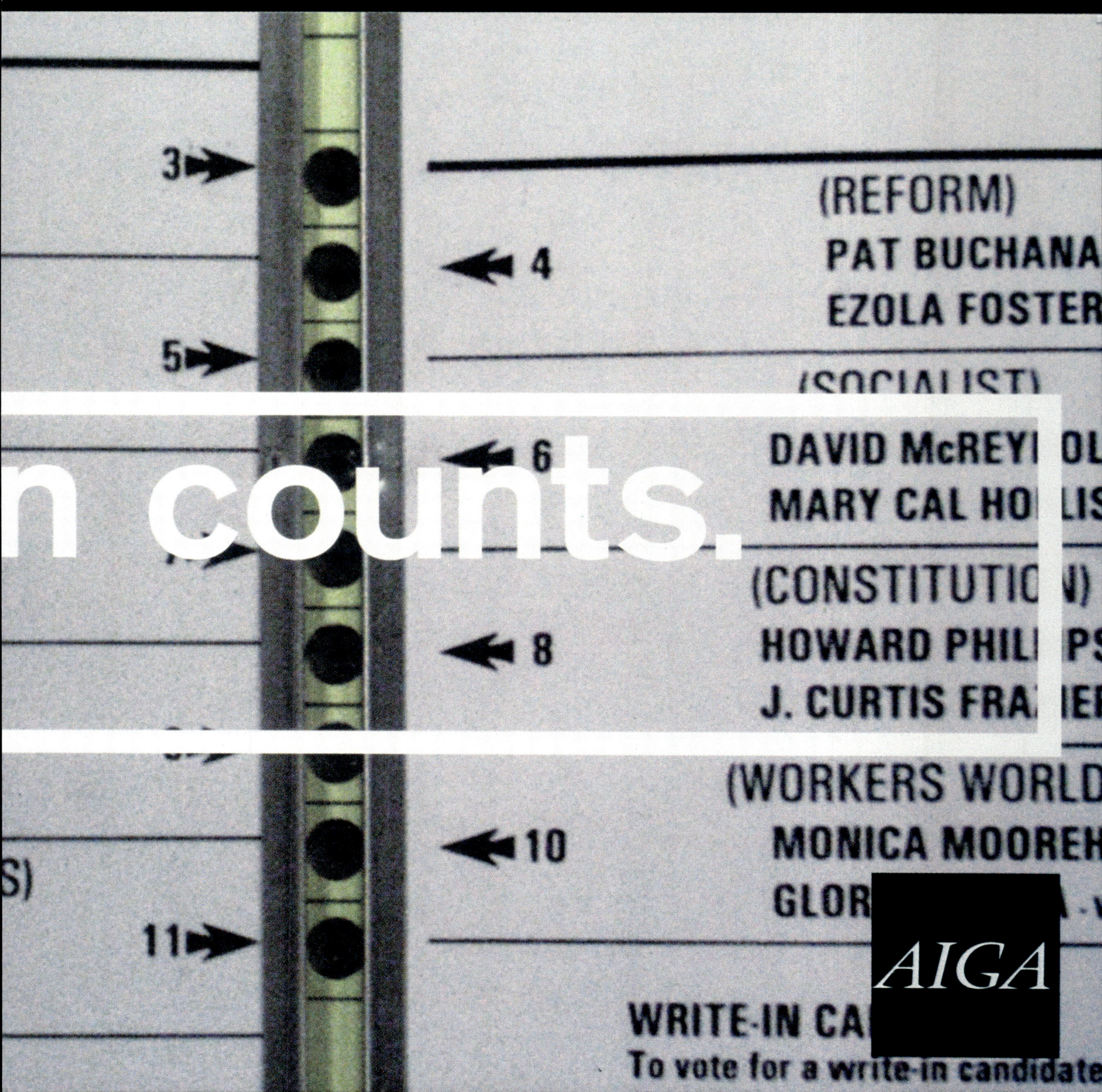
n counts.
(REFORM)
PAT BUCHANA
EZOLA FOSTER
(CONSTITUTIO N)
HOWARD PHIL PS
J. CURTIS FRA
(WORKERS WORLD
MONICA MOOREH
WRITE-IN CA
To vote for a write-in candidate
AIGA
3
4
5
6
8
10
11

Progressive Architecture
International
Furniture Awards
May 14

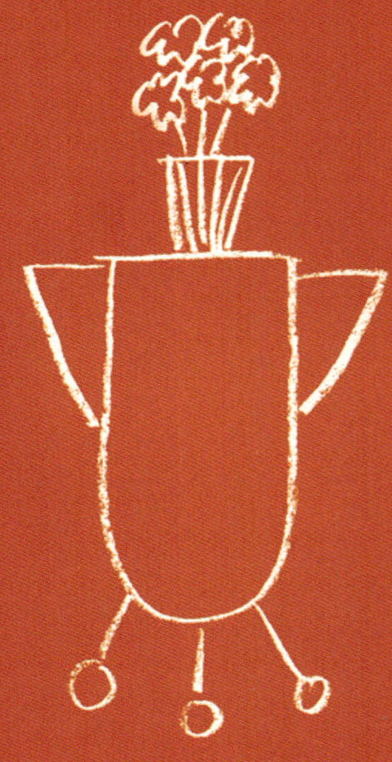

NASA News for Now:
Space Planning
in Outer Space
June 4

NASA News for Now:
Space Planning
in Outer Space
June 4

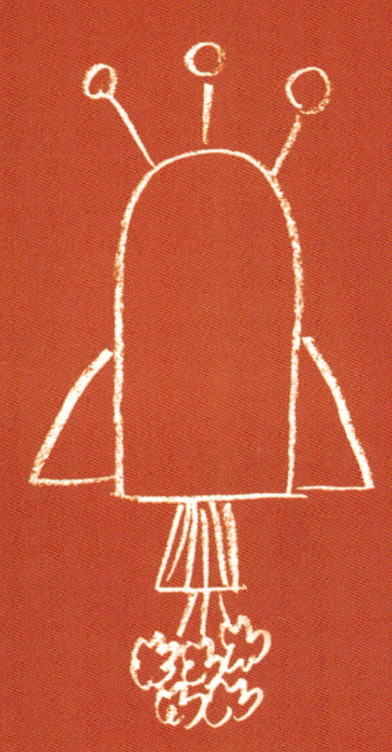

Progressive Architecture
International
Furniture Awards
May 14

Wie man auf eine Idee kommt

The International Design Center, New York

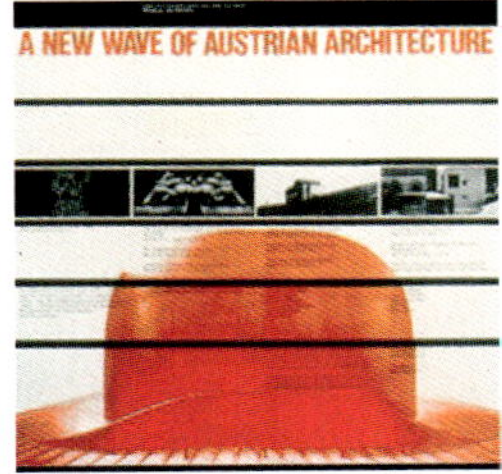

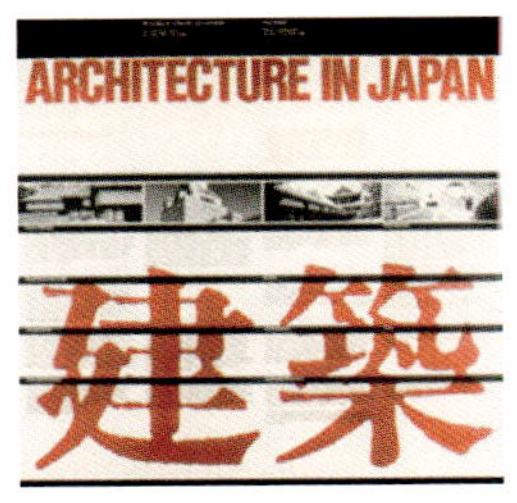

Linke Seite Ich war so sehr von diesem Entwurf überzeugt, dass ich es nicht abwarten konnte nach Hause zu eilen, um ihn meiner Frau Dorothy zu zeigen. »Wer hat das gezeichnet?«, wollte sie wissen. Ich, sagte ich. »Und«, fuhr sie fort, »wer soll es denn am Ende schön machen?« Da das Budget des Kunden knapp war, stand das jedoch gar nicht zur Debatte. Ich beließ es ganz einfach bei meinem naiven Gekritzel und war mehr denn je überzeugt, dass man eine gute Idee auch mit einer unfertigen Zeichnung ausdrücken kann. Bis heute ist es meine Lieblingsarbeit aus den ersten zehn Jahren meiner Karriere.

Oben Massimo Vignellis Stil war mir dermaßen in Fleisch und Blut übergegangen, dass ich mir einbildete, dass viele Menschen unsere Arbeiten gar nicht mehr unterscheiden konnten: sein Poster und meins darunter.

Ich arbeitete bereits vier Jahre für Massimo Vignelli und meine Hauptaufgabe bestand darin, mich ganz dem »Vignelli-Stil« zu widmen und ihn zu perfektionieren. Seine Gestaltungsmerkmale bestanden in einer Handvoll für gut befundener Schrifttypen, zwei oder drei leuchtenden Farben und strukturellen Elementen wie Linien und Streifen. Das alles wurde in einem vordefinierten Raster verteilt. Ich genoss diese Art der Fertigung, und darf auch sagen: der Mimikry. Mir gefiel die Einbildung, dass Massimo nicht imstande sei, den Unterschied zwischen meinen Entwürfen und seinen zu erkennen. Gerade hatte er mir einen großen New Yorker Kunden anvertraut, der mit Möbeln handelte und einige große Ausstellungsflächen bespielte. Er hieß The International Design Center. Die Regeln, die wir vorab festgelegt hatten, waren die Schrift Bodoni und die Farbe PMS Warm Red. Solange ich mich an diese Vorgaben hielt, konnte ich machen, was ich wollte.

Mein Gegenüber war eine fabelhafte junge Managerin fürs Marketing: Fern Mallis. Sie verstand schnell und hatte ein flinkes New Yorker Mundwerk, so dass sie rasch zu meiner Lieblingskundin wurde. Ein Auftrag, den sie mir erteilte, waren Einladungskarten für zwei bevorstehende Veranstaltungen: eine Ausstellung von neuartigen Möbeln und der Vortrag von Wissenschaftlern der NASA über die Innenarchitektur von Raumschiffen. Ich war gerade damit beschäftigt, mit viel Elan die Entwürfe beider Karten abzuschließen, als mein Telefon klingelte.

Am anderen Ende war Fern. »Es tut mir leid, unser Budget wurde soeben gekürzt, und wir können uns nur noch eine Einladung leisten. Wäre es möglich, dass Du beide Motive irgendwie kombinierst?« Nein, natürlich nicht, erwiderte ich sofort. Die beiden Themen erschienen mir so grundverschieden zu sein: Beistelltische und der Weltraum. Tatsächlich befürchtete ich, dass sich am Ende niemand angesprochen fühlen, geschweige denn kommen würde. Und ich gebe zu: Ich mochte sehr, was ich bis hierher entworfen hatte.

Fern ließ nicht mit sich reden. Ich legte auf und war frustriert. Ach, die Kunden! Wird es mit ihnen denn niemals leichter? Wie sollte man bloß unter diesen Bedingungen arbeiten? Was erwarteten sie eigentlich nach solchen Manövern? Beinahe ohne nachzudenken, eigentlich bloß in der Absicht zu beweisen, dass es unmöglich war der Aufgabe sinnvoll nachzukommen, machte ich einige Zeichnungen. Wenn man sie aufrecht hielt, sah man eine Vase mit Blumen auf einem Tisch. Und umgedreht sah man eine Rakete beim Start. Das war's! Ohne zu zögern beschloss ich, dass ich ein scheinbar unlösbares Problem gelöst hatte.

Wie alles andere, das ich für diesen Kunden entwarf, wurde es in der Bodoni und in PMS Warm Red gesetzt. Aber ich sage es offen: Den Leuten sind Schriften und Farben sch…egal. Schließlich sind sie gewissermaßen nur die Liefermethoden für etwas anderes: die Ideen. Und mein Scribble, so unfertig es war, repräsentierte eine solche Idee. Sie hatte das Zeug, zu überraschen, mitzureißen und Leute zum Lachen zu bringen. In diesem Moment, als ich vor mich hinkritzelte, verstand ich, dass der Inhalt viel bedeutender ist als die Form – und als alle Liefermethoden.

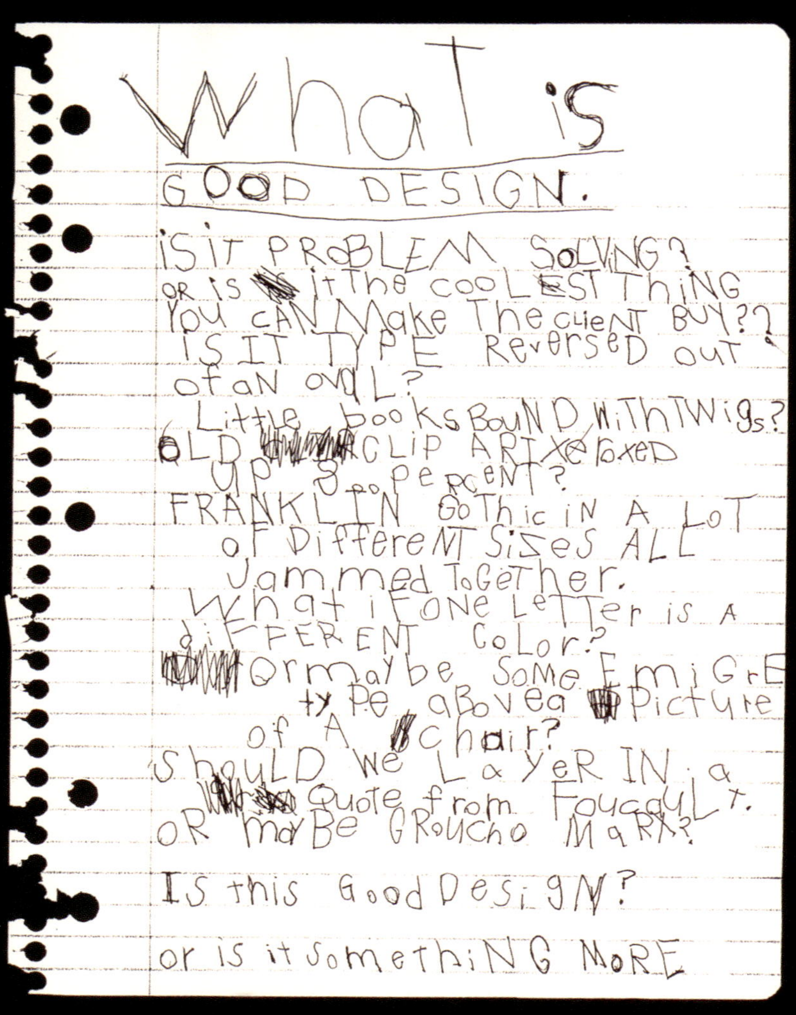

Call for Entries
The Fifteenth Annual American Center for Design
One Hundred Show

Alexander Isley, Jilly Simons, Erik Spiekermann, Judges
Michael Bierut, Chair

Entry Deadline: May 1, 1992

Design: Michael Bierut / Pentagram
Lettering: Elizabeth Ann Kresz Bierut / Transfiguration School

Wie man sich von einem Stil befreit

American Center for Design

Wenn Gestalter unter sich sind und über einen bestimmten Stil sprechen, dann oft mit einem abfälligen Ton. Schließlich behaupten die meisten, »keinen bestimmten Stil« zu haben und sich jedem Auftrag auf ganz neue Weise zu nähern. »Stil« hat deshalb oft zwei Bedeutungen: als Ausrede, wenn man jemandem eine originelle Idee klaut und erklärt, man habe doch nur eine Stilrichtung aufgegriffen. Und als Abwertung anderer, die im Ruf stehen, nur Kosmetik zu betreiben und mit ein paar Stilformen zu hantieren.

Dabei sind künstlerische Ausdrucksformen ohne bestimmte Stile und Stilrichtungen eigentlich gar nicht vorstellbar. Das gilt besonders für die grafische Gestaltung, die meistens mit sehr wenigen praktisch-fundamentalen Anforderungen auskommt. Eine Visitenkarte sollte zum Beispiel in einer leserlichen Schrift gesetzt sein und in eine Brieftasche passen. Alle weiteren Entscheidungen – Schriftart, Farben, Aufriss, Material, Produktionstechnik – können herrlich willkürlich getroffen werden. Es bleibt das, was die meisten Menschen eine »Geschmacksfrage« nennen. Fragen Sie jedoch einmal einen Designer, wann er sich das letzte Mal auf eine Geschmacksdiskussion eingelassen hat. Vermutlich war es gestern, und er hat kein Vergnügen, sich daran zu erinnern.

In den frühen Neunzigerjahren suchte ich mit einer gewissen Verzweiflung nach meiner eigenen Ausdrucksform. Unsere gesamte Branche wurde damals durch neue Impulse stark in Aufruhr versetzt. Das fing an mit dem typografischen Wagemut der Designer bei Emigre und reichte bis hin zu vielen neuen Ideen, die an den renommierten Kunsthochschulen entstanden. Ich grübelte in dieser Zeit intensiv über das scheinbar unmögliche Vorhaben, den Stil meiner ersten zehn Karrierejahre zu überwinden. Es war eine Selbstfindungsphase, in der ich mich zu verlieren drohte, als man mich bat, den Vorsitz eines der progressivsten und stilvollsten Designwettbewerbe zu übernehmen: die »100 Show« des American Center for Design (ACD). Zu der Aufgabe gehörte auch, ein Poster zu entwerfen, das meine Kollegen zur Teilnahme bewegen sollte. Doch wie zu erwarten, rührte ich mich in den folgenden Wochen nicht. Ich verspürte eine Art Lähmung. Langsam wurde das ACD-Team panisch und man fragte sich, ob ich der Aufgabe gewachsen sei. Schließlich baten sie mich, wenigstens einen Text für die Rückseite der Einladung zu verfassen. Ich antwortete mit einem ungefilterten Gedankenschwall, der sich ebenso gut für einen Termin beim Psychologen geeignet hätte. Doch der Text kam so gut an, dass man mir vorschlug, ihn zur Vorderseite der Ausschreibung zu machen. Aha, dachte ich: Eine rein typografische Lösung!

Doch in welcher Schrift? Die Entscheidung ließ keine Kompromisse zu. Sollte ich der Grunge-Bewegung zu Anerkennung verhelfen und ihre neuen Typen aufs Plakat holen? Sollte ich zu den Modernisten stehen und mich für die Helvetica entscheiden? Oder mit der Garamond No. 3 auf Nummer Sicher gehen? Im letzten Moment kam mir die Lösung: Ich diktierte den Text meiner damals vierjährigen Tochter. Die Unschuld ihres Ausdrucks bezwang die schwere Last und den Zynismus, der zu dieser Idee und zu diesem Ergebnis geführt hatte. Ich war frei!

Linke Seite
Erwachsene bilden sich ein, dass es leicht sei, die Handschrift von Kindern nachzuahmen. Doch sie sollten sich erst gar nicht bemühen. Das American Center for Design gibt es schon lange nicht mehr. Meine Tochter Elizabeth ist hingegen so präsent wie nie zuvor: als Rechtsanwältin in Manhattan. Dass sie einmal diesen Text per Hand geschrieben hat, daran kann sie sich allerdings beim besten Willen nicht erinnern.

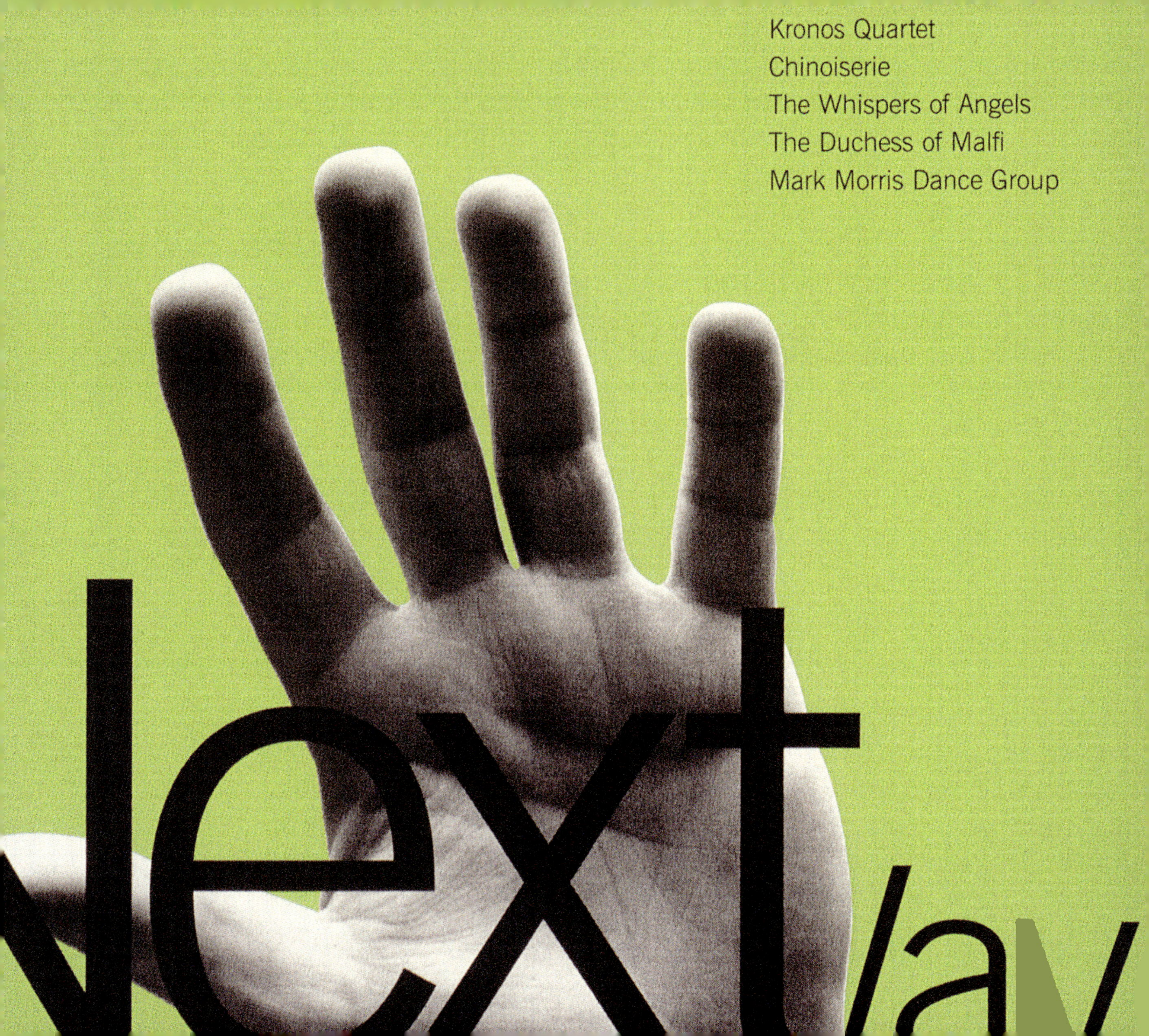

Kronos Quartet
Chinoiserie
The Whispers of Angels
The Duchess of Malfi
Mark Morris Dance Group
Next Wave

Wie man auch ohne ein Logo Identität stiftet

Brooklyn Academy of Music

In den Sechzigerjahren des 20. Jahrhunderts durchlebte die Brooklyn Academy of Music (BAM) sehr harte Zeiten. 1861 gegründet, war sie die älteste noch existierende Einrichtung in den USA für darstellende Künste. Der Mann, der sie damals rettete, war ein junger Visionär namens Harvey Lichtenstein. Es gelang ihm die Akademie neu zu erfinden und zu einem Treffpunkt für die internationale Avantgarde zu machen. Sein »Next Wave Festival« machte sogar Manhattan den Rang als Zentrum für »progressive performaning arts« streitig und führte zu einer Wiederbelebung von Brooklyn, die bis heute anhält.

Nachdem die Verantwortlichen des »Next Wave Festival« über viele Jahre mit stets unterschiedlichen Gestaltungsansätzen gearbeitet hatten, kamen sie im Jahr 1995 auf uns zu und fragten, ob wir einen dauerhaften Auftritt für sie schaffen könnten. (»You don't keep changing the Marlboro Man«, sagte Bill Campbell, der für den Vorstand des Festivals arbeitete und eine lange Zeit selbst Marketingchef von Philip Morris gewesen war.) Von nun an wollten sie, dass alles – von Plakaten über 36-seitige Broschüren bis hin zu kleinformatigen Anzeigen – ganz einfach aussehen sollte wie BAM. Alles, was sie nicht wollten, war ein Logo.

Ich möchte hier erwähnen, dass mich der legendäre Werbegestalter Helmut Krone sehr geprägt und immer wieder auch sehr inspiriert hat. Er hatte einmal gesagt: »Mein ganzes Leben habe ich damit verbracht, Logos zu bekämpfen.« Warum? »Ein Logo sagt: ›Ich bin eine Anzeige. Bitte blättere weiter.‹« Anstatt dessen schuf Krone unverkennbare und unvergängliche Markenidentitäten, indem er mutige und teilweise extreme Entscheidungen traf, die er unermüdlich durchsetzte. Ein berühmtes Beispiel ist seine Arbeit für Volkswagen, die 1959 zum ersten Mal mit dem Anzeigenmotiv »Think small« sichtbar wurde. Er kombinierte damals die Schrift Futura mit großen Weißflächen. Das zeichnet den Autokonzern noch heute aus.

Ich kam auf die Idee, nur eine einzige Alltagsschrift einzusetzen: die News Gothic. Aber ich tat es mit einem gewissen Extra, und das bestand darin, die Typen unten abzuschneiden, als würden sie nicht vollständig in den Rahmen passen, der zur Verfügung stand. Ich erklärte Harvey und seinen Mitarbeitern Karen Brooks Hopkins und Joe Melillo, dass wir damit zum Ausdruck bringen würden, dass BAM über Grenzen geht und mehr bedeutet (und mehr Platz benötigt) als eine einzige Bühne. Außerdem würde uns dieser Ansatz ein paar Kosten einsparen, wenn man Buchstaben benutzen kann, die doppelt so groß sind wie der Platz. Es war wie das Auge von King Kong vor dem Schlafzimmerfenster. Selbst wenn man nicht das vollständige Monster sieht, ahnt man wie groß es ist.

Wir vereinbarten diesen neuen Auftritt, und er wurde bereits mit dem »Next Wave Festival« 1995 in die Praxis umgesetzt. Der etwas eigenwillige Umgang mit den Überschriften (den Hugh Hardy, der langjährige architektonische Berater des BAM in Anspielung auf eine Küchenmaschine »Cuisinart typography« nannte), sorgte zu Beginn für eine gewisse Verwirrung. Zwanzig Jahre später jedoch sind BAM und diese Gestaltung untrennbar miteinander verbunden!

Linke Seite
In ihren ersten Jahrzehnten seit 1861 war die Brooklyn Academy of Music durch Auftritte großer Stars verwöhnt: Enrico Caruso, Sarah Bernhardt oder Isadora Duncan. Mehr als hundert Jahre später hauchte Harvey Lichtenstein der BAM neues Leben ein und gab alternativen Künstlern wie Robert Wilson, Philip Glass, Pina Bausch oder Peter Brook eine erste große Bühne in den USA.

Nächste Doppelseite
Wir fanden eine neue, bestechende Art, der ausdruckslosen Schrift News Gothic Ausdruck zu verleihen: Sie wurde zum Inbegriff für BAM, selbst wenn der tatsächliche Schriftzug gar nicht zu sehen ist. Zufälligerweise hatte Morris Fuller Benton die Schrift 1908 erfunden – im selben Jahr, in dem auch das BAM Opera House eröffnet wurde.

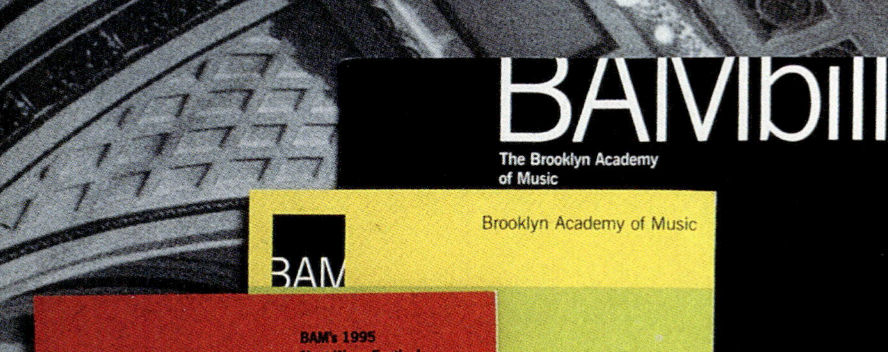
BAMbill
The Brooklyn Academy of Music
Brooklyn Academy of Music
BAM
ee
tickets
to the 15th
Anniversary of
the BAM Next
Wave Festival
Light
BAM's 1995
Next Wave Festival
Robert Wilson
Tom Waits
Vito Acconci
Kristin Jones & Andrew Ginzel
Ilya Kabakov
Don Byron
Bill Frisell
Vernon Reid
Steven Berkoff
Cloud Gate Dance Theatre
Carl Dreyer
Richard Einhorn
The Camerata Chorale
Brooklyn Philharmonic
Kronos Quartet
Ping Chong
David Rousseve / REALITY
Cheek by Jowl
Mark Morris Dance Group
Wav

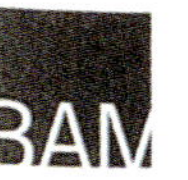
Brooklyn
Academy
of
Music
BAM

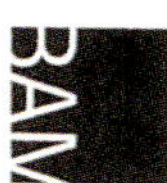
BAM
Brooklyn
Academy
of
Music
95
guid

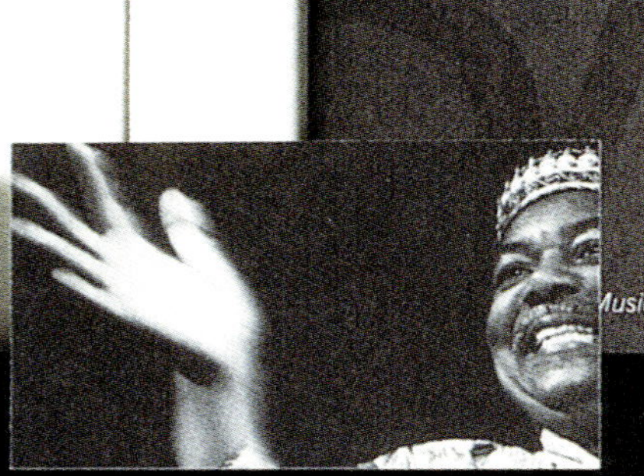
Mark Morris
Dance Group
Brooklyn Academy of Music
1995 Next Wave Festival
is sponsored by
Philip Morris Companies Inc.
For tickets call TicketMaster
212.307.4100
For information call BAM
718.636.4100
BAM Prefers VISA
Brooklyn
Academy
of
Music
30 Lafayette Avenue
Brooklyn NY 11217
Telephone 718.636.4122
Fax 718.857.2021
Stephen P. Millikin
Audience Development Manager
BAM
Brooklyn
Academy
of
Music
30 Lafayette Avenue
Brooklyn NY 11217
Telephone: 718.636.4100
Fax: 718.857.2021
BAM

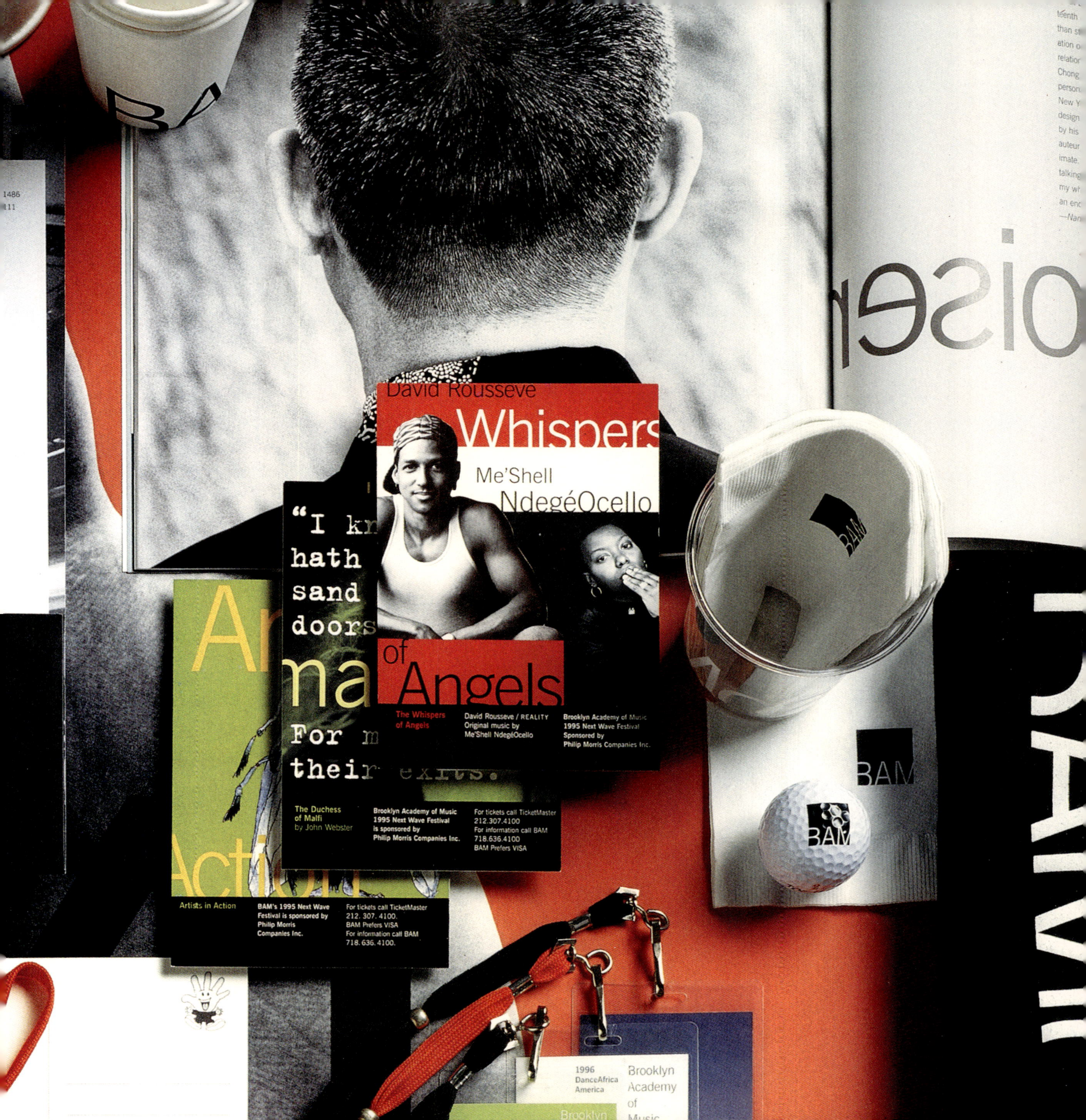
David Rousseve
Whispers
Me'Shell
NdegéOcello
of
Angels
The Whispers of Angels
David Rousseve / REALITY
Original music by
Me'Shell NdegéOcello
Brooklyn Academy of Music
1995 Next Wave Festival
Sponsored by
Philip Morris Companies Inc.
The Duchess of Malfi
by John Webster
Brooklyn Academy of Music
1995 Next Wave Festival
is sponsored by
Philip Morris Companies Inc.
For tickets call TicketMaster
212.307.4100
For information call BAM
718.636.4100
BAM Prefers VISA
Artists in Action
BAM's 1995 Next Wave
Festival is sponsored by
Philip Morris
Companies Inc.
For tickets call TicketMaster
212. 307. 4100.
BAM Prefers VISA
For information call BAM
718. 636. 4100.
BAM
1996
DanceAfrica
America
Brooklyn
Academy
of

Unten links
Eine Druckerei zu finden, die imstande ist Becher so zu bedrucken, dass die Schrifttype unten abgeschnitten wird, ist schwieriger als man es für möglich halten mag: Die meisten glaubten damals nicht, dass wir es absichtlich »falsch« drucken wollten.

Unten rechts
Eine Hand auf dem Motor eines Metronoms diente uns dazu, den neuen Takt und die Lebendigkeit des »Next Wave Festival« zu symbolisieren.

Der legendäre Gestalter Tibor Kalman wurde einmal gebeten, die Markenidentität für ein Museum zu entwickeln. Anstatt mit einem Logo zurückzukehren, überreichte er dem Kunden ein Buch mit Schriftarten und forderte ihn auf, einfach eine auszuwählen und diese immer und immer wieder zu verwenden. Wenn sie es nur lang genug täten, verleihe sich das Museum damit automatisch eine Identität. Er hatte Recht! Schließlich liegt die wichtigste Eigenschaft einer großen Marke in ihrer Konsistenz. Das ist etwas anderes als Gleichförmigkeit, die (meistens) statisch und leblos wirkt. Konsistenz kann auf Schwingungen reagieren und schwingt deshalb selbst. Mit einer einzigen Schrifttype ist die Marke BAM heute ein Vorbild für diese Konsistenz.

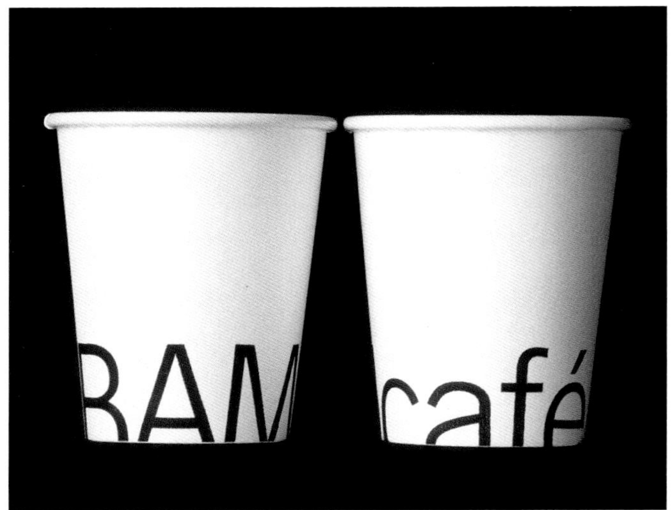

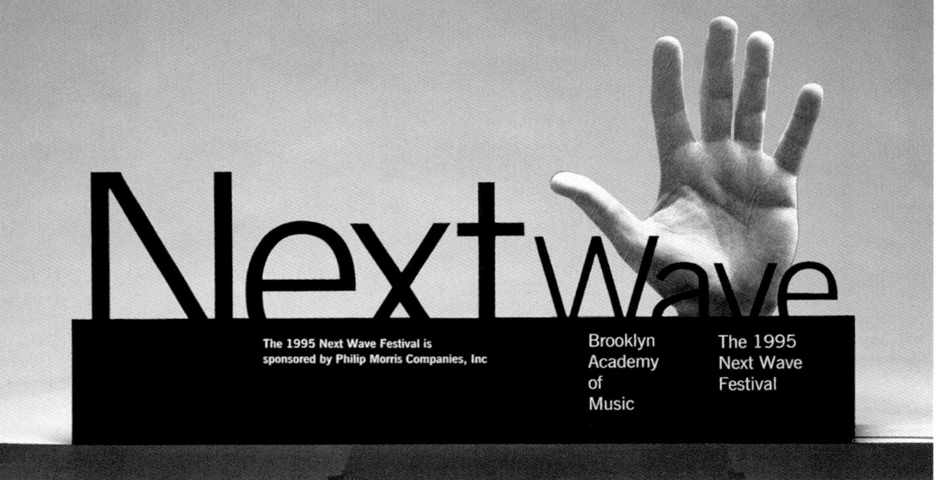

Oben links
Das Majestic Theatre in Brooklyn wurde in BAM Harvey Theater umbenannt, als sich Harvey Lichtenstein im Jahr 1999 aus dem aktiven Geschäft zurückzog.

Unten links
Sogar die Symbole auf den Toilettentüren wurden unten abgeschnitten.

Unten
Nachdem man sich viele Jahre geweigert hatte, überhaupt ein Logo zu verwenden, entwarfen wir schließlich eins, indem wir die Hausschrift des BAM verwendeten. Das Stilbuch, das die Gestalterin Emily Hayes Campbell geschrieben hatte, umfasst nur sechs Seiten und wird bis heute ernst genommen und genau befolgt.

Nächste Doppelseite
Der heutige Schriftzug stößt und kreuzt sich an der Fassade des BAM Opera House mit Stilelementen der Beaux-Arts-Architektur.

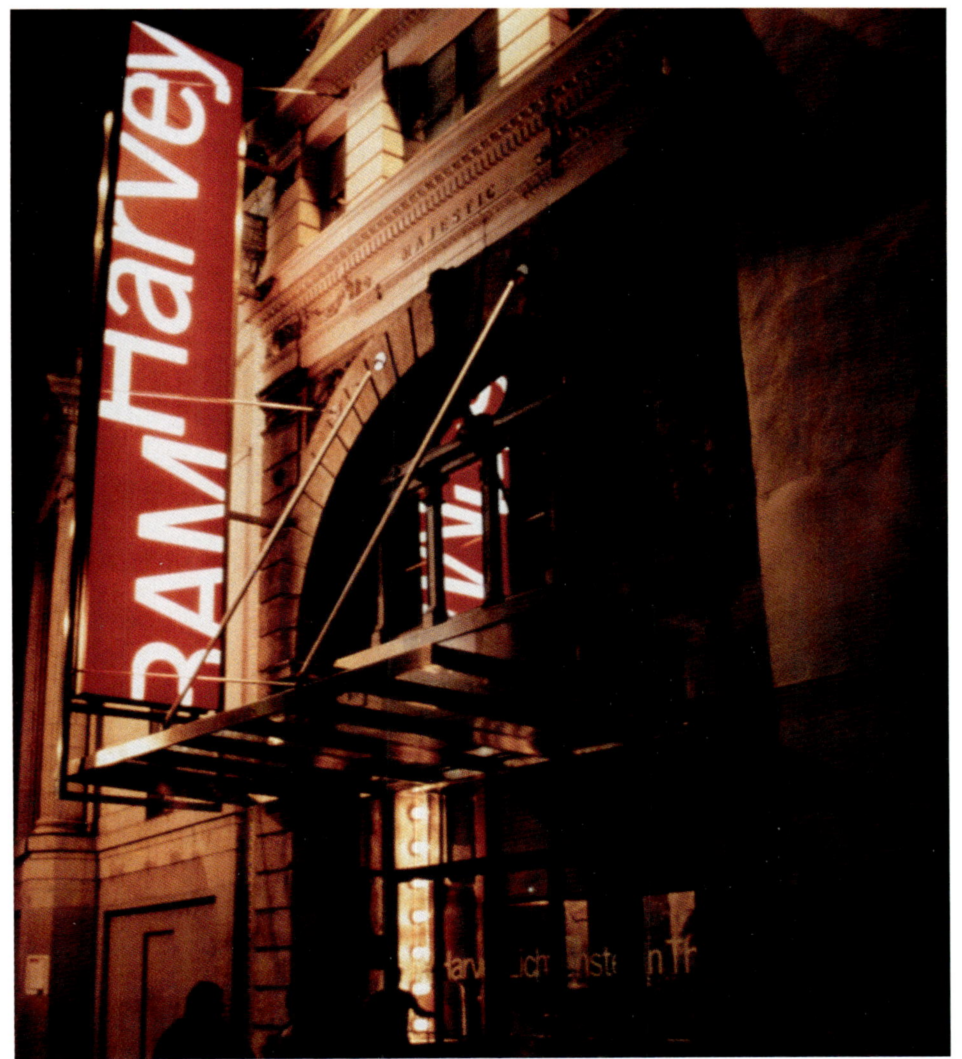

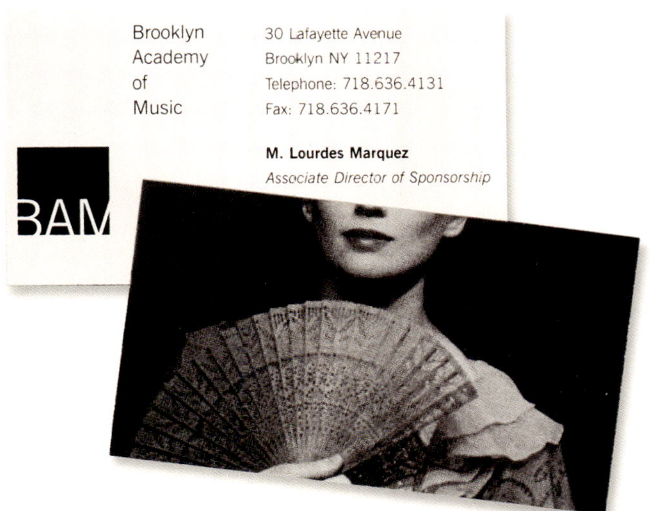

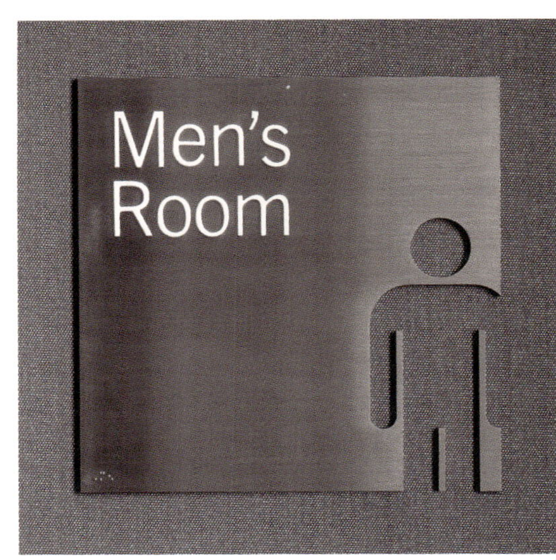

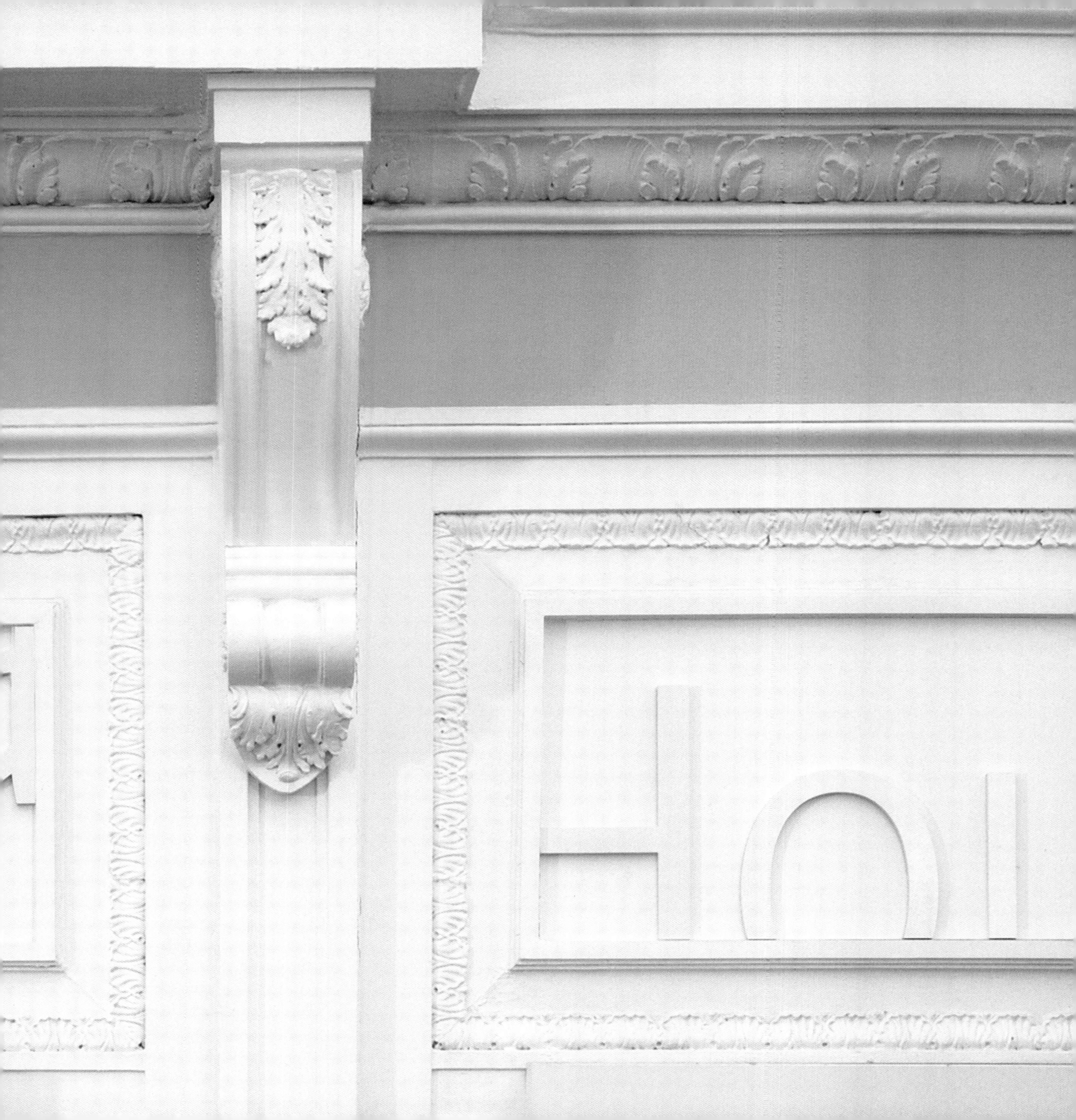

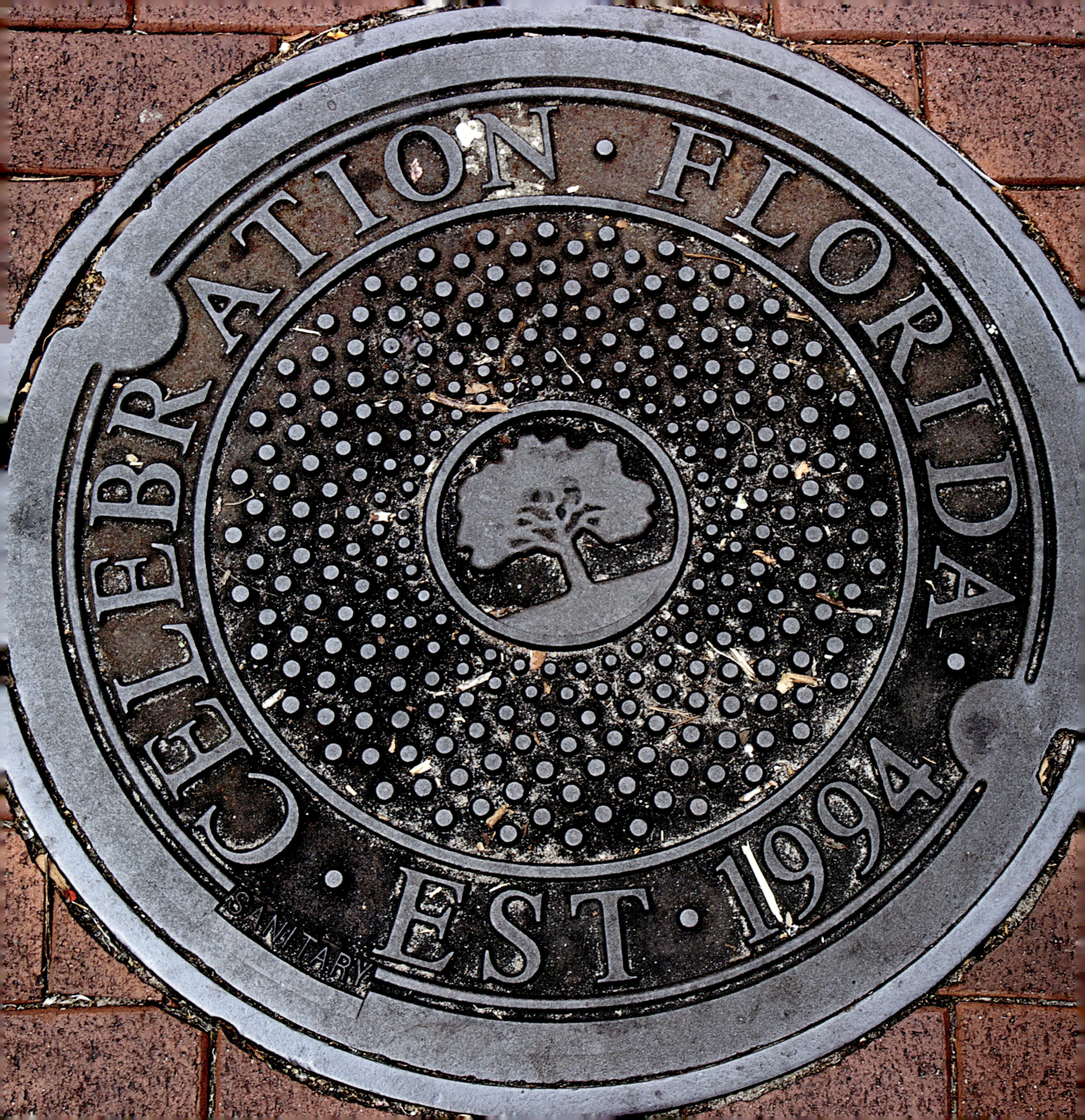
CELEBRATION · FLORIDA ·
· EST · 1994
SANITARY

Wie man einen Ort schafft, der schon immer da war

Celebration, Florida

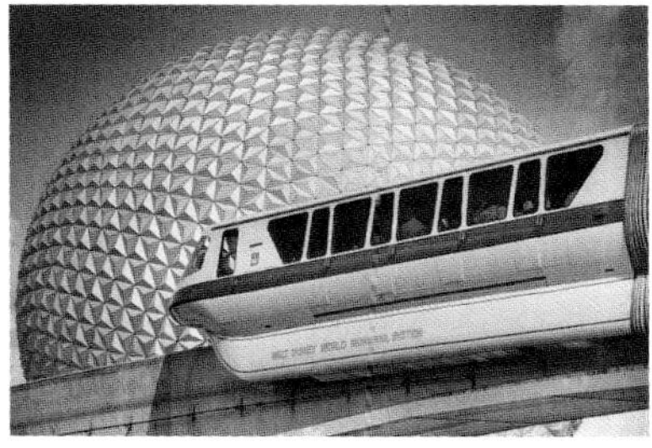

Links
Unser Gestaltungskonzept für Celebration wurde überall angebracht und umgesetzt, sogar an Orten und Gegenständen, die man leicht übersieht wie Kanaldeckel.

Oben
Walt Disneys ursprünglicher Traum bestand darin, mitten in Florida ein futuristisches Utopia zu erschaffen. Der Themenpark hieß am Anfang »Experimental Prototype Community of Tomorrow« (EPCOT) und wurde 1982 eröffnet. Zwölf Jahre später entstand das Städtchen Celebration - es wurde auf vollkommen andere Theorien gebaut.

Fährt man in Florida auf dem Interstate Highway Nummer 4 und verlässt ihn auf der Route 192, um am Ende hinter dem langen weißen Zaun nach rechts abzubiegen, dann landet man in einer anderen Welt: Häuser von gestern mit ausladenden Veranden säumen die Straße auf kleinen Grundstücken. Der Ortskern ist geprägt von Geschäften entlang einer Hauptstraße. Parks und Schulen in fußläufiger Nähe. Das Leben hier ist vollkommen anders als in der Welt der Parkhäuser und der Einkaufszentren, die heutzutage überall in dieser Gegend – und im Land – üblich sind. Dabei ist dieses Örtchen gar nicht älter als zwanzig Jahre. Willkommen in Celebration!

In den frühen Neunzigerjahren entschied die Walt Disney Company, auf rund 2000 Hektar etwas ganz Neues zu wagen: eine echte kleine Stadt zu bauen. Das Areal hatte der Konzern in der Nähe seines schon bestehenden Themenparks Walt Disney World gekauft. Vorstand Michael Eisner, der sich sehr für Design interessierte, verpflichte die Architekten Robert A.M. Stern und Jaquelin Robertson, Pläne für das Projekt zu entwerfen. Ihr Vorschlag glich einem großräumigen Experiment im Stil des »New Urbanism«, ein Konzept, das kleinteilige und gemischt genutzte Siedlungen vorsieht, die Kleinstädten vor hundert oder mehr Jahren ähneln. Inmitten der traditionellen Wohnhäuser entstanden öffentliche Gebäude von einigen der weltweit berühmtesten Architekten: ein Rathaus von Philip Johnson, ein Postamt von Michael Graves oder eine Bank von Robert Venturi und Denise Scott Brown.

Unsere Aufgabe bestand darin, alle grafischen Elemente von Celebration zu entwerfen: die Schilder für Straßen oder Geschäfte, die Markierungen an den Löchern auf dem Golfplatz und sogar das Relief der Gullideckel. Dabei fiel mir wieder auf, wie kniffelig es sein kann, als Gestalter Authentizität herzustellen. Schließlich arbeitet man nicht an einem Experiment in einem Labor, sondern man soll Ideen und Konzepte für das wahre Leben vermitteln. Das setzt voraus, eine allgemein verständliche Sprache zu sprechen und Gestaltungselemente so einzusetzen, dass sie von möglichst vielen Menschen begriffen und im Unterbewusstsein gespeichert werden. Die Rede ist wieder einmal von Schriftarten, Farben, Bildern. Es hat ja einen Grund, warum Schilder etwa an einem Flughafen eine andere Anmutung besitzen müssen als an einer Straßenecke in einer Kleinstadt. Ein Gestaltungskonzept zu finden, mit dem ungefähr 7000 Menschen jeden Tag leben können, war nicht leicht. Unsere Herangehensweise war es, alles möglichst unauffällig in die Szenerie einzufügen.

Ich habe schon mit vielen idealistischen Kunden zusammengearbeitet. Doch keiner von ihnen ragte an das heran, was ich unter den Erfindern von Celebration erlebte. Wir halfen ihnen hinter dem weißen Zaun eine neue Welt zu erschaffen – und es war aufregend! Heute ist das Städtchen nicht mehr so neu. Und je mehr es in die Jahre kommt, desto mehr mag ich es.

Unten
Städte haben keine Logos, sondern Wappen. Das »Celebration seal«, den meine Kollegin Tracey Cameron gestaltete, sollte den Geist einer typischen amerikanischen Kleinstadt ausstrahlen. Es wurde sogar zum Ziffernblatt einer Uhr, auf dem einmal pro Minute ein Hund (Sekundenzeiger) das Mädchen auf dem Fahrrad überholt (Minutenzeiger).

Rechts und rechte Seite
Unsere Entwürfe mussten den Ansprüchen namhafter Architekten gerecht werden, zum Beispiel Robert A.M. Stern, Robert Venturi und Denise Scott Brown, Cesar Pelli, Michael Graves oder Philip Johnson. Ich schätze, es war ein glücklicher Zufall, dass der offizielle Schriftzug, den wir für Celebration empfohlen hatten, auch auf einen Architekten zurückführte: Die Schrift Cheltenham wurde 1896 von Bertram Goodhue entworfen. Zeitlos ohne dabei verschnörkelt oder überladen zu sein, wirkt sie in allen möglichen Größen und Schnitten. Wir benutzten sie für nahezu alles, wie man sieht: kleine Schilder, große Schilder. Sie bildet sogar einen Zaun um eine Eiche mit einem Umfang von mehr als 12 Metern, die am Eingang der Gemeinde steht.

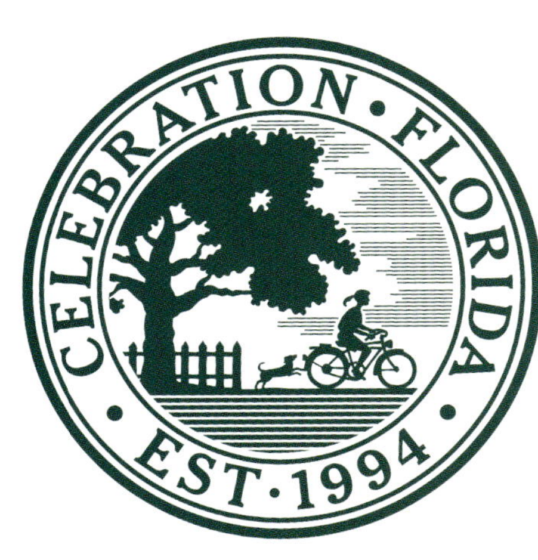

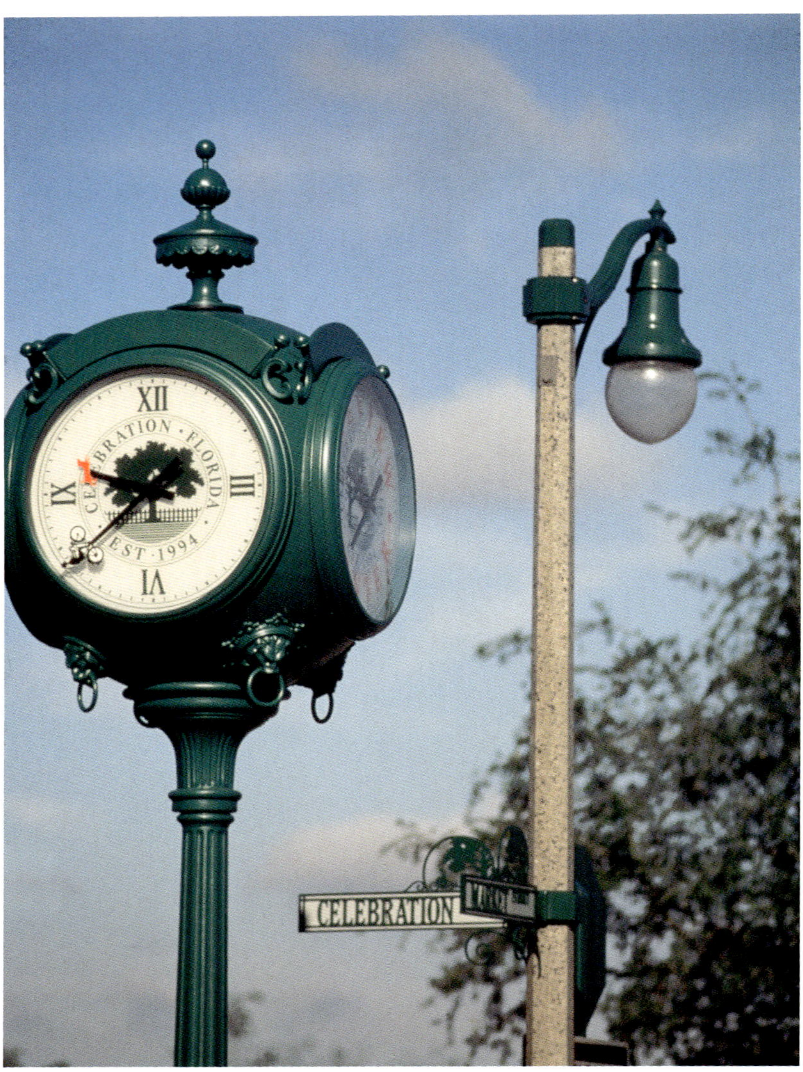

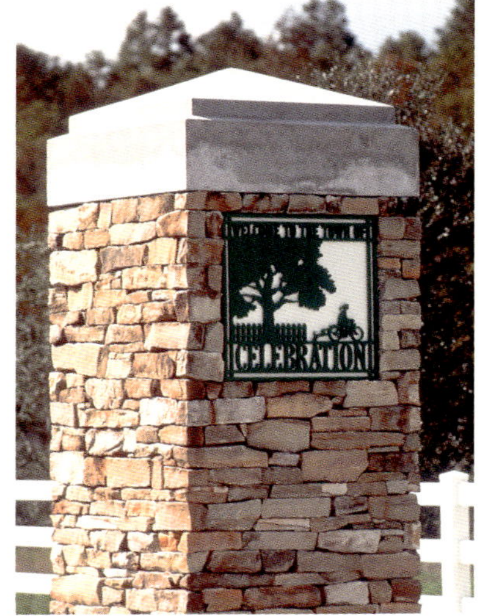

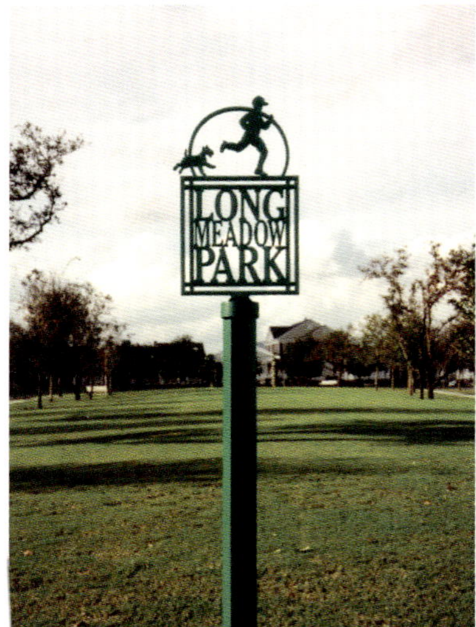

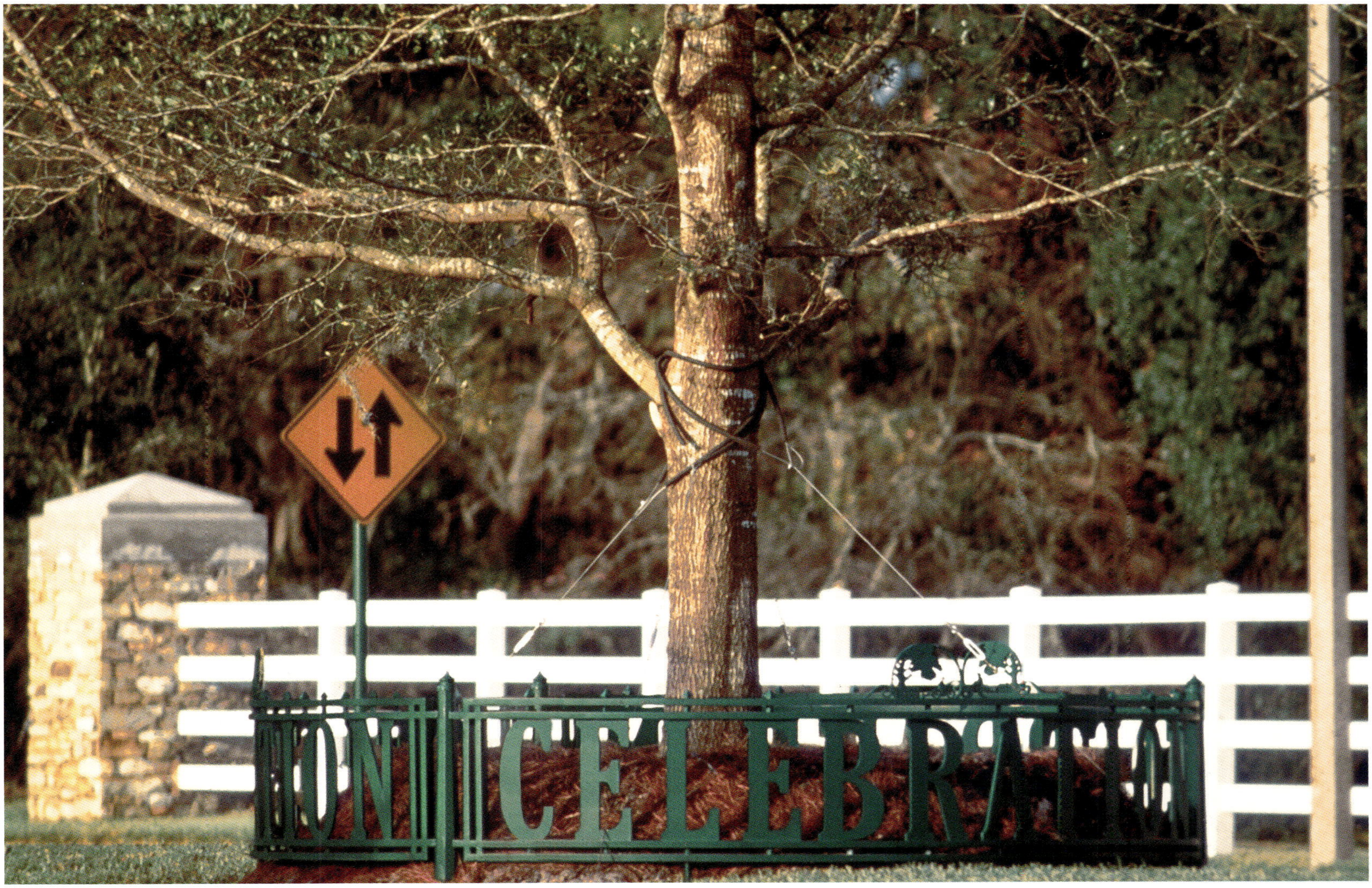

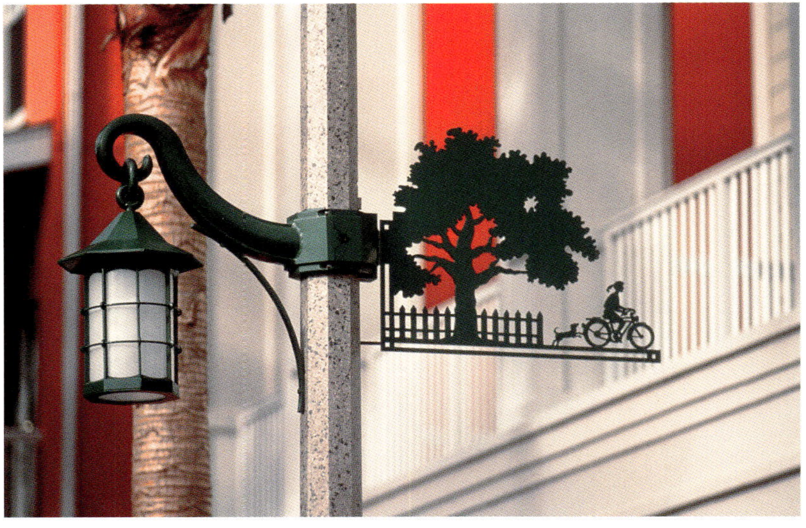

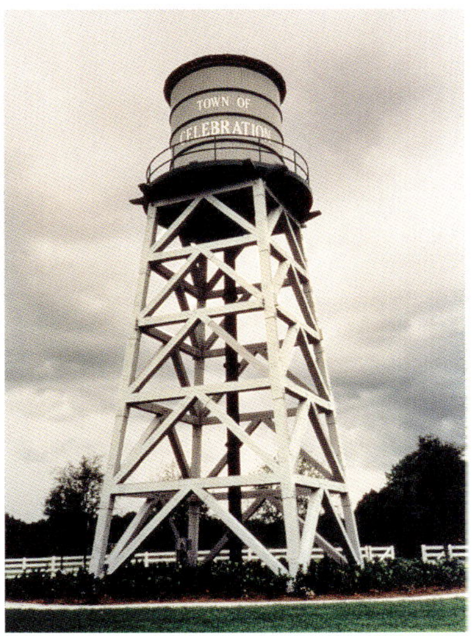

TOWN OF

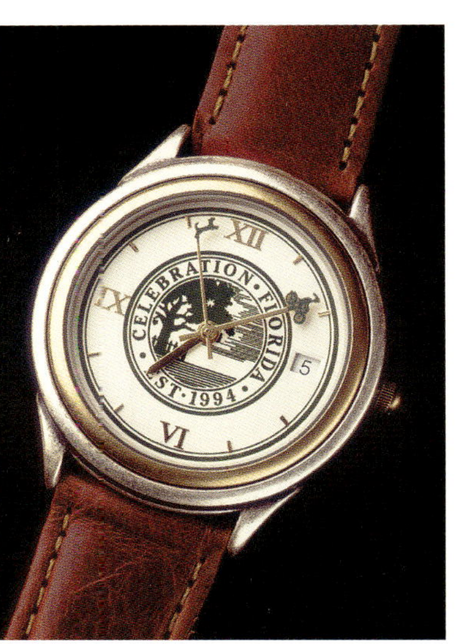

CELEBRATION · FLORIDA
EST · 1994

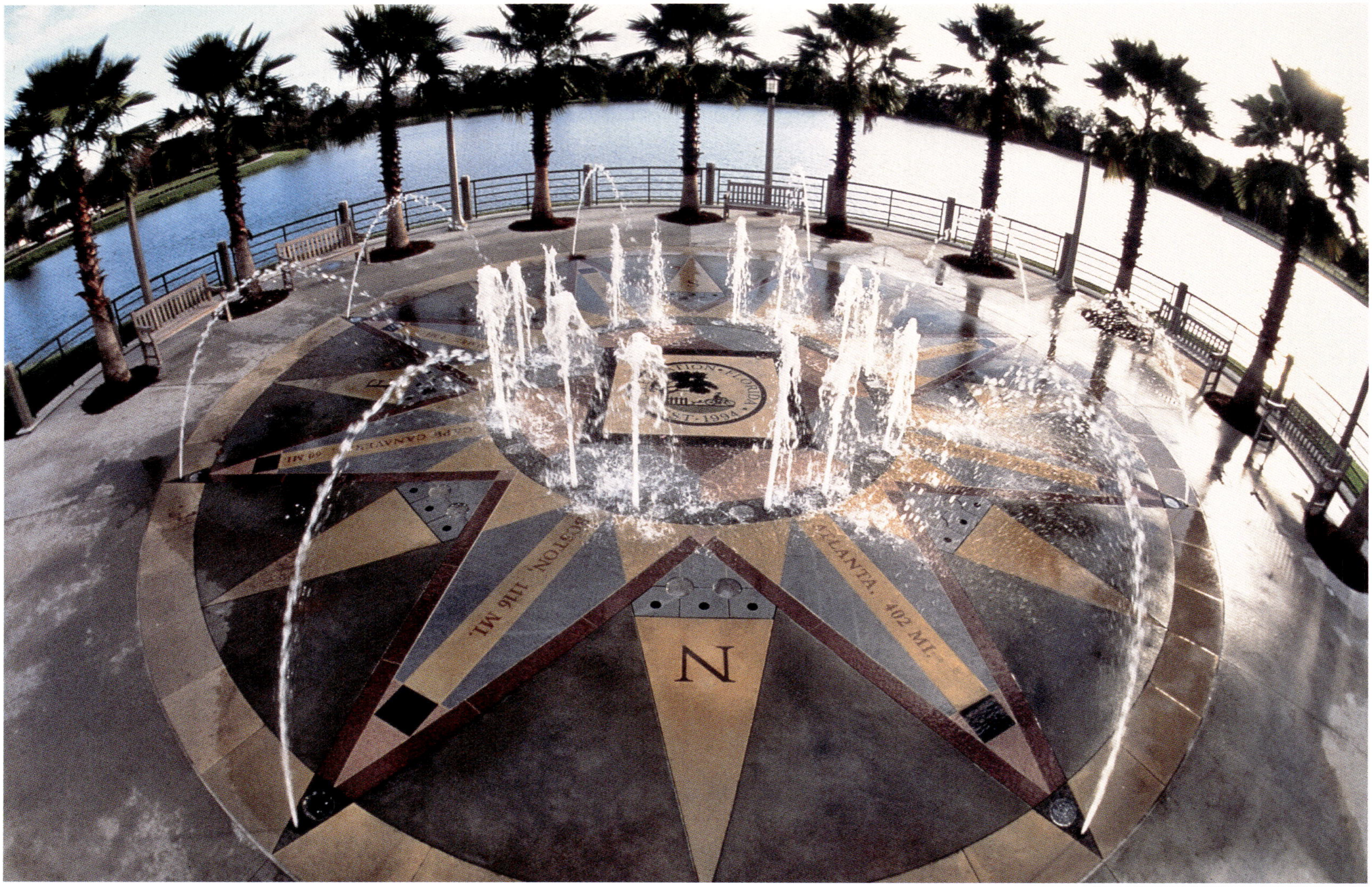

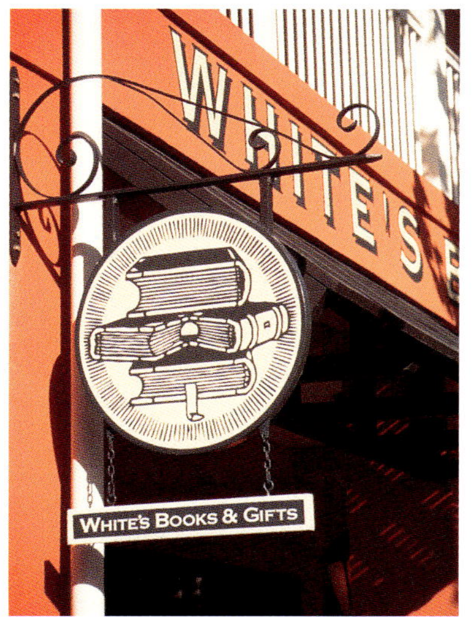
WHITE'S BOOKS & GIFTS

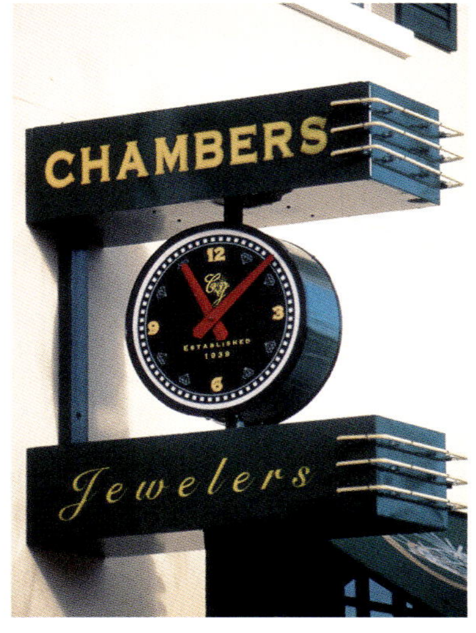
CHAMBERS
Jewelers

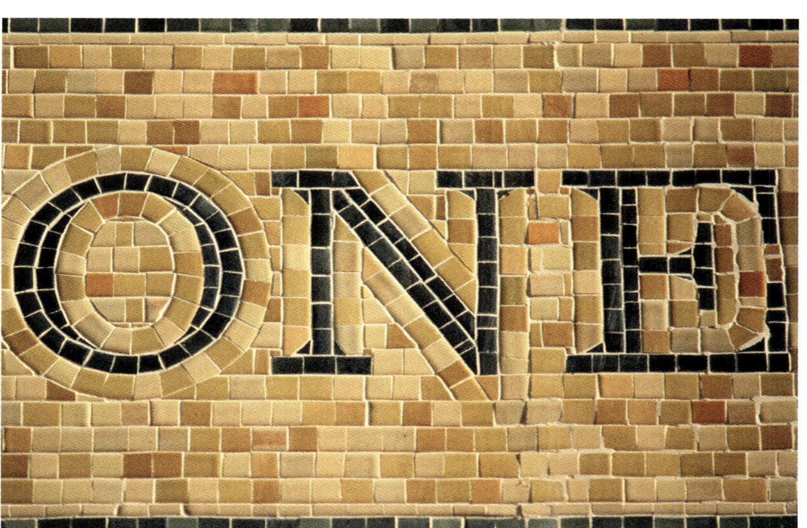
ONE

Linke Seite oben
Unsere Entwürfe umfassten auch das Design eines Brunnens im Einkaufsviertel von Celebration. Der Kompass soll die Verbindung der Gemeinde mit dem Rest der Welt symbolisieren.

Linke Seite unten
Die Schilder der Geschäfte in Celebration sind Ausdruck für das zusammenhängende Konzept des Städtchens. Während Straßennamen und Kanaldeckel einheitlich gestaltet wurden, bemühen Geschäfte die Geschichte landestypischer Beschilderungen: von Gusseisen über Neonröhren bis hin zu Mosaiken.

Oben rechts
Das Kino von Celebration, eine zeitgenössische Interpretation der Amerikanischen Moderne von Cesar Pelli, ist zu einem Wahrzeichen von Celebration geworden. Es trägt den Namen der Stadt auf seinen Masten.

Unten rechts
Das Abzeichen des Golfclubs zu entwerfen war erheblich schwieriger als das Stadtwappen von Celebration. Es dauerte etwas bis ich verstand warum: Unsere Kunden waren schließlich keine Fahrrad fahrenden Mädchen mit Pferdeschwanz, sondern begeisterte Golfer. Sie ließen es sich nicht nehmen, während unserer Termine ihre besten Schwünge zu demonstrieren und endlos an der Silhouette der Figur zu feilen.

Nächste Doppelseite
Ironischerweise hat das Städtchen, das alte Siedlungsstrukturen mit einer Durchgangsstraße preist und in die Gegenwart holt, keine »Main Street«. Anstatt dessen heißt die zentrale Hauptstraße »Celebration Avenue«.

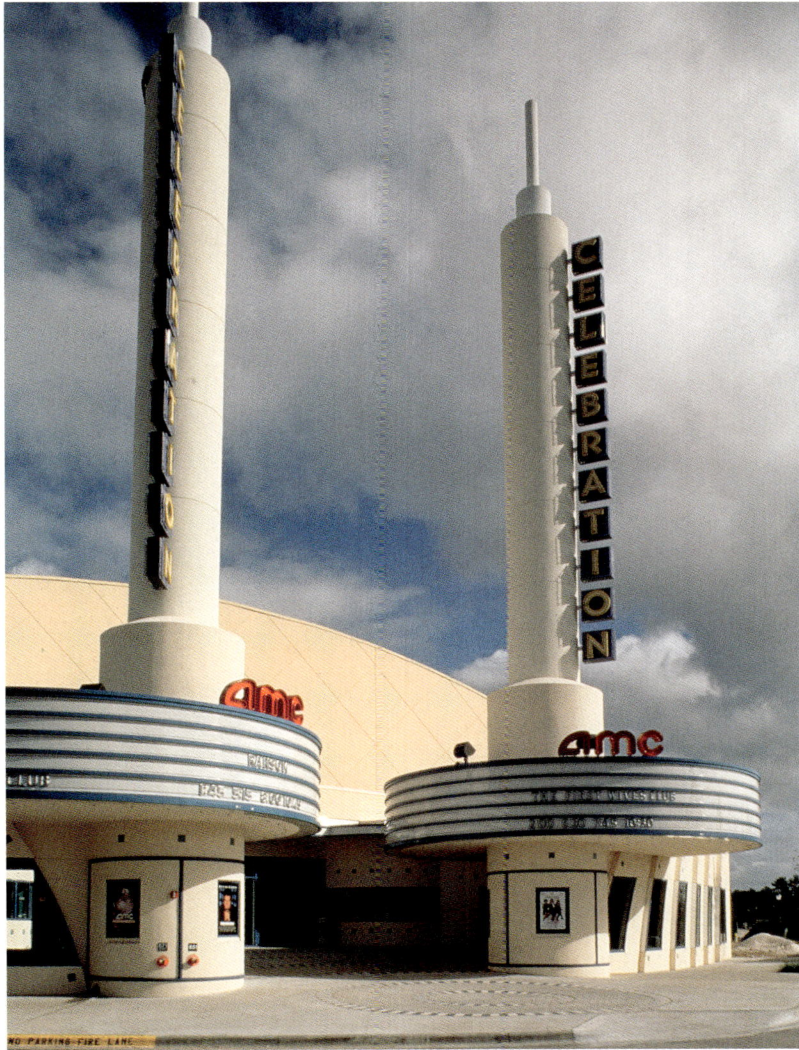

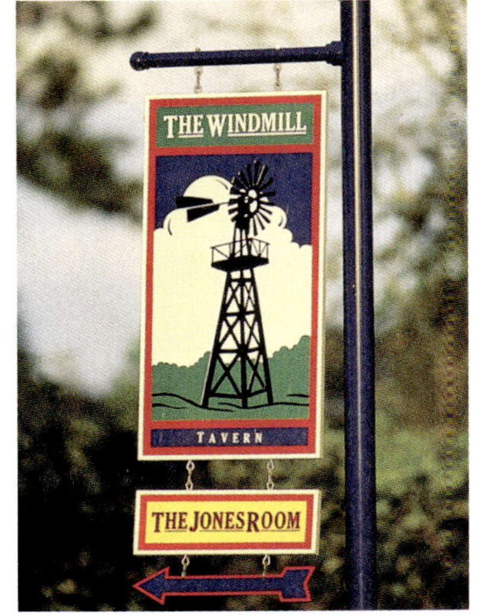

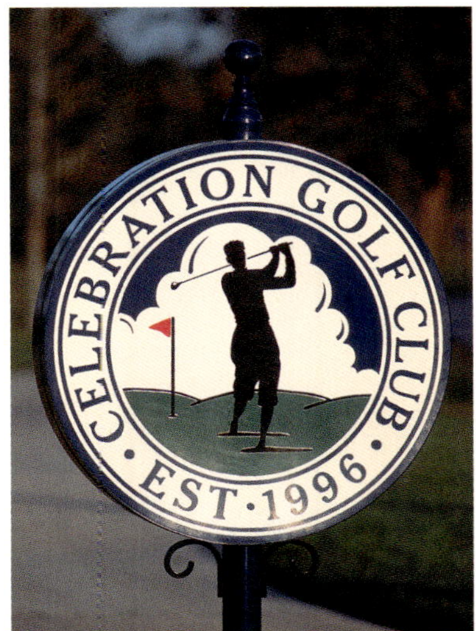

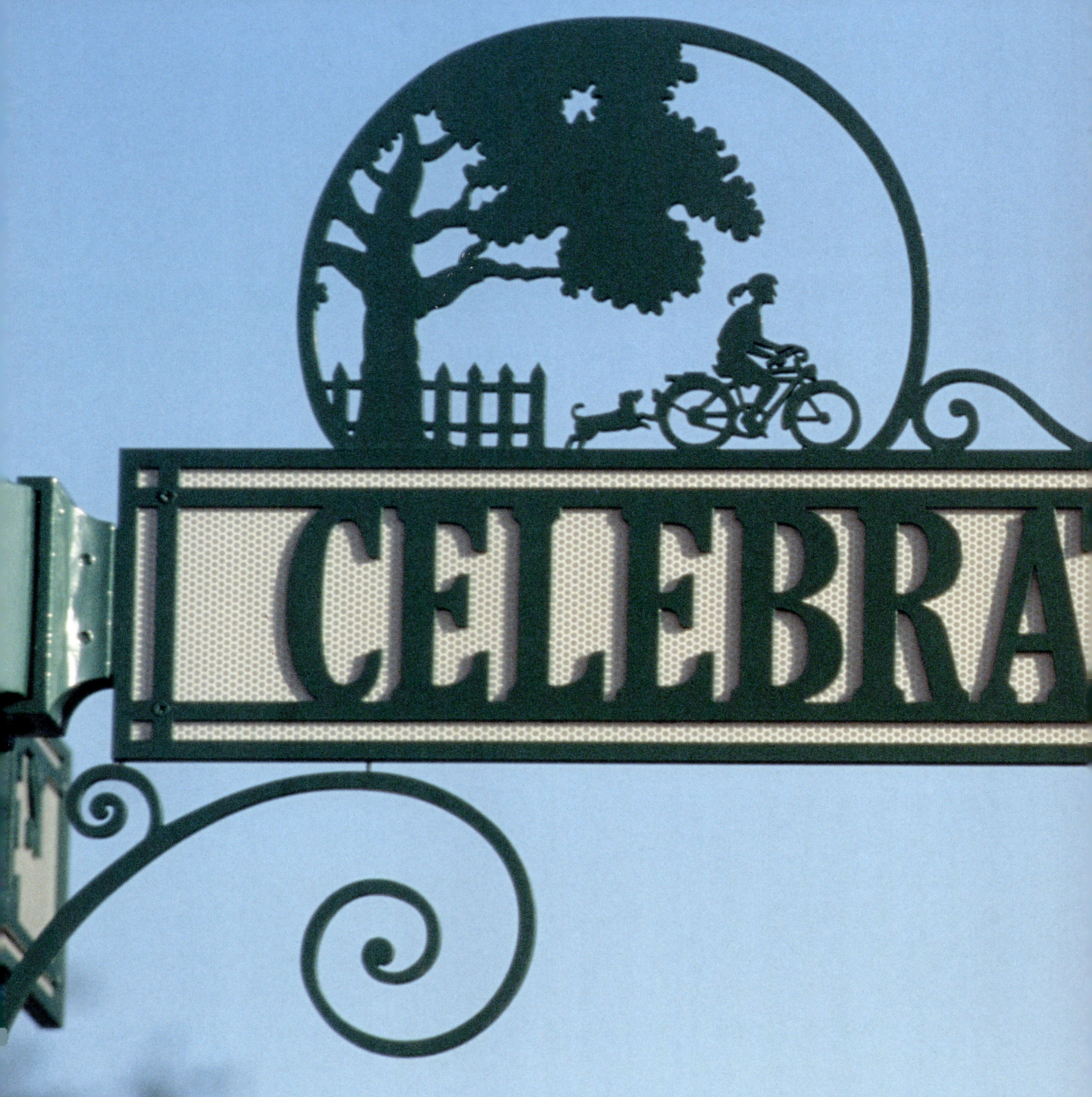
CELEBRA

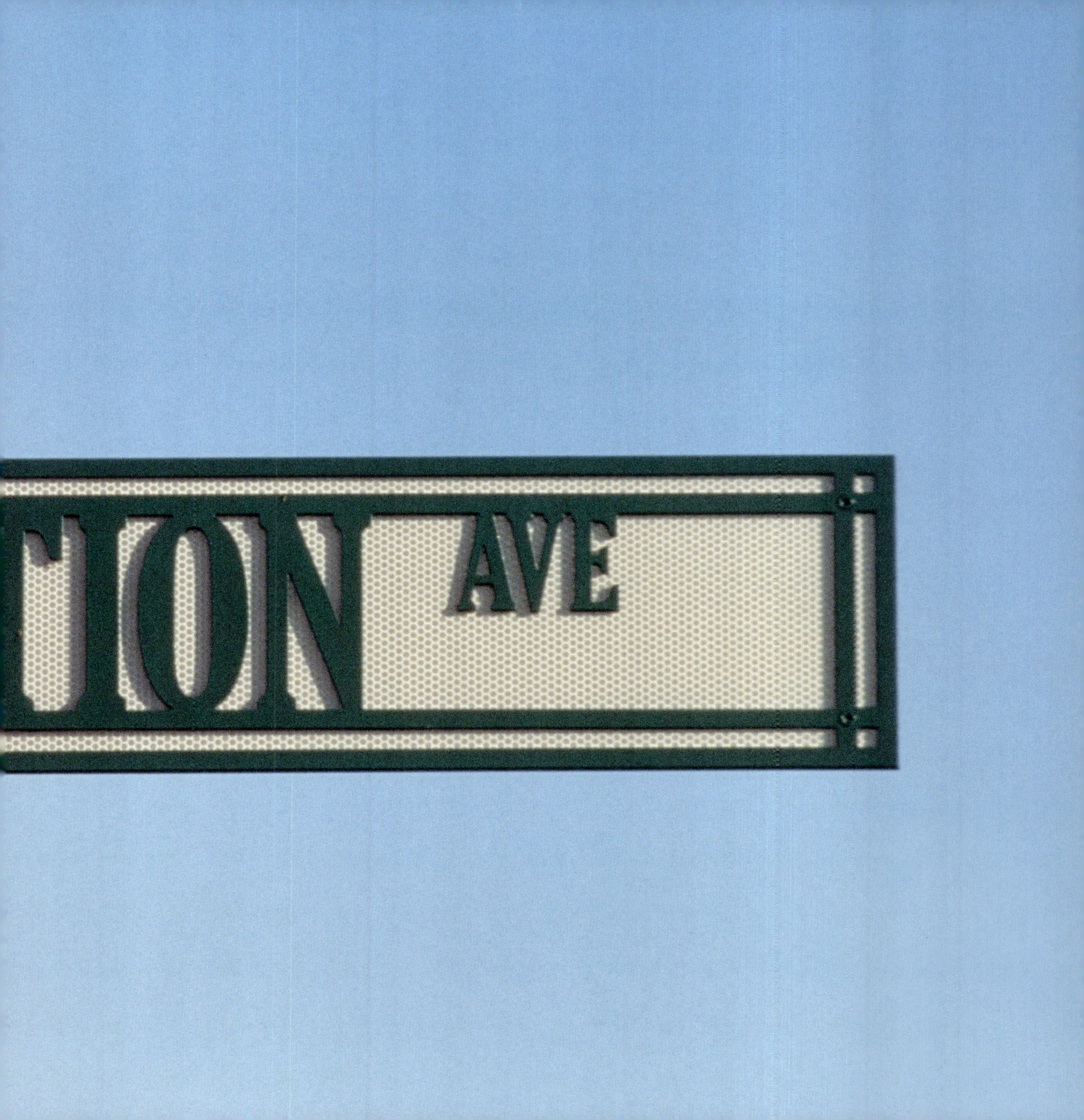

TION AVE

PARALLAX

Wie man ohne Honorar arbeitet

Parallax Theater

Linke Seite
Victor D'Altorios Theatertruppe hieß Parallax. Ich habe ihn nie gefragt, was der Name eigentlich bedeutet – und er fragte mich nie, warum ich das Logo in dieser Form entworfen habe.

Victor D'Altorio war der beste Schauspieler an meiner Schule. Er spielte in allen Stücken, die aufgeführt wurden, und wenn nicht in der Hauptrolle, dann wenigstens in einer schmissigen: Captain Hook in *Peter Pan*, Boris Kolenkhov in *You Can't Take It with You*, Malvolio in *Twelfth Night*. Und ich machte immer die Poster dazu.

Nach der Schule und dem College kam Victor auf der Suche nach Arbeit nach New York. Auch ich ließ mich damals hier nieder, um meine Karriere als Gestalter zu beginnen. Es dauerte nicht lange, bis mein Telefon klingelte. In der Leitung war Victor: »Hey, Mike?« (Nur meine Familie und meine ältesten Freunde nennen mich heute noch Mike.) »Wir arbeiten an einem Stück. Hast Du Lust, unser Poster zu entwerfen?« Selbstverständlich hatte ich Lust! Dann erwähnte er noch, dass seine Truppe nicht viel Geld habe. Und ich gab ihm zu verstehen, dass die Zusammenarbeit daran nicht scheitern würde. Victor erlebte in seinem Leben nie einen Durchbruch als Schauspieler. Aber er entwickelte sich zu einem hochgeschätzten Schauspiellehrer. Gelegentlich arbeitete er auch als Regisseur, zuerst in New York, dann in Chicago und schließlich in Los Angeles. Für jede seiner Produktionen habe ich ein Poster gestaltet, ohne jemals ein Honorar zu verlangen. Ich kenne die Argumente gegen Gratisarbeit von kreativen Menschen. Das Internet ist voll von Tiraden gegen die Ausbeutung von Designern und von Klagen über die Bedrohung unseres Berufsstands. Trotzdem liebe ich es, gratis zu arbeiten. Ich kann es mir leisten, und ich konnte auf diese Weise Victor unterstützen. Es war eine unausgesprochene Vereinbarung zwischen uns beiden.

Vor allem möchte ich betonen, dass es mir auch immer großen Spaß gemacht hat, für Victor zu arbeiten. Das lag zum einen daran, dass er sehr professionell war. Er konnte mir zum Beispiel in zwei Sätzen erklären, worum es in dem jeweiligen Stück ging. Außerdem musste ich mir keinen Text für seine Poster ausdenken, weil er ihn immer schon geschrieben hatte – und das in sehr brauchbarer und fehlerfreier Form. Darüber hinaus waren seine Erklärungen voller Leben und sehr inspirierend. Und wenn er meinen Entwurf erhalten hatte, erlaubte er sich eine Frage: »Wie darf ich Dir danken?« In besonderer Erinnerung habe ich Victors Aufrichtigkeit. Er hat mir nie irgendwelche Gegenleistungen versprochen, die er nicht halten konnte: dass er mir berühmte Schauspieler vorstellen und andere hochbezahlte Jobs vermitteln würde. Ich schätze, dass er als Schauspieler verstand, was viele Kunden nicht zu begreifen scheinen: dass die schönste Belohnung für einen kreativen Menschen ganz einfach darin besteht, einen guten Job machen zu dürfen. Jedes Mal, wenn ich einen Anruf bekam und »Hey, Mike?« hörte, wusste ich, dass ich wieder eine Gelegenheit hatte, mein Bestes zu geben.

Leider werde ich diese Anrufe nie mehr bekommen. Victor starb, viel zu jung, im Jahr 2009.

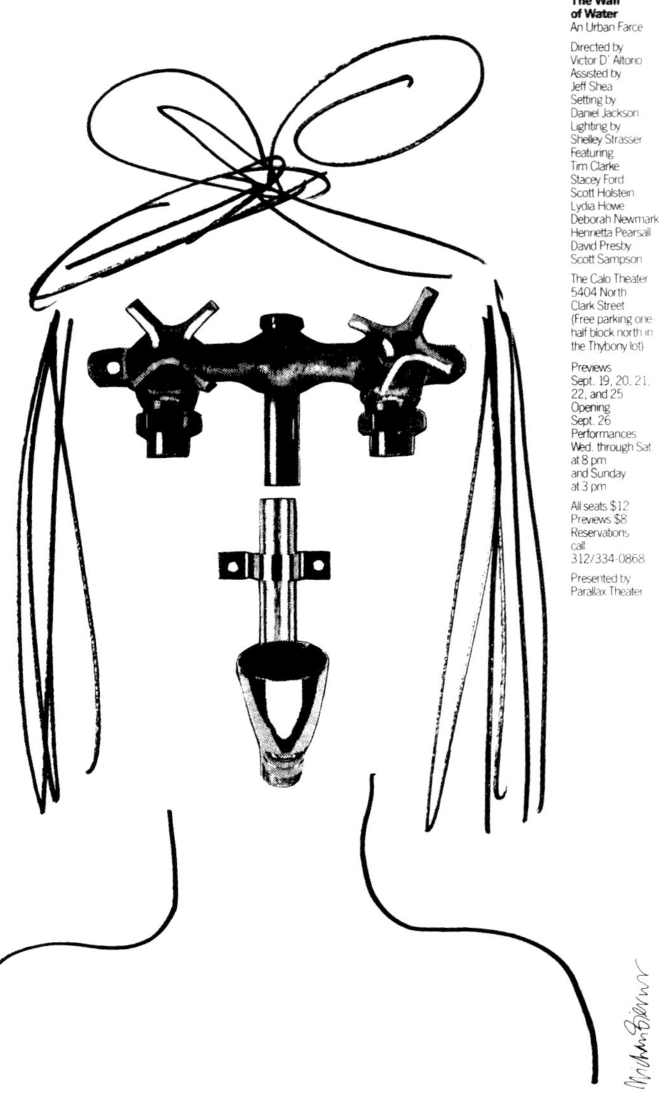

Oben
The Wall of Water ist eine Komödie über vier Zimmergenossinnen, die in einem kleinen Apartment mit einem Badezimmer leben und die sich gegenseitig in den Wahnsinn treiben. Die Schwierigkeit lag für mich darin, eine visuelle Verbindung zwischen den Psychen der Frauen und den Rohren in ihrem Bad herzustellen.

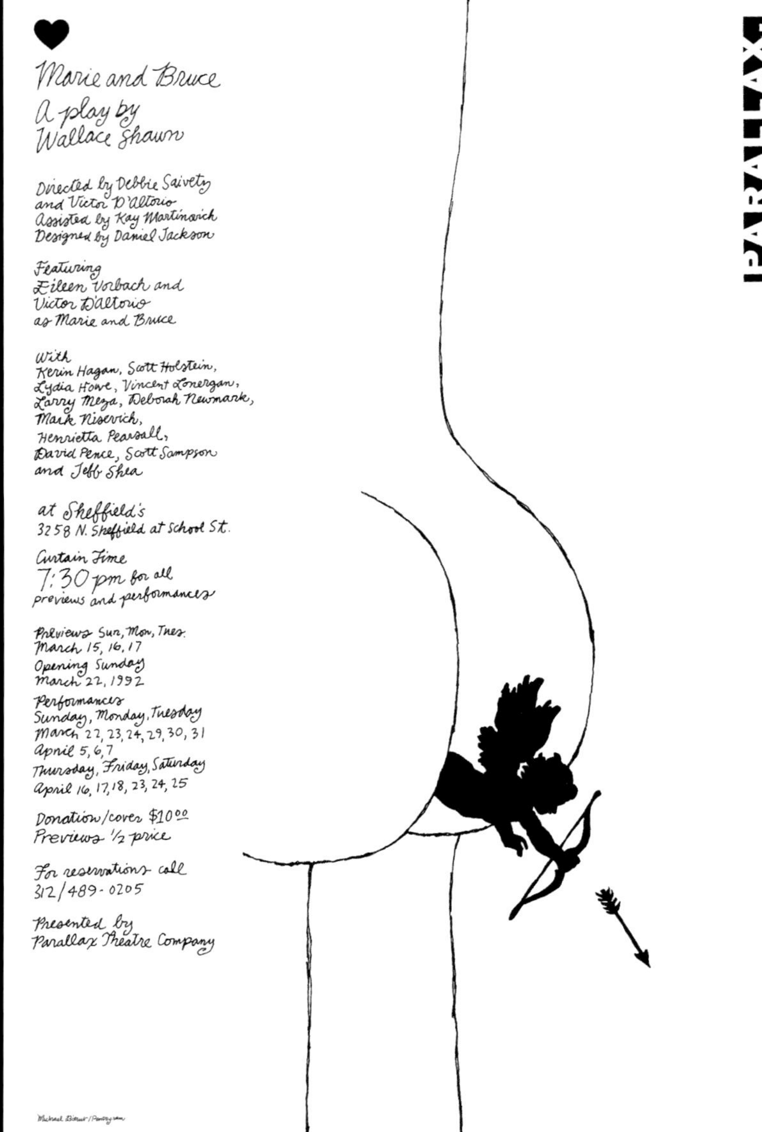

Oben
Wallace Shawns Theaterstück *Marie and Bruce* ist vielleicht die lustigste, böseste und zugleich unflätigste Beschreibung einer zerrütteten Beziehung, die es für die Bühne gibt. Viele Jahre lang hing dieses Poster in einer Toilette unserer Agentur Pentagram.

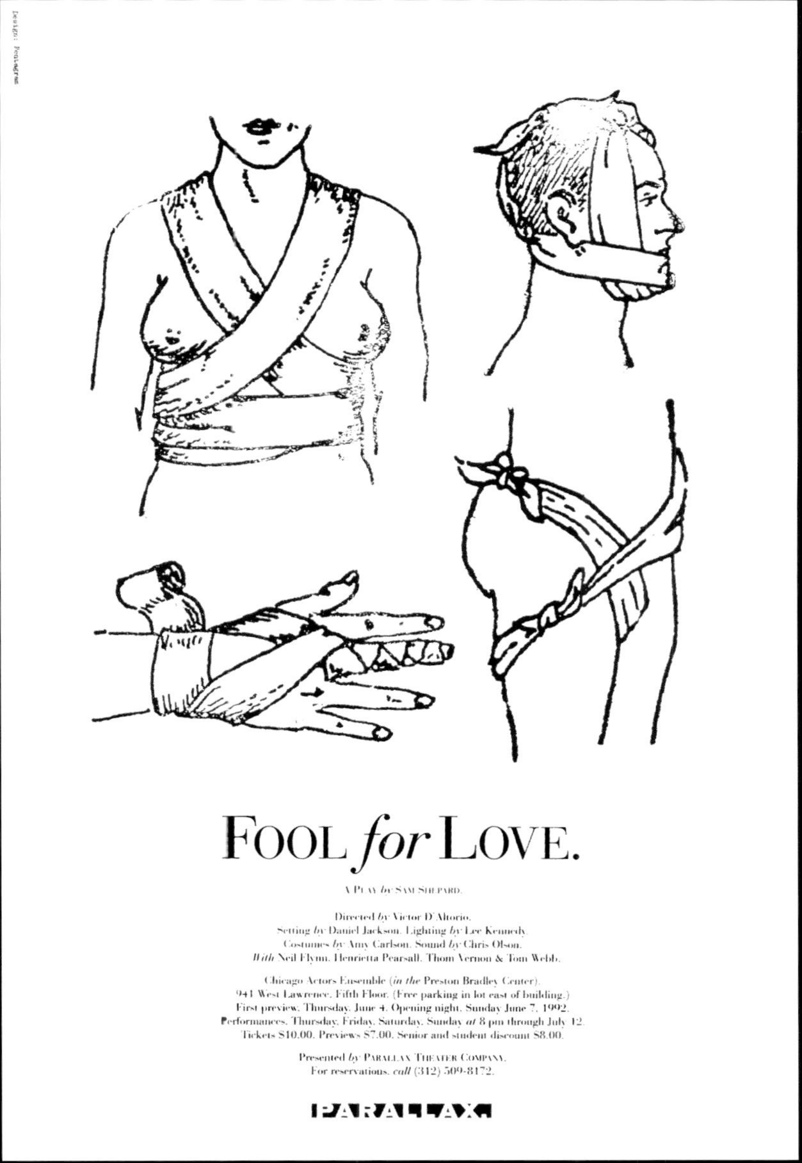

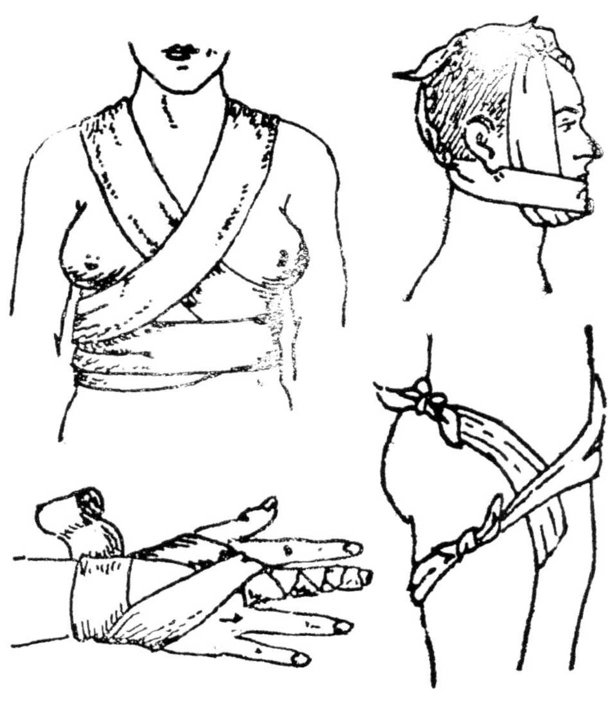

FOOL *for* LOVE.

A PLAY *by* SAM SHEPARD.

Directed *by* Victor D'Altorio.
Setting *by* Daniel Jackson. Lighting *by* Lee Kennedy.
Costumes *by* Amy Carlson. Sound *by* Chris Olson.
With Neil Flynn, Henrietta Pearsall, Thom Vernon & Tom Webb.

Chicago Actors Ensemble (*in the* Preston Bradley Center).
941 West Lawrence, Fifth Floor. (Free parking in lot east of building.)
First preview, Thursday, June 4. Opening night, Sunday June 7, 1992.
Performances, Thursday, Friday, Saturday, Sunday *at* 8 pm through July 12.
Tickets $10.00. Previews $7.00. Senior and student discount $8.00.

Presented *by* PARALLAX THEATER COMPANY.
For reservations, *call* (312) 509-8172.

PARALLAX.

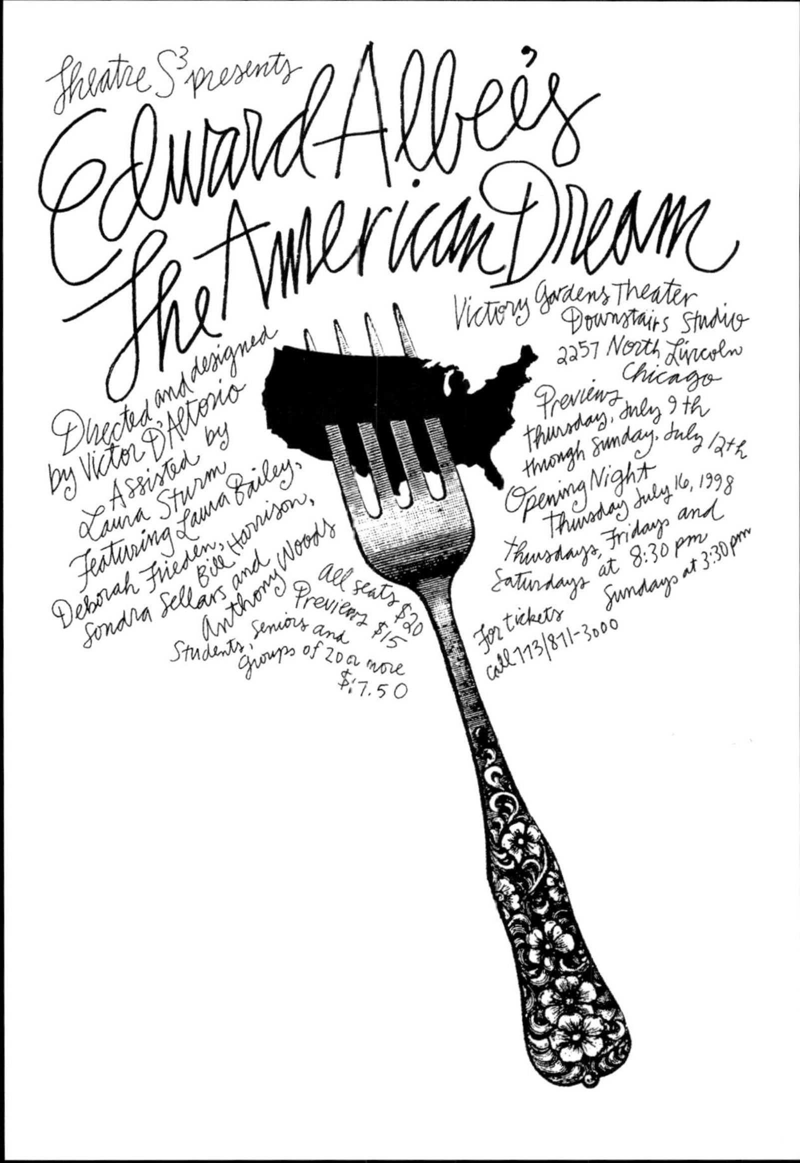

Theatre S3 presents
Edward Albee's
The American Dream
Victory Gardens Theater
Downstairs Studio
2257 North Lincoln
Chicago
Directed and designed
by Victor D'Altorio
Assisted by
Laura Sturm
Featuring Laura Bailey,
Deborah Frieden, Bill Harrison,
Sondra Sellars and Anthony Woods
All seats $20
Previews $15
Students, Seniors and
Groups of 20 or more
$17.50
Previews
Thursday, July 9th
through Sunday, July 12th
Opening Night
Thursday July 16, 1998
Thursdays, Fridays and
Saturdays at 8:30 pm
Sundays at 3:30 pm
For tickets
call 773/871-3000

Oben
Es muss einen Grund dafür gegeben haben, dass sich Victor in vielen seiner Produktionen mit kaputten und selbstzer- Gefallen daran, die Spannung zwischen dem Namen und der bitteren Unmenschlichkeit der Geschichte in meine Illustration einfließen zu

Oben
Wie viel perfide Zerstörungskraft in Amerikas Konsumzwang steckt, zeigt ein klassisches Theaterstück von Edward

Design by Pentagram

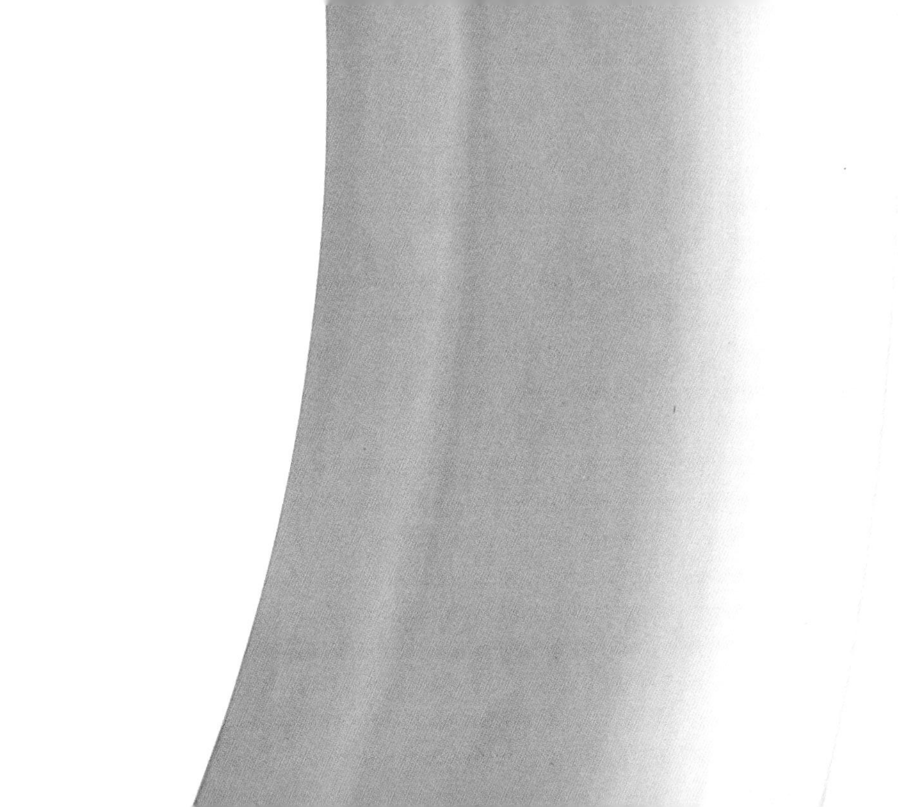

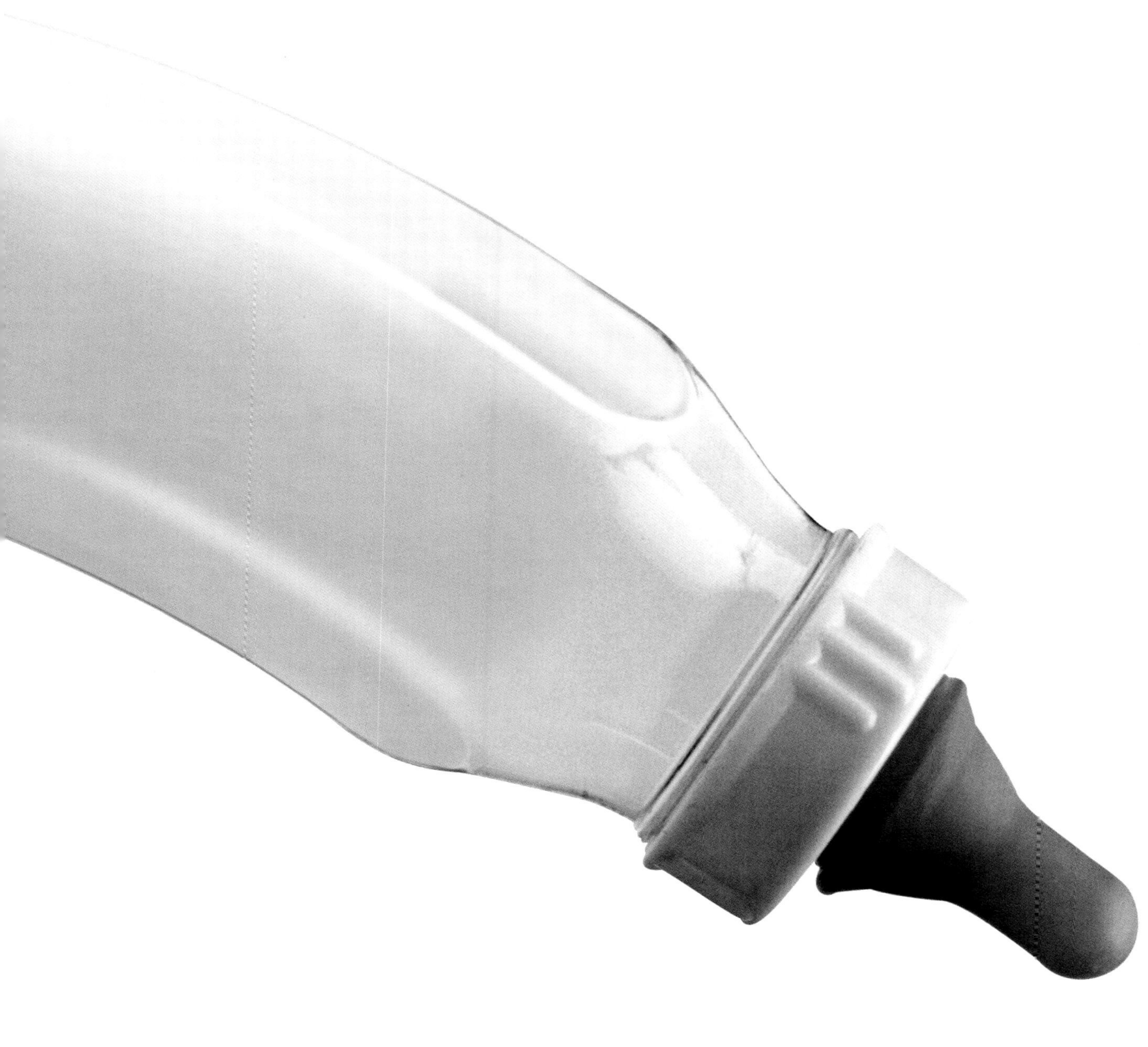

Parallax Theater presents

TheBabysitter

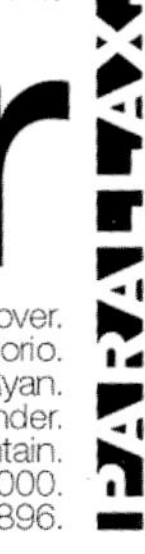

A short story by Robert Coover.
Designed and directed by Victor D'Altorio.
Adapted by Victor D'Altorio and Henrietta Pearsall. Lighting by Rand Ryan.
Performed by Keith Bogart, T. L. Brooke, Winifred Freedman, James C. Leary, John Eric Montana, Rhonda Patterson, Henrietta Pearsall & Darin Toonder.
McCadden Place Theater at 1157 North McCadden Place, one block east of Highland between Santa Monica and Fountain.
Thursdays, Fridays & Saturdays at 8pm. Previews Thursday, January 6,7,8,13. Opening night Friday, January 14, 2000.
All seats $20, previews $14. For tickets 323/960-7896.

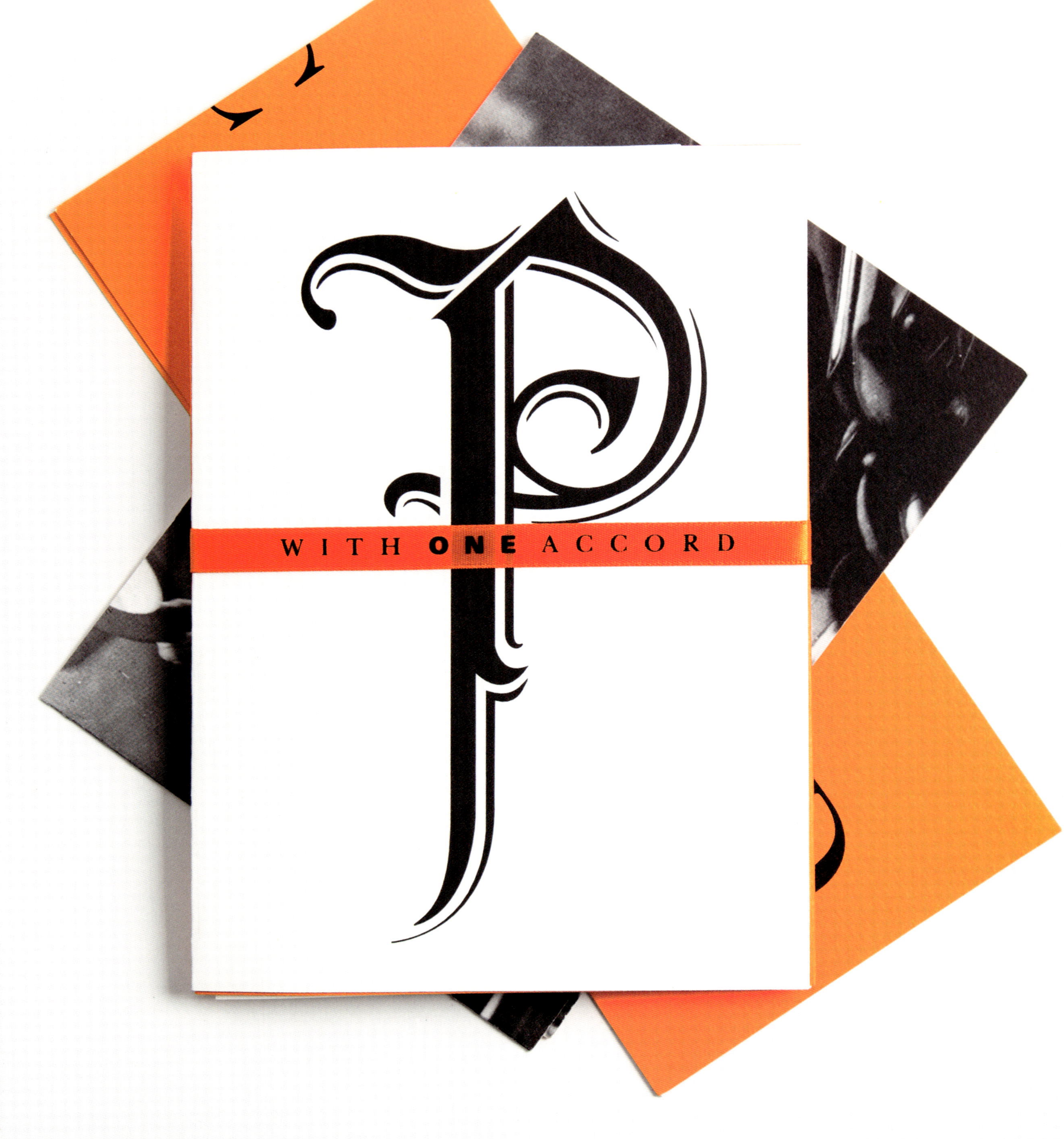
P
WITH ONE ACCORD

Wie man eine Milliarde Dollar locker macht

Princeton University

Eines Tages, als ich schon ein paar Jahre bei Pentagram tätig war, rief mich Jody Friedman an. Sie war früher einmal eine Kundin gewesen und hatte gerade ihren Arbeitsplatz gewechselt. Was sie nun machte, nannte sich »development communications«. Jodys neuer Arbeitgeber war ihre alte Universität in Princeton, und sie erklärte mir, dass man kurz davor sei, einen großen Spendenaufruf zu starten. Sie wollte wissen, ob ich bereit sei, zu helfen.

Ich hatte keine Ahnung, was »development communications« bedeutete und mit Spenden kannte ich mich auch nicht aus. Außerdem hatte ich noch nie einen Fuß auf das Gelände der Princeton University in New Jersey gesetzt. Geduldig erklärte mir Jody, was sie vorhatte und dass es darum gehe, andere Menschen um finanzielle Unterstützung zu bitten, die dem Angebot der Universität zugute kommen solle. Das machte mich noch nervöser. Ich war es gewohnt, meinen Lebensunterhalt genauso zu verdienen wie ein Handwerker: Der Kunde bittet mich um einen Teil meiner Zeit und Kenntnis; ich kalkuliere, wie viel das kostet; der Kunde stimmt zu; ich erledige die Arbeit; der Kunde zahlt. Die Vorstellung, Geld damit einzunehmen, dass man Menschen nur darum bittet, erschien mir äußerst fremd.

Insgeheim hatte ich große Bedenken mich auf etwas einzulassen, von dem ich nichts verstand. Auch schüchterte mich der Gedanke an all die außerordentlich schlauen Menschen ein, die ich mit Sicherheit in Princeton treffen würde. Ich versuchte also abzuwinken, doch Jody war hartnäckig – und sie überredete mich. Schon wenig später war ich ihr dafür dankbar, denn wieder einmal hatte ich erkannt, dass man sich auf Neues einlassen muss, um sich weiterzuentwickeln und um besser zu werden. Meine neue Kunden in Princeton führten mich auf sehr angenehme Weise in ihre Welt ein und halfen mir, das Wesen und den Zweck des Fundraising von Universitäten zu verstehen – und wir einigten uns rasch auf ein Thema und eine gestalterische Klammer für die Kampagne. Mein bisheriges Unwissen kam dem kreativen Prozess mit Sicherheit zugute. Da ich keine Erfahrung hatte und die oft ausgetrampelten Pfade mit ihren Floskeln und Ritualen nicht kannte, wie man gemeinhin um Geld bittet, gelang es mir, das Anliegen auf eine unvoreingenommene und frische Weise darzustellen. Das stieß am Ende auf viel Gegenliebe! Sicherlich half uns auch, dass es der Wirtschaft damals insgesamt sehr gut ging. Das Ziel des Aufrufs waren 750 000 Dollar gewesen. Gesammelt wurden am Ende unglaubliche 1,2 Milliarden Dollar!

Da man sich als Gestalter immer mit neuen Themen und Inhalten auseinandersetzen muss, habe ich auch in diesem Fall viel Neues über unsere Welt gelernt. Meine Projekte haben mich schon genauso in die Labors von Mikrobiologen wie in die Umkleiden von Fußballern geführt. Ich glaube, dass meine Ergebnisse immer dann am besten waren, wenn mich die Sache interessiert – und das Projekt noch mehr Interesse an der Sache geweckt hat. Ich würde mich deshalb generell als sehr interessierten Menschen beschreiben und darin auch die Voraussetzung für einen guten Gestalter sehen – selbst wenn einem ein Thema anfangs noch so fremd und unbekannt erscheinen mag.

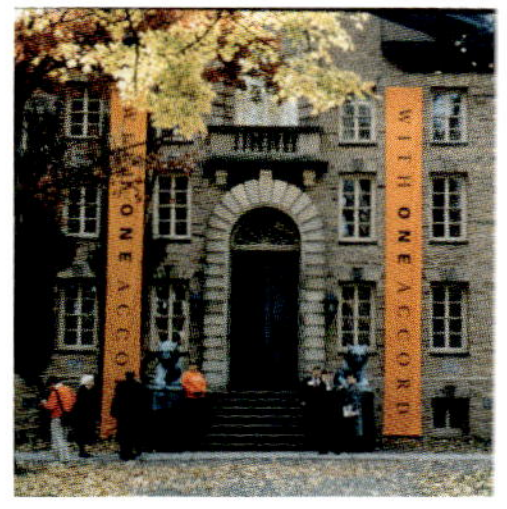

Linke Seite
Für ihre bislang größte Spendenkampagne bemühte die Universität in Princeton eine Zeile aus ihrer Hymne: »With One Accord«. Das bedeutet übersetzt: »Einstimmig« oder »für die gemeinsame Sache«. Genau darum ging es!

Oben
Zu Beginn der Kampagne erschien das Motto auf riesigen Fahnen in den traditionellen Farben Orange und Schwarz. Sie rahmten zum Beispiel die Nassau Hall, das älteste Gebäude auf dem Campus.

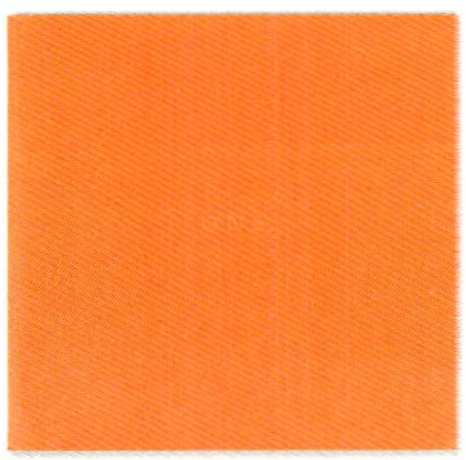

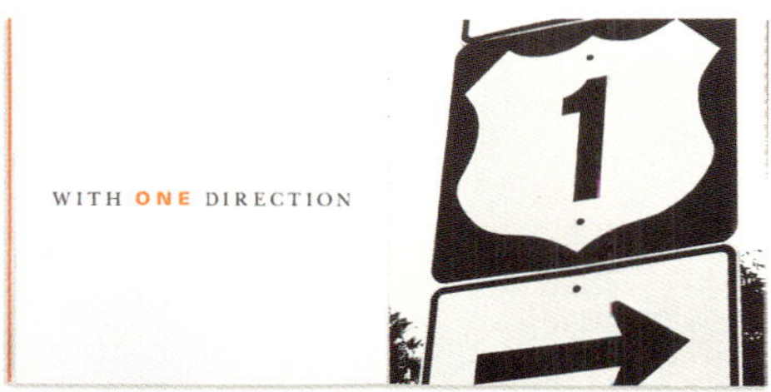

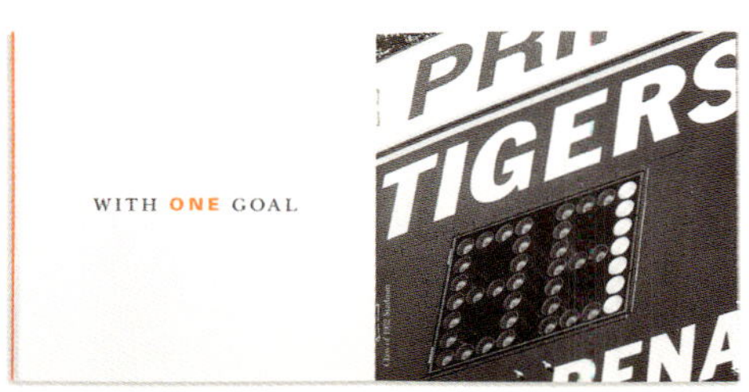

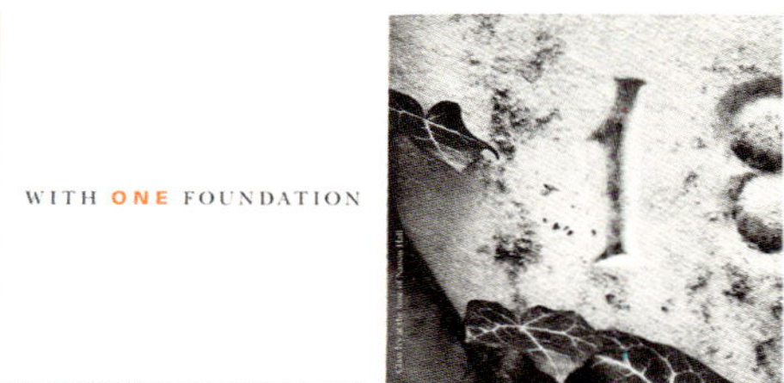

Oben
Ein kleines Buch, das meine Kollegin Lisa Cerveny gestaltet hatte, nahm das Kampagnenthema der »Einstimmigkeit« auf und stellte Objekte und Anspielungen auf »one«, also auf die Nummer Eins dar: Straßenschilder, Anzeigetafeln, Meilensteine.

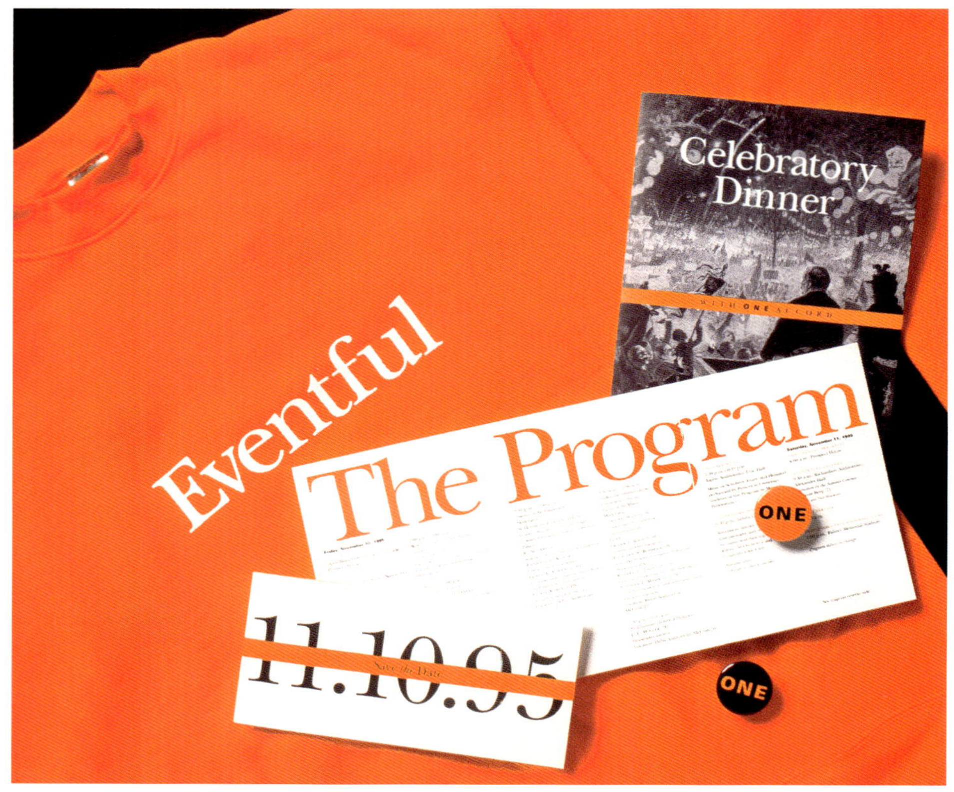

Oben
Das grafische Stilbuch für Princeton hatte Bill Drenttel, ein Kollege und ehemaliger Student der Universität, gemeinsam mit seinem Partner Stephen Doyle entwickelt. Als Hausschrift war darin Baskerville definiert.

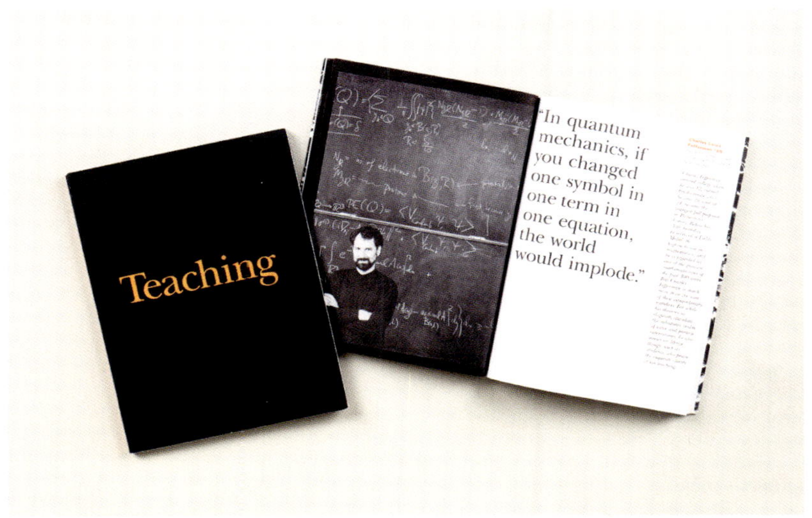

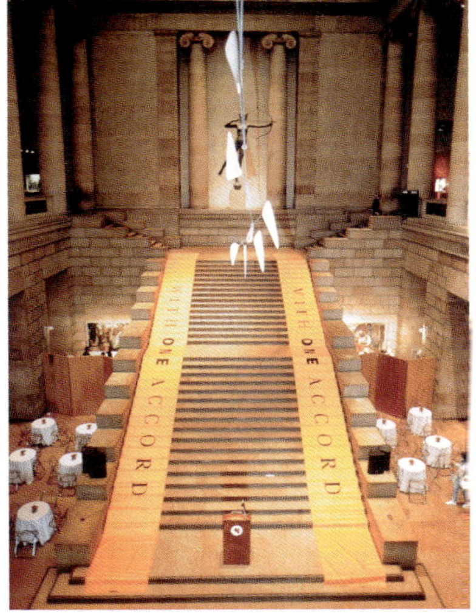

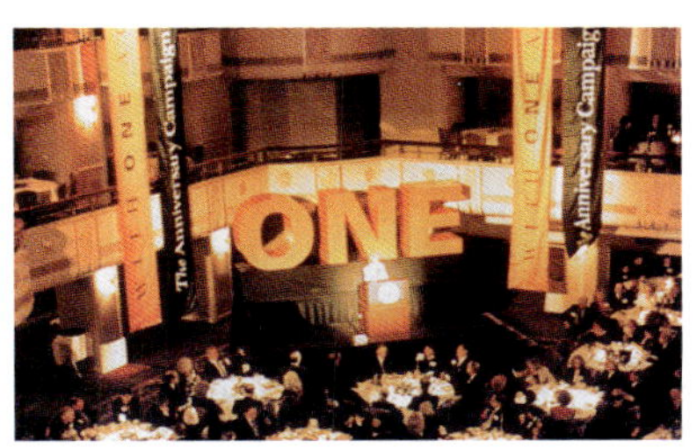

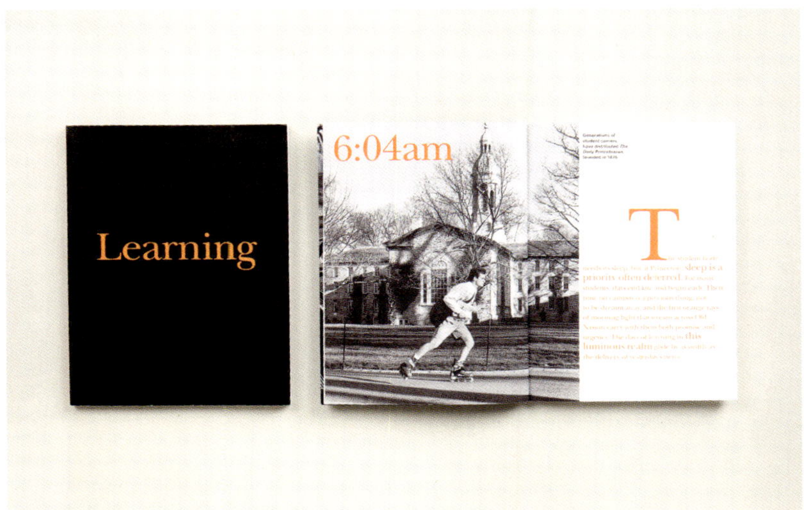

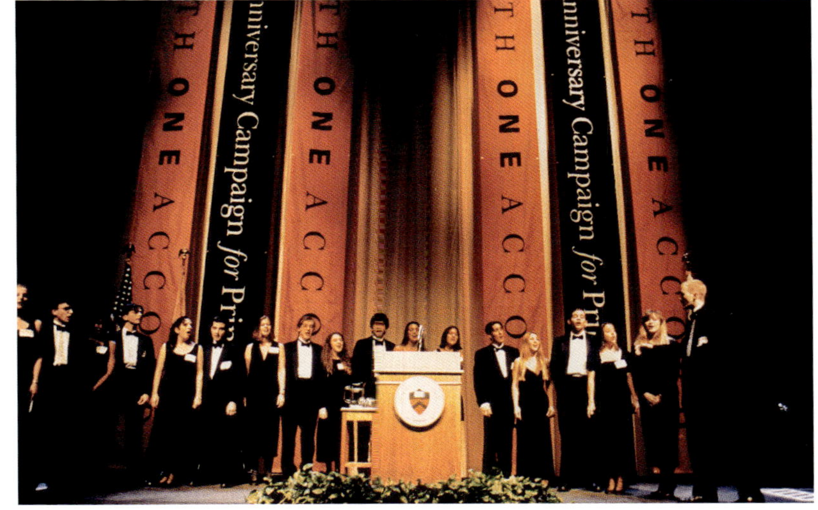

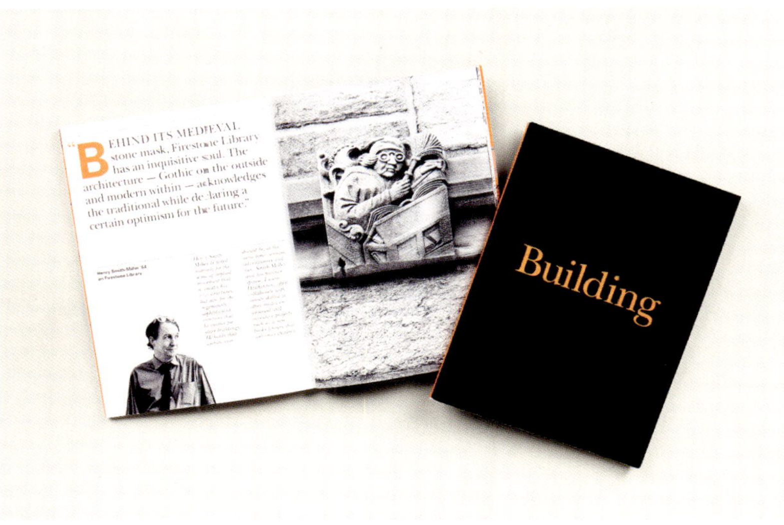

Oben links, Mitte, unten
Drei kleine, schlichte Bücher im Taschenbuchstil mit eleganten schwarz-weißen Abbildungen ersetzten die schweren und recht protzigen Publikationen, die man zuvor eingesetzt hatte, um Geld für die Universität zu sammeln. Das Bändchen *Teaching* porträtierte einige sehr beliebte Dozenten der Fakultät und appellierte an Spender, die Lehre zu fördern. *Learning* erzählte einen Tag im Leben von fünf Studenten und warb für das Stipendienprogramm. *Building* ließ namhafte Architekten zu Wort kommen, die einen Bezug zu Princeton hatten, und diente dazu, Geld für Instandsetzungen oder für neue Gebäuden zu akquirieren.

Oben
Feierliche Veranstaltungen in vielen Städten der USA zeigten, dass sich das grafische Konzept unserer Kampagne auch mit sehr viel Leben und Prunk inszenieren ließ. Ein riesiges, dreidimensionales ONE reiste mit dem Chor der Schule durch die Staaten und diente als Hintergrund für Gruppenfotos von ehemaligen Studenten – den Alumni.

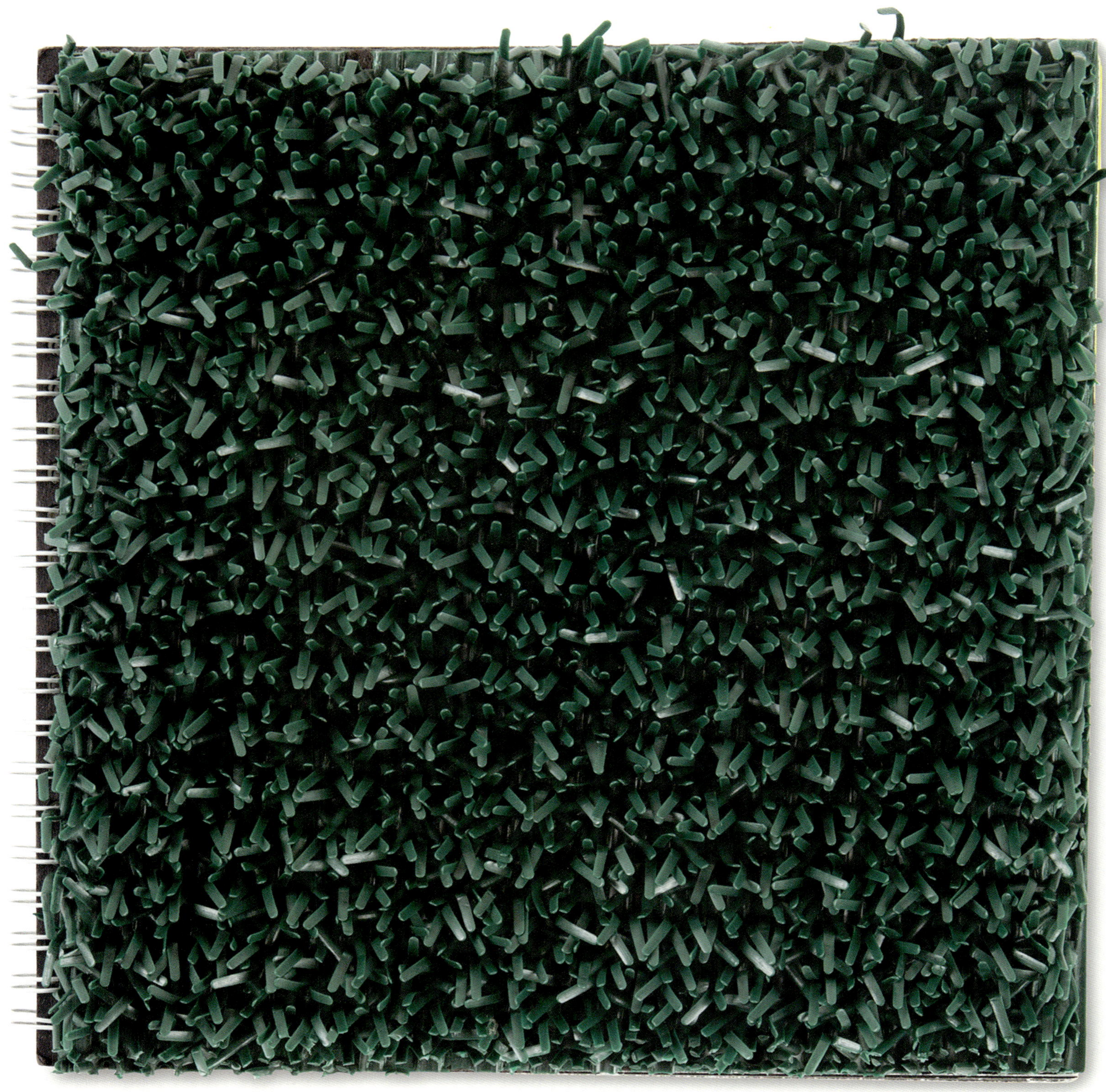

Wie man ein knappes Rennen am Ende gewinnt
New York Jets

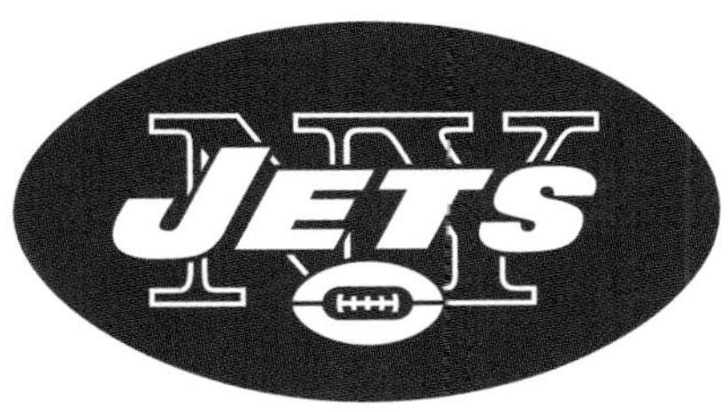

Linke Seite Der Football-Verein New York Jets ist wohl die einzige Organisation der Welt mit einem grafischen Stilbuch, das in Kunstrasen eingebunden ist.

Oben Das ursprüngliche Logo der Jets ist kein Glanzstück der Werbegestaltung. Es stammt aus den frühen Sechzigerjahren. Unsere Aufgabe lautete, ihm eine neue Dimension und Wirkkraft zu verleihen, ohne es tatsächlich zu verändern.

Im Jahr 2001 bekamen wir einen Anruf von Jay Cross. Er war damals Präsident des American Football-Teams New York Jets. Und er war der einzige Sportmanager auf Erden mit Universitätsabschlüssen in Architektur und Kerntechnik. Cross wollte uns beauftragen – allerdings mit einem Haken. Der Auftrag: Wir sollten einen neuen Markenauftritt für seine Mannschaft gestalten. Der Haken: Wir durften das bestehende Logo nicht anrühren.

Die New York Jets sind eine Erfindung des Medienzeitalters. Gegründet wurden sie schon 1959 als New York Titans, bis 1963 ihr Namen geändert und das Logo eingeführt wurden. Danach erlebten sie sechs Jahre später genau genommen ihren einzigen glorreichen Moment, als sie der überragende Spieler Joe Namath (er war Quarterback) zu einem sensationellen Sieg im Super Bowl führte. Seitdem ist es der Mannschaft nicht mehr gelungen, an diesen Erfolg anzuknüpfen, egal wie forsch ihre Trainer auch waren und viel Mühe sich ihre wechselnde Starbesetzung auch gab. Die treuesten Fans haben viel mit den Jets gelitten.

Aus Erfahrung kann ich berichten, dass man in keinem anderen Genre meines Berufs so viel Rücksicht auf die Gefühle von Menschen nehmen muss wie in der grafischen Arbeit für Sportclubs. Fasst man zum Beispiel das Logo einer Bank an, nimmt das Ergebnis kaum ein Mensch wahr. Macht man dasselbe mit den Erkennungszeichen einer berühmten Mannschaft, führt das zwangsläufig zu Hassbriefen. Das galt umso mehr im Fall der Jets, da den Emblemen, die Namath und seine Kameraden 1969 trugen, übernatürliche Kräfte beigemessen wurden. (Es soll hier nicht unerwähnt bleiben, dass die Gestaltung von Markenidentitäten eine der wenigen professionellen Tätigkeiten darstellt, die sich allen Ernstes mit Aspekten der Magie beschäftigen darf.) Das Logo der Jets, das wir unter keinen Umständen verändern durften, war schon vier Jahrzehnte alt und von einem anonymen Künstler entworfen worden. Was wir jetzt am Hals hatten, war die Art von Gestaltung, die manche Kollegen »Katzenfrühstück« nennen: Der Name des Teams in einer Schrift, darunter die Initialen »NY« in einer anderen Schrift, ein kleiner Football darunter, und das alles auf der ovalen Form eines anderen Footballs. Kein idealer Ausgangspunkt!

Doch so unordentlich das Logo auch war, so sehr sollte es uns inspirieren. Die vier Buchstaben »JETS« machten wir zur Basis für eine vollständige eigene Schrift. Die Buchstaben »NY«, die als Umriss in den grünen Football geschrieben waren, machten wir zu einem eigenständigen Logo mit großem Wiedererkennungswert. Und sogar der kleine Football war ein Objekt, das wir mit Leben füllten. In verschiedenen Farben und mit ein paar gestalterischen Kunstgriffen bekam er eine eigene Rolle im neuen Markenkonzept – ein Konzept übrigens, das auch heute noch verwendet wird.

Gedruckte Handbücher, die früher einmal Standard waren, werden heute nur noch selten hergestellt. Schließlich sind ihre Inhalte meistens online abrufbar. Dennoch wohnt einem gedruckten Buch manchmal eine Autorität inne, die Webseiten nicht erzeugen können. Voraussetzung dafür ist, dass es die Nutzer auf eine besondere Art erreicht und anspricht. Genau das war auch unser Ziel, um die neue Markenidentität der Jets zu erklären. Das Buch erhielt einen Einband aus Kunstrasen und erfüllte am Ende einen doppelten Zweck: Es diente der Instruktion und der Inspiration.

Unten
Im Jahr 1978 hatten es die Jets einmal gewagt, ihr Logo leicht zu verändern, um eine etwas flottere Version einzuführen (nicht abgebildet). Die Fans waren darüber nicht erfreut und lehnten es ab.

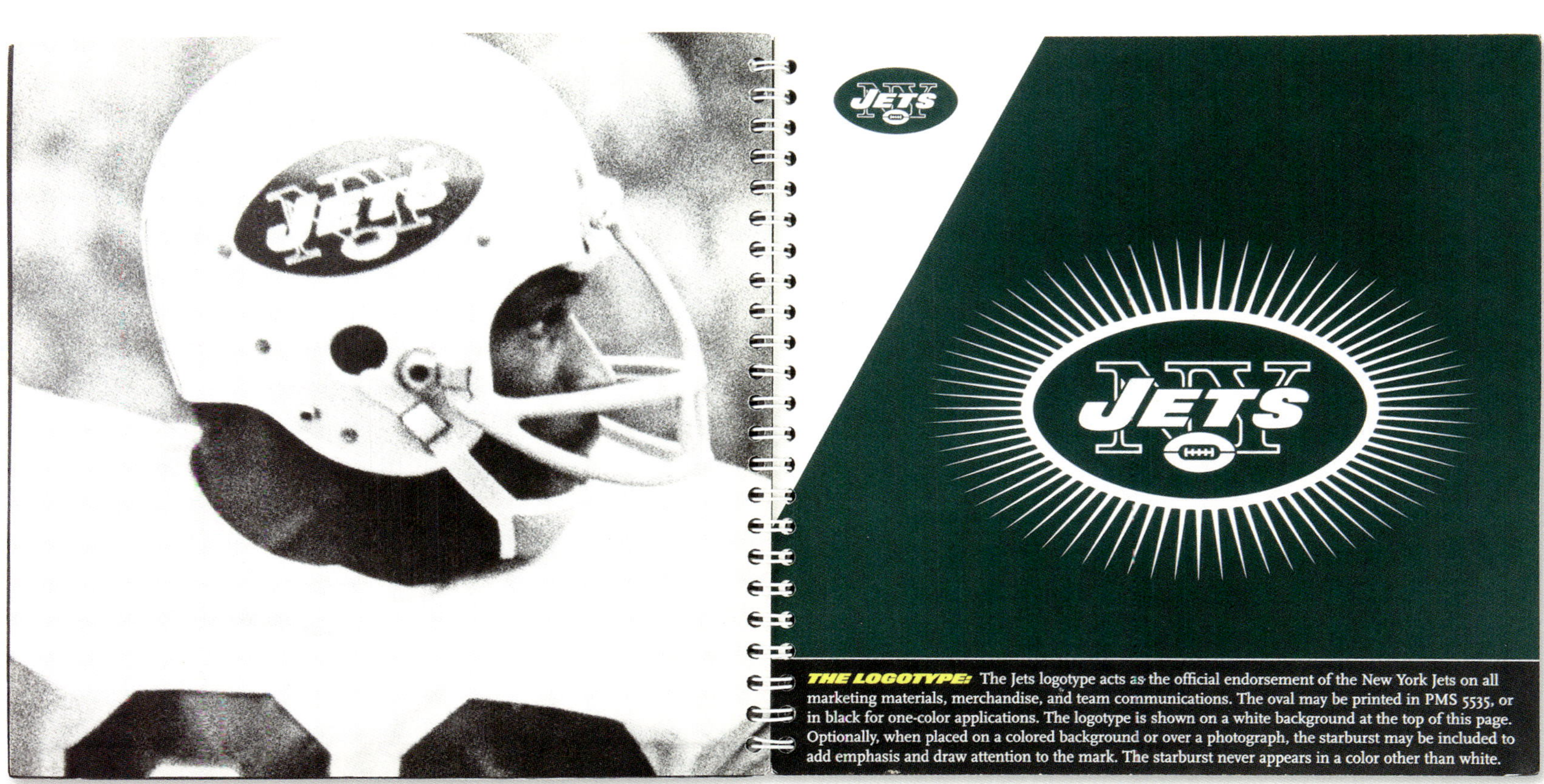

Unten Ausgehend von den Buchstaben »J«, »E«, »T« und »S« entwickelten die Schriftdesigner Jonathan Hoefler und Tobias Frere-Jones eine komplett neue Schrift in einem einzigen Schnitt: extra heavy super italic. Zwanzig Jahre später setzte der Mannschaftstrainer Bill Parcells das alte Logo wieder ein, um Erinnerungen an die ruhmreichen ersten Jahre des Vereins zu wecken und um diese vielleicht zu wiederholen. Kaum zu glauben, dass es uns gelang, mit diesem Logo ein vollständiges Markenkonzept zu entwickeln.

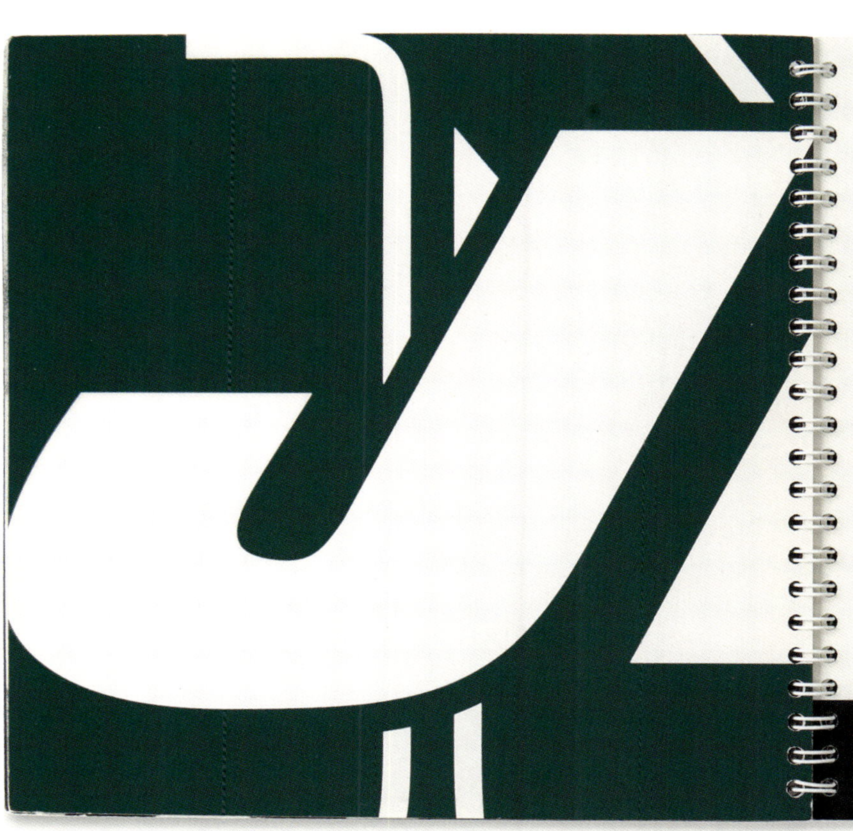

JETS BOLD

ABCDEFGHI
JKLMNOP
QRSTUVWXYZ
1234567890

THE TYPEFACE: Pictured above is the character set for Jets Bold, the primary typeface of the New York Jets brand identity. It is a custom drawn font inspired by the original four letters, J-E-T-S, in the classic logotype. This typeface is available for both PC and Macintosh operating systems and is approved for use across all applications and mediums. As with everything, the way this typeface is used is critical. Sample stylistic treatments are displayed on the following spread to give an idea of it's intended usage.

Rechts
Die Schrift Jets Bold verleiht fast jedem Wort eine große Portion Kraft. Hoefler und Frere-Jones bemerkten einmal im Spaß, dass sich damit auch gut die Filmplakate von Michael Bay gestalten ließen.

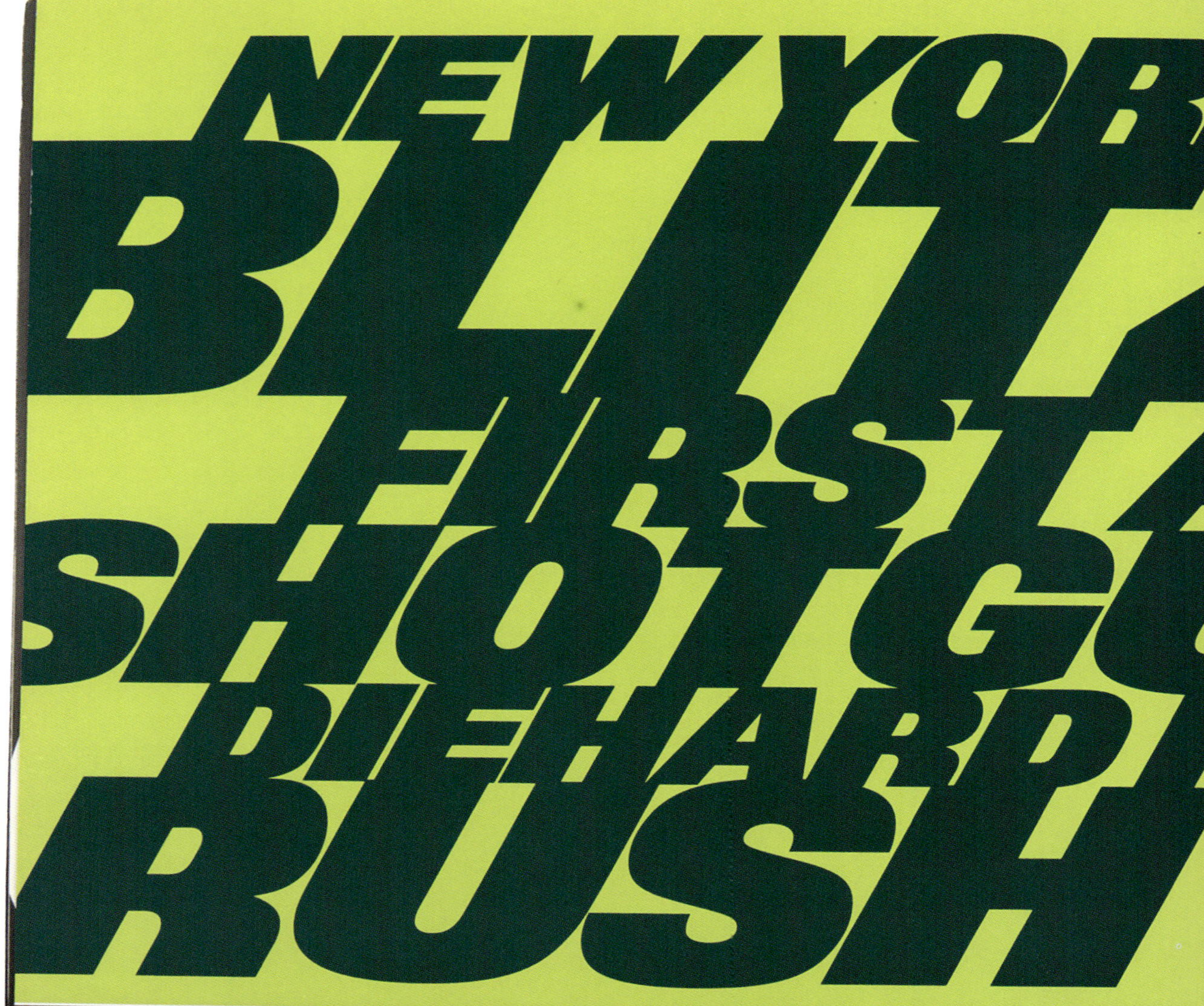

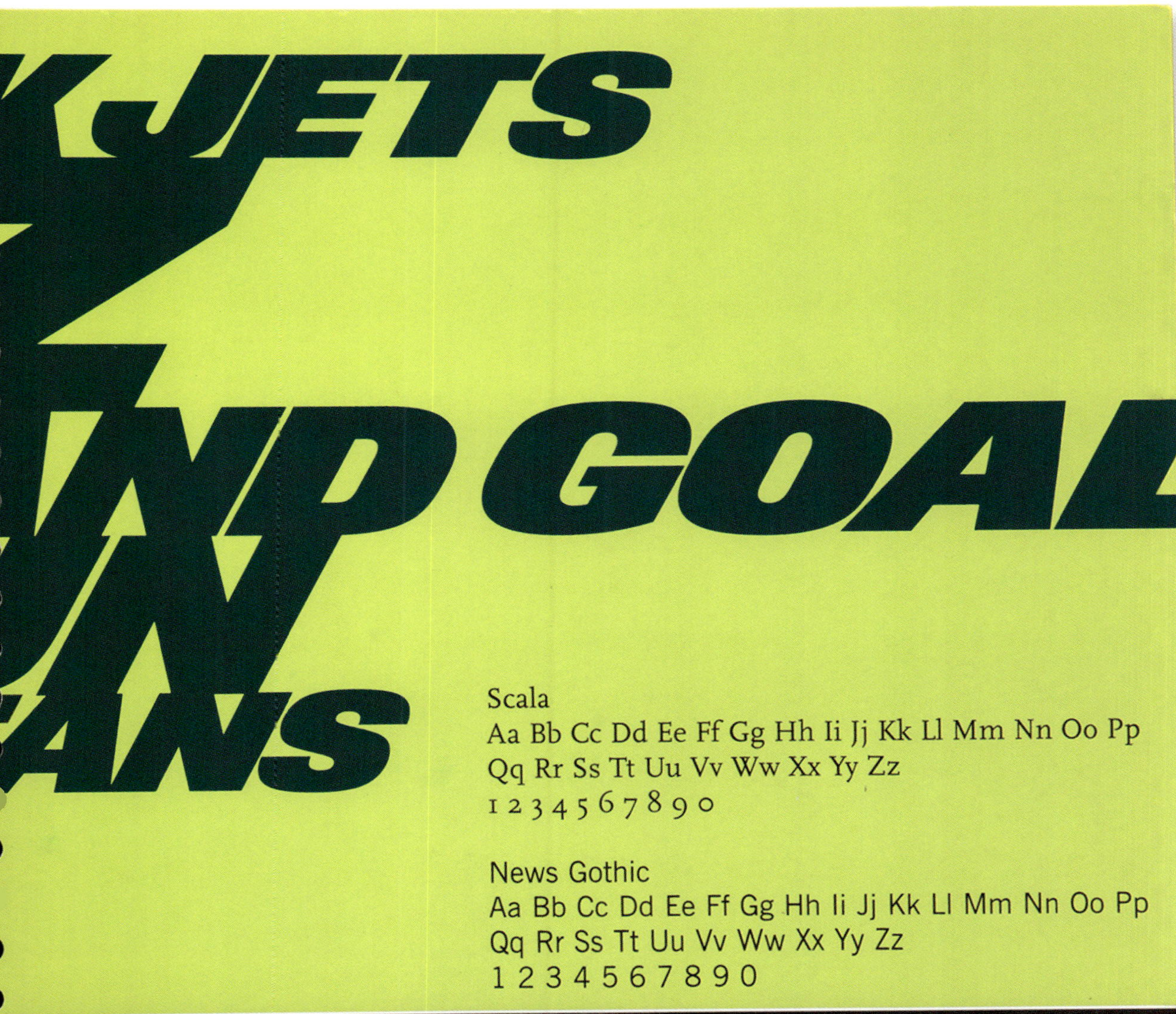

Nächste Doppelseite, oben links Fans achten mindestens so sehr auf die Farben wie auf die Logos ihrer Clubs. Deshalb mussten wir vorsichtig sein, als es darum ging, die Farbpalette der Jets über das das bestehende Grün und Weiß hinaus zu erweitern.

Nächste Doppelseite, unten links Anders als das Logo ihrer Rivalen, der New York Giants, greift das Abzeichen der Jets die Heimatstadt nicht auf. Um dieses Manko auszugleichen, entwickelten wir ein alternatives Logo mit den Buchstaben »NY« in der neuen Schrift Jets Bold.

Nächste Doppelseite, oben rechts Designer Brett Traylor entdeckte, dass in dem kleinen Ball ein grimmiger Linienrichter versteckt war. Damit war ein neues Maskottchen geboren: Gameface.

Nächste Doppelseite, unten rechts Das Prinzip hinter dem neuen Markenauftritt, der sich aus einem relativ gewöhnlichen Logo ableitete, sollte ein Maximum an Einsatzmöglichkeiten erlauben und eine möglichst große Nähe zum Team erzeugen.

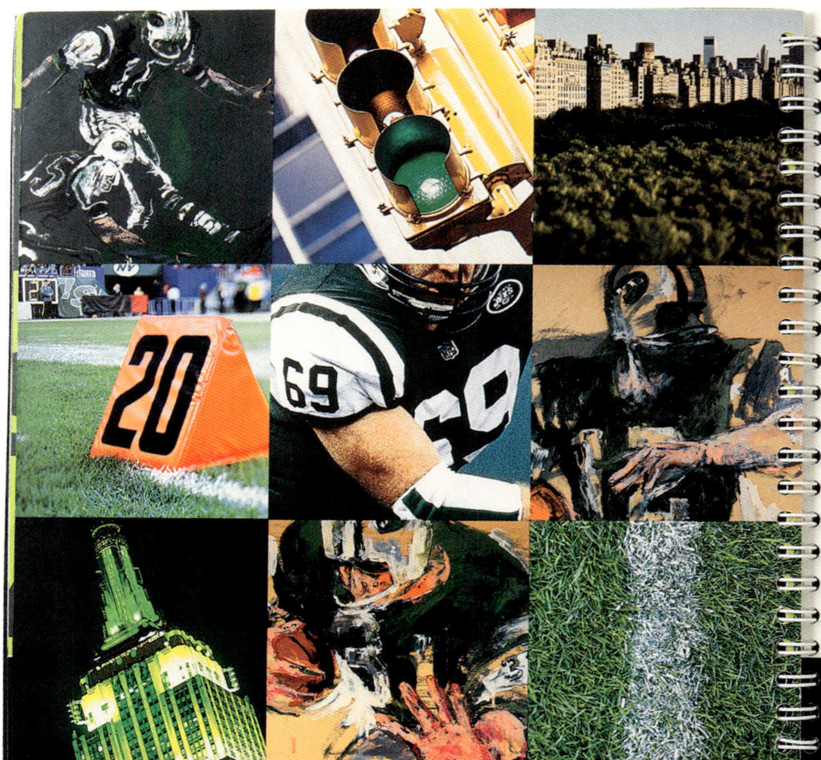

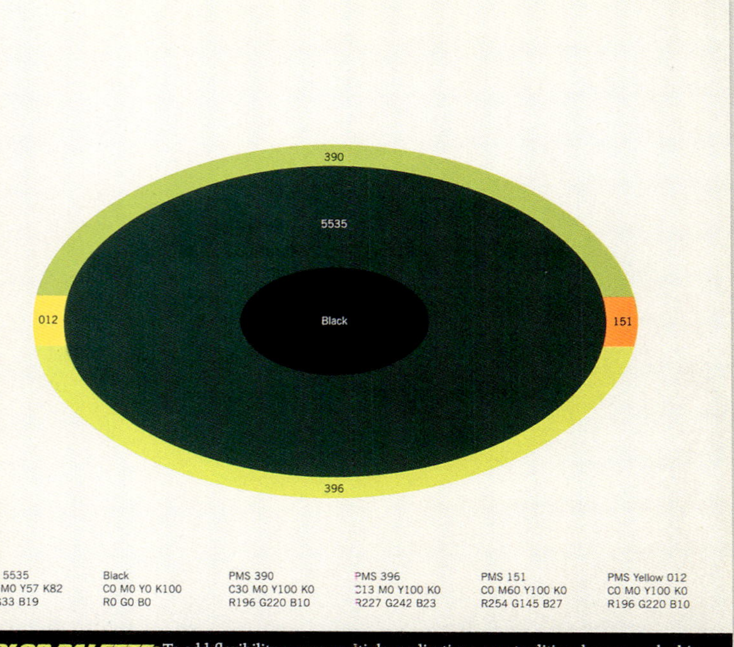

PMS 5535	Black	PMS 390	PMS 396	PMS 151	PMS Yellow 012
C66 M0 Y57 K82	C0 M0 Y0 K100	C30 M0 Y100 K0	C13 M0 Y100 K0	C0 M60 Y100 K0	C0 M0 Y100 K0
R7 G33 B19	R0 G0 B0	R196 G220 B10	R227 G242 B23	R254 G145 B27	R196 G220 B10

COLOR PALETTE: To add flexibility across multiple applications, our traditional green and white palette has been expanded to include other colors as well. Consistent color usage across the brand is maintained by following these rules: PMS 5535 should represent at least 50% of all applied color within any application. Up to 40% may feature PMS 390 or 396. Yellow 012 and PMS 151 should represent no more than 10%. Black, white, photography, and illustration are not calculated as part of applied color.

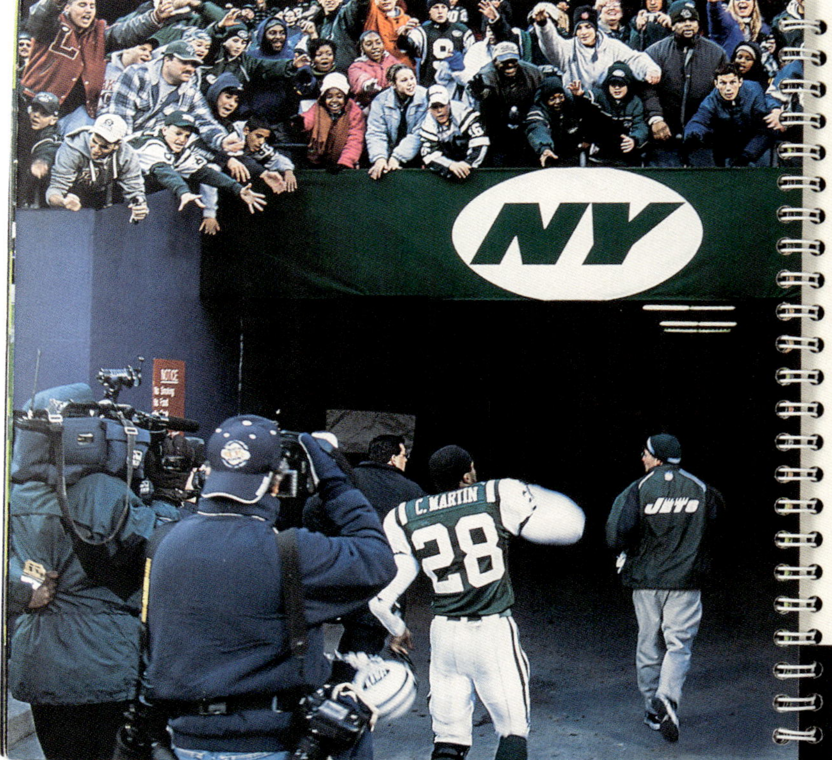

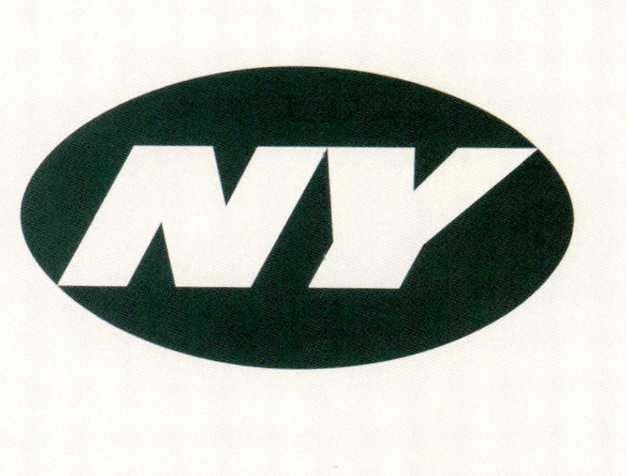

THE MONOGRAM: The monogram acknowledges and honors the great city and state for which we play. It features the distinctive Jets Bold typeface within the familiar oval shape of our logotype. The oval may appear as PMS 5535, 390, 396, black, or white. When the oval appears in PMS 5535 (shown here) or black, the NY letterforms within it are white. For dark backgrounds, the oval may appear in PMS 390, 396, or white, and the letterforms within may appear in PMS 5535 or black.

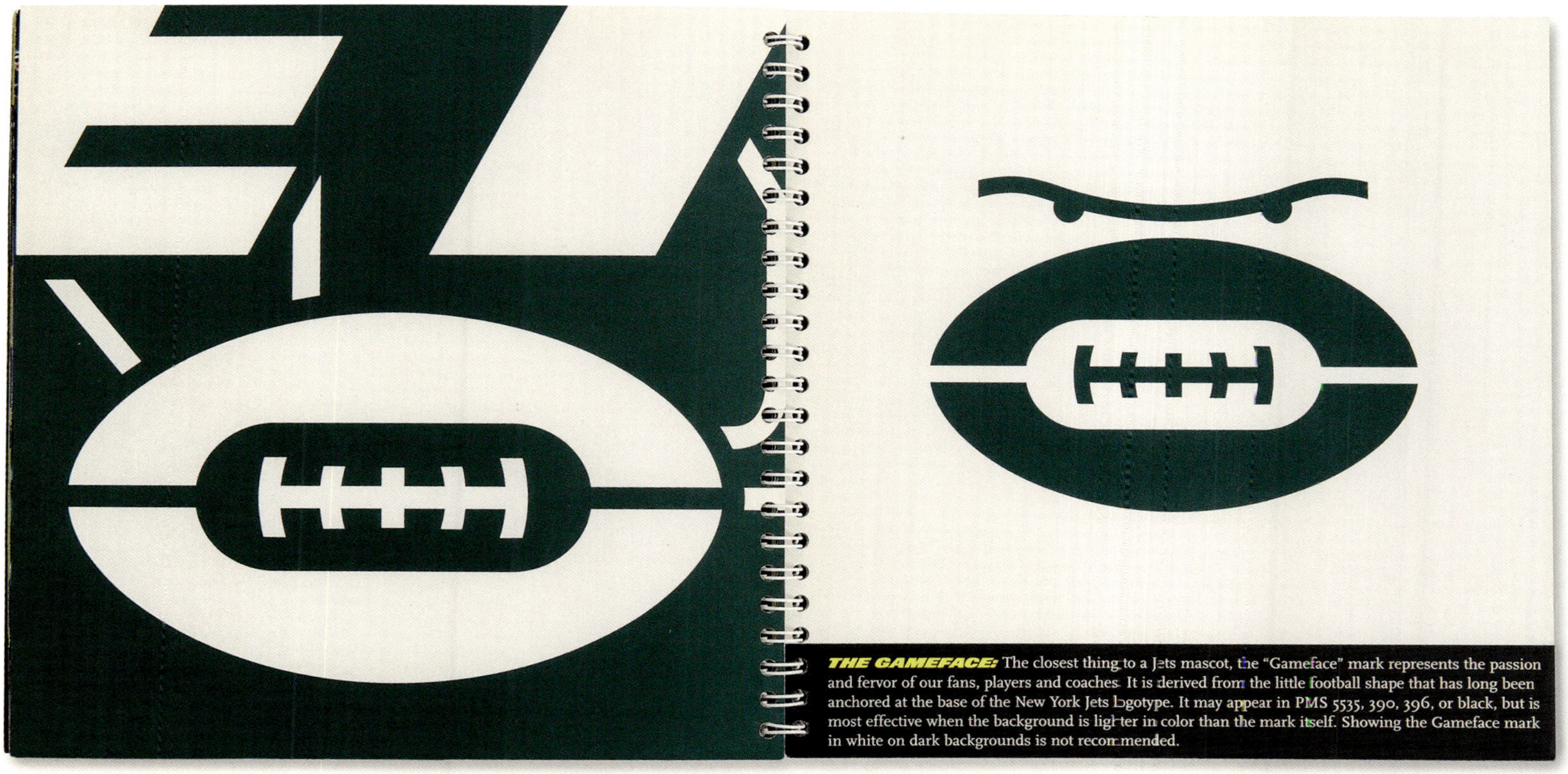

THE GAMEFACE: The closest thing to a Jets mascot, the "Gameface" mark represents the passion and fervor of our fans, players and coaches. It is derived from the little football shape that has long been anchored at the base of the New York Jets logotype. It may appear in PMS 5535, 390, 396, or black, but is most effective when the background is lighter in color than the mark itself. Showing the Gameface mark in white on dark backgrounds is not recommended.

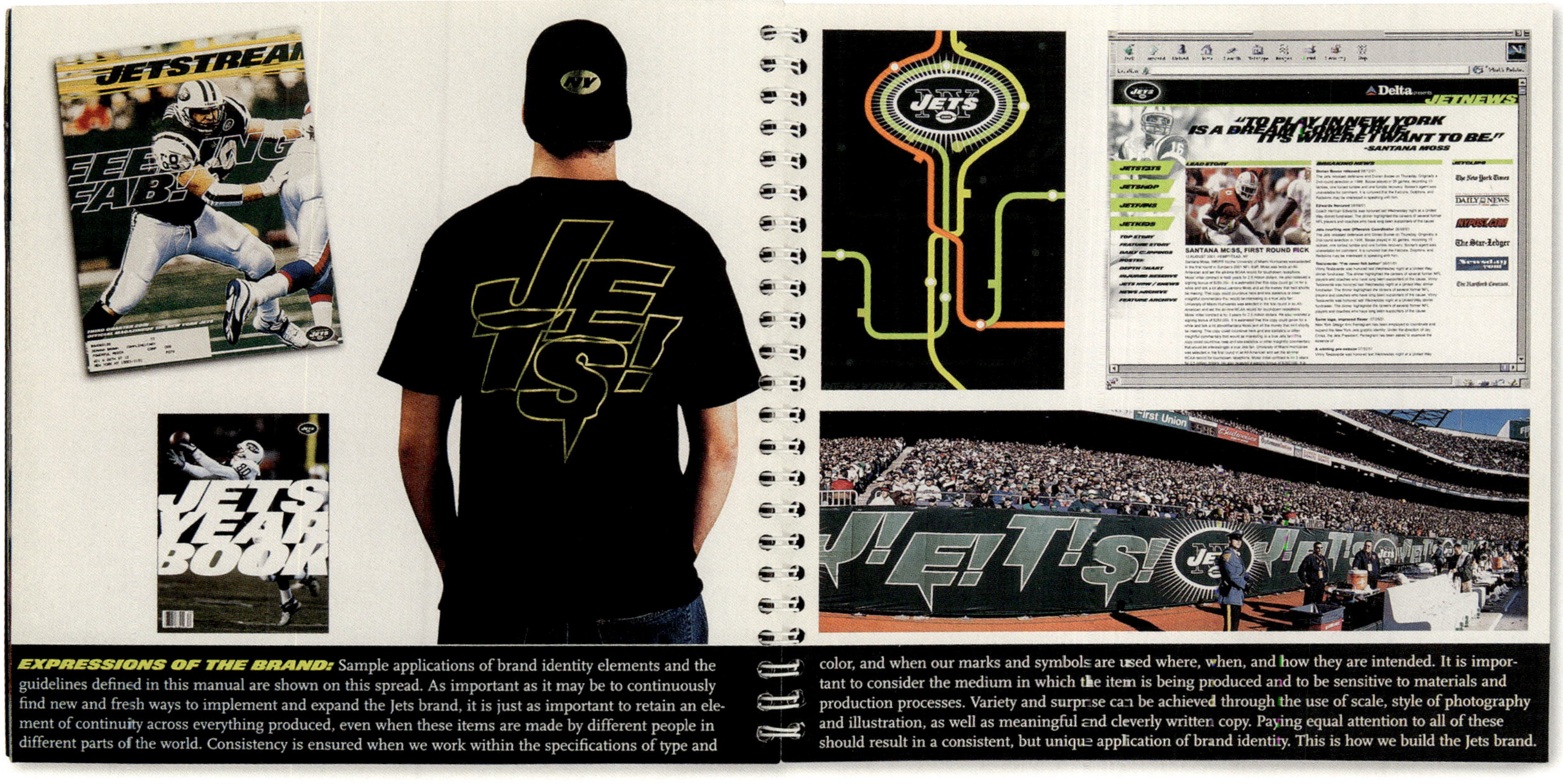

EXPRESSIONS OF THE BRAND: Sample applications of brand identity elements and the guidelines defined in this manual are shown on this spread. As important as it may be to continuously find new and fresh ways to implement and expand the Jets brand, it is just as important to retain an element of continuity across everything produced, even when these items are made by different people in different parts of the world. Consistency is ensured when we work within the specifications of type and color, and when our marks and symbols are used where, when, and how they are intended. It is important to consider the medium in which the item is being produced and to be sensitive to materials and production processes. Variety and surprise can be achieved through the use of scale, style of photography and illustration, as well as meaningful and cleverly written copy. Paying equal attention to all of these should result in a consistent, but unique application of brand identity. This is how we build the Jets brand.

Rechts
Der typische Schlachtruf der Jets lautet »J! E! T! S! JETS! JETS! JETS!« Während jedes Spiels hallt er durchs Stadion. Seine grafische Interpretation wurde zu einem weiteren festen Markenzeichen unseres neuen Markenkonzepts.

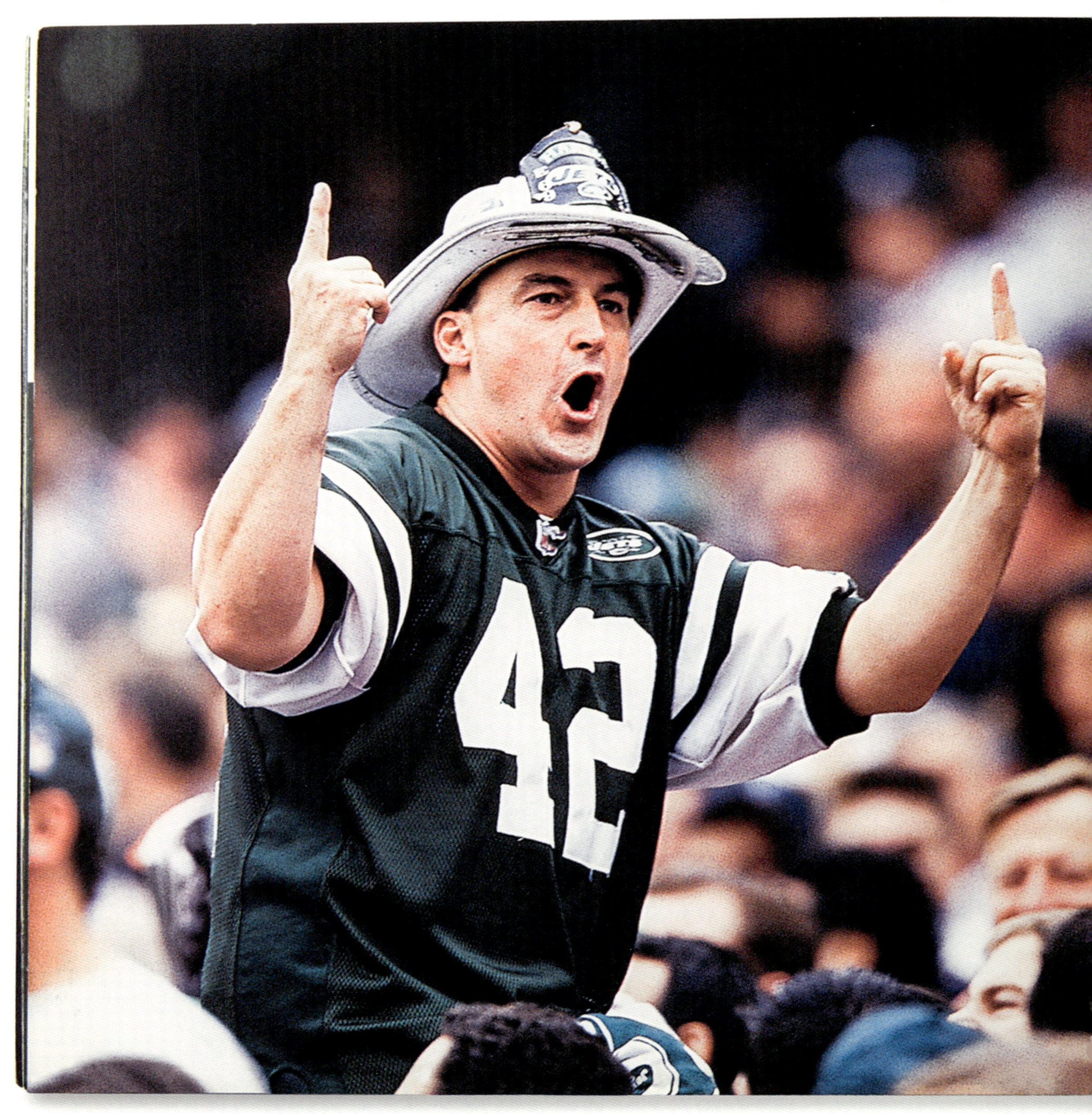

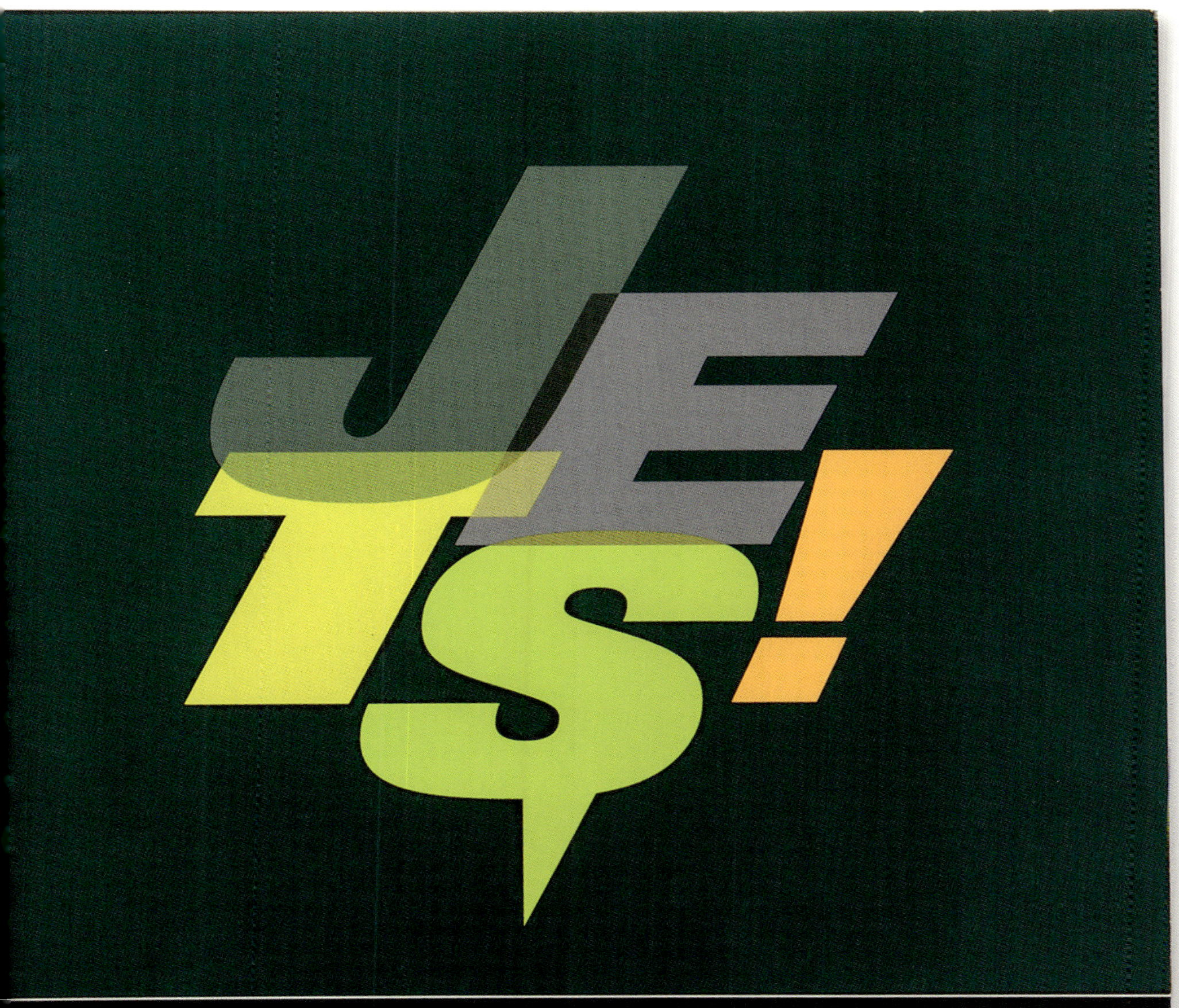

THE CHANT: Perhaps the most dynamic and inspiring element of the Jets personality is the Chant: J! E! T! S! JETS! JETS! JETS!... as shouted by thousands of Jets fans at our games throughout the country. So simple and authentic, the Chant unites entire stadiums in support for their team. A graphic treatment of the chant, in multiple colors and configurations, has been adopted as an official part of the Jets brand identity. Options and variations for Chant graphics are illustrated on the next spread.

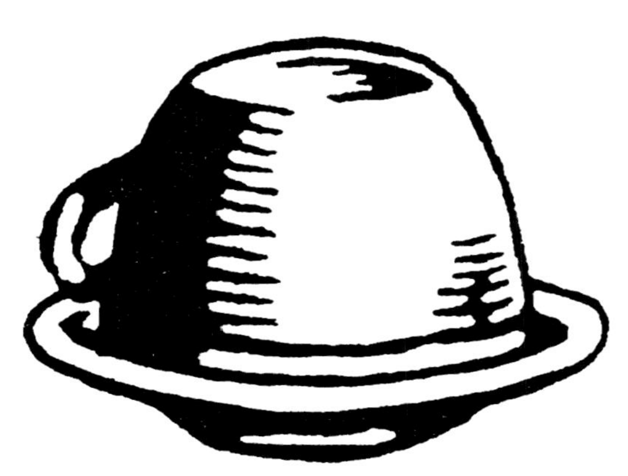

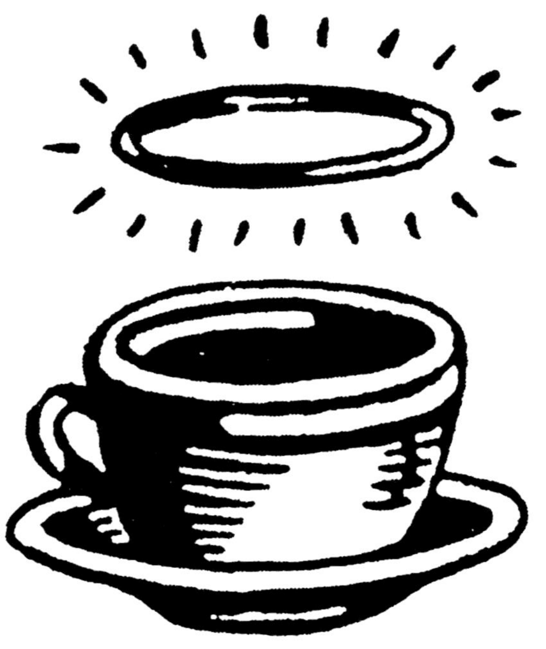

(BAD) (GOOD)

Wie man einfach nur gut isst

The Good Diner

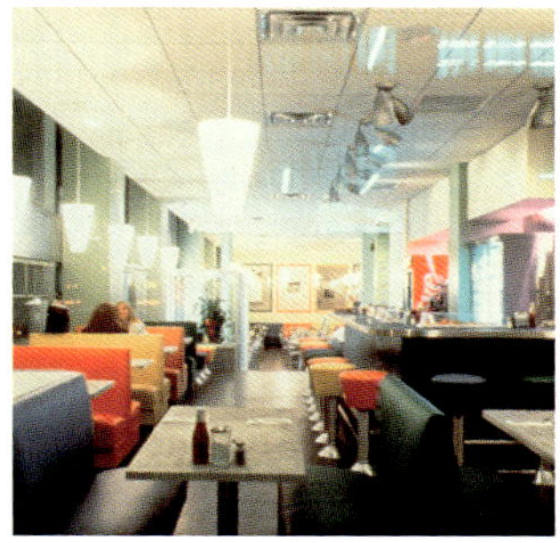

Linke Seite
Der Name und das Logo des Good Diner beinhalteten deutliche Spuren von Koffein-verherrlichung!

Oben
Dank seines fototauglichen Interieurs wurde das Good Diner von vielen Medien abgebildet – und rasch zu einem der bekanntesten Imbisse der Welt. Wenn Menschen eine Führung durch den Laden buchen wollten, sagte unser Partner Jim Biber: »It's open 24 hours and takes no reservations. It's a diner.«

Sheldon Werdiger und Evan Carzis waren ziemlich schlaue Architekten. Als die Rezession in den späten Achtzigerjahren die Bauindustrie in New York traf, entschlossen sie sich, ein Restaurant zu eröffnen: ein typisches amerikanisches Diner. Sie wollten es nicht besonders schick und teuer machen. Auch wollten sie kein Diner im Retrostil, so eine Art »Fabulous Fifties place«. Genauso wenig sollte es hip, sozusagen anti-schick sein. Was sie vorhatten, war ein ganz normales Diner, wo man zwei Eier, Speck, Toast und dazu einen Kaffee für 4 Dollar 99 bestellen konnte. Als Ort hatten sie sich das westliche Ende von Manhattan ausgesucht: Eine Ecke an der Elften Avenue und der 42. Straße. Sheldon und Evan schwebte gerade dort eine sehr breite Laufkundschaft vor: »Die Touristen auf ihrem Weg zu den Schiffsanlegern, UPS-Fahrer auf ihrem Weg zur Morgenschicht und junge Clubbesucher in der Nacht auf ihrem Weg nach Hause.« Das Diner sollte sie alle ansprechen.

Unsere Aufgabe bestand darin, ein allgemein ansprechendes Design zu kreieren, und das in kurzer Zeit und mit einem kleinen Honorar, das eigentlich gar kein Design zuließ. Die erste Hürde bestand in der Namenswahl. Mein Vorschlag lautete Jersey Luncheonette. Als Logo dachte ich an den Umriss von New Jersey, der aussieht wie ein Kalbsschnitzel auf einem Teller. (New Jersey ist der US-Bundesstaat auf dem gegenüberliegenden, westlichen Ufer des Hudson River). Doch die Idee kam nicht gut an. Auch Wild West Diner oder Sunset Café gefiel ihnen nicht, obwohl es herrliche Namen für den Ort gewesen wären. Auch der vielbedeutende Titel The Last Stop machte nicht das Rennen. Schließlich warf ich The Good Diner in die Runde. Das war nicht großartig, nicht atemberaubend, aber einfach … gut. Das Logo dazu ließ sich unser Partner Woody Pirtle einfallen: eine Kaffeetasse mit einem Heiligenschein. Sie wurde per Hand ausgeschnitten und in den Linoleum-Fußboden an der Eingangstür eingelassen. Jim Biber, ein anderer Partner, der schon einige der besten Restaurants Manhattans entworfen hatte, erklärte uns, dass man die Ausstattung eines Diners gewöhnlich gar nicht neu entwirft, sondern sie in Katalogen bestellt. Also orderte er von allem etwas: Sitzbänke, Tische, Barhocker – und zwar jeweils in allen erhältlichen Farben! Da wir auch kein Budget für Kunst hatten, dekorierten wir die Wände mit fotokopierten Bildern von Küchengeräten. Lampenschirme in der Form von Milchshake-Bechern und eine maßgefertigte Brüstung waren die einzigen Zugeständnisse zur Individualisierung des Ladens.

Wie so oft ließen wir uns als Teil des Honorars gerne mit Essengutscheinen abspeisen. Doch nach unserer dritten Portion Eiern mit Speck wurde meinen Partnern und mir rasch klar, dass wir wohl zuerst an Verfettung sterben würden, als jemals durch Nahrungsaufnahme auf unsere Kosten zu kommen.

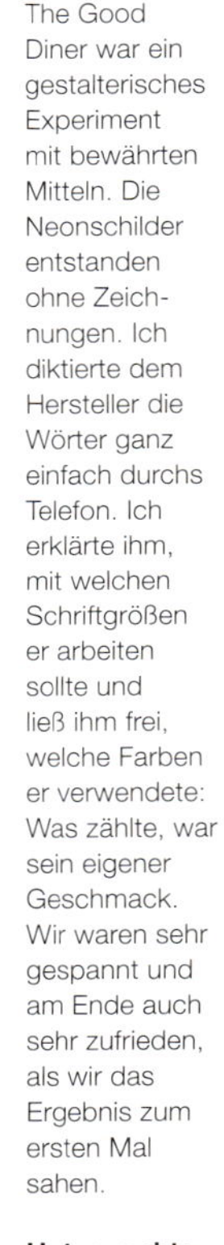

Oben rechts
The Good Diner war ein gestalterisches Experiment mit bewährten Mitteln. Die Neonschilder entstanden ohne Zeichnungen. Ich diktierte dem Hersteller die Wörter ganz einfach durchs Telefon. Ich erklärte ihm, mit welchen Schriftgrößen er arbeiten sollte und ließ ihm frei, welche Farben er verwendete: Was zählte, war sein eigener Geschmack. Wir waren sehr gespannt und am Ende auch sehr zufrieden, als wir das Ergebnis zum ersten Mal sahen.

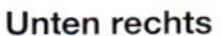

Unten rechts
Zunächst zögerten unsere Kunden, als sie den Namensvorschlag The Good Diner hörten. Sie befürchteten, dass das mehrdeutige Adjektiv zu wenig Kraft für ihr ziemlich bodenständiges Publikum hatte. Kurzerhand schlug ich The Fuckin' Good Diner vor. Damit war die Diskussion beendet.

Oben
Für ein typisch amerikanisches Diner erfüllen Streichholzbriefchen denselben Zweck wie Jahresberichte, Imagekampagnen und Werbefilme für größere Unternehmen – und das alles in einem!

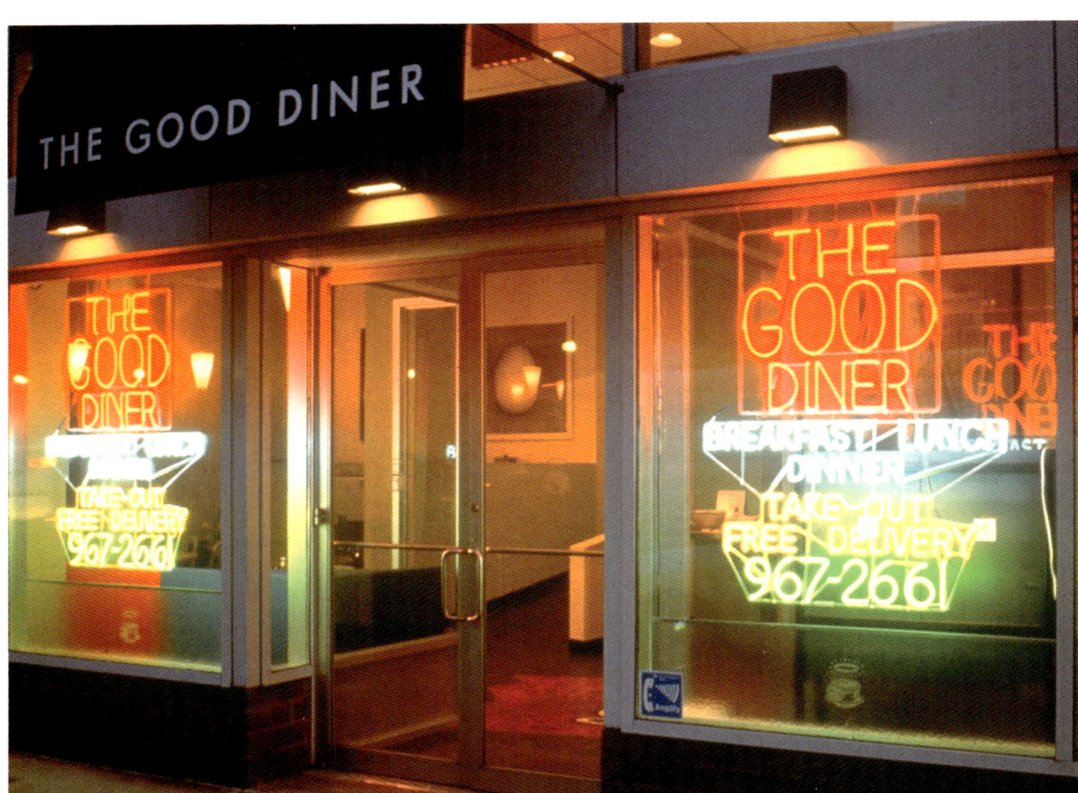

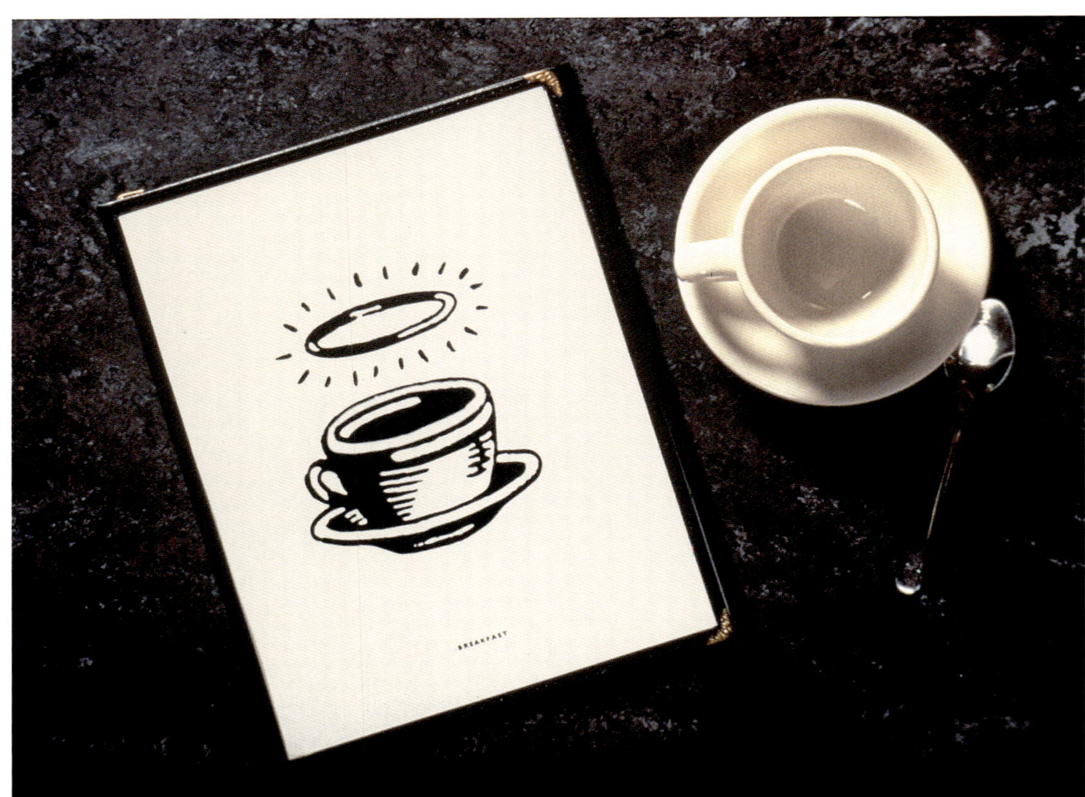

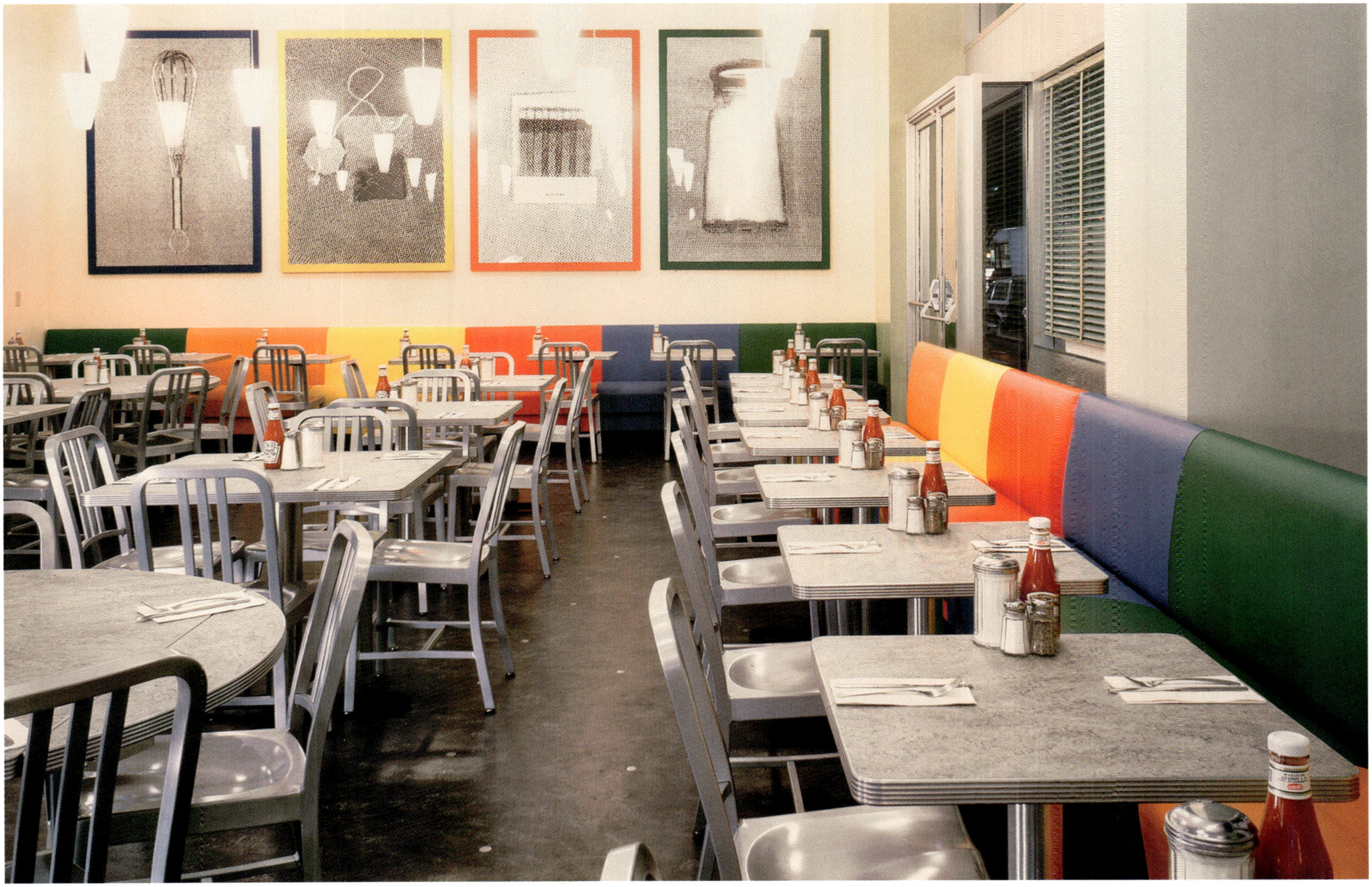

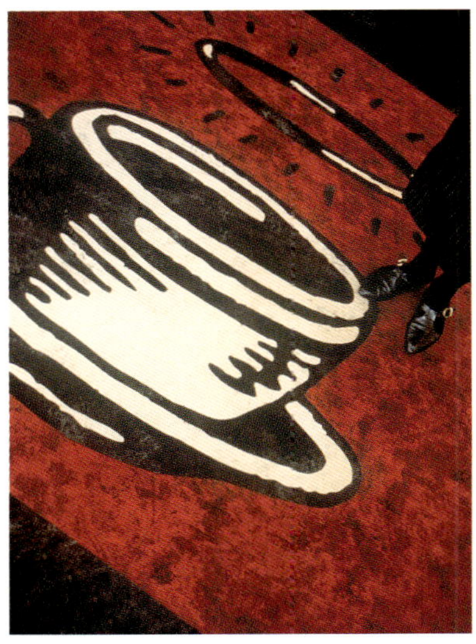

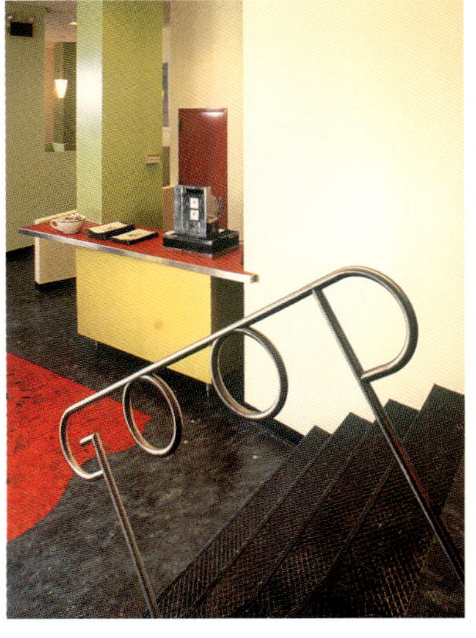

Ganz links
Großer Auftritt: Das Logo, das Woody Pirtle entworfen hatte, wurde von Hand als Intarsie in den Linoleumboden am Eingang eingearbeitet.

Links
Das Eisengeländer, das den Tresen mit dem Hauptraum des Restaurants verband, konnte man auf zwei Weisen lesen: »Good« oder »Goop« (Übelkeit) – je nachdem wie einem das Essen geschmeckt hatte.

Oben
Ohne jedes Geld für Kunst an den Wänden – aber mit einer Menge Wände – halfen wir uns mit einem Fotokopierer, um ein paar gewöhnliche Gegenstände aus der Küche zu vergrößern: In den bunten Rahmen sollten sie die vier Elemente repräsentieren: Wind, Wasser, Feuer und Erde. Ob jemand diese Absicht bemerkt hat, wissen wir nicht.

Nächste Doppelseite
Warum soll man sich für eine Farbe von Kunstleder entscheiden, wenn man es in allen Farben haben kann? Am Ende bestimmten sogar die Handwerker die Reihenfolge.

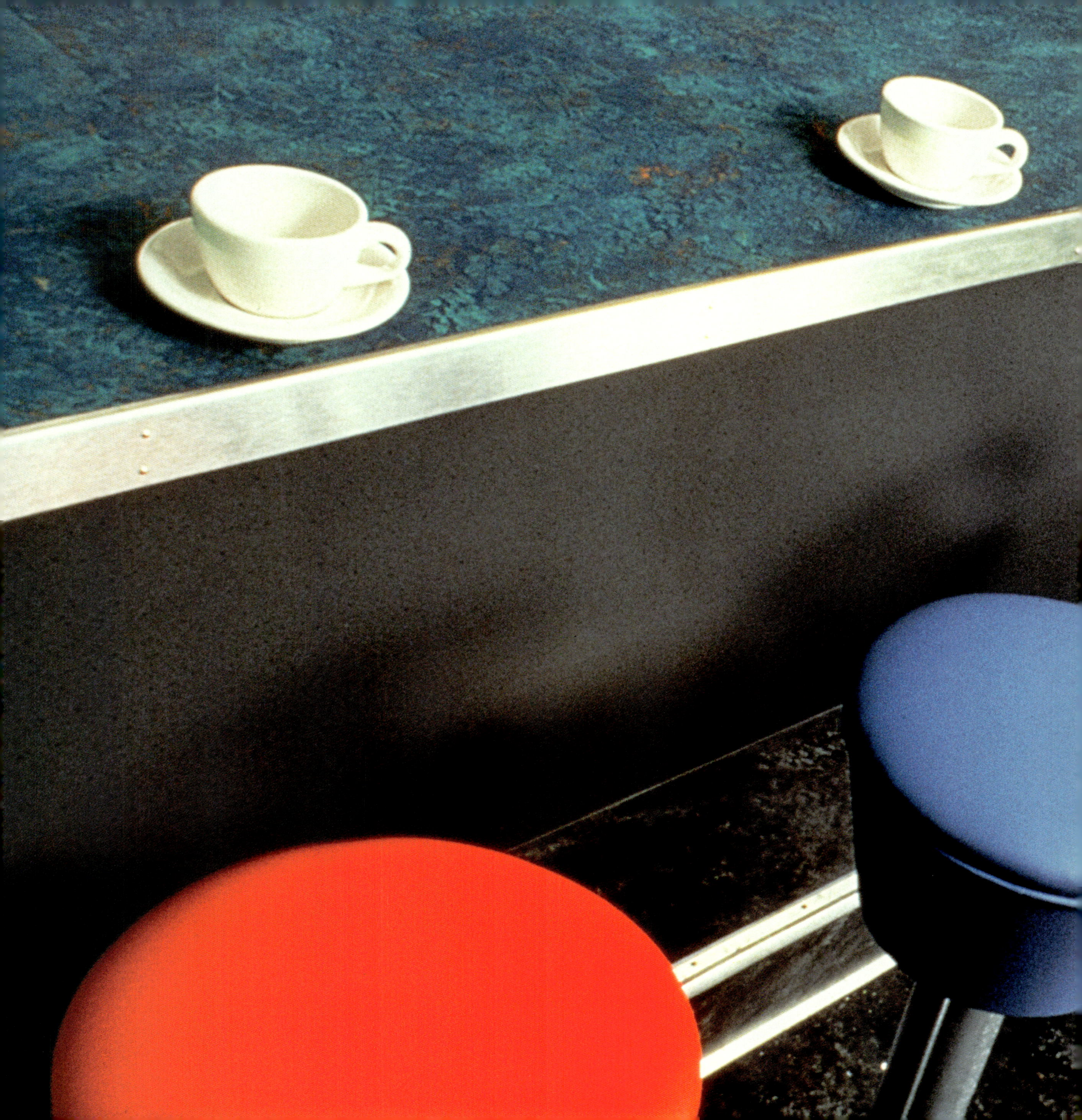

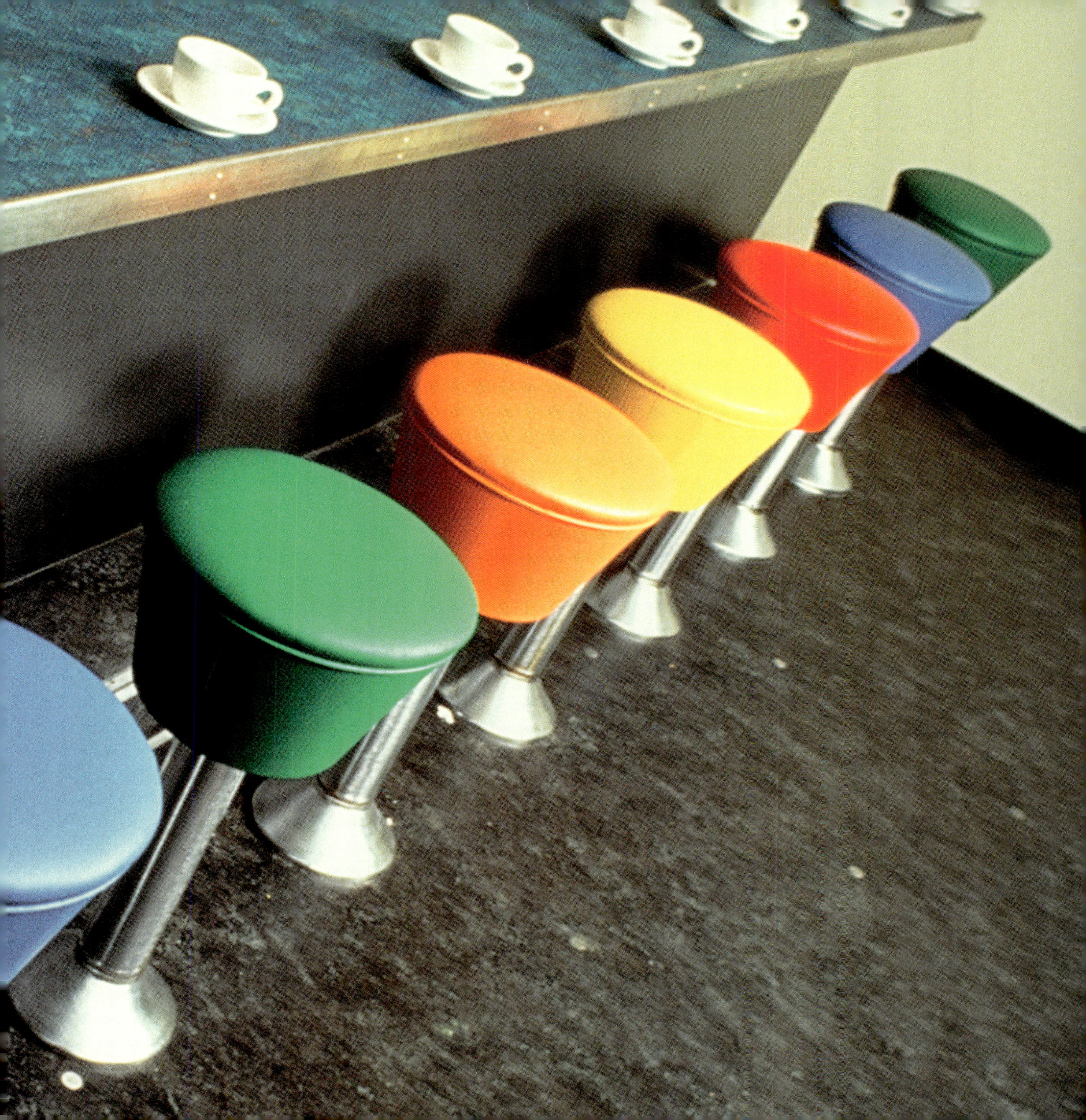

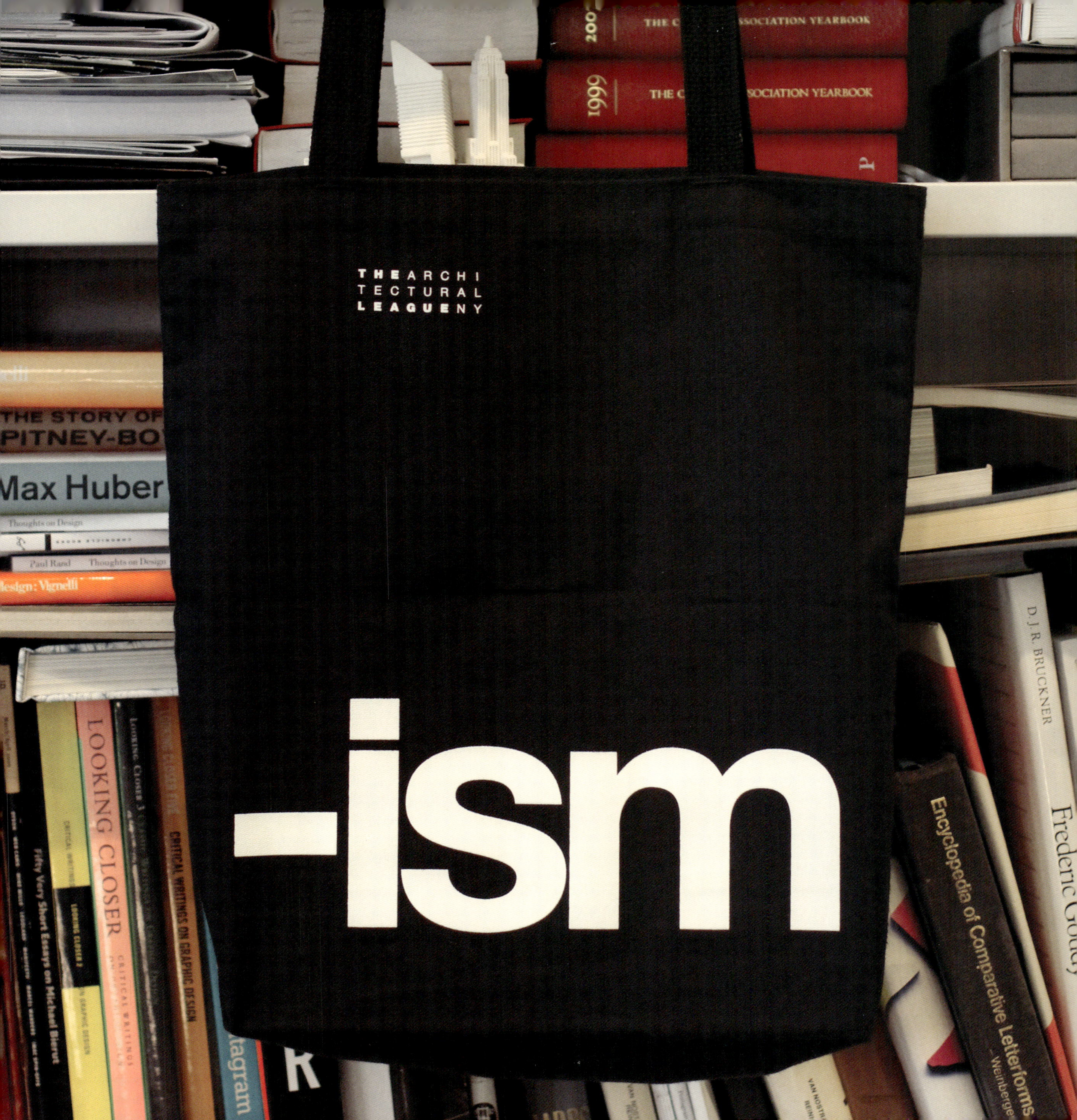
THE ARCHI
TECTURAL
LEAGUE NY
-ism
Max Huber
Thoughts on Design
Paul Rand Thoughts on Design
LOOKING CLOSER
CRITICAL WRITINGS ON GRAPHIC DESIGN
D.J.R. BRUCKNER
Encyclopedia of Comparative Letterforms
1999

Wie man einen Marathon meistert

The Architectural League of New York

Ich war erst wenige Wochen in meiner ersten Anstellung, da rief mich mein Chef Massimo Vignelli in sein Büro. Heute würde ich mich als naives Kind vom Lande bezeichnen (Sie wissen schon: aus Ohio), das kaum eine Vorstellung davon hatte, was es eigentlich tat. Weil Massimo und seine Frau Lella für einen Monat nach Italien reisten, übergab er mir vertrauensvoll ein laufendes Projekt mit dem Bund der New Yorker Architekten: The Architectural League of New York. Obwohl ich viel für Architektur übrig hatte, besaß ich nur ein Standardwissen: Ich wusste, wer Frank Lloyd Wright oder Howard Roark waren – aber nicht viel mehr. Nun telefonierte ich auf einmal mit namhaften zeitgenössischen Architekten wie Richard Meier, Michael Graves oder Frank Gehry. Ich recherchierte das Material für eine Ausstellung, die anlässlich des 100. Gründungsjubiläums der Vereinigung geplant war. Die Aufgabe war wie eine zweite Ausbildung – der Bund der Architekten bescherte mir ein Aufbaustudium in Architektur!

Die Organisation war 1881 gegründet worden, um den fachübergreifenden Austausch von Architekten mit Menschen in anderen kreativen Berufen zu fördern. Das erklärt, warum von Anfang an auch Künstler und Gestalter zur Führungsriege des Bunds zählten. Als Mitglied im Vorstand war Massimo Vignelli so etwas wie ein ehrenamtlicher Berater für Designfragen. Und da ich praktisch sein Assistent war, kam es ab sofort mir zu, seine Aufgaben zu erledigen. Zehn Jahre später beerbte ich ihn sogar in diesem Amt. Und mehr als zwanzig Jahre danach diene ich der Organisation weiterhin. Ich würde sagen, dass es meine kontinuierlichste Zusammenarbeit ist – der wohl angenehmste »Marathon« meines Lebens.

Es kommt oft vor, dass Designer gebeten werden, das Erscheinungsbild von Unternehmen und Verbänden neu zu gestalten. In den meisten Fällen arbeiten wir uns dann als Außenstehende in das Thema ein, bis wir uns einigermaßen zurechtfinden. Danach geben wir den besten Rat, den wir haben. Da man in solchen Beziehungen auch furchtbar aneinander vorbeireden kann, denke ich mir als Berater nicht nur etwas schönes Neues aus, sondern hoffe, dass meine Kunden am Ende, wenn ich sie wieder verlasse, mit meiner Arbeit alleine klarkommen. Das Besondere an der Zusammenarbeit mit dem Bund der Architekten war nun, dass ich über die Jahre von einem Außenstehenden zu einem Experten wurde. Gleichzeitig wurde es nie eintönig, was daran lag, dass keine festen Gestaltungsregeln existierten und ich ein Bild mitgestalten durfte, dessen Farbe niemals wirklich trocknete. Vielleicht weigerte ich mich auch deshalb, ein neues Logo für die Organisation zu fixieren. Ich fand es viel reizvoller, das optische Profil ständig weiterzuentwickeln und jeden neuen Auftrag wie ein vollkommen leeres Blatt zu behandeln. Dennoch bemerkten wir im Laufe der Zeit wiederkehrende Muster, die es uns irgendwann leicht machten, doch ein Logo abzuleiten. Trotzdem sind die gestalterischen Anforderungen und Ansprüche der Vereinigung weiterhin so unterschiedlich wie eh und je. Das macht jede Aufgabe schön, und beängstigend. Denn egal wie routiniert man auch ist: Wenn einen keine Regeln einschränken und man machen darf, was man will, kehrt eine Grundunsicherheit immer wieder: Was soll ich jetzt bloß tun?

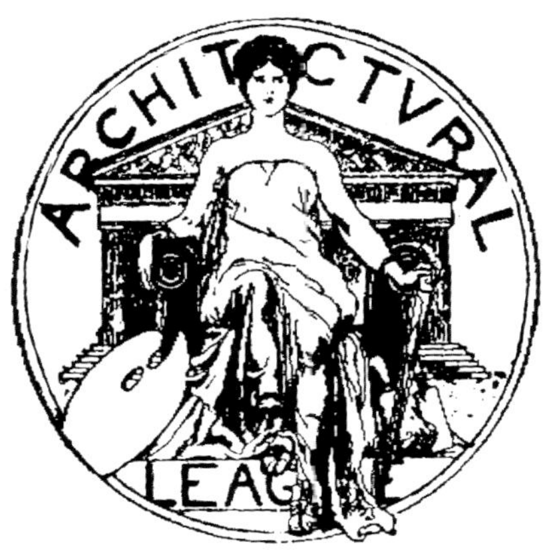

Linke Seite
Jedes Jahr veranstaltet der Architekturbund den Ball »Beaux Arts«. Es ist *die* Party der Architekturszene von New York. Und jedes Jahr steht er unter einem anderen Motto. 2013 lösten wir das rätselhafte Thema »ism« ausschließlich typografisch.

Oben
Das traditionelle Siegel der Architectural League of New York. 20 Jahre lang habe ich mich dafür eingesetzt, es nicht zu verändern.

Rechts
In den ersten Jahren meiner Tätigkeit für die Architectural League entwarf ich eine Reihe Einladungen zu Vorträgen, die am Ende wie kleine Poster wirkten. Es waren auch die ersten Momente, in denen mich Massimo Vignelli ganz alleine arbeiten ließ und sogar motivierte, mich von seinen Leitlinien zu lösen und eigene Ideen zu verwirklichen.

Rechte Seite
Die Veranstaltungen der Organisation waren immer eine besondere Freude. Die Vortragsserie »Emerging Voices« mit jungen, vielversprechenden Architekten aus aller Welt wurde 1981 begonnen und findet noch heute statt. Diese Poster können das große Faible nicht verbergen, das ich in meiner Kindheit für die Plattenhüllen der Band Chicago hatte. Entworfen hatten sie die Gestalter John Berg und Nick Fasciano.

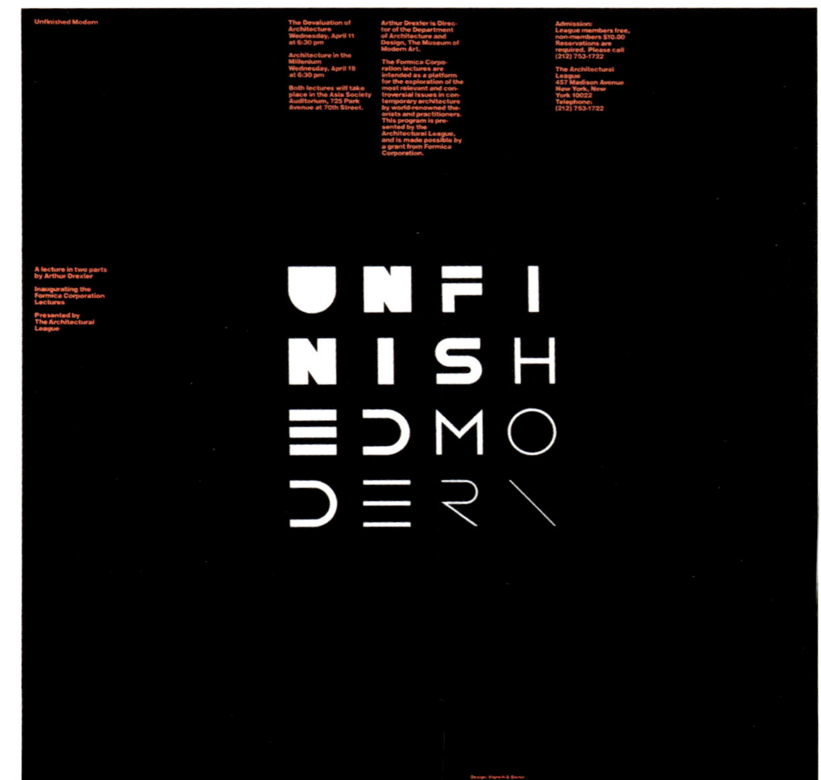

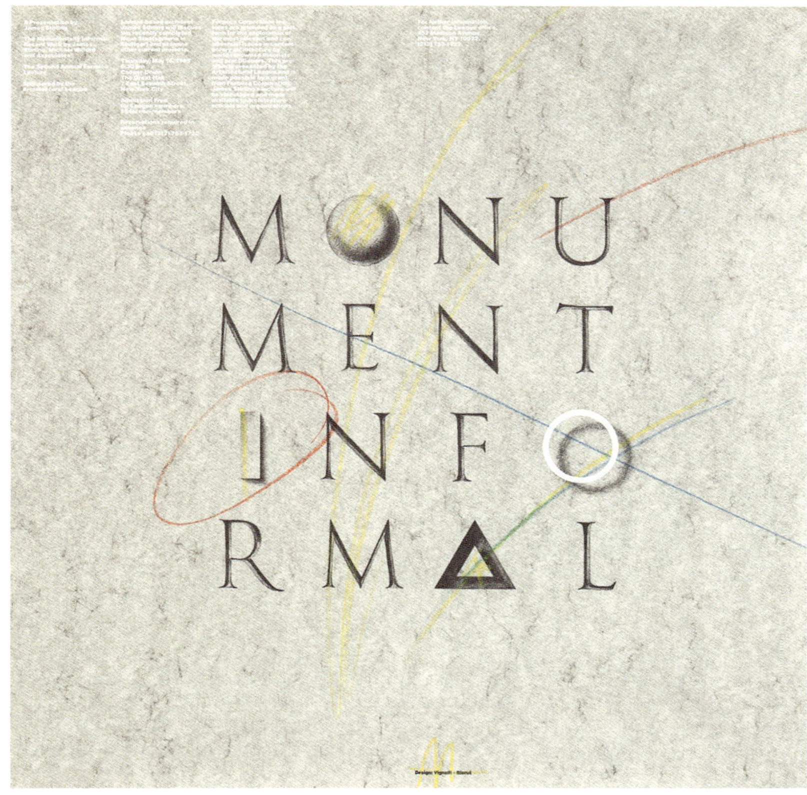

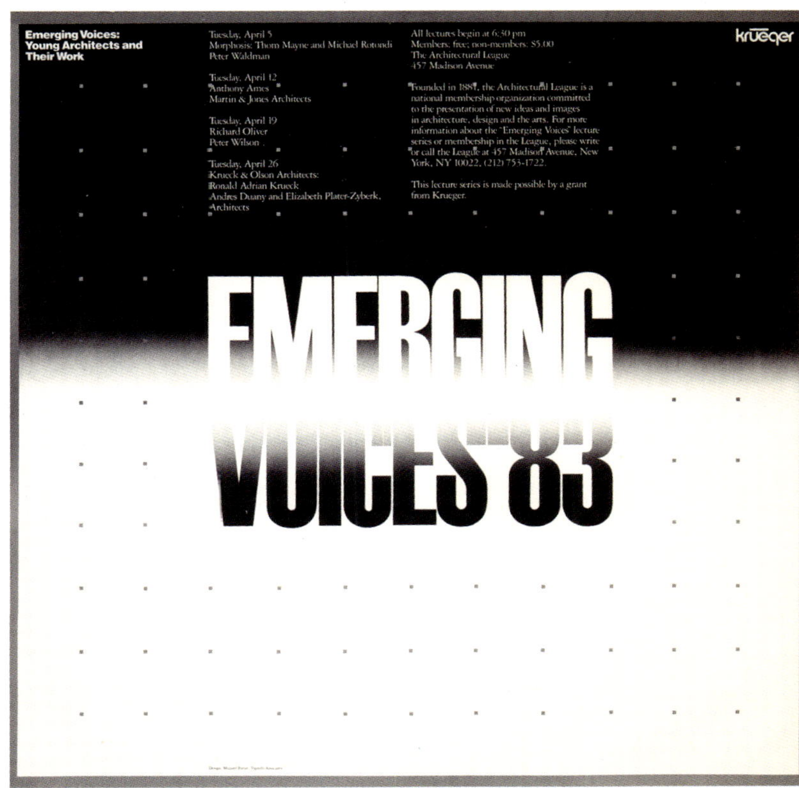
Emerging Voices:
Young Architects and Their Work
Tuesday, April 5
Morphosis: Thom Mayne and Michael Rotondi
Peter Waldman
Tuesday, April 12
Anthony Ames
Martin & Jones Architects
Tuesday, April 19
Richard Oliver
Peter Wilson
Tuesday, April 26
Krueck & Olson Architects:
Ronald Adrian Krueck
Andres Duany and Elizabeth Plater-Zyberk, Architects
All lectures begin at 6:30 pm
Members: free; non-members: $5.00
The Architectural League
457 Madison Avenue
Founded in 1881, the Architectural League is a national membership organization committed to the presentation of new ideas and images in architecture, design and the arts. For more information about the "Emerging Voices" lecture series or membership in the League, please write or call the League at 457 Madison Avenue, New York, NY 10022, (212) 753-1722.
This lecture series is made possible by a grant from Krueger.
krueger
EMERGING VOICES '83

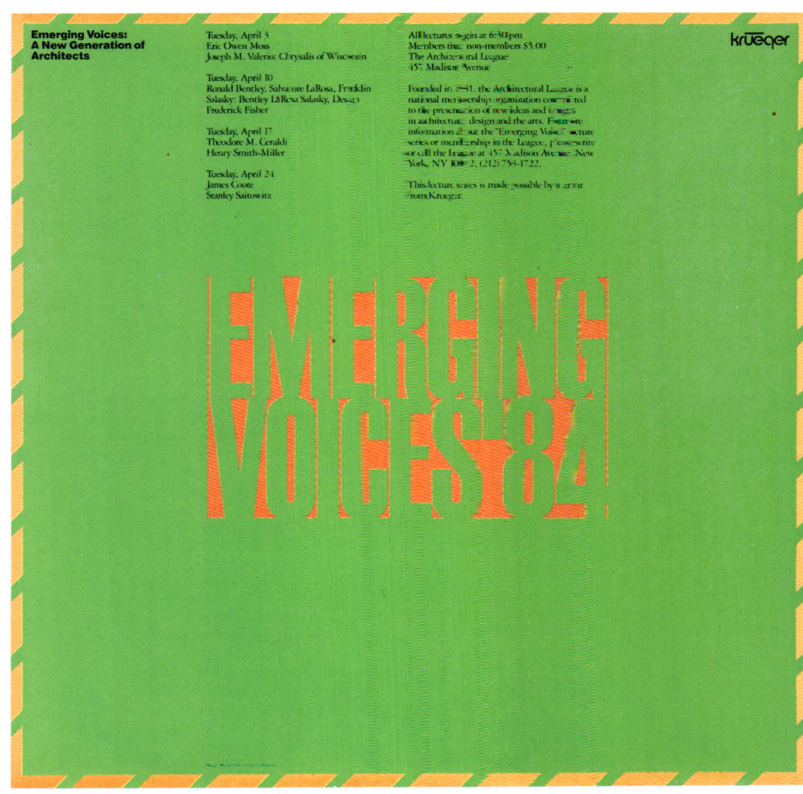
Emerging Voices:
A New Generation of Architects
Tuesday, April 3
Eric Owen Moss
Joseph M. Valerio: Chrysalis of Wisconsin
Tuesday, April 10
Ronald Bentley, Salvatore LaRosa, Franklin Salasky: Bentley LaRosa Salasky, Design
Frederick Fisher
Tuesday, April 17
Theodore M. Ceraldi
Henry Smith-Miller
Tuesday, April 24
James Coote
Stanley Saitowitz
All lectures begin at 6:30 pm
Members free; non-members $5.00
The Architectural League
457 Madison Avenue
Founded in 1881, the Architectural League is a national membership organization committed to the presentation of new ideas and images in architecture, design and the arts. For more information about the "Emerging Voices" lecture series or membership in the League, please write or call the League at 457 Madison Avenue, New York, NY 10022, (212) 753-1722.
This lecture series is made possible by a grant from Krueger.
krueger
EMERGING VOICES '84

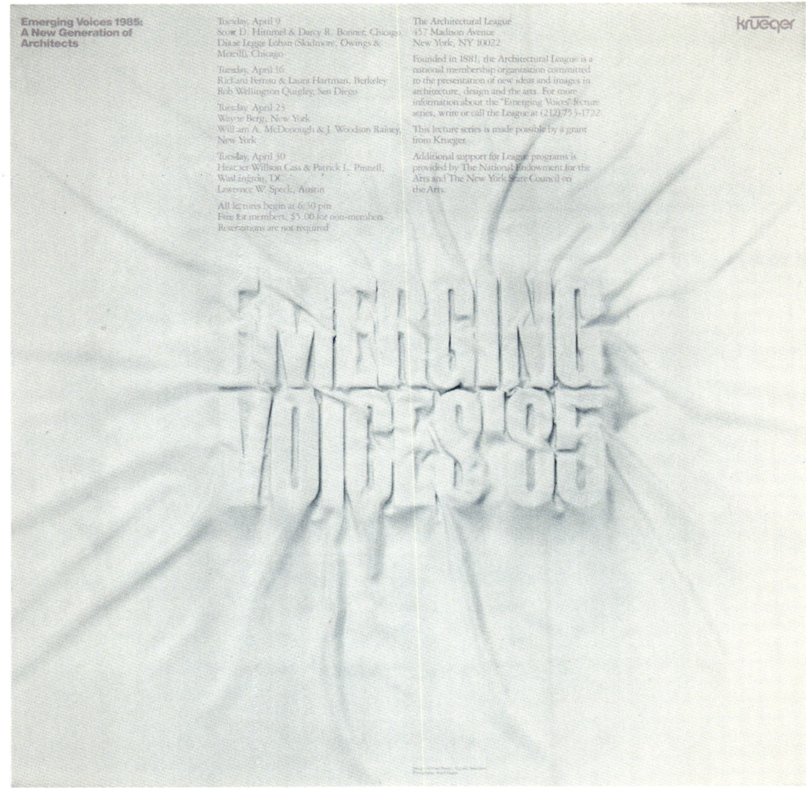
Emerging Voices 1985:
A New Generation of Architects
Tuesday, April 9
Scott D. Himmel & Darcy R. Bonner, Chicago
Diane Legge Lohan (Skidmore, Owings & Merrill), Chicago
Tuesday, April 16
Richard Fernau & Laura Hartman, Berkeley
Rob Wellington Quigley, San Diego
Tuesday, April 23
Wayne Berg, New York
William A. McDonough & J. Woodson Rainey, New York
Tuesday, April 30
Heather Willson Cass & Patrick L. Pinnell, Washington, DC
Lawrence W. Speck, Austin
All lectures begin at 6:30 pm
Free for members, $5.00 for non-members
Reservations are not required
The Architectural League
457 Madison Avenue
New York, NY 10022
Founded in 1881, the Architectural League is a national membership organization committed to the presentation of new ideas and images in architecture, design and the arts. For more information about the "Emerging Voices" lecture series, write or call the League at (212) 753-1722.
This lecture series is made possible by a grant from Krueger.
Additional support for League programs is provided by The National Endowment for the Arts and The New York State Council on the Arts.
krueger
EMERGING VOICES '85

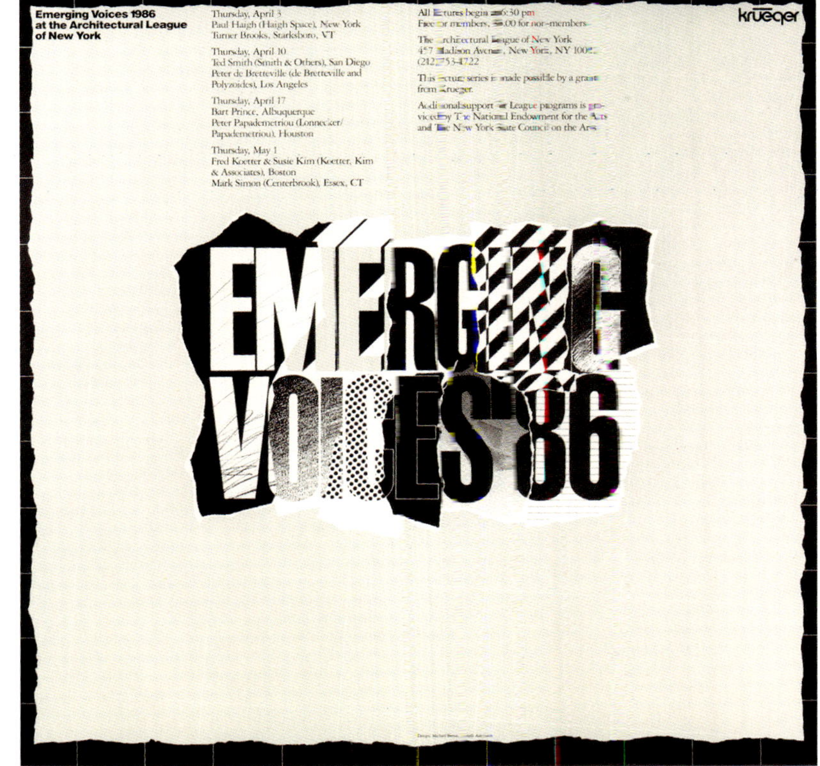
Emerging Voices 1986
at the Architectural League of New York
Thursday, April 3
Paul Haigh (Haigh Space), New York
Turner Brooks, Starksboro, VT
Thursday, April 10
Ted Smith (Smith & Others), San Diego
Peter de Bretteville (de Bretteville and Polyzoides), Los Angeles
Thursday, April 17
Bart Prince, Albuquerque
Peter Papademetriou (Lonnecker/Papademetriou), Houston
Thursday, May 1
Fred Koetter & Susie Kim (Koetter, Kim & Associates), Boston
Mark Simon (Centerbrook), Essex, CT
All lectures begin at 6:30 pm
Free for members, $5.00 for non-members
The Architectural League of New York
457 Madison Avenue, New York, NY 10022
(212) 753-1722
This lecture series is made possible by a grant from Krueger.
Additional support for League programs is provided by The National Endowment for the Arts and The New York State Council on the Arts
krueger
EMERGING VOICES '86

Rechts
30 Jahre »Emerging Voices« lieferten genügend Stoff für ein 300 Seiten starkes Buch, das wir *Form, Idea, Resonance* nannten. Es dokumentiert die herausragende Leistung des Architekturbunds von New York, dem es immer wieder gelingt, junge Talente aufzuspüren, die kurz vor ihrem internationalen Durchbruch stehen. Zum Beispiel Brad Cloepfil, James Corner, Marion Weiss, Michael Manfredi, Teddy Cruz, SHoP und Jeanne Gang.

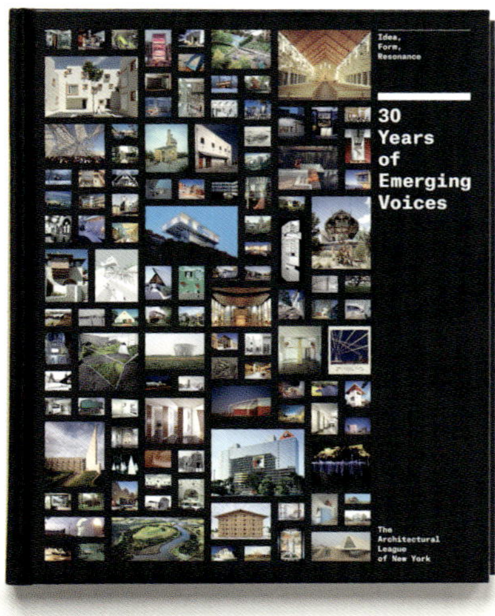

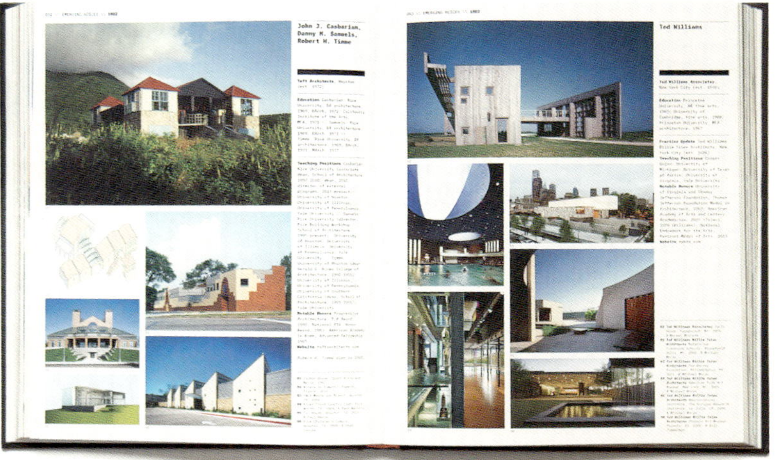

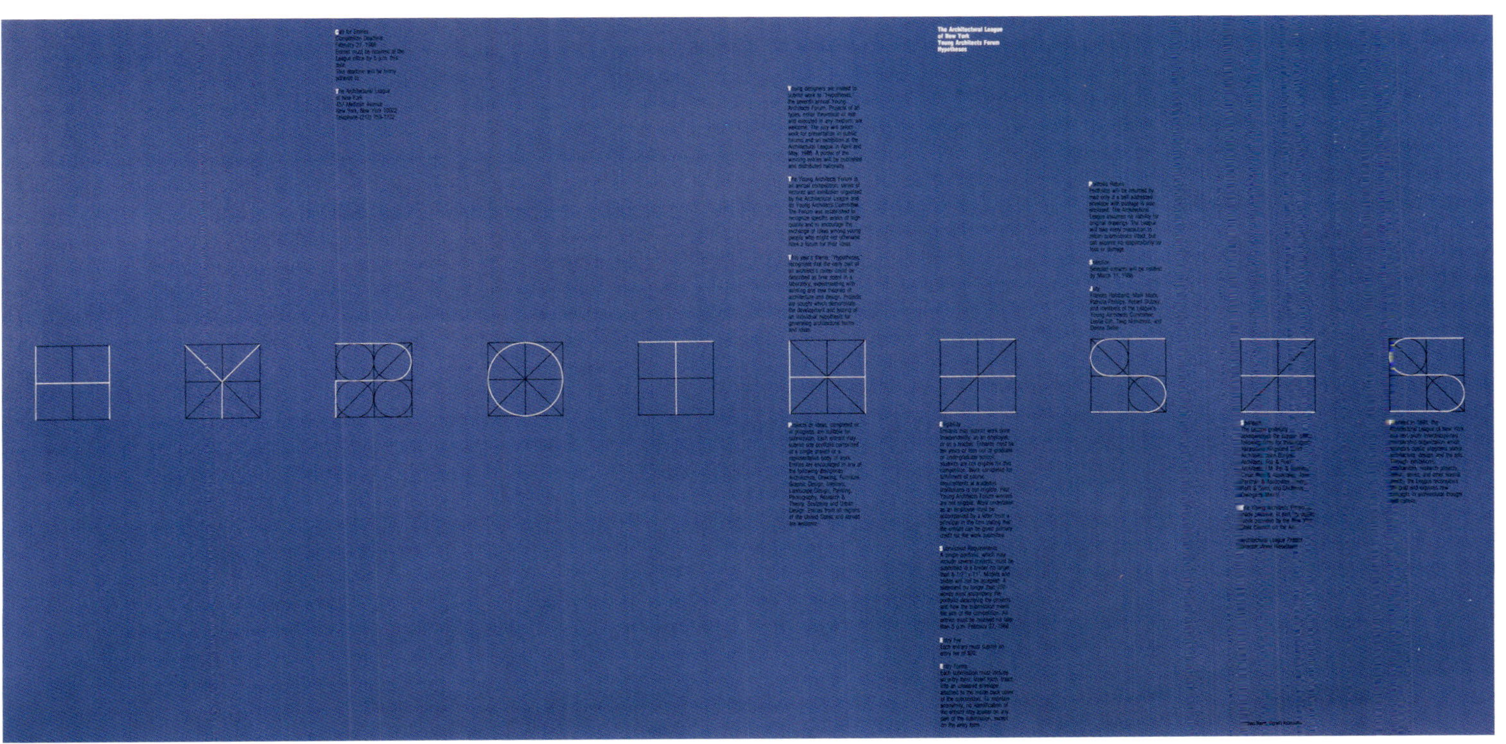

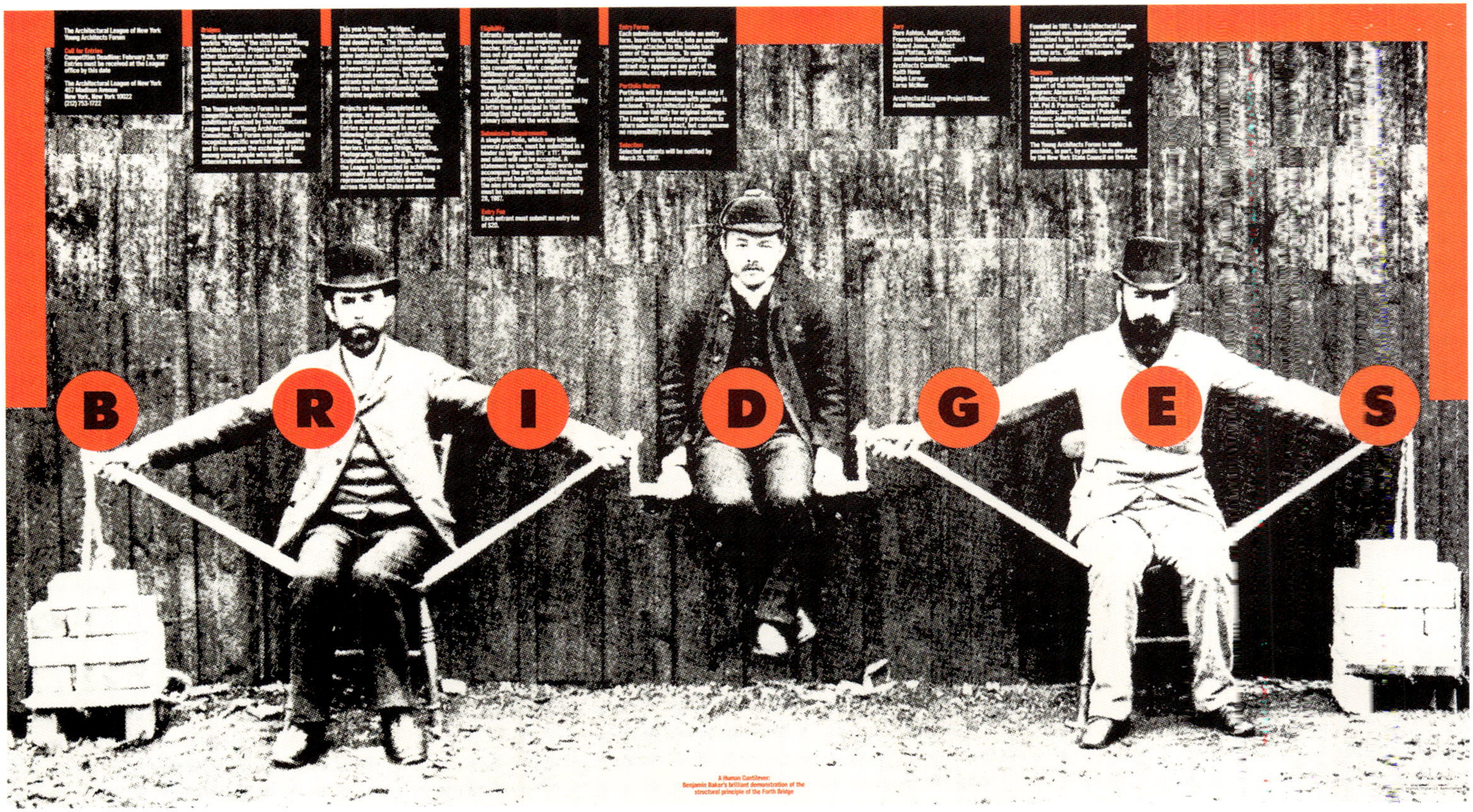

Links
Seit den Achtzigerjahren arbeite ich auf Seiten der Architekturvereinigung mit Rosalie Genevro und Anne Rieselbach, der Geschäftsführerin und der Programmleiterin. Mittlerweile würde ich unsere Kommunikation als »telepathisch« bezeichnen. Das bedeutet allerdings nicht, dass wir uns immer einig sind. Sie haben schon genauso viele meiner Ideen abgelehnt wie angenommen. Umgekehrt war ich nicht selten verzweifelt und habe schon oft Entnervung vorgetäuscht, etwa wenn wir über die Entwürfe für den jährlichen Designpreis streiten. Als besonders anstrengend habe ich das Thema »Brücken« von 1987 in Erinnerung.

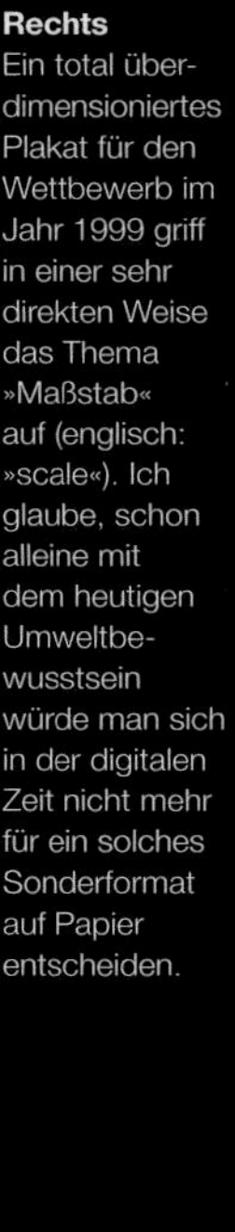

Rechts
Ein total überdimensioniertes Plakat für den Wettbewerb im Jahr 1999 griff in einer sehr direkten Weise das Thema »Maßstab« auf (englisch: »scale«). Ich glaube, schon alleine mit dem heutigen Umweltbewusstsein würde man sich in der digitalen Zeit nicht mehr für ein solches Sonderformat auf Papier entscheiden.

SCALE

The Architectural League of New York
Young Architects Forum

Call for Entries
Competition Deadline February 1, 1999

Entries must be received at the League office by 5 p.m. or postmarked (not metered) by this date. There will be no exceptions to this deadline.

The League cannot be responsible for entries received by mail after the jury date, which will be approximately a week after the deadline.

Young architects and designers are invited to submit work to the annual Young Architects Competition. Projects of all types, either theoretical or real and executed in any medium, are welcome. The jury will select work for presentation in public forums, an on-line installation, and exhibition at the Architectural League in April-May 1999, and an exhibition at the National Building Museum in Washington D.C. in Fall 1999. Winners will receive a cash prize of $1000. A poster of the winning entries will be published and distributed nationally. The Young Architects Forum is an annual competition, series of lectures and exhibition organized by the Architectural League and its Young Architects Committee. The Forum was established to recognize specific works of high quality and to encourage the exchange of ideas among young people who might otherwise not have a forum.

Eligibility
Entrants may submit work done independently, or as an employee, or as a teacher. Entrants must be ten years or less out of graduate or undergraduate school; students are not eligible for this competition. Work completed for fulfillment of course requirements at academic institutions is not eligible. Past Young Architects Forum winners are not eligible. Work undertaken as an employee must be accompanied by a letter from a principal in the firm stating that the entrant can be given sole credit for the work submitted. The competition is open to residents of the United States, Canada, and Mexico only.

Theme
[illegible]

Submission requirements
[illegible]

Entry fee
[illegible]

Entry forms
[illegible]

Portfolio return
[illegible]

Selection
[illegible]

Jury
[illegible]

Architectural League Program Director
[illegible]

Sponsors
[illegible]

Entry form
[illegible]

General information
Entrant
Address
Work phone
Home phone

Eligibility Agreement
Entrant
[illegible]
Signature of entrant

Portfolio identification
Entrant
Address
Work phone
Home phone

The Architectural League of New York
457 Madison Avenue
New York, New York 10022
[illegible]

Artemide

Rechts
Als die Architektenvereinigung in ein neues Büro in Soho zog, entwarf ich dieses Plakat in Anlehnung an den wunderbaren Umschlag von Paolo Soleris Buch *Visionary Cities*.

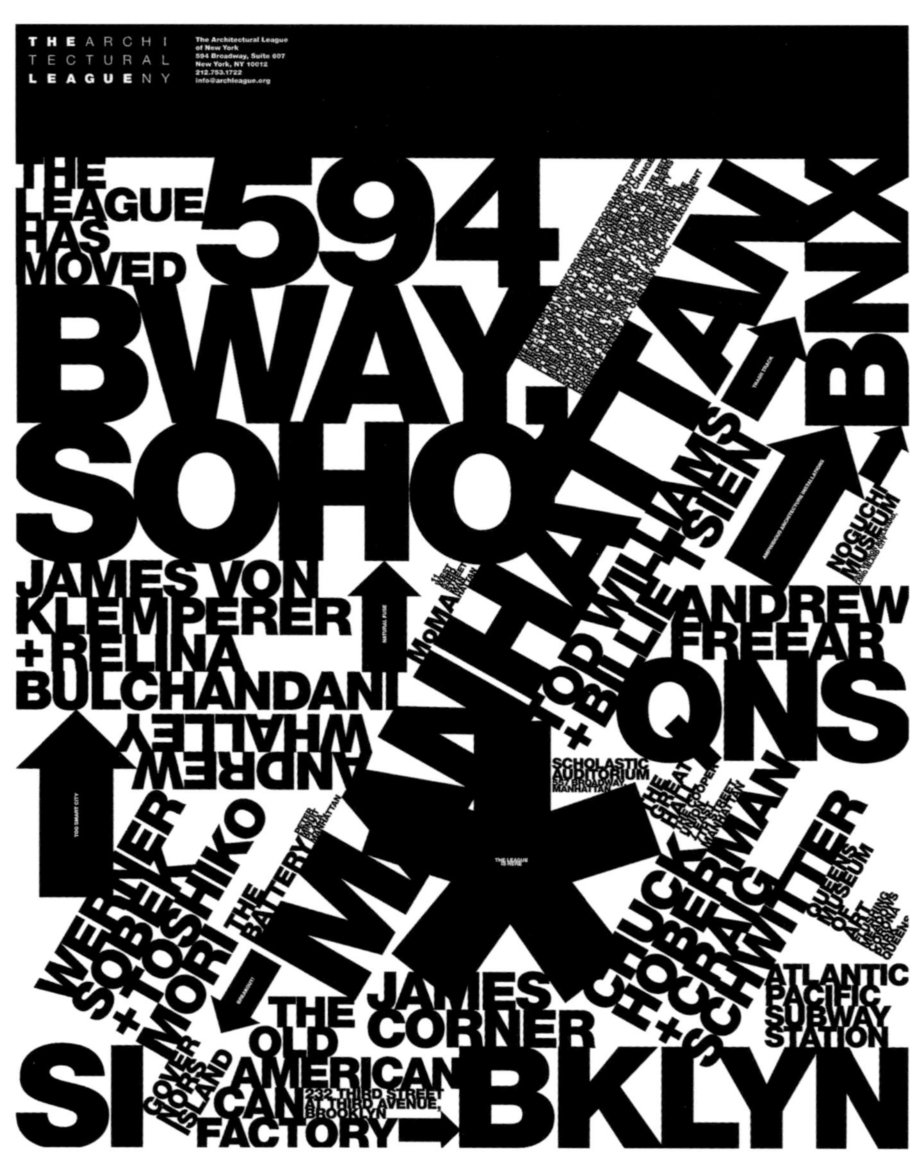

Unten
Ein Höhepunkt im jährlichen Veranstaltungskalender aller New Yorker Architekten, die etwas auf sich halten, ist der »Beaux Arts«-Ball der League. Im Jahr 2006 lautete das Thema »Dot Dot Dot«. Wir lieferten einen passenden typografischen Entwurf.

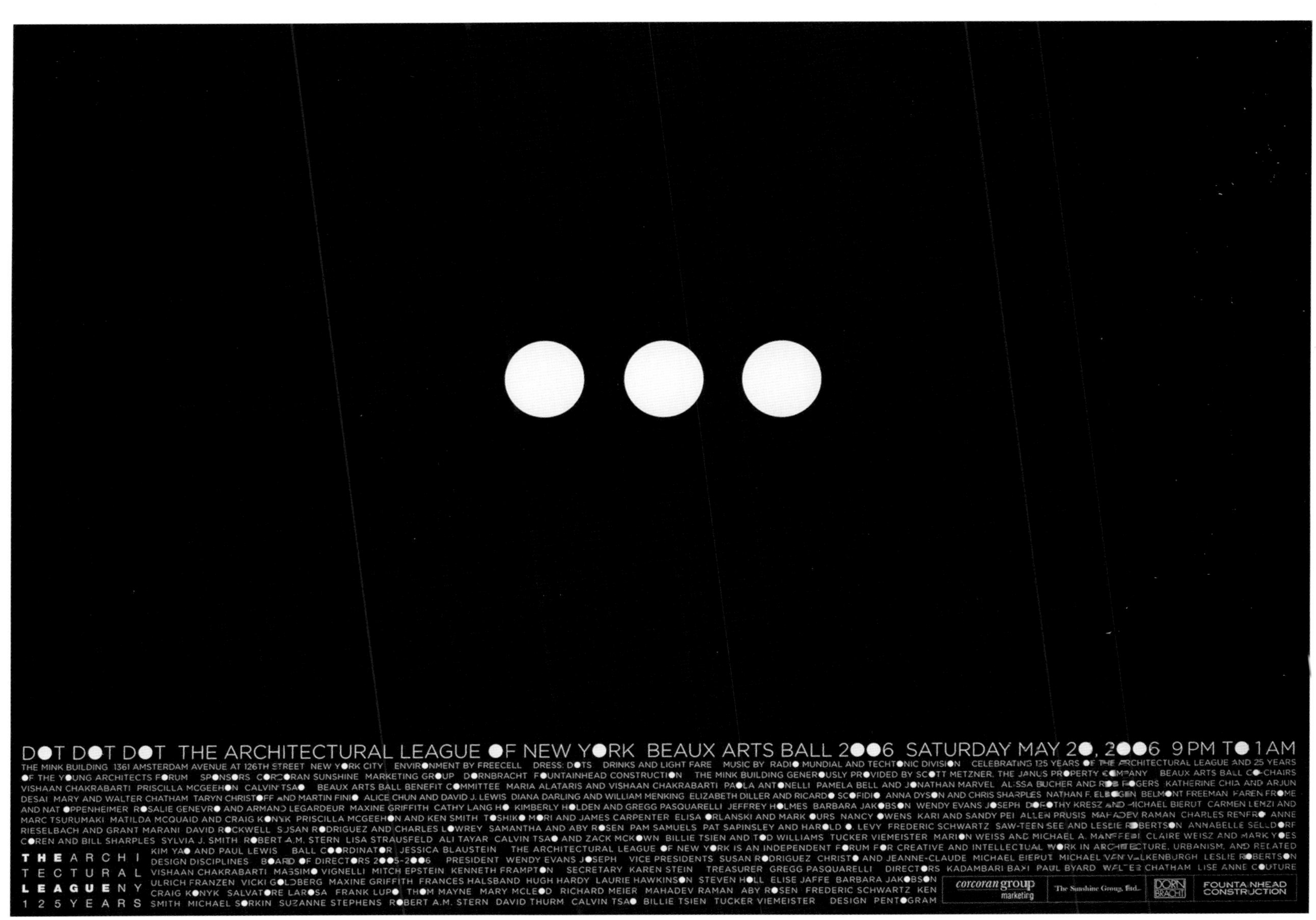

Rechts
Das Plakat für den »Beaux Arts«-Ball im Jahr 1999 hat sich als Glanzstück unserer Kollektion unvergesslich in viele Köpfe eingebrannt.

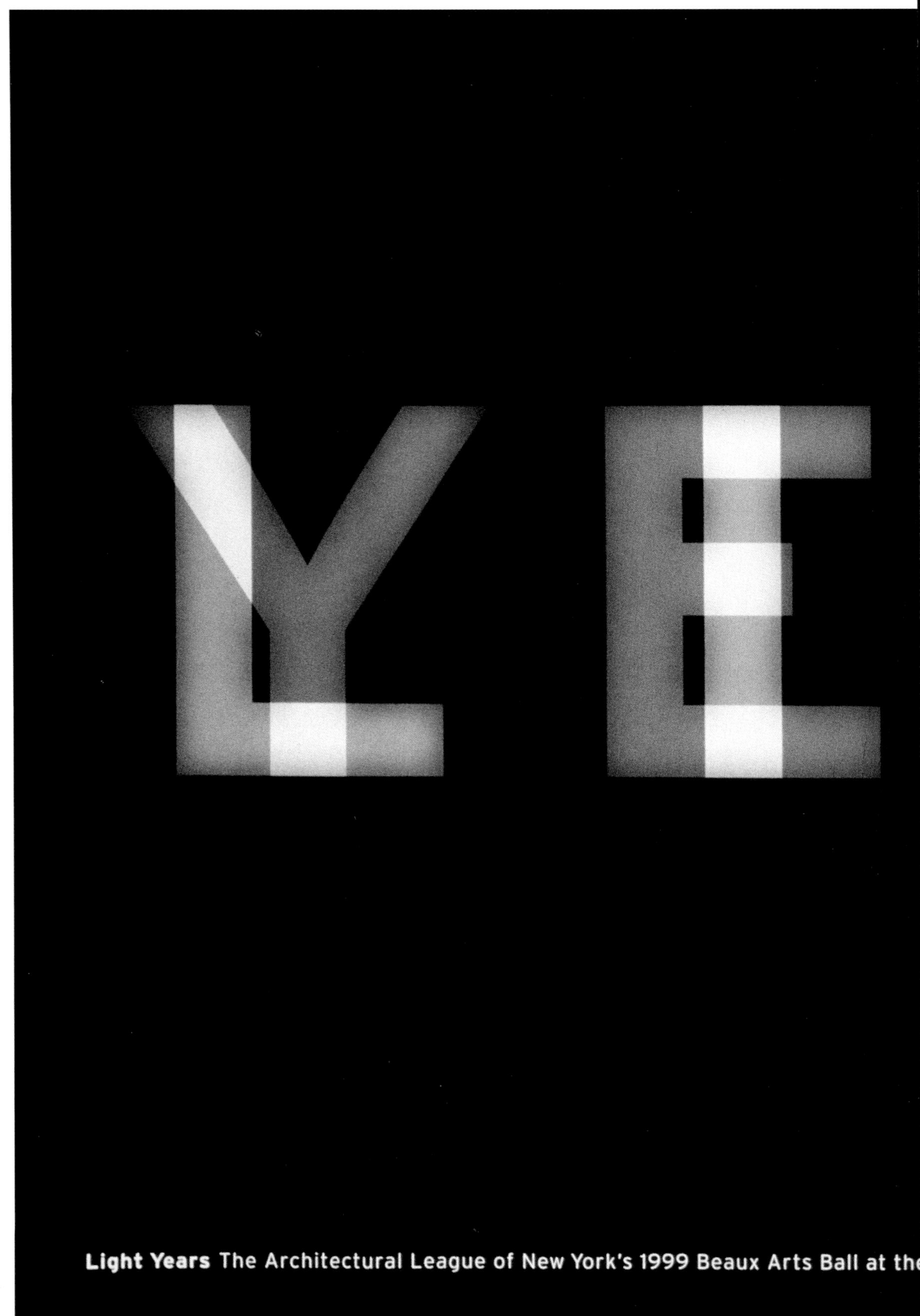

AGRST

rett-Lehigh Building, Saturday March 13, 1999. For tickets please call (212) 753 1722. Corporate Sponsor Artemide

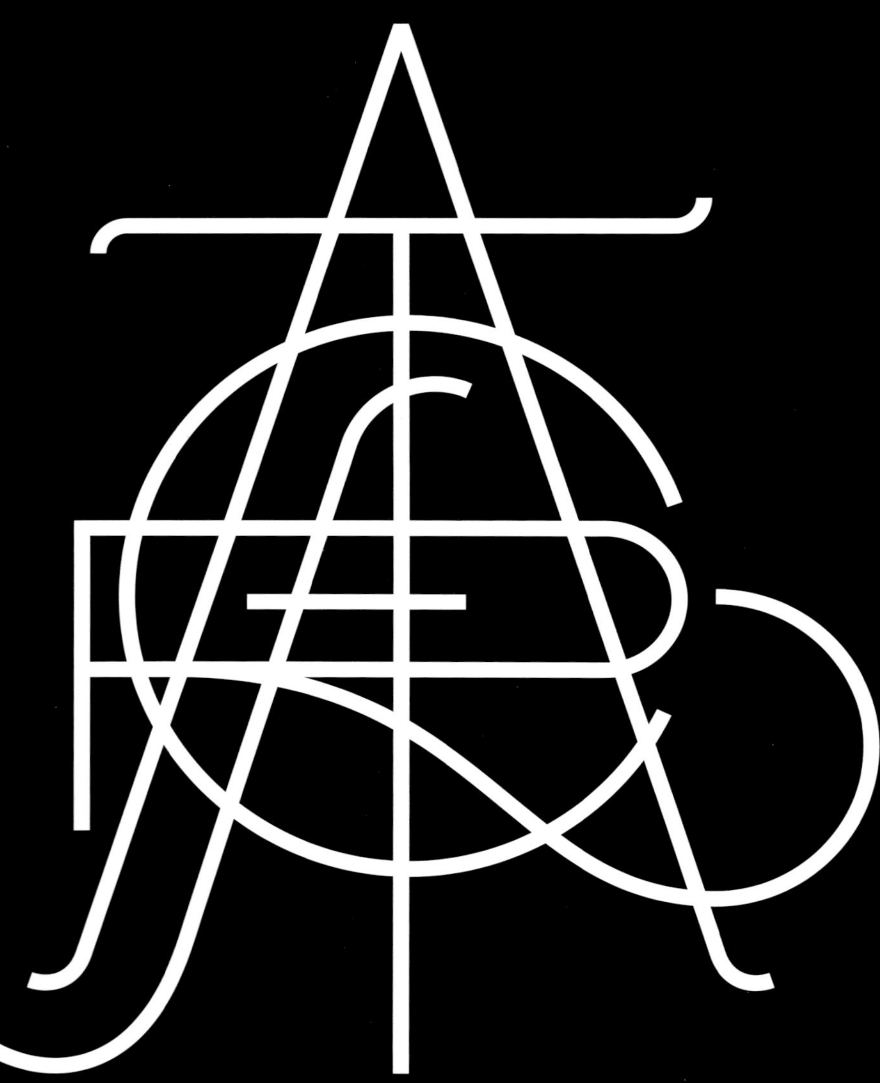

The Architectural League of New York

Linke Seite Im Jahr 2014 fand der »Beaux Arts«-Ball in der atemberaubenden Williamsburgh Savings Bank in Brooklyn statt. Das Motto lautete »Handwerk«, und das Monogramm, das wir dazu entwarfen, war so verschnörkelt, dass es niemand aus dem Stand entschlüsseln konnte.

Rechts Ob mit oder ohne Logo – viele Jahre lang glaubte ich, dass einzigartige und einprägsame Plakate viel mehr Aufmerksamkeit auf den Bund der Architekten ziehen würden als irgendein Symbol. Diese Einstellung hat sich mit den neuen Formen der digitalen Kommunikation geändert. Also schufen wir eine Wortmarke, die die umgangssprachliche Bezeichnung »The League« mit der offiziellen Version kombiniert.

THE ARCHI
TECTURAL
LEAGUE NY

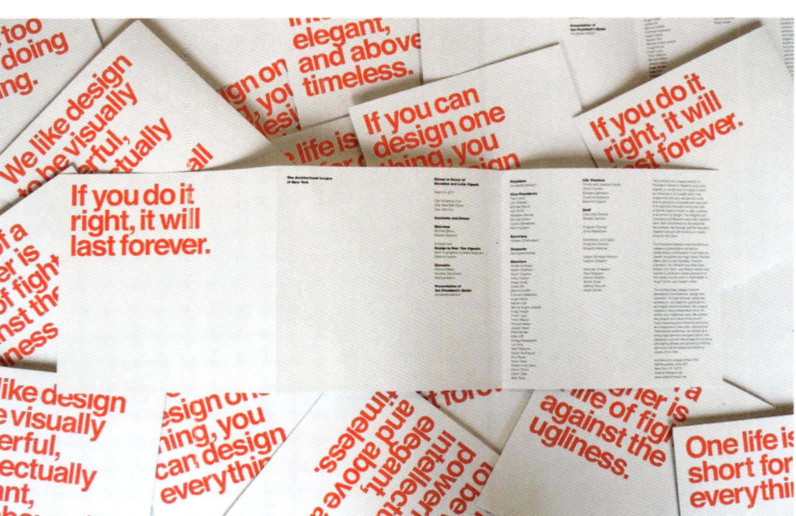

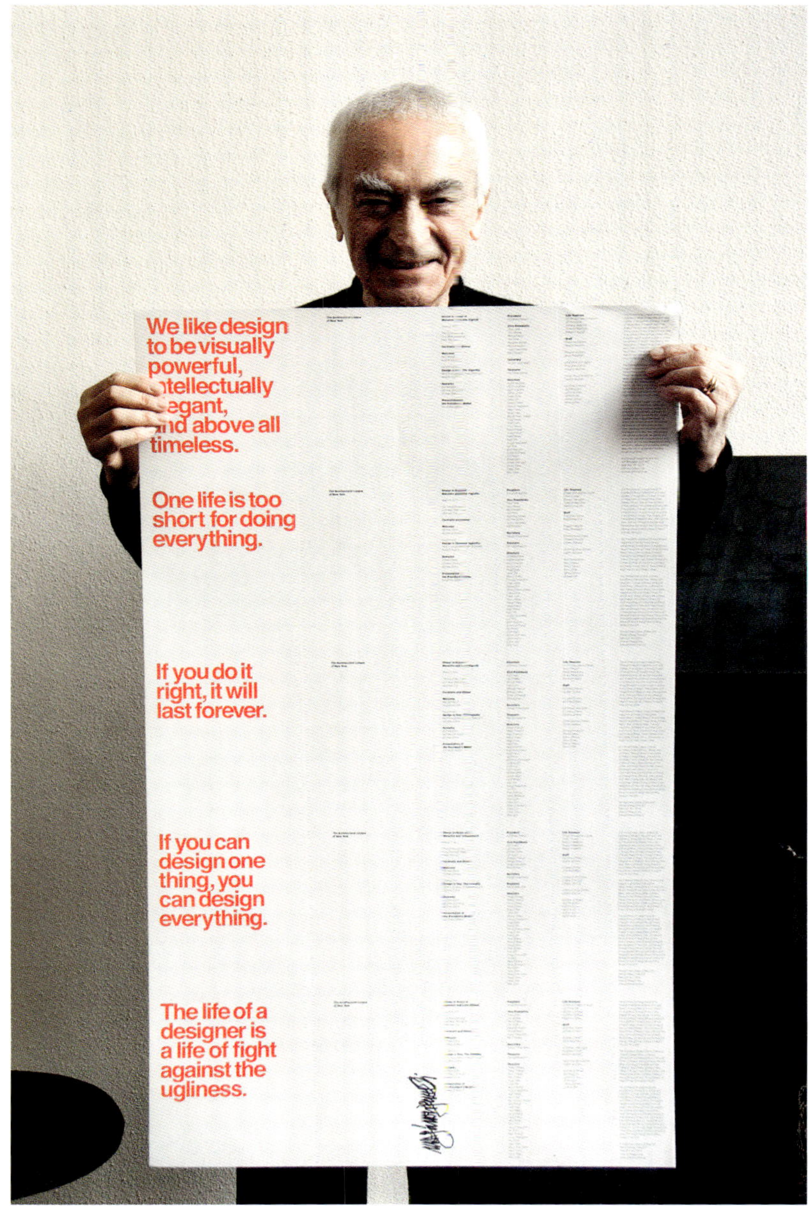

Oben und rechts Massimo Vignelli und seine Frau Lella bekamen 2011 die renommierte »President's Medal« der Architectural League verliehen. Auf die Programmleporellos hatten wir fünf verschiedene Zitate der Vignellis gedruckt – selbstverständlich gesetzt in ihrer Lieblingsschrift Helvetica. Der unbeschnittene Druckbogen wurde zum inoffiziellen Poster des Ereignisses – und zu einer Gelegenheit für mich, dem Mann zu danken, dessen Großzügigkeit großen Einfluss auf mein Leben gehabt hatte.

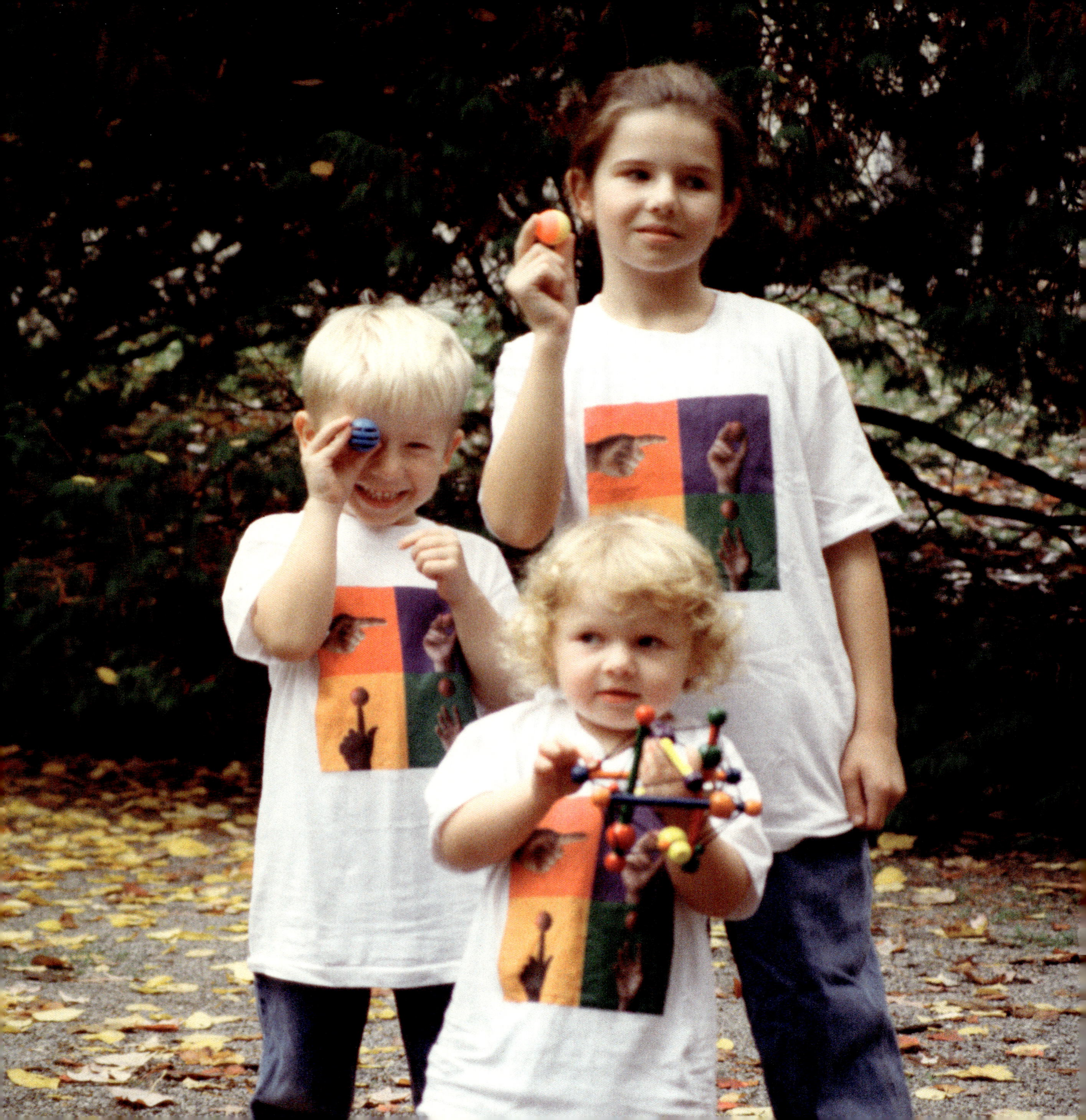

Wie man Klischees vermeidet

Minnesota Children's Museum

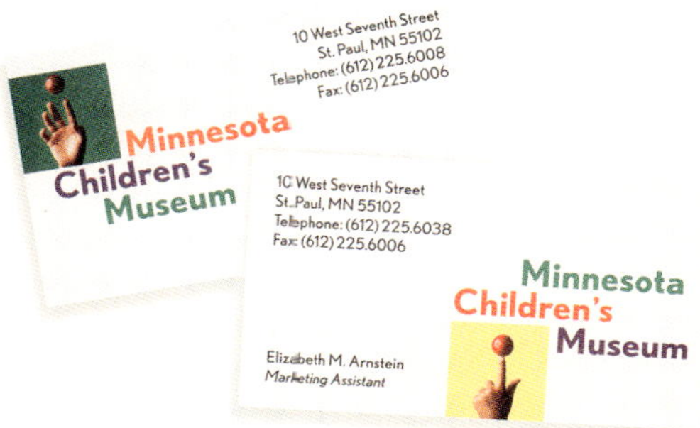

Linke Seite
Drew, Liz und Martha Bierut stehen Modell für die Beschilderung im Kindermuseum von Minnesota. Dass ich selbst Kinder habe, war für dieses Projekt eine große Hilfe. Es fiel mir leicht, einen gestalterischen Zugang zu finden.

Oben
Die Visitenkarten sollten die Mitarbeiter des Museums stets daran erinnern, dass sie in einem riesigen Mitmach-Unternehmen arbeiten. Fotografin Judy Olausen arbeitete mit Kinderhänden.

Grafikdesigner pflegen eine Hassliebe zu allem, was bewährt ist, weil sie stets fürchten, es sei bereits ein abgedroschenes Klischee. Schließlich haben wir alle irgendwann in der Ausbildung gelernt, dass es unsere ständige Pflicht sei, etwas Neues zu schaffen. Allerdings nicht rundherum neu! Ein Glas mit Spaghettisauce sollte sich erkennbar von anderen Gläsern unterscheiden. Wenn es jedoch gar keine Assoziationen mehr zu Spaghettisauce zulässt, sondern so aussieht, als enthalte es Motorenöl, wird es die Kunden verwirren und abschrecken. Jede Designlösung muss deshalb immer auch den Erwartungen und der Gewohnheit der Menschen gerecht werden. Alan Fletcher, der Gründer von Pentagram, zeigte stets große Bewunderung für jeden Gestalter, dem es gelingt, »ein altes Klischee so lange zu streicheln, bis es schnurrt wie eine neue Metapher«.

An diesen Satz musste ich häufiger denken, als wir mit dem grafischen Konzept für den Bau und vor allem für die Ausschilderung des Kindermuseums von Minnesota beauftragt wurden. Es war im Jahr 1995, als das Museum aus der Enge eines Einkaufszentrums in ein prächtiges neues und eigenes Gebäude in die Hauptstadt Saint Paul zog. Natürlich flossen die Klischees zunächst nur so aus uns heraus: Wachsmalstifte. Helle Grundfarben. Bauklötze. Luftballons. Und jede Menge Smileys.

In der Gestaltung gilt wie im Leben: Wer gestanzte Schablonen nicht mag, benötigt den Mut, einen eigenen Weg zu gehen. Das Gegengift, um Stereotype zu besiegen, lautet deshalb Erfahrung. Man sollte die gängigen Vorstellungen von einem »Museum für Kinder« einfach vergessen! Vielmehr sollte man sich fragen: Was bietet dieses spezielle Museum? Was zeichnet es aus? Ann Bitter, die Direktorin, beschrieb uns ihre Pläne und gestand uns auch ihre Ängste. Das neue Gebäude sei sehr schön, betonte sie. Zugleich aber war sie besorgt, dass sich in Zukunft nicht mehr die Nähe und die Unmittelbarkeit herstellen ließe, die Besucher am alten Standort so schätzten. Wie jedes Kindermuseum sollte auch dieses wieder viele Mitmach-Gelegenheiten bieten (ein weiteres Klischee). Doch würden sich die Kinder dabei in den aufgeräumten, neuen Räumen genauso wohl fühlen wie früher?

Manchmal hilft es, genau das zu tun, was man vermeiden möchte. Es ist die Flucht nach vorne: das Offensichtliche zu umarmen, um es niederzuringen! Die Lösung sahen wir in der Abbildung von Kinderhänden. Sie sollten als Einladung dienen, alles berühren zu dürfen und den Besuchern zugleich ein unmittelbares Gefühl für die Umgebung vermitteln. Anstatt überhaupt erst zu versuchen, die Hände in typischer Manier zu zeichnen, etwa als Umrisse im Wachsmalstil, baten wir Kinder aus der Umgebung, uns Modell zu stehen. Wir fotografierten ihre Hände während sie zählten, spielten oder auf Dinge zeigten. Im Minnesota Children's Museum bieten diese Hände – von Menschen, die heute in ihren Zwanzigern sind – anderen Kindern weiterhin Orientierung. Sie weisen den Weg und gehen aus gestalterischer Sicht den schmalen Grat zwischen allem, was an einem solchen Ort erwartbar und überraschend sein kann.

Links
Anstatt eines einzigen Logos repräsentieren Kinderhände das Museum. Zwei Dutzend Abbildung unterschiedlicher Gesten führen die Besucher zu den unterschiedlichen Stationen im Haus.

Rechts
Eine überlebensgroße rote Hand, auf deren Zeigefinger eine Uhr balanciert, dient als Treffpunkt. Zugleich unterstreicht sie unsere optische Idee.

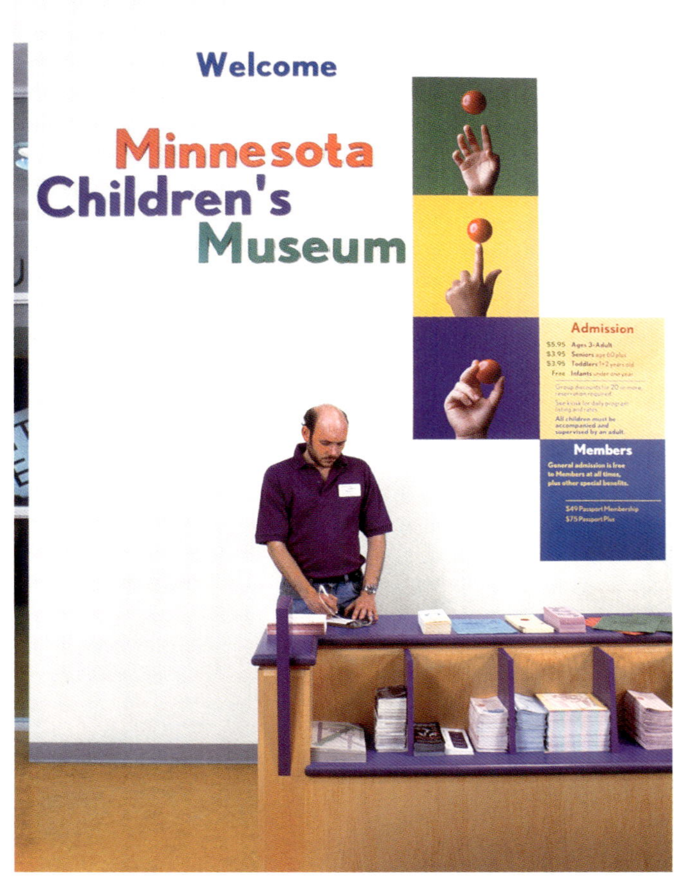

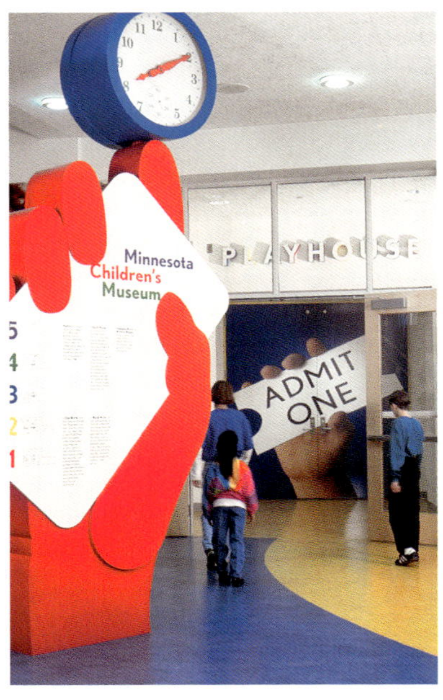

Rechts
Nachdem wir uns bereits für das Motiv der Hände entschieden hatten, bemerkten wir, dass das Gebäude fünf Stockwerke besitzt. Und wir waren heilfroh, dass es nicht sechs waren...

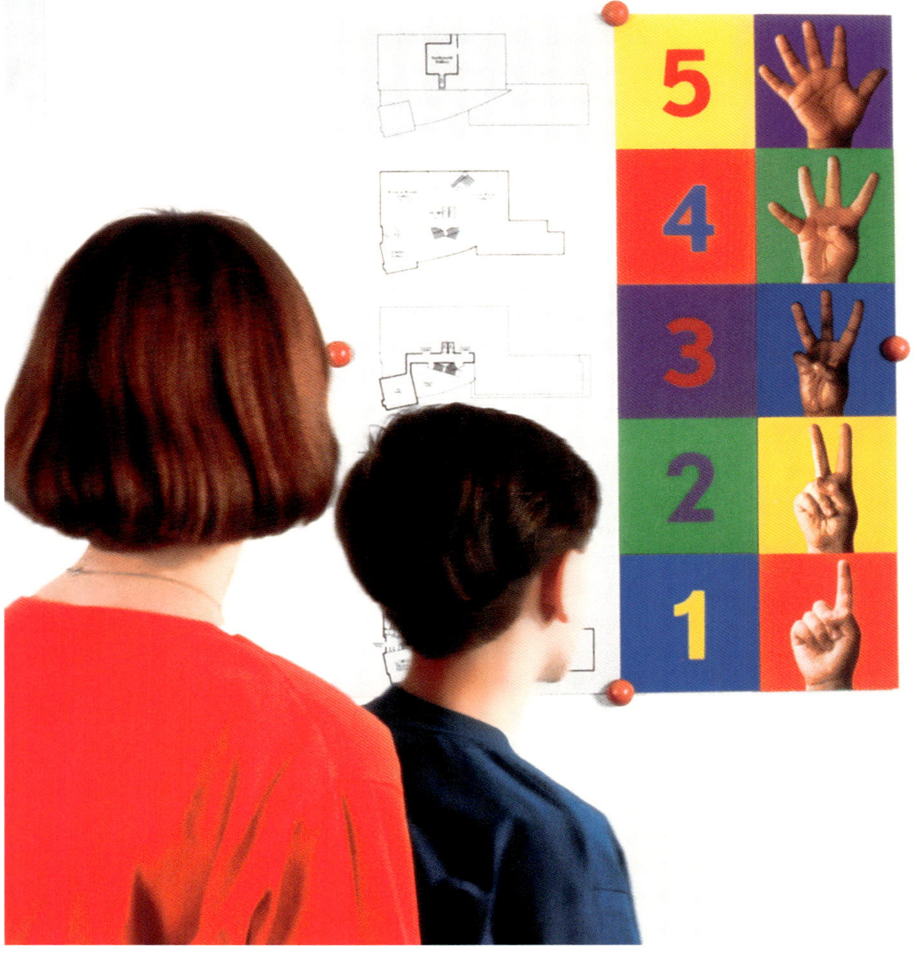

Unten
Kinderhände weisen den Weg durchs Haus und vermitteln zugleich den Eindruck, dass sich das Angebot des Museums an kindgerechten Dimensionen orientiert. Und wer dringend muss, hat trotzdem ein bisschen zu lachen.

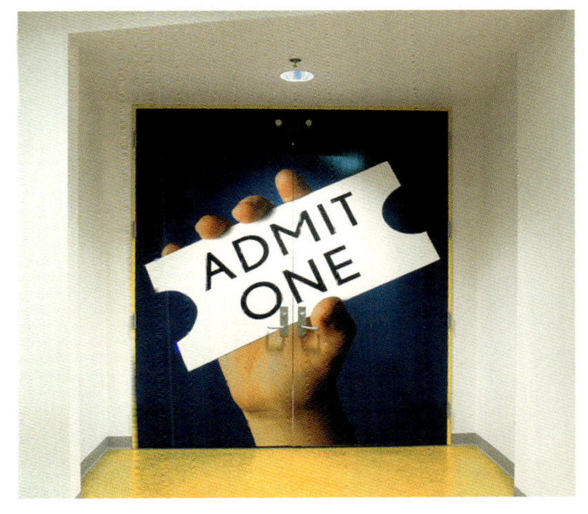

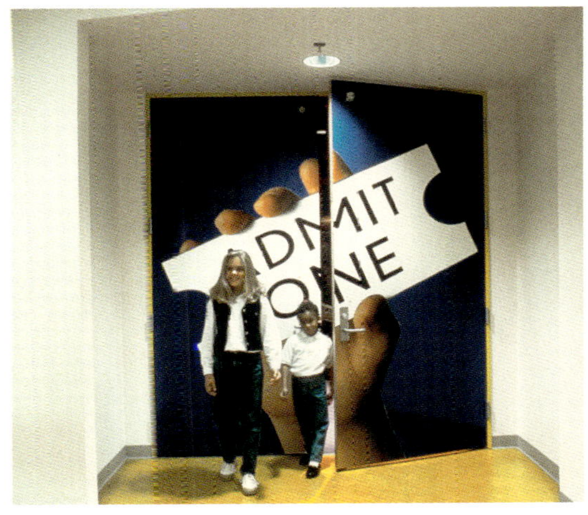

Oben
Eine überdimensionierte Eintrittskarte wird jedes Mal entzwei gerissen, wenn sich die Eingangstür öffnet.

Nächste Doppelseite
Schon die Eröffnungsfeier des Kindermuseums in Minnesota demonstrierte ein gelungenes Zusammenspiel aus moderner Architektur und dem jungen Publikum.

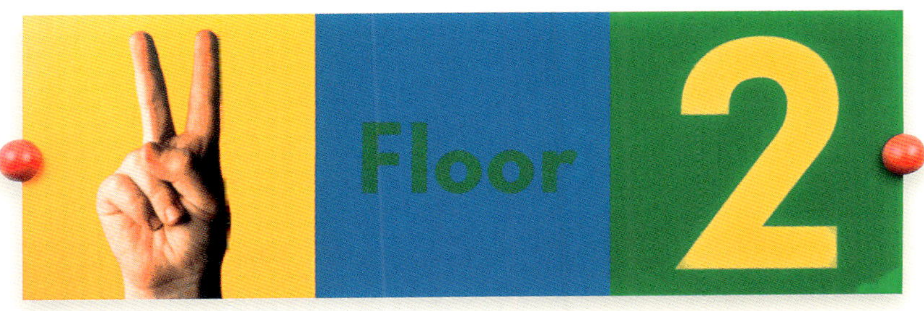

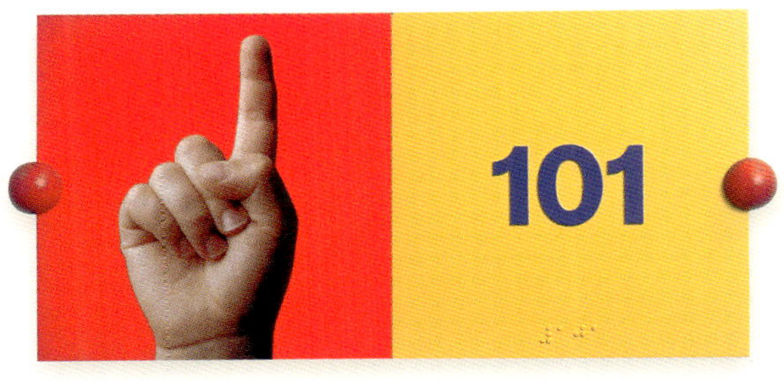

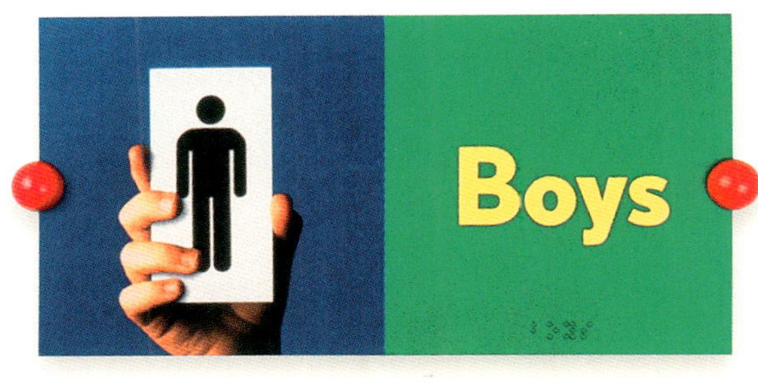

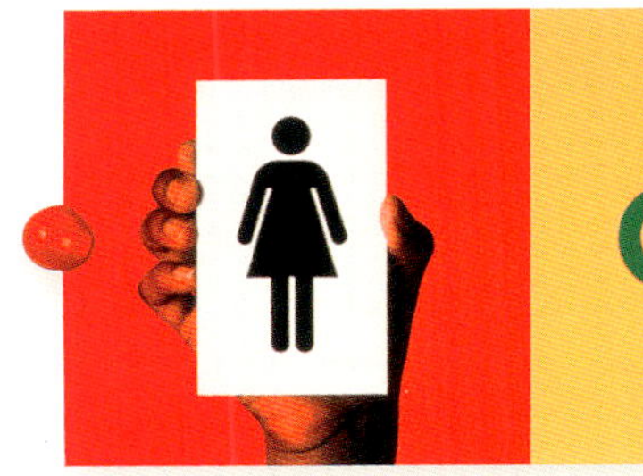

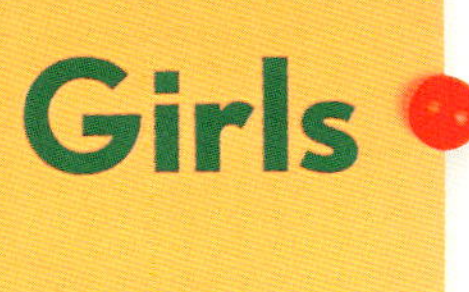

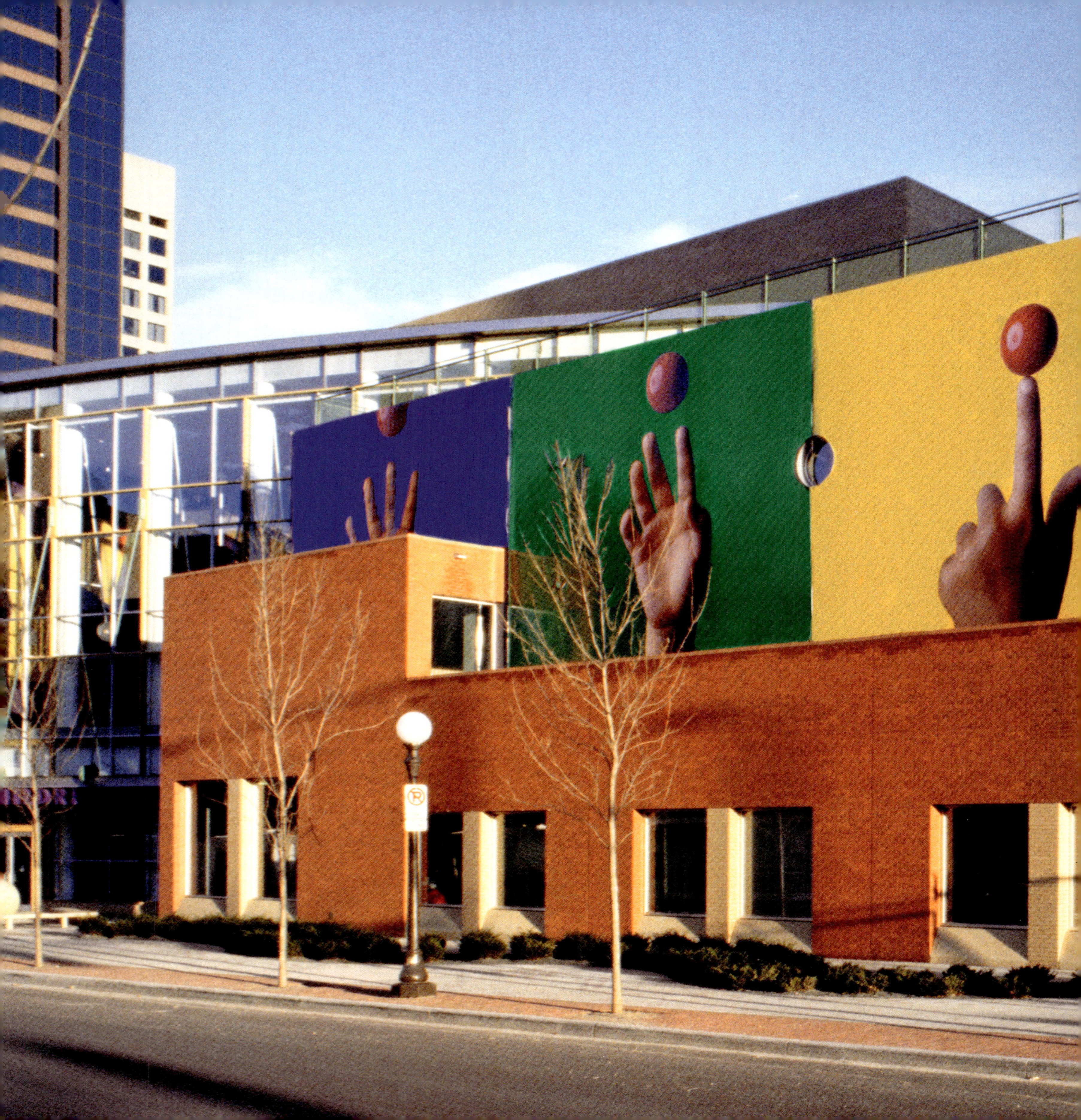

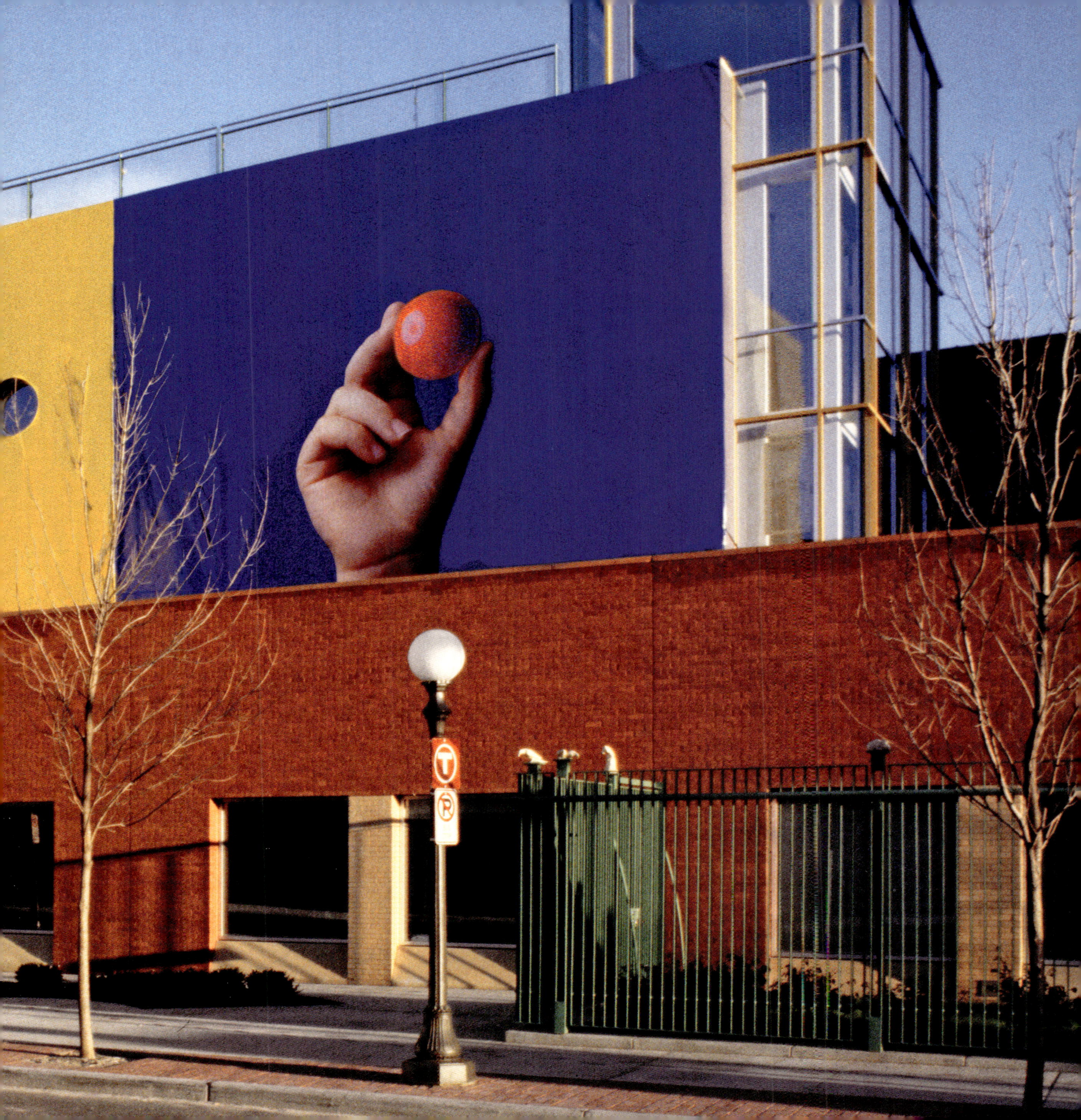

It is five minutes to midnight.

Wie man den Weltuntergang verhindert

Bulletin of the Atomic Scientists

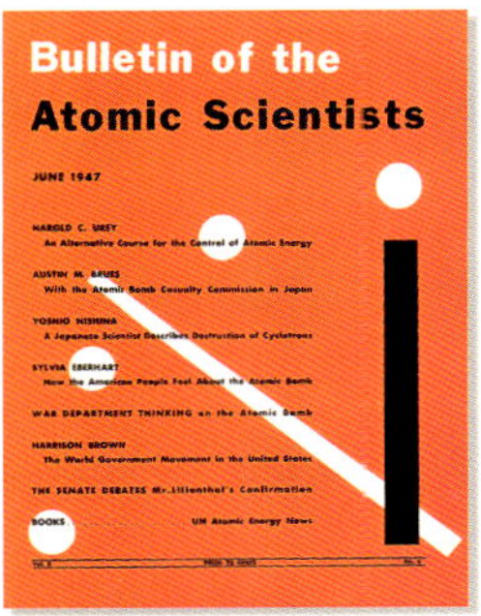

Linke Seite
Unser Titel für die Zeitschrift *Bulletin of the Atomic Scientists* im Jahr 2012. Der Stand des Minutenzeigers symbolisiert in jeder Ausgabe die Bedrohung der Menschheit nach Einschätzung von mehreren Dutzend Experten.

Oben
Die ursprüngliche Doomsday Clock hatte die Künstlerin Martyl Langsdorf entworfen. 1947 illustrierte sie damit den ersten Titel der Zeitschrift *Bulletin of the Atomic Scientists*. Sie schuf damit ein eindringliches Bild für eine massive Bedrohung der Menschheit.

Die wohl eindringlichste Aufklärungsgrafik des 20. Jahrhunderts stammte von einer Landschaftsmalerin. 1943 kam der Nuklearphysiker Alexander Langsdorf Jr. nach Chicago, um an einem geheimen Rüstungsprojekt mitzuarbeiten: Das Wettrennen um die Atombombe. Das Ergebnis des sogenannten »Manhattan Project« ist der Welt bekannt: Es waren die Bomben, die am Ende des Zweiten Weltkriegs auf Hiroshima und Nagasaki abgeworfen wurden. Wie viele seiner Kollegen hatte Langsdorf wenig Vertrauen in den anschließenden Frieden. Als Kenner der Materie ließ es ihn nicht kalt, dass die Menschheit eine Waffe erfunden hatte, mit der sie sich selbst auslöschen konnte. Würde es dazu kommen?

Um diese wichtige Frage in einer größeren Öffentlichkeit zu diskutieren, publizierten Langsdorf und andere Wissenschaftler in regelmäßigen Abständen einen Informationsbrief, den sie *Bulletin of the Atomic Scientists* nannten. Im Juni 1947 machten sie aus dem Bulletin ein Magazin. Langsdorfs Ehefrau Martyl war eine Künstlerin, deren Landschaftsporträts in einigen Galerien in Chicago ausgestellt wurden. Sie steuerte die Illustration für das erste Titelbild der Zeitschrift bei – und da auf dem Umschlag wenig Platz für eine Illustration war und man nur Geld für einen zweifarbigen Druck hatte, fand sie eine praktische Lösung: die Doomsday Clock (Weltuntergangsuhr), die wir heute noch kennen.

Das Für und Wider von Atomwaffen und ihrer weltweiten Verbreitung ist komplex und wird seit langem diskutiert. Die Uhr, die Martyl Langsdorf entworfen hatte, verdeutlichte das Problem in einem radikal simplen Bild: Eine Zeitbombe, die solange tickt, bis es 12 Uhr ist – dann knallt es! Den Wissenschaftlern gefiel es vermutlich, auf die hochemotionale und zugleich abgenutzte Darstellung eines Atompilzes zu verzichten und an dessen Stelle ein nüchternes Messinstrument zu zeigen: eine Uhr. Dass die Zeit auf der ersten Ausgabe des Magazins sieben vor zwölf war, hatte nur den Grund, »dass es einfach gut aussah«, erklärte Martyl. Als die Russen zwei Jahre später begannen, ihre Nuklearwaffen zu testen, war das Rennen offiziell eröffnet. Um den Ernst der Lage zu betonen, wurde der Zeiger vorgerückt auf drei Minuten vor Mitternacht. Seitdem wurde die Stellung des Minutenzeigers zwanzig Male verändert – und ich halte die Uhr bis heute für eine bemerkenswert eindringliche und schnörkellose Art, ein wichtiges Thema zu kommunizieren! Als die Physiker vor einigen Jahren ein Logo für ihr Anliegen suchten, sagten wir ihnen, dass sie längst eins hätten! Daraus entstand eine bis heute anhaltende Zusammenarbeit mit dem *Bulletin of the Atomic Scientists*. Jedes Jahr veröffentlichen wir einen Bericht mit einer Erläuterung des Uhrzeigerstands. Und jedes Jahr sind wir voller Hoffnung, dass wir die Uhrzeit zurückzudrehen können – doch im Moment sieht es leider nicht so aus. Nachdem es im Jahr 1990 zehn und im Jahr 2010 sechs Minuten vor Mitternacht war, ist der Zeiger mittlerweile weitere drei Minuten nach vorne gerückt.

Rechts und nächste Doppelseite
Gestalter Armin Vit und ich machten den Vorschlag, die Doomsday Clock zum generellen Logo der Physikervereinigung zu machen. Der große Abstraktionsgrad der Abbildung erlaubt es, auch die Bedrohung etwa durch biologische Waffen oder den Klimawandel in das Urteil der Wissenschaftler einzubeziehen. Die Position des Minutenzeigers wurde über die vergangenen 65 Jahre hinweg 20 Mal verändert.

How close are we to catastrophic destruction? The Doomsday Clock monitors "minutes to midnight," calling on humanity to control the means by which it could obliterate itself. First and foremost, these include nuclear weapons, but they also encompass climate-changing technologies and new developments in the life sciences that could inflict irrevocable harm.

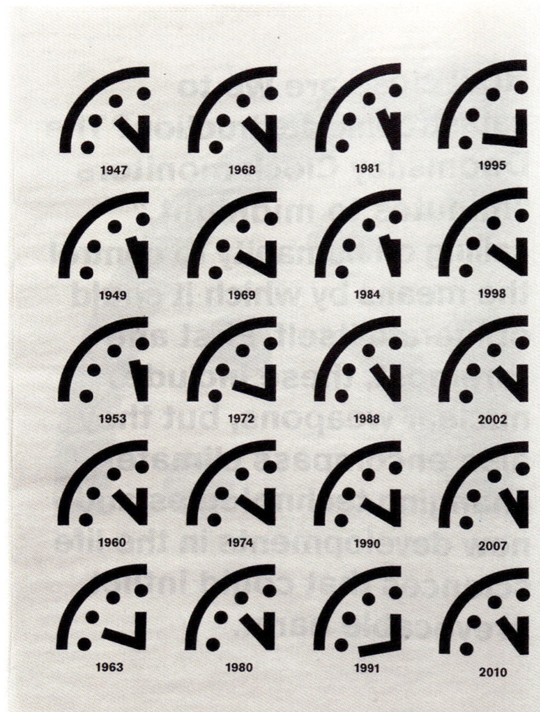

In 1947, the Bulletin first displayed the Doomsday Clock on the cover of the print magazine to convey, through a simple design, a sense of urgency and peril posed by nuclear weapons. The minute hand of the Clock has moved 19 times since, based on a global risk assessment by the Bulletin's Science and Security Board in consultation with other experts, and the Board of Sponsors, which currently includes 19 Nobel Laureates.

1947 As the Bulletin evolves from a newsletter into a magazine, the Clock appears on the cover for the first time. It symbolizes the urgency of the nuclear dangers that the magazine's founders – and the broader scientific community – are trying to convey to the public and political leaders around the world.
It is seven minutes to midnight.

1949 The Soviet Union denies it, but in the fall, President Harry Truman tells the American public that the Soviets tested their first nuclear device, officially starting the arms race. "We do not advise Americans that doomsday is near and that they can expect atomic bombs to start falling on their heads a month or year from now," the Bulletin explains. "But we think they have reason to be deeply alarmed and to be prepared for grave decisions."
It is three minutes to midnight.

1953 After much debate, the United States decides to pursue the hydrogen bomb, a weapon far more powerful than any atomic bomb. In October 1952, the United States tests its first thermonuclear device, obliterating a Pacific Ocean islet in the process; nine months later, the Soviets test an H-bomb of their own. "The hands of the Clock of Doom have moved again," the Bulletin announces. "Only a few more swings of the pendulum, and, from Moscow to Chicago, atomic explosions will strike midnight for Western civilization."
It is two minutes to midnight.

1960 Political actions belie the tough talk of "massive retaliation." For the first time, the United States and Soviet Union appear eager to avoid direct confrontation in regional conflicts such as the 1956 Egyptian-Israeli dispute. Joint projects that build trust and constructive dialogue between third parties also quell diplomatic hostilities. Scientists initiate many of these measures, helping establish the International Geophysical Year, a series of coordinated, worldwide scientific observations, and the Pugwash Conferences, which allow Soviet and American scientists to interact.
It is seven minutes to midnight.

1963 After a decade of almost non-stop nuclear tests, the United States and Soviet Union sign the Partial Test Ban Treaty, which ends all atmospheric nuclear testing. While it does not outlaw underground testing, the treaty represents progress in at least slowing the arms race. It also signals awareness among the Soviets and Americans that they need to work together to prevent nuclear annihilation.
It is twelve minutes to midnight.

1968 Regional wars rage. U.S. involvement in Vietnam intensifies, India and Pakistan battle in 1965, and Israel and its Arab neighbors renew hostilities in 1967. Worse yet, France and China develop nuclear weapons to assert themselves as global players. "There is little reason to feel sanguine about the future of our society on the world scale," the Bulletin laments. "There is a mass revulsion against war, yes; but no sign of conscious intellectual leadership in a rebellion against the deadly heritage of international anarchy."
It is seven minutes to midnight.

1969 Nearly all of the world's nations come together to sign the Nuclear Non-Proliferation Treaty. The deal is simple – the nuclear weapon states vow to help the treaty's non-nuclear weapon signatories develop nuclear power if they promise to forego producing nuclear weapons. The nuclear weapon states also pledge to abolish their own arsenals when political conditions allow for it. Although Israel, India, and Pakistan refuse to sign the treaty, the Bulletin is cautiously optimistic: "The great powers have made the first step. They must proceed without delay to the next one – the dismantling, gradually, of their own oversized military establishments."
It is ten minutes to midnight.

1972 The United States and Soviet Union attempt to curb the race for nuclear superiority by signing the Strategic Arms Limitation Treaty (SALT) and the Anti-Ballistic Missile (ABM) Treaty. The two treaties force a nuclear parity of sorts. SALT limits the number of ballistic missile launchers either country can possess, and the ABM Treaty stops an arms race in defensive weaponry from developing.
It is twelve minutes to midnight.

1974 South Asia gets the Bomb, as India tests its first nuclear device. And any gains in previous arms control agreements seem like a mirage. The United States and Soviet Union appear to be modernizing their nuclear forces, not reducing them. Thanks to the deployment of multiple independently targetable reentry vehicles (MIRV), both countries can now load their intercontinental ballistic missiles with more nuclear warheads than before.
It is nine minutes to midnight.

1980 Thirty-five years after the start of the nuclear age and after some promising disarmament gains, the United States and the Soviet Union still view nuclear weapons as an integral component of their national security. This stalled progress discourages the Bulletin: "[The Soviet Union and United States have] been behaving like what may best be described as 'nucleoholics' – drunks who continue to insist that the drink being consumed is positively 'the last one,' but who can always find a good excuse for 'just one more round.'"
It is seven minutes to midnight.

1981 The Soviet invasion of Afghanistan hardens the U.S. nuclear posture. Before he leaves office, President Jimmy Carter pulls the United States from the Olympics Games in Moscow and considers ways in which the United States could win a nuclear war. The rhetoric only intensifies with the election of Ronald Reagan as president. Reagan scraps any talk of arms control and proposes that the best way to end the Cold War is for the United States to win it.
It is four minutes to midnight.

1984 U.S.-Soviet relations reach their iciest point in decades. Dialogue between the two superpowers virtually stops. "Every channel of communications has been constricted or shut down; every form of contact has been attenuated or cut off. And arms control negotiations have been reduced to a species of propaganda," a concerned Bulletin informs readers. The United States seems to flout the few arms control agreements in place by seeking an expansive, space-based anti-ballistic missile capability, raising worries that a new arms race will begin.
It is three minutes to midnight.

1988 The United States and Soviet Union sign the historic Intermediate-Range Nuclear Forces Treaty, the first agreement to actually ban a whole category of nuclear weapons. The leadership shown by President Ronald Reagan and Soviet Premier Mikhail Gorbachev makes the treaty a reality, but public opposition to U.S. nuclear weapons in Western Europe inspires it. For years, such intermediate-range missiles had kept Western Europe in the crosshairs of the two superpowers.
It is six minutes to midnight.

1990 As one Eastern European country after another (Poland, Czechoslovakia, Hungary, Romania) frees itself from Soviet control, Soviet General Secretary Mikhail Gorbachev refuses to intervene, halting the ideological battle for Europe and significantly diminishing the risk of all-out nuclear war. In late 1989, the Berlin Wall falls, symbolically ending the Cold War. "Forty-four years after Winston Churchill's 'Iron Curtain' speech, the myth of monolithic communism has been shattered for all to see," the Bulletin proclaims.
It is ten minutes to midnight.

1991 With the Cold War officially over, the United States and Russia begin making deep cuts to their nuclear arsenals. The Strategic Arms Reduction Treaty greatly reduces the number of strategic nuclear weapons deployed by the two former adversaries. Better still, a series of unilateral initiatives remove most of the intercontinental ballistic missiles and bombers in both countries from hair-trigger alert. "The illusion that tens of thousands of nuclear weapons are a guarantor of national security has been stripped away," the Bulletin declares.
It is seventeen minutes to midnight.

1995 Hopes for a large post-Cold War peace dividend and a renouncing of nuclear weapons fade. Particularly in the United States, hard-liners seem reluctant to soften their rhetoric or actions, as they claim that a resurgent Russia could provide as much of a threat as the Soviet Union. Such talk slows the rollback in global nuclear forces; more than 40,000 nuclear weapons remain worldwide. There is also concern that terrorists could exploit poorly secured nuclear facilities in the former Soviet Union.
It is fourteen minutes to midnight.

1998 India and Pakistan stage nuclear weapons tests only three weeks apart. "The tests are a symptom of the failure of the international community to fully commit itself to control the spread of nuclear weapons – and to work toward substantial reductions in the numbers of these weapons," a dismayed Bulletin reports. Russia and the United States continue to serve as poor examples to the rest of the world. Together, they still maintain 7,000 warheads ready to fire at each other within 15 minutes.
It is nine minutes to midnight.

2002 Concerns regarding a nuclear terrorist attack underscore the enormous amount of unsecured – and sometimes unaccounted for – weapon-grade nuclear materials located throughout the world. Meanwhile, the United States expresses a desire to design new nuclear weapons, with an emphasis on those able to destroy hardened and deeply buried targets. It also rejects a series of arms control treaties and announces it will withdraw from the Anti-Ballistic Missile Treaty.
It is seven minutes to midnight.

2007 The world stands at the brink of a second nuclear age. The United States and Russia remain ready to stage a nuclear attack within minutes, North Korea conducts a nuclear test, and many in the international community worry that Iran plans to acquire the Bomb. Climate change also presents a dire challenge to humanity. Damage to ecosystems is already taking place; flooding, destructive storms, increased drought, and polar ice melt are causing loss of life and property.
It is five minutes to midnight.

2010 A new spirit of international cooperation and negotiation gives hope that our leaders will act to rid the world of nuclear weapons. Governments are also proposing collaborative action on global warming. By shifting the hand back by only one minute, we emphasize how much needs to be accomplished as we affirm the new initiative that the United States, Russia, the European Union, India, China, Brazil, and others are displaying on nuclear security and on climate change. With 23,000 nuclear weapons in the world, the potential for use, inadvertent launches, accidents, and proliferation remains high. Scientists also believe that humanity has less than a decade to arrest greenhouse gas emissions before Earth cascades into irreversible climate disaster. History shows that progress toward disarmament and environmental protection occurs when citizens are engaged and express their concerns to policy makers.
It is six minutes to midnight.

Turn back the Clock.

Join the Clock Coalition.

Engage with experts, policy makers, and citizens around the world through our web resources, blogs, online debates, discussions, and publications. Share information, express your opinion, hold leaders accountable, and help to build international momentum toward nuclear weapons disarmament and climate stabilization. Beginning January 13–14, 2010, start every year by participating online when the Bulletin gathers experts and scientists at a Doomsday Clock Symposium to sustain a worldwide forum about the perils we face and what we can do to meet them. Participate at: www.turnbacktheclock.org.

1 2 3

Nuclear Weapons

The nuclear age dawned in the 1940s when scientists learned how to release the energy stored within the atom. Immediately, they thought of two potential uses – an unparalleled weapon and a new energy source. The United States built the first atomic bombs during World War II, which they used on Hiroshima and Nagasaki, Japan in August 1945. Within two decades, Britain, the Soviet Union, China, and France had also established nuclear weapon programs. Since then, Israel, India, Pakistan, and North Korea have built nuclear weapons as well.

For most of the Cold War, overt hostility between the United States and Soviet Union, coupled with their enormous nuclear arsenals, defined the nuclear threat. The U.S. arsenal peaked at about 30,000 warheads in the mid-1960s and the Soviet arsenal at 40,000 warheads in the 1980s, dwarfing all other nuclear weapon states. The scenario for nuclear holocaust was simple: Heightened tensions between the two jittery superpowers would lead to an all-out nuclear exchange. Today, the potential for an accidental or inadvertent nuclear exchange between the United States and Russia remains, with both countries anachronistically maintaining more than 1,000 warheads on high alert, ready to launch within tens of minutes, even though a deliberate attack by Russia or the United States on the other seems improbable.

Unfortunately, however, in a globalized world with porous national borders, rapid communications, and expanded commerce in dual-use technologies, nuclear know-how and materials travel more widely and easily than before–raising the possibility that terrorists could obtain such materials and construct a nuclear device of their own. The materials necessary to construct a bomb pervade the world.

As a result, according to the International Panel on Fissile Materials, substantial quantities of highly enriched uranium, one of the materials necessary for a bomb, remain in more than 40 non-weapon states. Save for Antarctica, every continent contains at least one country with civilian highly enriched uranium. Even with the improvement of nuclear reactor design and international controls provided by the International Atomic Energy Agency (IAEA), proliferation concerns persist, as the components and infrastructure for a civilian nuclear power program can also be used to construct nuclear weapons.

Climate Change

Fossil-fuel technologies such as coal-burning plants powered the industrial revolution, bringing unparalleled economic prosperity to many parts of the world. But in the 1950s, scientists began measuring year-to-year changes in the carbon dioxide concentration in the atmosphere that they could relate to fossil-fuel combustion, and they began to see the implications for Earth's temperature and for climate change.

Today, the concentration of carbon dioxide is higher than at any time during the last 650,000 years. These gases warm Earth's continents and oceans by acting like a giant blanket that keeps the sun's heat from leaving the atmosphere, melting ice and triggering a number of ecological changes that cause an increase in global temperature. Even if carbon-dioxide emissions were to cease immediately, the extra gases already added to the atmosphere, which linger for centuries, would continue to raise sea level and change other characteristics of the Earth for hundreds of years.

The most authoritative scientific group on the issue, the Intergovernmental Panel on Climate Change (IPCC), suggests that warming on the order of 2-10 degrees Fahrenheit over the next 100 years is a distinct possibility if the industrialized world doesn't curb its carbon dioxide emissions habit. Effects could include wide-ranging, dramatic changes. One drastic result: a 3- to 34-inch rise in sea level, leading to more coastal erosion, increased flooding during storms, and, in some regions such as the Indus River Delta in Bangladesh and the Mississippi River Delta in the United States, permanent inundation. This sea-level rise will affect coastal cities (New York, Miami, Shanghai, London) the most, compelling major shifts in human settlement patterns.

Inland, the IPCC predicts that another century of temperature increases could place severe stress on forests, alpine regions, and other ecosystems, threaten human health as mosquitoes and other disease-carrying insects and rodents spread lethal viruses and bacteria over larger geographical regions, and harm agriculture by reducing rainfall in many food-producing areas while at the same time increasing flooding in others—any of which could contribute to mass migrations and wars over arable land, water, and other natural resources.

Biosecurity

Advances in genetics and biology over the last five decades have inspired a host of new possibilities – both positive and troubling.

With greater understanding of genetic material and of how physiological systems interact, biologists can fight disease better and improve overall human health. Scientists already have begun to develop bioengineered vaccines for common diseases such as dengue fever and certain forms of hepatitis. They are using these tools to develop other innovative medical solutions, including cells that have been bioengineered to serve as physiological "pacemakers." The mapping of the complete human genome in 2001 allows for even greater understanding of human functioning. As a consequence of the Human Genome Project, scientists have already identified more than 1,800 genes associated with particular diseases.

But along with their potential benefits, these technological advances raise the possibility that individuals or non-state actors could create dangerous known or novel pathogens. Additionally, researchers with the best intentions could inadvertently create new pathogens that could harm humans or other species. For example, in 2001, researchers in Australia reported that they had accidentally created a new, virulent strain of the mousepox virus while attempting to genetically engineer a more effective rodent control method.

Unlike the biological weapons of the last century, these new tools could create a limitless variety of threats, from new types of "nonlethal" agents, to viruses that sterilize their hosts, to others that incapacitate whole systems within an organism. The wide availability of bioengineering knowledge and tools, along with the ease with which individuals can obtain specific fragments of genetic material (some can be ordered through the mail or over the internet), could allow these capabilities to find their way into unspecified hands or even those of backyard hobbyists. Such potential dangers are forcing scientists, institutions, and industry to develop self-governing mechanisms to prevent misuse. But developing a system to ensure the safe use of bioengineering, without impeding beneficial research and development, could pose the greatest international science and security challenge during the next 50 years.

You can help.

From a small publication founded and distributed by scientists who worked on the Manhattan Project, the Bulletin has become a 501 (c) (3) nonprofit communications organization that is a vital information network for people all over the world. More than 80 percent of the Bulletin's revenues are directed into program areas to organize, produce, and disseminate information needed by policy makers and citizens. Every gift to the Bulletin is tax deductible to the fullest extent allowable by law.

To learn more about supporting the Bulletin and the Clock Coalition, contact the Development office at 312.364.9710, ext 17, or write kgiadish@thebulletin.org. Secure online donations can be made at www.turnbacktheclock.org or www.thebulletin.org.

"With a growing digital publishing program, expert forums, fellowships, and awards, the Bulletin has more ways to bring substance and clarity to public debates. We need it."

Stephen Hawking, Author and Scientist

"The Bulletin remains relevant today because of its persuasive insight into the range of causes for our eroding global security. Its iconic atomic clock now ticks more urgently than ever."

Cynthia Levine, President, American Society of Magazine Editors

"That the Bulletin is expanding its digital publishing can only mean good things for the level of our national debates and the clarity of our decisions."

William Perry, former U.S. Secretary of Defense

"Rigorously sober."

Chicago Tribune

"Scientists can be counted upon to continue searching for solutions and to keep deep channels of communication open among nations, great and small, in the hope that no government will misjudge the gravity of the world situation."

John A. Simpson, Bulletin co-founder

Join the Clock Coalition

Turn Back the Clock with facts, reason, and civic engagement.

Get regular updates about nuclear disarmament, climate change, and biotechnology around the world–and take action to advance efforts to improve global security.

Sign up now at www.turnbacktheclock.org.

Support the Clock Coalition

Cash or authorized credit: Make an online contribution through our **secure portals** at "www.turnbacktheclock.org" or "www.thebulletin.org", or send a check or credit authorization WITH YOUR EMAIL ADDRESS to the Bulletin of the Atomic Scientists, 7 W. Washington St., Suite 2120, Chicago, IL 60602.

Turn back the Clock

Thank you.

It is six minutes to midnight.

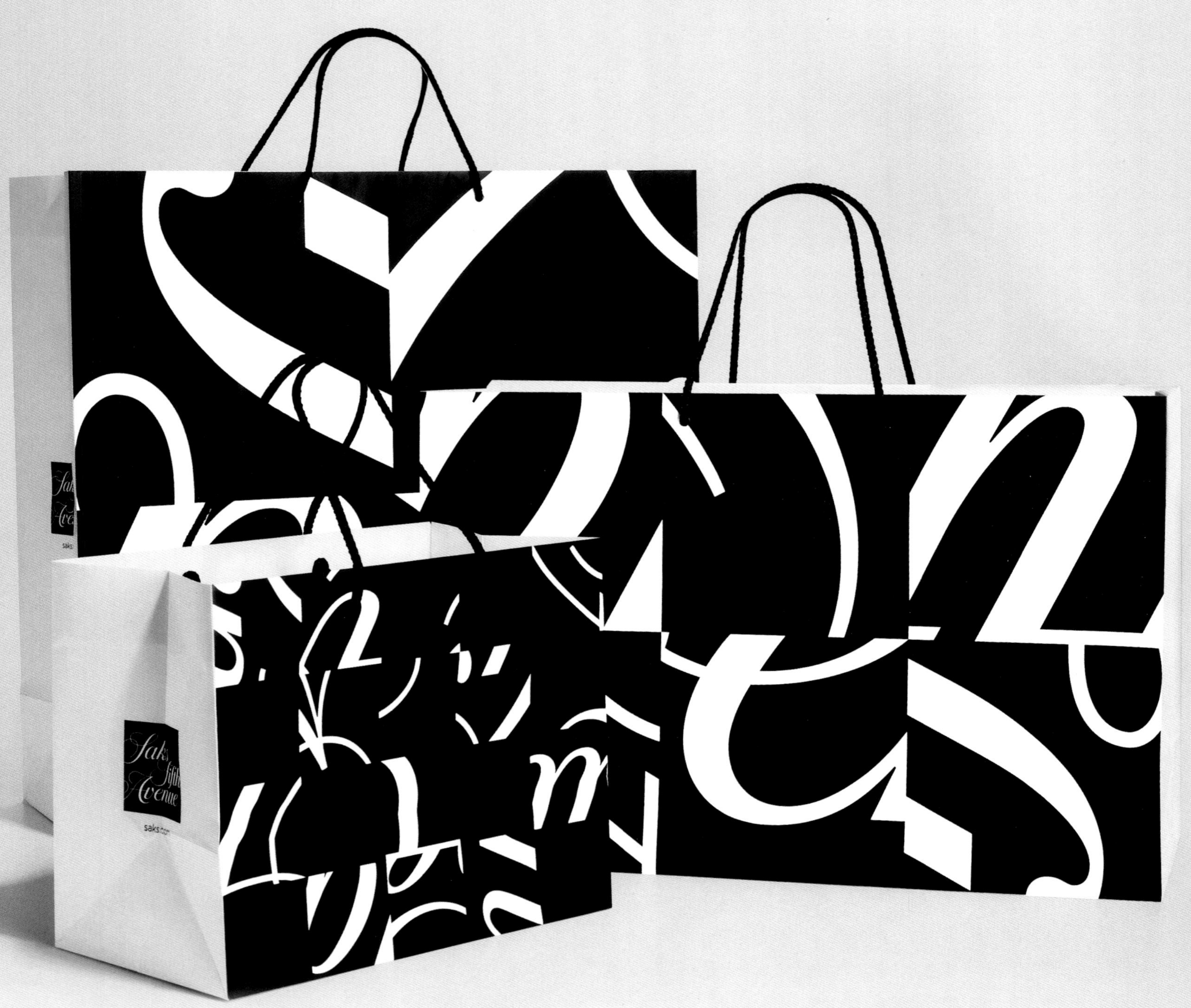
Saks Fifth Avenue
saks.com

Wie man zeitlos in Mode bleibt
Saks Fifth Avenue

Linke Seite
Dank der zahlreichen Varianten, die unser neues Konzept ermöglicht, ähnelt keine Tasche oder Schachtel der anderen. Saks nutzt insgesamt 60 verschiedene Designs.

Oben
Das Kaufhaus hat in seiner Geschichte mehr als 40 verschiedene Logos genutzt. Besonders einprägsam war die kalligrafische Version, die in den Vierzigerjahren eingeführt und in den Siebzigerjahren aufgefrischt wurde. Sie ist bis heute ein in aller Welt bekanntes Markenzeichen von Saks.

Terron Schaefer erklärte mir, ich könne machen, was ich wolle. Als Leiter der Marketingabteilung von Saks Fifth Avenue, des legendären, 1924 gegründeten New Yorker Kaufhauses, hatte er entschieden, dass der Laden eine vollkommen neue Bildsprache nötig hatte. Was er mir anbot, war ein Freifahrtschein.

Es gibt nichts, was ich weniger mag als solche Freifahrtscheine. Während andere Gestalter nach Aufträgen ohne irgendwelche Einschränkungen streben mögen, leiste ich mein Bestes, wenn ich unter widrigen Umständen arbeiten muss. Ich kann dann beweisen, dass es möglich ist, trotz unmöglicher Probleme, heikler Geschichten und unvereinbarer Vorstellungen der Kunden eine Lösung zu erarbeiten. Terrons großzügiger Auftrag kam deshalb zum Glück nicht ohne einen Widerspruch aus. Die Kaufhauskette war stolz auf ihre Geschichte und auf die Strahlkraft ihres Erbes. Zugleich hielt sich das Unternehmen für einen Trendsetter, der wirkungsvoll mit der neuesten Mode handelt. Diese beiden Gegensätze – Zeitlosigkeit und Hipness – wollte das Management in einer einzigen Marke verschmolzen sehen. Es träumte dabei von einem Wiedererkennungswert, wie ihn Tiffany mit seinen blauen Kartons oder Burberry mit seinem Karomuster haben.

Also probierten wir alles aus. Wir setzten den Namen in den unterschiedlichsten Schriftarten. Doch die meisten wirkten unpassend und unecht. Auch versuchten wir uns am berühmten Gebäude der Kaufhauskette – doch es war einfach zu alt, um damit zu punkten. Also erfanden wir verschiedene Muster – doch sie waren allesamt frustrierend willkürlich. Schließlich machte Terron einen Vorschlag, als er bemerkte, dass wir nicht weiter kamen. Er wollte wissen, ob wir uns ein kursives Schriftlogo aus den Siebzigerjahren ansehen wollten, das der Schriftkünstler Tom Carnase entworfen hatte und das noch immer recht populär sei. Auf mich wirkte es wie eine blumige, stilisierte Variante der typischen Schreibschrift, die unsere Großeltern noch in der Schule gelernt hatten, und die in Nordamerika allgemein als »Spencerian Script« bekannt ist. Auf mich wirkte die Schrift altmodisch und unbrauchbar – also fragte ich unsere Gestalterin Kerrie Powell, ob man die Schrift auffrischen könne. Später am Nachmittag desselben Tags entdeckte ich auf Kerries Monitor bereits die ersten Spuren ihrer Überarbeitung. Es war ein vergrößertes Detail, das so frisch wirkte wie der Nike Swoosh. Auf einen Schlag war mir klar: Das ist es!

Ein gestalterische Aufgabe zu lösen, ist manchmal wie vieles andere im Leben: Zuerst passiert nichts und dann plötzlich alles auf einmal. Nachdem wir den alten geschwungenen Schriftzug renoviert hatten, unterteilten wir ihn in 64 Quadrate. Jedes Quadrat repräsentierte ein stark abstrahiertes Detail der Schrift, und die Quadrate ließen sich beliebig kombinieren – zum Beispiel auf Geschenkkartons und Einkaufstüten. Insgesamt gelang es mit unserem neuen Markenkonzept, an die Geschichte des Kaufhaustempels anzuknüpfen und ihn zugleich als Mekka für die neuesten Moden zu positionieren. Das war genau der Spagat, den sich Saks Fifth Avenue gewünscht hatte!

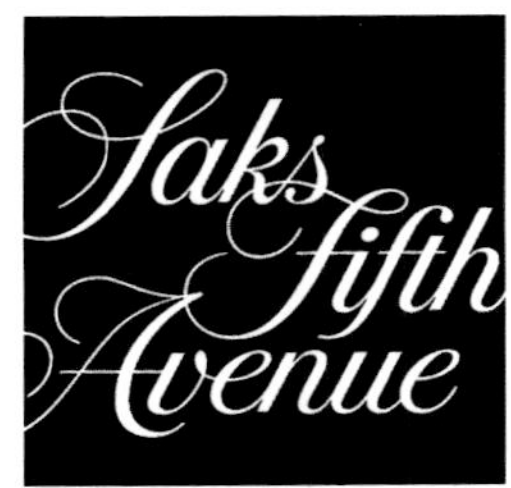

Wer etwas Neues macht, muss sich immer die Frage stellen: Neu im Vergleich zu was? Das klassische Saks-Logo zu dekonstruieren, hatte eine größere Signalwirkung für das Neue als einfach ein neues Logo zu erfinden. Der Sinn jedes einzelnen Puzzleteilchens erschließt sich durch den Abdruck des vollständigen Logos auf der Innenseite der Tüten oder auf der Unterseite der Kartondeckel.

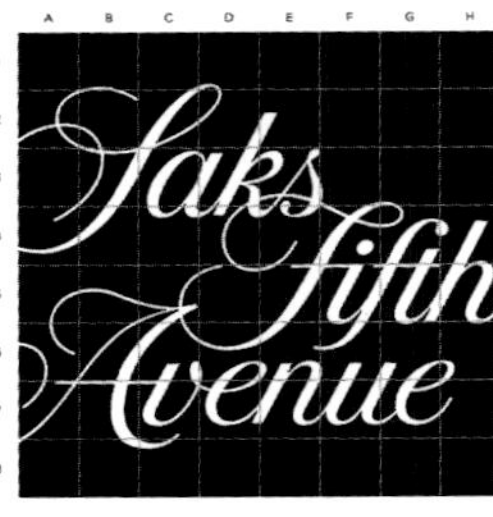

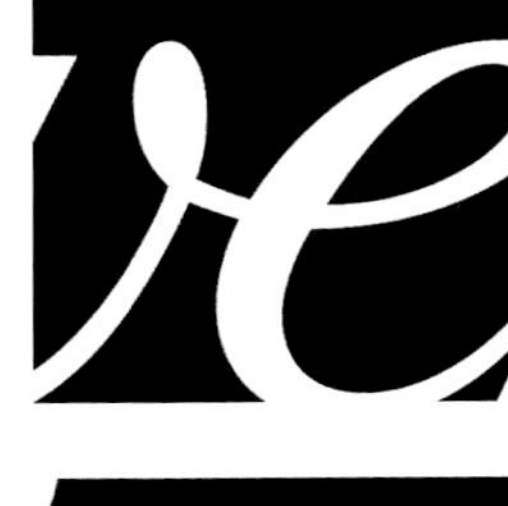

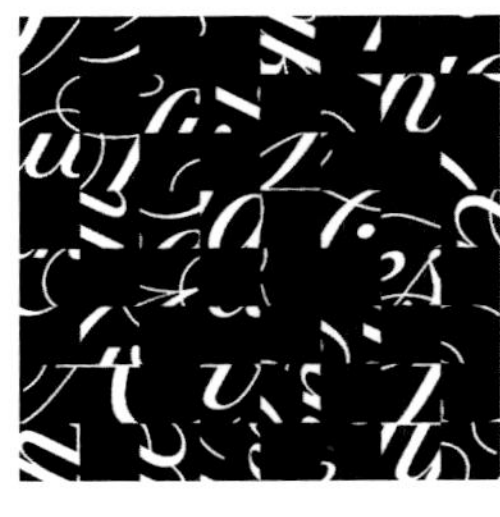

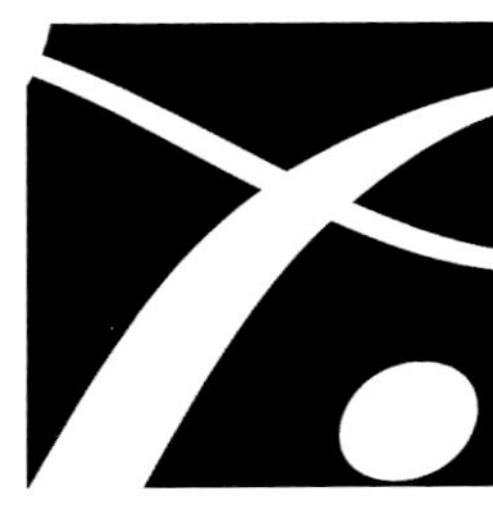

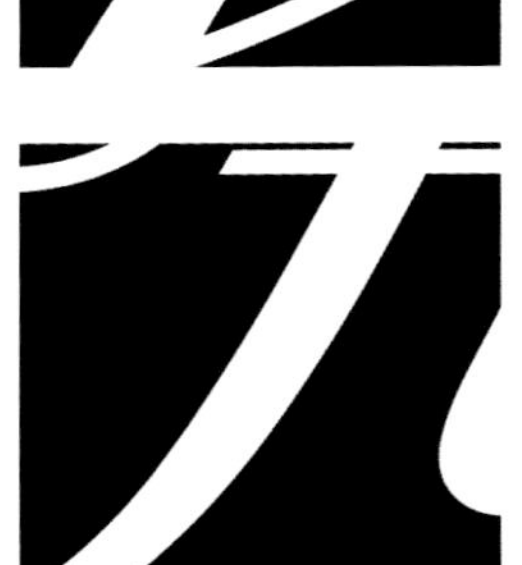

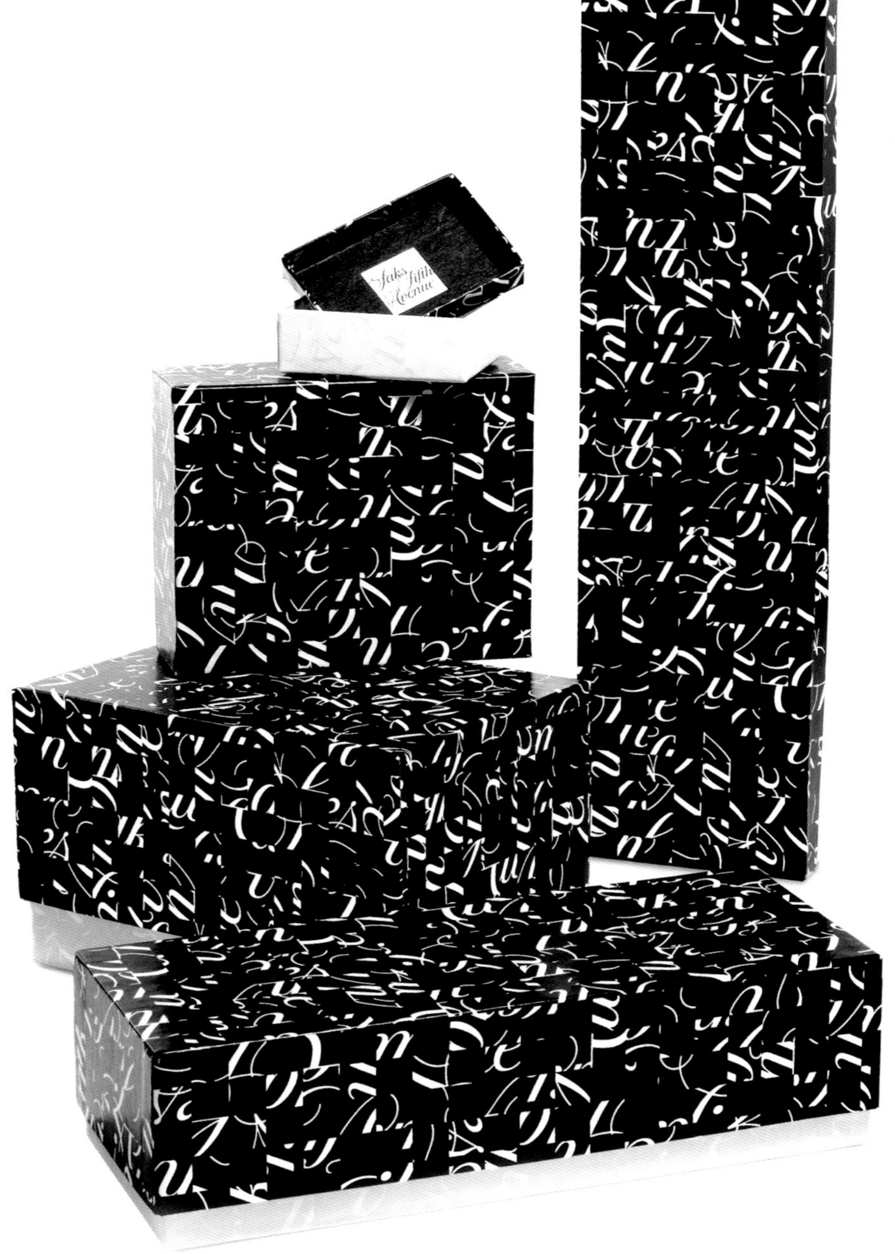

Oben und rechts Der Schriftengestalter Joe Finocchiaro machte das alte Logo für uns leichter und eleganter. Saks suchte nach einem flexiblen Konzept – deshalb unterteilten wir den Schriftzug in 64 Quadrate. Der Verlobte unserer Gestalterin Jena Sher, ein promovierter Physiker der Universität Yale, erklärte uns, dass es für die Quadrate mehr Kombinationsmöglichkeiten gibt als Teilchen im Universum.

Auf den Geschenkboxen von Saks erinnern die vielen quadratischen Einzelteile der Schrift unweigerlich an ein Hahnentrittmuster.

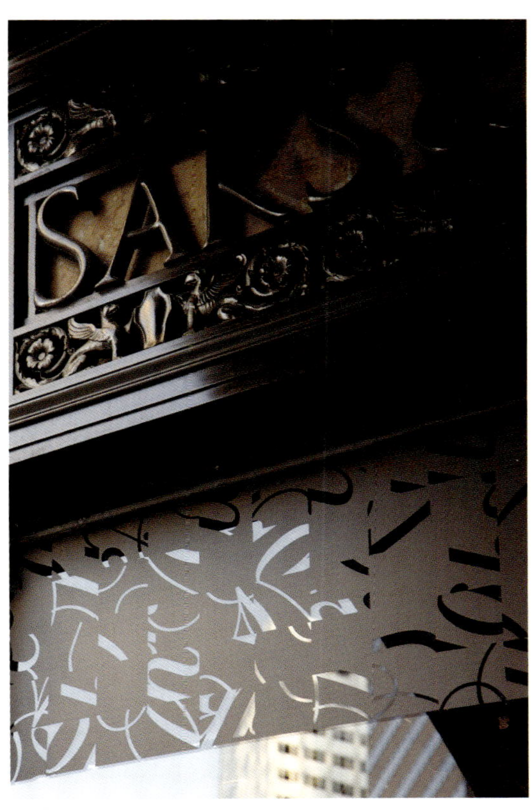

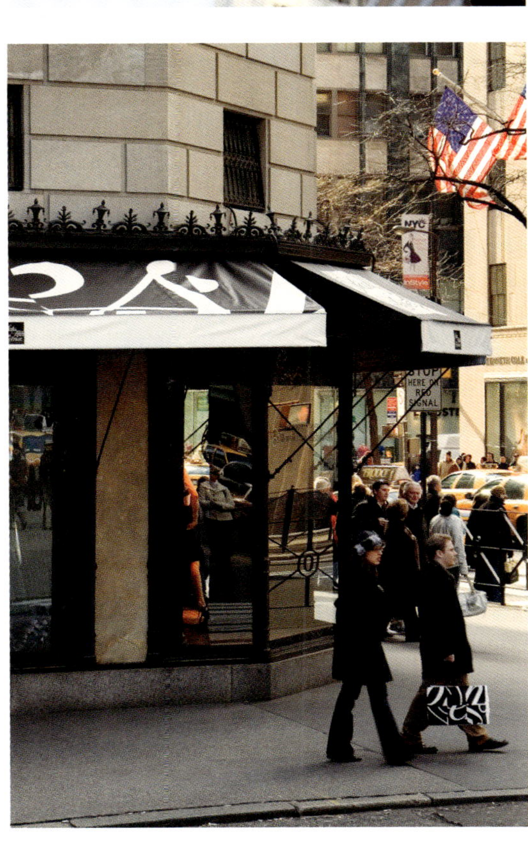

Oben links
Unser neues Muster knüpft an die filigranen Elemente in der klassischen Fassade des Kaufhauses an.

Unten links
Als Saks sein neues Erscheinungsbild im Jahr 2007 vorstellte, wurden die Schaufenster effektvoll für die Präsentation eingesetzt. Das verhalf unserem Konzept zu großer Sichtbarkeit, so dass die Kunden den neuen Look von Saks rasch verinnerlichen konnten.

Unten
Durch die extremen schwarz-weißen Elemente des neuen Markenauftritts fühlten sich einige Kritiker an Franz Kline, Barnett Newman oder Ellsworth Kelly erinnert, die Künstler an der New York School waren. In Wahrheit hatten mich die typografischen Collagen von Norman Ives inspiriert, ein Professor an der Yale School of Art.

Nächste Doppelseite
Das neue, dekonstruierte Logo von Saks spannt ein geheimnisvolles Band um das Kaufhaus, das einen vollständigen Block in Midtown Manhattan ausfüllt.

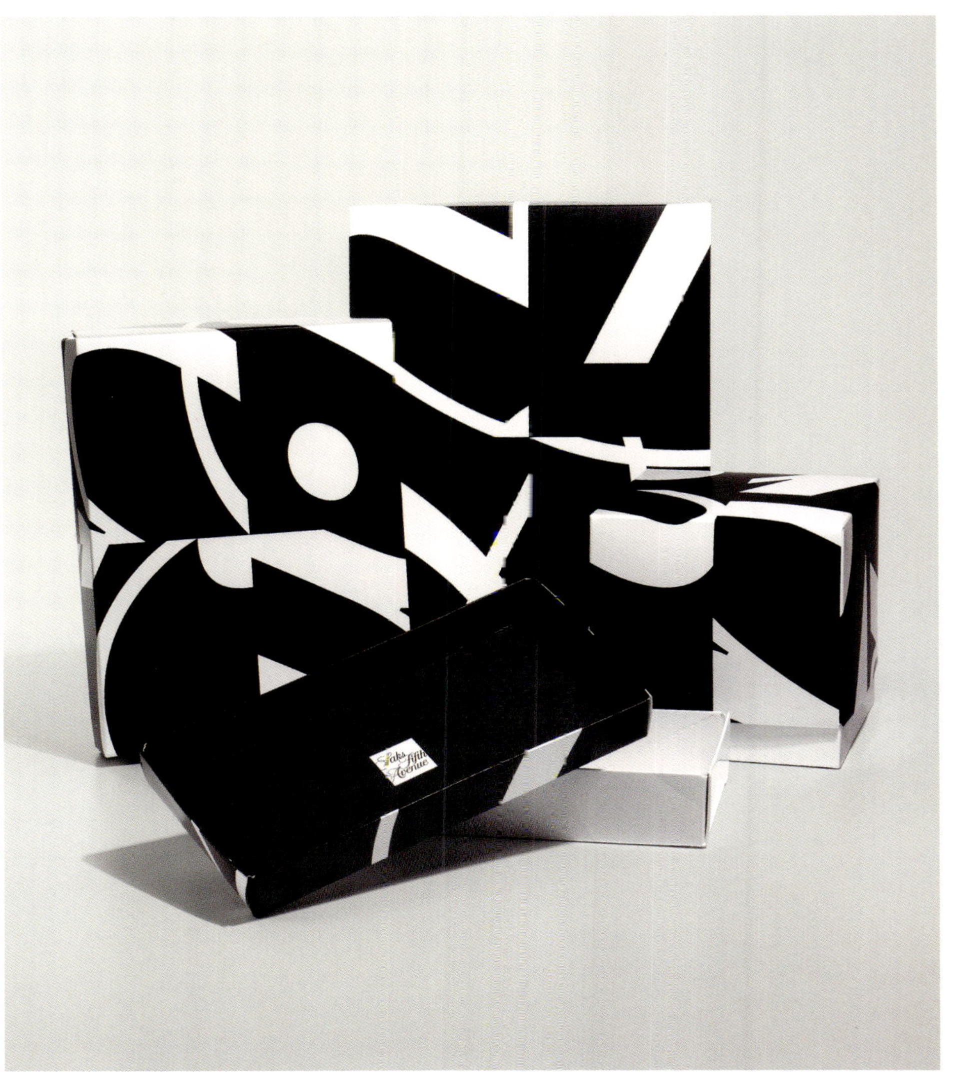

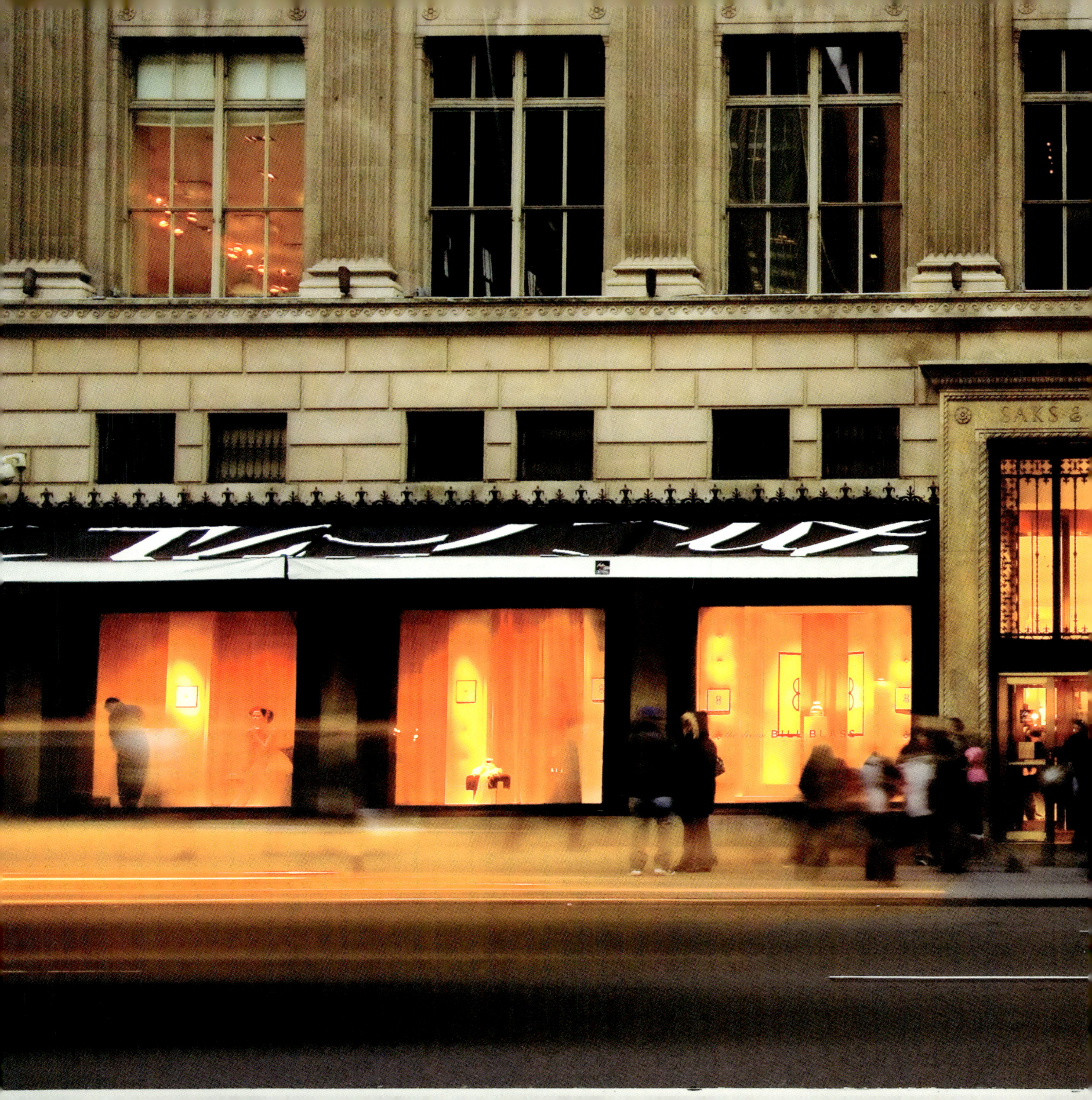
SAKS &
BILL BLASS

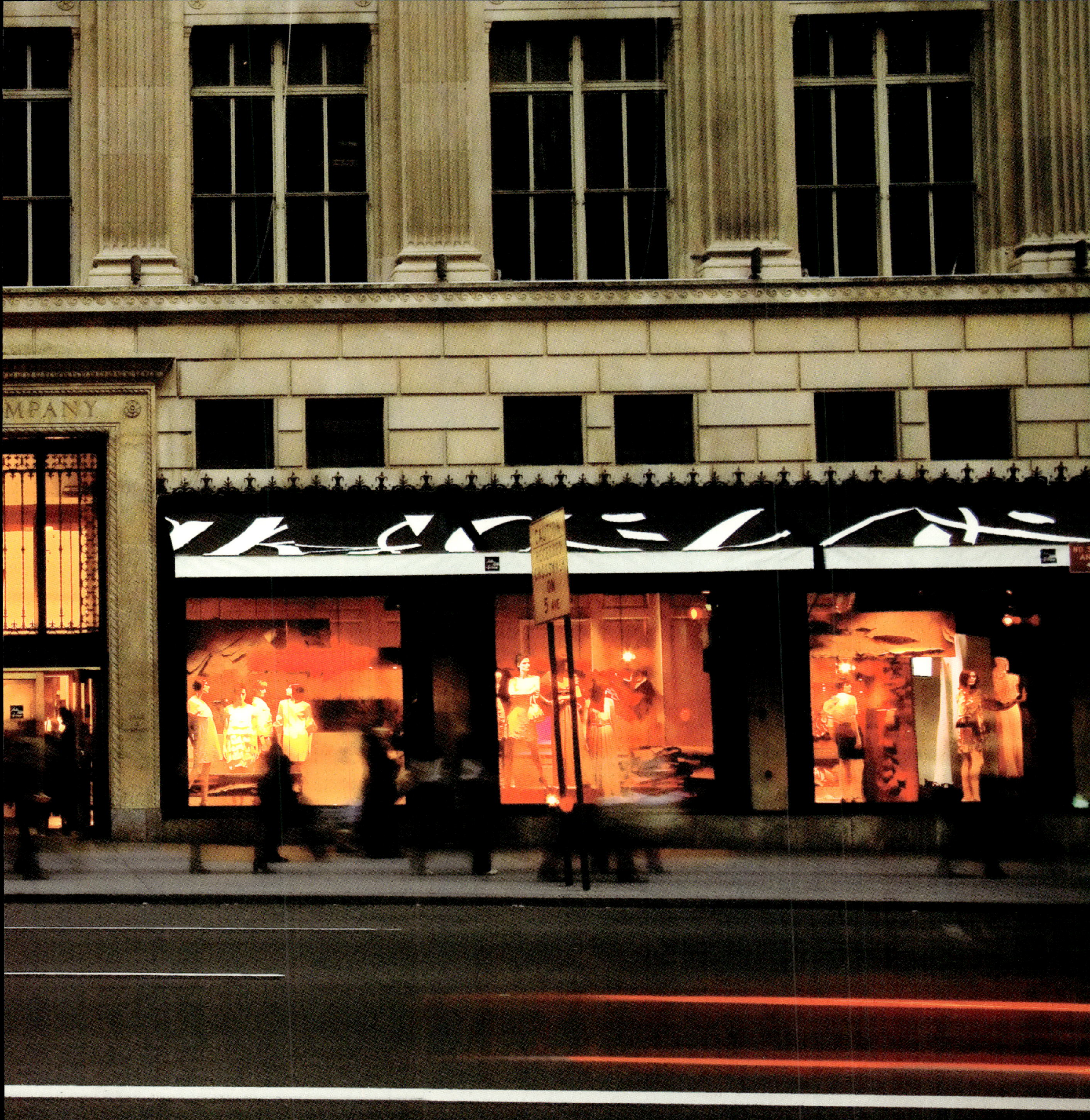
MPANY
CAUTION
ON
5 AVE

Nachdem sich das neue Erscheinungsbild von Saks fest etabliert hatte, beauftragte uns Terron Schaefer mit kleineren Kampagnen zu unterschiedlichen Jahreszeiten und jede zu einem anderen Thema. Für uns war das eine Gelegenheit, das Konzept zu erweitern und zu variieren, indem wir wichtige Elemente behielten (das Schwarz-Weiß-Muster und das quadratische Raster) und andere hinzunahmen. So konnten wir die Identität immer wieder neu aufladen, ohne die fundamentalen Aussagen zu beschädigen.

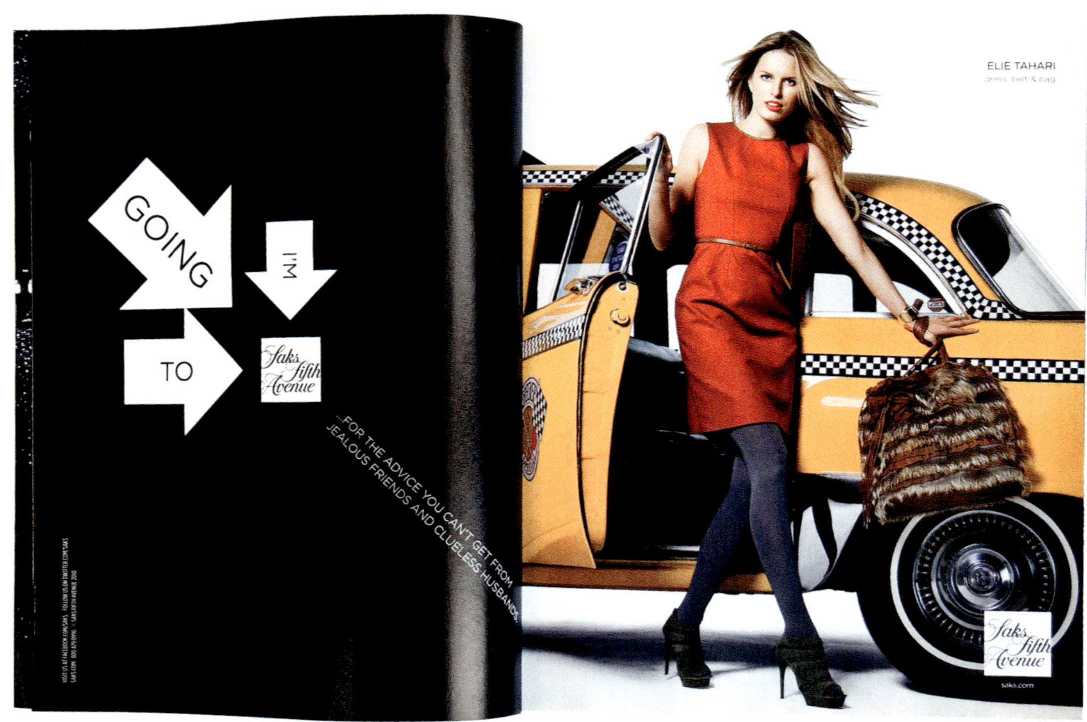

Links
Für die Kampagne »I'm going to Saks« im Herbst 2010 ließ der Fotograf Anders Overgaard verschiedene Models in verschiedenen Transportmitteln ablichten: in Taxis genauso wie auf Skateboards.

Rechte Seite
Unser Konzept war buchstäblich richtungsweisend: mit Pfeilen, die Kunden den Weg zum Kaufhaus weisen. Meine Pentagram-Kollegin Jennifer Kinon hatte sich die verschachtelten Muster ausgedacht.

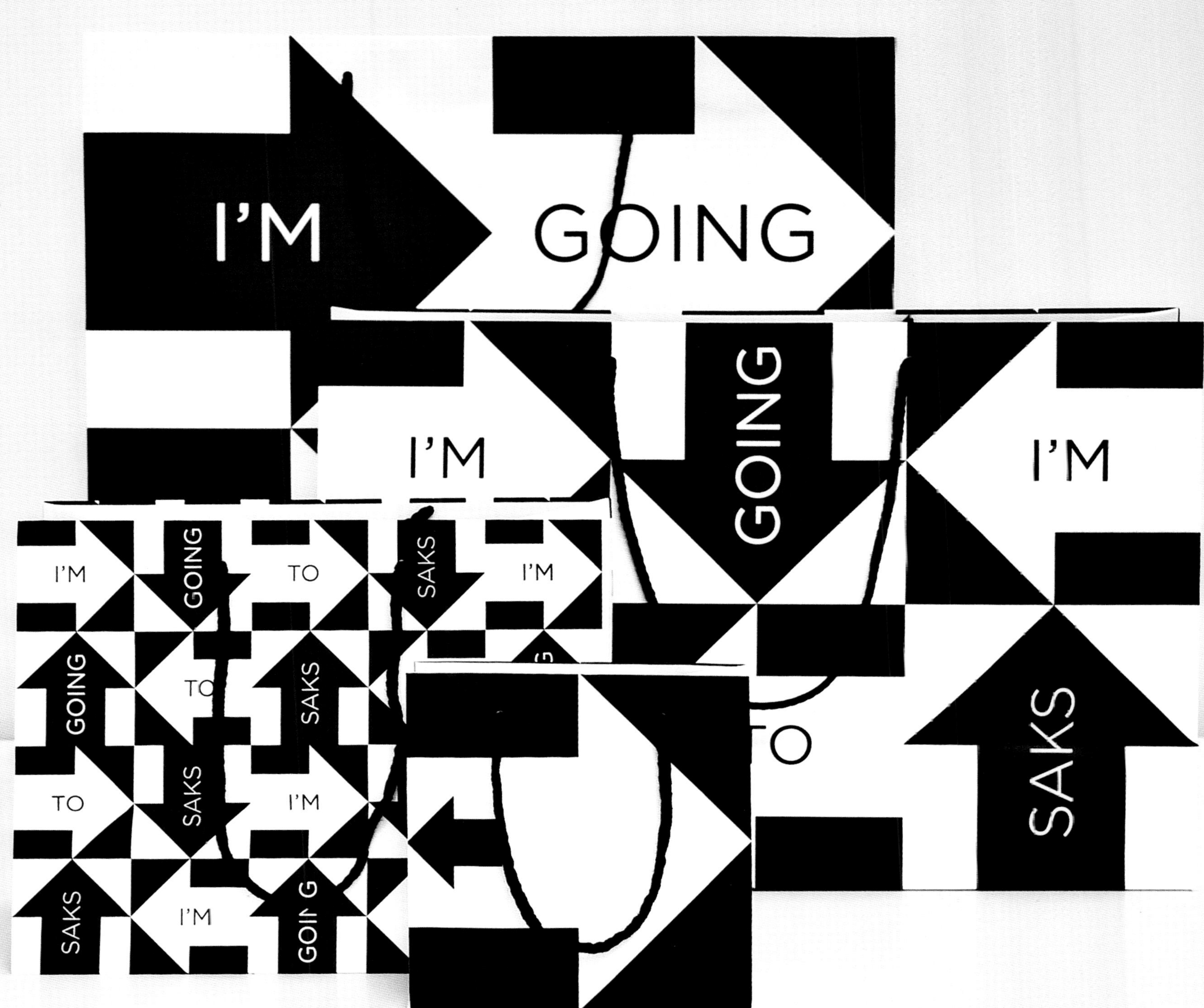

I'M
GOING
I'M
GOING
I'M
TO
SAKS
I'M
GOING
TO
SAKS
I'M
GOING
TO
SAKS
TO
SAKS
I'M
SAKS
I'M

Unten
Im Frühjahr 2010 gestalteten wir »Think about …«, eine Kampagne, zu der uns Diana Vreelands Kolumne »Why don't you …« im Magazin *Harper's Bazaar* inspiriert hatte. Die zehn Buchstaben in »Think about« standen jeweils Pate für einen von zehn Katalogen, die Saks jedes Jahr veröffentlicht.

Rechts
Zur Darstellung der zehn Katalogthemen, stilisierten unsere Gestalter Jennifer Kinon und Jesse Reed passende Objekte zu Silhouetten: Abbildungen von Tieren, Schuhen, Schmuck, Knöpfe und so weiter.

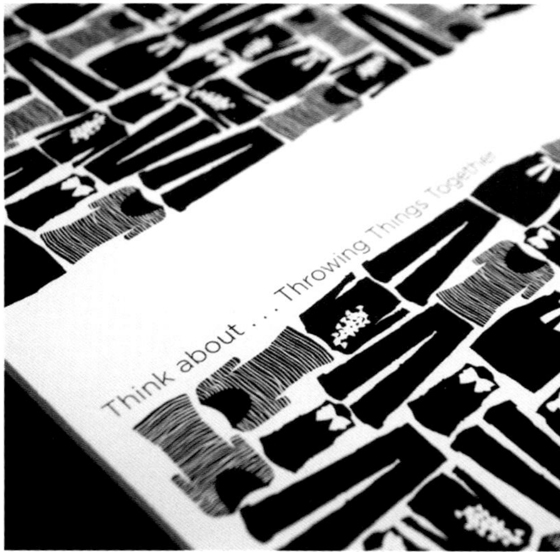

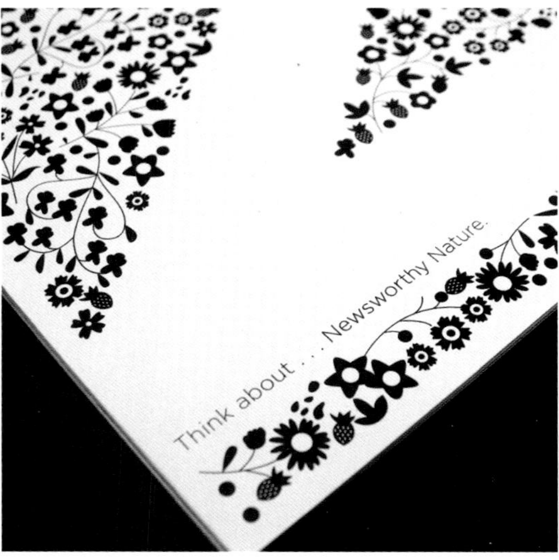

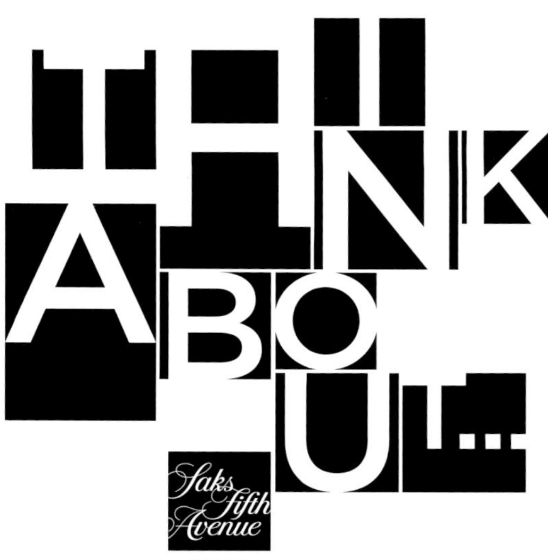

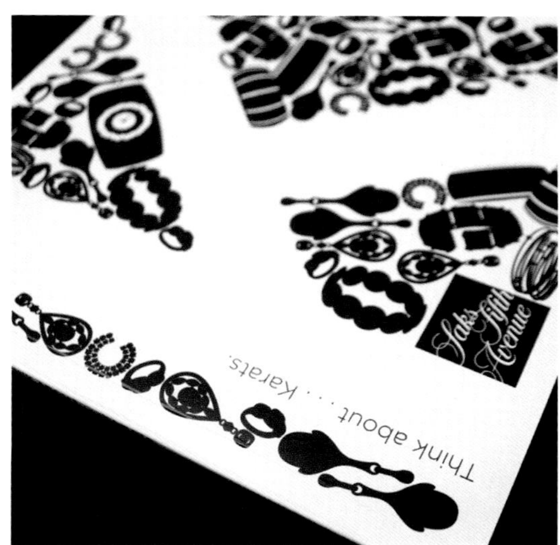

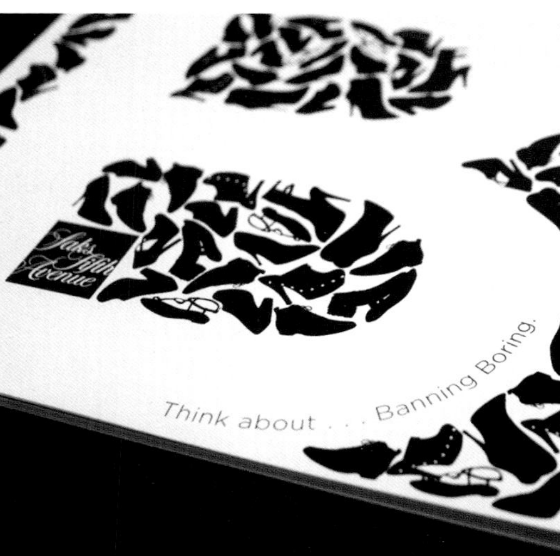

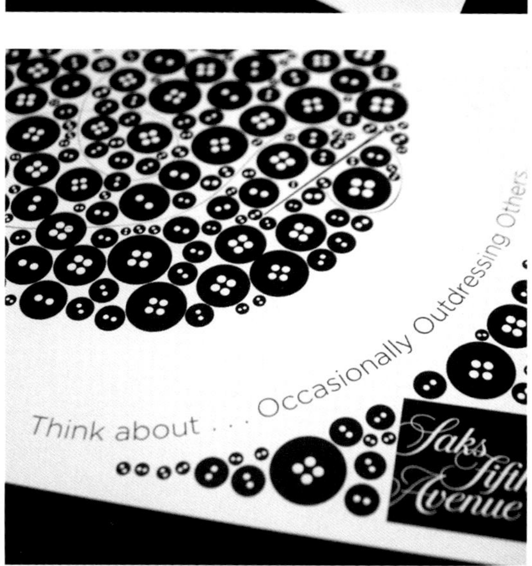

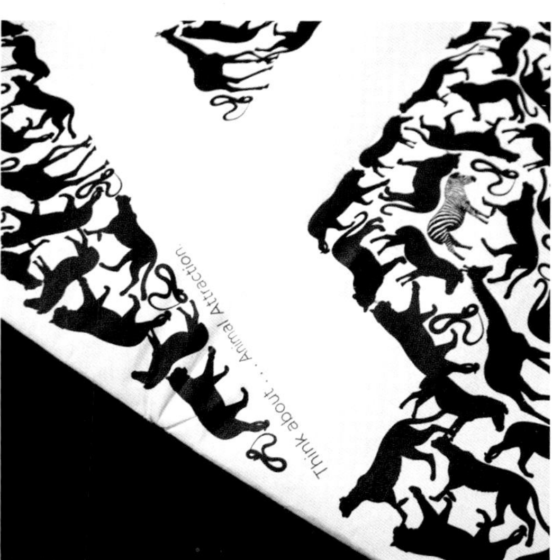

Unten und rechts
»At Saks« lautete eine Werbekampagne im Herbst 2011. In ihr sollte sich digitale Kommunikation und die zunehmende Bedeutung sozialer Netzwerke widerspiegeln. Für den Gestalter Joe Finocchiaro war das der richtige Anlass, im Schriftsatz von Saks das @-Symbol zu ergänzen. Damit entwarf Gestalterin Kate Barcelona eine Reihe hypnotisierende Muster.

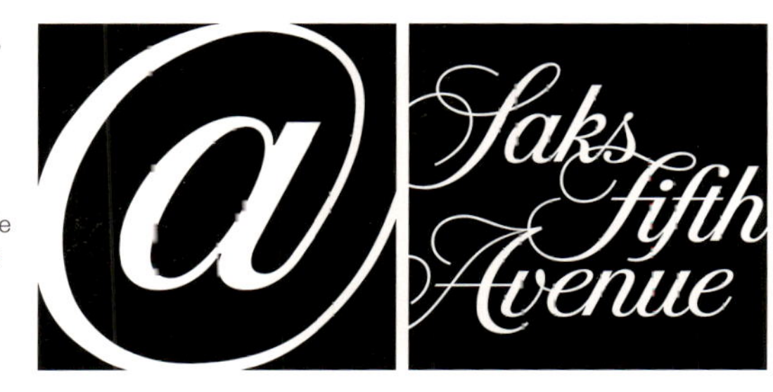

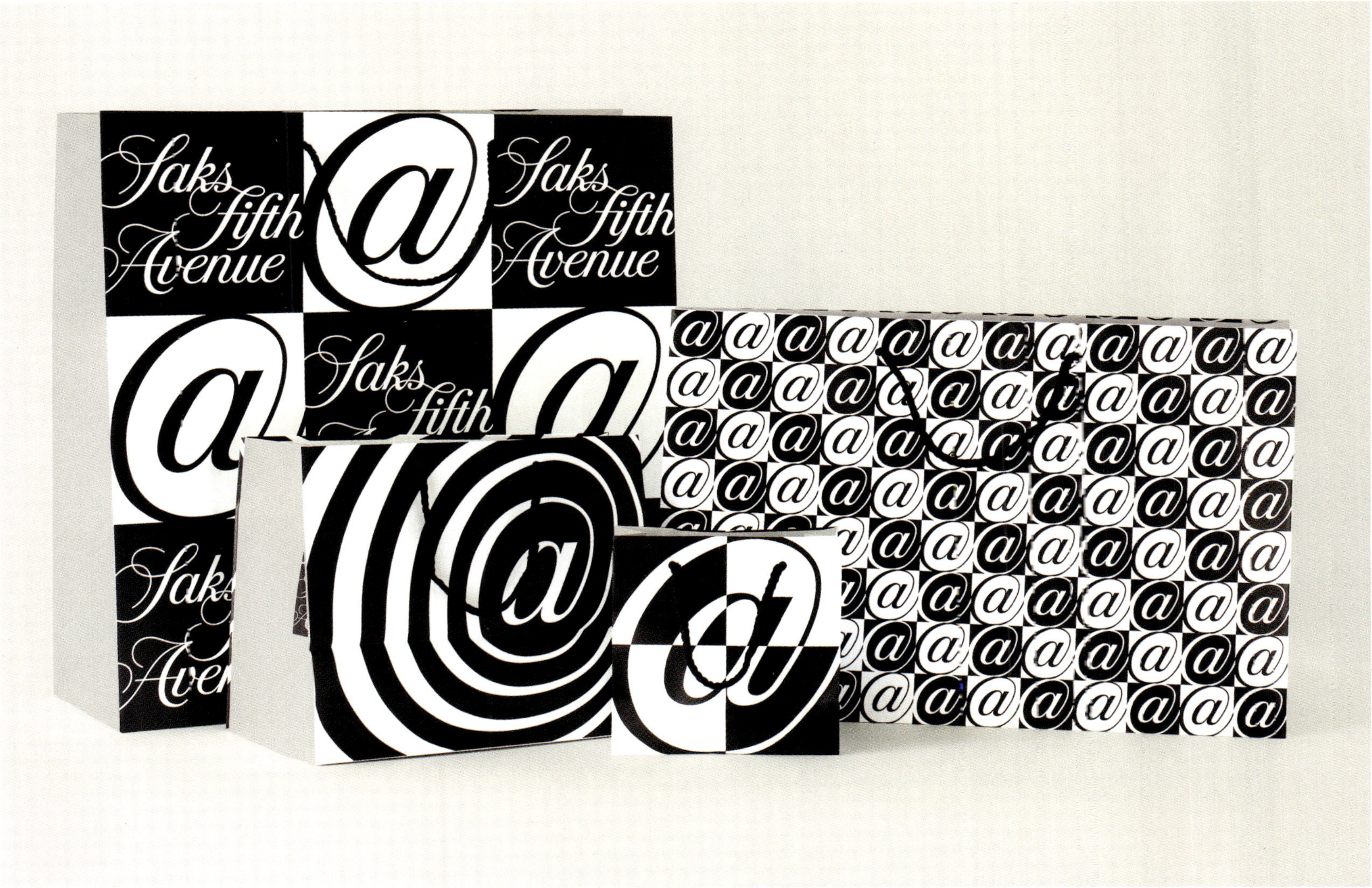

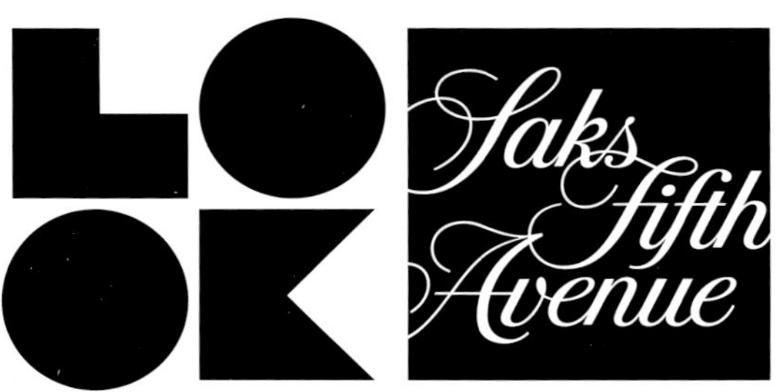

Oben, rechts und rechte Seite
Unsere neueste Kampagne im Jahr 2013 hieß »Looks«. Die Idee basierte auf geometrischen Buchstaben, die sich wie Puzzlestücke aneinanderlegen und stapeln sowie beliebig vervielfältigen ließen. Man konnte sie auch als Fenster benutzen. Gestalter Jesse Reed demonstrierte wieder einmal, wie vielseitig sich unser Grundkonzept interpretieren und erweitern lässt – und wie viel Raum es für Überraschungen bietet.

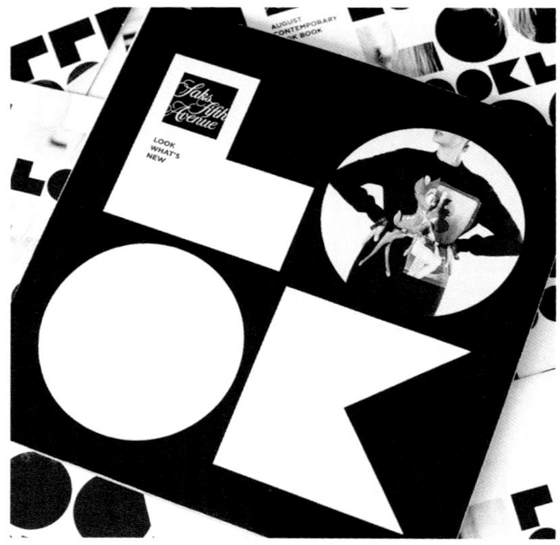

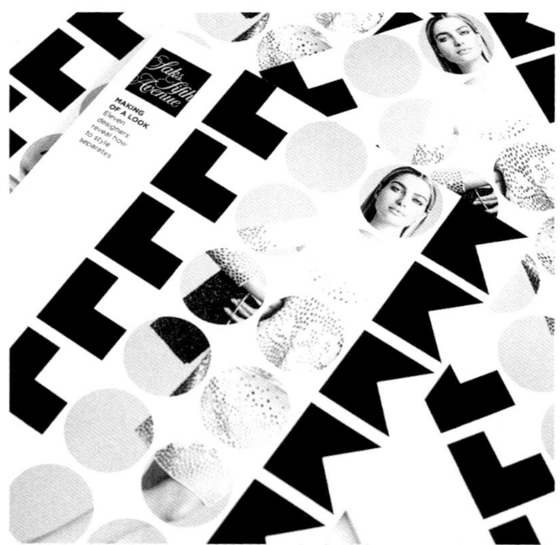

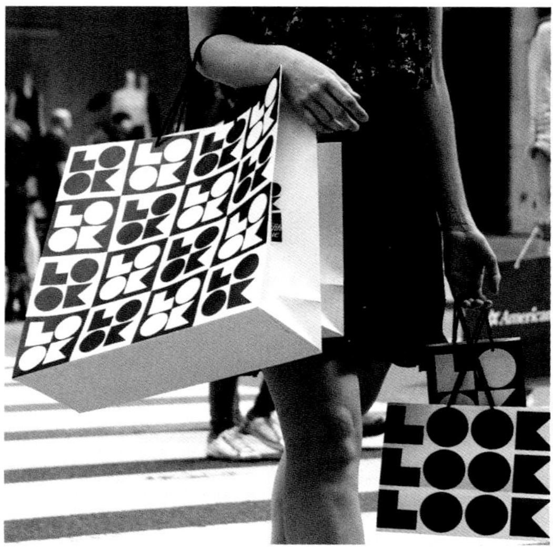

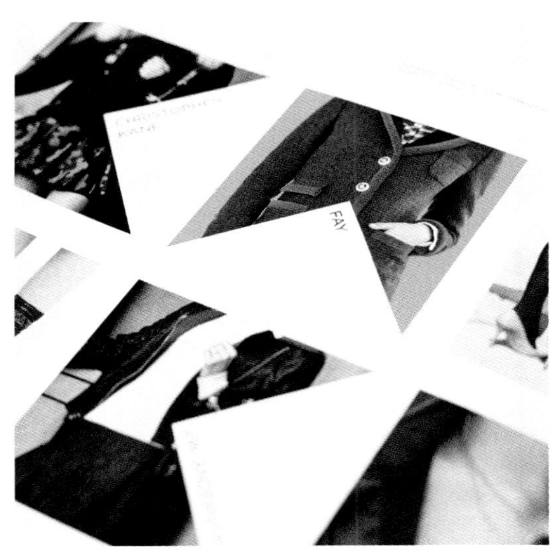

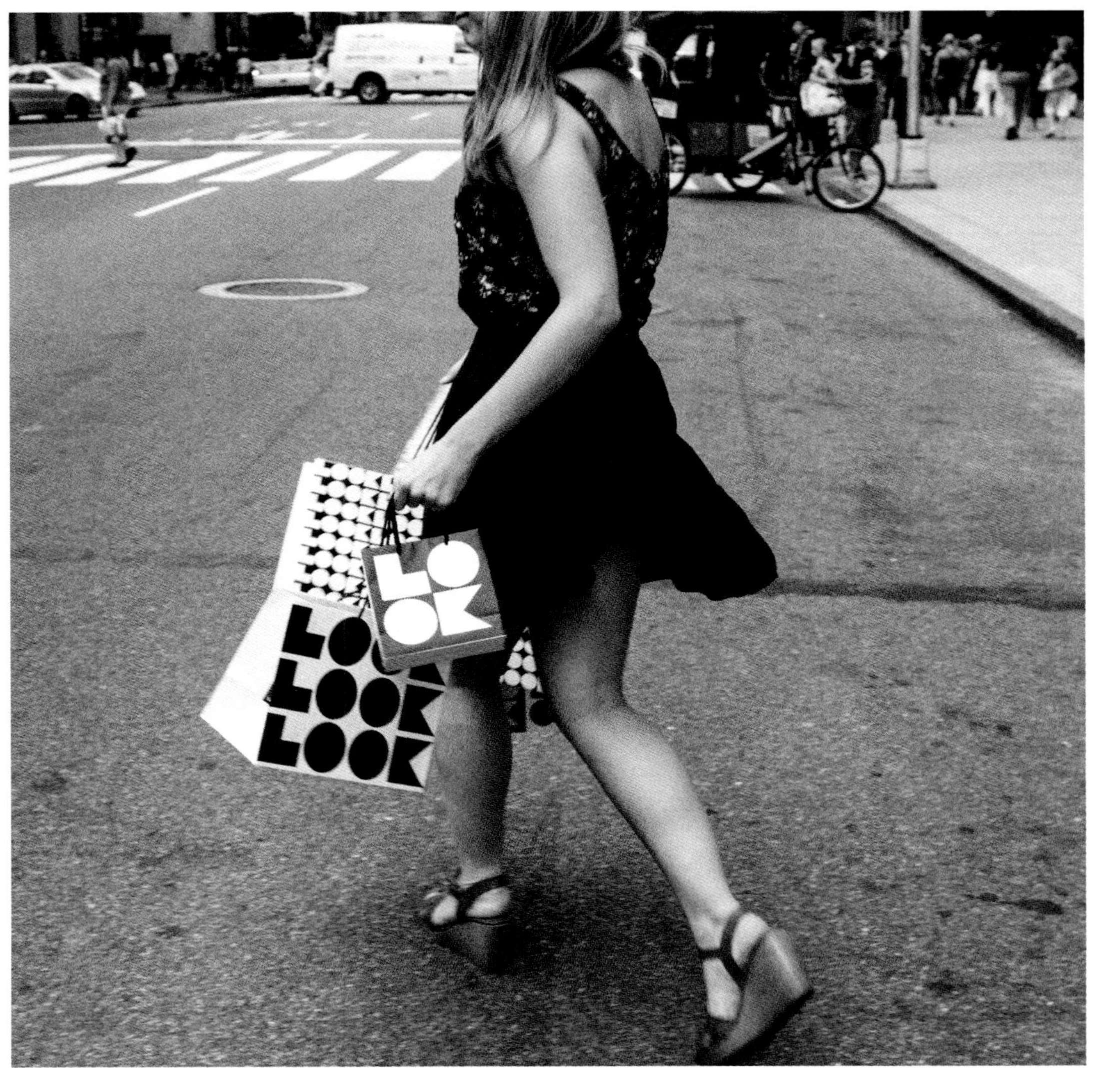
LO
OK
LOOK
LOOK
LOOK

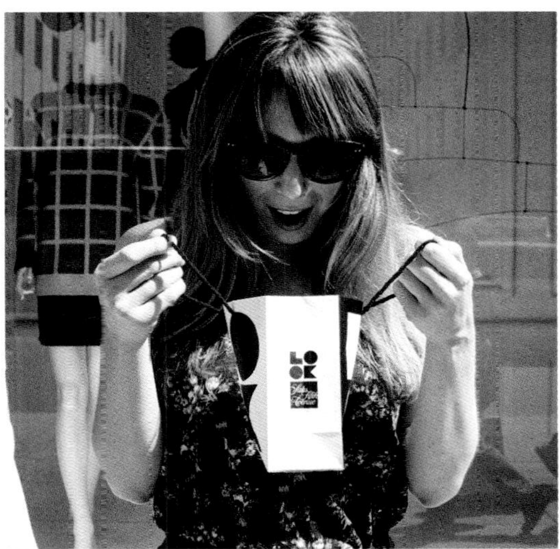

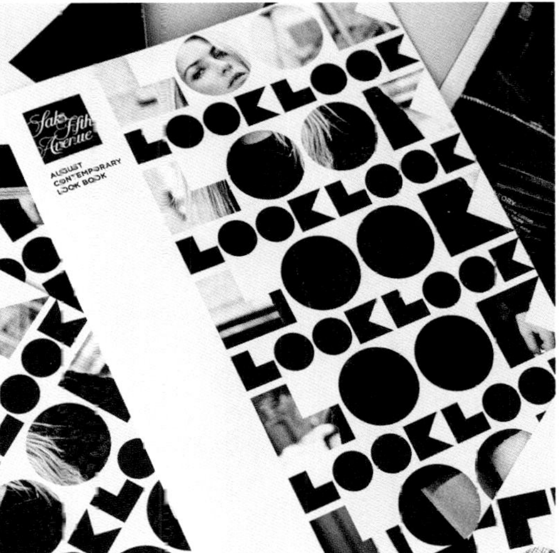
Saks Fifth Avenue
AUGUST
CONTEMPORARY
LOOK BOOK

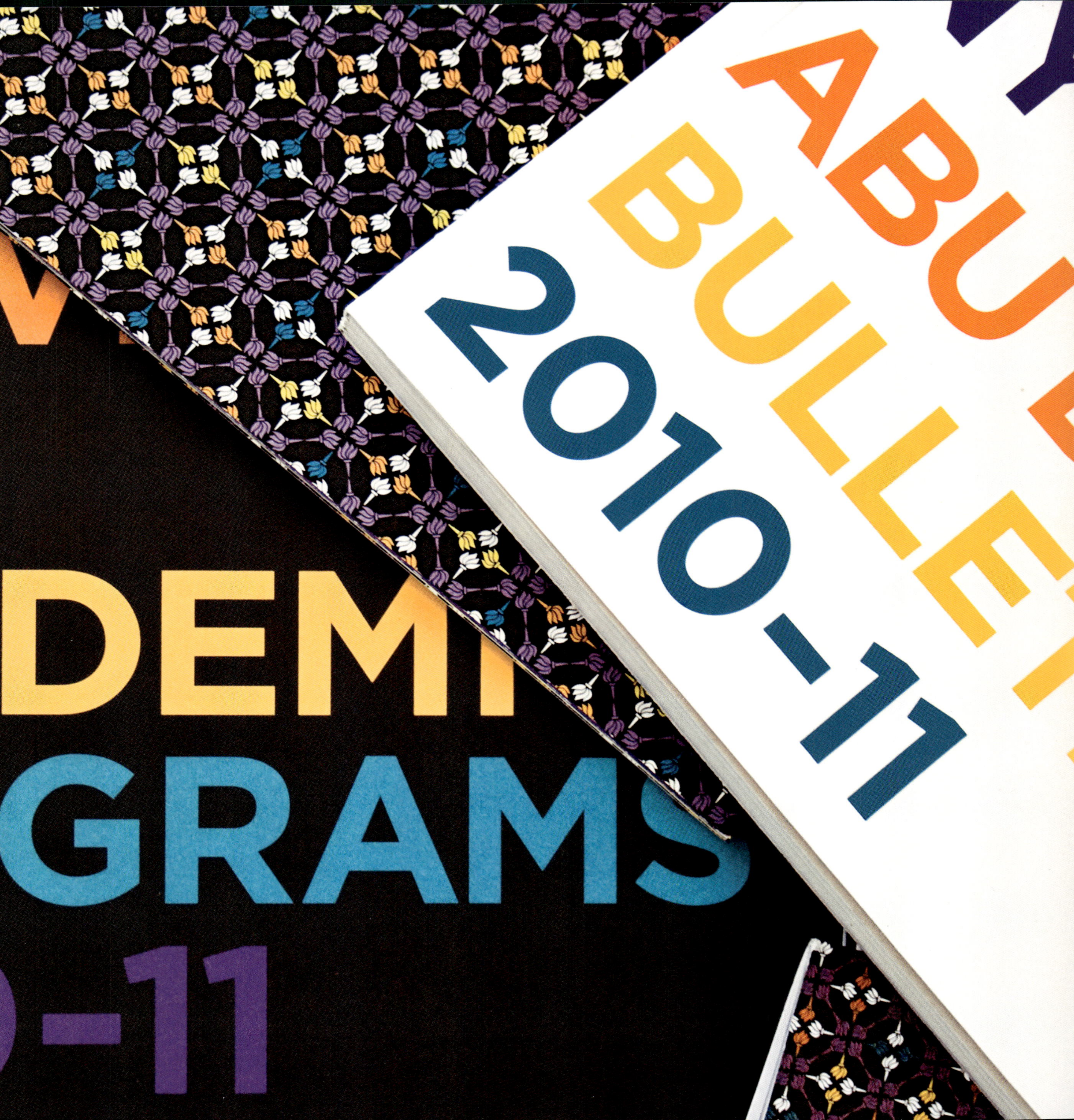

DEMI
GRAMS
-11
ABU
BULLE
2010-11

Wie man Kulturen verbindet

New York University Abu Dhabi

Es war im Jahr 2007, als John Sexton, der dynamische und selbstbewusste Präsident der New York University öffentlich den Ausbau seiner Institution verkündete. Seine Vision führte in die Vereinigten Arabischen Emirate, und er formulierte sie in einem Satz: »The world's first global university in the world's first truly global city«. In Abu Dhabi sollte ein neuer Ableger der NYU entstehen, und er sollte deutlich mehr bieten als bloß einen interessanten Auslandsaufenthalt oder ein paar Arabischkurse für die Studenten aus New York. Die Vision war grandioser: Im neuen Kulturbezirk von Abu Dhabi, der künstlich geschaffenen Insel Saadiyat, wurden auf einem rund 16 Hektar großen Campus Hörsäle und Studentenwohnheime errichtet, die heute rund 2000 Studenten und Lehrern Platz bieten. Damit ist in der kosmopolitischen, aufstrebenden Wüstenstadt Abu Dhabi eine vollkommen neue, geisteswissenschaftliche Bildungseinrichtung westlicher Prägung entstanden.

Verteilt auf mehr als 100 Gebäude in New Yorks Stadtteil Greenwich Village (und darüber hinaus), ist die NYU ein Paradebeispiel für eine urbane Universität. Im Unterschied zu den typischen Campus-Universitäten mit gediegenen Grünanlagen und georgianischen Herrenhäusern wohnt der NYU im Herzen von Manhattan ein produktives und energiestiftendes Chaos inne. So konnte die NYU niemals mithilfe eines sichtbaren und typischen Bauwerks eine übergreifende Identität und einen Zusammenhalt herstellen. Der Kern der Marke liegt deshalb in einer abstrakten Symbolik: eine stilisierte Fackel auf lila Hintergrund. Egal für welche Einrichtung der NYU wir schon gearbeitet haben, sei es die School of Law, die Stern School of Business oder die Wagner School of Public Service, jedes Mal bemerkten wir, dass die NYU vielmehr eine Idee als ein Ort ist. Mit John Sextons Schritt nach Abu Dhabi wurde die Wirkmacht der Marke nun aufs Neue herausgefordert. Unsere Aufgabe lautete, den Geist der Zentrale in New York sowie den Anspruch des neuen Satelliten in der Wüste mit denselben Zeichen, Bildern und Farben auszudrücken.

Nun sind die bekannten Symbole einer Institution normalerweise heilig. Um allerdings dem neuen Standort der NYU in Abu Dhabi gerecht zu werden, betrachteten wir es als erforderlich, der Marke einen neuen gestalterischen Ausdruck zu verleihen, um einerseits an die Tradition in New York anzuknüpfen und um andererseits den Wandel vor Ort auszudrücken. Inspiriert von der Kunst der islamischen Welt mit ihren betörenden Farbtönen und Formen schufen wir ein arabeskes Muster, das die bisherige Farbpalette erweiterte. Zugleich modifizierten wir das Fackel-Logo der NYU, drehten es und stellten es sprichwörtlich in ein neues Licht. Das neue Motiv, das dadurch entstand, gibt heute auf allen Ebenen der Kommunikation zu verstehen, dass der Campus von Abu Dhabi auch ein Teil von New York ist und zugleich einen Platz in der arabischen wie in der westlichen Welt hat.

Linke Seite und oben
Das neue Familienmitglied verlangte ein eigenes Wappen. Für den Ableger der New York University in Abu Dhabi diente uns die stilisierte Fackel der NYU, um ein arabeskes Muster zu entwerfen. Es verknüpft die Tradition in Manhattan mit der Ästhetik der islamischen Welt.

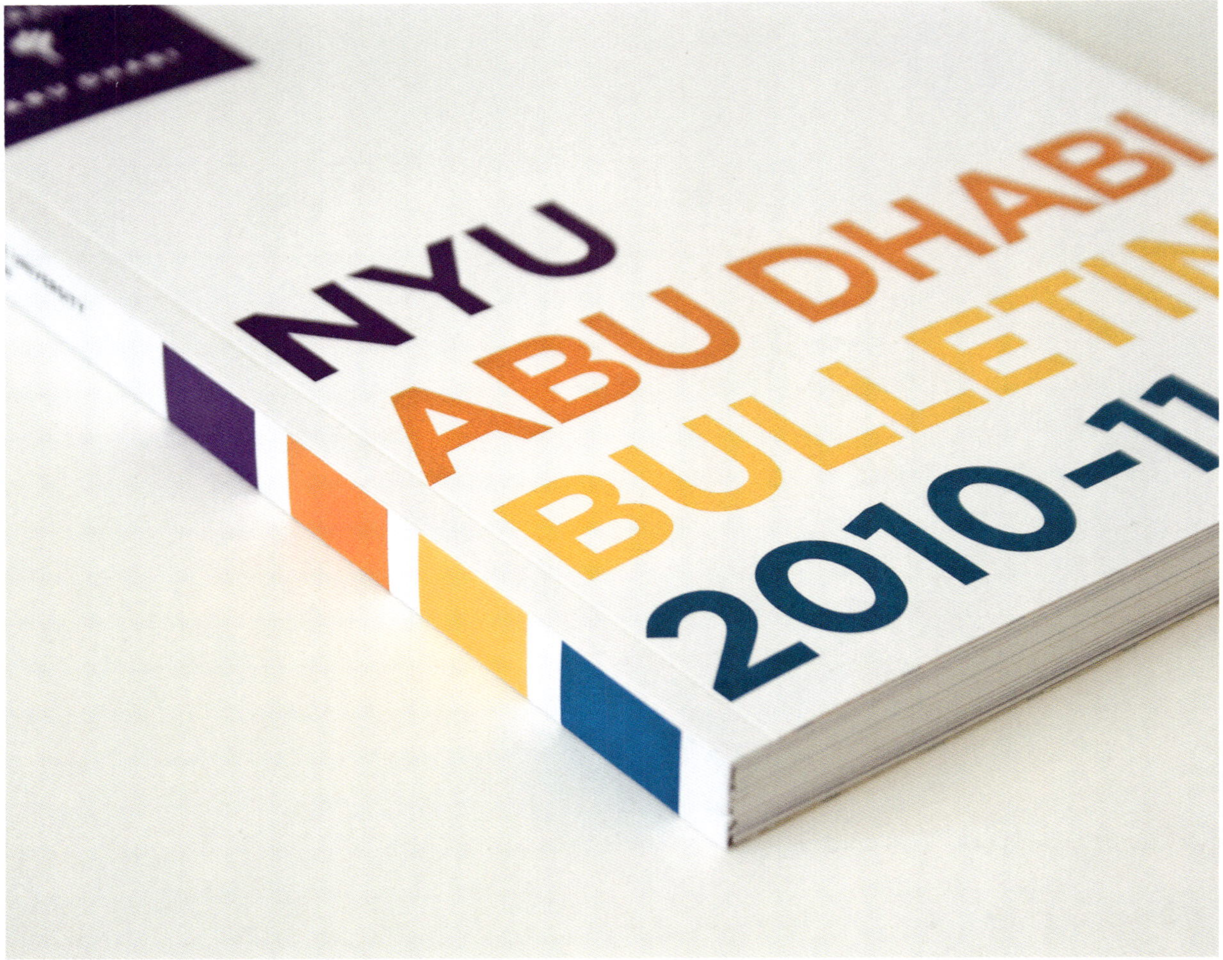

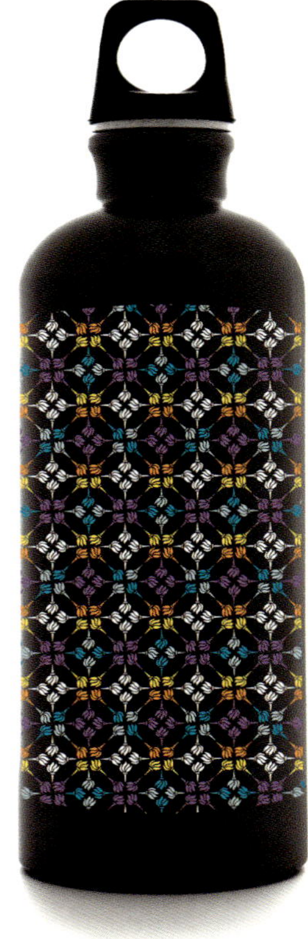

Oben links
Ein neues Farbspektrum, das komplementär ist zum traditionellen Lila der NYU, spiegelt den künstlerischen Reichtum der arabischen Welt wider – aber imitiert ihn nicht.

Oben rechts
Das markante Muster der NYU Abu Dhabi ist heute allgegenwärtig auf dem Campus – und auf vielen Gegenständen.

Rechts
Die Werbebroschüre der NYU Abu Dhabi. Sie stellt die Kulturen Amerikas und der arabischen Welt gegenüber.

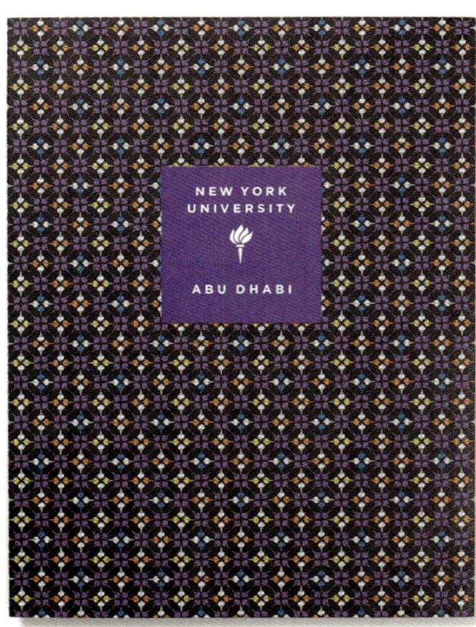

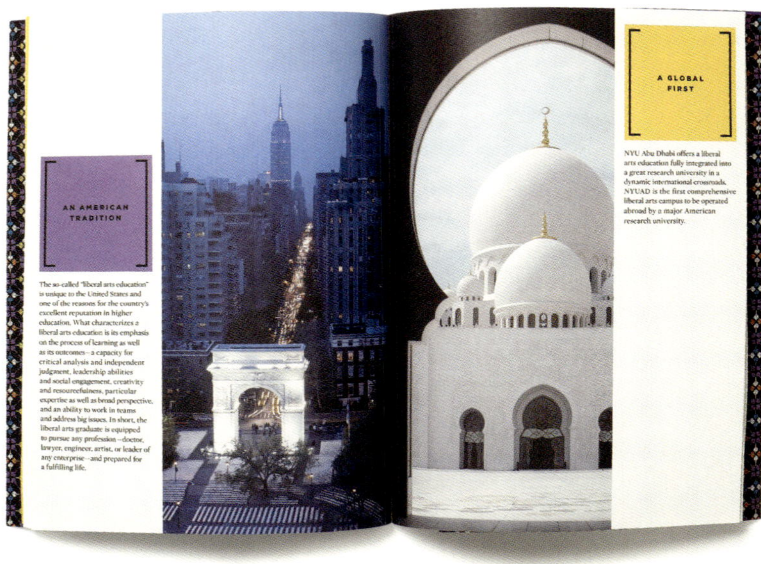

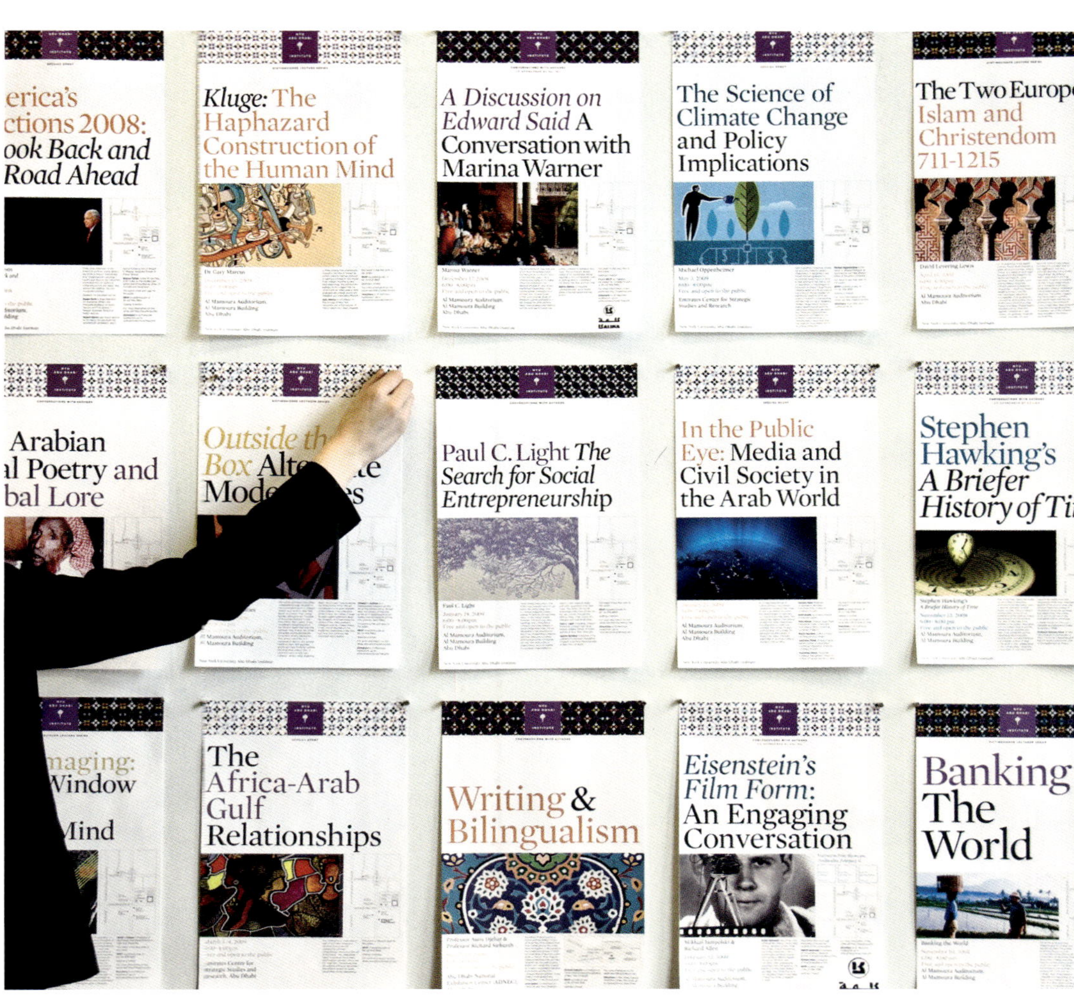

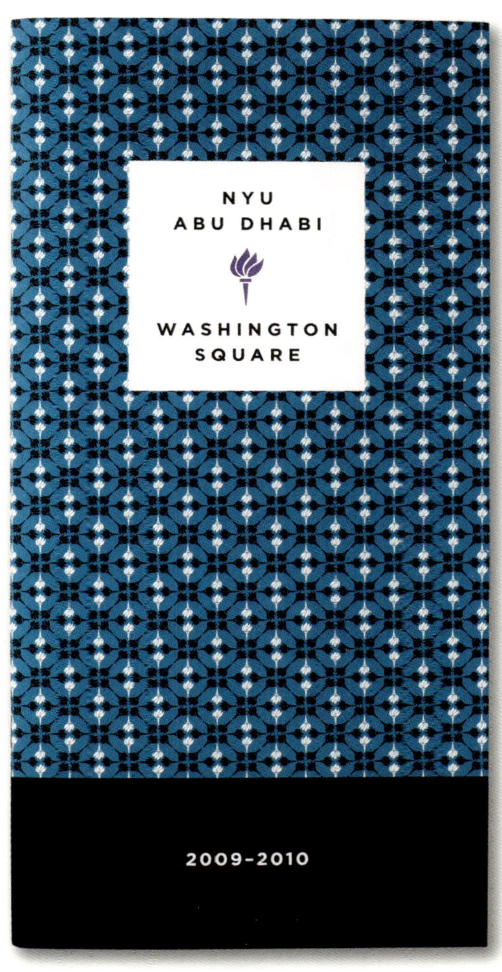

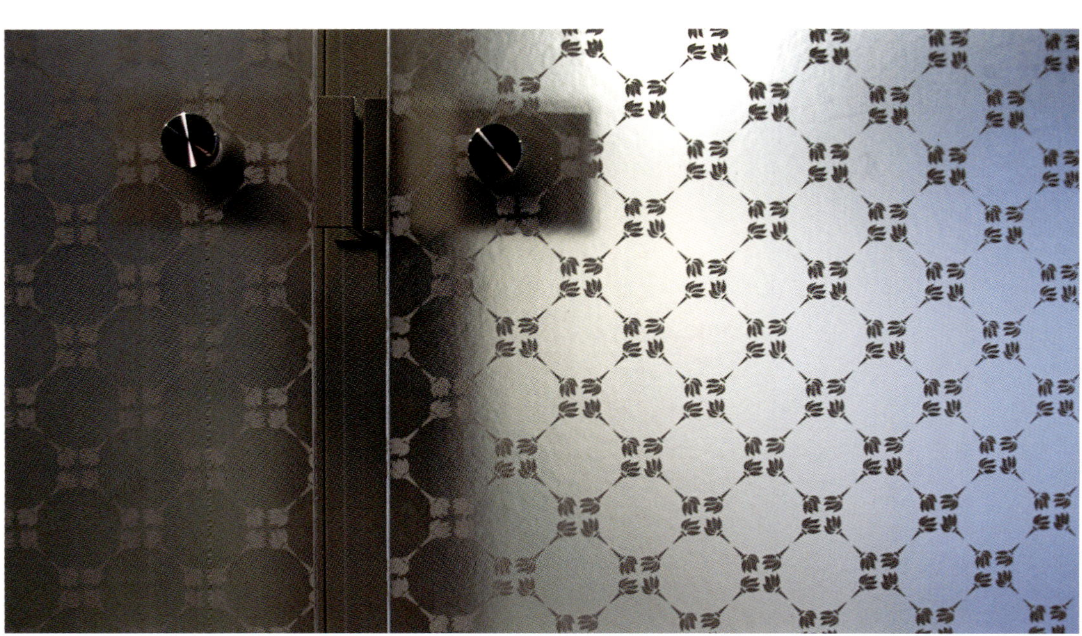

Oben links
Das Angebot an Vorlesungen und Kursen der NYU Abu Dhabi ist groß – die Zahl der Bewerber wächst von Jahr zu Jahr, während die Annahmequote bereits ungefähr so klein ist wie an der Universität von Harvard.

Links
Das arabische Muster, das wir entwarfen, schmückt heute viele Elemente in den Innenräumen der Universität.

Oben rechts
Im Zeichen von John Sextons Vision eines globalen Netzwerks spielt die NYU Abu Dhabi auch am Washington Square in New York eine wichtige Rolle – dort, wo die Universität zu Hause ist.

Nächste Doppelseite
Pentagrams Gestalterin Katie Barcelona entwarf ein schlüssiges und breit gefächertes grafisches Konzept für die Broschüren, Formulare und Bücher der NYU Abu Dhabi.

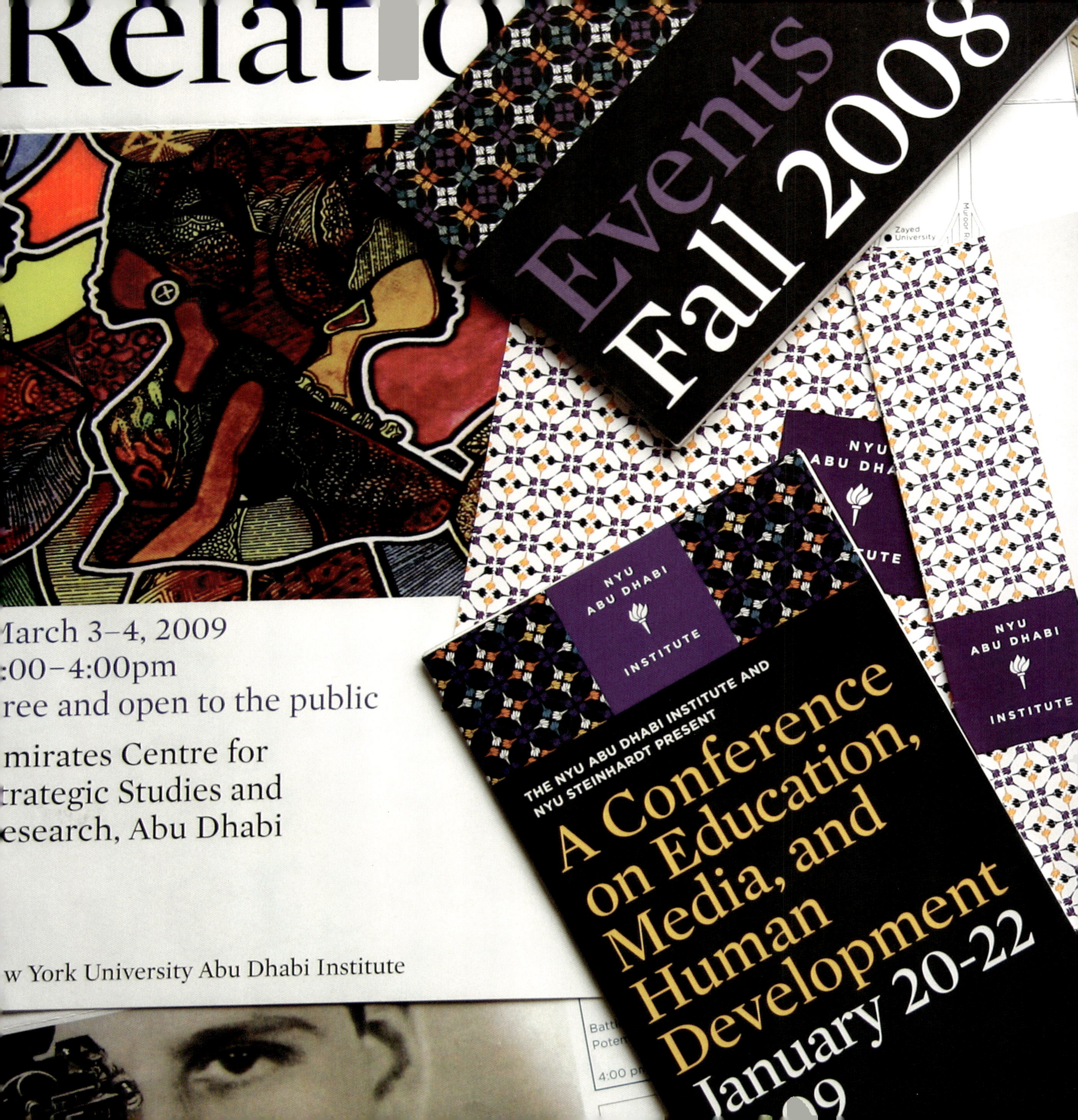

Relat
Events
Fall 2008
Zayed University
larch 3–4, 2009
:00–4:00pm
ree and open to the public
mirates Centre for
trategic Studies and
esearch, Abu Dhabi
w York University Abu Dhabi Institute
NYU
ABU DHABI
INSTITUTE
THE NYU ABU DHABI INSTITUTE AND
NYU STEINHARDT PRESENT
A Conference
on Education,
Media, and
Human
Development
January 20-22

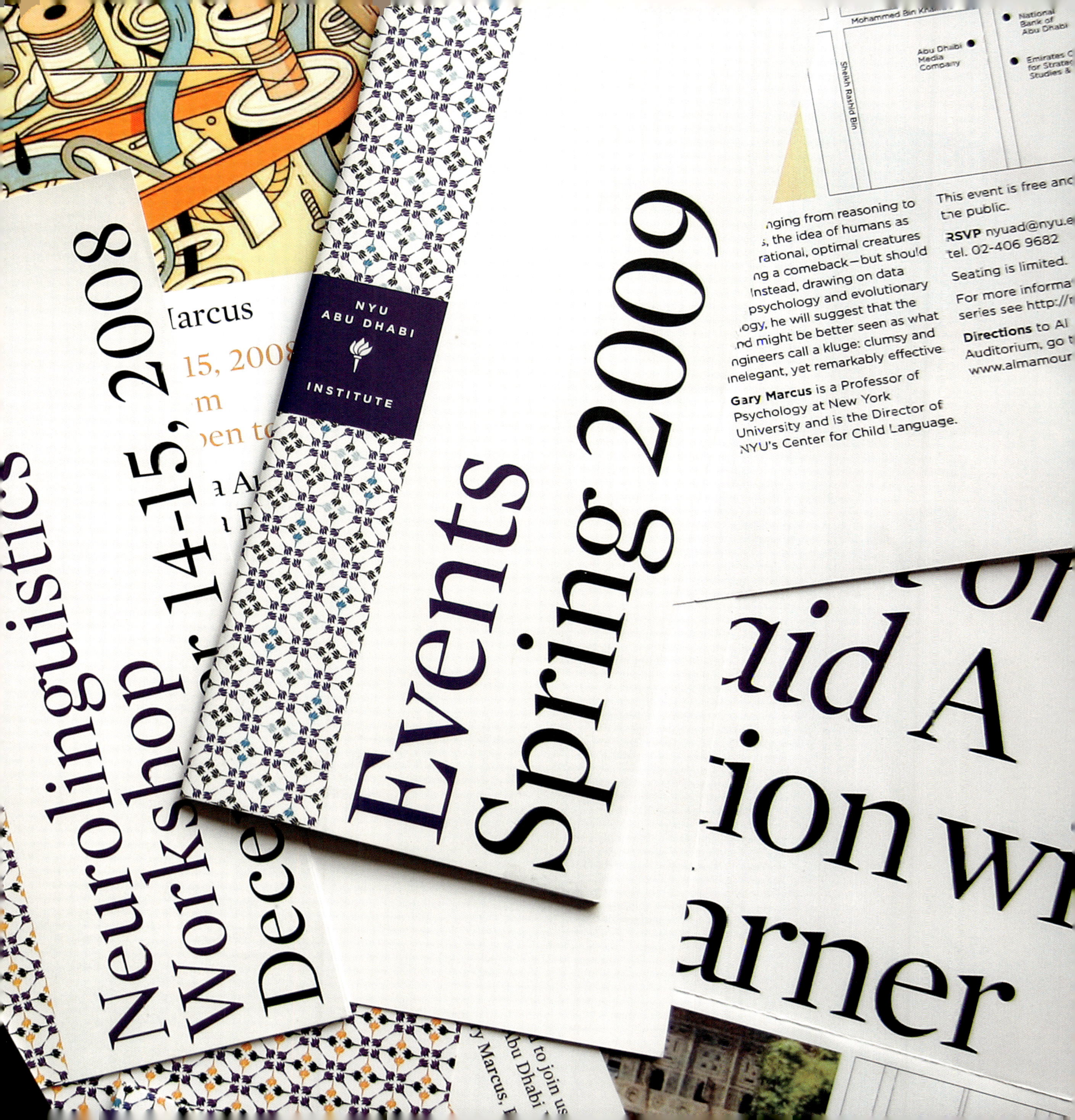

Neurolinguistics
Workshop
Dece
14-15, 2008
NYU
ABU DHABI
INSTITUTE
Events
Spring 2009
Gary Marcus is a Professor of
Psychology at New York
University and is the Director of
NYU's Center for Child Language.
This event is free and
the public.
RSVP nyuad@nyu.e
tel. 02-406 9682
Seating is limited.
Mohammed Bin Khalifa
Sheikh Rashid Bin
Abu Dhabi Media Company
National Bank of Abu Dhabi
arner

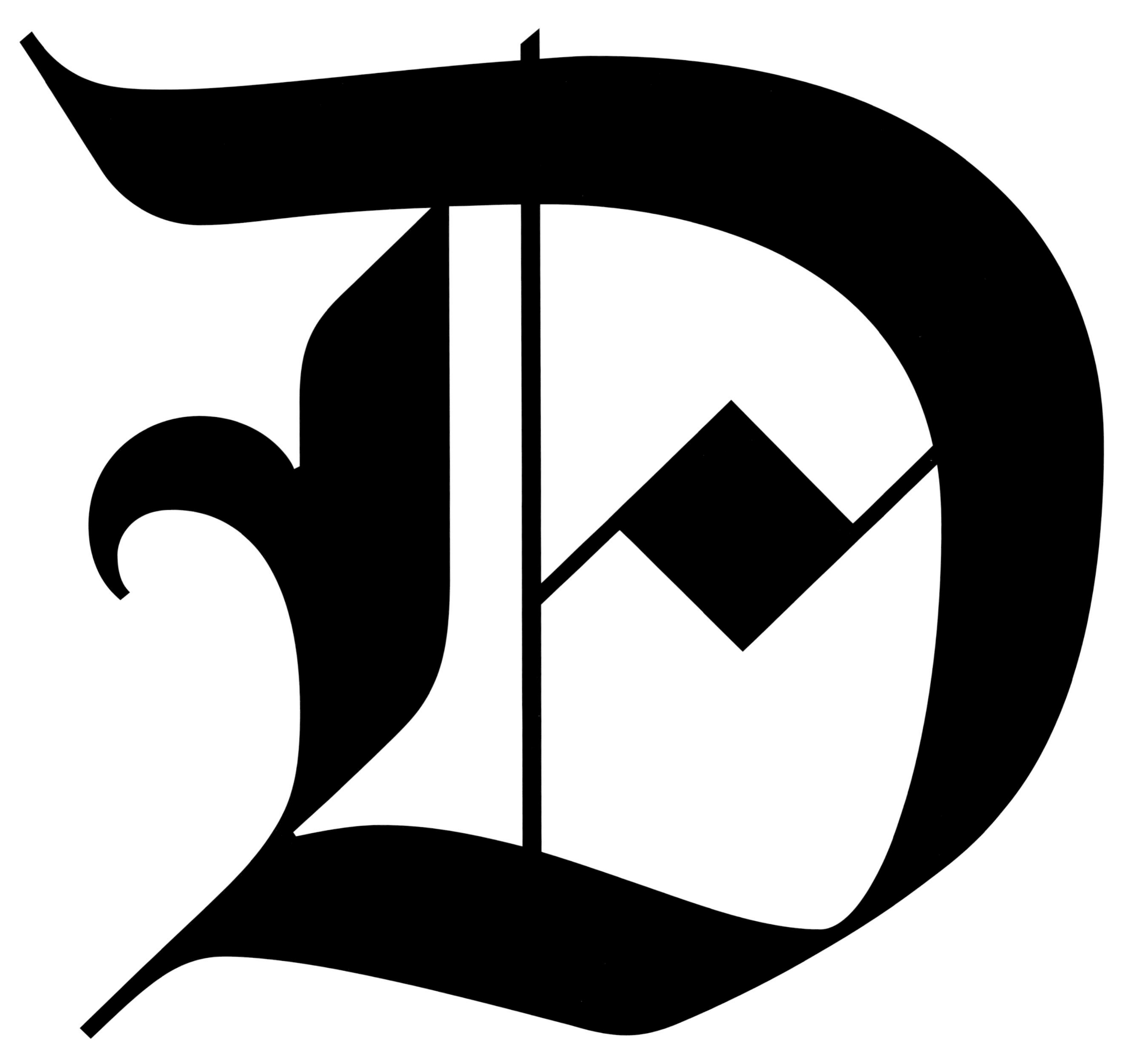

Wie man sich in der Kirche benimmt

The Cathedral Church of St. John the Divine

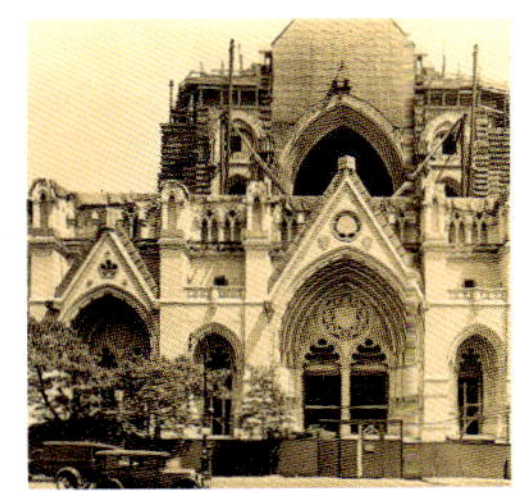

Linke Seite
Um der Gemeinde Cathedral Church of St. John the Divine eine herausragende und unverkennbare Identität zu geben, beauftragten wir den Gestalter Joe Finocchiaro, die Schrift Goudy Text von 1928 zu überarbeiten. Das Ergebnis tauften wir Divine.

Oben
Die Kathedrale befindet sich auf Manhattans Upper West Side – und mit Unterbrechungen seit einhundert Jahren im Bau. Schon alleine das macht sie zu einer Attraktion in New York.

Wenn Organisationen nach einer Markenidentität suchen, glauben sie oft, dass sie nicht mehr als ein Logo benötigen. Es ist ungefähr so, als strebe ein Mensch nach Persönlichkeit und kaufe sich dafür einen Hut. Selbstverständlich gibt die eigene Garderobe einen Hinweis darauf, wer man ist – doch sie ist niemals das einzige Merkmal. Viel wichtiger ist, was man sagt und wie man es sagt. Und am wichtigsten ist, was man macht.

Bemerkenswert ist, was die New Yorker Gemeinde der Cathedral Church of Saint John the Divine macht. Sie ist im viertgrößten christlichen Kirchengebäude der Welt zu Hause – das 1892 begonnen wurde und seither unvollendet ist. Das beinahe 40 Meter hohe Kirchenschiff zählt zum Pflichtprogramm vieler Touristen, die nach New York kommen. Doch über die herrliche gotische Architektur hinaus besteht die größte Attraktion der Gemeinde in ihren Konzerten, Kunstausstellungen – und in einer Reihe einzigartiger Veranstaltungen. So werden aus der Suppenküche der Kirche heraus jedes Jahr 25 000 Mahlzeiten serviert. Und in 30 Gottesdiensten versammeln sich jede Woche Gläubige aller Glaubensrichtungen, um gemeinsam zu beten. Dem 120 Jahre alten Monument aus Stein kommt damit auch im 21. Jahrhundert eine leuchtende und unverzichtbare Rolle zu.

Meine Kollegen und mich hat diese Verbindung immer sehr beeindruckt – ein altes Gemäuer und das Leben unserer Zeit. Es reizte uns deshalb sehr, eine allumfassende grafische Visitenkarte für die wunderbare Gemeinde Saint John the Divine zu entwerfen. Die Handschrift, die wir suchten, sollte die Besucher überraschen, und zwar vom ersten Schritt an, den sie durch das große Westportal in die Kirche machen. Wir begannen auf offene, zeitgemäße und humorvolle Weise – indem wir eine moderne, digitale Version einer sehr alten Schrift in die Gegenwart übersetzten und sie Divine tauften. Es handelte sich um eine Überarbeitung einer Frakturschrift, die Frederic Goudy 1928 entworfen hatte. Er selbst hatte sich an der Schrift orientiert, die Johannes Gutenberg im 15. Jahrhundert in seiner Bibel verwendet hatte. Die Idee, aktuelle Themen und Informationen mit einer extrem alten Schrift zu verpacken, gefiel uns. Wir konnten uns gar keine bessere Methode vorstellen, das Wesen von Saint John auszudrücken: ein kontrastreiches und zugleich symbiotisches Verhältnis zwischen einem alten Gefäß und zeitgenössischen, fast progressiven Inhalten.

Mein früherer Chef Massimo Vignelli bemühte oft ein italienisches Sprichwort: »Qui lo dico, e qui lo nego.« (»Hier sage ich es, hier verneine ich es.«) Es spielt auf die Widersprüchlichkeit vieler Dinge an, die wir sagen und die wir tun. Schließlich sind Menschen nicht immer einfach zu verstehen. Auch Organisationen wie die Kirchengemeinde Saint John sind es nicht. Es überrascht mich immer wieder aufs Neue, wie es gelingen kann, diese Gegensätze mit den Mitteln der grafischen Gestaltung einzufangen und in ein tragfähiges gestalterisches Konzept zu übersetzen.

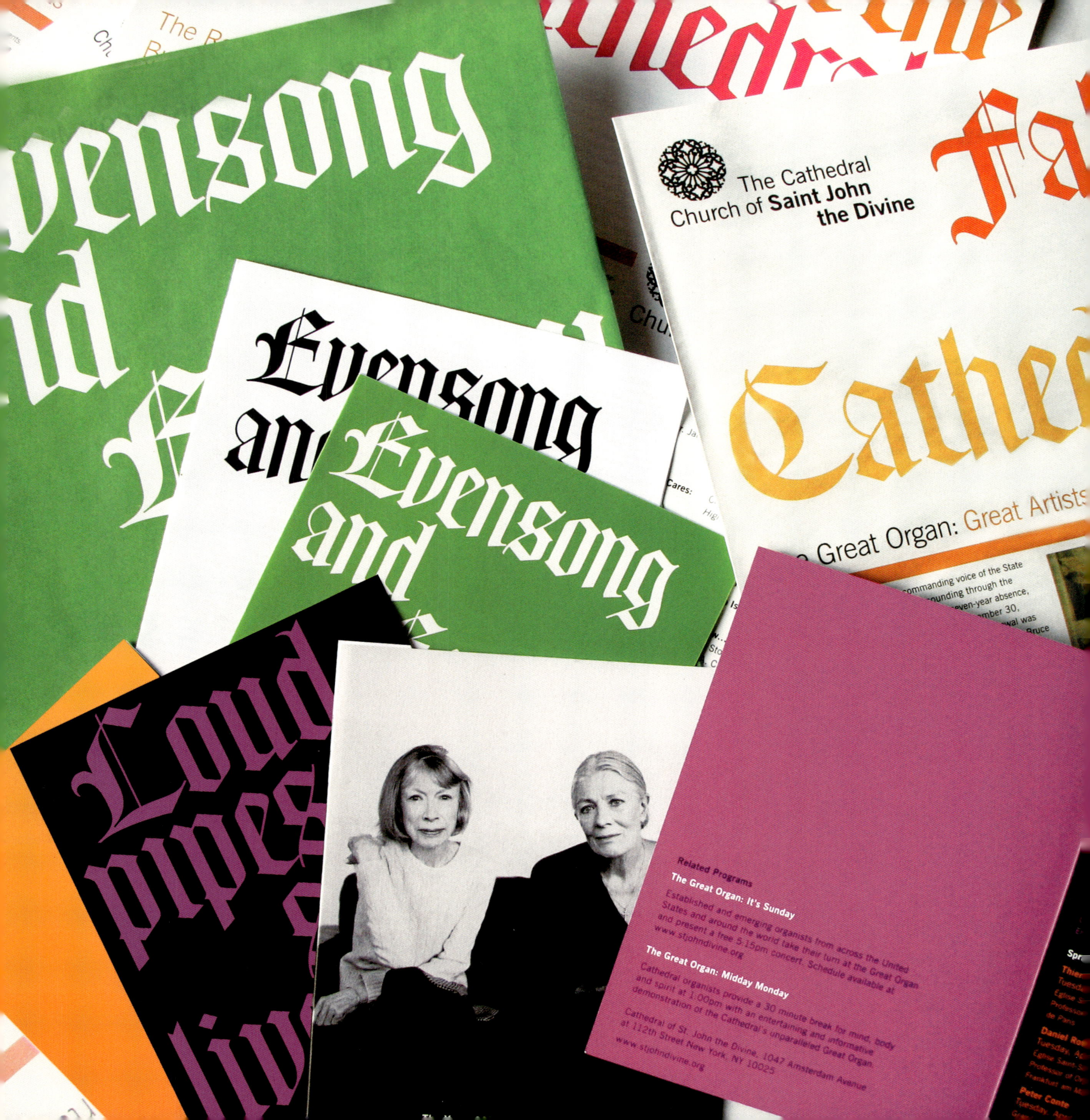

Evensong
and
The Cathedral Church of Saint John the Divine
Evensong
and
Evensong
and
Cathe
Great Organ: Great Artists
Loud
pipes
Related Programs
The Great Organ: It's Sunday
Established and emerging organists from across the United States and around the world take their turn at the Great Organ and present a free 5.15pm concert. Schedule available at www.stjohndivine.org
The Great Organ: Midday Monday
Cathedral organists provide a 30 minute break for mind, body and spirit at 1.00pm with an entertaining and informative demonstration of the Cathedral's unparalleled Great Organ.
Cathedral of St. John the Divine, 1047 Amsterdam Avenue at 112th Street New York, NY 10025
www.stjohndivine.org

Linke Seite
Die Publikationen der Gemeinde leben von einer zeitgemäßen Sprache, lebendigen Seiten, leuchtenden Farben und einer jahrhundertealten Frakturschrift.

Unten
Das zentrale Symbol der Kathedrale ist ein beeindruckendes Rosettenfenster – das größte in den Vereinigten Staaten. Der Stempel der Gemeinde verwendet hingegen eine schlichte Sans Serif Schrift und hebt ihren inoffiziell gängigen Namen hervor: Saint John the Divine.

The Cathedral
Church of **Saint John**
the Divine

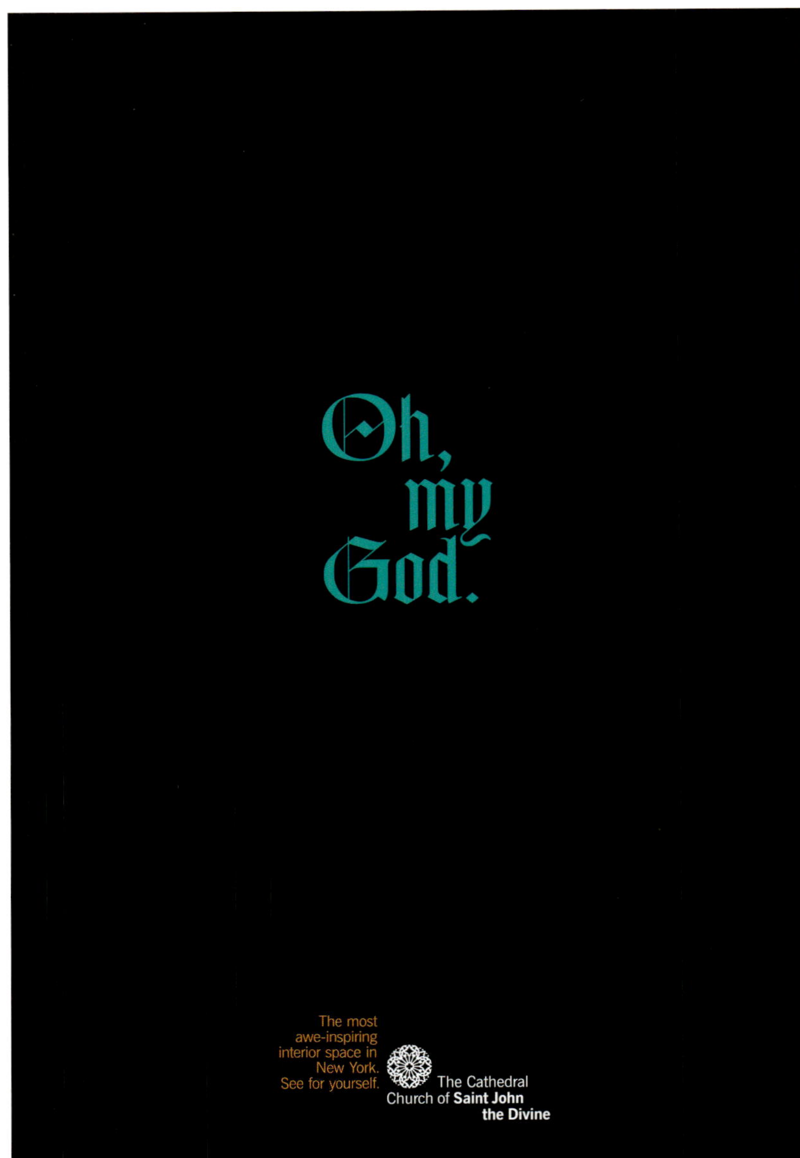

Oben
Durch einen Brand im Jahr 2001 wurde der Innenraum der Kathedrale mit Ruß bedeckt. Deshalb musste sie zum ersten Mal in 100 Jahren vollständig geleert und gereinigt werden. Als ihre Tore wieder öffneten, stieß ihre wiederhergestellte Pracht auf große Bewunderung.

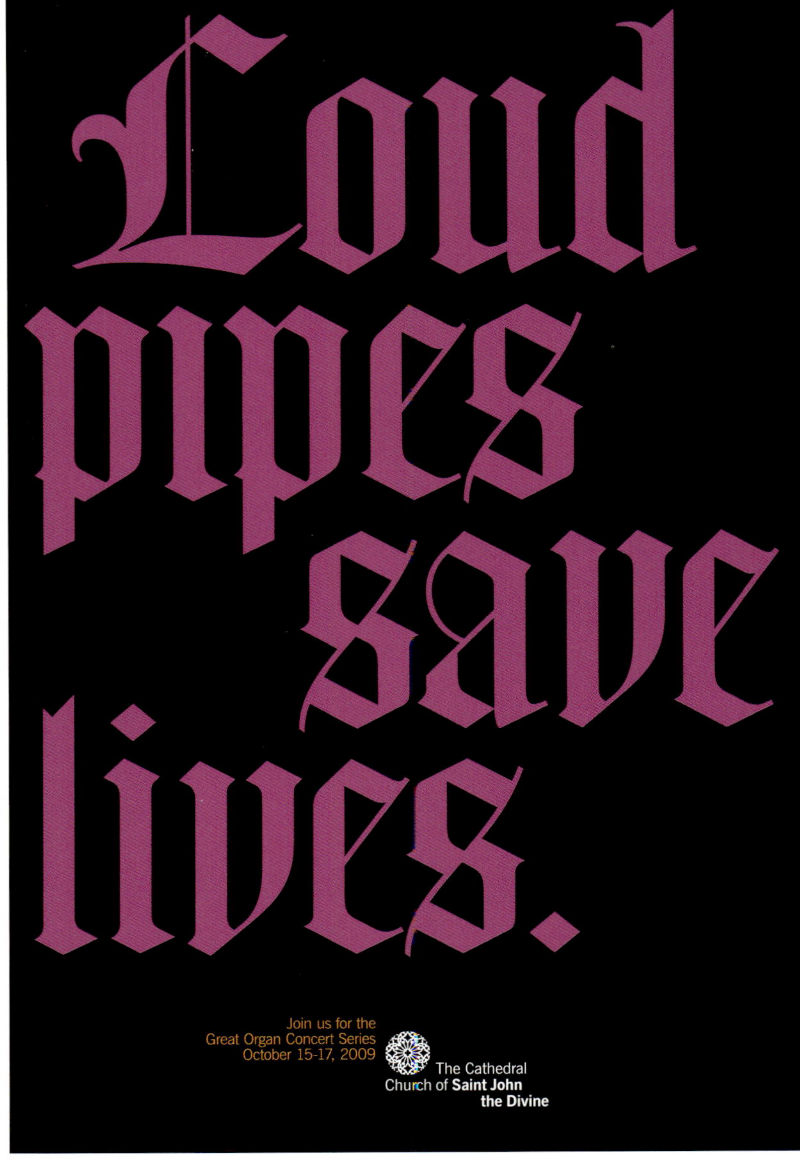

Oben
Die Orgelkonzerte sind nur ein Beispiel für das reiche Musikangebot der Kirchengemeinde. Dieses Plakat spielt mit einem Satz, der aus der Motorradfahrer-Szene stammt.

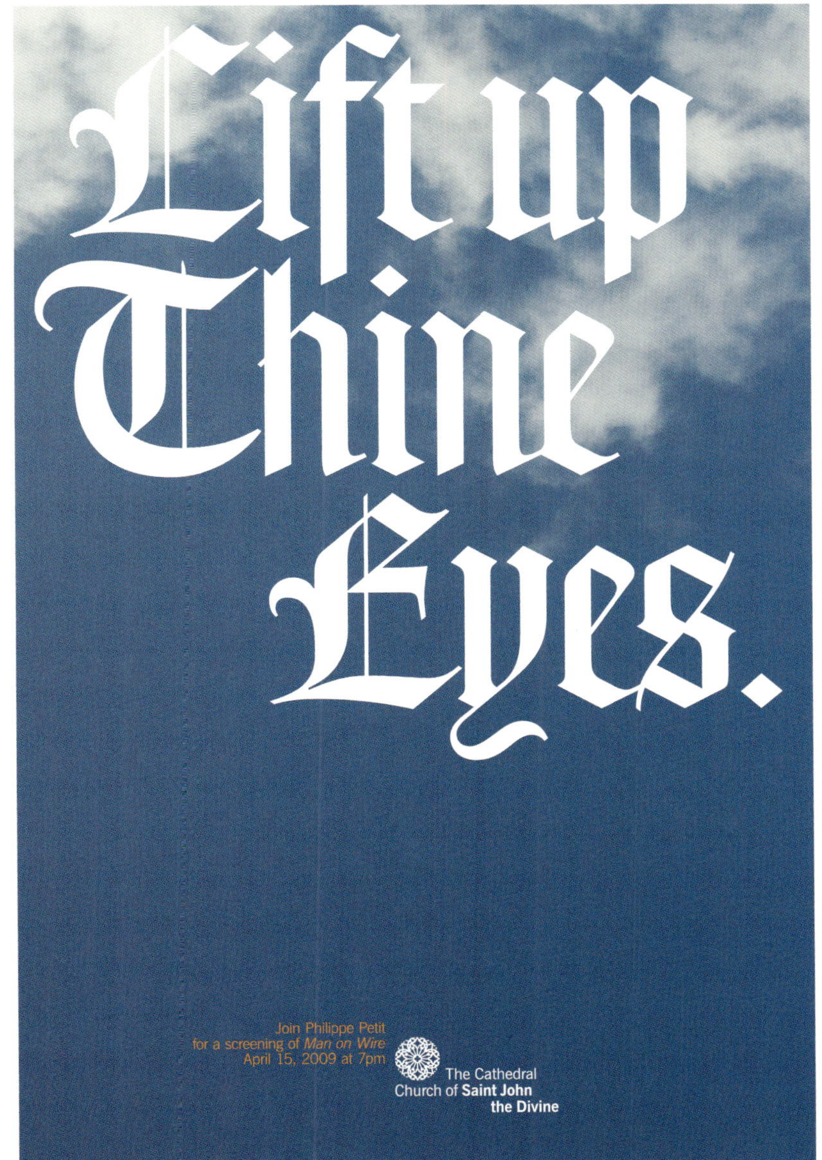

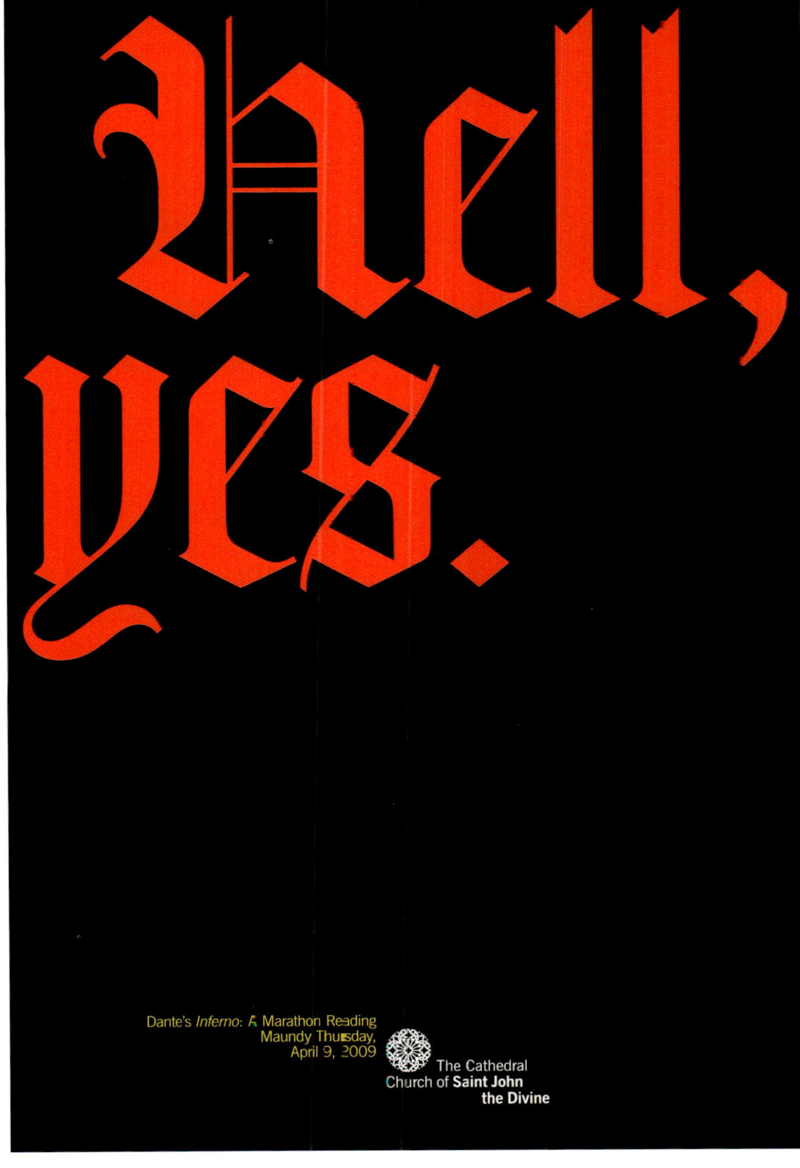

Oben
Drahtseilkünstler Philippe Petit lebte als »Artist in residence« seit 1982 in der Kirche. Dieses Plakat warb für die Aufführung seines biografischen Films *Man on Wire*.

Oben
Eine Ankündigung für die Marathonlesung von Dantes *Inferno*. Sie findet jedes Jahr am Gründonnerstag statt.

Rechts
Für die Ausstellung »The Value of Water« produzierten wir im Jahr 2012 aus der schweren Schrift Goudy eine viel leichtere Version – aus Wasser.

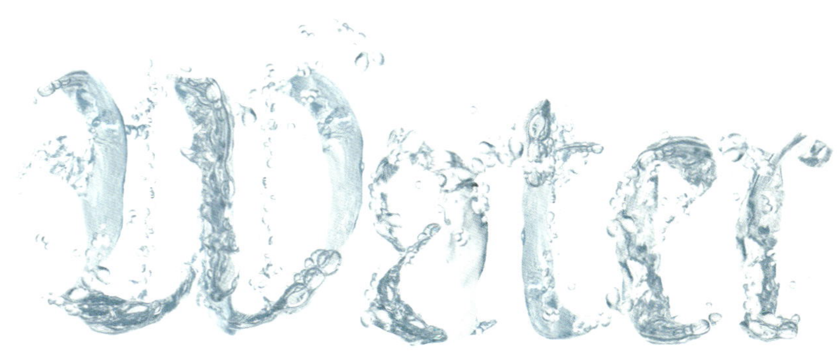

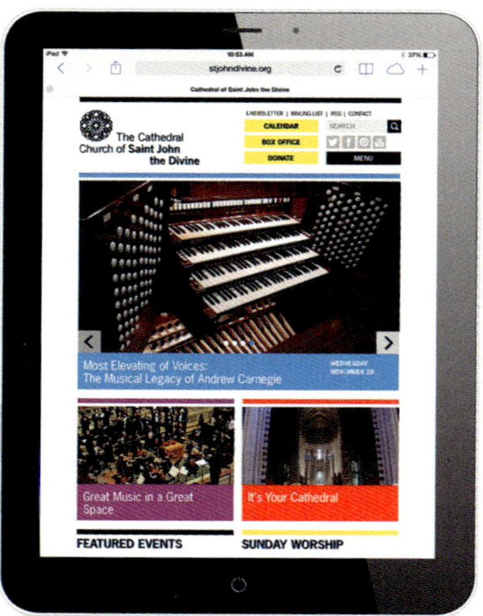

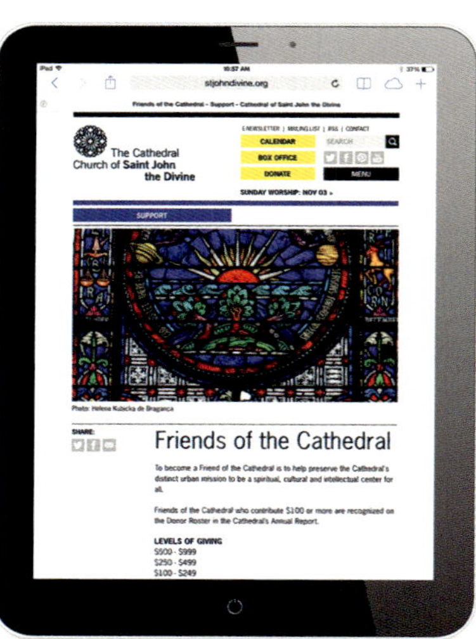

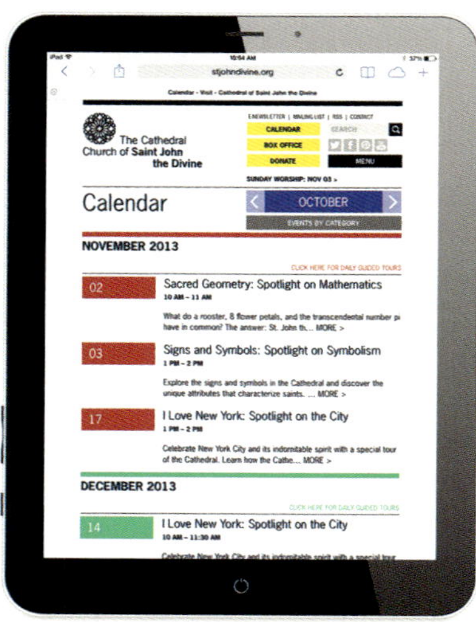

Links
Der Auftritt der Gemeinde in seiner digitalen Form.

Rechts
Lisa Schubert mag es, Besucher zu überraschen. Sie verantwortet die Kommunikation der Gemeinde und inszeniert jedes Jahr zum Fest des Heiligen Franz von Assisi die traditionelle Segnung der Tiere. Wir entwarfen die T-Shirts für den Anlass.

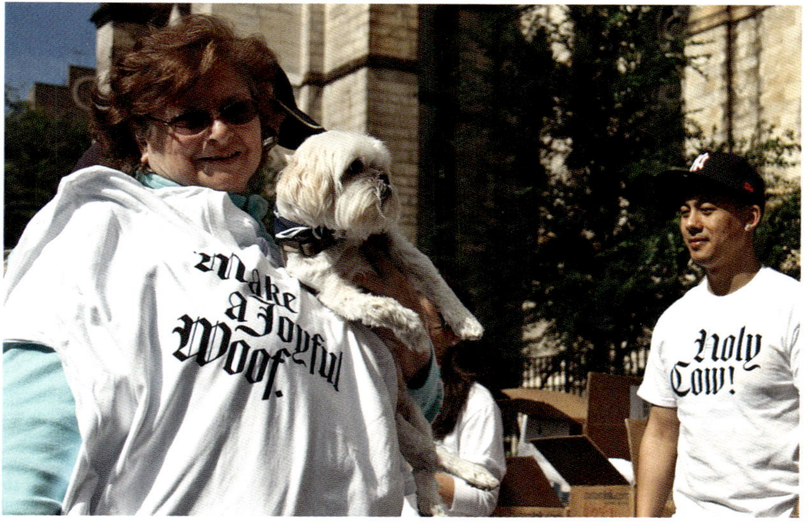

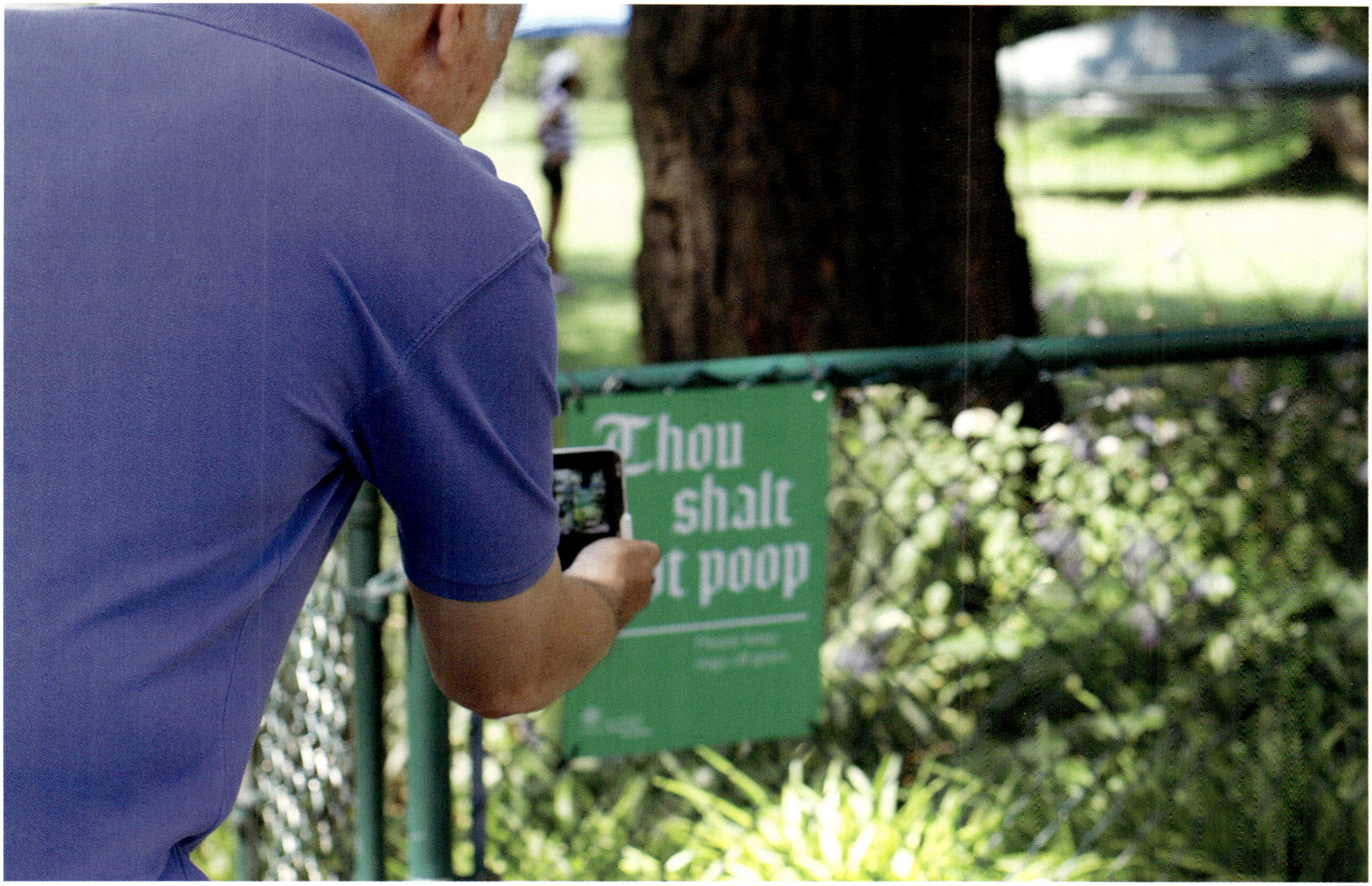

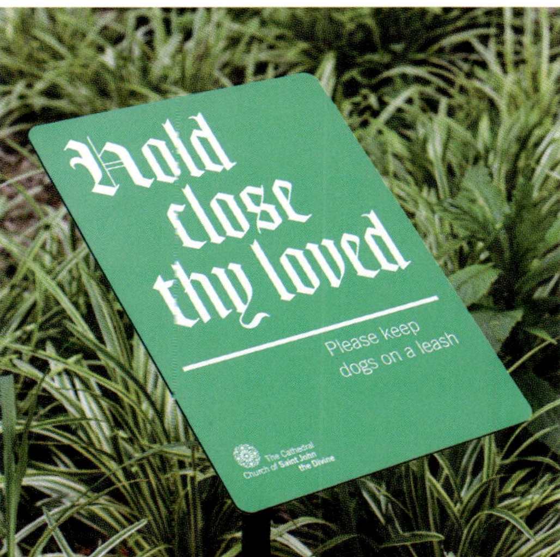

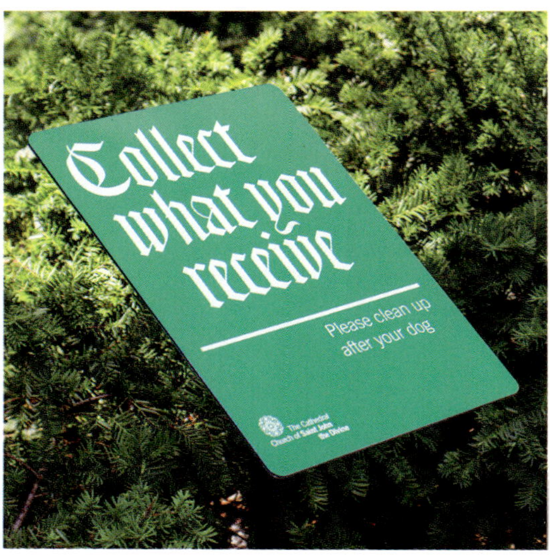

Oben und links
Zehn Gebote für Hunde? Die Schilder, die ich mit Pentagram-Gestalter Jesse Reed für die Grünanlagen der Kirchengemeinde entwarf, sind zu kleinen Attraktion geworden.

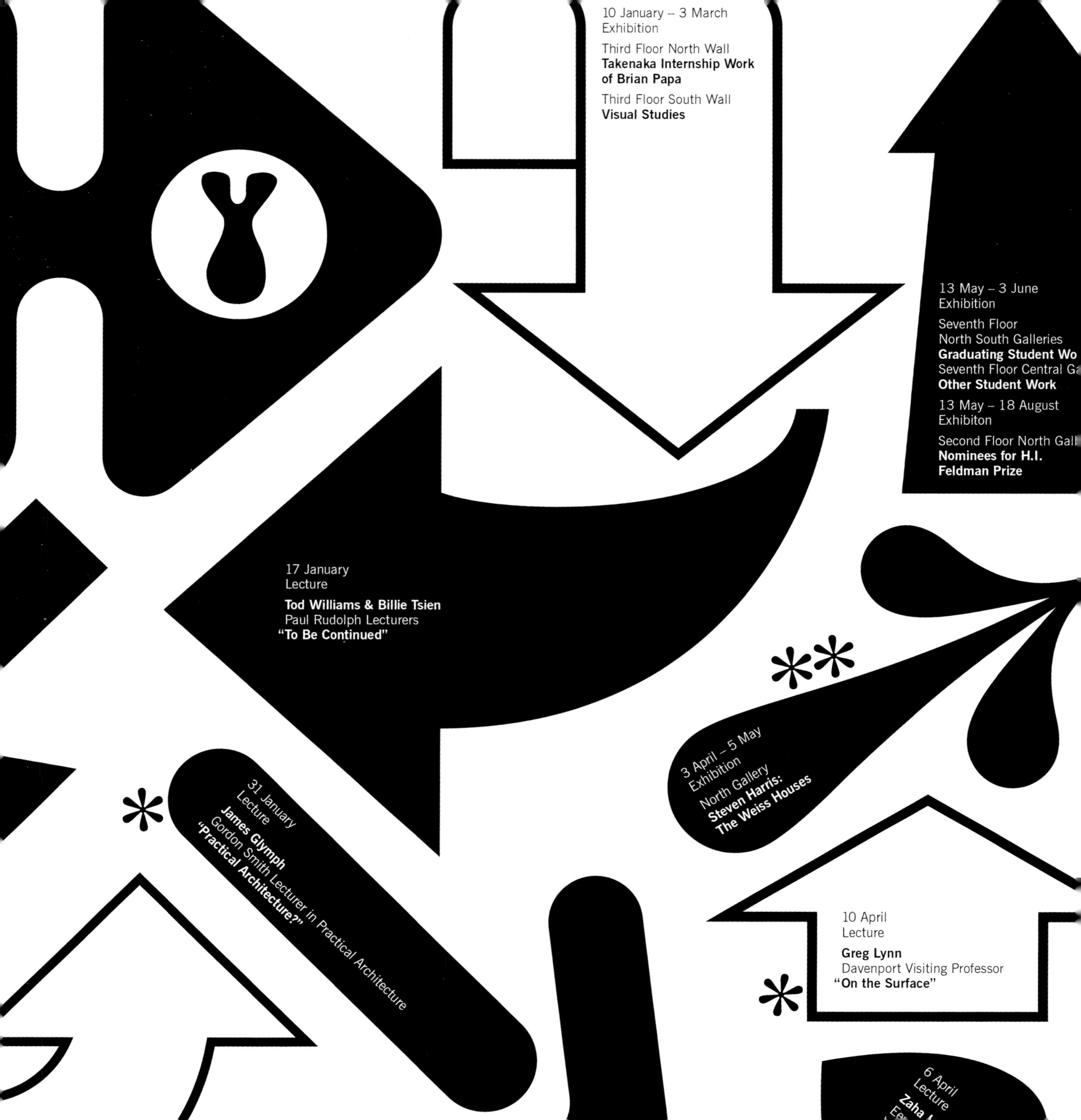
10 January – 3 March
Exhibition
Third Floor North Wall
Takenaka Internship Work of Brian Papa
Third Floor South Wall
Visual Studies
13 May – 3 June
Exhibition
Seventh Floor
North South Galleries
Graduating Student Wo
Seventh Floor Central Ga
Other Student Work
13 May – 18 August
Exhibiton
Second Floor North Gall
Nominees for H.I. Feldman Prize
17 January
Lecture
Tod Williams & Billie Tsien
Paul Rudolph Lecturers
"To Be Continued"
3 April – 5 May
Exhibition
North Gallery
Steven Harris:
The Weiss Houses
31 January
Lecture
James Glymph
Gordon Smith Lecturer in Practical Architecture
"Practical Architecture?"
10 April
Lecture
Greg Lynn
Davenport Visiting Professor
"On the Surface"
6 April
Lecture

Wie man Architekten verwirrt
Yale University School of Architecture

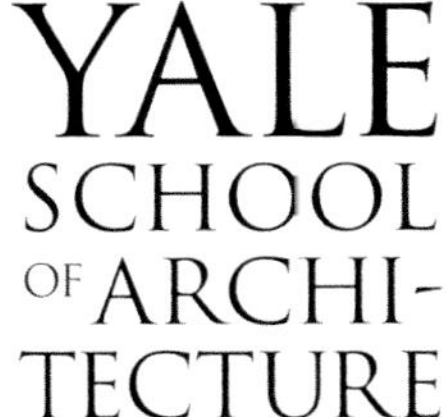

Linke Seite
Unsere Plakate für Yale hatten hunderte von Schriften – aber keine Farbe. Wir druckten sie immer nur in Schwarz.

Oben
Meine erste Präsentation für Robert A.M. Stern stellte die Erwartungen seiner Kritiker und sein tatsächliches Programm gegenüber.

Robert A.M. Stern wurde genau beobachtet – und er wusste es. Gerade war er zum Dekan der School of Architecture an der Universität Yale ernannt worden, wo er selbst im Jahr 1965 seinen Abschluss gemacht hatte. Die Erwartungen, die an ihn gestellt wurden, waren groß – so groß wie auch das Misstrauen, das ihm begegnete. Als Chefredakteur von *Perspecta*, dem Studentenmagazin der Schule, hatte er früher einmal die radikalen postmodernen Theorien von Robert Venturi und Denise Scott Brown unterstützt. Daran orientierte er sich auch, als er mit viel Idealismus seine berufliche Laufbahn in New York City begann.

35 Jahre später war Stern einer der erfolgreichsten Architekten der Welt. Einen großen Teil seines Geschäfts machte er, indem er ohne große Mühe mal backsteinerne Ferienhäuser in »Shingle Style« für Millionäre und mal Wohnheime im neogeorgianischen Stil für Elitestudenten plante. Seine meisterhafte Gabe, historischen Baustilen in die Gegenwart zu verhelfen, war ein rotes Tuch für seine modernistisch gestimmten Kollegen. Einer von ihnen hatte ihn bereits als »suede-loafered sultan of suburban retrotecture« beschimpft, also als eine Art »barocken Großmufti spießiger Retroarchitektur«. Drohte Yale unter Stern zu einem Tempel der Retroarchitektur zu werden?

Stern hatte einige Freude an dem Gedanken, die Erwartungen seiner Kritiker zu enttäuschen. Wie er mir 1999 erzählte, war die Schule schon lange nicht mehr wegweisend und stilprägend in Erscheinung getreten und dadurch beinahe in Vergessenheit geraten. Als er dort ankam, konzentrierte er sich deshalb zu Beginn darauf, ein neues breites Studienangebot zu entwickeln, und das nicht nur für Studenten, sondern auch für die geneigte Öffentlichkeit: Vorträge, Ausstellungen, Symposien, voller Komplexität und Widersprüche – und er bat mich, das alles in einen optischen Rahmen zu verpacken, um es in die Welt hinauszutragen. Mir machte diese tolle Aufgabe ein bisschen Angst. Schließlich war Stern zuvor an der Columbia Universität in New York tätig gewesen, wo er schon einmal einen Lehrstuhl durch Plakate zu Bekanntheit verholfen hatte. Der Gestalter war der in der Schweiz geborene Willi Kunz, der sich bloß einer einzigen Schrift bedient hatte: der Univers. Diese Arbeiten kannte jeder, und gegen sie anzutreten, war ein Ding der Unmöglichkeit. Welche Schriftart könnte diesmal den Geist von Sterns neuem Eklektizismus transportieren?

Im Nachhinein ist die Antwort ganz einfach. Anstatt eines einzigen Schrifttyps schlug ich vor, auf jedem Plakat einen anderen zu verwenden – und niemals denselben. Mein grafischer Ansatz war es also, durch konsequente typografische Vielfalt zu bestechen. Wenn ich heute nach fünfzehn Jahren zurückblicke und Bilanz ziehe – die Schriften eingeschlossen, die ich wirklich nie mehr verwenden möchte (zum Beispiel Brush Script von Robert E. Smith aus dem Jahr 1942) – dann überraschen mich unsere Plakate für die Architekturfakultät von Yale noch heute!

Rechts und rechte Seite
Robert A.M. Stern machte aus Yale einen Brennpunkt zeitgenössischer Architektur. Der Veranstaltungskalender war randvoll mit kontroversen Fachdebatten: Jede Schule und Richtung, die etwas beitragen konnte, kam zu Wort.

Nächste Doppelseite
Im Frühjahr und im Herbst wurden die neuen Veranstaltungspläne plakatiert. Wir stellten uns immer wieder dieselbe Frage: Wie viele unterschiedliche Formen lassen sich noch finden, um am Ende stets dieselbe Information zu verbreiten?

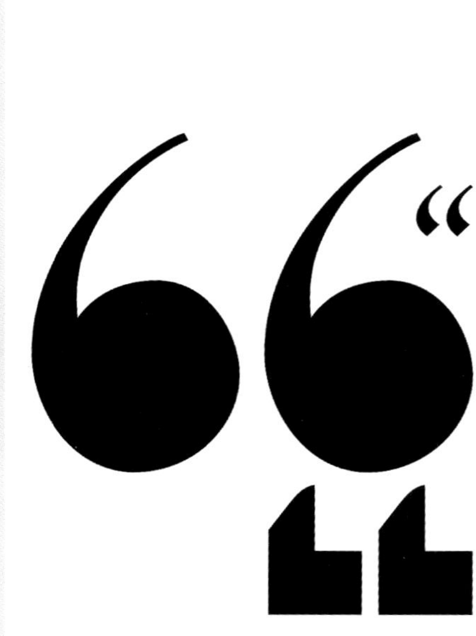

Yale School of Architecture

Lectures and Exhibitions
Fall 2000

A&A Building
180 York Street
New Haven, CT
Phone: 203.432.2889
Email: architecture.pr@yale.edu

Lectures begin at 6:30 PM in
Hastings Hall–located on
the basement floor. Doors Open
to the General Public at 6:15 PM

Exhibition hours are
Monday through Saturday,
10:00 AM to 5:00 PM.
Main, North, and South Galleries
are located on the second floor.

Cesar Pelli: Building Designs 1965-2000
Exhibition: Main, North and
South Galleries
September 5–November 3

Bernard Cache[2]
September 7
"Current Work"

Marion Weiss and Michael Manfredi
Paul Rudolph Lecture
September 11
"Site Specific"

Steven Holl[2]
September 14
"Parallax"

Dietrich Neumann
September 18
"Architecture of the Night"

Douglas Garofalo
Bishop Visiting Professor
September 25
"Materials, Technologies, Projects"

Elizabeth Diller[2]
September 28
"Blur–Babble"

Herman D. J. Spiegel
Myriam Bellazoug Lecture
October 2
"Gaudi's Structural Expression and Its Implications for Architectural Education"

William McDonough[1,2]
October 5
"Future Work"

Hon. Anthony Williams[3]
Mayor, Washington, D.C.
Eero Saarinen Lecture
October 6
"Recasting the Shadows: The District in the Twenty-First Century"

Richard Sennett[3]
Roth-Symonds Lecture
October 7
"Urbanism and the New Capitalism"

Aaron Betsky
October 9
"Architecture Must Burn"

Julie Bargmann[1]
October 12
"Toxic Beauty: Regenerating the Industrial Landscape"

Beatriz Colomina[2]
October 23
"Secrets of Modern Architecture"

Ken Yeang[1]
October 26
"The Ecological Design of Large Buildings and Sites: Theory and Experiments"

Charles Jencks
Brendan Gill Lecture
October 30
"The New Paradigm in Architecture"

Craig Hodgetts and Ming Fung[2]
Saarinen Visiting Professors
November 2
"By-products: Form Follows Means"

Kathryn Gustafson
Timothy Lenahan Memorial Lecture
November 6
"European and American Landscape Projects 1984-2000"

Jacques Herzog[2]
November 9
"Architecture by Herzog & de Meuron"

Ignacio Dahl Rocha
November 13
"Learning From Practice: the Architecture of Richter and Dahl Rocha"

The British Library
Colin St. John Wilson & M. J. Long
Exhibition: Main Gallery
November 13–December 15

(a)way station
a project by KW:a
Paul Kariouk & Mabel Wilson
Exhibition: North Gallery
November 13–December 15

in.formant.system
Douglas Garofalo
Exhibition: South Gallery
November 13–December 15

Max Fordham and Patrick Bellew[1]
November 16
"Labyrinths and Things"

Barry Bergdoll
November 20
"Siting Mies: Nature and Consciousness in the Modern House"

Richard Foreman[1]
November 30
"Landscape, Ecology and Road System Ecology: Foundation for Meshing Nature and People So They Both Thrive"

1 These lectures are part of **"Issues in Environment and Design"** seminar given in collaboration with Yale School of Forestry and Environmental Studies.

2 These lectures are part of **"The Millennium House"** seminar.

3 These lectures are part of **"Next Cities"** symposium.

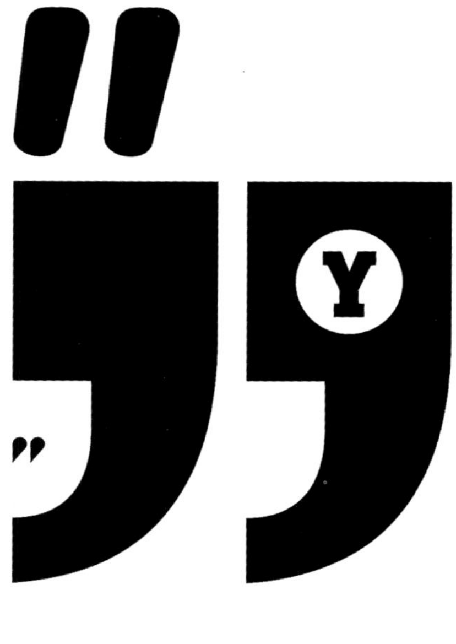

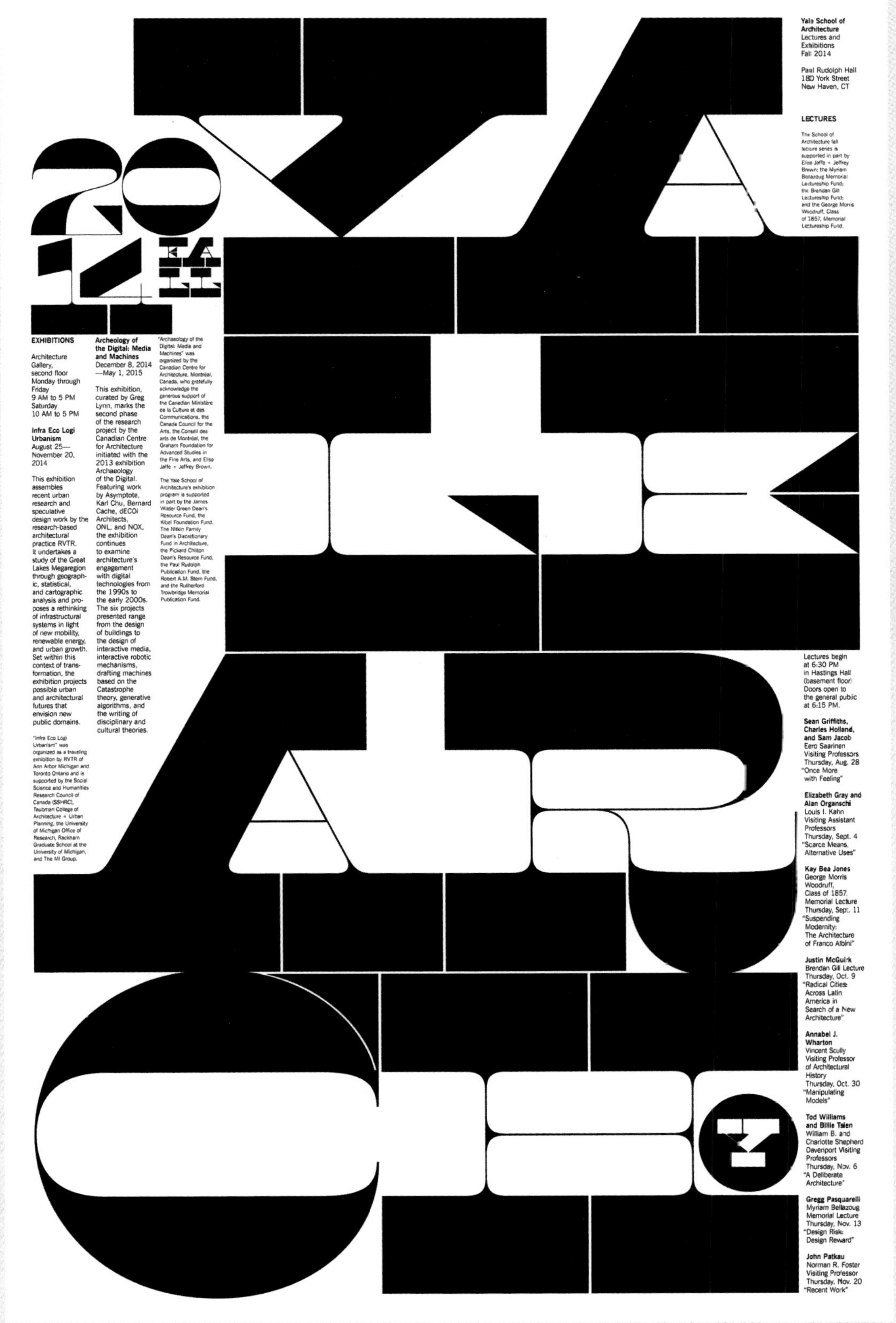
Yale School of Architecture
Lectures and Exhibitions
Fall 2014
Paul Rudolph Hall
180 York Street
New Haven, CT
LECTURES
The School of Architecture fall lecture series is supported in part by Elise Jaffe + Jeffrey Brown; the Myriam Bellazoug Memorial Lectureship Fund; the Brendan Gill Lectureship Fund; and the George Morris Woodruff, Class of 1857, Memorial Lectureship Fund.
EXHIBITIONS
Architecture Gallery, second floor
Monday through Friday
9 AM to 5 PM
Saturday
10 AM to 5 PM
Infra Eco Logi Urbanism
August 25—November 20, 2014
This exhibition assembles recent urban research and speculative design work by the research-based architectural practice RVTR. It undertakes a study of the Great Lakes Megaregion through geographic, statistical, and cartographic analysis and proposes a rethinking of infrastructural systems in light of new mobility, renewable energy, and urban growth. Set within this context of transformation, the exhibition projects possible urban and architectural futures that envision new public domains.
"Infra Eco Logi Urbanism" was organized as a traveling exhibition by RVTR of Ann Arbor Michigan and Toronto Ontario and is supported by the Social Science and Humanities Research Council of Canada (SSHRC), Taubman College of Architecture + Urban Planning, the University of Michigan Office of Research, Rackham Graduate School at the University of Michigan, and The MI Group.
Archeology of the Digital: Media and Machines
December 8, 2014—May 1, 2015
This exhibition, curated by Greg Lynn, marks the second phase of the research project by the Canadian Centre for Architecture initiated with the 2013 exhibition Archaeology of the Digital. Featuring work by Asymptote, Karl Chu, Bernard Cache, dECOi Architects, ONL, and NOX, the exhibition continues to examine architecture's engagement with digital technologies from the 1990s to the early 2000s. The six projects presented range from the design of buildings to the design of interactive media, interactive robotic mechanisms, drafting machines based on the Catastrophe theory, generative algorithms, and the writing of disciplinary and cultural theories.
"Archaeology of the Digital: Media and Machines" was organized by the Canadian Centre for Architecture, Montréal, Canada, who gratefully acknowledge the generous support of the Canadian Ministère de la Culture et des Communications, the Canada Council for the Arts, the Conseil des arts de Montréal, the Graham Foundation for Advanced Studies in the Fine Arts, and Elise Jaffe + Jeffrey Brown.
The Yale School of Architecture's exhibition program is supported in part by the James Wilder Green Dean's Resource Fund, the Kibel Foundation Fund, The Nitkin Family Dean's Discretionary Fund in Architecture, the Pickard Chilton Dean's Resource Fund, the Paul Rudolph Publication Fund, the Robert A.M. Stern Fund, and the Rutherford Trowbridge Memorial Publication Fund.
Lectures begin at 6:30 PM in Hastings Hall (basement floor) Doors open to the general public at 6:15 PM.
Sean Griffiths, Charles Holland, and Sam Jacob
Eero Saarinen Visiting Professors
Thursday, Aug. 28
"Once More with Feeling"
Elizabeth Gray and Alan Organschi
Louis I. Kahn Visiting Assistant Professors
Thursday, Sept. 4
"Scarce Means, Alternative Uses"
Kay Bea Jones
George Morris Woodruff, Class of 1857, Memorial Lecture
Thursday, Sept. 11
"Suspending Modernity: The Architecture of Franco Albini"
Justin McGuirk
Brendan Gill Lecture
Thursday, Oct. 9
"Radical Cities: Across Latin America in Search of a New Architecture"
Annabel J. Wharton
Vincent Scully Visiting Professor of Architectural History
Thursday, Oct. 30
"Manipulating Models"
Tod Williams and Billie Tsien
William B. and Charlotte Shepherd Davenport Visiting Professors
Thursday, Nov. 6
"A Deliberate Architecture"
Gregg Pasquarelli
Myriam Bellazoug Memorial Lecture
Thursday, Nov. 13
"Design Risk: Design Reward"
John Patkau
Norman R. Foster Visiting Professor
Thursday, Nov. 20
"Recent Work"

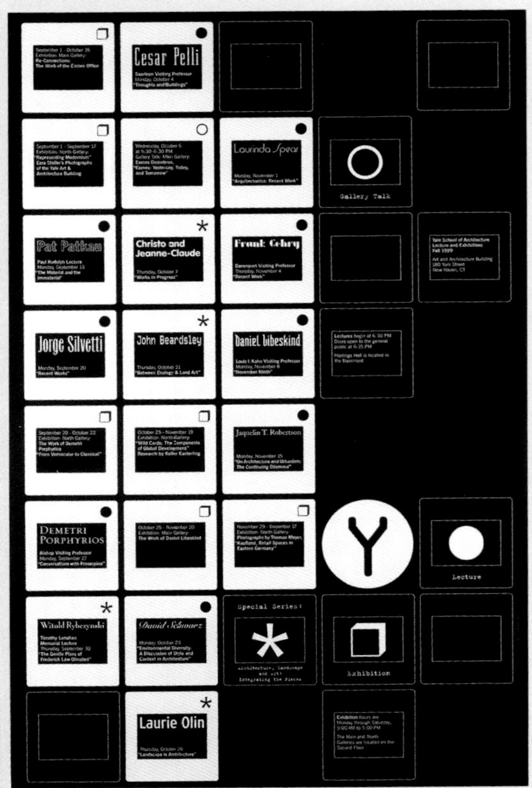
Cesar Pelli
Laurinda Spear
Gallery Talk
Pat Pattison
Christo and Jeanne-Claude
Frank Gehry
Jorge Silvetti
John Beardsley
Daniel Libeskind
Demetri Porphyrios
Lecture
Witold Rybczynski
Special Series:
Exhibition
Laurie Olin

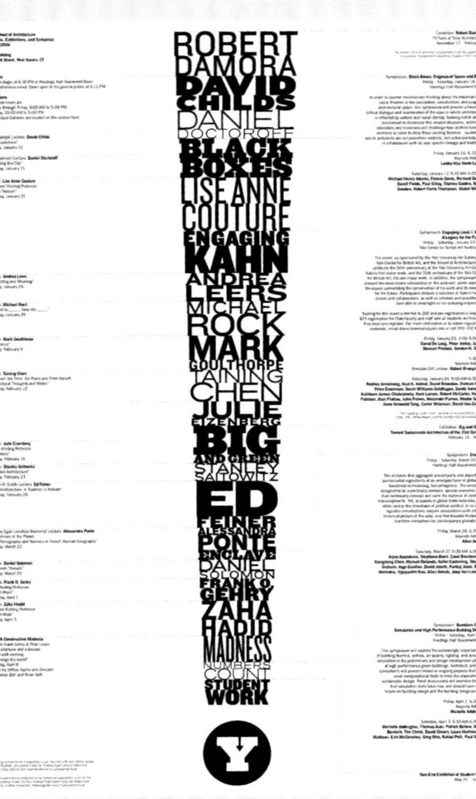
ROBERT
DAMORA
DAVID
CHILDS
DANIEL
DOCTOROFF
BLACK
BOXES
LISE ANNE
COUTURE
ENGAGING
KAHN
ANDREA
LEERS
MICHAEL
ROCK
MARK
GOULTHORPE
TAINING
CHEN
JULIE
EIZENBERG
BIG
AND GREEN
MARIO
SALOWITZ
ED
FEINER
ALESSANDRA
PONTE
ENCLAVE
DANIEL
SOLOMON
FRANK O.
GEHRY
ZAHA
HADID
MADNESS
NUMBERS
COUNT
STUDENT
WORK

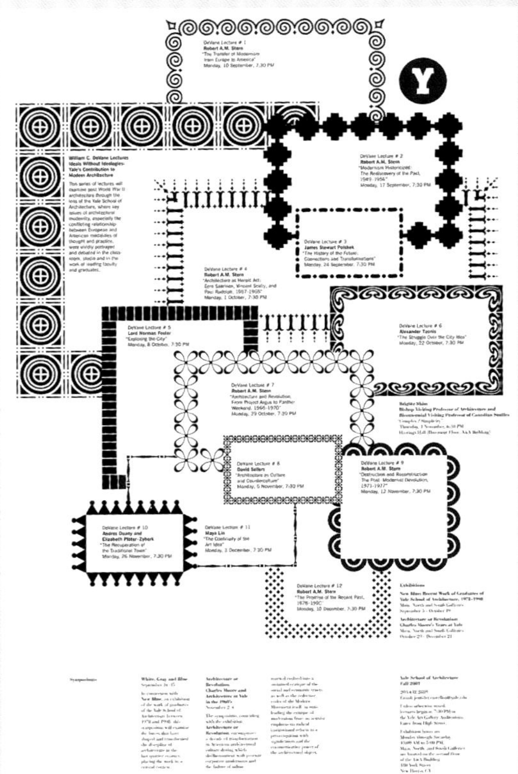

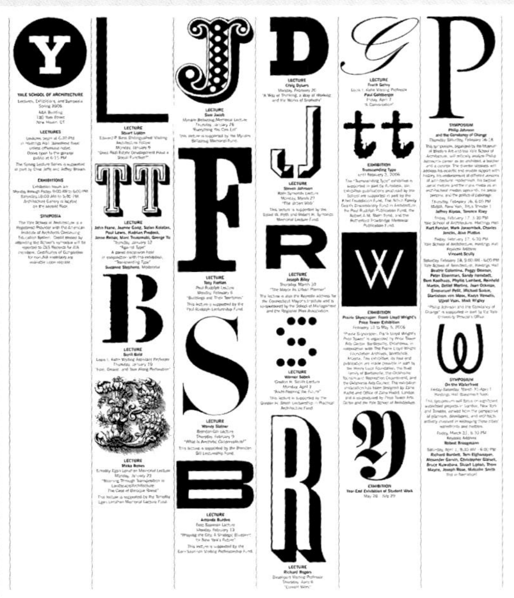

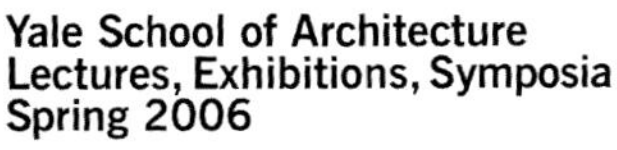
Yale School of Architecture
Lectures, Exhibitions, Symposia
Spring 2006

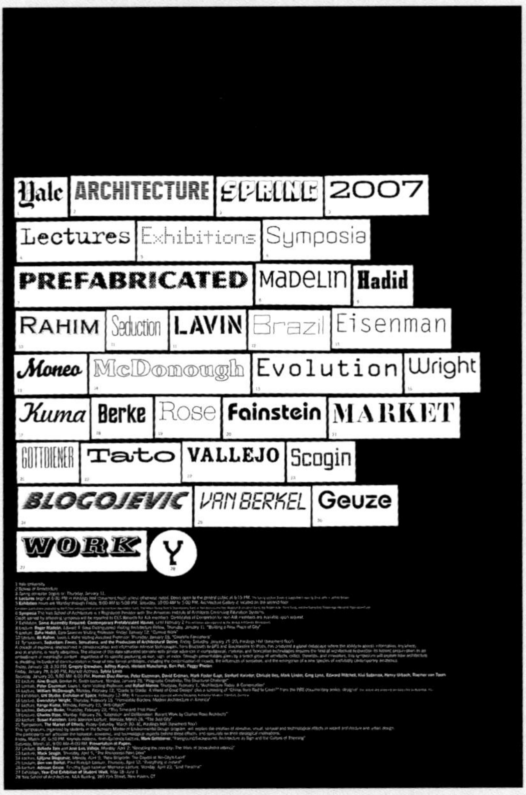
Yale ARCHITECTURE SPRING 2007
Lectures Exhibitions Symposia
PREFABRICATED MaDeLin Hadid
RAHIM Seduction LAVIN Brazil Eisenman
Moneo McDonough Evolution Wright
Kuma Berke Rose Fainstein MARKET
GOTTDIENER Tato VALLEJO Scogin
BLOGOJEVIC VAN BERKEL Geuze
WORK

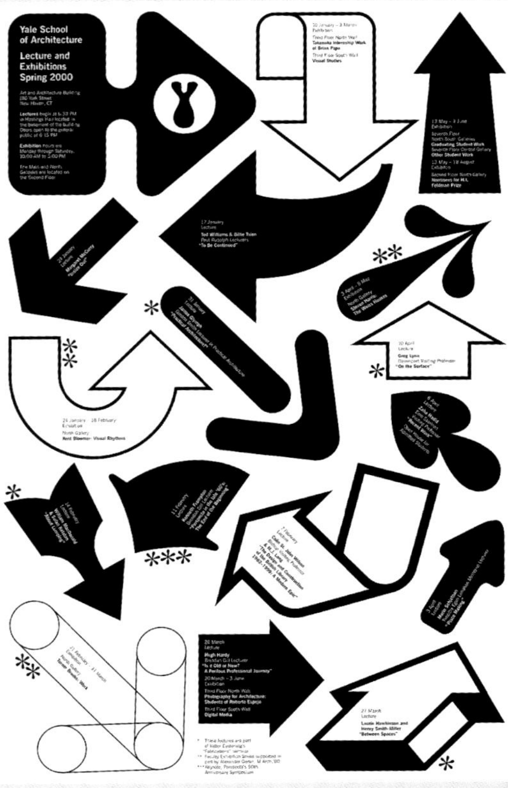
Yale School of Architecture
Lecture and Exhibitions
Spring 2000

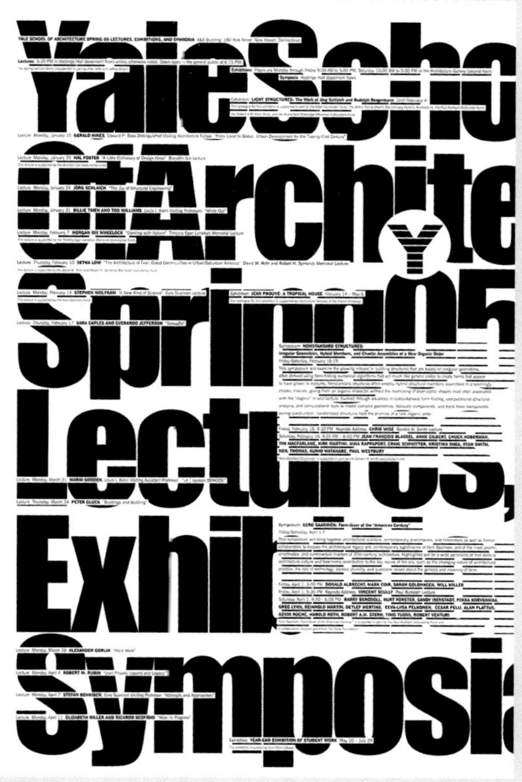
YaleScho
Archite
Spring05
Lectures,
Exhib
Symposia

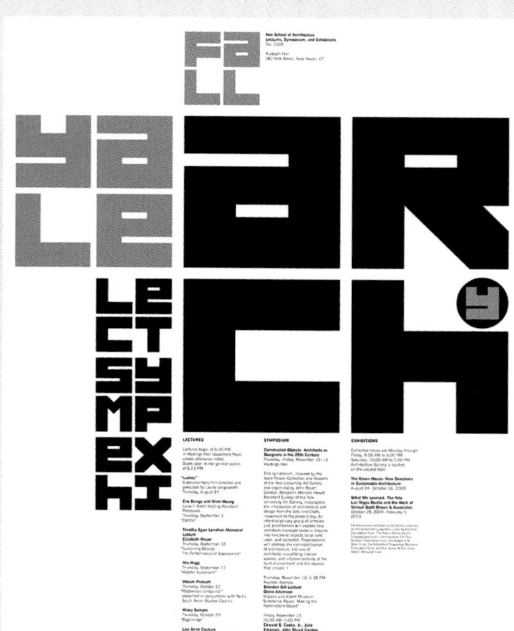
FALL
yale
ARCH
2009

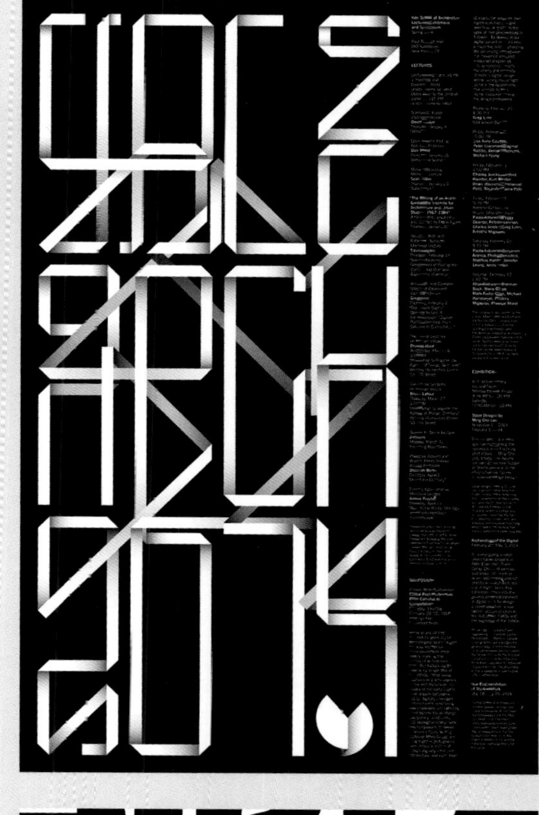

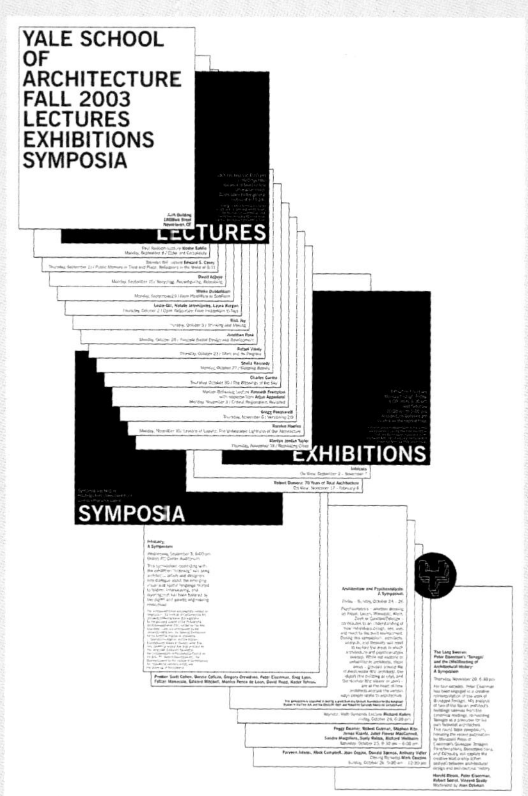
YALE SCHOOL
OF
ARCHITECTURE
FALL 2003
LECTURES
EXHIBITIONS
SYMPOSIA
LECTURES
EXHIBITIONS
SYMPOSIA

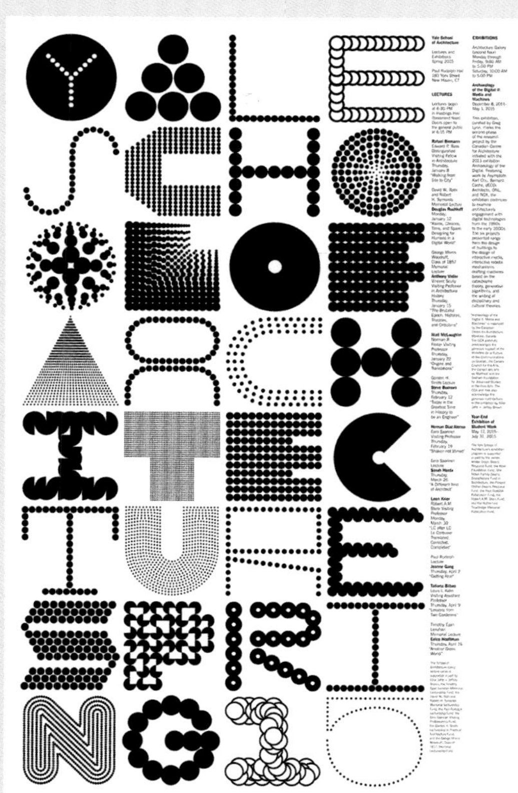

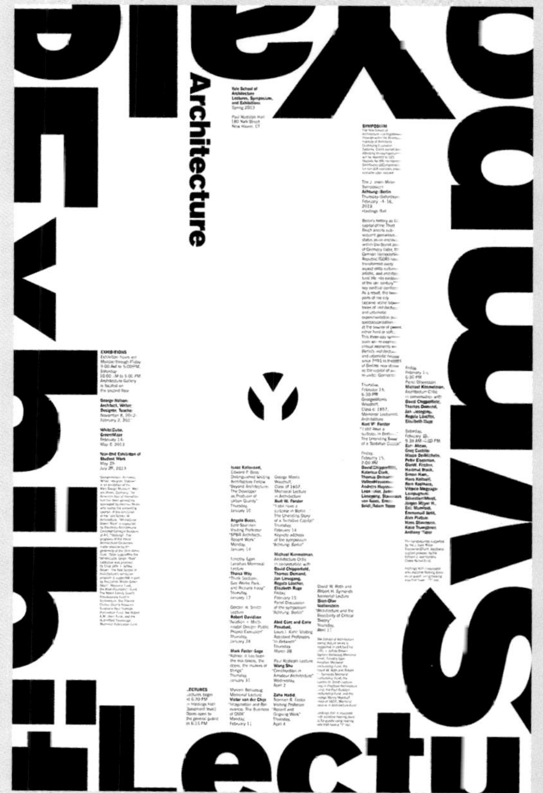
Architecture
Lectu

Rechts und rechte Seite
Plakate für Symposien erlauben direkte Referenzen zu den diskutierten Themen, etwa die Dichte des städtischen Lebens, die Architektur von Charles Moore, die Zeichensprache in Las Vegas, verlorengegangene Darstellungsformen oder das Erbe von George Nelson.

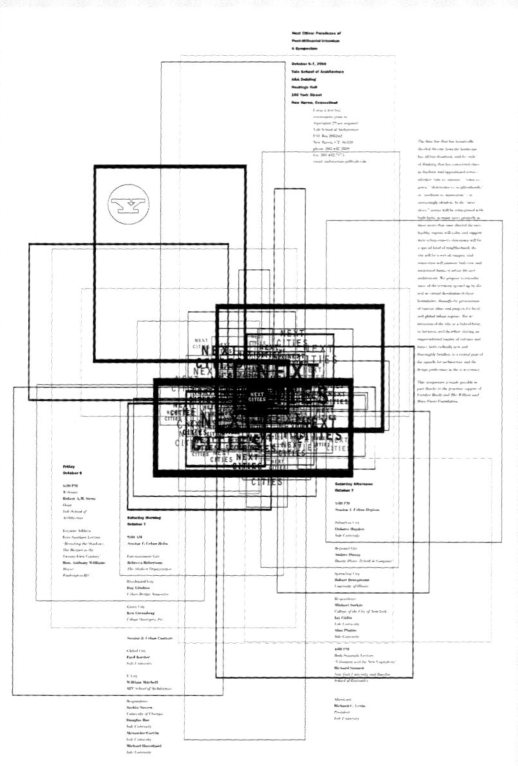

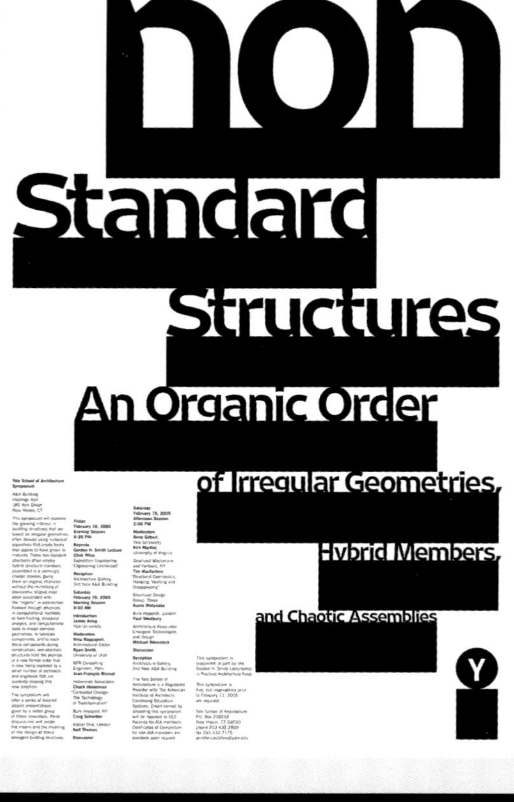

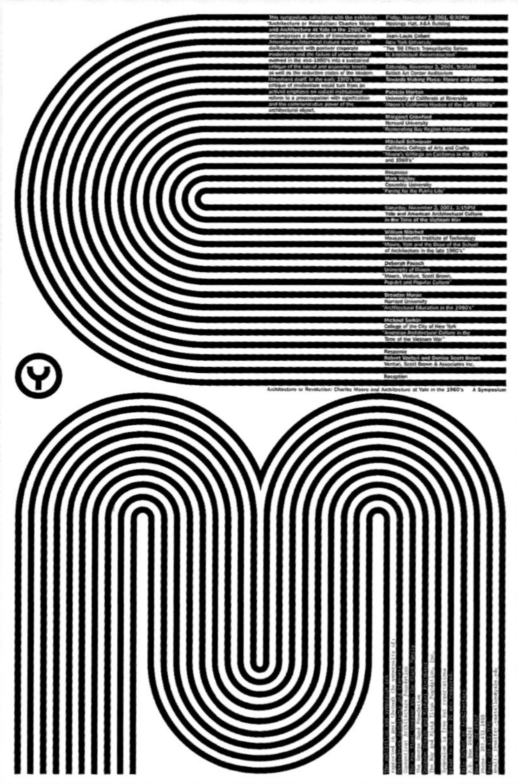

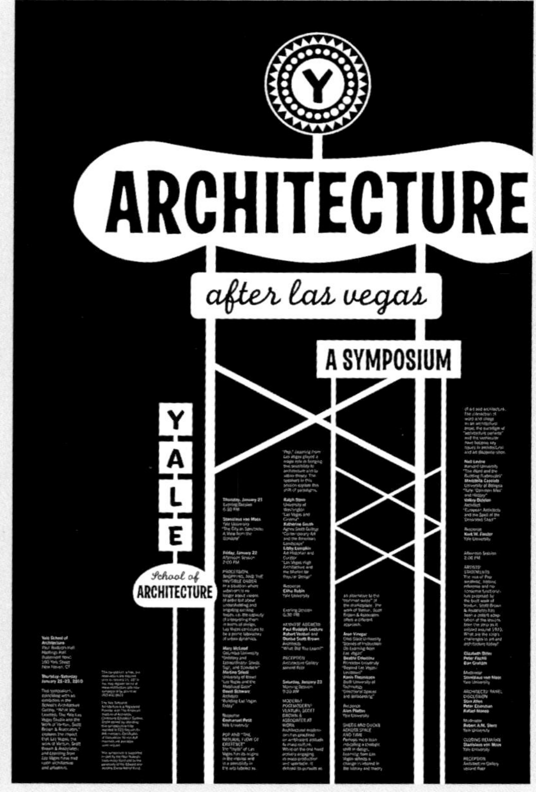

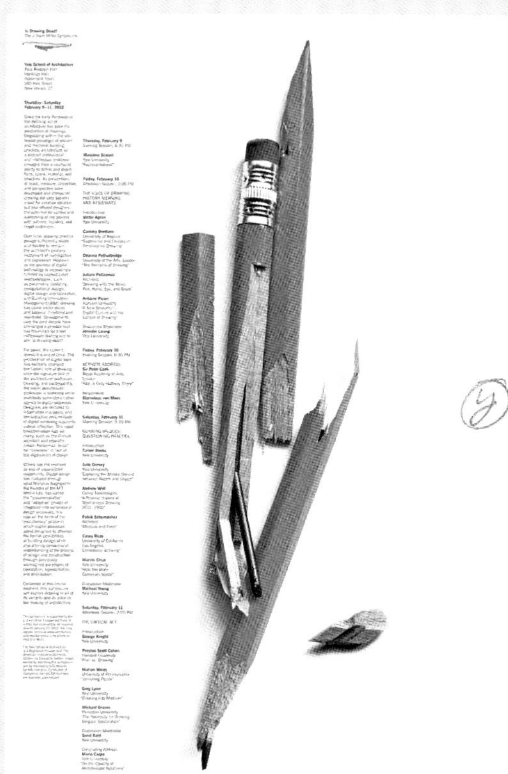

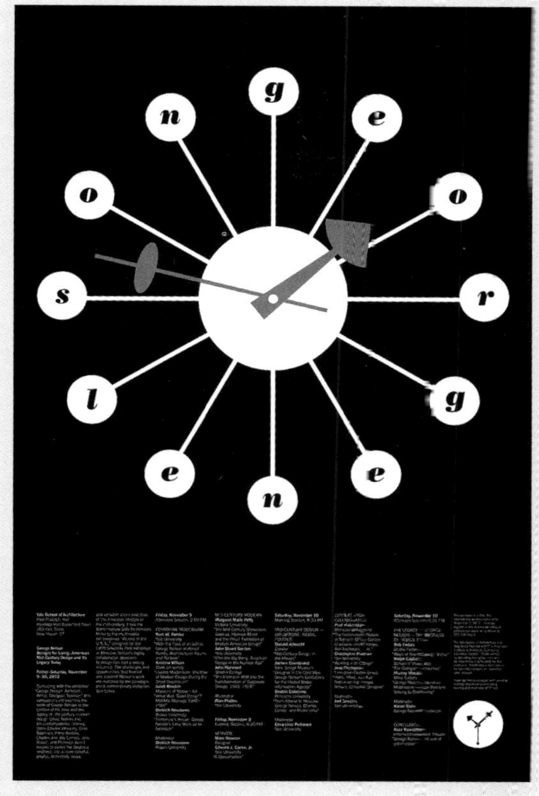

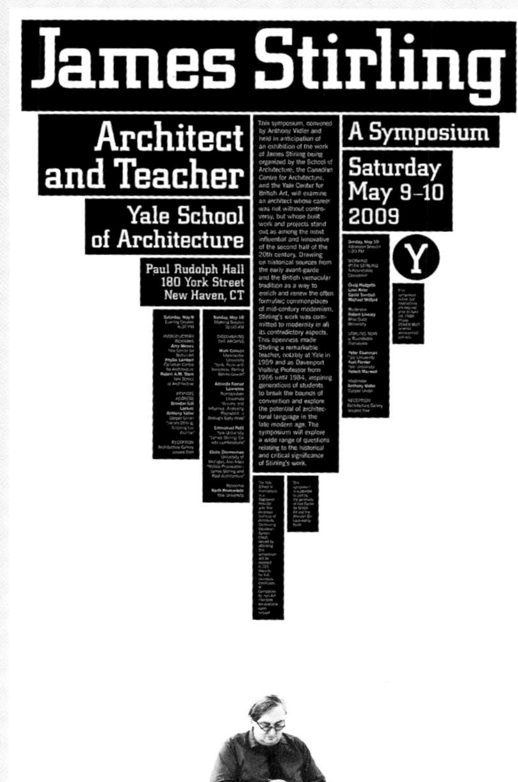

James Stirling
Architect and Teacher
Yale School of Architecture
Paul Rudolph Hall
180 York Street
New Haven, CT
A Symposium
Saturday May 9–10 2009
This symposium, convened by Anthony Vidler and held in anticipation of an exhibition of the work of James Stirling being organized by the School of Architecture, the Canadian Centre for Architecture, and the Yale Center for British Art, will examine an architect whose career was not without controversy, but whose built work and projects stand out as among the most influential and innovative of the second half of the 20th century. Drawing on historical sources from the early avant-garde and the British vernacular tradition as a way to enrich and renew the often formulaic commonplaces of mid-century modernism, Stirling's work was committed to modernity in all its contradictory aspects. This openness made Stirling a remarkable teacher, notably at Yale in 1959 and as Davenport Visiting Professor from 1966 until 1984, enabling generations of students to break the bounds of convention and explore the potential of architectural language in the late modern age. This symposium will explore a wide range of questions relating to the historical and critical significance of Stirling's work.

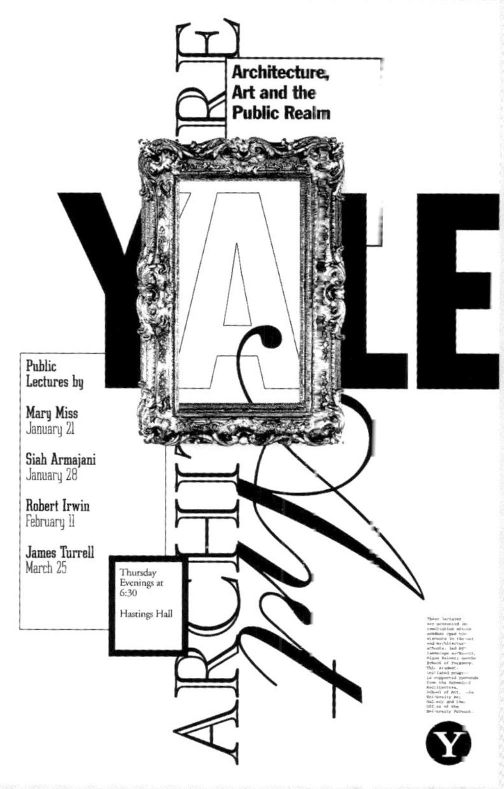

Architecture, Art and the Public Realm
YALE
ARCHITECTURE
Public Lectures by
Mary Miss
January 21
Siah Armajani
January 28
Robert Irwin
February 11
James Turrell
March 25
Thursday Evenings at 6:30
Hastings Hall

Rechts und rechte Seite
Jedes Jahr veranstaltet Yale einen Tag der offenen Tür für Nachwuchsarchitekten. Viele unserer Ankündigungen spielen mit der Geometrie der Buchstaben »Y« oder »O«.

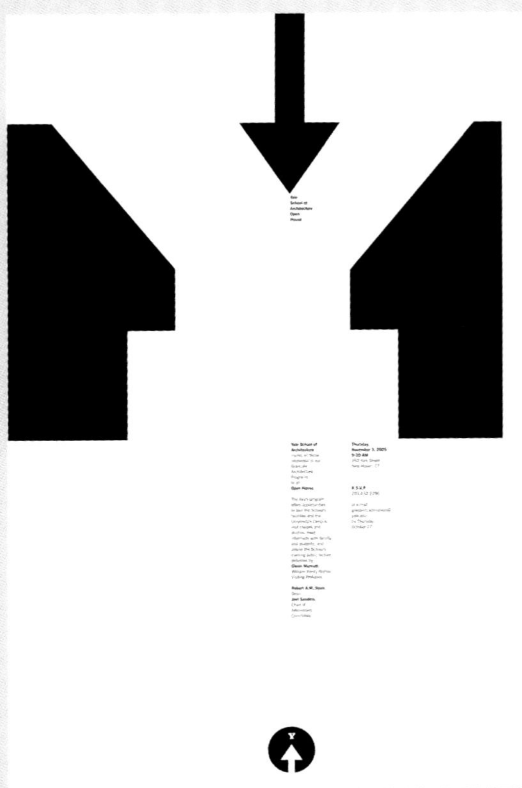

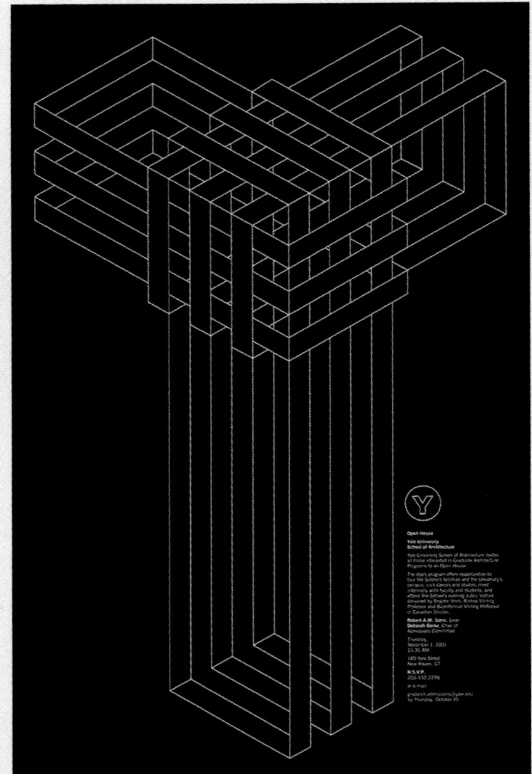

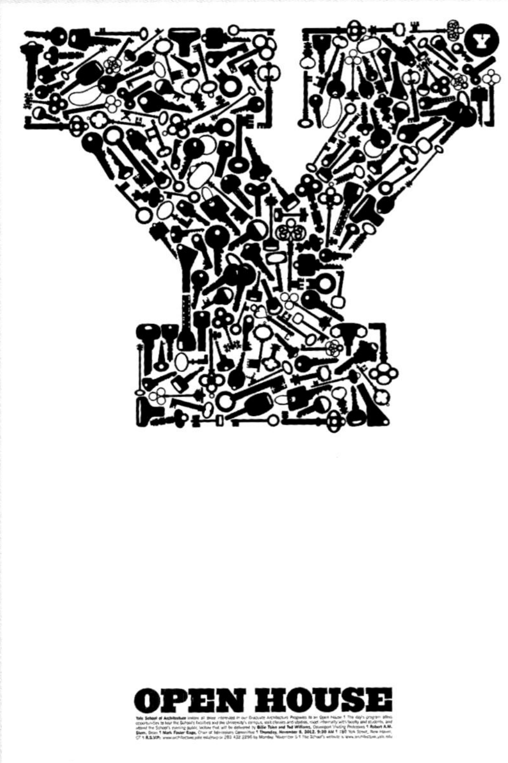

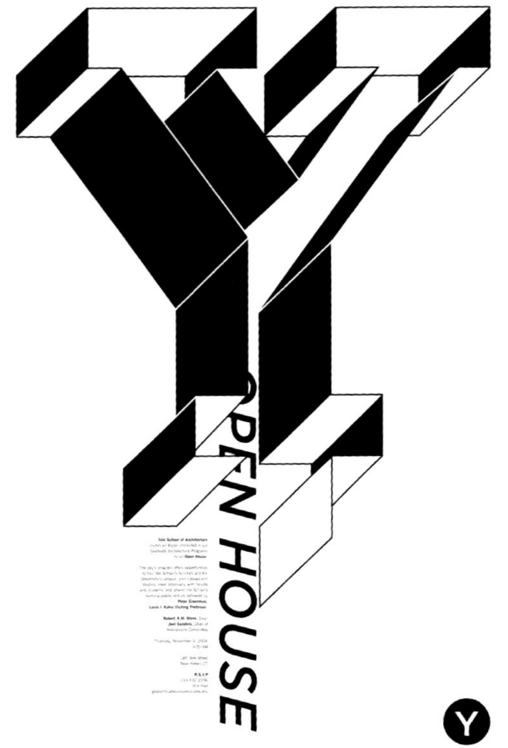

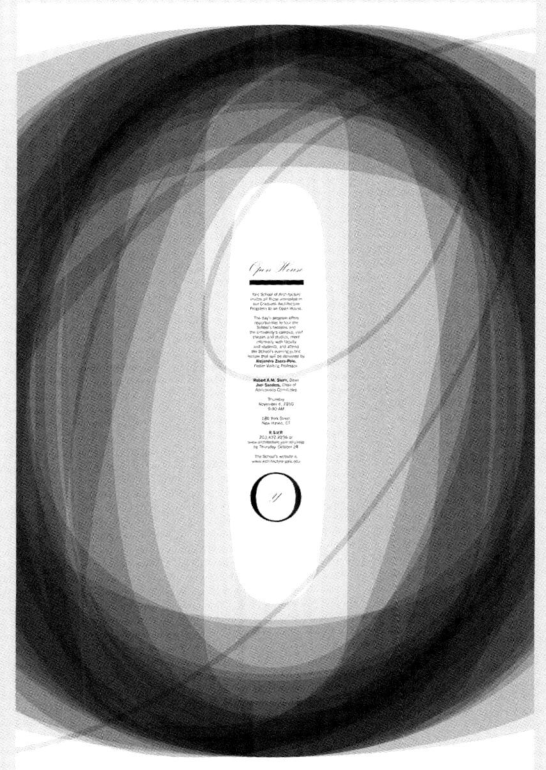

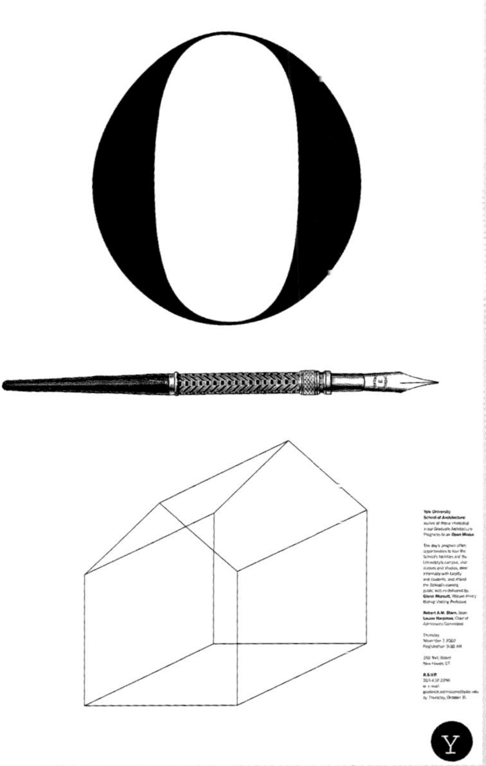

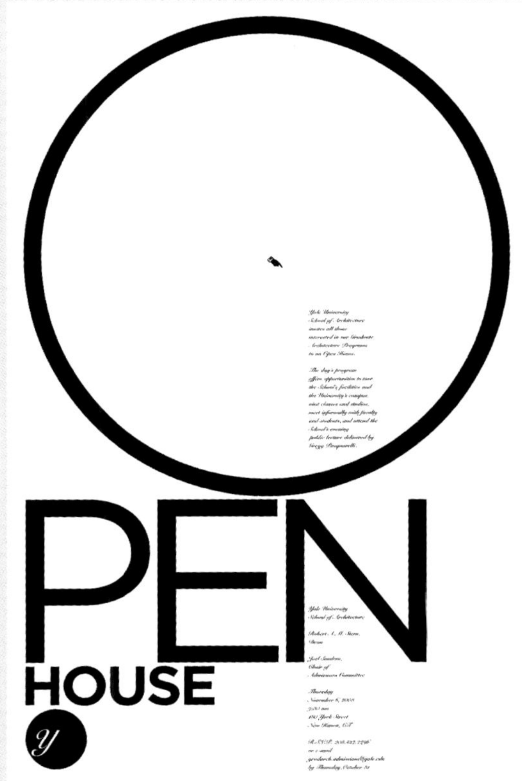
PEN
HOUSE

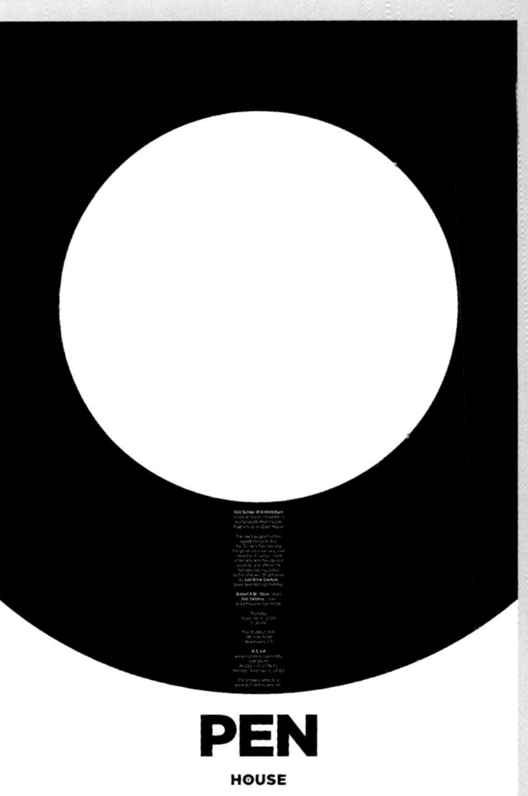
PEN
HOUSE

Rechts
Unsere Auftraggeber in Yale waren immer wieder sehr tolerant. Als wir einmal ein Plakat vorschlugen, auf dem wir nur eine Schriftgröße benutzten (und zwar die kleinste) und mit allen möglichen Hervorhebungen sowie fetten und kursiven Schriftschnitten arbeiteten, nahmen sie es hin – und baten uns sehr freundlich, es bitte nie wieder zu machen.

YALE SCHOOL OF ARCHITECTURE

Lectures, Symposia, Special Events, and Exhibitions • Fall 2012

Paul Rudolph Hall, 180 York Street, New Haven, CT

LECTURES

Lectures begin at 6:30 PM in Hastings Hall (basement floor). Doors open to the general public at 6:15 PM.

Thursday, August 30 • Peter Eisenman • "Palladio Virtuel: Inventing the Palladian Project"

Thursday, September 6 • Amale Andraos and Dan Wood • "Nature-City"

Thursday, September 13 • Tom Wiscombe, Louis I. Kahn Visiting Assistant Professor • "Composite Thinking"

Thursday, September 20 • Diana Balmori, William Henry Bishop Visiting Professor, and Joel Sanders • "Between Landscape and Architecture"

Thursday, October 4 • Paul Rudolph Lecture • Brigitte Shim • "Ways of Seeing Sound: The Integral House" • Opening lecture of the symposium "The Sound of Architecture"

Friday, October 5 • Elizabeth Diller • "B+/A-" • Keynote to the symposium "The Sound of Architecture"

Thursday, October 11 • Keller Easterling • "The Action is Form"

Thursday, November 1 • Brendan Gill Lecture • Panel Discussion • Mary Ann Caws, Jean-Louis Cohen, Beatriz Colomina, Peter Eisenman, Mark Jarzombek, Kevin Repp • "The Eisenman Collection: An Analysis"

Thursday, November 8 • Billie Tsien and Tod Williams, William B. and Charlotte Shepherd Davenport Visiting Professors • "The Still Place"

Friday, November 9 • Marc Newson with Edward S. Cooke, Jr. • "A Conversation" • Keynote to the symposium • "George Nelson: Design for Living, American Mid-Century Design and Its Legacy Today"

Thursday, November 15 • Eero Saarinen Lecture • Dr. Richard Jackson • "We Shape Our Buildings: They Shape Our Bodies"

The School of Architecture fall lecture series is supported in part by Elise Jaffe + Jeffrey Brown, the Brendan Gill Lectureship Fund, the Paul Rudolph Lectureship Fund, and the Eero Saarinen Visiting Professorship Fund.

SYMPOSIA

Thursday–Saturday, October 4–6, 2012 • The J. Irwin Miller Symposium • THE SOUND OF ARCHITECTURE • Hastings Hall (basement floor) unless otherwise noted

Architecture is not tone deaf: It can create silent places and eddies of noise, deeply affecting our experience and facilitating or frustrating communication. Buildings have long been thought of in visual and practical terms, leaving their aural dimension largely unconsidered. Today, the ways we listen in built spaces have been transformed by developments in media, music, and art. New design tools are helping architects shape the soundscapes of their buildings, while new audio technologies afford access to previously undetected sonic environments. This symposium will draw on a variety of disciplinary expertise in its quest for an understanding of architecture as an auditory environment. Leading scholars from fields as diverse as archeology, media studies, musicology, philosophy, and the history of technology will converge to discuss critical questions alongside major architects, acoustical engineers, composers, and artists. This symposium aims to stake out a new set of questions for ongoing scholarly inquiry and to reaffirm architecture as a place of convergence among old and emerging disciplines.

Thursday, October 4, 6:30 PM • Brigitte Shim • "Ways of Seeing Sound: The Integral House"

Friday, October 5, 9:00 AM–6:00 PM • Dorothea Baumann, Barry Blesser, Mario Carpo, Carlotta Darò, Ariane Lourie Harrison, Craig Hodgetts, Mark Jarzombek, Randolph Jordan, Brian Kane, Graeme Lawson, Ingram Marshall, Raj Patel, John Durham Peters, Linda-Ruth Salter, Joel Sanders, Jonathan Sterne, Peter Szendy, Jack Vees, Beat Wyss

Friday, October 5, 6:30 PM • Keynote Address • Elizabeth Diller • "B+/A-"

Saturday, October 6, 9:30 AM–3:30 PM • Whitney Humanities Center • 53 Wall Street • Michelle Addington, Niall Atkinson, Timothy Barringer, Joseph Clarke, J.D. Connor, Veit Erlmann, Brandon LaBelle, Alexander Nemerov, John Picker, William Rankin, Karen Van Lengen, Sabine von Fischer

Friday–Saturday, November 9–10, 2012 • GEORGE NELSON: DESIGN FOR LIVING, AMERICAN MID-CENTURY DESIGN AND ITS LEGACY TODAY • Hastings Hall (basement floor)

Coinciding with the exhibition "George Nelson: Architect, Writer, Designer, Teacher" at the School, this symposium will examine the work of the designer George Nelson in the context of his time and the legacy of mid-century modern design today. Nelson and his contemporaries (among them Edward Wormley, Eero Saarinen, Harry Bertoia, Charles and Ray Eames, Jens Risom, and Florence Knoll) helped to evolve the Bauhaus aesthetic into a more colorful, playful, technically savvy, and versatile idiom evocative of the American lifestyle in the mid-century. From the Marshmallow Sofa for Herman Miller to the multimedia extravaganza "Visions of the U.S.A.," designed for the 1959 Sokolniki Park exhibition in Moscow, Nelson's highly collaborative approach to design has had a lasting influence. The challenges and opportunities that framed and inspired Nelson's work are matched by the paradigm shifts contemporary designers face today.

Friday, November 9, 2:00 PM–6:00 PM • Kurt W. Forster, John Stuart Gordon, John Harwood, Juliet Kinchin, Murray Moss, Dietrich Neumann, Margaret Maile Petty, Kristina Wilson

Friday, November 9, 6:30 PM • Keynote Address • Marc Newson with Edward S. Cooke, Jr. • "A Conversation"

Saturday, November 10, 9:30 AM–4:00 PM • Donald Albrecht, Ralph Caplan, Beatriz Colomina, Jochen Eisenbrand, Rob Forbes, Paul Makovsky, Christopher Pullman, Alice Rawsthorne, Jane Thompson

"The Sound of Architecture" is supported by the J. Irwin Miller Endowment Fund. "George Nelson: Design for Living, American Mid-Century Design and Its Legacy Today" is supported in part by the generosity of the Edward and Dorothy Clarke Kempf Fund. The Yale School of Architecture is a Registered Provider with The American Institute of Architects Continuing Education Systems. Credit earned by attending these symposia will be reported to CES Records for AIA members. Certificates of Completion for non-AIA members are available upon request.

SPECIAL EVENT

Friday–Saturday, November 30–December 1, 2012 • YALE WOMEN IN ARCHITECTURE: A REUNION AND CELEBRATION OF THE 30TH ANNIVERSARY OF THE SONIA SCHIMBERG AWARD

This first-ever gathering of the alumnae of the Yale School of Architecture will celebrate the accomplishments of women architects across the years and mark the 30th anniversary of the Sonia Albert Schimberg Award. Sonia Albert (M.Arch. 1950) was one of two women architecture graduates that year and her daughters created the award in her memory to recognize the most promising woman graduate each year. The gathering will present and discuss the legacy of women graduates of Yale and take stock of the current conditions in architecture and related fields. Topics include the roles of client and architect, social change, shifting and enlarging the definition of practicing and teaching architecture. Alumnae spanning over 30 years of graduating classes as well as current students and experts from other disciplines, will participate in the program. Come and take part in helping to shape the future for Yale women in architecture.

EXHIBITIONS

Architecture Gallery, second floor • Monday through Friday, 9:00 AM to 5:00 PM • Saturday, 10:00 AM to 5:00 PM

August 20–October 27, 2012 • PALLADIO VIRTUEL

November 3, 2012–February 2, 2013 • GEORGE NELSON: ARCHITECT, WRITER, DESIGNER, TEACHER

"Palladio Virtuel" is supported in part by the Graham Foundation for Advanced Studies in the Fine Arts and by Elise Jaffe + Jeffrey Brown. "George Nelson: Architect, Writer, Designer, Teacher" is an exhibition of the Vitra Design Museum, Weil am Rhein, Germany. The American tour of the exhibition has been generously sponsored by HermanMiller, who is also the presenting sponsor of the exhibition at the Yale School of Architecture. The Yale School of Architecture's exhibition program is supported in part by the James Wilder Green Dean's Resource Fund, the Kibel Foundation Fund, The Nitkin Family Dean's Discretionary Fund in Architecture, the Pickard Chilton Dean's Resource Fund, the Paul Rudolph Publication Fund, the Robert A.M. Stern Fund, and the Rutherford Trowbridge Memorial Publication Fund.

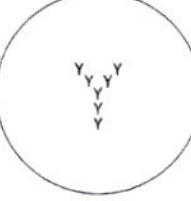

Rechts
Ich bat Marian Bantjes um einen handschriftlichen Beitrag über die Verlockungen der Architektur, speziell mit einer Ausführung »sick with lust«. Marian machte genau das – und war genauso verblüfft wie ich, als ihre Arbeit von der Modemarke P. Diddy kopiert wurde: mit einigen bemerkenswerten Veränderungen. So verwandelten sie das englische Wort »seduction« (»Verführung«) in »Sean John«. Wie seltsam und wundervoll es doch ist, dass wir in Welten leben, deren Grenzen derart durchlässig sind.

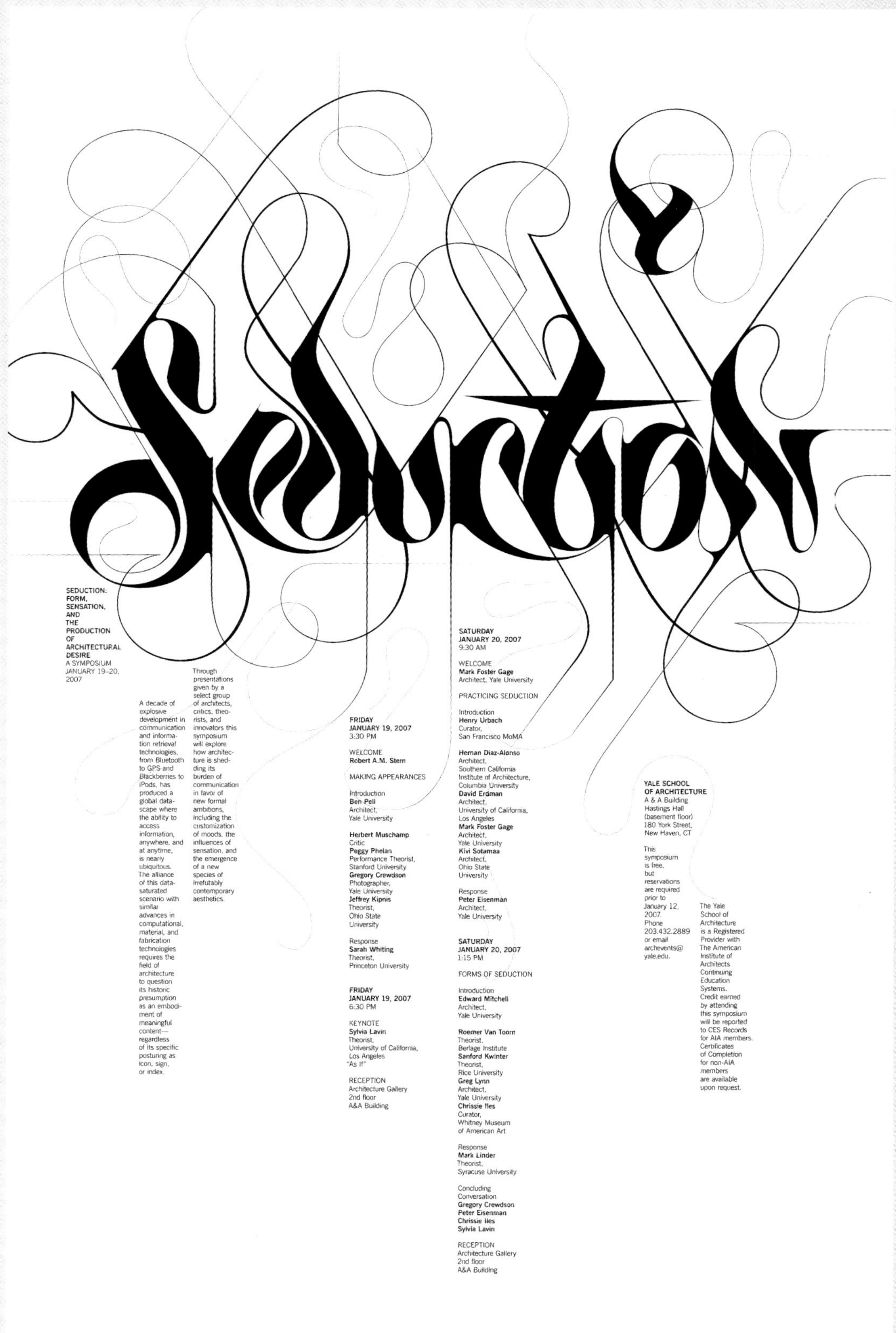

Yale School of Architecture
Symposium

A&A Building, Hastings Hall
180 York Street, New Haven, CT

This symposium is partially funded by a grant from the Graham Foundation for the Advanced Studies in the Fine Arts and the David W. Roth and Robert H. Symonds Memorial Lecture Fund.

This symposium is free but reservations prior to Oct 10, 2003 are required.

Yale School of Architecture
P.O.Box 208242
New Haven, CT 06520

Phone: 203.432.2889
Fax: 203.432.7175
email: jennifer.castellon@yale.edu

Architecture and Psychoanalysis

Friday
October 24, 2003
Evening Session
6:30 pm

KEYNOTE
Roth-Symonds Lecture
Richard Kuhns, Professor of Philosophy, Columbia University
"Constructive and Destructive Passion: Architecture and Psychoanalytic Thought"

RECEPTION
Architecture Gallery, 2nd floor A&A Building

Saturday
October 25, 2003
Morning Session
9:30 am

THE CREATIVE SUBJECT: ARCHITECTS / ARCHITECTURE

IDENTITY
Juliet Flower MacCannell, Professor Emeritus, English and Comparative Literature, U.C. Berkeley
"Breaking Out"
Suely Rolnik, Professor, Dept. of Social Psychology, Catholic University of Sao Pâulo
"Beyond the Pumping of Creation"

ORGANIZATION
Robert Gutman, Lecturer in Architecture, Princeton University
James Krantz, Organizational Consultant
"The Psychodynamics of Architectural Practice"

Saturday
October 25, 2003
Afternoon Session
1:15 pm

THE OBJECT: BUILDING / CITY

THE BUILDING
Stephen Kite, Architect and Professor, University of Newcastle
"Adrian Stokes and the 'Aesthetic Position': Psycho-analysis and the Spaces In-Between"
Peggy Deamer, Associate Professor, Yale University
"Form and (Dis)Content"

THE CITY
Sandro Marpillero, Adjunct Associate Professor of Architecture, Columbia University
"Urban Operations: Unconscious Effects"
Richard Wollheim, Professor in Residence, Dept. of Philosophy, U.C. Berkeley; faculty, San Francisco Psychoanalytic Institute
"Why We Hate the Modern City"

Sunday
October 26, 2003
Morning Session
9:30 am

"The Psychogeography of Vienna: Little Hans from Freud to Lacan"
Joan Copjec, Professor of English, Comparative Literature, and Media Studies and Director, Center for the Study of Psychoanalysis and Culture, SUNY Buffalo
"Disorientation"
Parveen Adams, Convenor M.A. and Ph.D. program, Psychoanalytic Studies, Brunel University
"Sexual Accidents"

REPRESENTING / WRITING THE SPATIAL EXPERIENCE
Donald Spence, Clinical Professor of Psychiatry, UMDNJ
"Boundary Violations and Other Un-Heimlich Maneuvers"
Mark Campbell, Managing Editor, *Grey Room*
"Geoffrey Scott and the Dream-Life of Architecture"

CLOSING REMARKS
Mark Cousins, Director of History and Theory Program, Architectural Association
"Two Principles of Architectural Functioning"

RECEPTION
Architecture Gallery, 2nd floor A&A Building

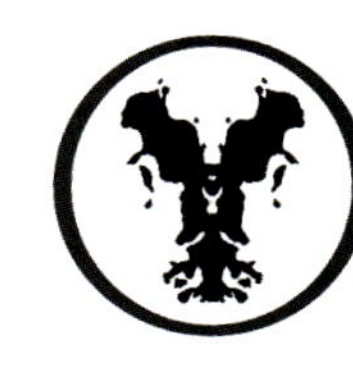

Photo: Knoll / Barcelona 1929 / Mies van der Rohe

Links
Um das Motiv der permanenten Veränderung zu unterstreichen, steht das Logo der Schule als Buchstabe »Y« in einem Kreis, allerdings in vielen verschiedenen Varianten. Hier erscheint es wie der berühmte psychoanalytische Tintenkleckstest.

Nächste Doppelseite
Bald wurden die Plakate für die Architekturschule von Yale zu einer Lieblingsbeschäftigung unserer Gestalter. In meinen Teams haben sich in den vergangenen 15 Jahren zahlreiche Kollegen und Praktikanten beteiligt, allen voran Kerrie Powell, Michelle Leong, Yve Ludwig, Laitsz Ho oder Jessica Svendsen. John Jacobson hat die Arbeiten stets auf der anderen Seite in Yale betreut. Mein größter Dank für diese fruchtbare Zusammenarbeit geht an Robert A.M. Stern. Er hat mich in meinem Leben immer wieder unterstützt und inspiriert.

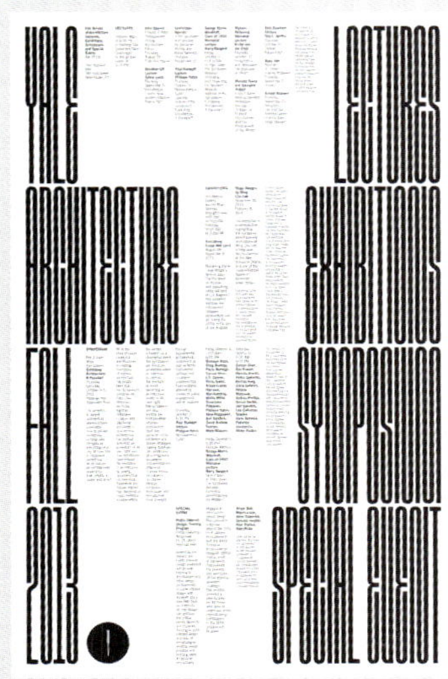

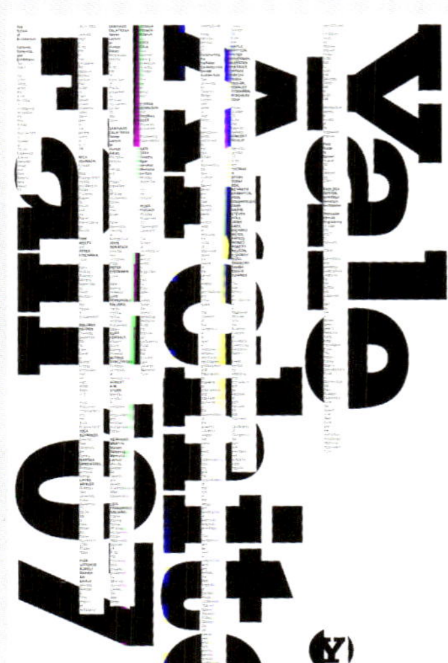

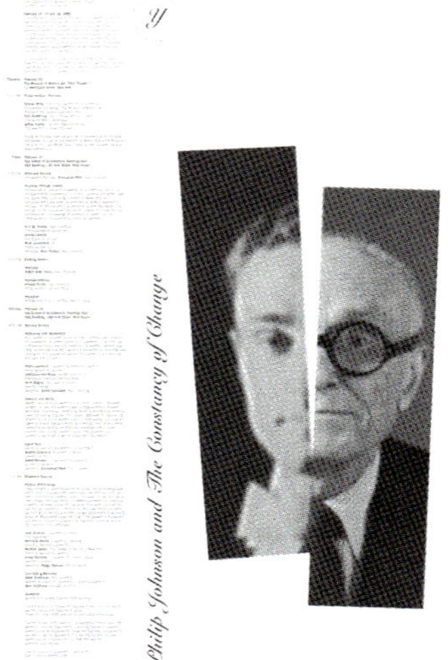
Philip Johnson and The Constancy of Change

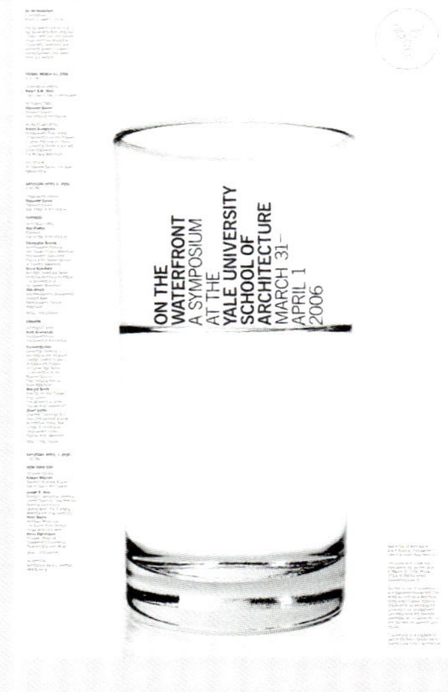
ON THE
WATERFRONT
A SYMPOSIUM
AT THE
YALE UNIVERSITY
SCHOOL OF
ARCHITECTURE
MARCH 31–
APRIL 1
2006

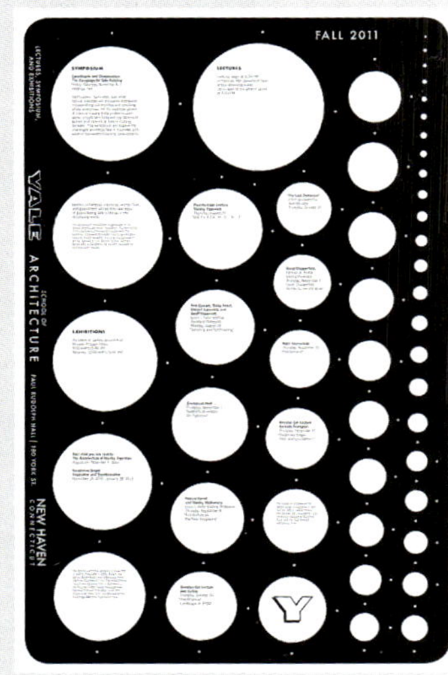
FALL 2011
YALE ARCHITECTURE
NEW HAVEN CONNECTICUT

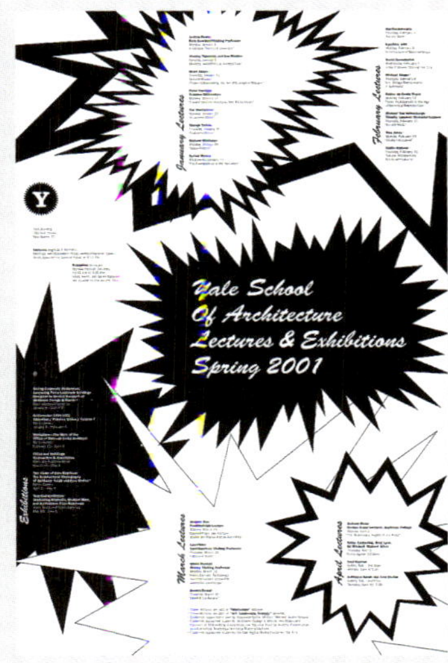
Yale School
Of Architecture
Lectures & Exhibitions
Spring 2001

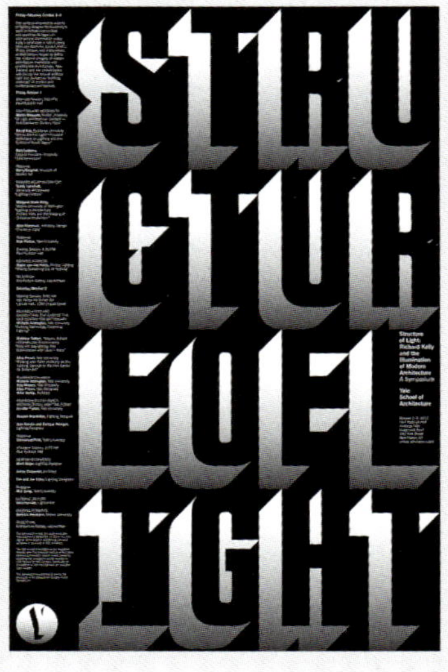

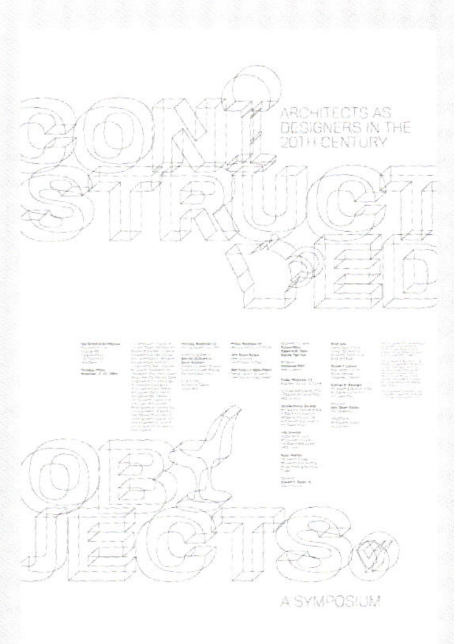
ARCHITECTS AS
DESIGNERS IN THE
20TH CENTURY
A SYMPOSIUM

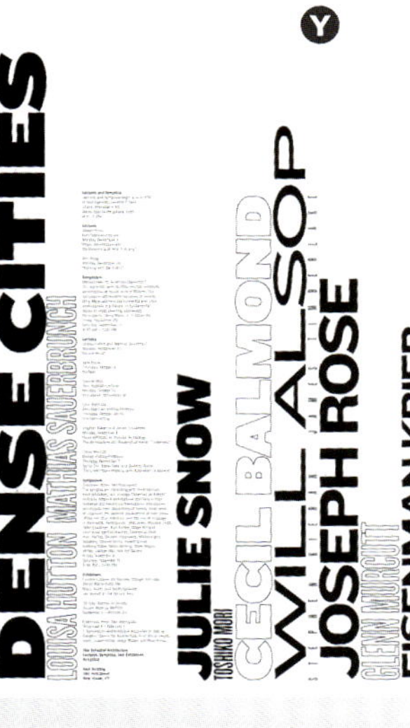
DENSE CITIES
JULIE SNOW
CECIL BALMOND
WILL ALSOP
JOSEPH ROSE
EISENMAN KRIER

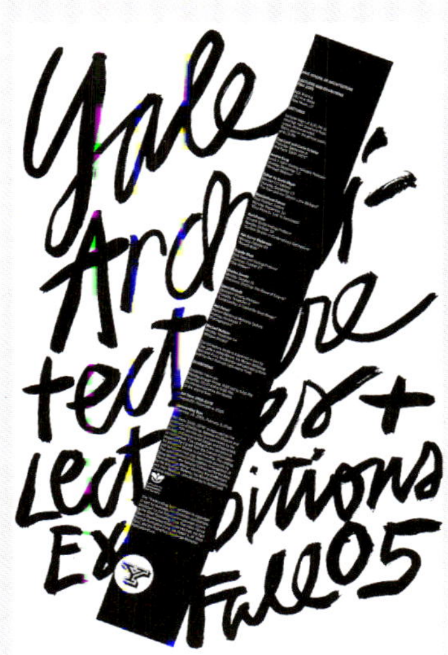
Yale
Architectures+
Lectures
Exhibitions
Fall 05

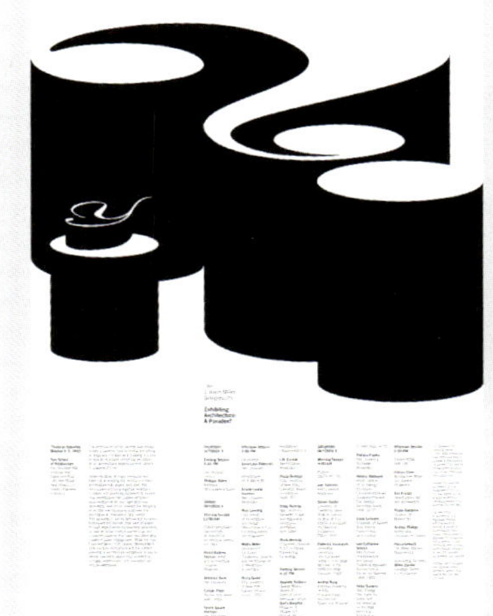

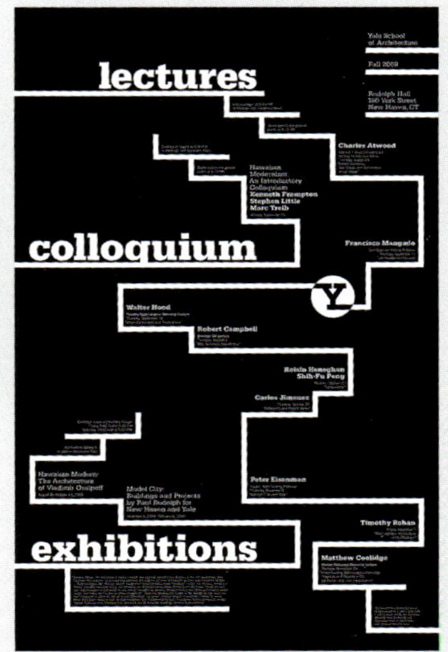
lectures
colloquium
exhibitions

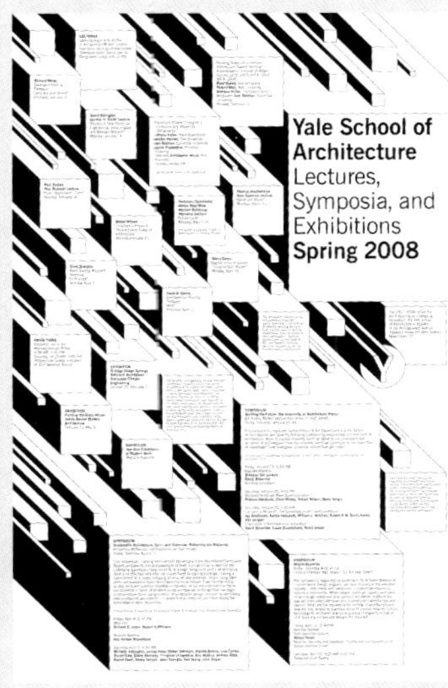
Yale School of Architecture
Lectures, Symposia, and Exhibitions
Spring 2008

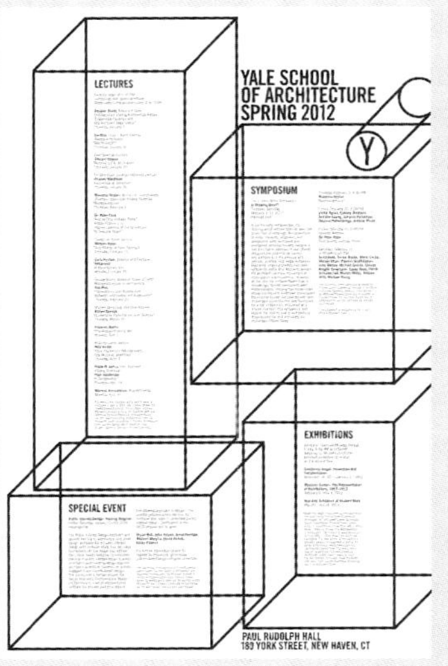
YALE SCHOOL OF ARCHITECTURE SPRING 2012
LECTURES
SYMPOSIUM
EXHIBITIONS
SPECIAL EVENT
PAUL RUDOLPH HALL
180 YORK STREET, NEW HAVEN, CT

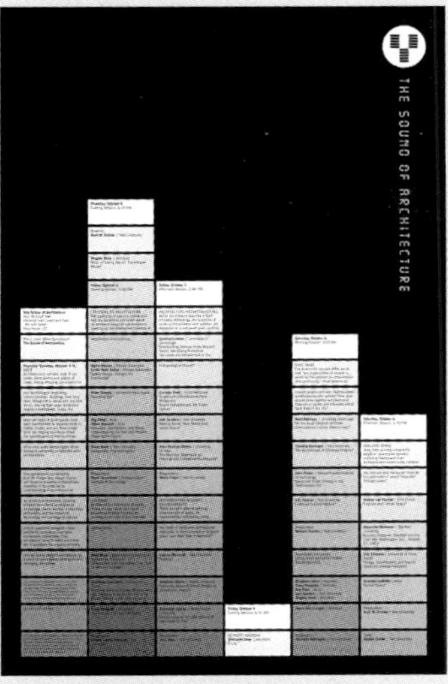
THE SOUND OF ARCHITECTURE

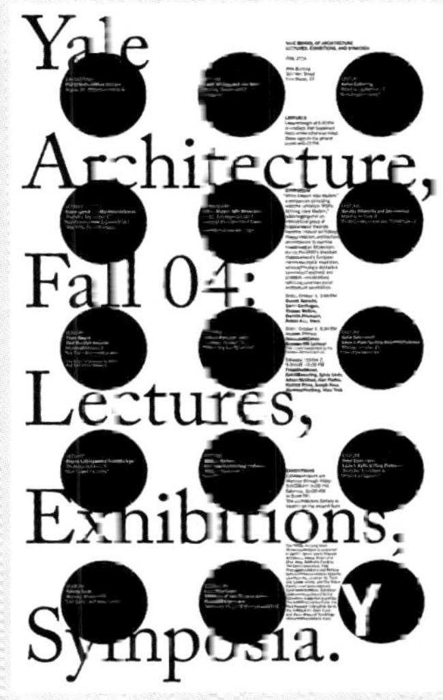
Yale Architecture, Fall 04: Lectures, Exhibitions, Symposia.

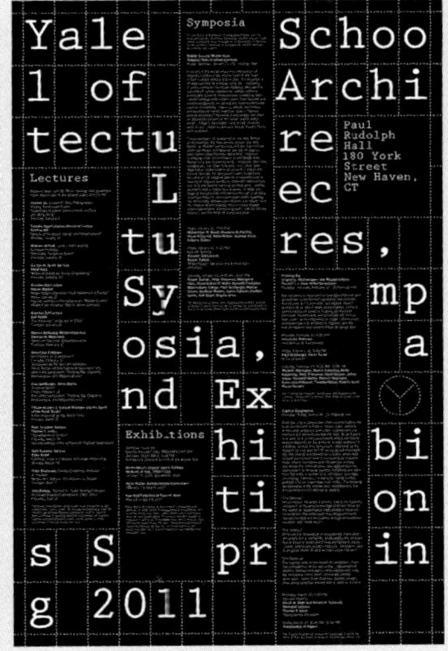
Yale School of Architecture Lectures, Symposia, and Exhibitions Spring 2011
Paul Rudolph Hall
180 York Street
New Haven, CT

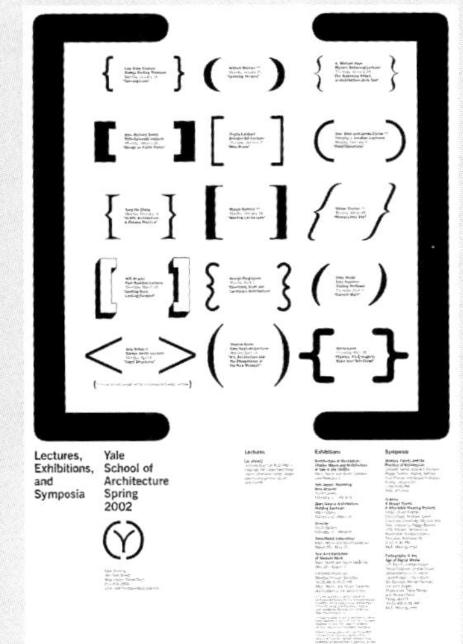
Lectures, Exhibitions, and Symposia
Yale School of Architecture Spring 2002

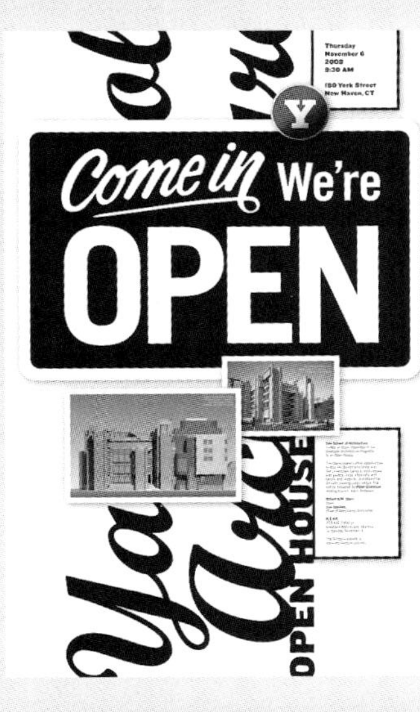
Come in We're OPEN
OPEN HOUSE
Thursday November 6 2008
180 York Street New Haven, CT

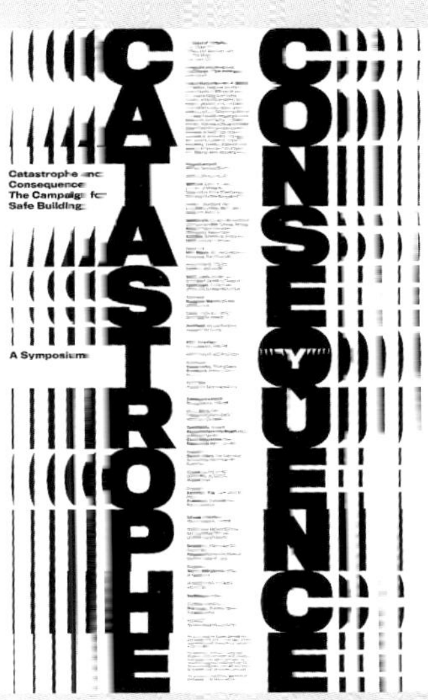
CATASTROPHE
CONSEQUENCE
Catastrophe and Consequence: The Campaign for Safe Building
A Symposium

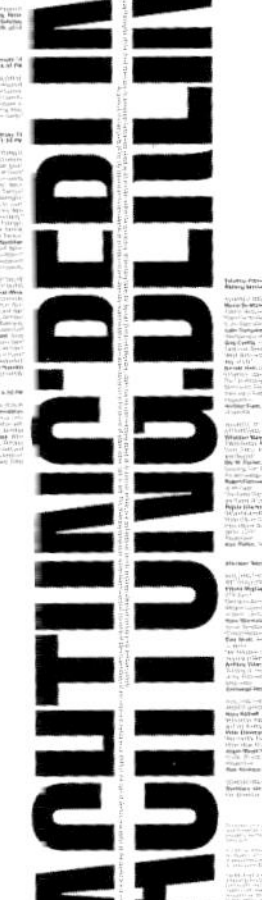

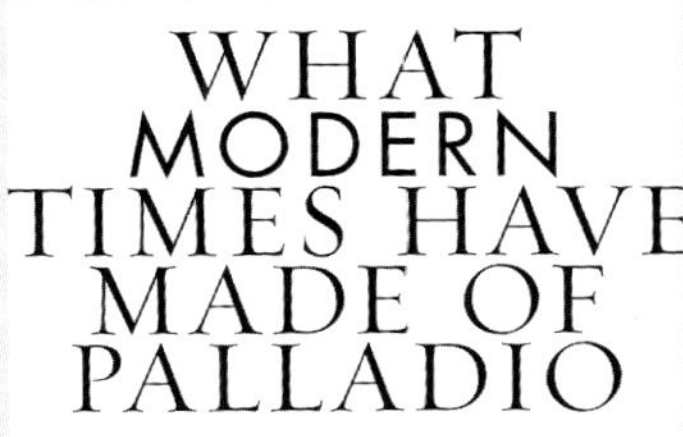
WHAT MODERN TIMES HAVE MADE OF PALLADIO
A SYMPOSIUM

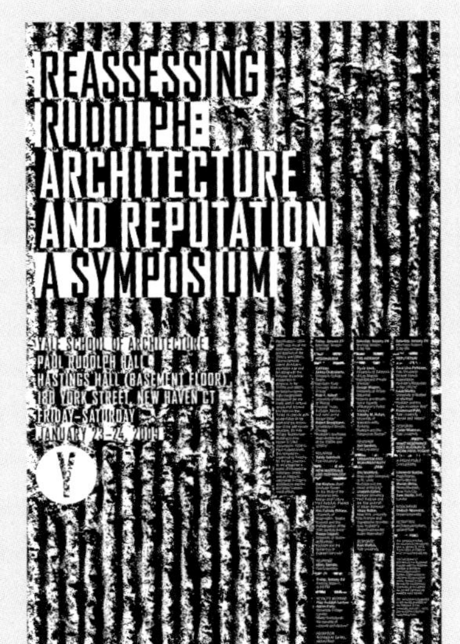
REASSESSING RUDOLPH: ARCHITECTURE AND REPUTATION A SYMPOSIUM
YALE SCHOOL OF ARCHITECTURE
PAUL RUDOLPH HALL
HASTINGS HALL (BASEMENT FLOOR)
180 YORK STREET, NEW HAVEN CT
FRIDAY–SATURDAY

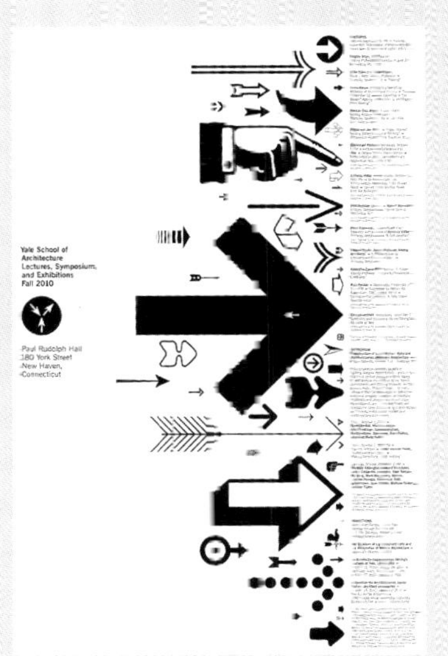
Yale School of Architecture
Lectures, Symposium, and Exhibitions
Fall 2010
Paul Rudolph Hall
180 York Street
New Haven, Connecticut

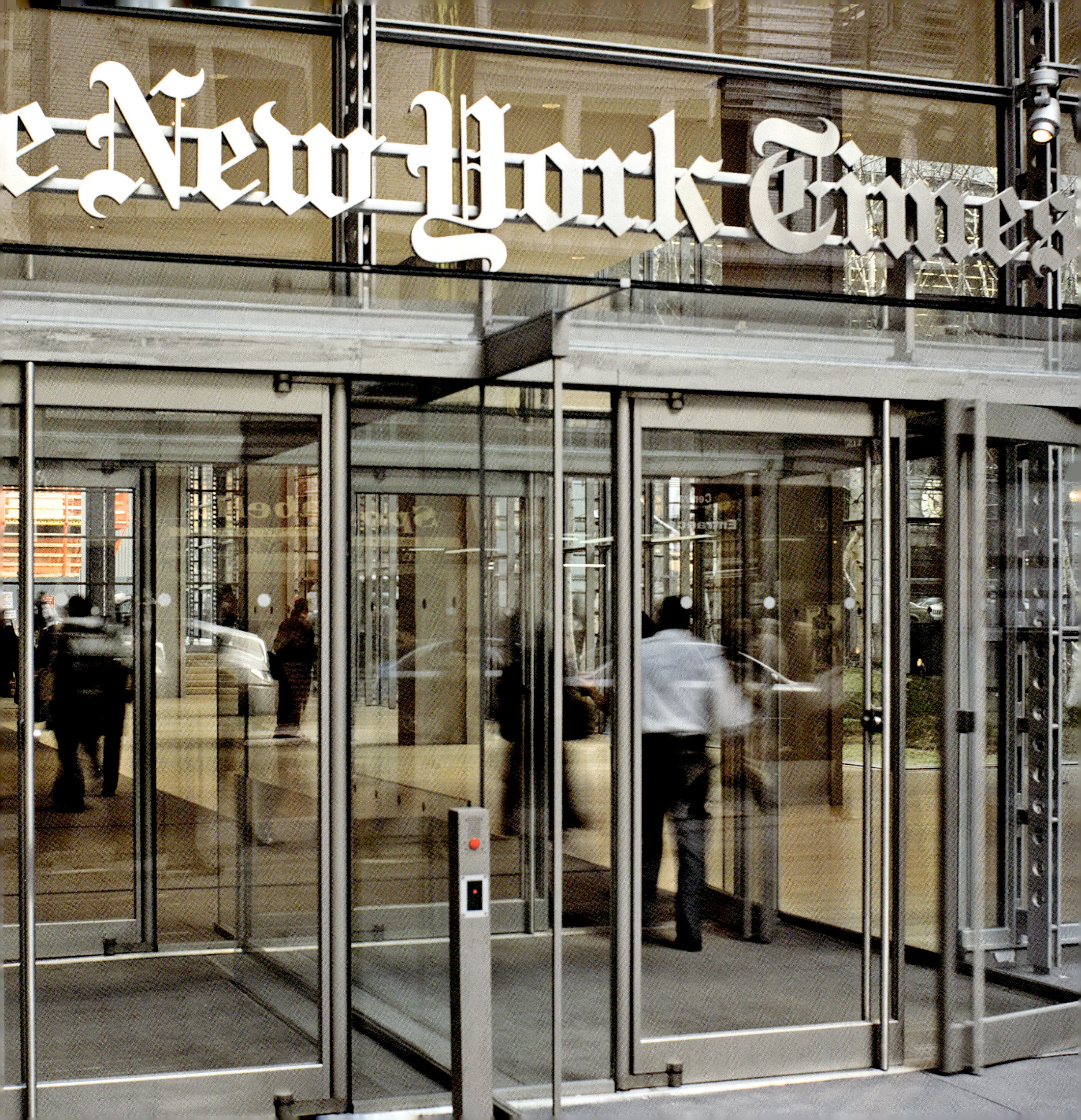
New York Times

Wie man ein großes Schild aufhängt, ohne damit die Sicht zu versperren

Die Zentrale der New York Times

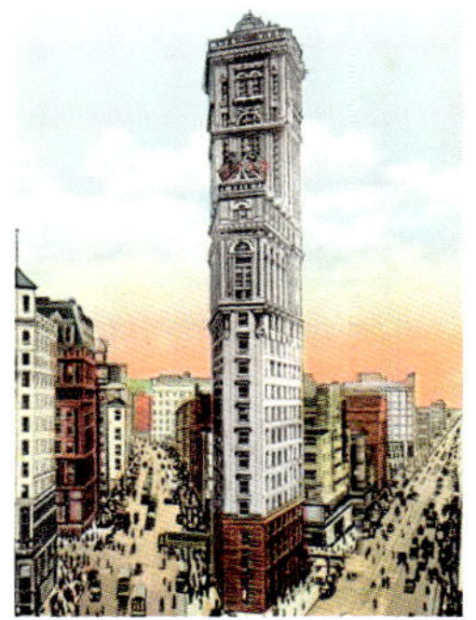

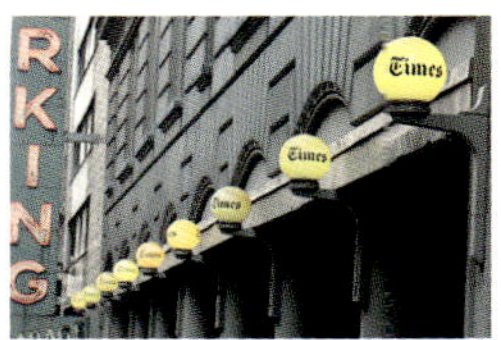

Linke Seite
Über dem Eingang der *Times* thronen die typischen Frakturbuchstaben des Zeitungskopfs – ein starker Kontrast zur minimalistischen Glas-Stahl-Architektur des Gebäudes.

Ganz oben
Der Times Square in New York City wurde nach dem Gebäude benannt, das zu Beginn des 20. Jahrhunderts an der Ecke 42. Straße / Broadway stand.

Oben
Am früheren Hauptgebäude der *Times* in der 43. Straße markierten gelbe Glaskugeln die Ladestationen für die Lastwagen.

Es war im Jahr 2001, als die *New York Times* den weltberühmten Architekten Renzo Piano mit der Planung eines neuen Hauptquartiers beauftragte. Fast 90 Jahre lang war die *Times* auf der 43. Straße in einem ziemlich düsteren Gebäude geführt worden. Jene Zentrale, die man 1913 bezogen hatte, wirkte wie eine Fabrik – und genau das war sie! Die Zeitungen wurden im Erdgeschoss gedruckt und dort jeden Morgen auf Lastwagen geladen, damit sie noch vor Sonnenaufgang in alle Welt transportiert werden konnten. Pianos Entwurf, der drei Blocks südlich der alten Zentrale realisiert wurde, war radikal anders: Das Haus ist von oben bis unten mit Glas verkleidet und verhangen mit waagerechten Keramikstangen, die nicht bloß einen Schutz vor der Sonne bieten, sondern in die auch der berühmte Schriftzug der Zeitung eingraviert ist als würde er flimmern. Diese Fassade ist wie eine Hymne auf die flüchtige digitale Welt und auf journalistische Transparenz!

Doch in der Entstehung gab es ein Problem. Das neue Gebäude steht in einer Gegend von Manhattan, in der ungewöhnlich strenge Regeln über die Beschilderung von Fassaden und von öffentlichen Räumen herrschen – Regeln, die es nirgendwo sonst in den USA gibt. Nicht, dass es verboten wäre, Schilder aufzuhängen. Im Gegenteil! Der kakophone Charakter der Zone rund um den Times Square wird öffentlich gefördert, und das Gesetz verlangt sogar, dass immer mehr, immer größere und immer auffälligere Schilder und Leuchtreklamen sichtbar auf den Gebäuden angebracht werden, anstatt sie in die Fassaden einzubauen. Doch wie soll man ein riesengroßes Schild an einer Fassade anbringen, wenn sie vollständig aus Glas besteht? Das war genau das Problem, mit dem wir konfrontiert waren.

Unsere Antwort bestand darin, den berühmten Schriftzug auf einer Länge von fast 35 Metern in die Keramikstangen der Fassade zu integrieren. Die Installation besteht aus 959 unterschiedlich langen, schwarzen Hülsen mit einem tropfenförmigen Profil. Wir stülpten sie in einer bestimmten Ausrichtung über die Keramikstangen, so dass sie von unten betrachtet eine schwarze Fläche bilden und den Schriftzug gut erkennbar machen. Bei direkter Draufsicht – vor allem aus den Büros dahinter – ist der Schriftzug hingegen kaum sichtbar.

Renzo Pianos New York Times Tower – übrigens im Moment das fünfhöchste Gebäude in Manhattan – ist sehr schön geworden. Trotzdem gab es Befürchtungen, dass einige Mitarbeiter die Jahrzehnte alte Patina ihrer alten Zentrale vermissen würden. Weil wir diese Gefühle ernst nahmen, entwarfen wir mehr als 800 verschiedene Schilder: für Konferenzräume genauso wie für die Toiletten. Jedes zeigt eine andere Aufnahme aus dem riesigen Fotoarchiv der *Times*. Wir haben uns bewusst für ein grobes Druckraster entschieden, um damit an die Hochzeit der Druckmaschinen zu erinnern, die früher Nacht für Nacht unter der Redaktion gerattert hatten.

Wie viele andere Kollegen, bekam ich meine ersten Aufträge von der *New York Times*, um die Meinungsseiten zu illustrieren. Sie sollen das Interesse der Leser für meist abstrakte und komplexe Themen gewinnen. Die Aufgabe bestand also darin, reduzierte und symbolträchtige Bildideen zu finden. Unter großem Zeitdruck entstanden einige faszinierende Entwürfe. Man wurde kurzfristig angerufen, musste innerhalb weniger Tage eine Skizze vorlegen und hatte oft nicht mehr als 24 Stunden Zeit für die Abstimmung und Fertigstellung – damit das kleine Werk bereits in der Nacht gedruckt werden konnte. Die rasche Veröffentlichung der Illustrationen war eine wunderbare Belohnung für den Stress – und sie war eine willkommene Abwechslung von unseren typischen, oft langwierigen Gestaltungsprojekten, die Monate und manchmal Jahre dauerten.

Rechts
Als der *Times*-Autor George Kennan gegen die Erweiterung der NATO argumentierte, erweiterte ich die Abkürzung vorne und hinten – um genau das zu verneinen.

Unten
Der Tacho springt um: Nach der Invasion in einen Ölstaat folgt die nächste in einen anderen?

THE NEW YORK TIMES **OP-ED** WEDNESDAY, FEBRUARY 5, 1997

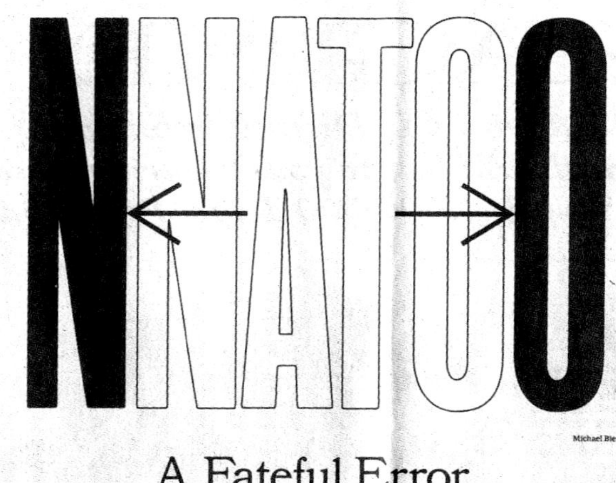

Michael Bierut

A Fateful Error

Foreig

THOMAS L

The Neut

DAVOS, Switzerland

In virtually every article about the dispute between Swiss bankers and Jewish groups over the bank accounts of Holocaust victims, there is a historical reference that is blandly repeated over and over: "Switzerland was neutral during World War II." Every time I read that reference I can't help thinking: What does it mean to be neutral between the perpetrators of the worst crimes against humanity in modern history and their victims? What does it mean to say that the same rules should apply to the money of both? What does it mean to put yourself outside history?

The reason this Nazi banking issue continues to fester is because too many Swiss still insist on being morally neutral, on trying to live off the international system without being fully part of it. As one senior Swiss official remarked to me: "The Swiss people are shocked by this banking affair, because they are not used to seeing themselves on CNN." In their view, they are the victims of a plot to take their quiet little country away, to drag them back into history.

THE NEW YORK TIMES **OP-ED** WEDNESDAY, APRIL 23, 2003

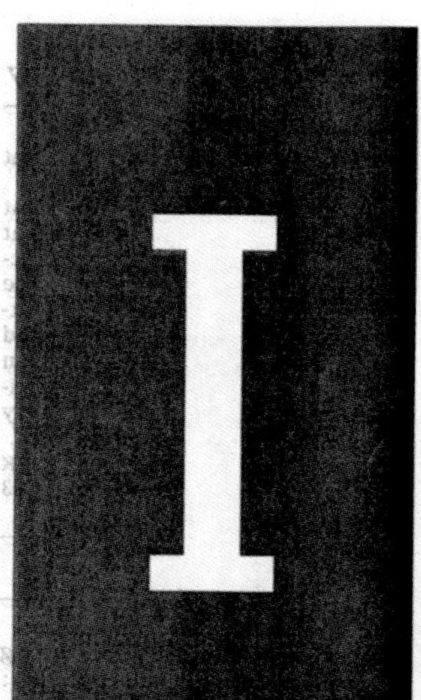

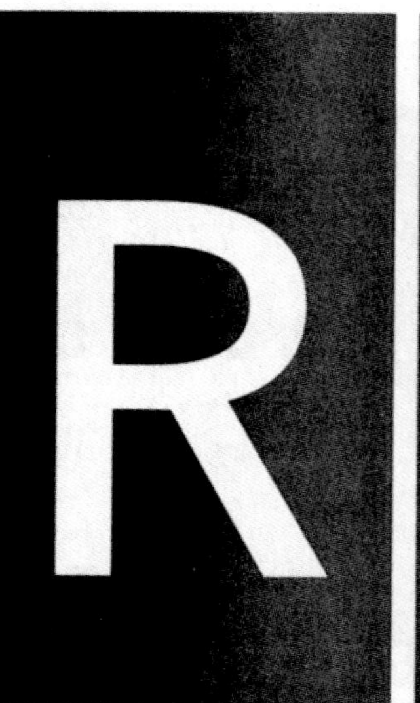

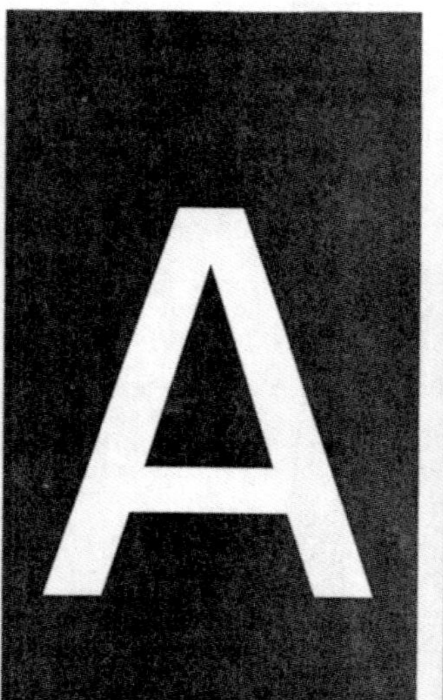

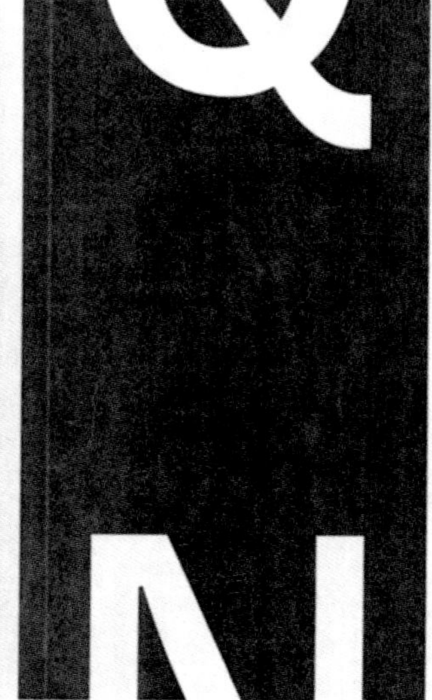

Michael Bierut

Why the Mullahs Love a Revolution

By Dilip Hiro

LONDON

The Bush team's vision for a postwar Iraq was founded on the dreams of exiles and defectors, who promised that Iraqis would shower American troops with flowers. Now, with the crowds shouting, "No to America; no to Saddam," and most Iraqis already referring to the American "occupation," the Bush administration seems puzzled

ity south and the Shiite neighborhoods of Baghdad. Over the centuries, as members of a community that was discriminated against and repressed, the Shiites learned to find comfort in religion and piety to a much greater extent than the ruling Sunnis. In recent decades, Shiite clerics devised clandestine networks of communication that even Saddam Hussein's spies failed to infiltrate. Eschewing written messages or telephones, they used personal envoys who spoke in code. In the wake of Iraq's collapse, this messenger system has proved remarkably efficient.

solid: although he is a Shiite, he lacks any constituency inside Iraq. Nor is he likely to inspire new followers. Had he joined the hundreds of thousands of Shiites who made the pilgrimage to Karbala this week he might have enhanced his standing. But apparently he couldn't be bothered.

Compare this luxury-loving, highly Westernized banker (who was convicted by Jordan in absentia of embezzlement and fraud) with Ayatollah Khomeini, the ascetic Iranian Shiite cleric who shunned worldly goods and and led a popular revolution that over-

nial government had to call in troops from the Indian Army to quell it. By the time they restored order, 6,500 people were dead, all but 500 Iraqi civilians. The 1920 revolt is the crucible in which Iraqi nationalism was formed. That unity showed its durability during Iraq's armed conflict with the predominantly Shiite Iran in the 1980's. To the complete surprise of the Iranians, Saddam Hussein managed to retain the loyalty of the Iraqi Army, where Shiite conscripts formed a majority.

Thus the only viable solution for

THOMAS L.

Regime Ch

While the war in Iraq has rightly grabbed all the attention in the Middle East, another effort at regime change has also been going on in the neighborhood, and it's been quite a drama. It's the silent coup that Palestinian moderates, led by Mahmoud Abbas, have been trying to undertake against Yasir Arafat.

Mr. Arafat was forced by the Palestinian legislature to designate Mr. Abbas (a k a Abu Mazen) as his first prime minister. The move was openly designed to diminish Mr. Arafat's power and to ease him upstairs, if not out the door. Mr. Abbas has been trying to assemble a cabinet, and Mr. Arafat has been fighting him at every turn — trying to stuff the cabinet with his cronies and deny Mr. Abbas the key security portfolios. Mr. Arafat "fears he will not be the strongman in the coming phase," a Palestinian legislator, Hassan Khraisheh, told The Associated Press in Jerusalem.

He's right, but Mr. Arafat is no pushover, and if Mr. Abbas and his allies in the Palestinian legislature are to prevail, they will need help. America, Europe, Israel and the Arab states should all pitch in.

The Bush team has a huge strategic stake in the outcome of this Palestinian struggle, because it will affect America's room for maneuvering in Iraq. Let me explain. What does America want in Iraq? It wants the emergence of an Iraqi political center, of both parties and politicians, who are authentically Iraqi, authentically nationalist and respectful of Islam — but with a progressive, modernizing agenda and a willingness to

Oben links
Joyce Carol Oates' Darstellung der »passiv aggressiven Widersprüchlichkeit von Anonymität«.

Unten links
Die einstmals pazifistische Linke unterstützte auf einmal eine militärische Intervention im Kosovo.

Unten
Meine Vorstellung von einem Urteil, das die neun Richter des Obersten Gerichtshofs der USA nicht einstimmig fällen. Gut für mich, dass das echte Portal acht Säulen hat.

Ganz unten
So illustrierten wir die Verärgerung vieler Leser über das abrupte Ende der TV-Serie *The Sopranos*.

The Art Of Being No One

By Joyce Carol Oates

PRINCETON, N.J.

In an ideal world uncontaminated by ego and individual "identity," all works of art, if not entertainment, might well be attributed to "Anonymous." These works would be judged solely on their intrinsic merit; the attachment of specific authors, whether for the enhancement of the works or their detriment, would be irrelevant. What freedom for creators and consumers alike: we would have no expectations, thus no disappointments; we would retain a childlike attitude to art, willing always to be surprised.

In past centuries, it was not uncommon for a work of fiction, for instance, to be by "Anonymous," or his younger kin "Anon." "A Lady," perhaps, or "A Gentleman." The special intrigue of the roman à clef (and aren't all works by such authors romans à clef?) is further enhanced by the mystery, which begs public discussion, about the author's identity. A novel by "Anonymous" is very different from a novel by X, a mere individual to whom a specific, inevitably delimiting and diminishing

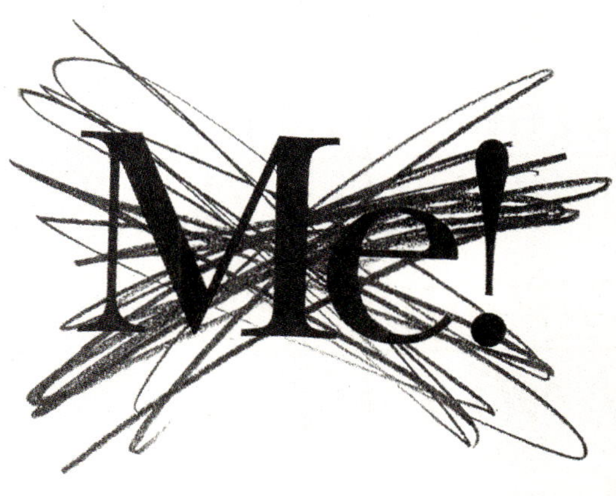

Michael Bierut

Joe Klein has literary history

posal" (the proposal being that the children of poor folk be purchased for food by their betters), he used the enigmatic author-name "Dr. Swift," though the voice of his proposal is that

The author of "Primary Colors" would not have wished to limit the authority of his roman à clef by affixing his own name. For a Newsweek columnist, an individual in the

The I

There is something about the welfare de... The politicians have ... and decided it's ... throw a million or ... poverty. But they ca... proponents of this so... effort have gone out

Welfare b... let kids s...

avoid being seen for ... men and women of ... who are taking food ... of infants and child... stricken elderly, the ... They seek camou... misms. So here is C... ida Republican, as q... page of Friday's Wa... "This is a most his... hope the President ... our efforts to res... Americans out of a ... system." Ah, it's a rescue n... picture it? Clay Shaw... Floridian protecting ... from all those break... they might otherwis... The welfare legi... before Congress is i...

THE NEW YORK TIMES **OP-ED** FRIDAY, APRIL 2, 1999

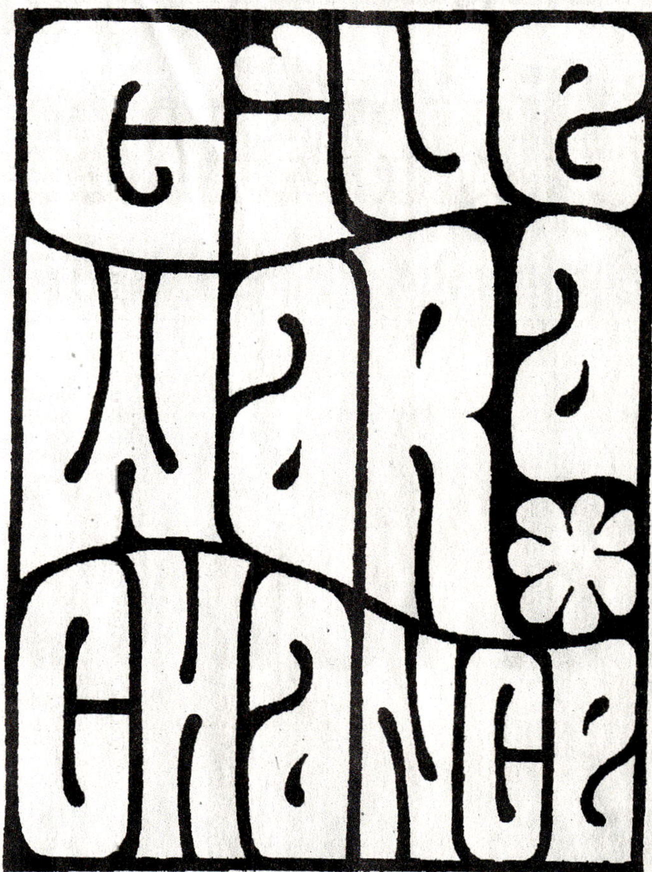

Michael Bierut

not believe that Russia will rush to the aid of its Serb-Orthodox brethren. Unlike the czar's divisions in 1914, the

"will not allow itself to be drawn into military conflict." It is always easier to heed the call of obligation when the risks are low.

it was ... traditi... peace-... that th... wanted ... superi... "cowb... Thes... no suc... Europe... Yugosl... the mo... is that ... barkin... To b... — in V... nia, in ... Even i... strator... But the... — Gre... Americ... in Bu... weighin... So w... ent fr... with, t... can re... interes... aimed ... moral ... This ... postmo...

The Supreme Court

...id The Associated Press, "The ...ide that the current leadership is doing more harm than good." ...enate Republicans supported an ...t they cannot bring themselves ...politics is not behind the drive to ...hind the insistence that he stay.

Chiefs

...irman is the principal military ...ident and the secretary of de...ility is to ensure that civilian de... the best professional advice ...rs in the Pentagon and around ...chairmen like Adm. William ...lin Powell in the late 1980s and ...out these responsibilities well. ...nt chairman, Gen. Peter Pace, ..., Gen. Richard Myers, failed in ...onsibility. When Mr. Rumsfeld ...ht the war in Iraq with too few ...anning — ignoring the advice of ...y professionals and outside ex...saluted and mouthed the same

...miral Mullen, Mr. Gates seems ...wants to hear the truth about ...ow be done to extract American ...he disaster. We hope that the ad...he truth and that together they ...dent Bush to listen.

MICHAEL SCLAFANI
Spring Lake, N.J., June 11, 2007

To the Editor:
Authenticity, as defined by politics today, is nothing more than an illusion; men who were raised with everything acting as if they had nothing.

HENDRIK E. SADI
Yonkers, June 8, 2007

The Night We Watched as Tony Went . . .

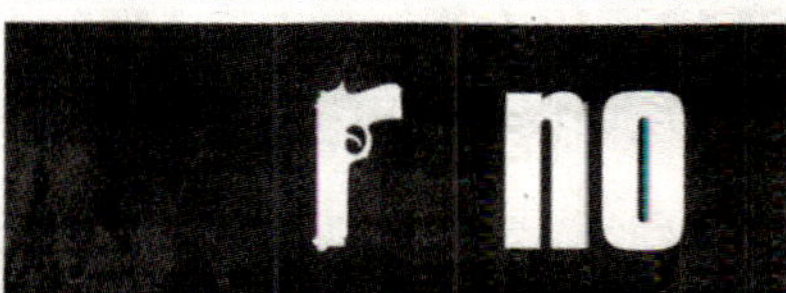

Michael Bierut

To the Editor:
Re "One Last Family Gathering: You Eat, You Talk, It's Over," by Alessandra Stanley (The TV Watch, front page, June 11):
I'm not mad at David Chase, creator of "The Sopranos," for leaving Tony in a diner at the end, alive, and eating onion rings with Carmela and the kids (let's believe that Meadow makes it to her seat).
Where else could the story have closed more compassionately than at a small Formica table?

To the Editor:
The last episode of "The Sopranos" is neither a prank nor a joke.
I believe that David Chase's brilliant ending is in the mind of Tony Soprano, whose world goes dark at that moment.

ELIZABETH SEIDEL MORGAN
Richmond, Va., June 11, 2007

To the Editor:
Re "'V' Writers Were Also Watching 'Sopranos'" (Arts pages, June 12):

Cut the Nuclear Arsenal

To the Editor:
Re "Nasty, Unfinished Cold War Business" (editorial, June 9): Ever since August 1945, mankind has known how to destroy itself with atomic bombs. How to avoid doing so must be at the top of every country's agenda, and our children and grandchildren must be kept aware of the danger.
When the Soviet Union had 100 bombs and seemed close to using them, I was scared. Today, 15,000 bombs do not scare me anymore. But the sooner we reduce the number to 100, the better.
Better still but more difficult, will be a comprehensive treaty that keeps these weapons out of international disagreements. What is holding us back?

RICHARD WILSON
Cambridge, Mass., June 10, 2007
The writer is emeritus professor of physics at Harvard University.

Orthopedic Surgery

To the Editor:
Re "Health Care as if Cost Didn't Matter," by David Leonhardt (Economix column, June 6):
Mr. Leonhardt's inclusion of knee replacements in his examples of "medically questionable care" runs

Um das gigantische Logo der *New York Times* am Verlagsgebäude anzubringen, wurden die Buchstaben in waagerechte Streben unterteilt. Das »i« in »Times« besteht aus 26 solcher Elemente, das »Y« in »York« aus 161. Pentagrams Gestalterin Tracey Cameron benötigte einige Monate, um mit den Mitarbeitern von Renzo Piano und den Architekten der Firma FXFowle die exakten Formen auszutüfteln. Trotz verschiedener Tests konnten wir uns nie sicher sein, dass es funktionierte. Als es endlich soweit war und die Buchstaben letztendlich installiert wurden, stieg ich in einen öffentlichen Bus und fuhr über die Achte Avenue, vorbei an der *Times*. Als ich den ersten Buchstaben in seiner perfekten Schönheit erblickte, musste ich spontan in die Hände klatschen – was die anderen Passagiere im Bus ziemlich verblüffte.

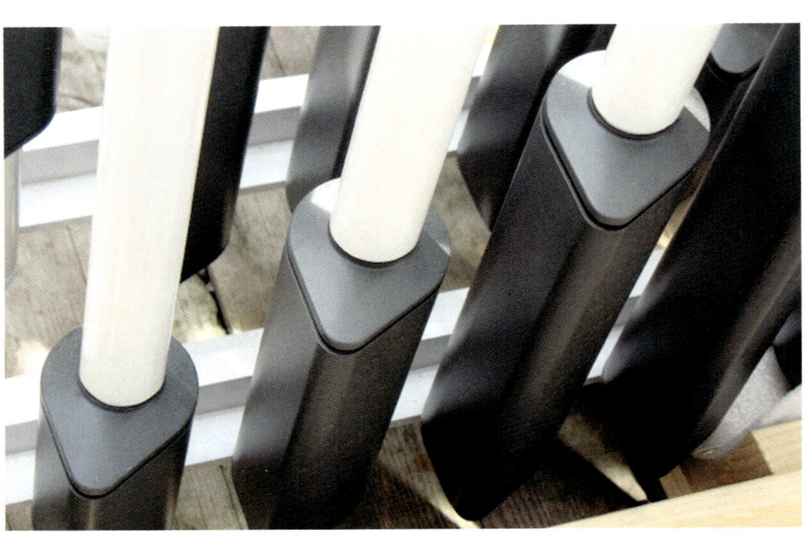

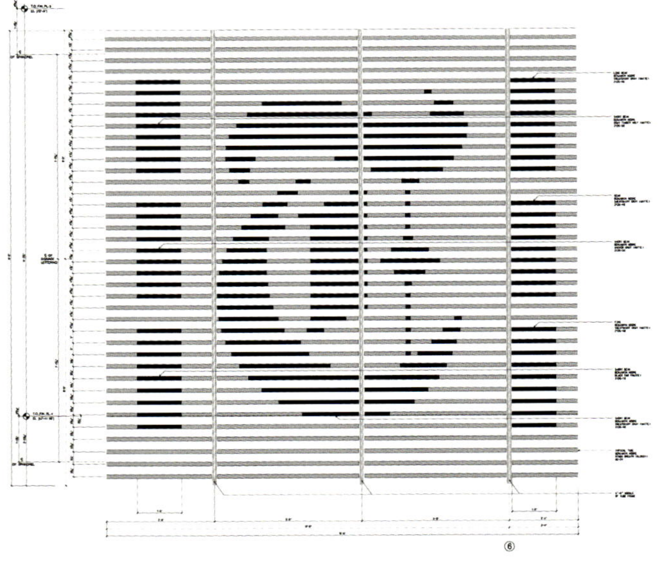

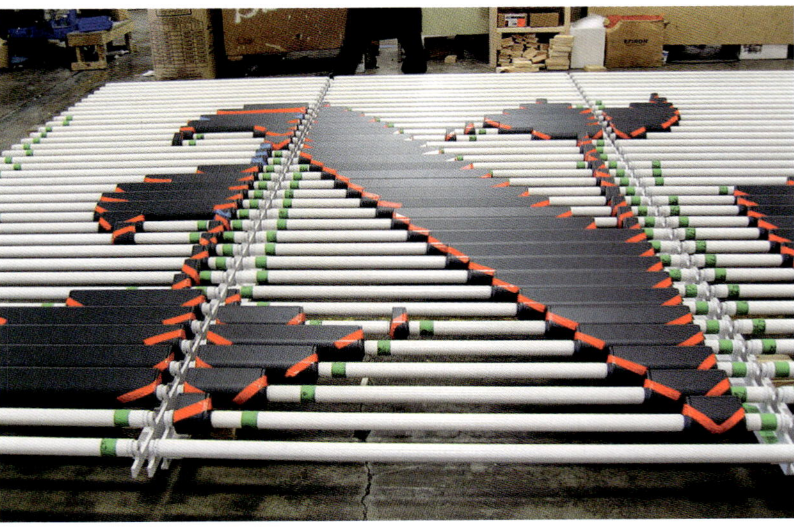

Oben links
Damit die riesigen Buchstaben in der Fassade nicht die Büros dahinter verdunkelten, benötigen die schwarzen Hülsen vorne eine Verjüngung. Das gab ihnen ihr tropfenförmiges Profil und ermöglichte den optischen Effekt, den wir uns wünschten.

Unten links
Die Hülsen wurden so angebracht, dass sie von unten betrachtet eine Fläche bilden – die abnimmt, je weiter man sich auf ihre Höhe bewegt.

Oben
Die waagerechten Fassadenelemente wurden so konstruiert, dass sie den Austausch von Wärme und Kälte in dem mit Glas verkleideten Gebäude regeln.

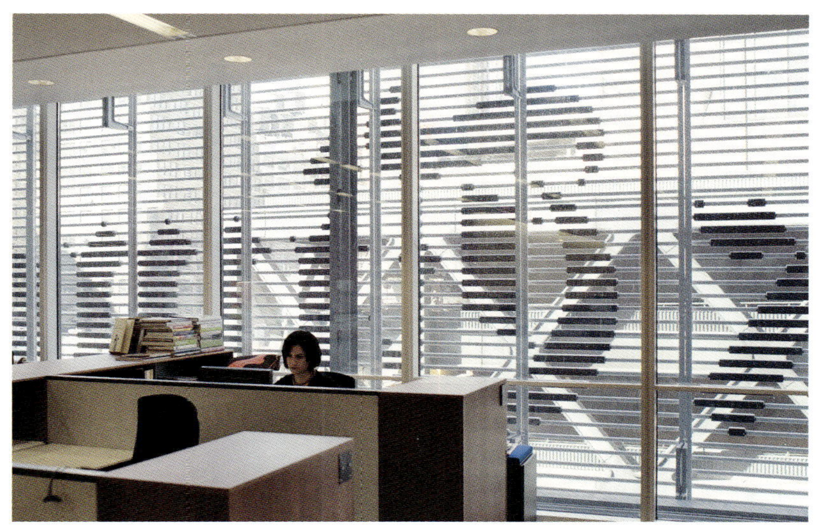

Links
Das *Times*-Logo behindert kaum die Sicht – auf einen leider ziemlich unschönen Busbahnhof.

Unten
Die traditionelle Frakturschrift der *Times*, die Schriftdesigner Matthew Carter neu programmiert hat, schmückt den Turm in einer Größe von 10 116 Punkt.

Nächste Doppelseite
An einem Punkt während des Projekts machte ich den Vorschlag, den Schriftzug auf der Fassade vielleicht in einem Weiß anzubringen, so dass man ihn auch zu bestimmten Zeiten verschwinden lassen könne. Der Boss des Verlags, Arthur Sulzberger Jr. schaute mich entgeistert an und sagte: »Well, the logo is black on the front page, isn't it?«

Übernächste Doppelseite
Der Projektleiter der *Times*, der unbändige David Thurm, suchte nach Wegen, um die Geschichte seines großen Blattes am neuen Ort zu verankern. Dieses Anliegen führte zu mehr als 800 verschiedenen Tür- und Raumschildern.

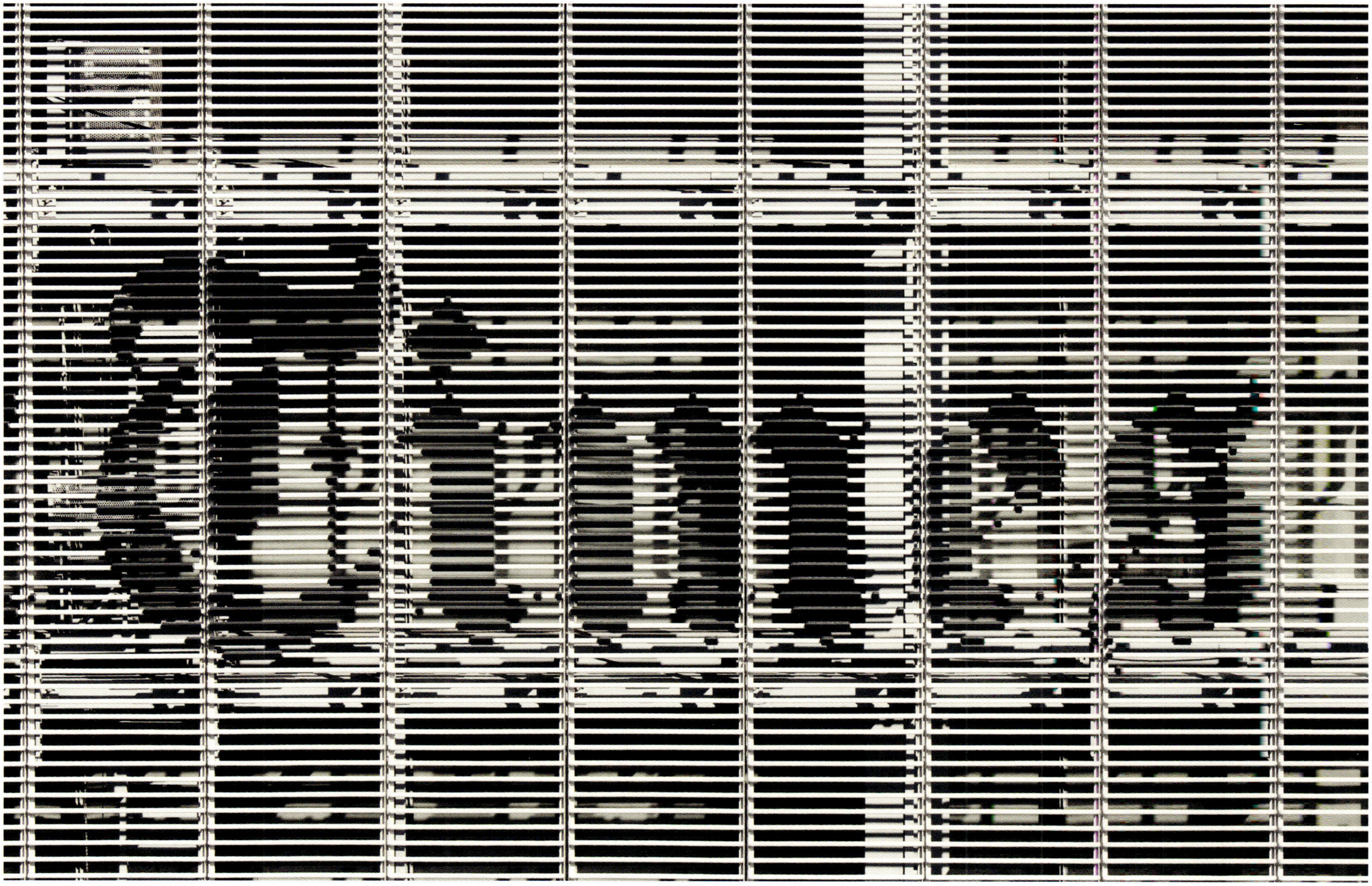

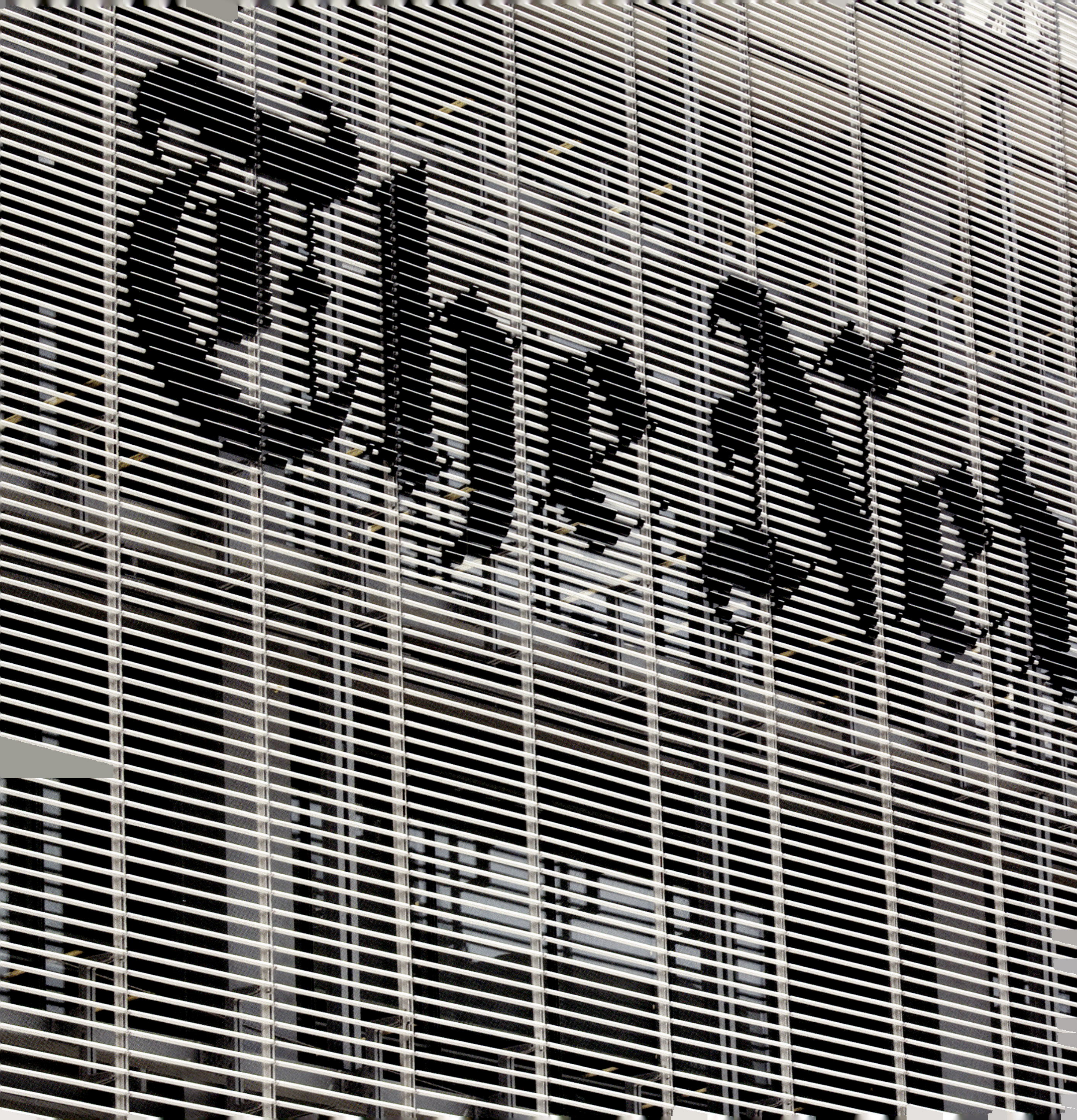
The

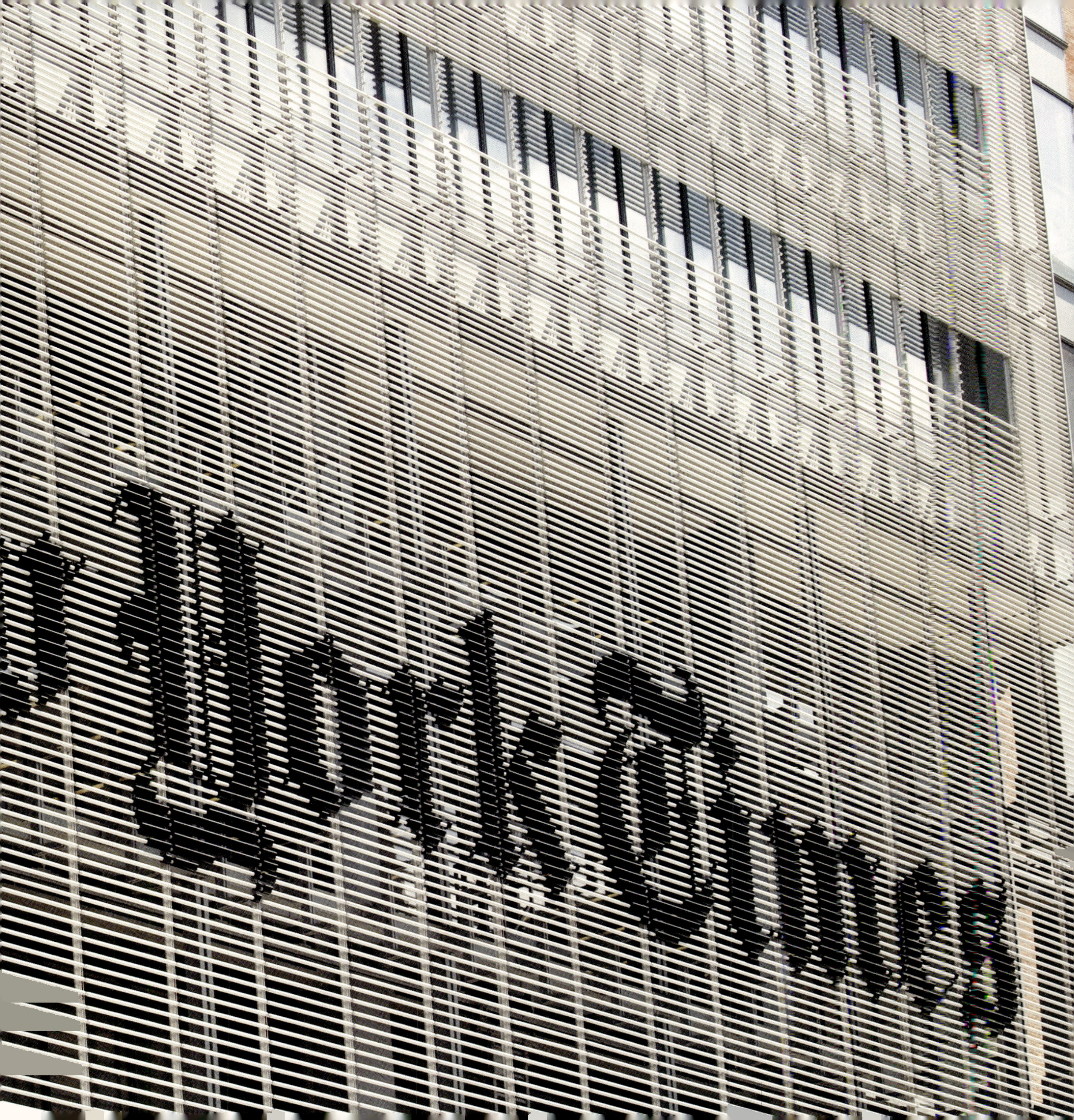
York Times

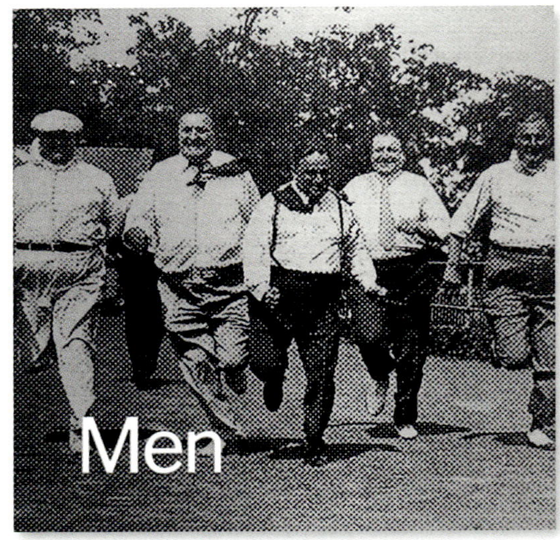
Men
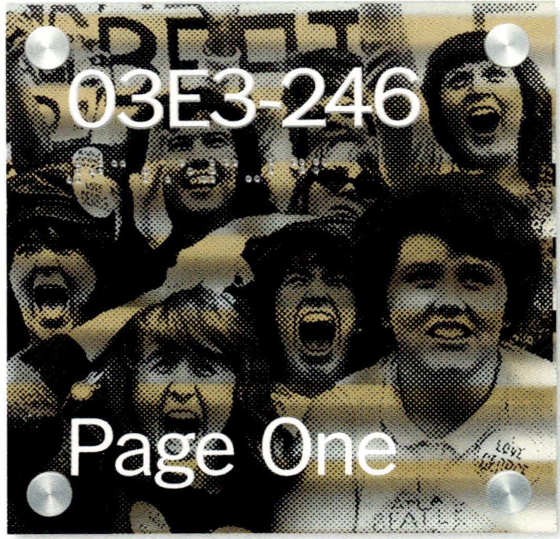
03E3-246
Page One
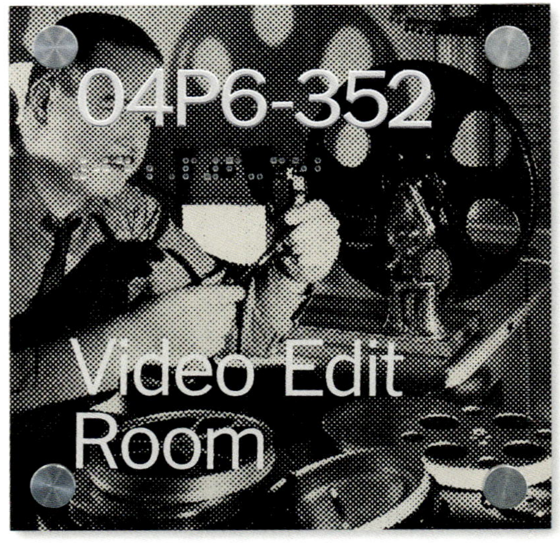
04P6-352
Video Edit
Room
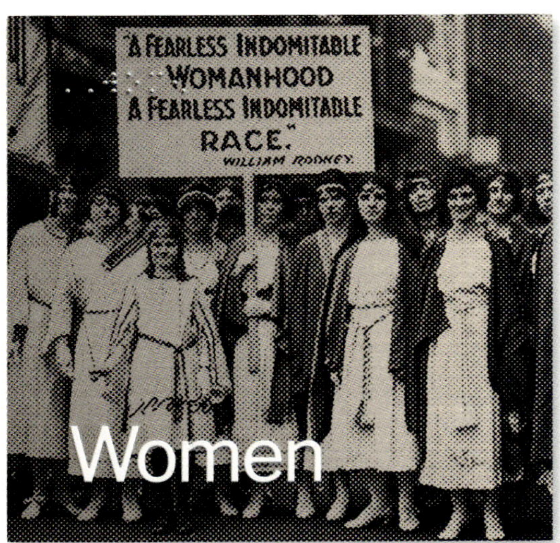
"A FEARLESS INDOMITABLE
WOMANHOOD
A FEARLESS INDOMITABLE
RACE."
WILLIAM RODNEY
Women
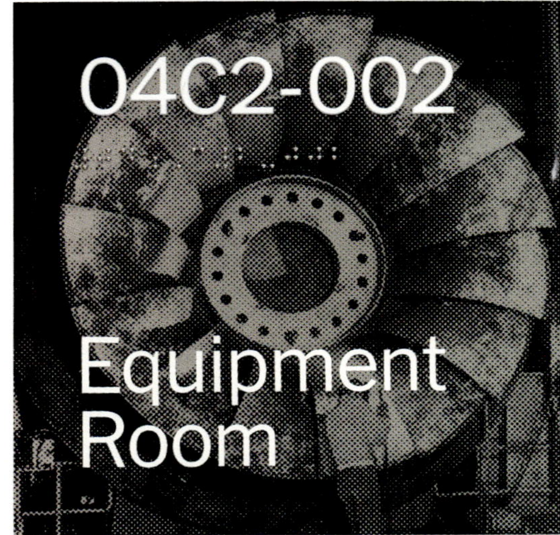
04C2-002
Equipment
Room
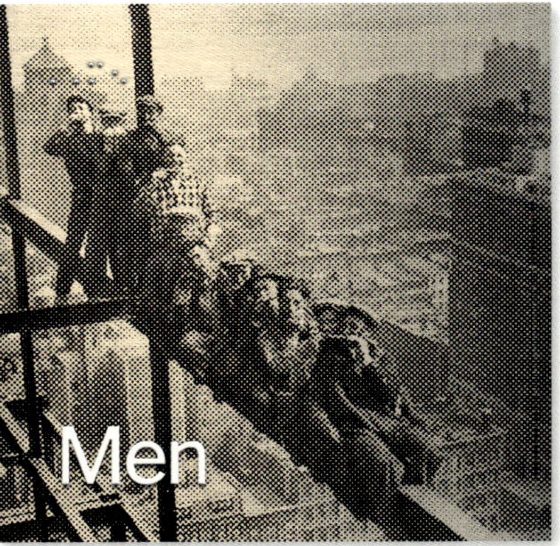
Men
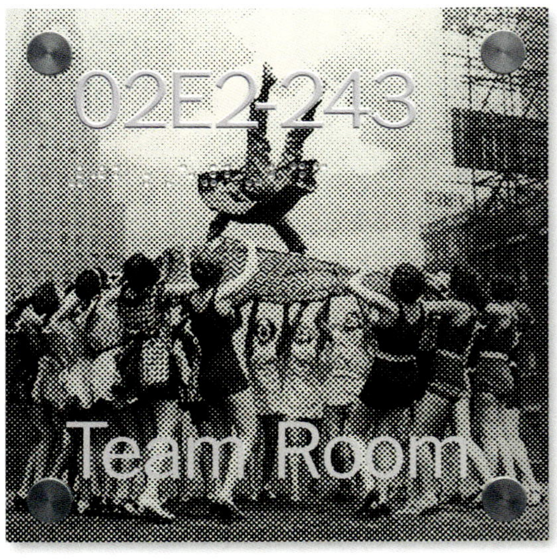
02E2-243
Team Room

21C1-007
Stat Room
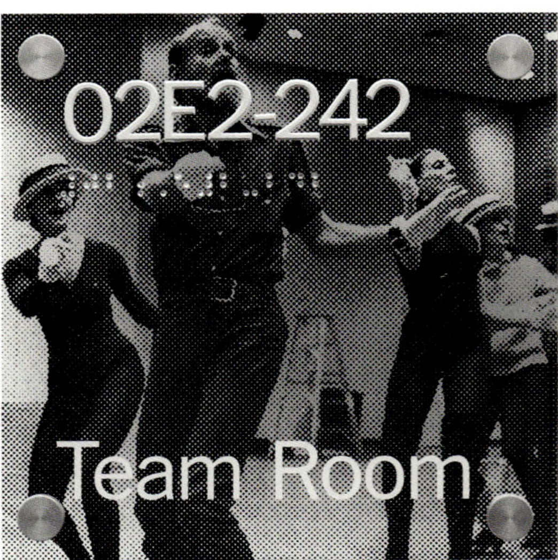
02E2-242
Team Room

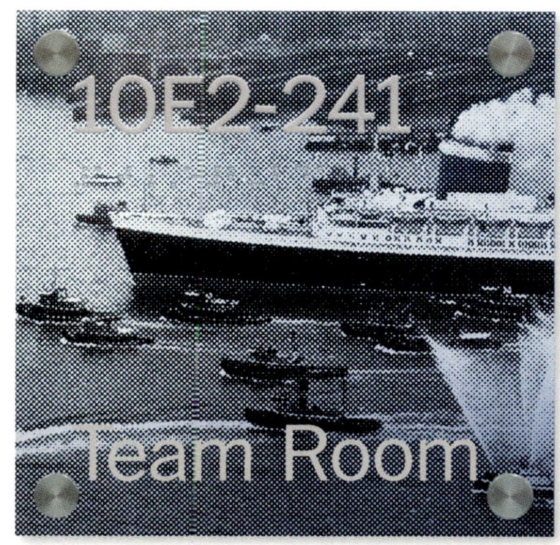
10E2-241
Team Room
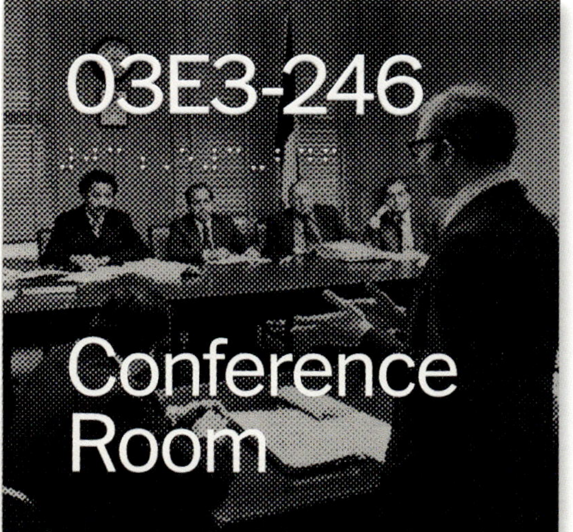
03E3-246
Conference
Room
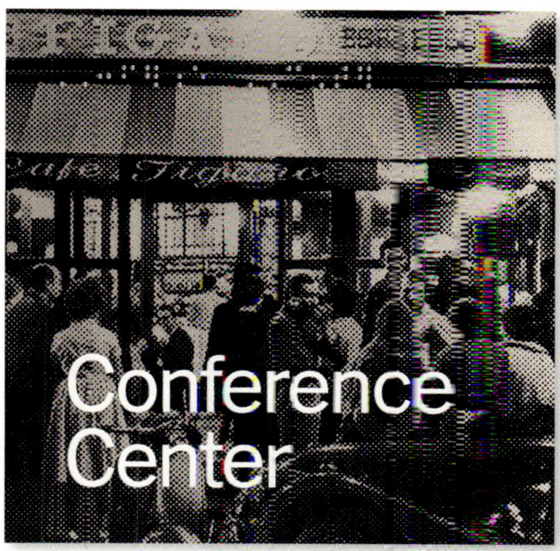
Conference
Center
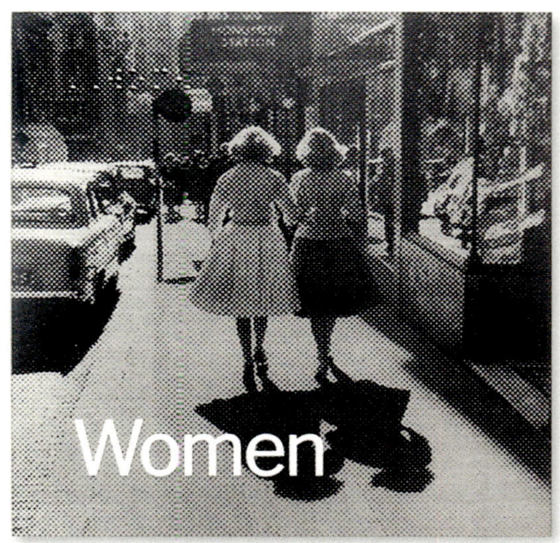
Women
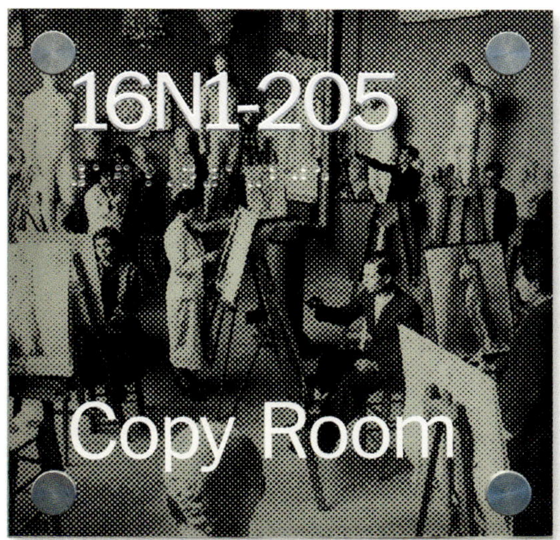
16N1-205
Copy Room
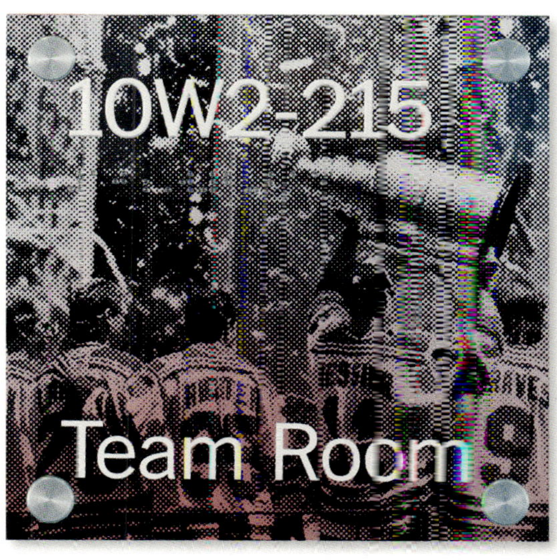
10W2-215
Team Room
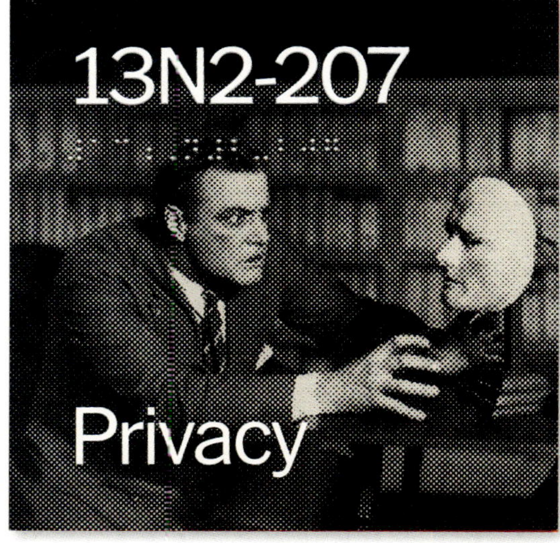
13N2-207
Privacy
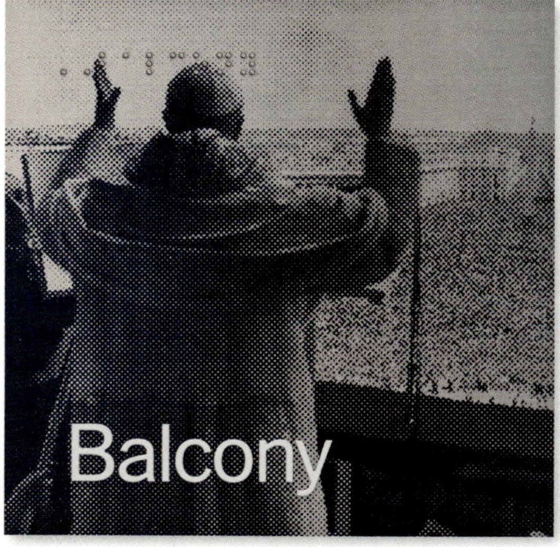
Balcony
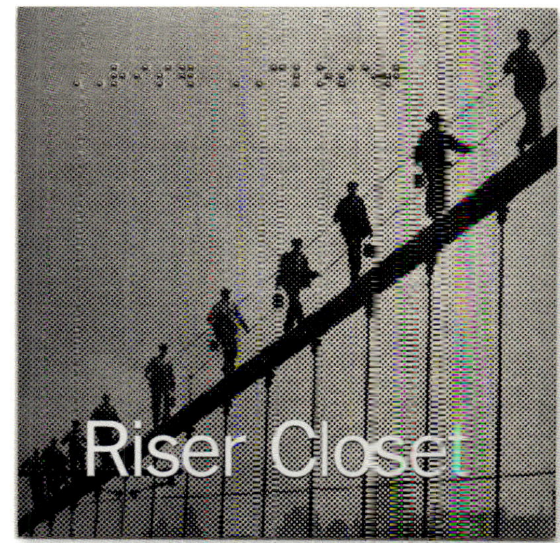
Riser Closet

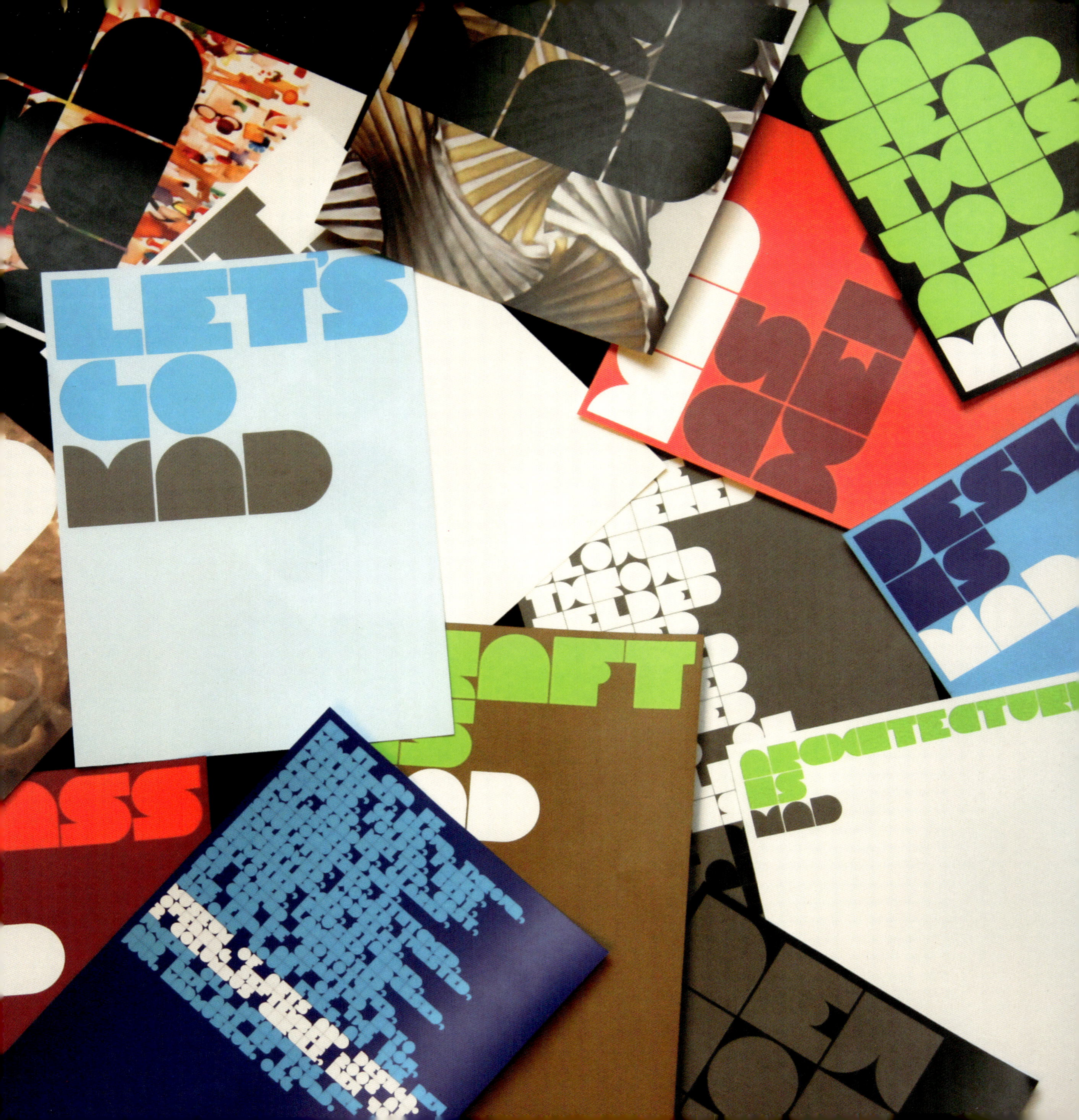
LET'S
GO
MAD

Wie man ein ganzes Museum verrückt macht

Museum of Arts and Design

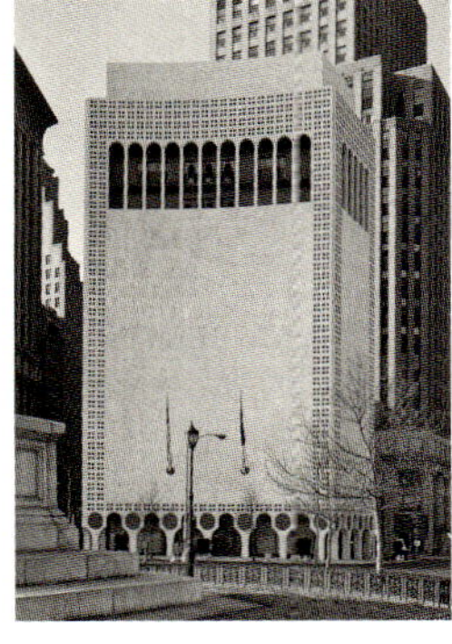

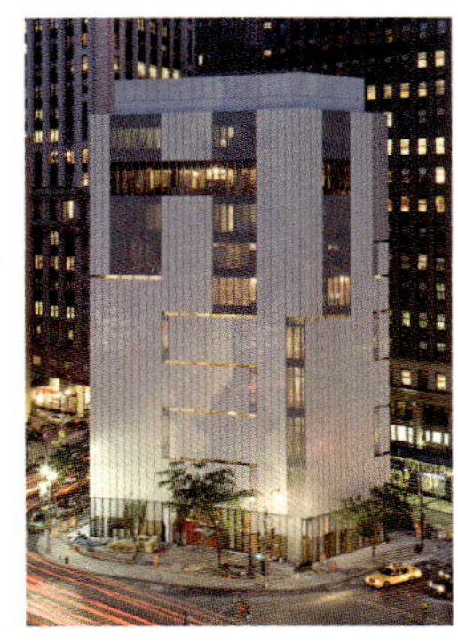

Linke Seite
Mit einem durchdachten grafischen Auftritt gaben wir dem Museum of Arts and Design ein neues Gesicht, das auch zu seinem neuen Zuhause passte.

Oben links
Edward Durell Stone war der ursprüngliche Architekt des finsteren Kolosses auf dem Columbus Circle. Von Anfang an schieden sich an dem Gebäude die Geister.

Oben rechts
Architekt Brad Cloepfil hat den dunklen Kaninchenbau in einen Schweizer Käse verwandelt: Auch sein Umbau ist umstritten – aber voller Licht und offener Räume.

Die Geschichte des Museum of Arts and Design in New York schien lange Zeit nichts weiter zu erzählen als die andauernde Identitätskrise einer Institution. 1956 als Museum of Contemporary Crafts gegründet, wurde das Haus 1986 unbenannt in American Craft Museum. Seit 2002 trägt es seinen heutigen Namen – abgekürzt ist es einfach nur MAD. Doch selbst dieses verrückte Akronym konnte zunächst nichts daran ändern, dass die Institution auch 50 Jahre nach ihrer Gründung vielen Menschen gar kein Begriff war.

Das sollte sich ändern. Auf dem Columbus Circle am südwestlichen Ende des Central Park, wo sich der Broadway und die 59. Straße treffen und einen etwas seltsamen runden Platz bilden, stand ein ebenso seltsames Gebäude. Es war 1964 fertiggestellt und vom Architekten Edward Durell Stone geplant worden. Seine ursprüngliche Bestimmung war es, die Privatsammlung von Huntington Hartford zu beherbergen, der Erbe einer großen Kette von Lebensmittelläden. Die Architekturkritikerin Ada Louise Huxtable bezeichnete das Bauwerk damals als »die-cut Venetian palazzo on lollipops«, also als eine Art »Inbegriff eines venezianischen Palastes auf Dauerlutschern«. Nach fünf Jahren musste das Museum schließen, und das verwaiste Gebäude fiel an die Stadt. Im Jahr 2002 wurde es dem Museum of Arts and Design angeboten.

Das erforderte eine große Überarbeitung. Architekt Brad Cloepfil ließ sich einen eleganten Kniff einfallen: Er schnitt einen Schacht quer durch die Böden, die Decken und die Wände. Dann wurden wir gebeten, ein neues grafisches Gesamtkonzept für die Auferstehung des Museums zu entwerfen. Inspiriert von Cloepfils Baumaßnahmen schlug ich ein Logo vor, das ebenfalls nur aus einer Linie bestand – einem Riss. Es war eine der besten Ideen, die ich jemals hatte! Wäre da nicht diese eine Hürde gewesen: Es funktionierte nicht, jedenfalls nicht mit dem Namen MAD. Zum Glück hatte ich irgendwo aufgeschnappt, dass es Gegner der Abkürzung MAD gab, die sich ernsthaft damit beschäftigten, sie abzuschaffen. Das war eine Gelegenheit! Ich brachte den Namen A+D ins Gespräch. Er hätte die Schwerpunkte des Museums betont und wäre zugleich mit meiner grafischen Idee vereinbar gewesen. Munitioniert mit weiteren Entwürfen ging ich in die nächsten Sitzungen – aber konnte mich nicht durchsetzen! Und ich kam wieder einmal zu dem Schluss: Wenn Du eine großartige Idee hast, die Du nicht auf die Straße bekommst, dann war es keine großartige Idee.

Ich startete auf die Baustelle. MAD würde bald am einzigen Kreisverkehr in New York zuhause sein. Mir gingen Quadrate und Kreise durch den Kopf. Und ich führte mir noch einmal die drei Buchstaben vor Augen: MAD. Waren sie nicht auch voller Quadrate und Kreise? Die Antwort lautete: Natürlich! Einfache Geometrie führte zur Lösung. Ich brauchte mich gar nicht weiter in irgendwelchen Seilschaften oder Verkaufstechniken zu verrenken. Auf einmal hatte ich eine sehr seltene Sache in den Händen: Eine Lösung, die sich von alleine verkauft. Sie wurde einstimmig am nächsten Morgen angenommen.

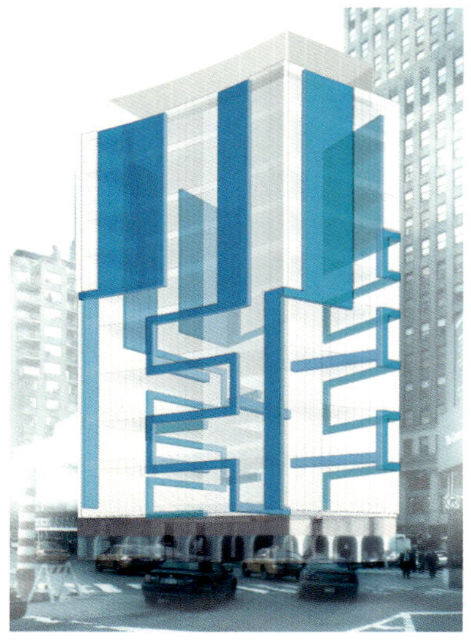

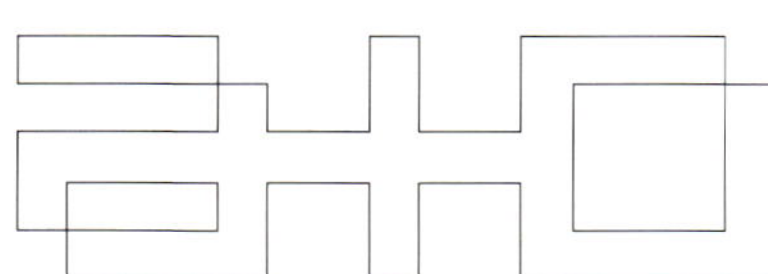

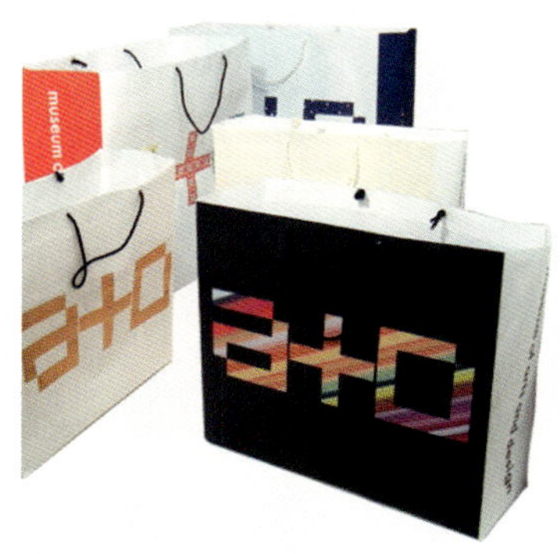

Oben links
Ich war hingerissen von Cloepfils Idee, einen Schacht quer durch das dunkle Gebäude zu schlagen. Der Plan inspirierte mich zu meinem ersten Konzept.

Mitte links
Ich wollte ein Logo schaffen, das sich die neue Architektur des Gebäudes zu Eigen macht. Mit der Abkürzung MAD funktionierte es nicht. Deshalb plädierte ich für den neuen Namen A+D. Die Auftraggeber lehnten das jedoch ab.

Unten links
Trotz zahlreicher Präsentationen und Skizzen, konnte ich das Konzept nicht durchsetzen. Wahrscheinlich auch, weil ich selbst im tiefsten Inneren nicht überzeugt war.

Rechts
Mein zweiter konzeptioneller Anlauf kam ohne eine komplizierte Herleitung aus. Er ergab sich nur aus Kreisen und Quadraten – und zeigte: Was einfach ist, siegt!

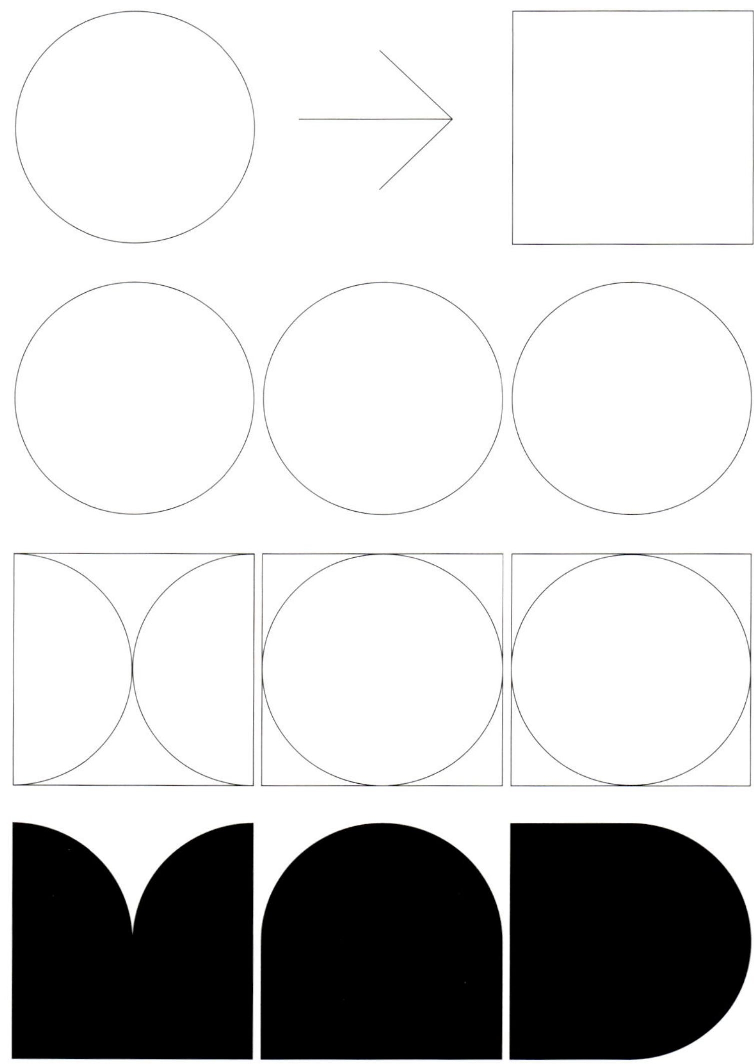

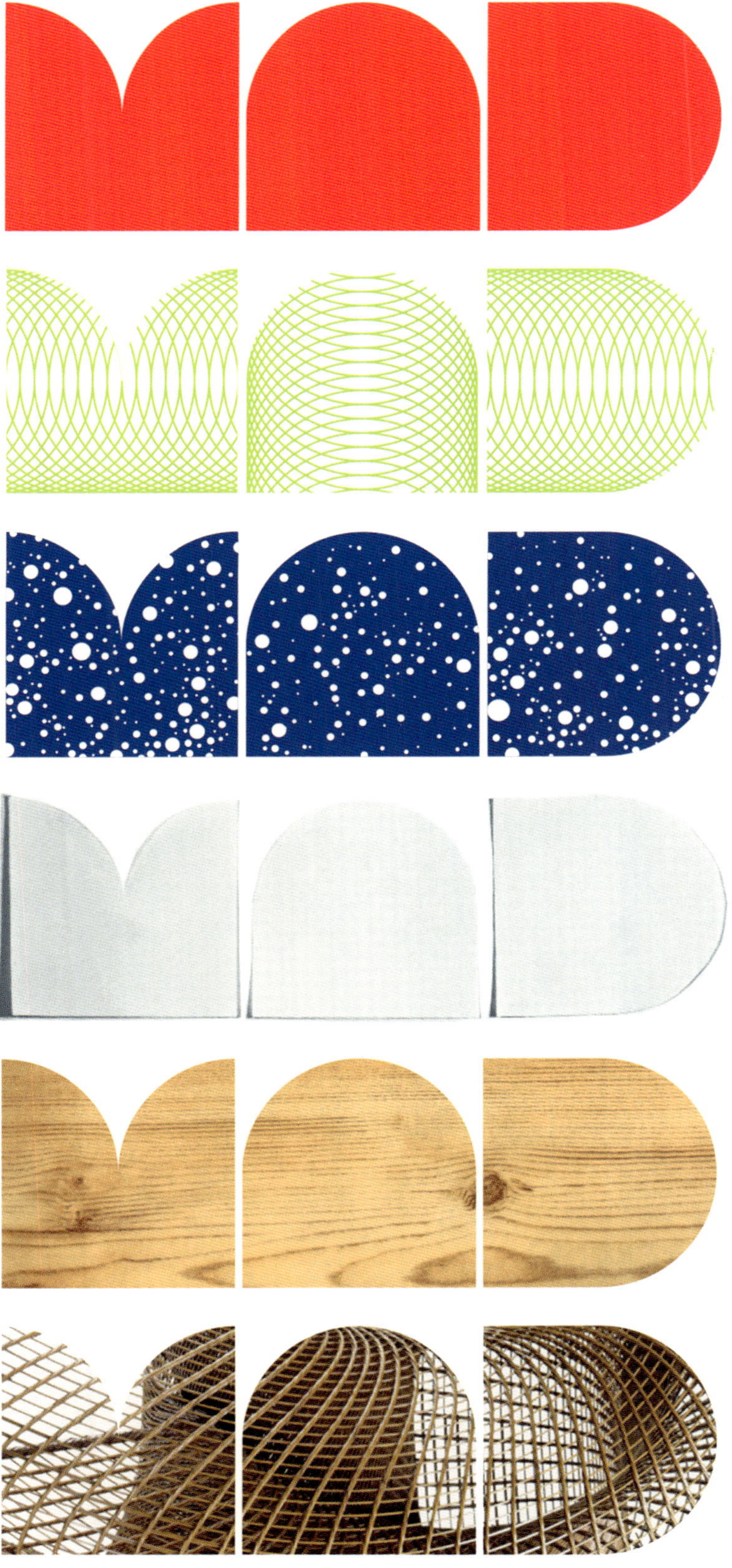

Rechts
Eine Einrichtung, die sich dem Handwerk widmet, sollte ein Logo besitzen, das in verschiedenen Materialen verarbeitet werden kann. Seine abgerundeten Enden sind zugleich ein dezenter Hinweis auf die früheren Stützen des Gebäudes, die an Dauerlutscher erinnerten – und die selbst nach dem Umbau noch erkennbar sind.

Unten
Im Unterschied zu meiner ursprünglichen Idee lässt sich das neue Logo ohne Schwierigkeiten für jeden Zweck und mit unterschiedlichsten Materialien anwenden.

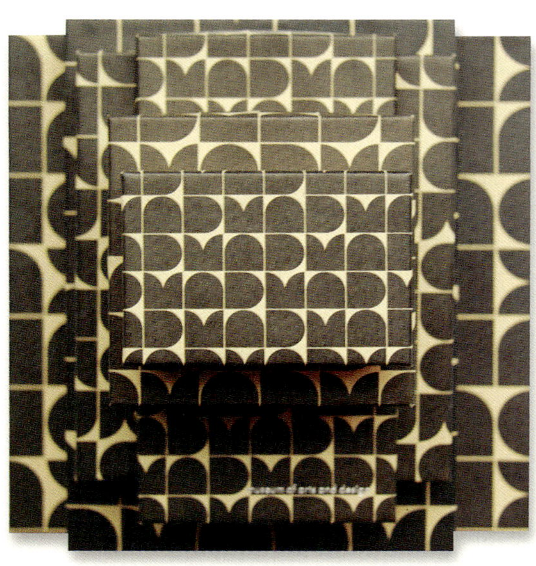

Oben rechts
Die neue transparente Identität des MAD stand Pate für die Verpackungen im Museumsshop.

Mitte rechts
Wenn man die Flächen des Logos durchsichtig macht, verwandeln sie sich in Fenster – ideal für Einkaufstüten.

Unten rechts
Es wurden alle möglichen Geschenkartikel mit dem neuen Logo produziert. Pentagram-Gestalter Joe Marianek entwickelte aus den drei Buchstaben MAD sogar ein vollständiges Alphabet. Die Schrift nannte er MADface. Auf dem T-Shirt steht: »Wenn Sie das lesen können, dann sind sie MAD«. Eine Anspielung auf die fragwürdige Lesbarkeit der Schrift.

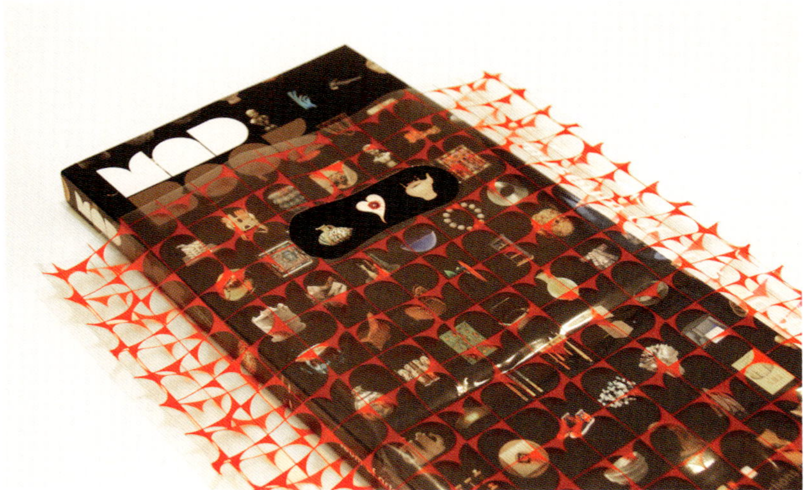

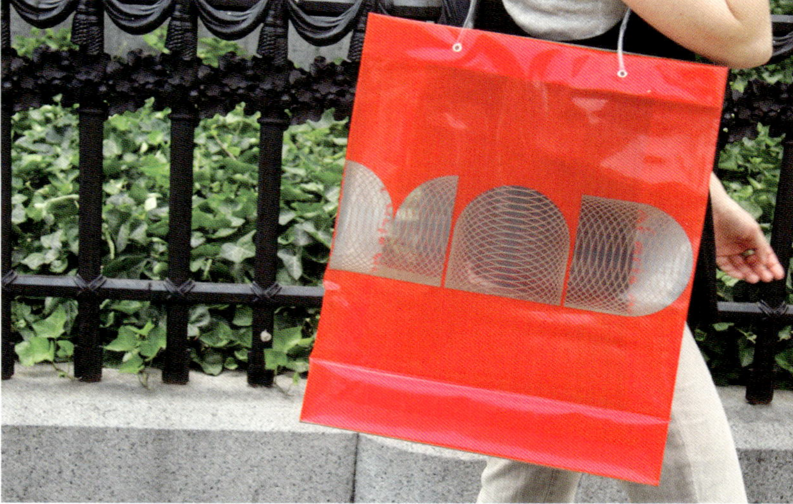

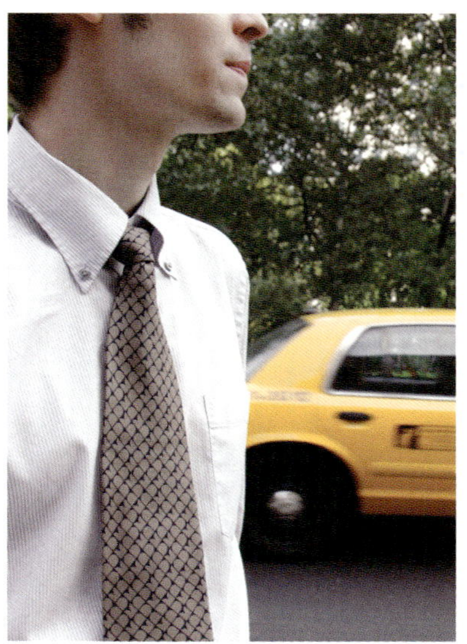

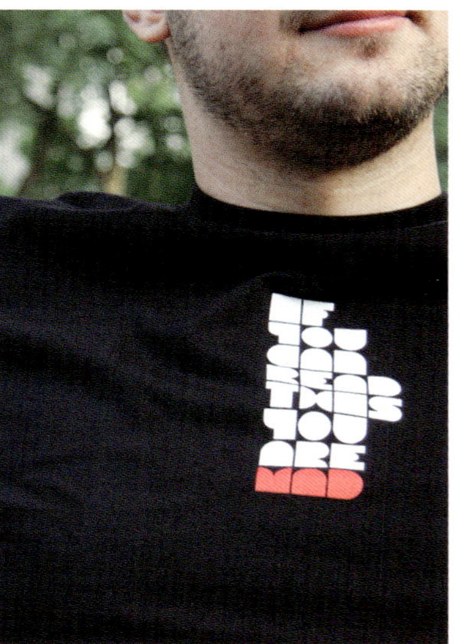

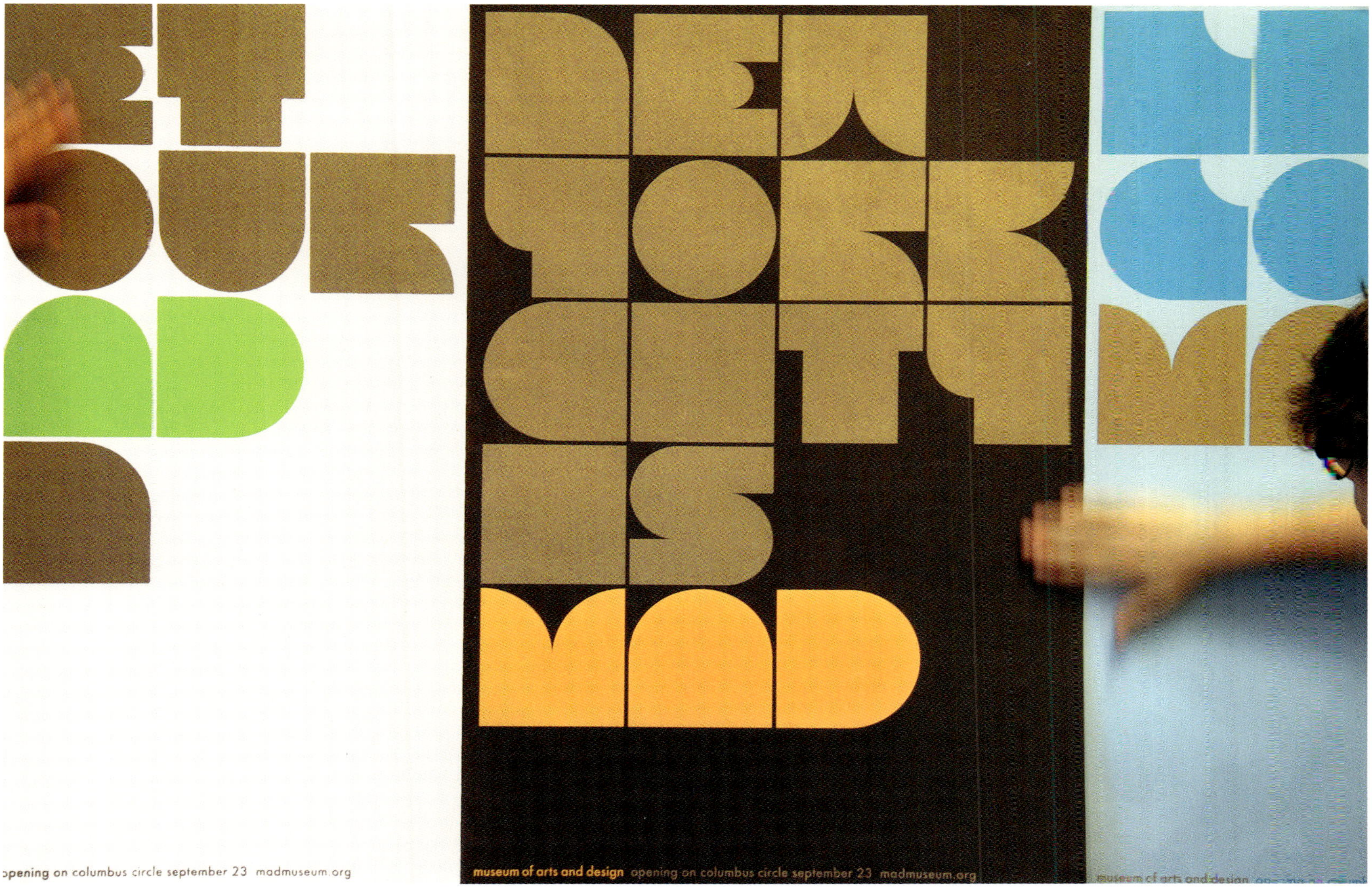

opening on columbus circle september 23 madmuseum.org

museum of arts and design opening on columbus circle september 23 madmuseum.org

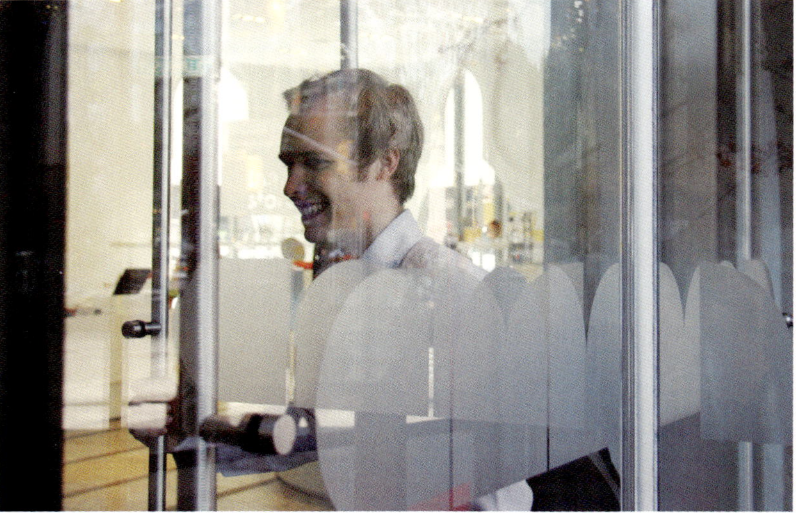

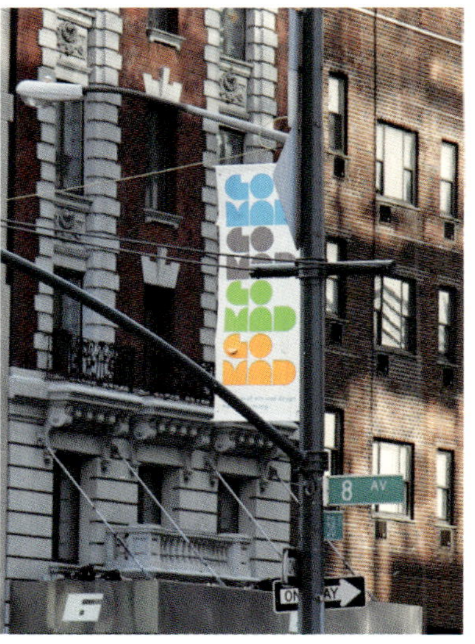

Oben
Die eigens geschaffene Schrift MADface lässt die Form und die Funktion des Museums in sehr unterschiedlichen Kontexten zu einem Gesamtbild zusammenschmelzen.

Ganz links
Als das MAD im September 2008 sein neues Quartier bezog, setzte sich die neue Markenidentität nicht nur im Gebäude fort …

Links und nächste Doppelseite
… sondern auch überall in New York City.

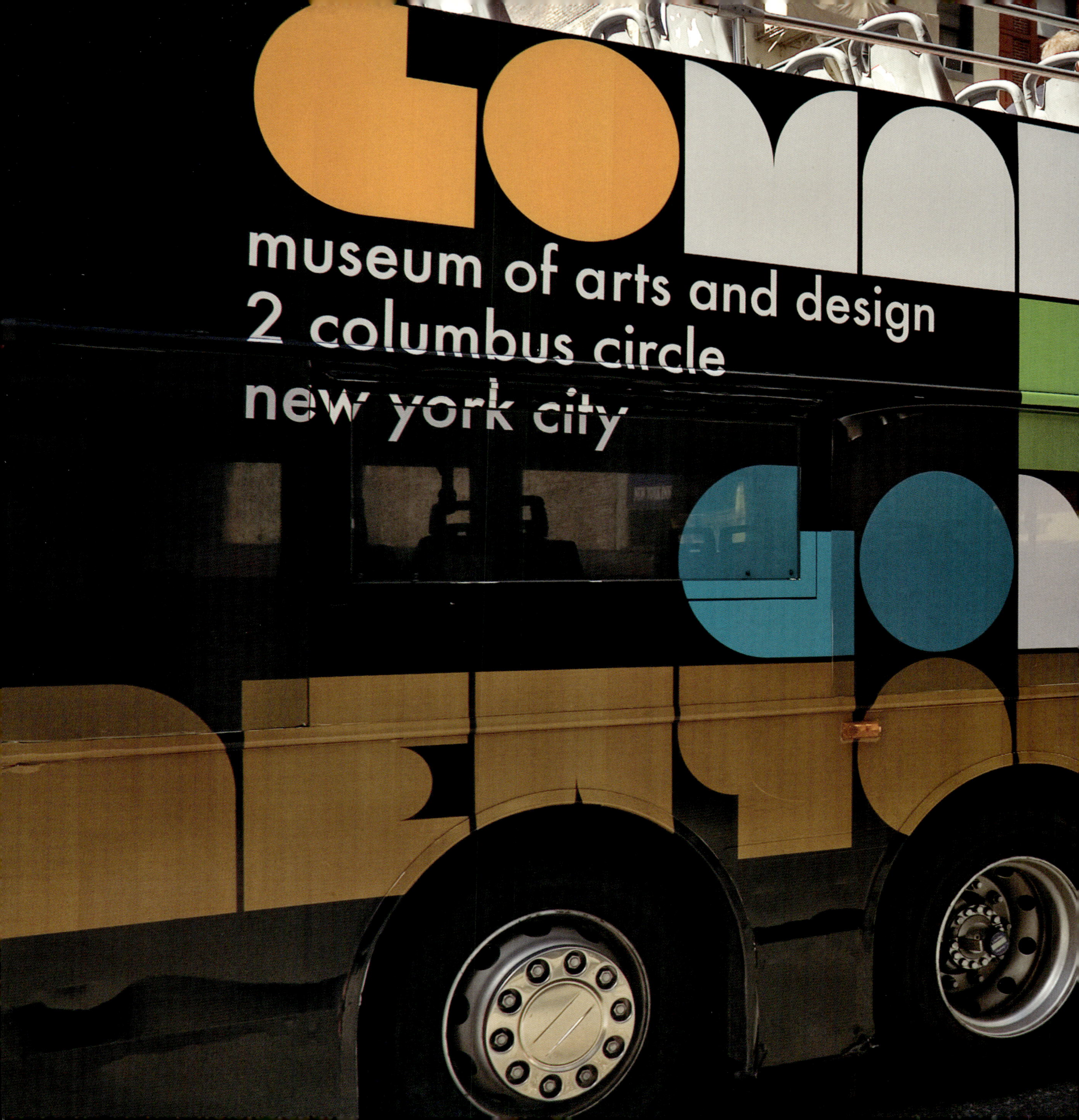
museum of arts and design
2 columbus circle
new york city

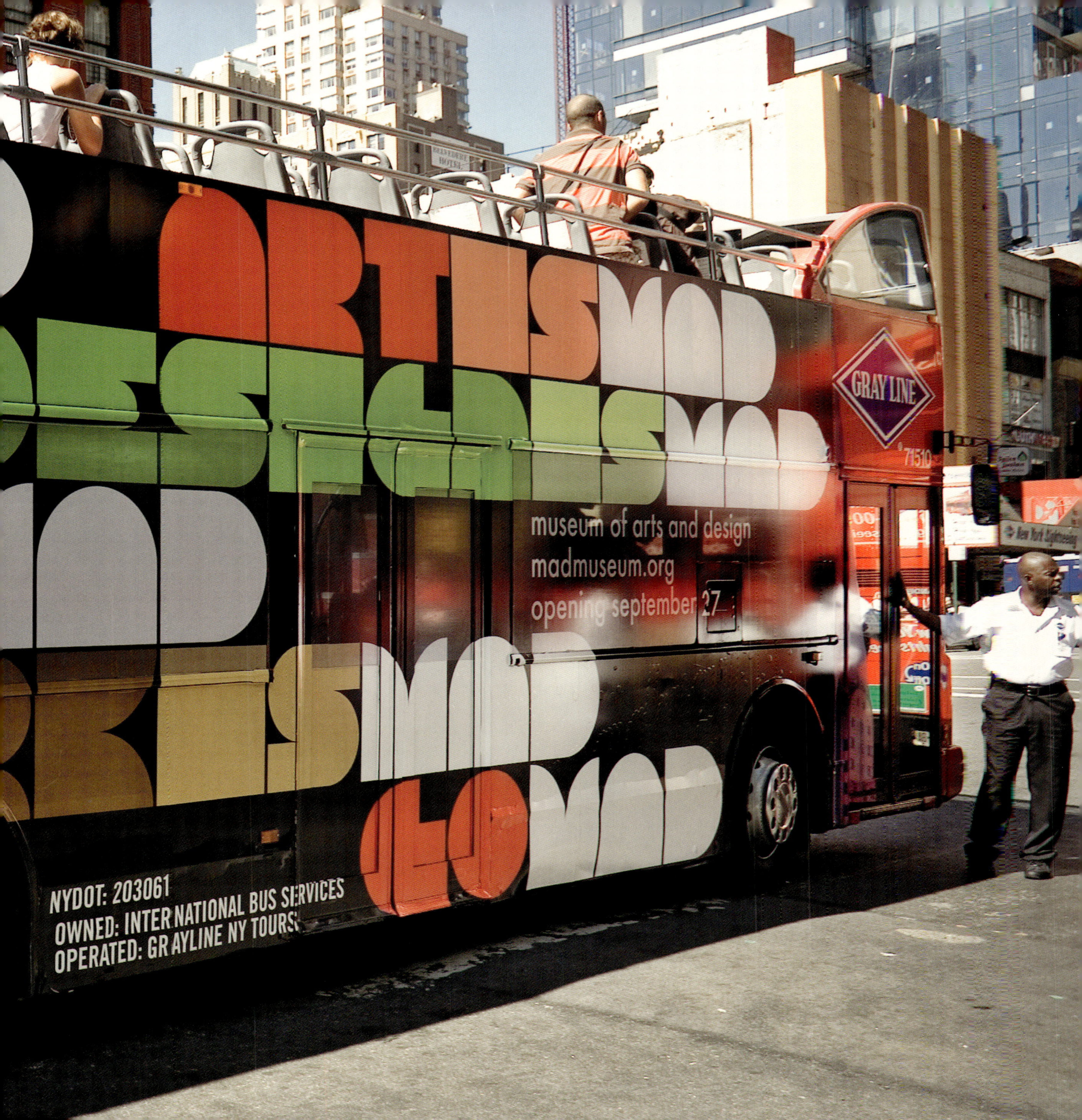
museum of arts and design
madmuseum.org
opening september 27
GRAY LINE
NYDOT: 203061
OWNED: INTERNATIONAL BUS SERVICES
OPERATED: GRAYLINE NY TOURS

GOD

A BIOGRAPHY

JACK MILES

Wie man die besten Texte verpackt

Titel und Umschläge von Büchern

Bevor ich jemals einen Kurs in Gestaltung belegte, bezog ich mein Wissen aus den Regalen der Buchläden. Schließlich sind die Umschläge von Büchern auf eine gewisse Weise die Träger allen Wissens. Für ihre Gestalter sind sie zugleich die größte denkbare Herausforderung, da ihnen eine extreme, aber auch reizvolle Verknappung innewohnt: Denn egal ob ein Buch 48 Seiten dick ist oder 480 – es kann immer nur einen Titel haben. Und dieser Titel hat nur eine einzige Chance, einen Eindruck zu machen – unabhängig davon, wie intellektuell sein Inhalt oder wie vielschichtig sein Text ist. Genauso wie eine Packung Cornflakes oder eine Dosensuppe muss der Gestalter das Produkt so verpacken, dass es sich im Wettbewerb durchsetzt.

Das galt früher, und im Fall der Bücher gilt es heute wahrscheinlich noch mehr, da sie immer mehr von der realen Welt in die digitale Sphäre wandern. Es ist deshalb sehr wichtig, dass eine Verpackung den Inhalt so unvermittelt wie möglich wiedergibt.

Als Kind war ich ein Bücherwurm, und ich bin es noch heute. Ich würde sagen, dass ich ein zwanghafter Leser bin. Da liegt es nahe, dass ich noch nie ein Buch genießen konnte, das einen hässlichen Umschlag hat. Die schrecklichsten waren Neuauflagen von Büchern, die verfilmt wurden (»Now a Major Motion Picture!«). Die Titelseiten zeigten die Köpfe der Hauptdarsteller, und ich denke mir jedes Mal, dass ich lieber meinen eigenen Kopf eingesetzt hätte. Diese Art der Buchtitel sollte wirklich gesetzlich verboten werden.

Meine Lieblingsbücher sind selbstverständlich die mit schlichten typografischen Deckeln. Zum Beispiel die Taschenbuchausgaben von *The Catcher in the Rye* oder *Brave New World*. Sie umgibt eine geheimnisvolle und zugleich bedeutsame Aura – so verlockend, dass sie imstande sind, einen zum Lesen zu zwingen und in fremde Welten zu ziehen. Es überrascht mich nicht, dass einige Autoren meine Einstellung teilen. J. D. Salinger hatte sogar eine Klausel im Vertrag, die jegliche Art von Bildern auf seinen Büchern untersagte.

Es vergingen Jahre, bis ich ein erstes Buchcover gestalten durfte. Und als ich es schließlich machte, wunderte es mich überhaupt nicht, dass meine Fantasie genau das erzeugen wollte, was aus den wunderbaren Büchern kam. Wörter!

Linke Seite
Diese packende literarische Analyse der Bibel stammt aus der Feder des früheren Jesuitenpaters Jack Miles. 1996 gewann er dafür einen Pulitzer-Preis. Die drei Buchstaben »GOD« waren natürlich viel zu groß, um vollständig auf den Buchdeckel zu passen – die Idee gestaltete sich gewissermaßen von selbst.

Rechts
Für die Memoiren einer Mutter, die eine autistische Tochter großzog, erzeugte ich mithilfe teils verdunkelter Buchstaben einen Klang, der die schwierige Kommunikation zwischen den beiden symbolisierte.

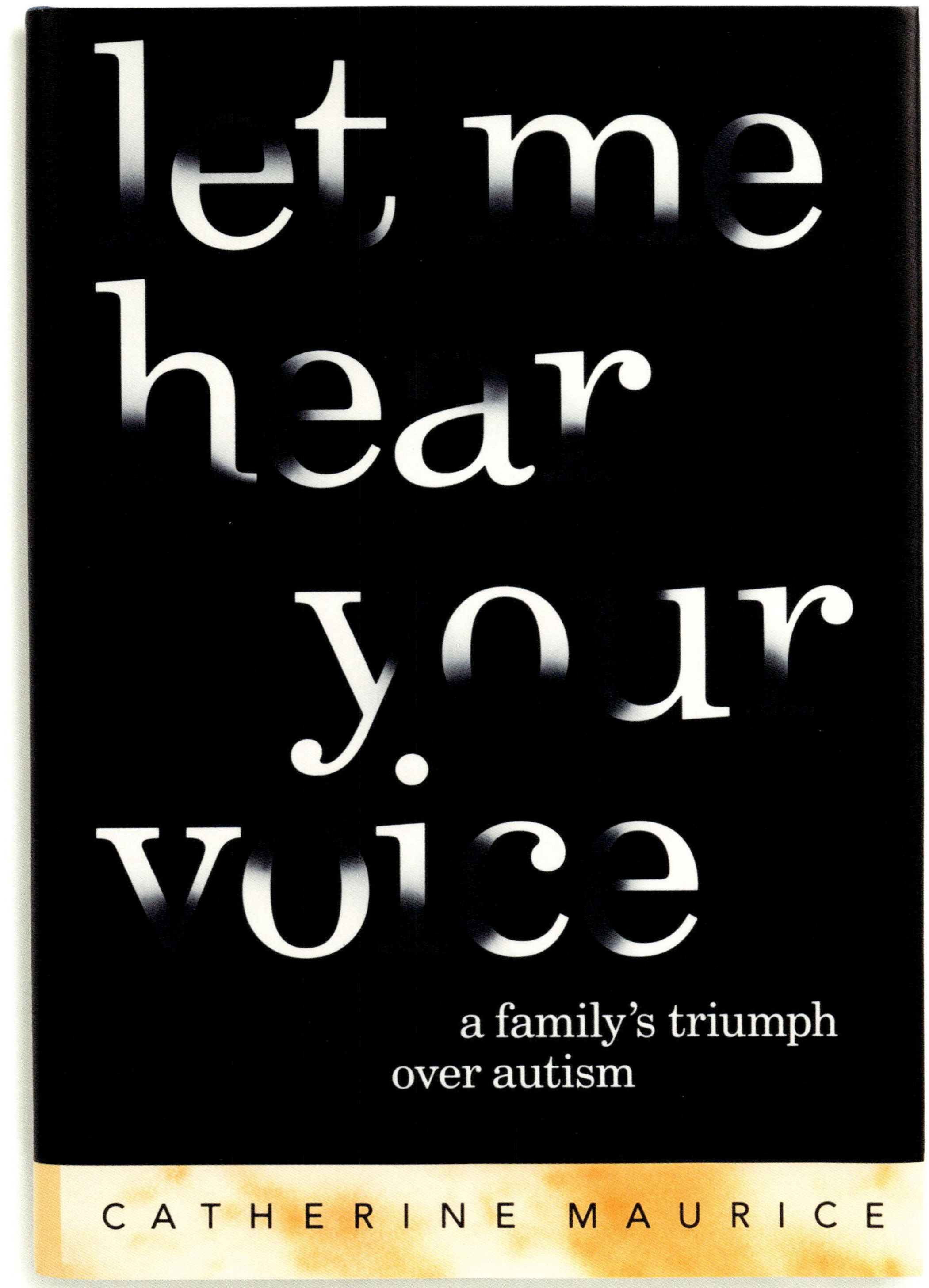

Rechts
Die dezenten Farben dieser Biografie sind Ausdruck der Stimmung, die der Autor in seinem Buch über die Rassentrennung im Süden der USA erzeugte. Dieser Titel transportierte die Wärme, die der Geschichte innewohnt und die Eleganz der Prosa von Henry Louis Gates Jr.

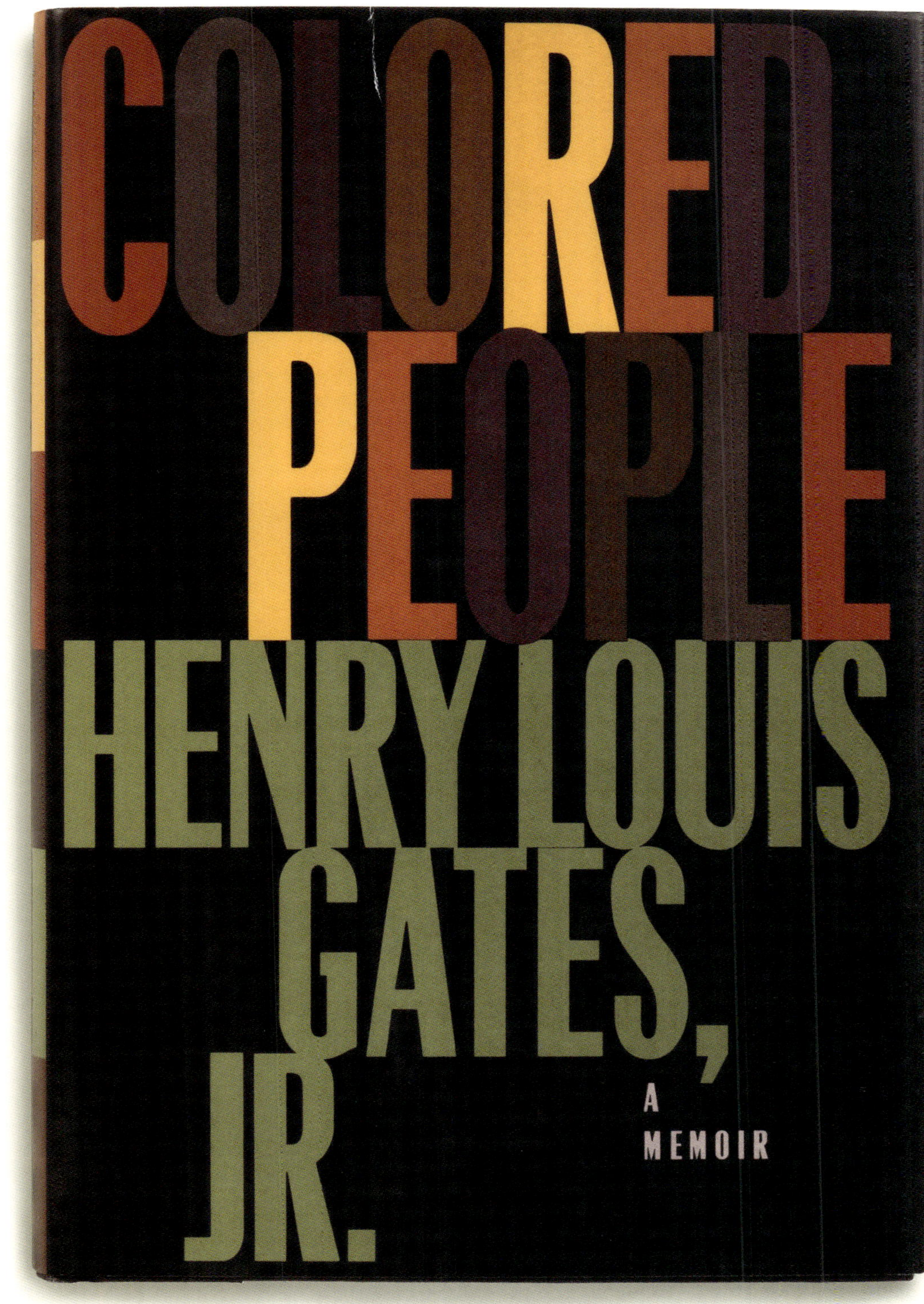

Rechts Art Director John Gall, dessen Aufgabe es war, die Bücher von Vladimir Nabokov als Taschenbücher zu verpacken, hatte eine glänzende Idee: Er überließ einem Dutzend Gestalter jeweils einen Titel und gab ihnen Sammelkisten, wie sie Schmetterlingsjäger benutzen. Schließlich hatte auch Nabokov Schmetterlinge gesammelt. Jede Kiste sollte mit Objekten gefüllt werden, die zum Thema ihres Buchs passen. Die vollen Kisten ließ Gall fotografieren, fügte Nabokovs Namen hinzu – und fertig war das Cover.

Mein Auftrag waren Nabokovs schöne Memoiren *Speak, Memory*. Ich heftete eine Reihe alter Fotografien unter ein Pergamentpapier. Doch das war kaum originell! Als meine Kollegin Katie Barcelona die Kiste für die Post fertig machte, bemerkte sie – vollkommen zu Recht! –, dass der Umschlag ohne die Fotografien viel verheißungsvoller sei.

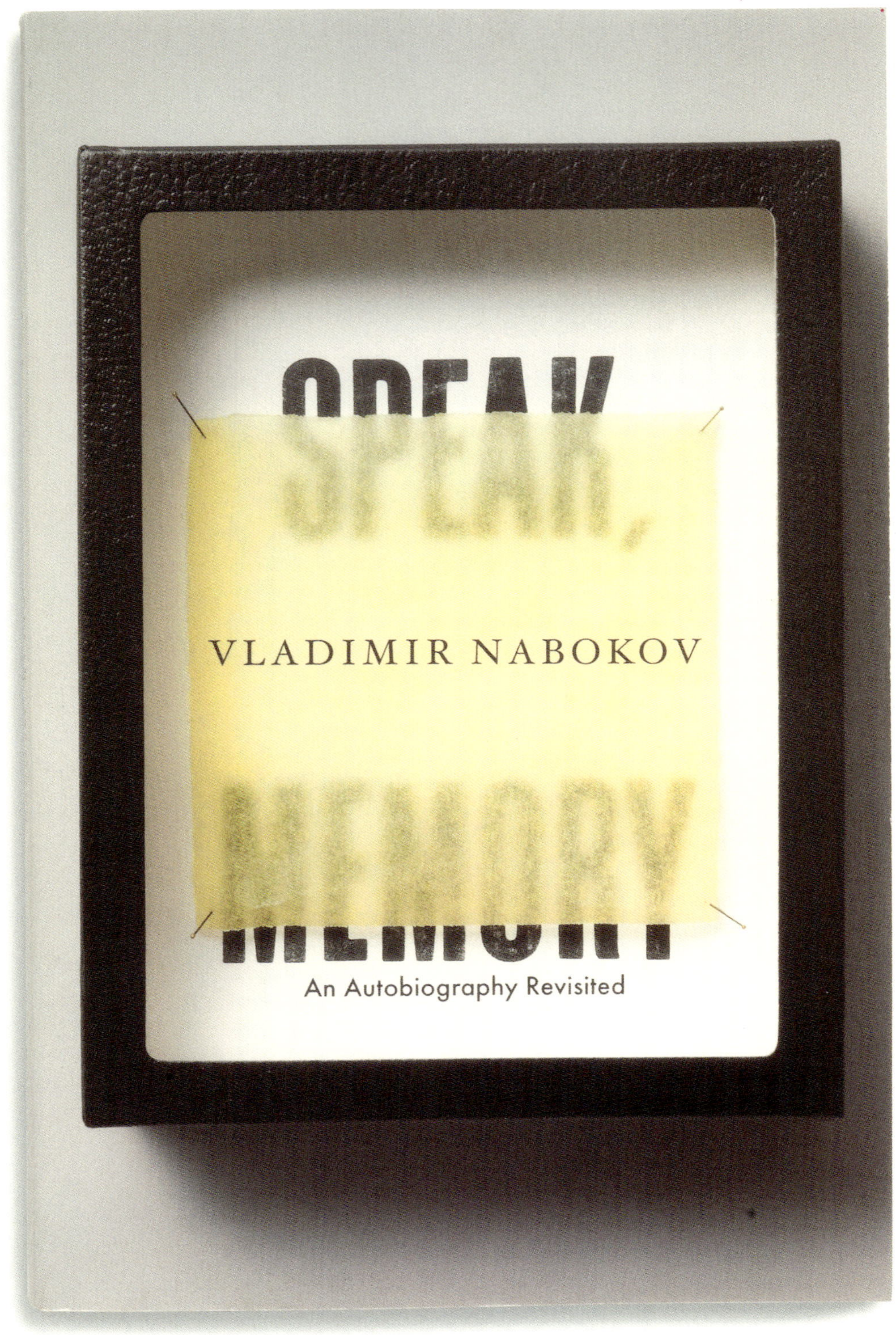

Rechts
Für Vladimir Nabokovs wunderbares Buch *Lolita: The Story of a Cover Girl* verpflichteten John Bertram und Yuri Leving 80 Gestalter sich Gedanken zu machen, wie sich das explosive Werk auf ein Cover bannen ließe. Wir benutzten einen Originaldruck des sogenannten »Mann Act«, ein amerikanisches Gesetz aus dem Jahr 1910, dass es verboten hatte, »eine Frau oder ein Mädchen zum Zweck der Prostitution, der sittenlosen Ausschweifungen oder anderer unmoralischer Absichten zu transportieren«. Ich stellte mir vor, wie sich die Hauptfigur Lolita das Gesetz in der Bibliothek irgendeiner Provinzstadt durchliest, im Affekt die Seite herausreisst und sie in eine glühende Liebesbotschaft verwandelt.

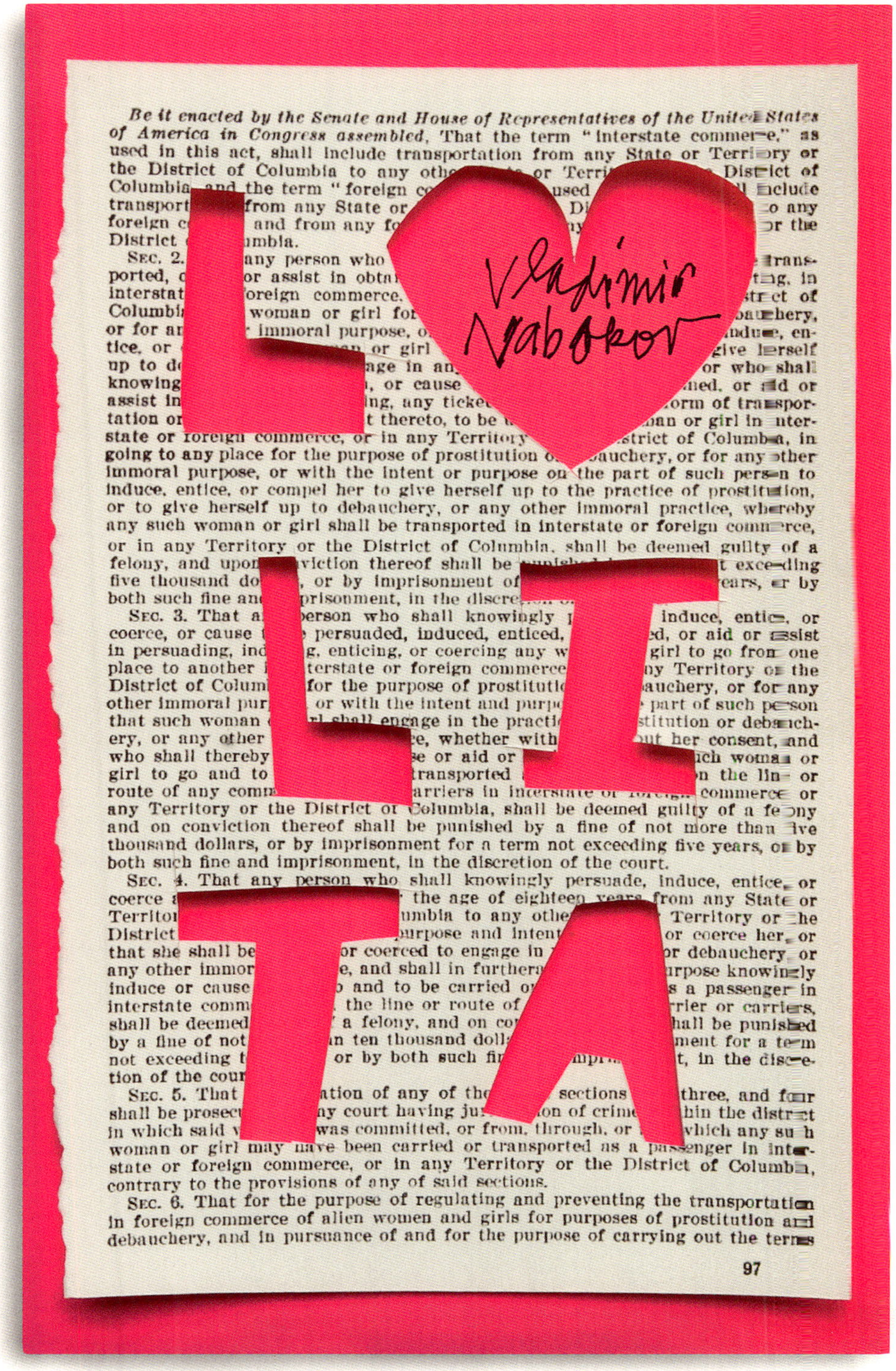

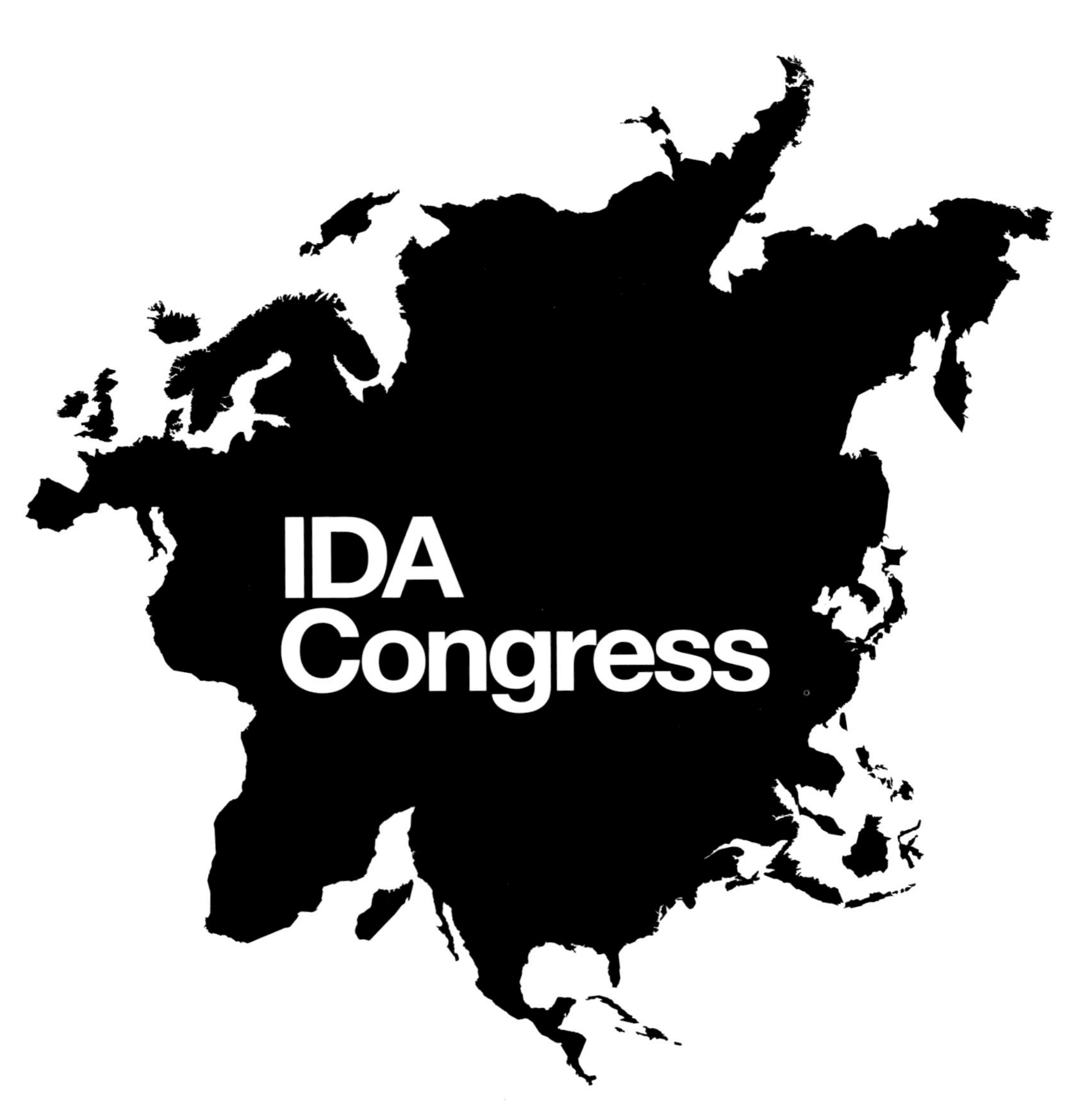
IDA
Congress

Wie man sich bemerkbar macht

Firmenschriftzüge und -symbole

Das Logo ist die einfachste Form grafischer Kommunikation. Im Kern ist es wie eine Signatur – ein unverkennbarer Weg um zu sagen: »Das bin ich!« Dasselbe gilt auch für das »X«, das ein Analphabet unter ein Formular kritzelt. Oder für die kalligrafischen Schnörkel, die wir mit Königen und Fürsten früherer Zeiten verbinden. Auch das Peace-Zeichen oder das Hakenkreuz sind Logos. Und selbstverständlich sind es die Erkennungszeichen von Coca-Cola, Nike, McDonald's oder Apple.

Die Begriffe, die wir dafür verwenden, können etwas verwirrend sein. Einige der Logos sind bloß typografisch, etwa das von Microsoft. Ich nenne sie »Firmenzeichen« (im Englischen »logotype« oder »woodmark«). Andere zeigen Formen und Abbildungen – ich nenne sie »Symbole«. Dabei haben sie manchmal gar keine symbolische Bedeutung: Das Symbol von Apple Computer ist zum Beispiel – ein Apfel. Andere Logos stellen reale Dinge dar, die sie gar nicht oder nur indirekt bedeuten. Das Krokodil von Lacoste leitet sich ab vom Spitznamen des Gründers René Lacoste. Die drei Streifen von Adidas hatten von Anfang an nur dekorativen Charakter. Und manche Logos sind ausgesprochen abstrakt, so wie der Chase Bank, das man als »abgeschrägten Bagel« beschreiben kann. Oder das rote Dreieck der Biermarke Bass Ale, das bis auf das Jahr 1777 zurückgeht und eines der ältesten Logos der Welt ist.

Viele Leute lassen sich von Logos hinreißen. Dabei besteht die wahre Herausforderung für Unternehmen darin, ehrlich, mit Fingerspitzengefühl und intelligent zu kommunizieren. Es erfordert ständige Aufmerksamkeit. Ein Logo zu schaffen ist hingegen eine Tätigkeit mit einem Anfang und einem Ende. Kunden wissen, was man dafür bezahlen muss und Gestalter wissen, was sie berechnen können. Also belassen es beide gerne dabei, ihre Logos zu optimieren, anstatt eine raffinierte und kluge Lösung für ihre Kommunikation zu suchen.

Wenn wir uns bekannte Logos ansehen, dann nehmen wir nicht bloß Wörter, Bilder oder irgendwelche Formen wahr – denn jedes Logo bringt ein ganzes Universum von weiteren Assoziationen mit sich. Ein nagelneues Logo hat deshalb meistens keinerlei Bedeutung. Es ist ein leeres Gefäß, das darauf warten muss, gefüllt zu werden: mit Geschichten und Erfahrungen. Das Beste, was ein Designer also machen kann, ist ein optimales Gefäß zu erschaffen.

Linke Seite
Der »IDA Congress« im Jahr 2012. Diese internationale Konferenz bildet alle zwei Jahre einen wichtigen Treffpunkt für unsere Branche. Was auf den ersten Blick so aussieht wie ein abstrakter Kleckser, soll Pangaea darstellen: der Urkontinent, in dem alle heutigen Kontinente vereint waren. In der globalen Welt sollten wir uns zusammen tun.

Harlequin Enterprises, 2011. Ein Verlag für romantische Literatur.

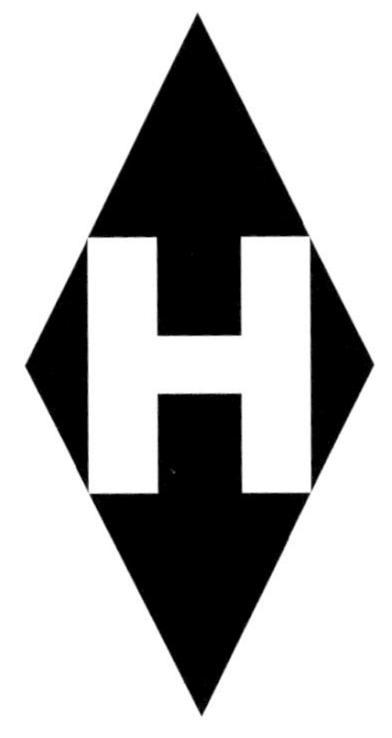

New York City Economic Development Corporation, 1992. Die Stadt soll wachsen.

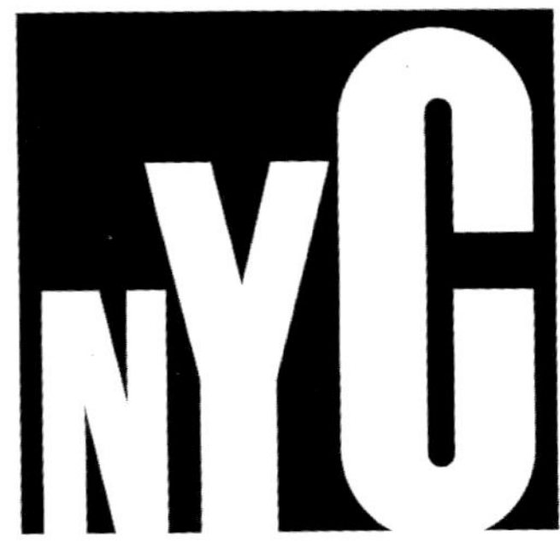

Success Academy, 2014. Der Zufall bestimmt hier das Design.

S|U|C|C|E|S|S
A|C|A|D|E|M|Y
C|H|A|R|T|E|R
S|C|H|O|O|L|S

21c Hotels, 2005. Für Gäste, die Kunst mögen.

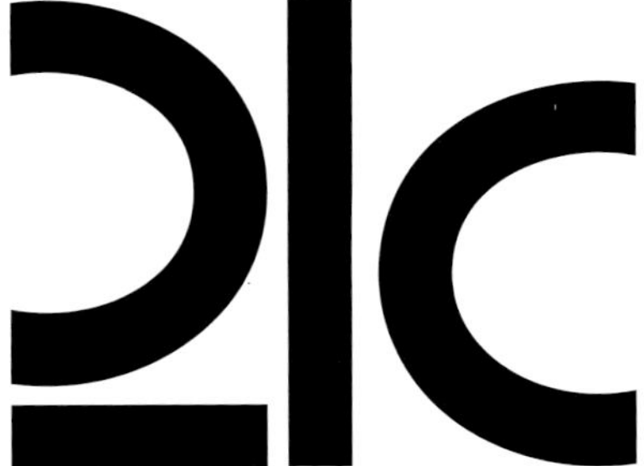

MillerCoors, 2008. Zwei Traditionsbrauereien schließen sich zusammen – und brauen demnächst gemeinsam.

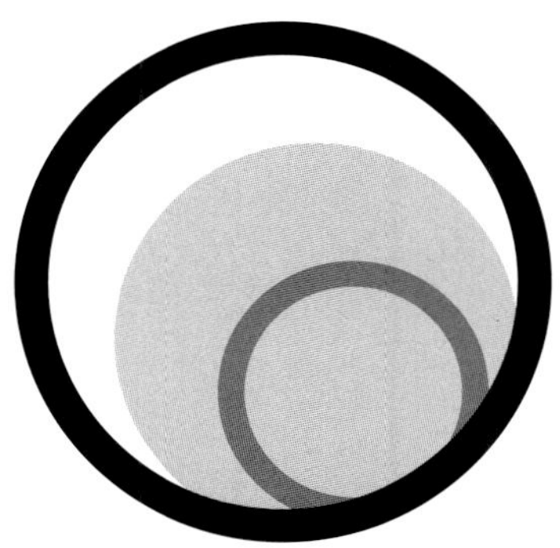

Wave Hill, 2002. Ein Garten für Kultur und Spaziergänge in der Bronx.

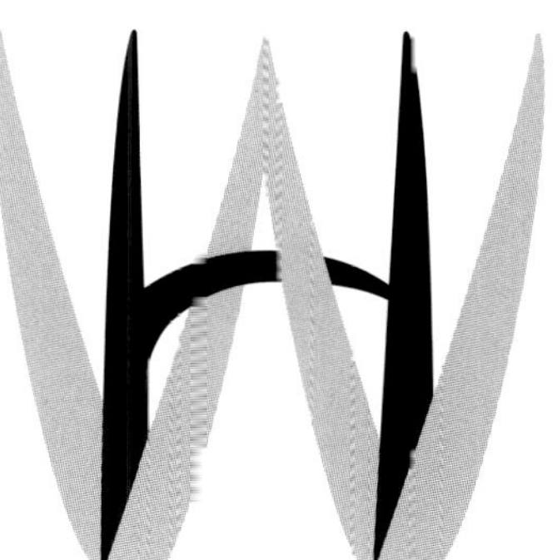

Broadway Books, 1996. Manhattan ist ein großes offenes Buch – und das Eselsohr heißt Broadway

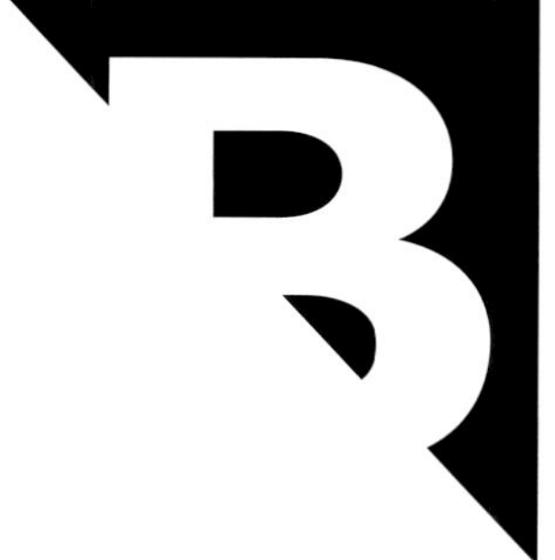

IDEO, 1997. Weiterentwicklung des ursprünglichen Logos von Paul Rand.

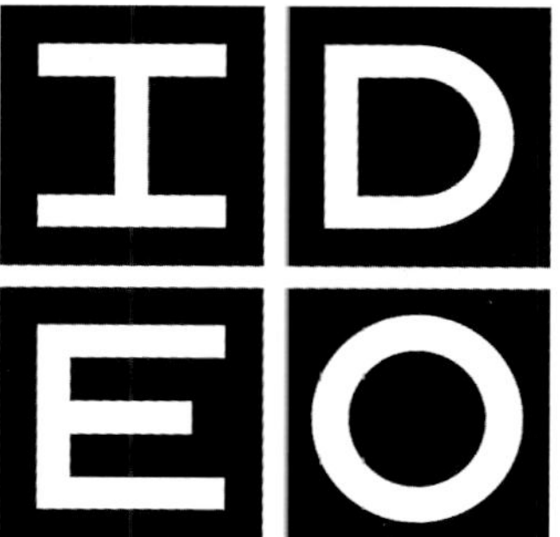

Gotham Equities, 1992. Ein Immobilienentwickler aus New York.

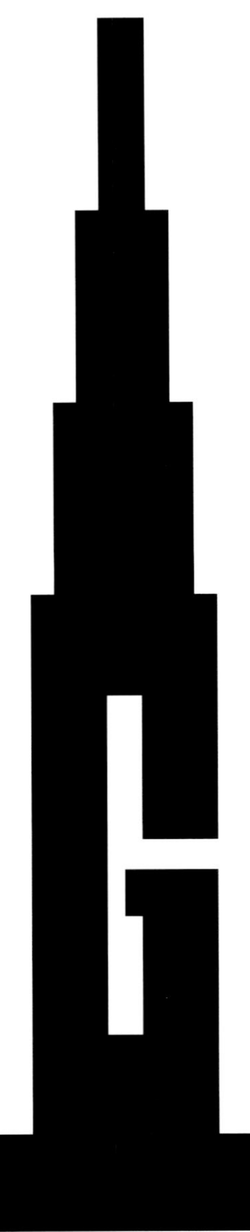

The Fashion Center, 1993. Ein großer Knopf in der großen Stadt.

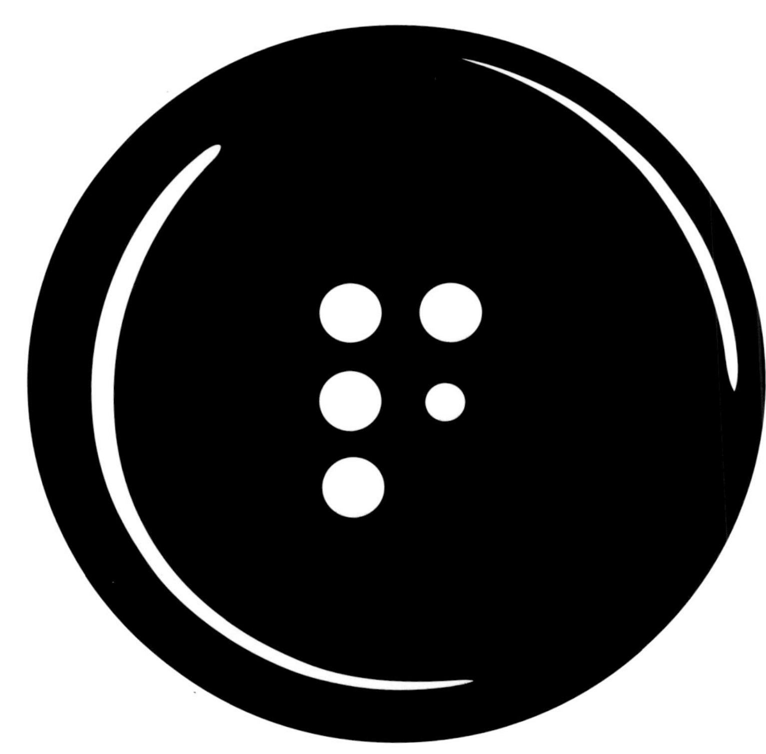

Council of Fashion Designers of America, 1991. Wissen, wie man Akzente setzt.

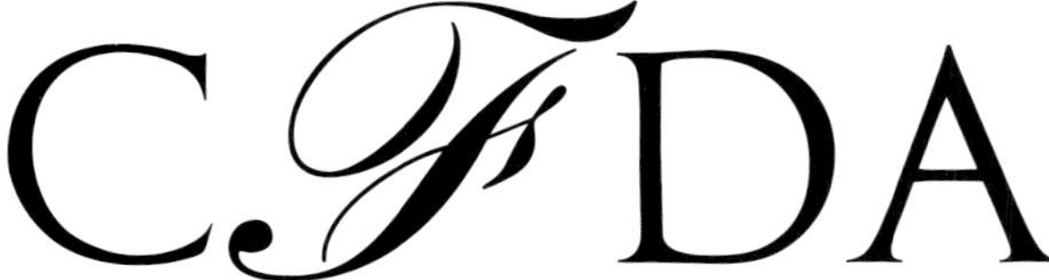

Amalgamated Bank, 2014. Das traditionelle Bankhaus der Gewebe- und Bekleidungsindustrie.

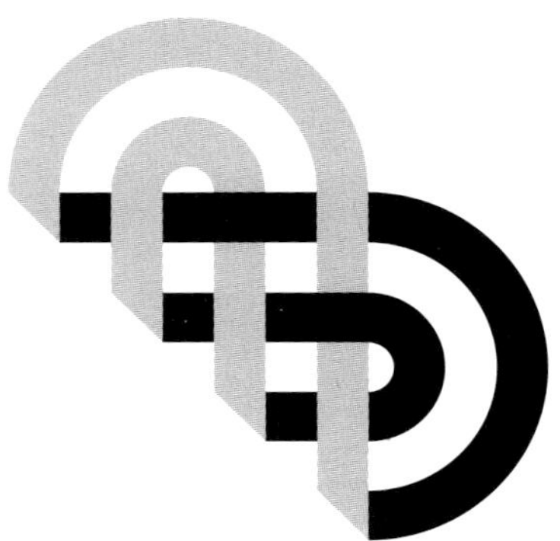

St. Petersburg/ Clearwater Area Convention and Visitors Bureau, 2010. Seichte Wellen für Amerikas schönste Strände.

Interactive Advertising Bureau, 2007. Zwei »dots« für die »dot.com« Wirtschaft.

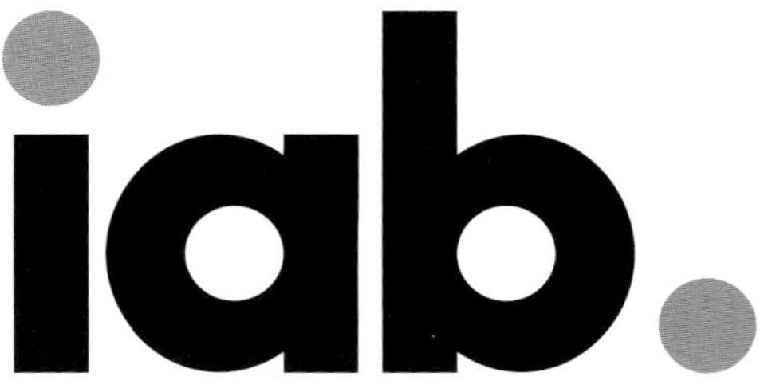

Grand Central Terminal, 2013. Die berühmteste Bahnhofuhr der Welt zeigt an, seit wann sie tickt: 1913.

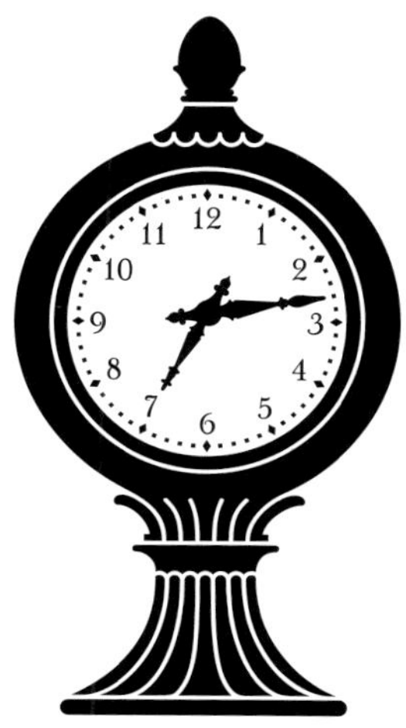

Flatiron/23rd Street Partnership Business Improvement District, 2006. Eine Kreuzung mitten in New York – dort, wo das Flatiron Building steht.

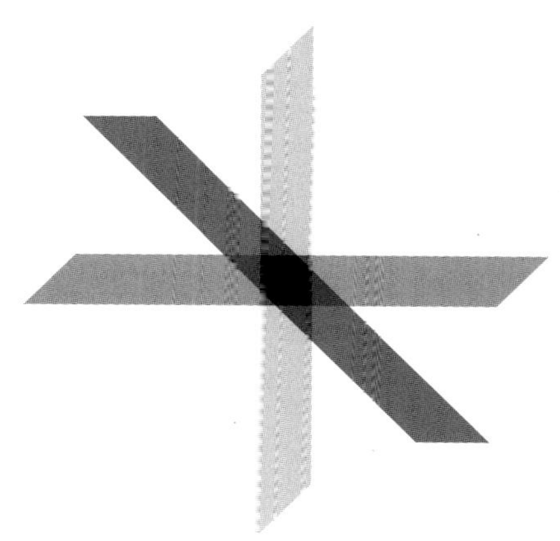

Penguin Press, 2014. Die Absatzmarke als Markenzeichen einer Verlagsgruppe.

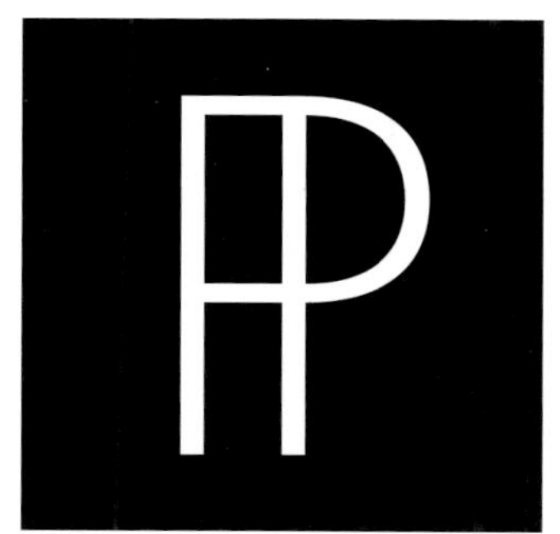

Fashion Law Institute, 2011. Ein Hammer von Logo!

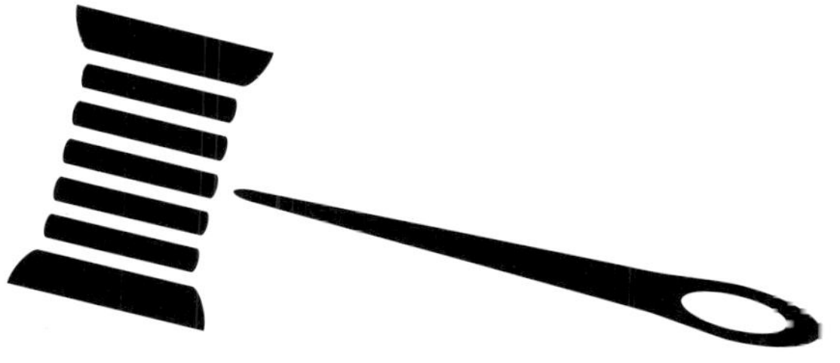

Modern Art Museum of Fort Worth, 1999. Tadao Ando hat das Haus auf einen urbanen See gesetzt.

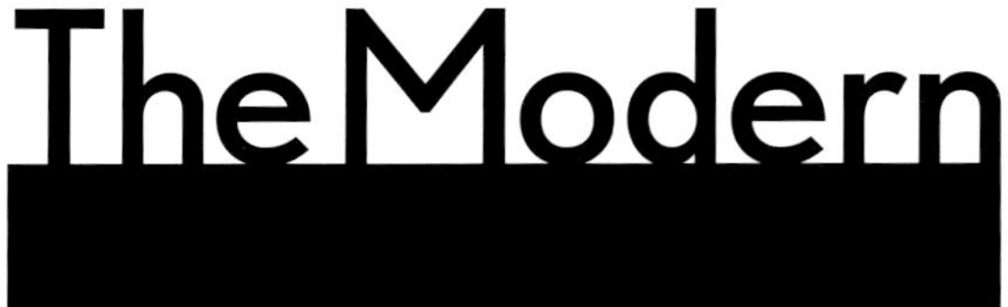

Scripps College, 2009. Das Wappen des achten Präsidenten der Schule.

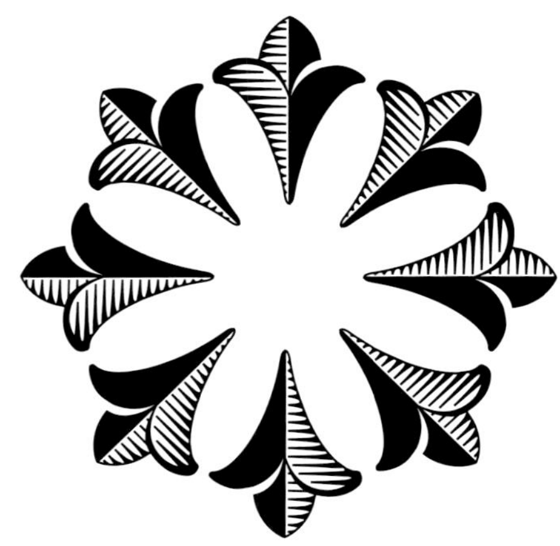

Midwood Equities, 2014. Bausteine für Immobilien-entwickler.

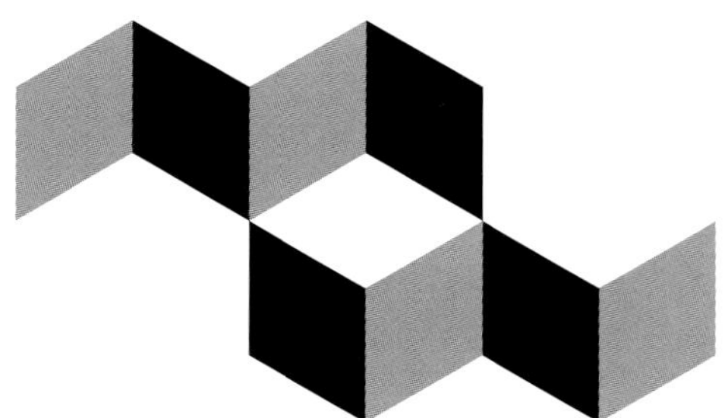

Chambers Hotel, 2001. Eine Infografik als Monogramm.

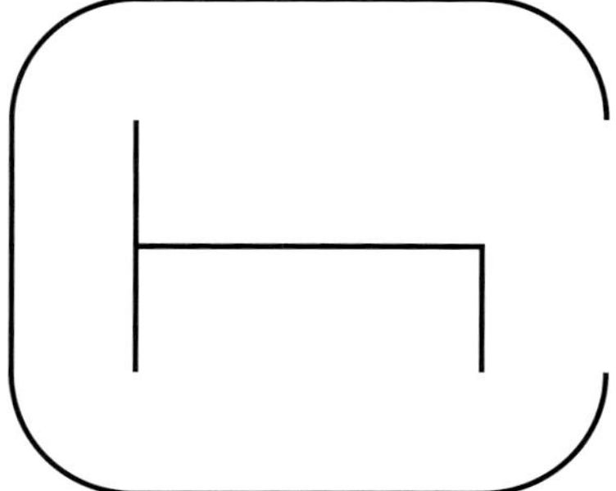

Families for Excellent Schools, 2014. Buchstaben = Bildung; Menschen = Vertrauen.

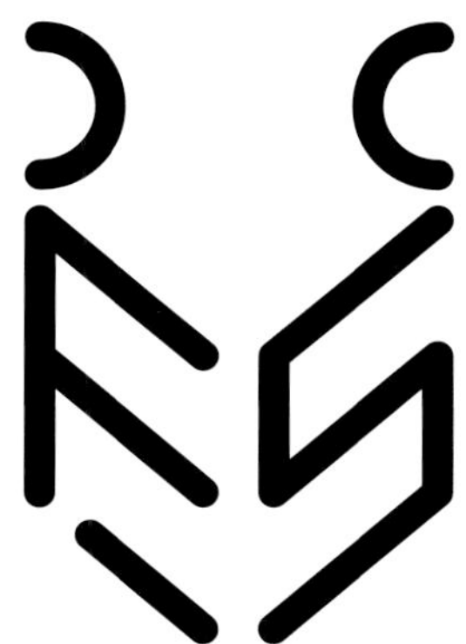

Fulton Center, 2014. Ein Knotenpunkt mit einem Glasatrium.

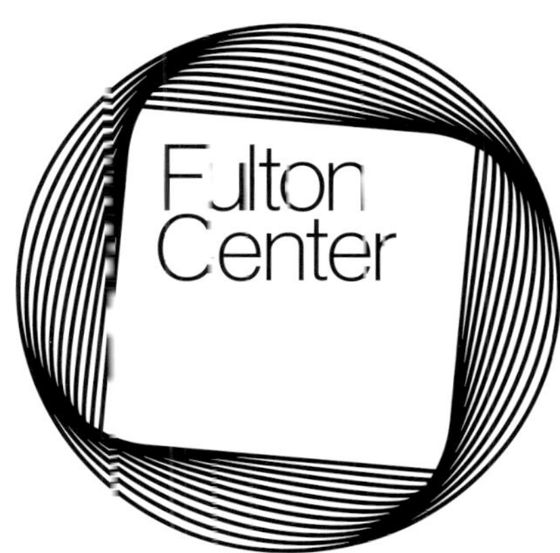

Tenement Museum, 2007. Ein Ort, an dem es ungewöhnlich eng werden kann.

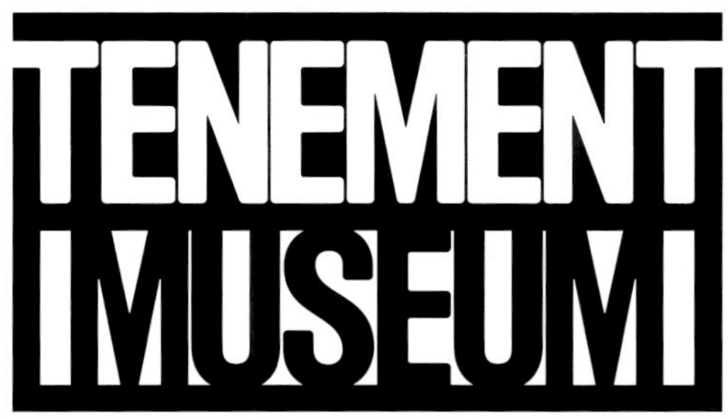

Yale School of Management, 2008. Die Heldenschule für den Konferenzraum.

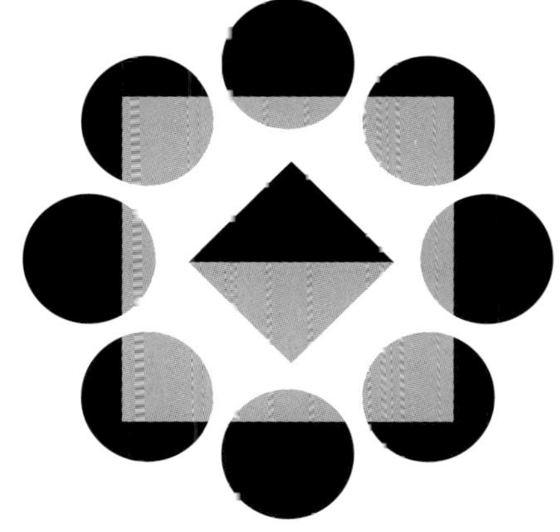

Museum
of Sex,
2002. Ohne
Honorar der
menschlichen
Sexualität
gewidmet.

museumofse**x**

March of
Dimes, 1998.
Ohne Honorar
der Gesundheit
von Kindern
gewidmet.

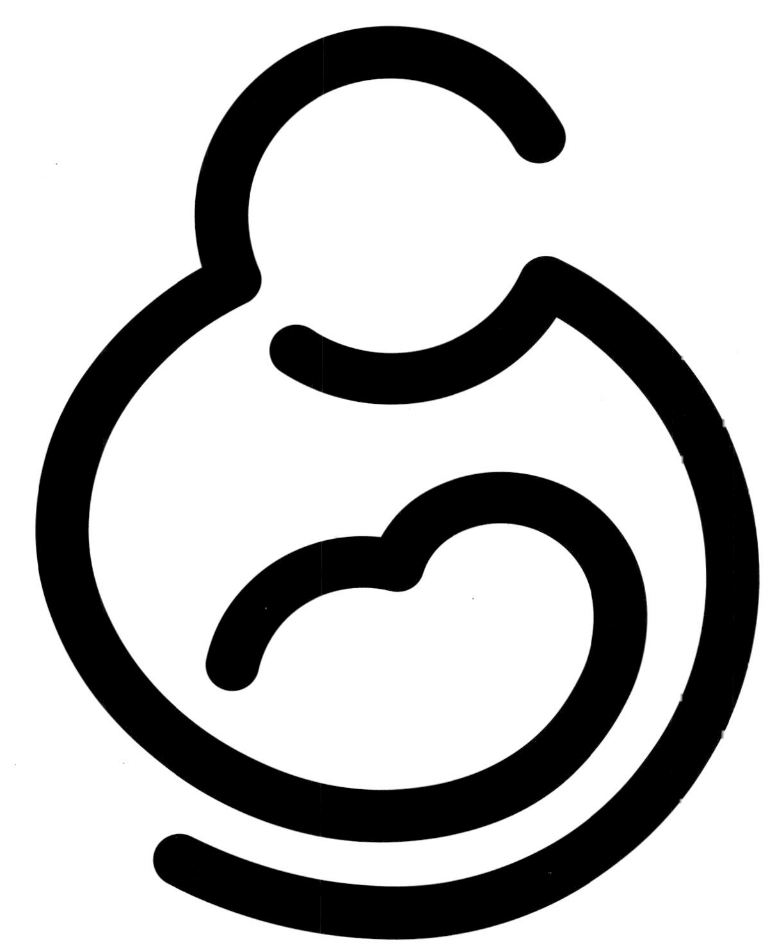

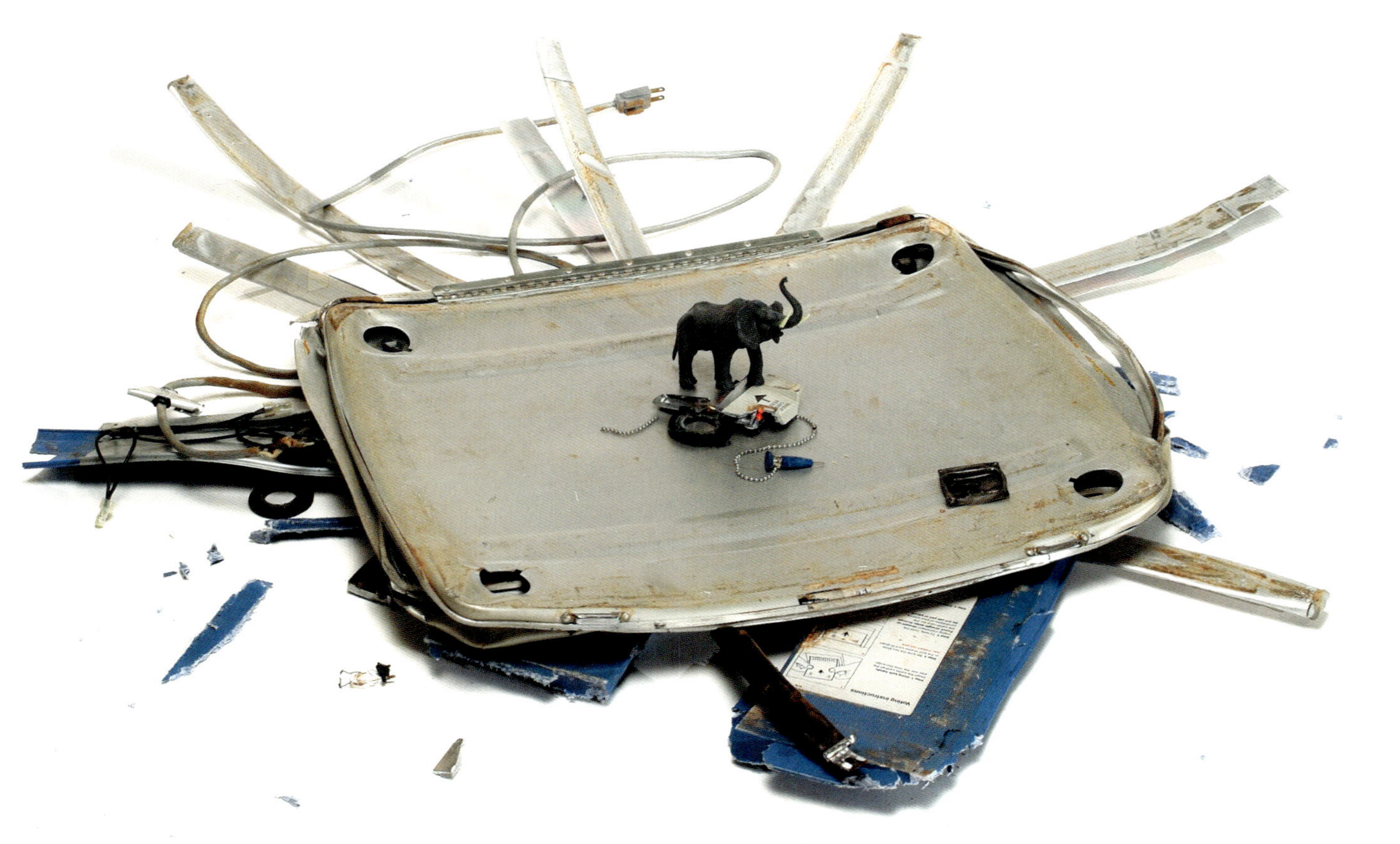

Wie man die richtige Stimme abgibt
Das Projekt mit der Wahlmaschine

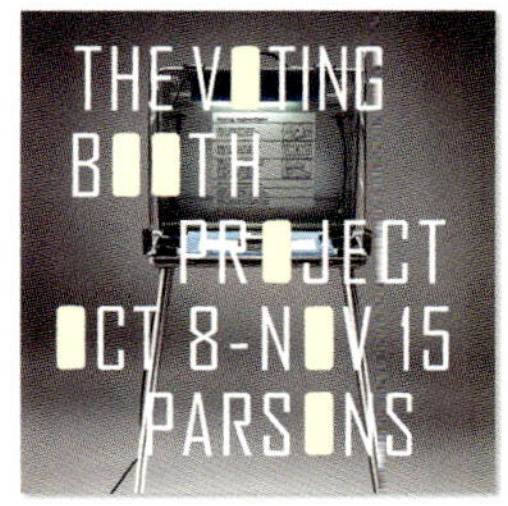

Linke Seite
Eine zerschmetterte Wahlmaschine symbolisiert die chaotische Präsidentschaftswahl im Jahr 2000 – und ihr extrem umstrittenes Ergebnis.

Oben
Wir gestalteten beides, die Ausstellung »Voting Booth Project« und den Katalog dazu. Die herausgestanzten Buchstaben auf dem Umschlag sind ein offensichtlicher Hinweis auf die Wahlzettel mit ihren halb ausgestanzten Löchern (im Englischen »hanging chads«), die für mehrere Wochen die Nation ratlos machten.

Nach dem Debakel um die Präsidentschaftswahlen im Jahr 2000, als die Wahlzettel im Wahlkreis Palm Beach die Auszählung und letztendlich die gesamten Wahlen in einen wochenlangen Schwebezustand versetzten, schaffte der Bundesstaat Florida die Wahlmaschinen der Marke Votomatic ab. Sie wurden auf eBay verkauft. André Balazs, ein Hotelier aus New York, sah darin eine treffliche Gelegenheit, sich ein Stück Geschichte zu kaufen. Also kaufte er hundert Geräte zu einem Preis von jeweils zehn Dollar und schenkte einige davon Freunden. Doch was wollte er mit dem Rest? Paul Goldberger, der damals Dekan der Parsons School of Design war, schlug eine Ausstellung in seinem Schulgebäude vor. Fünfzig Designer und Künstler, darunter David Byrne, Bonny Siegler und Emily Oberman, Milton Glaser und Maira Kalman bekamen eine Maschine und wurden gebeten, sie irgendwie zu verändern. Wir wurden gefragt, den gestalterischen Rahmen für die Ausstellung zu entwickeln, deren Kurator der begnadete Chee Pearlman war. Außerdem durften auch wir uns an einer Wahlmaschine versuchen. Die Ausstellung wurde im Oktober 2004 eröffnet, gerade rechtzeitig für die nächsten Präsidentschaftswahlen im selben Jahr.

In den meisten Fällen wurden die Wahlmaschinen in vielbedeutender und provokativer Form bearbeitet. Mein Partner Jim Biber und ich wählten hingegen einen direkten Weg: Wir walzten sie einfach platt. Was wir bis dahin nicht wussten: Wie leicht es in New York ist, eine 1,5 Tonnen Walze zu mieten – man benötigt nicht einmal einen Führerschein. Die empfindlich wirkende Votomatic erwies sich allerdings als überraschend (und vielleicht auch beruhigend) robust. Es erforderte einige Anläufe, bis wir sie wirklich platt hatten. Und die kontrollierte, aber bestimmte Gewalt dieses Vorgehens hatte durchaus eine reinigende Wirkung auf uns.

Das Ergebnis war eine hübsche Skulptur im Stil von John Chamberlain, doch die brutalen Mittel, die wir eingesetzt hatten, schrien nach einer ebenso brutalen Botschaft. Warum sollten wir uns mit Feinsinnigkeiten aufhalten? Wir kauften einen kleinen Elefant aus Plastik – das Symbol von George W. Bushs Republikanischer Partei – und stellten ihn auf den Müllberg, so dass kein Zweifel mehr bestand, wer die Walze in Wahrheit bedient hatte.

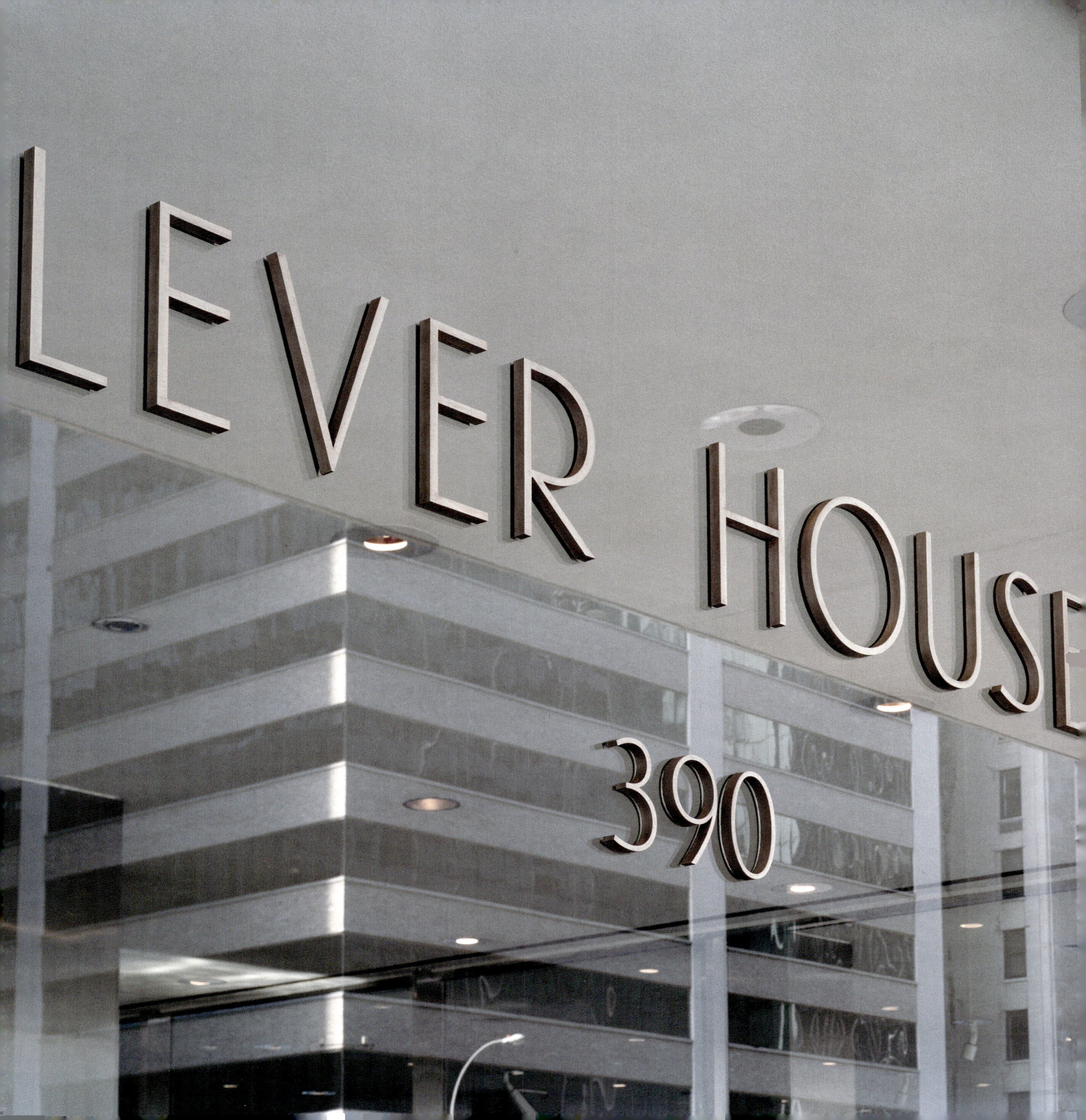

LEVER HOUSE
390

Wie man in die Welt der Mad Men reist
Lever House

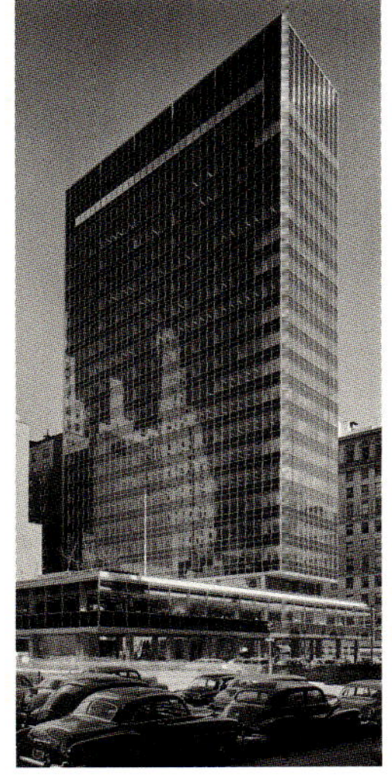

Linke Seite
Fünfzig Jahre nach seiner Erbauung wurde das berühmte Lever House von Gordon Bunshaft einer vorsichtigen Sanierung unterzogen. Damit beauftragt waren das ursprüngliche Architektenbüro SOM und William Georgis. Die Beschriftung war unsere Aufgabe.

Oben
Mit dem Lever House zog 1952 auch das erste Skelett-Hochhaus aus Glas und Stahl in Midtown Manhattan ein – und wurde zu einem bis heute gültigen Vorbild für Bürobauten in New York.

Architekten, Produktgestalter und Modedesigner können stets auf eine Fülle von Materialien zurückgreifen: Stahl und Glas, Kunststoff und Verbundstoffe, Textilien und Lacke. Als grafische Gestalter können wir das nicht! Schließlich sind wir in einer Welt aus Papier und Pixel zuhause, in der sich unsere Auswahl meistens auf eine einzige Frage beschränkt: Welche Schriftart soll ich benutzen? Der Vorteil dieser einen Option besteht zugleich in ihrer überaus großen Wirkung. Meine Kollegin Paula Scher pflegt zu sagen: »Wörter haben eine Bedeutung, und Schriften haben eine Seele.« Diese Seele kann selbstverständlich strittig, schwierig zu fassen und noch schwieriger zu beschreiben sein. Trotzdem haben wir mit den Schriften sehr wirkungsvolle Zauberwaffen zur Hand.

Das erinnert mich an einen Anruf, den wir 1999 von William Georgis bekamen. Der 50. Geburtstag des legendären Lever House in Manhattan stand bevor, und Georgis, ein renommierter Architekt und Innenraumgestalter, und die ursprünglichen Architekten SOM hatten den Auftrag, das Gebäude einer behutsamen Sanierung zu unterziehen. Dabei sollten sie sich auch um die Beschilderung kümmern und sie auf einen zeitgemäßen Stand bringen – was bedeutete, alle Schrifttypen und Schilder durch neue zu ersetzen. Es war die richtige Aufgabe für uns – doch welchen Beitrag konnten wir leisten?

Ich muss hier etwas ausholen, da das Lever House mit seiner Eröffnung im Jahr 1952 einen Wendepunkt für die gesamte New Yorker Architektur darstellte. Dem Architekten Gordon Bunshaft aus dem Büro SOM war schließlich der erste Skelettbau mit einer Vorhangfassade gelungen. In diesem Abschnitt der Fifth Avenue, den bis dahin nur Backsteinbauten gesäumt hatten, ragte nun ein moderner Turm aus Glas und Stahl in die Höhe. Er schien über einem breiten, flachen Gebäude zu schweben, das wiederum selbst so wirkte, als würde es schweben und unter sich einen lichtdurchfluteten Durchgang für Fußgänger bilden. Das gesamte Ensemble war also auf eine ganz neue Art elegant und filigran. Hinzu kam, dass Hans und Florence Knoll mit der Innenausstattung beauftragt worden waren, während der berühmte Designer Raymond Loewy, der mit seiner grafischen Sprache schon einigen Häusern ein Gesicht verliehen hatte, die Beschriftung entworfen haben soll.

Die Buchstaben, die sich noch an dem Gebäude befanden, waren stark in die Jahre gekommen – und auf den ersten Blick war uns klar, dass man diese Schrift nicht einfach aus einem Katalog moderner Schriftsätze beziehen könne. Wir hatten gar keine andere Wahl, als den größten Teil unseres Budgets darauf zu verwenden, aus der Handvoll Buchstaben, die es gab, ein vollständiges Alphabet abzuleiten. Es war eine Art typografisch-forensische Rekonstruktion erforderlich, mit der wir Jonathan Hoefler und Tobias Frere-Jones beauftragten. Das Ergebnis nannten wir Lever Sans – eine Typografie, die sofort Assoziationen mit der Ära der *Mad Men* weckt, ohne mit billigen Klischees zu spielen. Für mich ist diese Schrift die perfekte Zeitmaschine: Wenn ich das »R« betrachte, sehe ich das New York der späten Fünfziger- und frühen Sechzigerjahre. Alfred Hitchcock hat es für die Nachwelt in seinem Film *North by Northwest* (*Der unsichtbare Dritte*) verewigt.

Rechts
Alles neu: die Nutzung, die Nutzer und die Regeln. Also waren auch neue Schilder erforderlich. Sie wurden in der Schrift Lever Sans gesetzt, die wir aus den alten Vorlagen entwickelt hatten. Unsere größte Hoffnung bestand darin, dass niemand einen Unterschied bemerken würde.

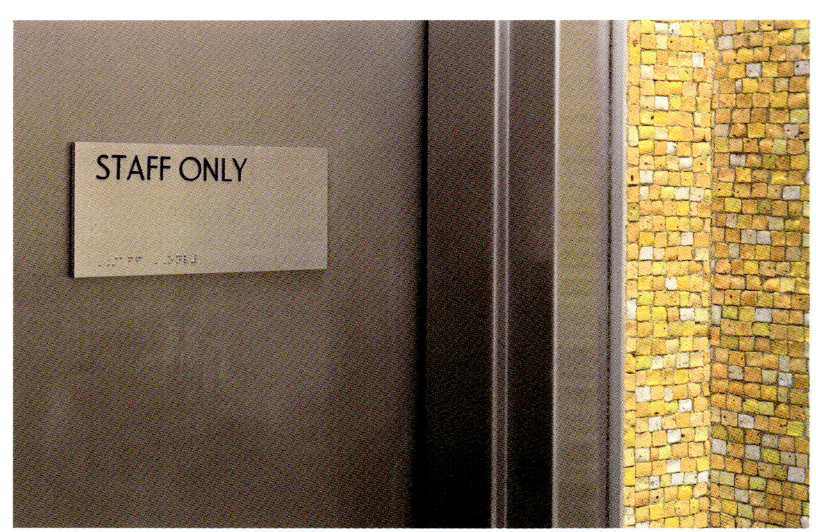

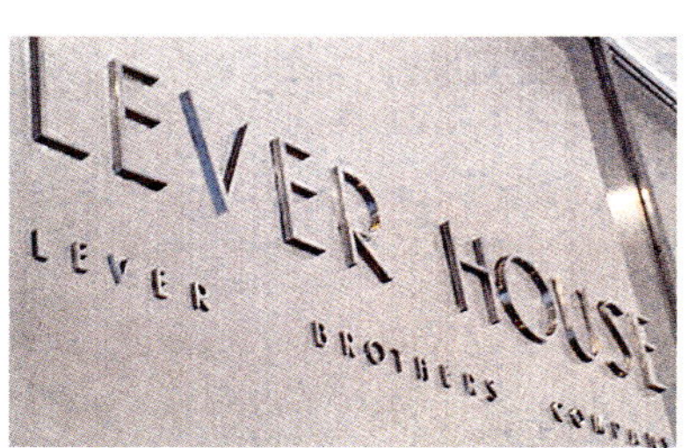

Oben
Es wäre ein Leichtes gewesen, existierende Katalogschriften wie Futura oder Neutraface für das Lever House zu verwenden. Aber die alten Schilder, selbst wenn sie beschädigt waren und schon Buchstaben fehlten, mahnten uns, dass sie erneuert und nicht abgeschafft werden sollten.

Rechte Seite
Die Schriftgestalter Jonathan Hoefler und Tobias Frere-Jones schufen aus acht Buchstaben ein vollständiges Alphabet. Da es für die Zahlen keinerlei Vorlagen gab, war diese Aufgabe besonders schwierig. Am Ende entstand ein vollständig neuer und einzigartiger Schriftsatz, mit dem wir dem Gebäude in jedem Winkel zu neuem Zauber verhelfen konnten.

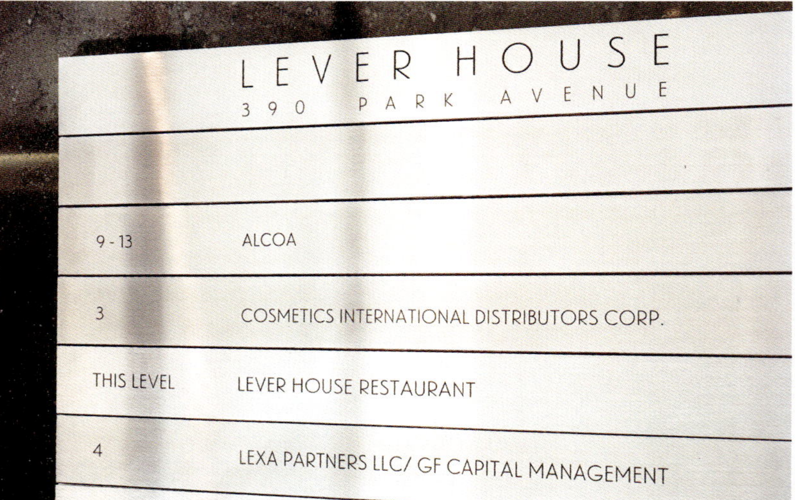

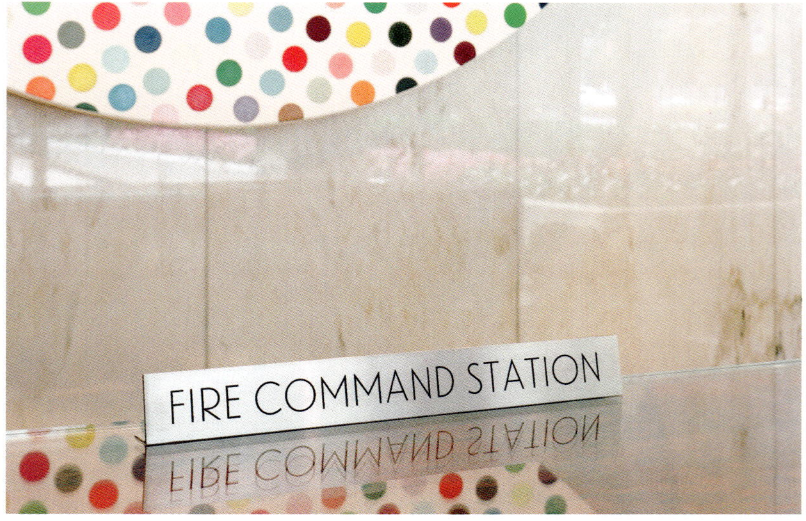

A B C D E F
G H I J K L M N
O P Q R S T
U V W X Y Z
1 2 3 4 5
6 7 8 9 0

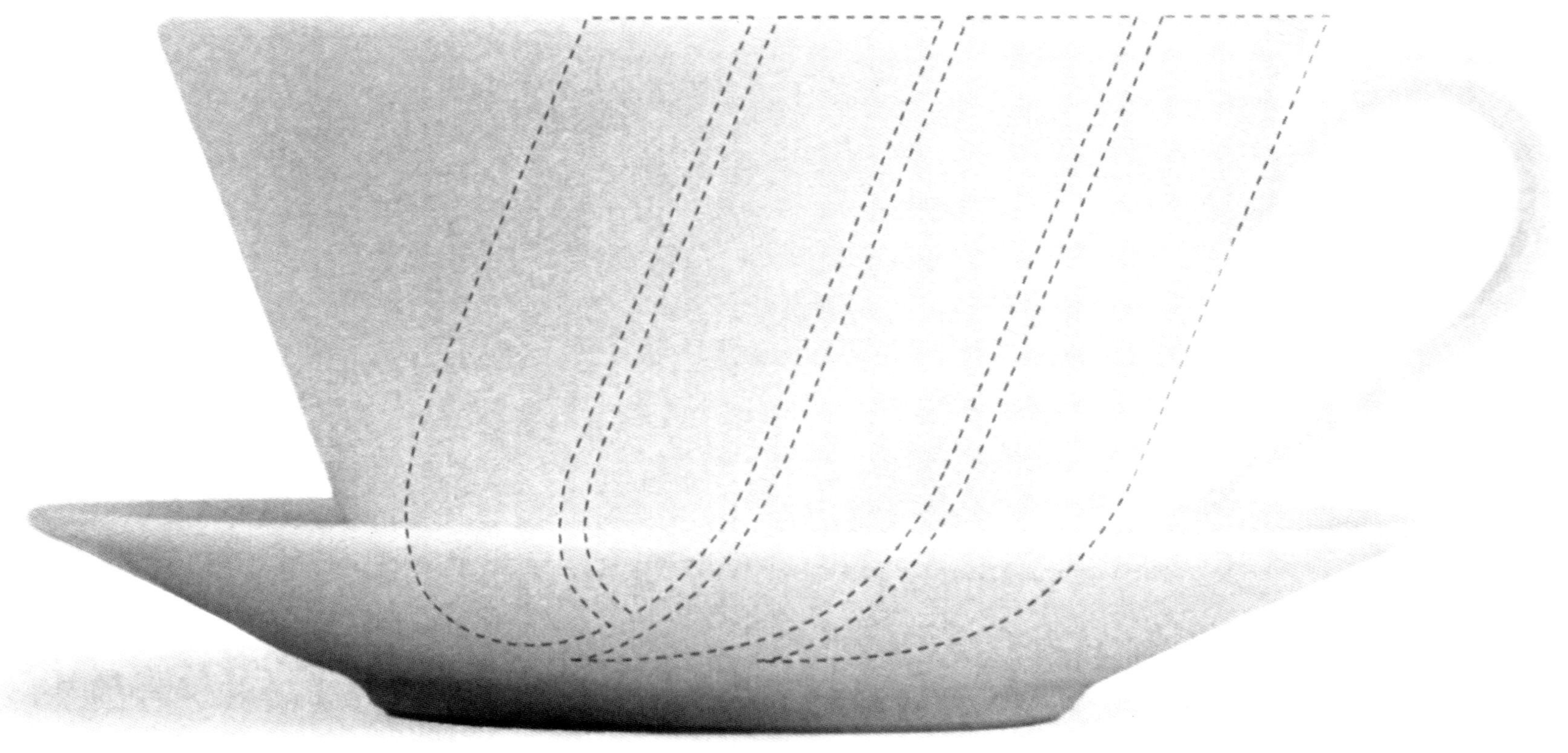

Wie man den Koffer für eine lange Reise packt
United Airlines

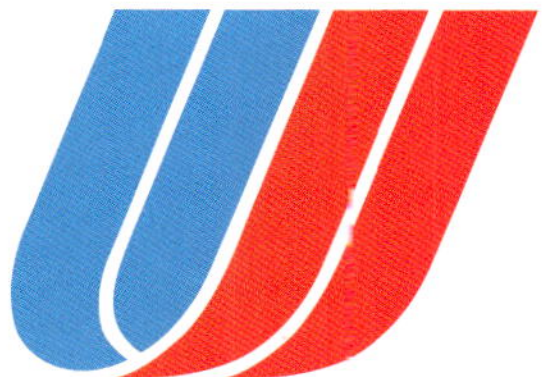

Linke Seite und oben Das Symbol von United wurde im Unternehmen »Tulpe« (»the tulip«) genannt. Der legendäre Grafiker Saul Bass hatte es 1973 entworfen – und es war in der Zwischenzeit aus dem Verkehr gezogen worden, bis wir es wiederbelebten. Unsere Arbeit für United umfasste auch Experimente wie »Branding without branding«. So leitete Daniel Weil aus der Geometrie des Symbols die Linienführung für das Bordgeschirr ab.

Es war im Jahr 1995, als die für die Marke verantwortliche Abteilung von United Airlines neue Berater suchte. Später erfuhr ich, dass wir die Einzigen waren, die keinen Wert darauf legten, den Flugzeugen neue Farben zu verpassen. Ich erinnere mich, wie ich im ersten Termin feststellte: Passagiere wollen nicht auf, sondern in einem Flugzeug reisen – wir müssen also den Innenraum verändern, nicht die Außenhaut. In Wahrheit hatten wir niemals zuvor für eine Fluglinie gearbeitet – wir wussten gar nicht, wie man Flugzeuge neu lackiert, und wir hatten keine entsprechenden Referenzen. Anstatt dessen sprachen wir uns für ganz andere Dinge aus, die wir kannten und von denen wir etwas verstanden: Bewirtung, Magazine, Schilder, Kaffeetassen. Meine Vorstellung war, dass die Fluglinie kein neues und schickes Design für eine bessere Werbung, sondern für eine bessere Erfahrung mit ihren Produkten und Dienstleistungen benötigte.

Damit begann eine 15 Jahre andauernde Geschäftsbeziehung. Ganz am Anfang stellte ich dem Kunden einen Partner aus unserem Londoner Büro vor: der sehr erfahrene, vielseitig talentierte und mehrsprachige Daniel Weil. Er leitete das, was wir dreidimensionale Projekte nennen, also die Arbeit mit Körpern und Formen, während ich mich auf die zweidimensionalen konzentrierte, also die Abbildungen von Dingen auf Papier, Bildschirmen und anderen Flächen. Einmal im Monat fuhren wir gemeinsam für mehrere Tage in die Hauptzentrale von United nach Chicago. Dort trafen wir uns mit allen möglichen Arbeitsgruppen des Konzerns. Ein Kunde ist ja schon eine Menge Arbeit. Hunderte von Kunden, mit denen wir es hier zu tun hatten, potenzieren diesen Zustand ins Unermessliche.

Unsere Strategie bestand nicht darin, bloß einen Katalog neuer abstrakter Gestaltungsregeln zu verfassen. Vielmehr erkundeten wir im Selbstversuch viele einzelne Objekte und Prozesse, um am Ende ein Gefühl dafür zu bekommen, wie vielschichtig das Design einer zeitgemäßen Fluglinie zu sein hat und vor allem: wie sich ihre Angebote anfühlen müssen. Wir entwarfen zum Beispiel das Gehäuse und die Dialogelemente für einen der ersten Flugscheinautomaten. Genauso entwarfen wir Speisekarten, Bestecke, Flugschalter, alle Arten von Schildern, Decken und Kissen. Und wir renovierten das traditionelle Logo, das Saul Bass entworfen hatte. Nach ungefähr acht Jahren war es dann endlich soweit: Die Flugzeuge wurden auch von außen neu lackiert!

Doch das alles hatte keinen Bestand für die Ewigkeit. Im Jahr 2011 schloss sich United mit dem Konkurrenten Continental Airlines zusammen. Am Ende eines Verhandlungsmarathons, der weniger von guten Argumenten der Markenführung als von taktischen Erwägungen und Kompromissen geprägt war, verheirateten sie ihre Namen zu United Airlines und gaben die alte Markenidentität zugunsten der Optik von Continental auf. Die neue Ära begann ohne uns. Bis dahin war es ein toller Flug gewesen.

Unten
Wir konnten die Kunden überzeugen, den Zusatz »Airlines« im Namen zu streichen, so dass die Marke »United« übrig blieb. Dann schufen wir ein neues Logo, das so vielseitig war, wie es ein erfolgreiches Luftfahrtunternehmen eben sein muss.

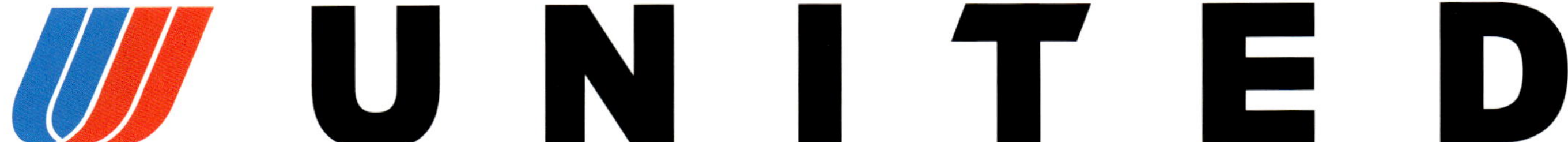

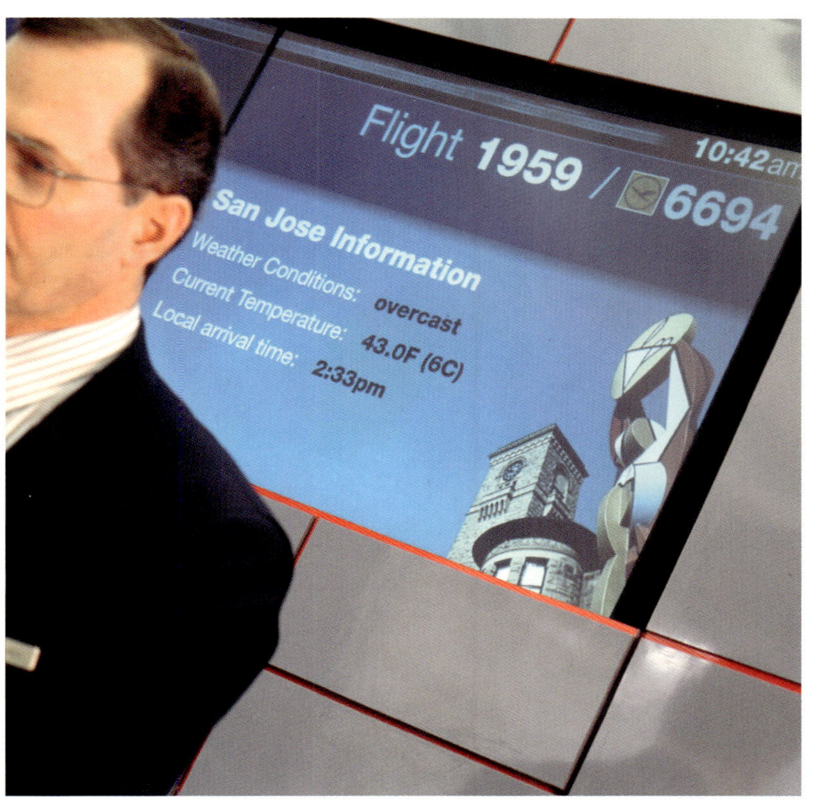

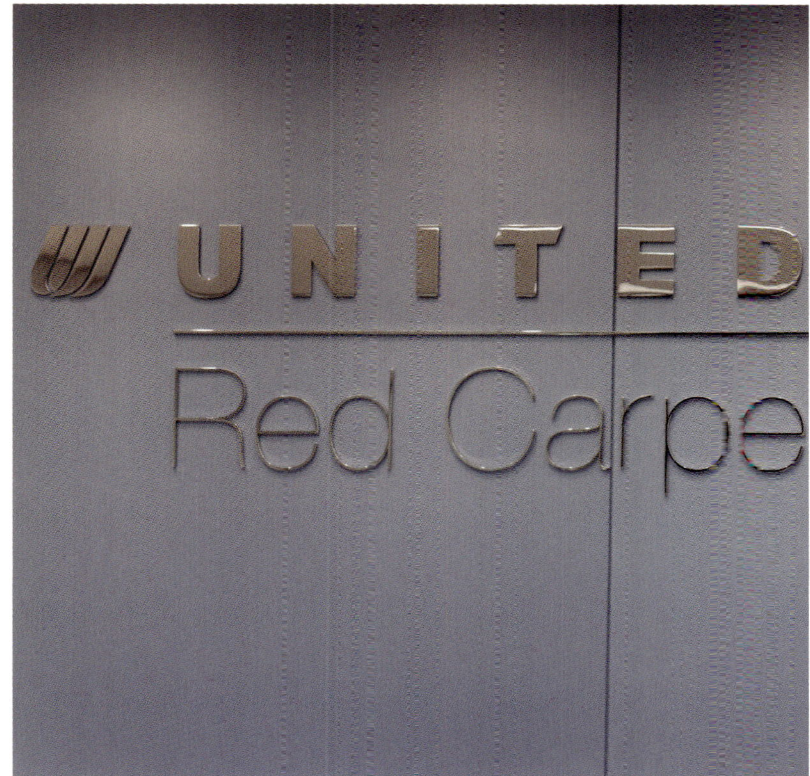

Oben links
Die optimale Information für die Passagiere ist eine Selbstverständlichkeit, die in der Markenführung einen wichtigen Platz einnimmt, zum Beispiel an den Abflugsteigen.

Oben rechts
Auch das Vielfliegerprogramm von United wurde von uns überarbeitet – hier zu sehen an den Eingängen zu den Club-Lounges.

Unten
Mithilfe unterschiedlicher Anmutungen ließ sich das Logo dramaturgisch vielseitig einsetzen, zum Beispiel mit einer verheißungsvollen Reflektion auf den Flugtickets.

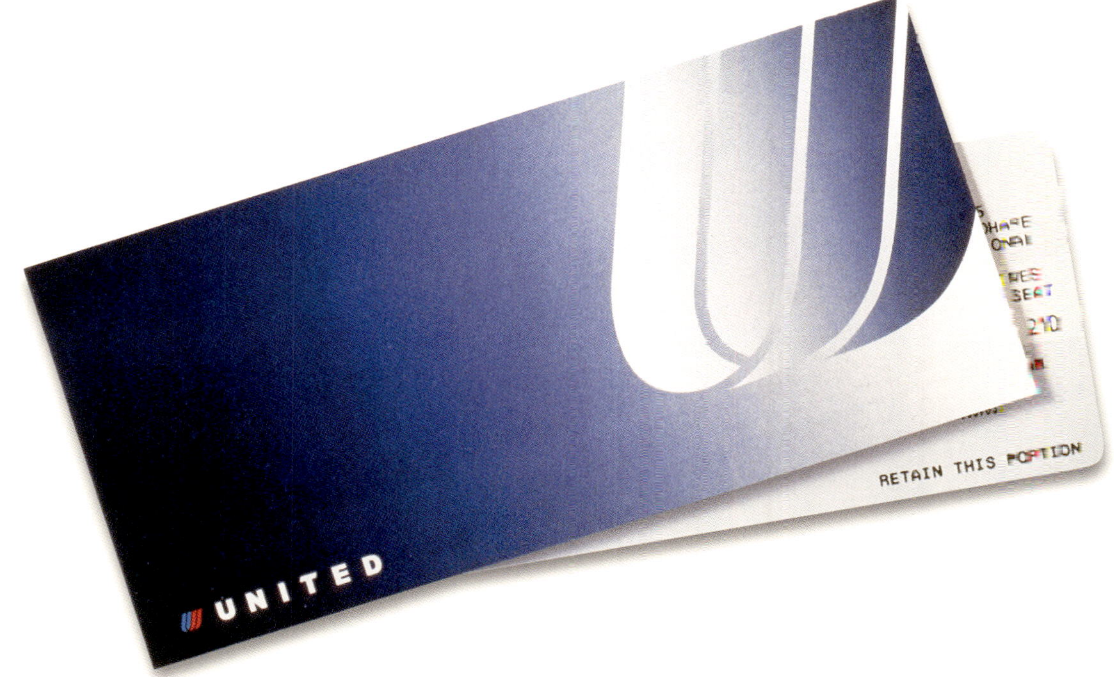

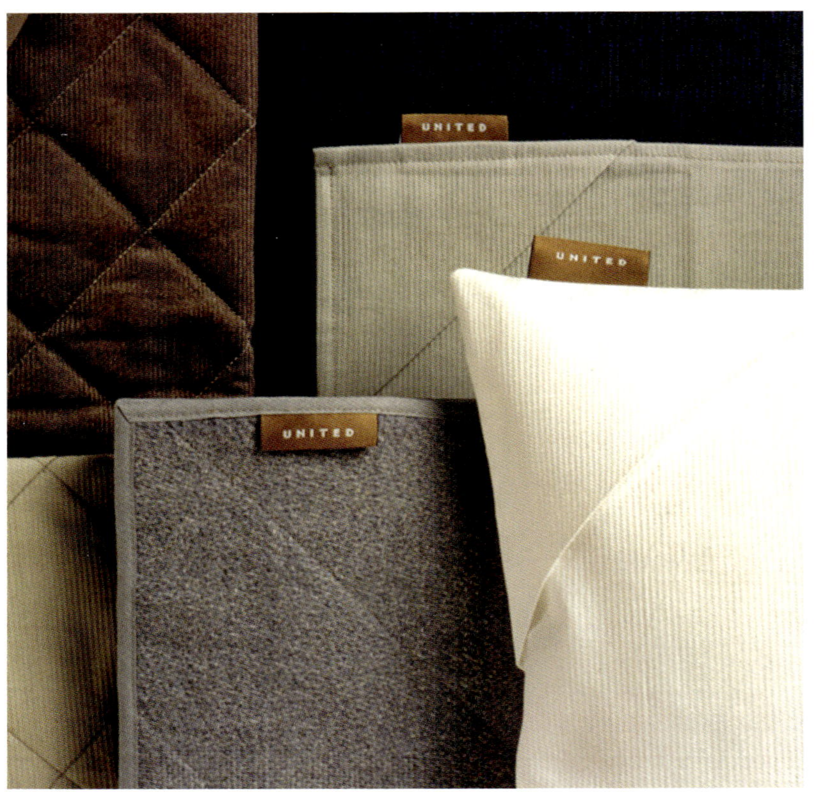

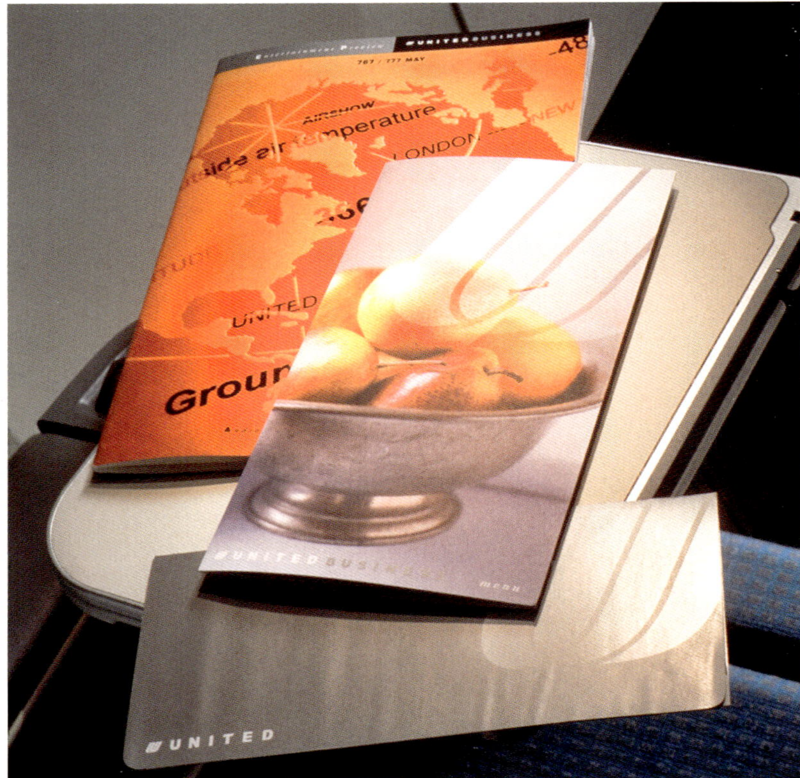

Oben links
Die Zufriedenheit von Fluggästen lässt sich weniger mit einer Marke als mit tatsächlichen Gegenständen erreichen, die gut tun und sich gut anfühlen. Deshalb war es uns wichtig, angenehme Decken und Kissen einzuführen, statt etwa die Außenhaut der Flugzeuge neu zu gestalten.

Oben rechts
Um auf Flügen weniger Abfall zu erzeugen, ist es wichtig, Drucksachen wie Menükarten möglichst nachhaltig herzustellen und möglichst lange einzusetzen.

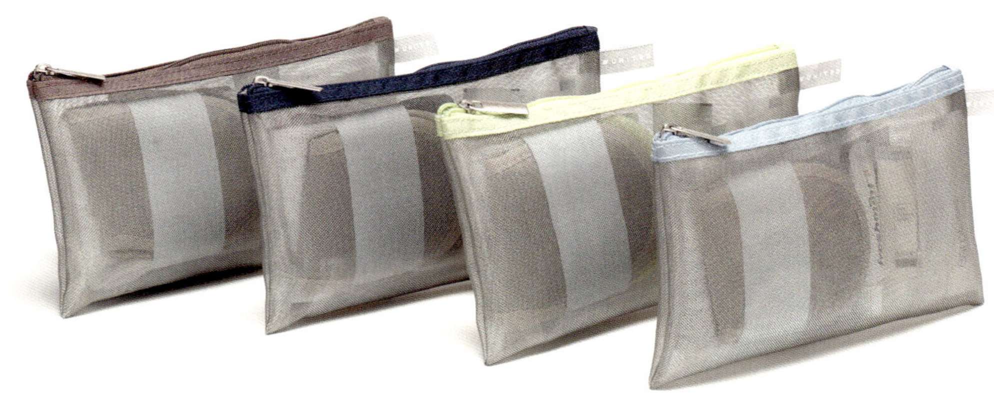

Unten
Kulturbeutel mit Zahnpflegesets und Schlafbrillen wurden so gefertigt, dass sie federleicht und wiederverwendbar waren.

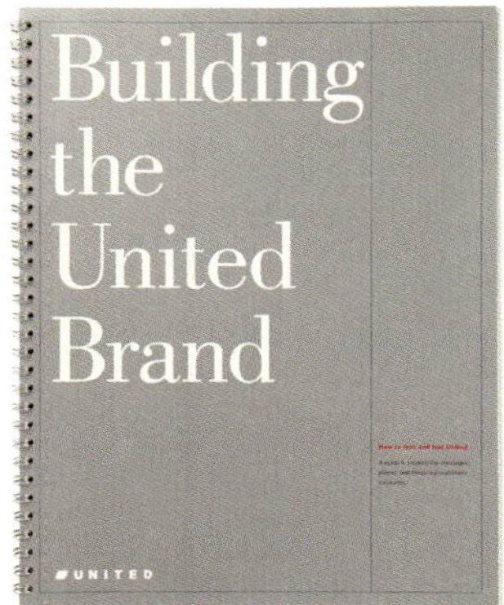

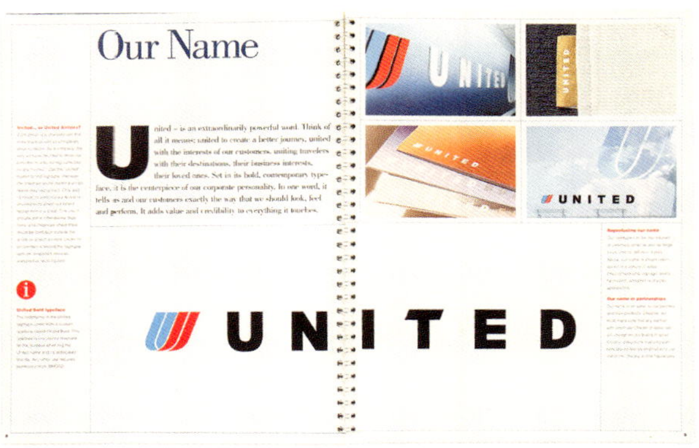

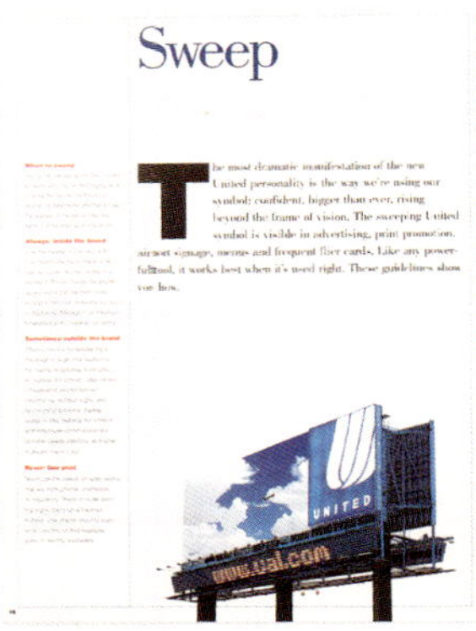

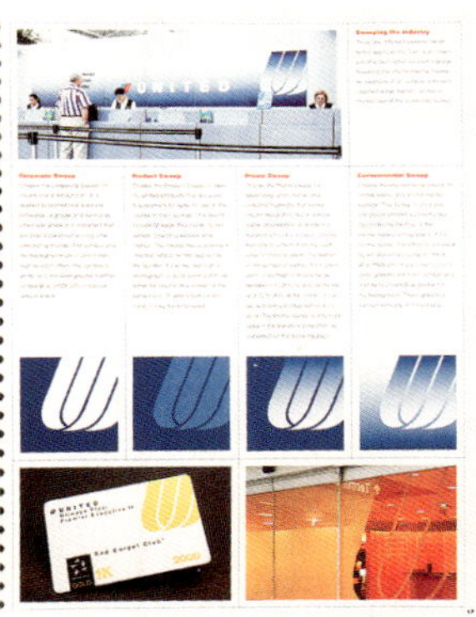

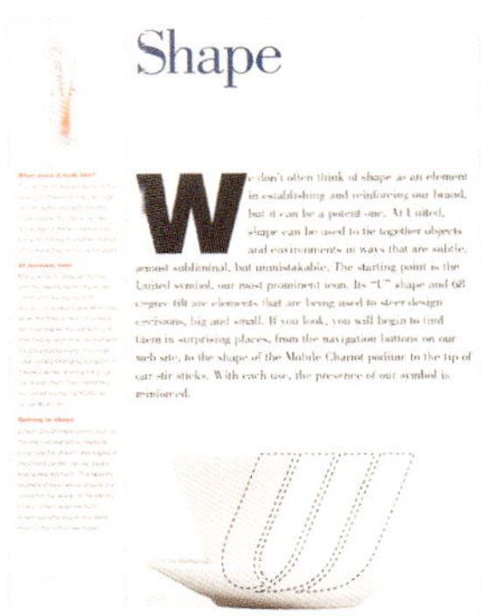

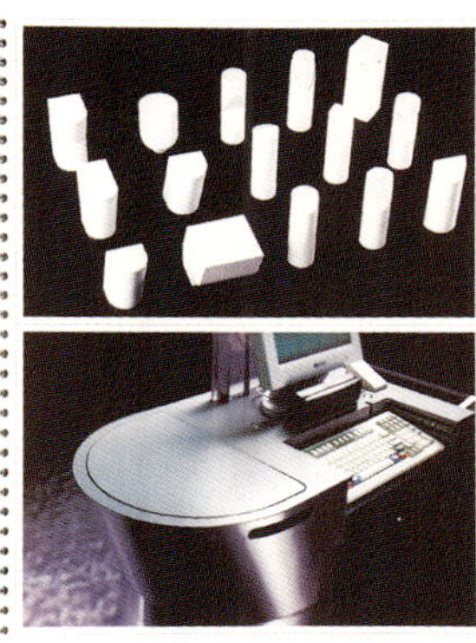

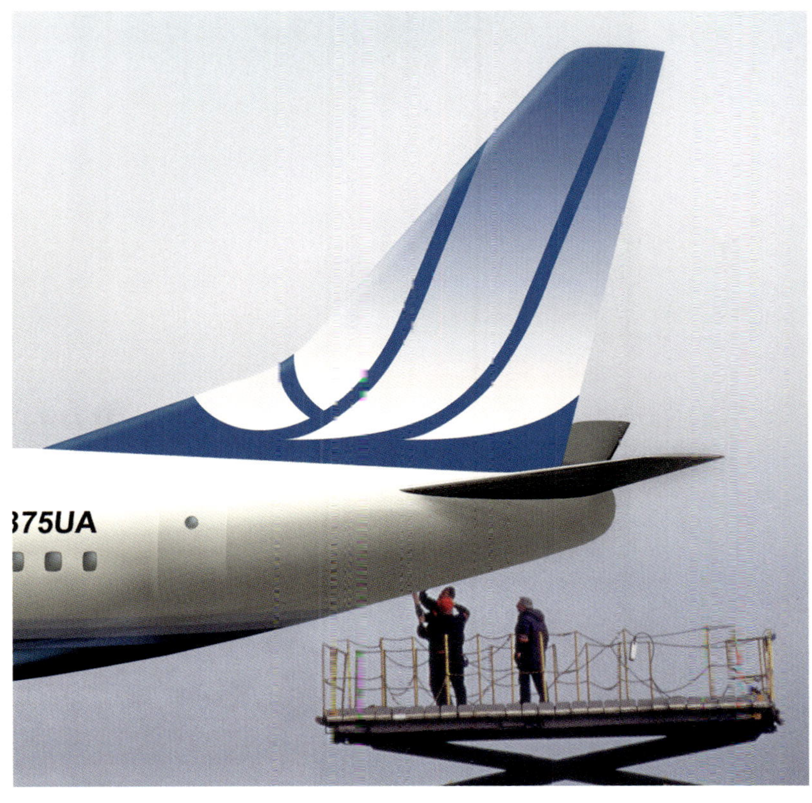

Links
Zu Beginn der Zusammenarbeit definierten wir einige grundlegende Regeln für die Markenführung und das Design von United.

Oben und nächste Doppelseite
Nach acht Jahren war es schließlich Zeit, den Flugzeugen auch von außen einen neuen Anstrich zu verpassen – um die inneren Werte in die Welt zu transportieren.

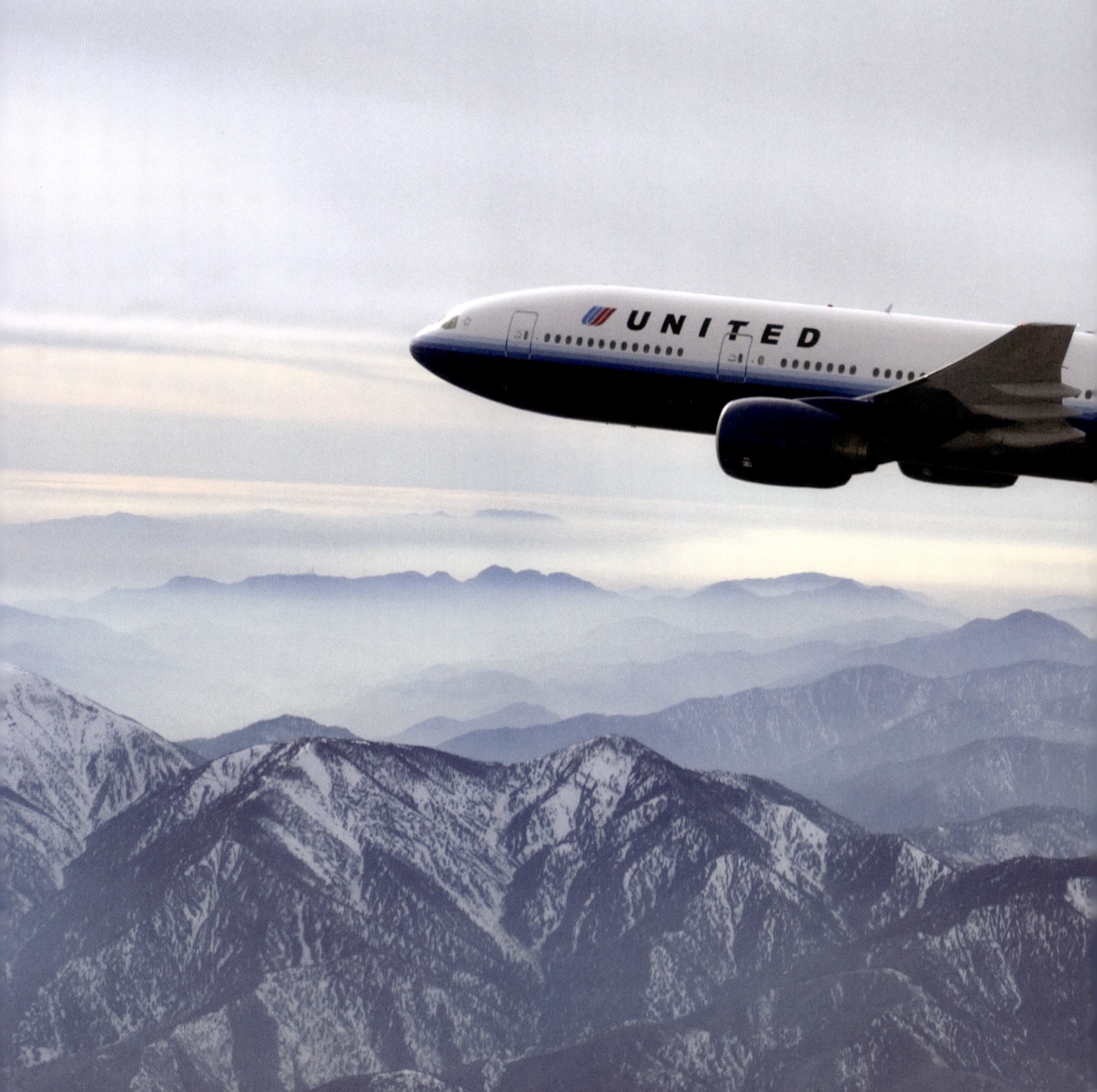
UNITED

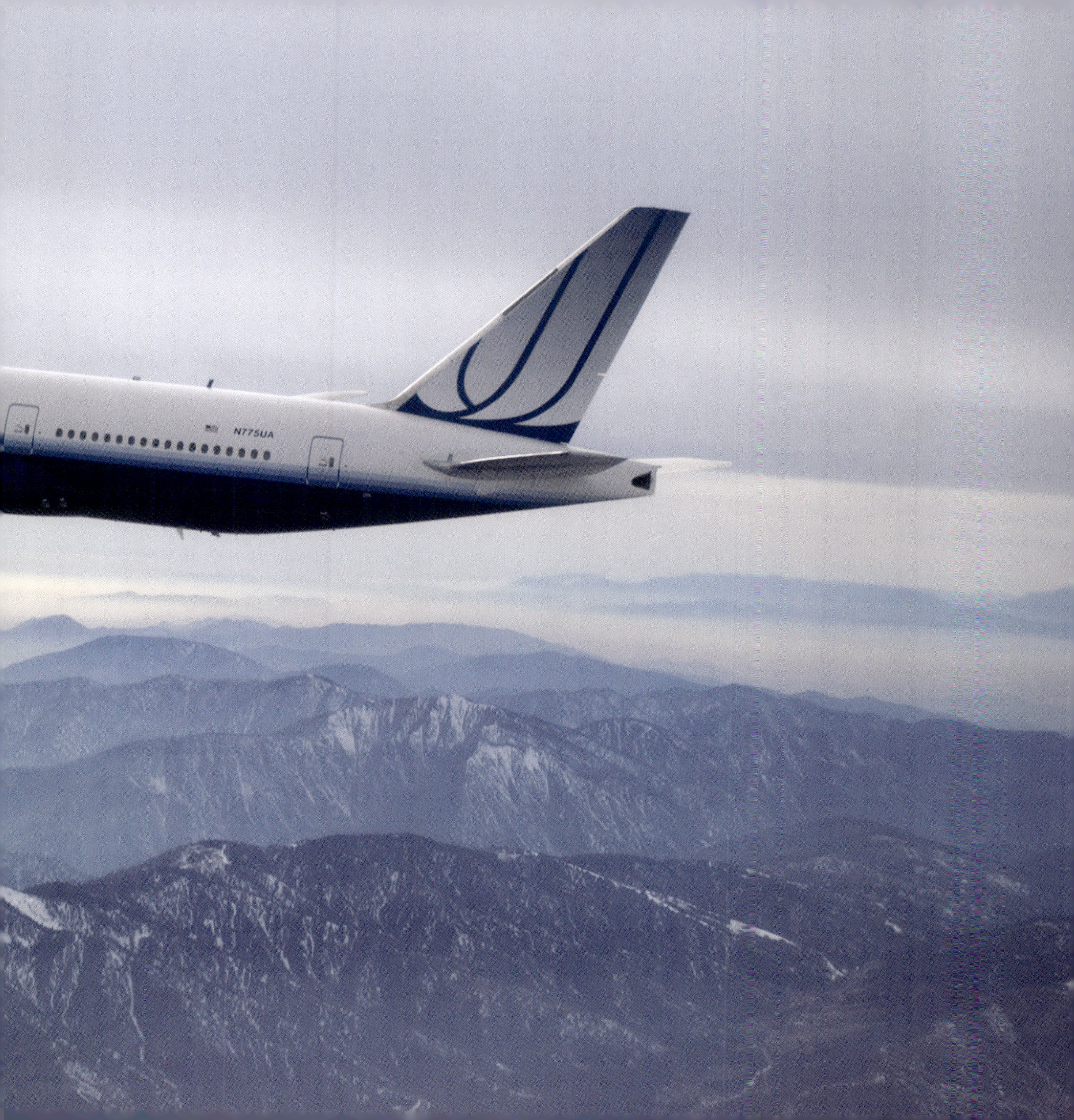
N775UA

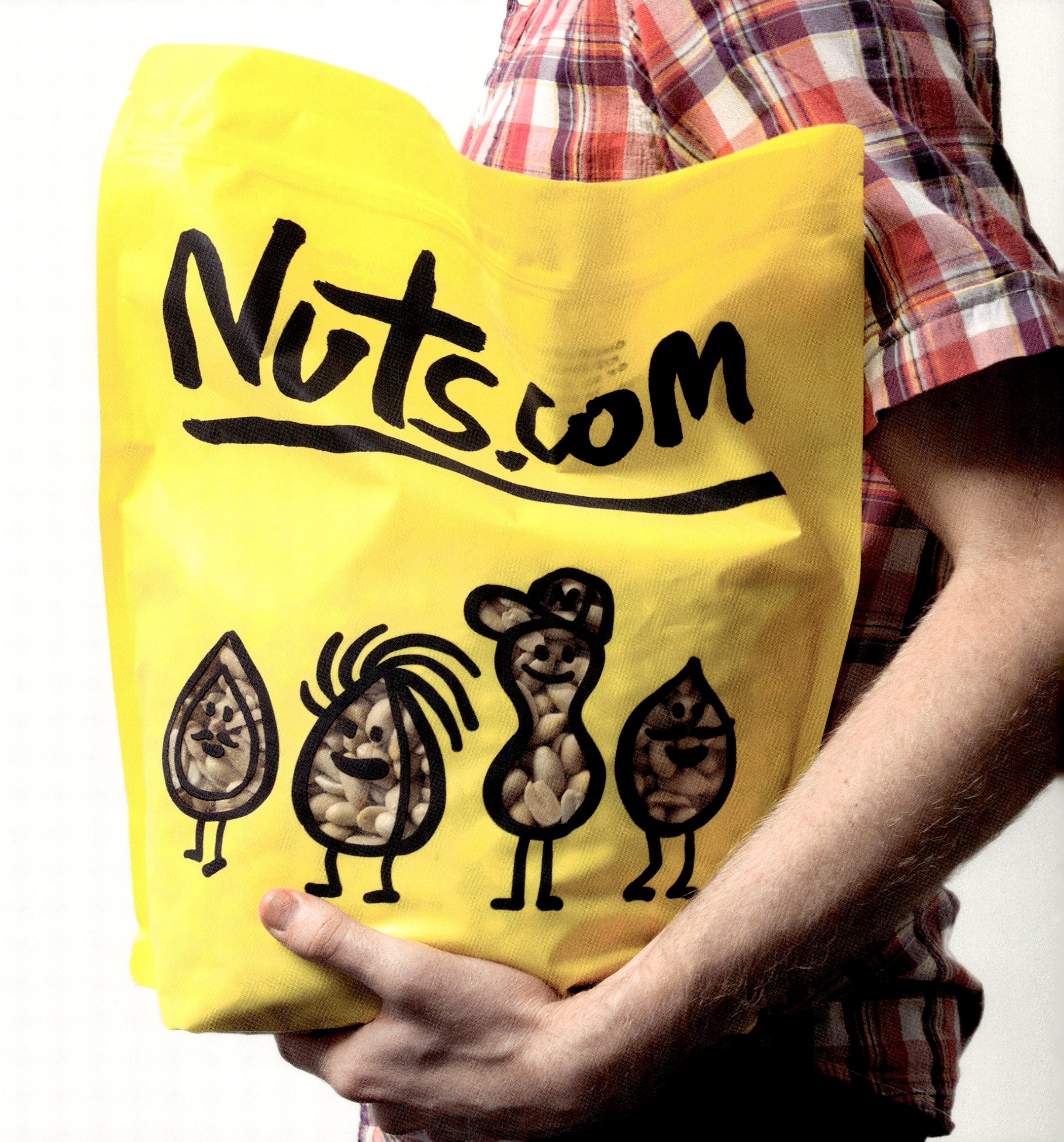
Nuts.com

Wie man sich mit einem braunen Karton amüsiert
Nuts.com

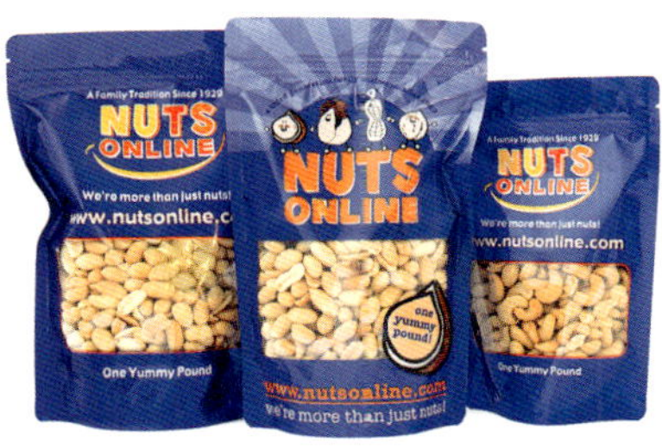

Linke Seite
Gegründet wurde das Unternehmen von Sol Braverman, der auf den Spitznamen Poppy hörte, als Newark Nut Company. Damals wie heute verkauft das Unternehmen auch getrocknete Früchte, Schokolade, Kaffee und andere Leckereien.

Oben
Frühere Verpackungen trugen den sinnleeren Namen Nuts Online.

Jeff Braverman wollte ursprünglich gar nicht in das Unternehmen seiner Familie einsteigen. Sein Großvater hatte 1929 die Newark Nut Company gegründet. Das Geschäft bestand am Anfang darin, auf dem Mulberry Straßenmarkt in Newark aus einem kleinen Leiterwagen heraus Erdnüsse zu verkaufen. Jahrzehnte später entwickelten Jeffs Vater und einige Verwandte einen gut laufenden Einzelhandel mit Nüssen. Doch als Jeff im Jahr 1998 die renommierte Wharton School of Business besuchte, plante er ins Bankgewerbe einzusteigen …

… hätte er nicht ganz nebenbei eine Website gebaut, die er nutsonline.com nannte – ein Name, der typisch war für das Web 1.0 der Neunzigerjahre. »Mein Ziel waren damals zehn Bestellungen pro Tag«, erzählte Jeff der Zeitschrift *Inc.* Tatsächlich verkaufte das Unternehmen bald viel mehr Nüsse im Netz als in den Geschäften. Jeff brach seine Bankkarriere ab und widmete sich ganz den Nüssen. Mit 2000 verschiedenen Produkten im Angebot gelangen ihm innerhalb von zwölf Jahren Erlöse von jährlich bis zu 20 Millionen Dollar. Und nachdem er sich schließlich die schöne URL Nuts.com gesichert hatte, beauftragte er uns, die Marke zu überarbeiten.

Verpackungen sind ein etwas frustrierendes Kapitel im amerikanischen Grafikdesign. Lebensmittelkonzerne, die wie abhängig an den Ergebnissen und Prognosen von Kundenbefragungen kleben, dominieren mit ihren Produkten die Verkaufsregale. Wer ständig sein Risiko minimieren möchte, minimiert automatisch auch das Schöne und die Kreativität – und nicht zuletzt die Unterscheidbarkeit. Dagegen waren Jeffs Vorstellungen erfrischend anders. Um Aufmerksamkeit im Einzelhandel brauchte er kaum zu kämpfen, je mehr die Kunden bei ihm online bestellten. Für ihn waren Verpackungen so etwas wie die Geschenkhülle einer Order. »Jede Sendung soll ein Ereignis sein«, sagte uns Jeff. Ungewöhnlich war auch, dass Nuts.com keine Werbung machte. Anstatt dessen sollten die Verpackungskartons als große Werbeflächen genutzt werden.

In der kreativen Phase waren Jeff und seine Familie eine große Bereicherung für uns. Es war schon alleine herrlich zu sehen, wie sie aus einem mittelgroßen Lager heraus ein Multimillionengeschäft mit Nüssen betrieben. Ihre Art war voller Witz und Spontanität – ganz so, als würden sie noch immer einen kleinen Stand auf dem Mulberry Street Market in Newark betreiben. Das bedeutete auch: keine statische Schrift, bitte! Vielmehr war es meine Handschrift, die sie wollten, so dass wir daraus eine Hausschrift machten: die Nutcase. (Im Englischen ist »nutcase« ein Verrückter!) Hinzu kam, dass wir aus Jeffs Familie, den Bravermans, eine kleine lustige »nutty family« machten. So konnten wir die Kartons in einer verrückten Schrift, mit verrückten Figuren und kleinen verrückten Rätseln und Weisheiten beschriften. Der Umsatz von Nuts.com schoss in die Höhe, und wir erlebten wieder einmal, wie gute Gestaltung kombiniert mit echtem Charakter zum Erfolg führt.

ABCDEFGHIJKL
MNOPQRSTUVW
XYZ0123456789
aBCDEFGHiJKLM
NOPQRSTUVWXyz
0123456789ABC
deFGhIJKLMn
OPQRSTUVWXYZ

Linke Seite
Ich krakelte zuerst ein paar Buchstaben, aus denen Schriftgestalter Jeremy Mickel später den Schriftsatz Nutcase machte.

Rechts
Nuts.com ist ein Familienunternehmen. Der brillante Illustrator Christoph Niemann (der früher Praktikant bei Pentagram war) nahm das zum Anlass, die Familie Braverman als lustige Nussfamilie darzustellen. Jeff Braverman ist der zweite von rechts.

Unten
Indem wir Niemanns Figuren auf den Tüten durchsichtig machten, wurde der Inhalt sichtbar.

Nächste Doppelseite
Egal, ob auf braunem Karton oder in bunten Tüten – die Verpackungen von Nuts.com orientieren sich an einem Ziel: Es soll Spaß machen, sie zu empfangen und zu öffnen.

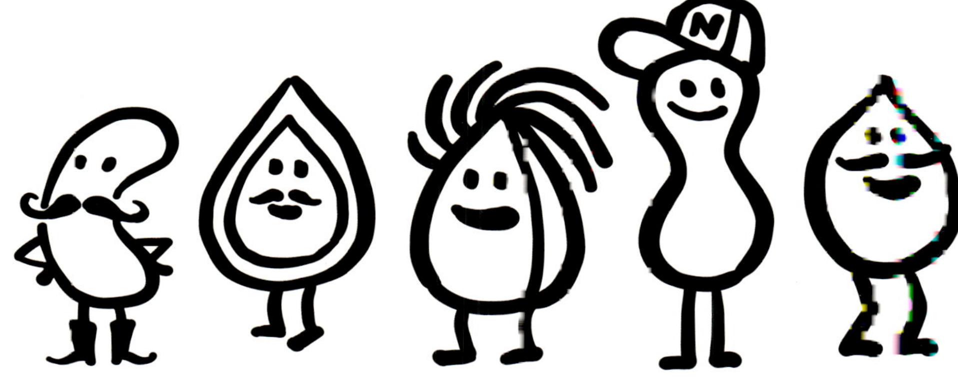

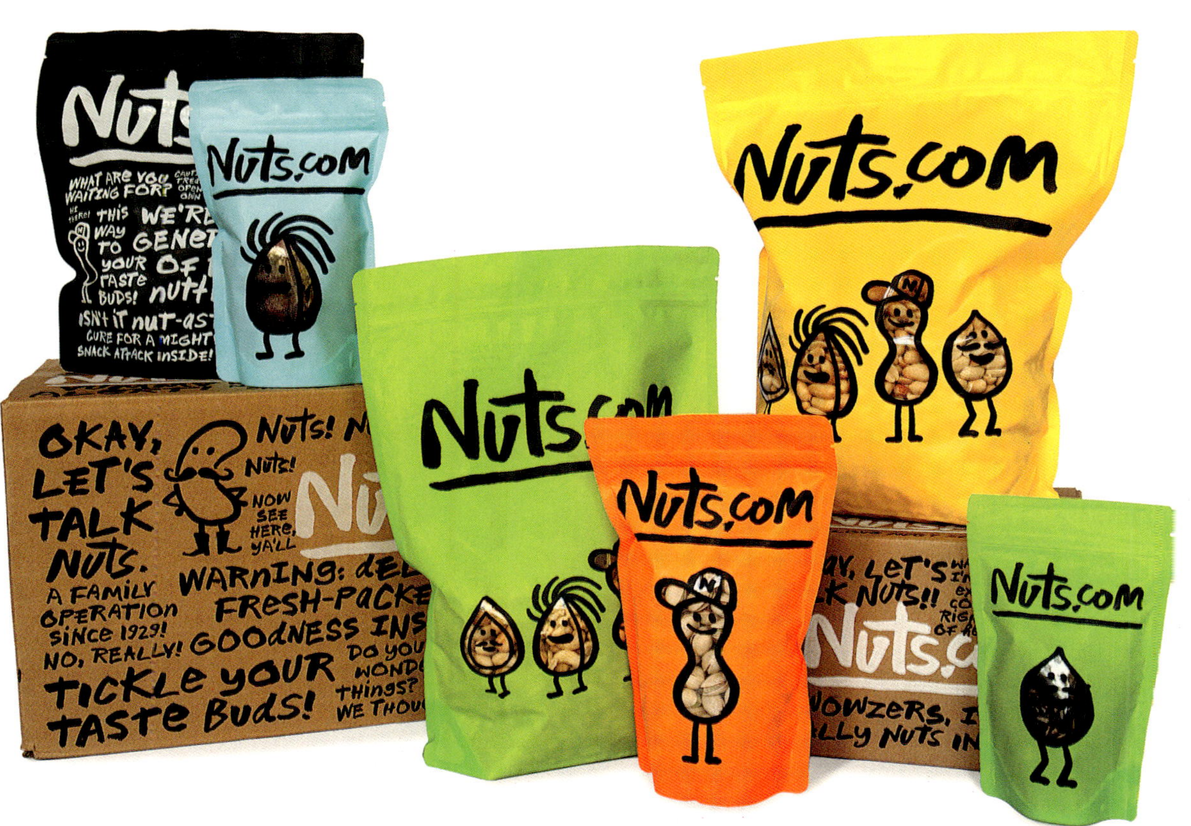

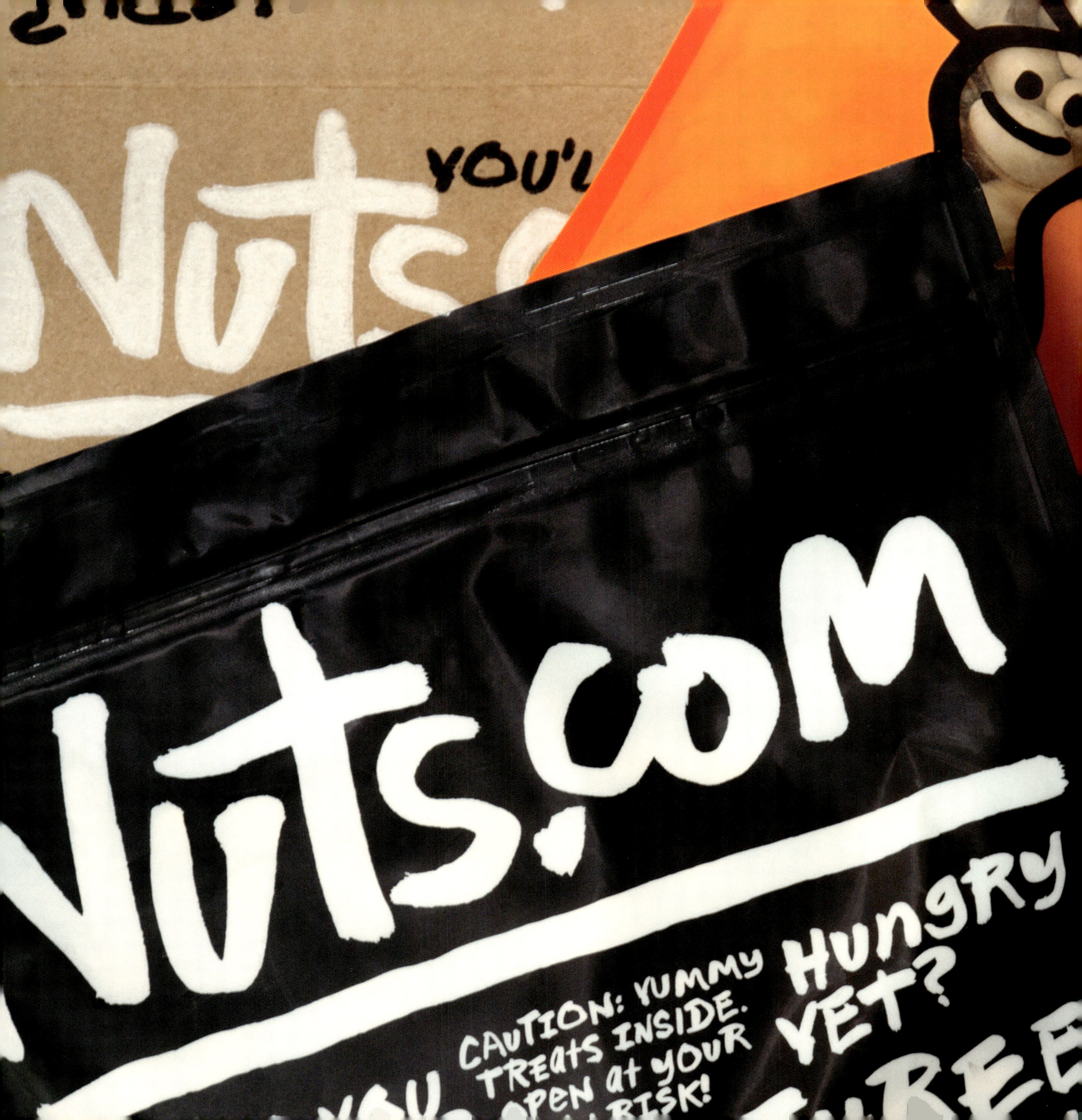
Nuts.com
CAUTION: YUMMY TREATS INSIDE. OPEN at YOUR
Hungry YET?

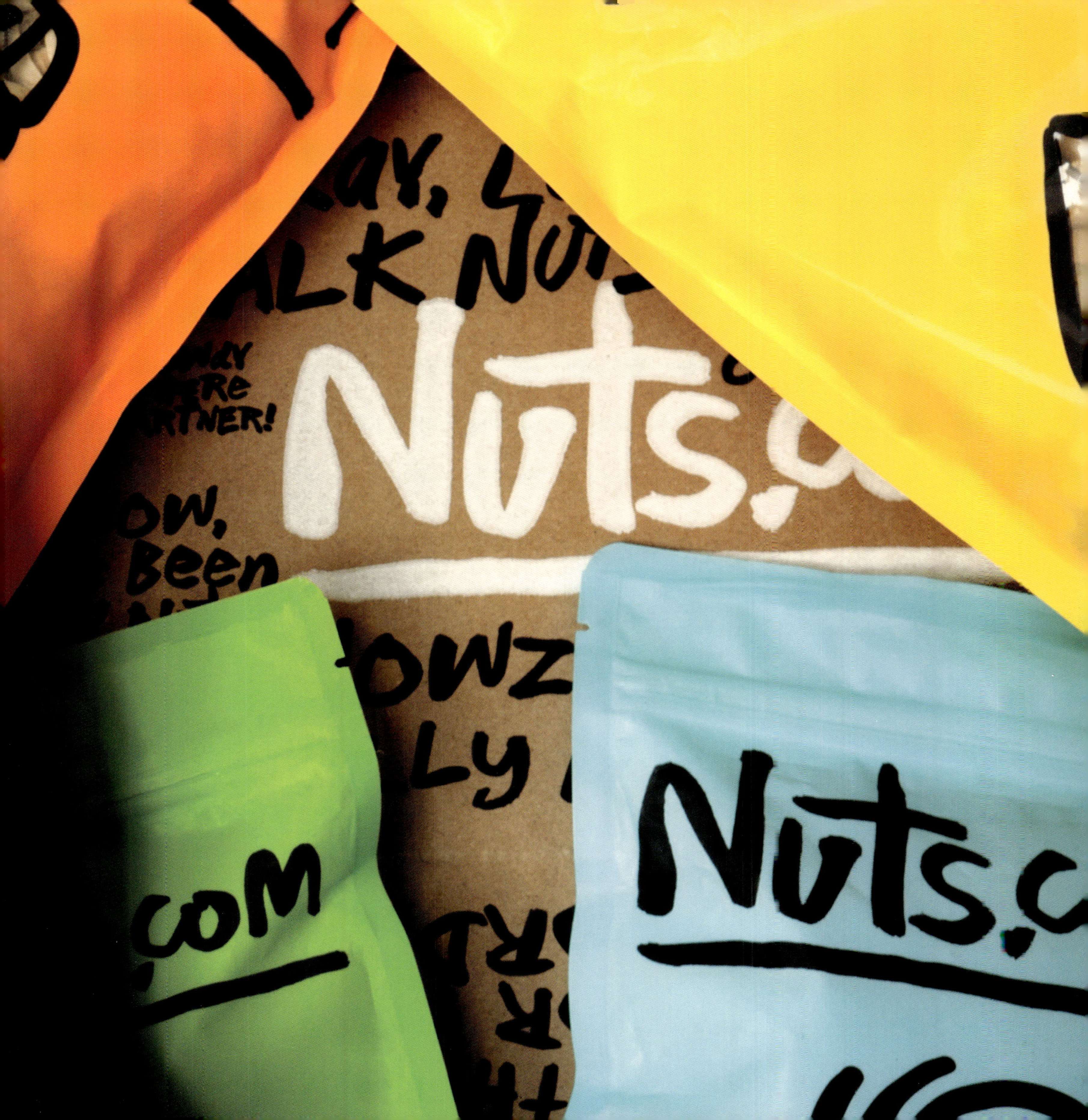
.com

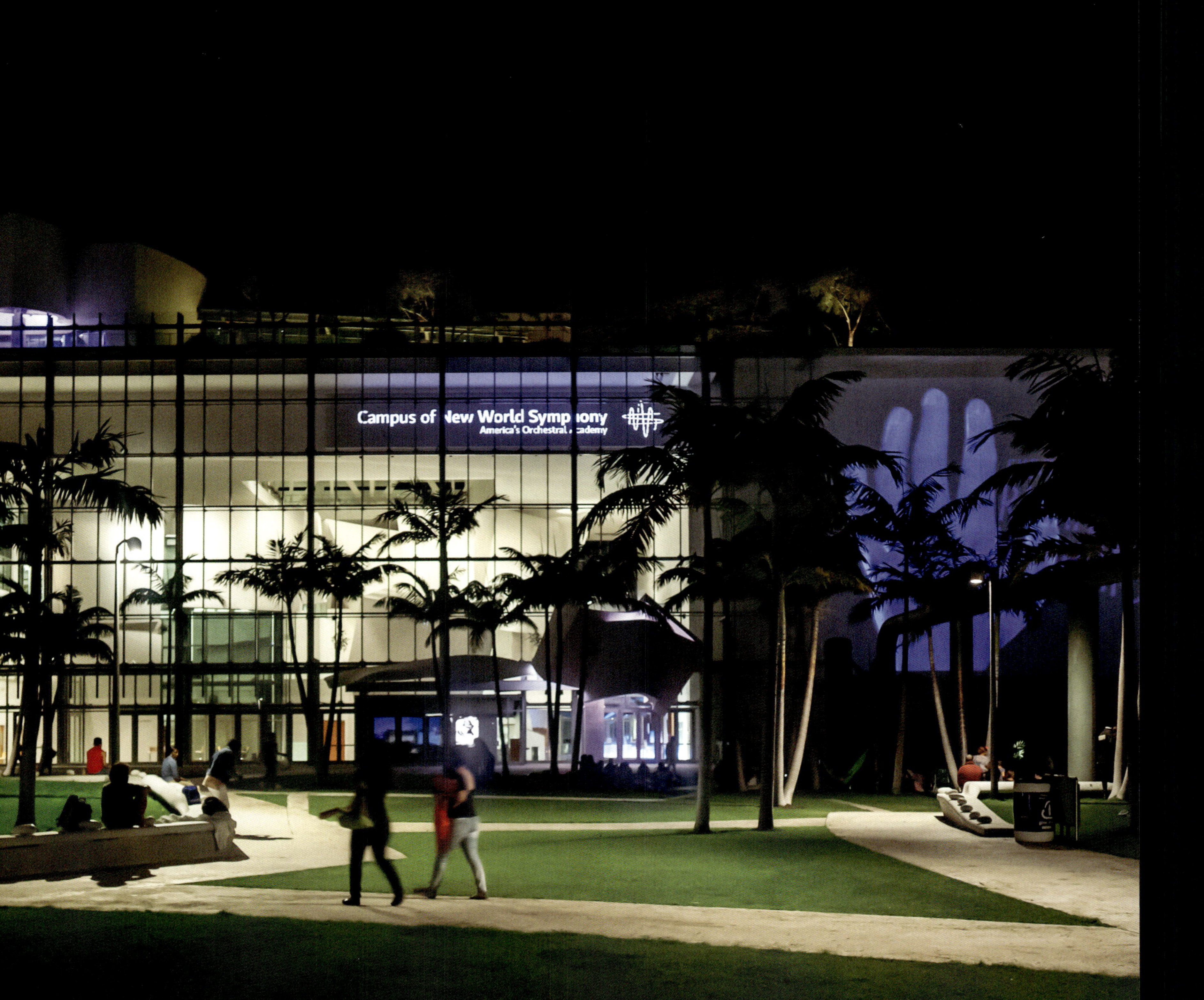
Campus of New World Symphony
America's Orchestral Academy

Wie man schweigt und zuhört

New World Symphony

Ganz am Anfang versprach es ein großer Erfolg zu werden! Michael Tilson Thomas, der charismatische und visionäre Dirigent baute ein Haus für sein größtes Projekt: die New World Symphony. Es sollte talentierte junge Musiker aus allen Erdteilen unter dem Dach eines neuen, herausragenden Bauwerks versammeln, das der Architekt Frank Gehry in Miami Beach gebaut hatte. Als wir beauftragt wurden, die Marke für diesen Lebenstraum von Tilson Thomas zu entwerfen, beeindruckte uns schon der Dreiklang aus Musik, Architektur und Bildung. Das Thema erschien uns unerschöpflich. In der Vorstellung von Michael Tilson Thomas sollten wir etwas schaffen, das »fließt«.

Die Lösung flog uns allerdings nicht zu. Zunächst war ich sehr sicher, sie gefunden zu haben, als wir eine Collage fließender, ineinander verschlungener Buchstaben vorstellten. Victoria Roberts, eine Leiterin der Organisation, gab sich alle Mühe, mir freundlichst zu erklären, dass einigen Kollegen von unserem Entwurf übel werde. Ein zweiter Versuch war weniger merkwürdig, aber viel zu wenig inspiriert. Diesmal hatte ich mit dem Akronym NWS gearbeitet, nachdem ich genau das im ersten Anlauf tunlichst vermieden hatte. Wie zu erwarten, wirkte das Ergebnis viel zu steif und kommerziell. Es war ein anstrengender Prozess, in dem uns Tilson Thomas unterstützte und ermutigte – aber in dem er auch die Geduld verlor.

Schließlich bekam ich eine E-Mail mit einem Anhang: Es waren sechs Zeichnungen eines Logos, die Tilson Thomas gemacht hatte. In mir kam große Verzweiflung auf. Denn es wirkte unwillkürlich so, als ob ihn meine unstrukturierten Vorschläge einfach nur noch nervten und er entschieden hatte, mir die Lösung aufzuzeigen. Allerdings konnte ich seine Zeichnungen kaum entschlüsseln. Sie zeigten die drei Buchstaben seiner Organisation, die auf eine Weise verschlungen waren, dass sie so etwas wie einen Schwan zu formen schienen. Offenbar erwartete er von mir, diese Skizze bloß noch zu realisieren. Da spielte es keine Rolle, dass ich es niemals gewagt hätte, ihm in seinen Job hineinzureden, wie man ein Orchester dirigiert. Ich war es nicht gewohnt, dass mir ein Kunde die Arbeit abnahm und sein eigenes Logo schuf.

Doch dann fiel mir auf, dass es in Wahrheit ein Geschenk war! Michael Tilson Thomas führte ein rastloses Leben, in dem er von einer Aufführung zur nächsten reiste und viel Zeit im Flugzeug verbrachte. Inmitten dieser Strapazen fand er sogar noch Zeit, über mein Problem nachzudenken und ein paar Gedanken auf Papier zu bannen. Ich schaute mir seine Zeichnungen noch einmal an und begann zu begreifen, dass sie von einer einzigen durchgehenden Linie geprägt waren, die den Gesten eines Dirigenten ganz ähnlich war. Sie hatte eine Eigenschaft, die all meinen Entwürfen gefehlt hatte: sie floss. Es war also das, was der Auftraggeber von Anfang an verlangt – und was ich wohl vor lauter Geschäftigkeit überhört hatte. Auf einmal lag die Lösung innerhalb weniger Stunden vor mir

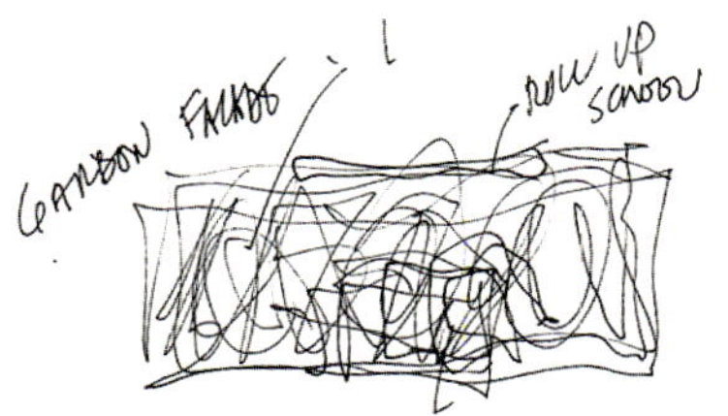

Linke Seite und oben
Frank Gehrys schwungvolle Skizze der New World Symphony war auch ein Symbol für die erfolgreiche Zusammenarbeit mit Michael Tilson Thomas, dem Direktor der Einrichtung. Sie stammen beide aus Los Angeles – der Architekt war bereits Babysitter des Dirigenten gewesen!

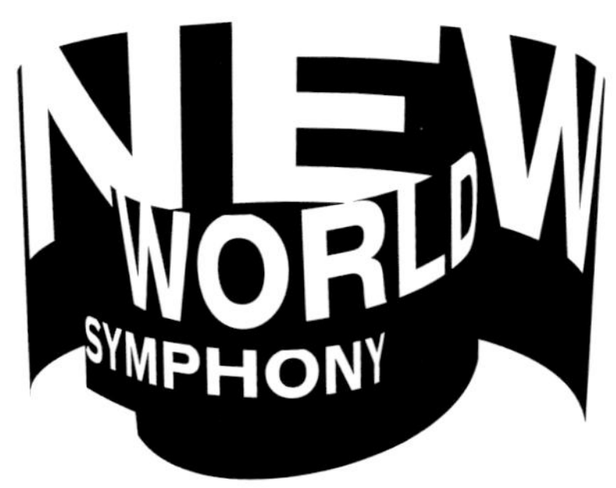

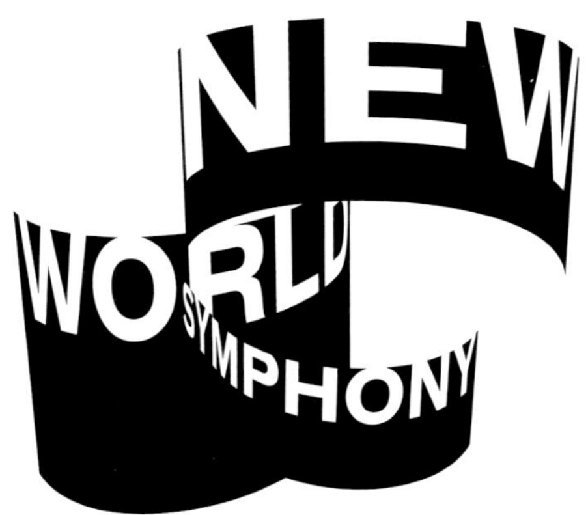

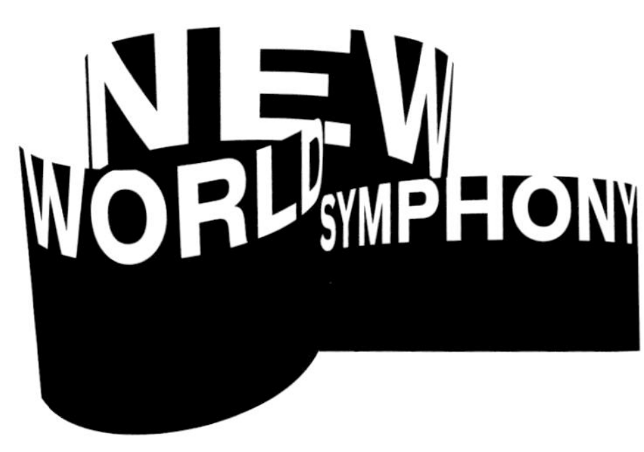

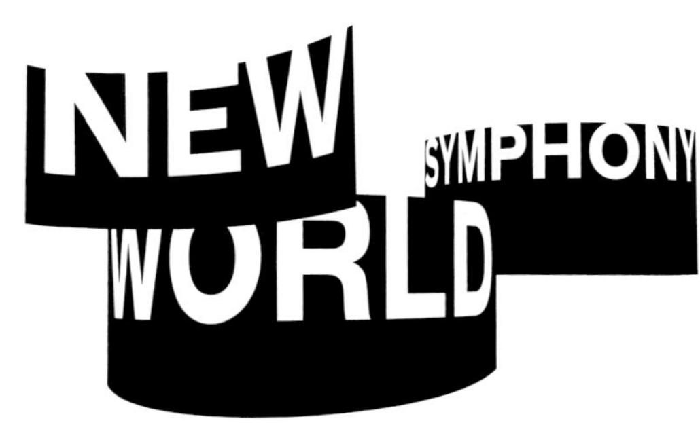

Links
Ich war mir sicher, dass wir die Aufgabe schon mit den ersten Entwürfen gelöst hatten: ein typografisches Spiel mit ein und derselben Marke. Die dreidimensionale, dynamische Anordnung der Wörter sollte an Gehrys Architektur anknüpfen. Uns wurde jedoch erklärt, dass den Menschen »übel« würde von den Kurven – keine Reaktion, die man sich wünscht.

Rechts
Unsere Absicht hinter diesem Entwurf war zu leicht zu entschlüsseln – er war zwar elegant, aber letztendlich langweilig: Mit dem Wechsel von Serifen und serifenlosen Buchstaben wollten wir zeigen, dass in der New World Symphony das traditionelle Orchesterrepertoire mit einer Einrichtung des 21. Jahrhundert verschmolzen ist.

NEWWORLD
SYMPHONY

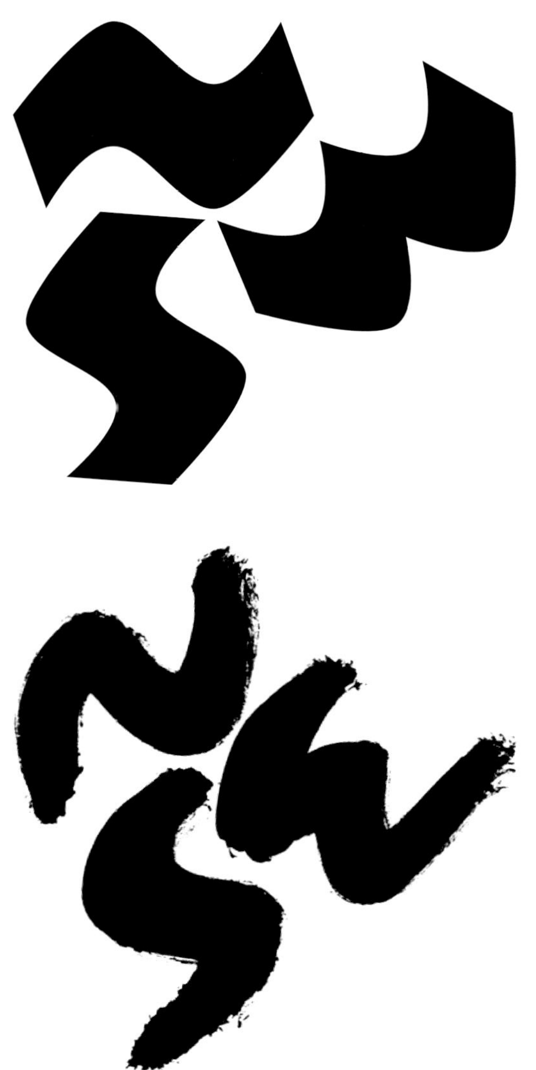

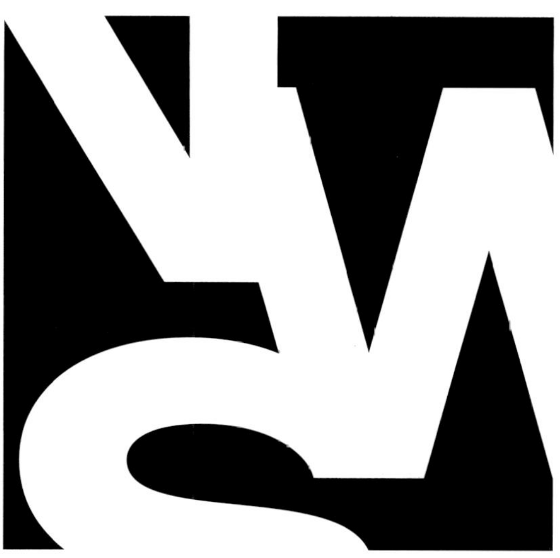

Links
Ursprünglich wollte ich die Buchstaben »NWS« nicht verwenden. Meine Begründung lag ganz einfach in der Zahl der Silben, die kaum weniger waren als der ausgesprochene Name hatte (durch das englische »w«, gesprochen double-u). Es war also gar keine echte Abkürzung! Außerdem lehne ich Abkürzungen generell ab. Unser erster Ansatz bestand darin, die Architektur des Gebäudes zu imitieren. Eine handgezeichnete Version sollte für einen besseren »Fluss« sorgen. Am Ende mochten wir keinen der Entwürfe.

Oben
Die fragmentierte Innenarchitektur des Gebäudes mit ihren geometrischen Licht- und Schattenspielen verleitete uns zu einer ebenso geometrischen, schwarz-weißen Darstellung der drei Anfangsbuchstaben. Unser Gestalter Yve Ludwig fertigte eine Lösung, die brauchbar war, aber letztendlich besser zu einem Chemiekonzern als zu einer Kulturerichtung passte.

Unten
Michael Tilson Thomas nahm am Ende selbst einen Stift in die Hand und schickte mir einige Skizzen, die ich anfangs gar nicht mochte – bis ich erkannte, dass sie unser Problem lösten.

Rechts
Indem wir die drei Buchstaben in einem einzigen Federstrich zusammenzogen, imitierten wir die Geste eines Dirigenten, der seinen Taktstock schwingt, genauso wie die physikalische Schwingungslehre oder die Wellen in Frank Gehrys erster Skizze. Die Schwierigkeit bestand darin, die Buchstaben »N«, »W« und »S« zu verbinden.

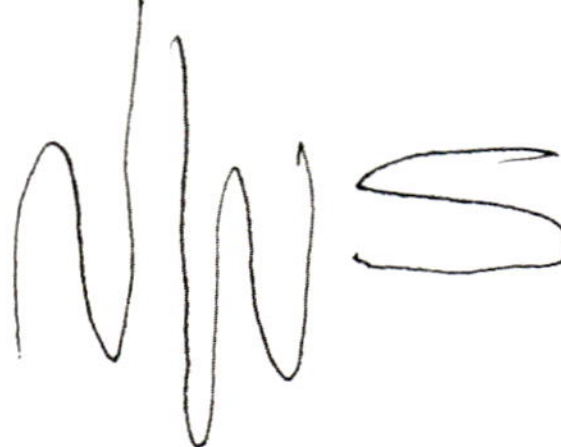

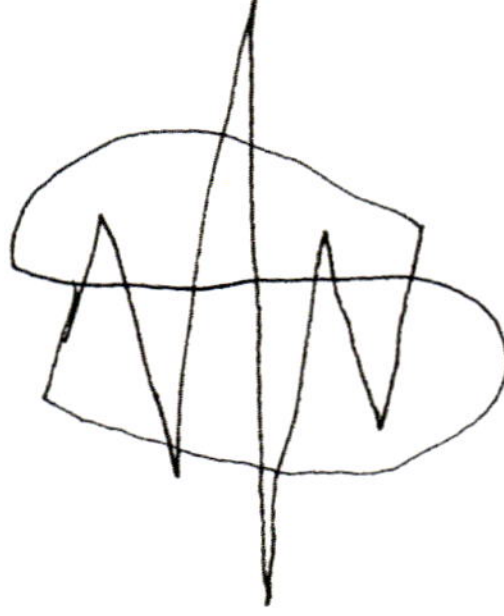

Unten
Damit es am Ende noch möglich ist, die einzelnen Buchstaben auseinander zu halten und lesen zu können, entschieden wir uns, die durchgehende Linie zu unterbrechen.

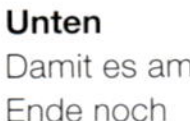

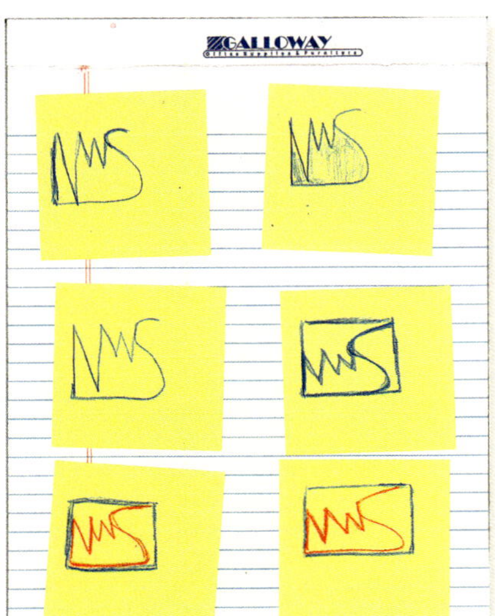

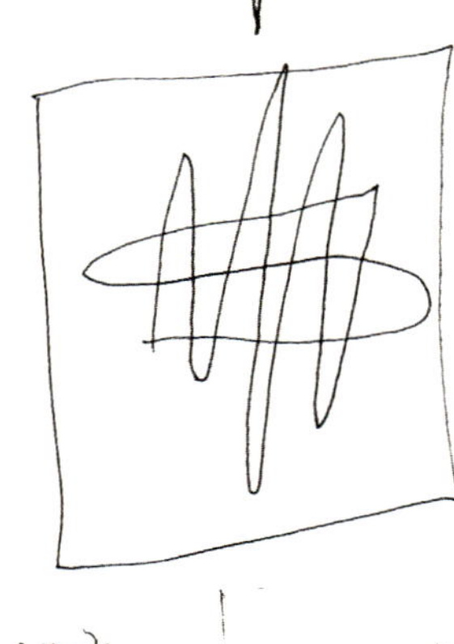

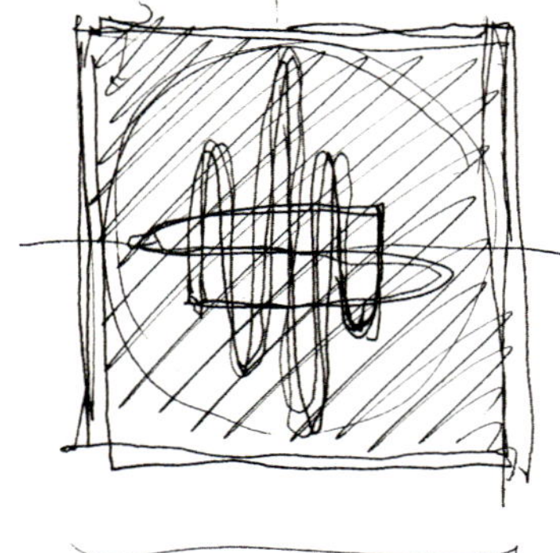

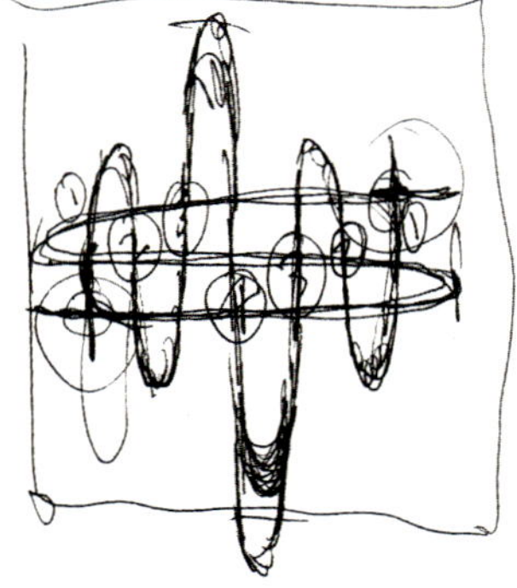

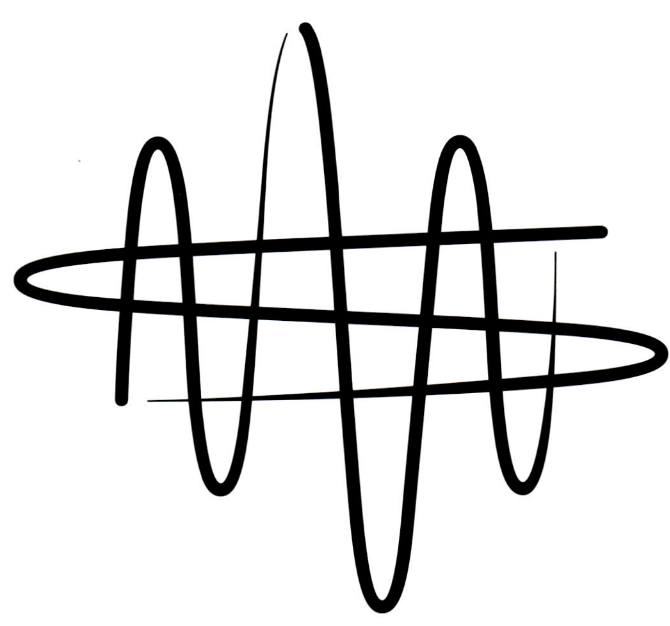

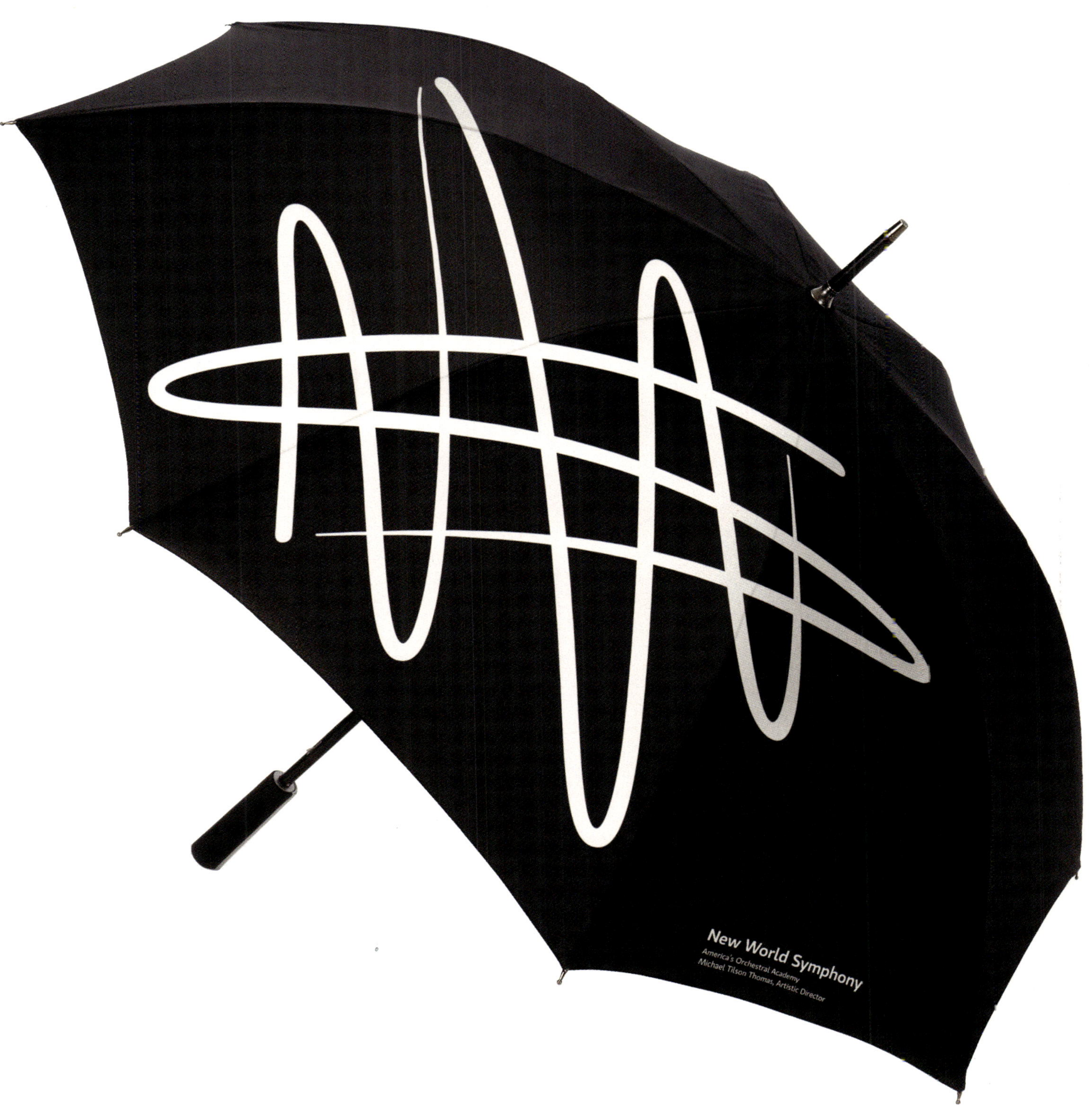

Links
Die neue Zeichensprache der New World Symphony bringt den »Fluss« zum Ausdruck, den sich der Kunde von Anfang an gewünscht hatte.

LAST WEEK	THIS WEEK	TITLE / PRODUCER (SONGWRITER)	Artist / IMPRINT/PROMOTION LABEL	CERT.	PEAK POS.	WKS. ON CHART
1	1	#1 6 WKS **LOCKED OUT OF HEAVEN** THE SMEEZINGTONS,J.BHASKER,E.HAYNIE,M.RONSON (BRUNO MARS,P.LAWRENCE II,A.LEVINE)	Bruno Mars ATLANTIC		1	15
5	2	DG SG **THRIFT SHOP** R.LEWIS (B.HAGGERTY,R.LEWIS)	Macklemore & Ryan Lewis Feat. Wanz MACKLEMORE/ADA/WARNER BROS.		2	15

The track crowns Hot Digital Songs (2-1), hiking by 18% to 279,000 downloads sold, according to Nielsen SoundScan. It rules the new Streaming Songs survey (see page 66), registering 1.5 million streams (up 17%) and charges 38-22 on Hot 100 Airplay (44 million audience impressions, up 33%), according to Nielsen BDS.

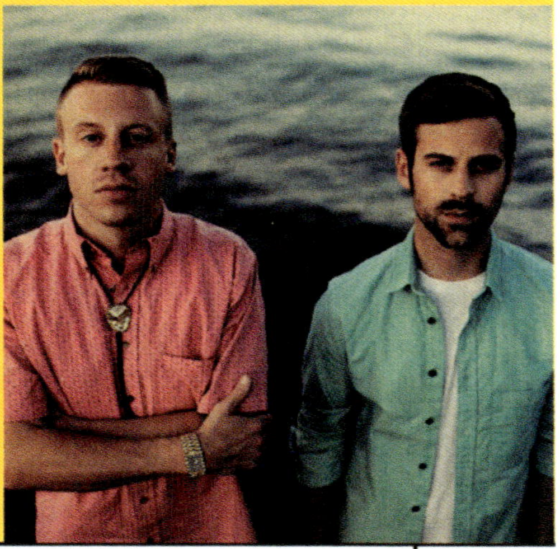

LAST WEEK	THIS WEEK	TITLE / PRODUCER (SONGWRITER)	Artist / IMPRINT/PROMOTION LABEL	CERT.	PEAK POS.	WKS. ON CHART
4	3	**HO HEY** R.HADLOCK (W.SCHULTZ,J.FRAITES)	The Lumineers DUALTONE		3	32
3	4	AG **I KNEW YOU WERE TROUBLE.** MAX MARTIN,SHELLBACK (T.SWIFT,MAX MARTIN,SHELLBACK)	Taylor Swift BIG MACHINE/REPUBLIC		2	13
2	5	**DIAMONDS** STARGATE,BENNY BLANCO (S.FURLER,B.LEVIN,M.S.ERIKSEN,T.E.HERMANSEN)	Rihanna SRP/DEF JAM/IDJMG		1	16
8	6	**SCREAM & SHOUT** LAZY JAY (W.ADAMS,J.MARTENS,J.BAPTISTE)	will.i.am & Britney Spears INTERSCOPE		6	7
11	7	**DON'T YOU WORRY CHILD** AXWELL,S.INGROSSO,S.ANGELLO (J.MARTIN,M.ZITRON, AXWELL,S.INGROSSO,S.ANGELLO)	Swedish House Mafia Feat. John Martin ASTRALWERKS/CAPITOL		7	17

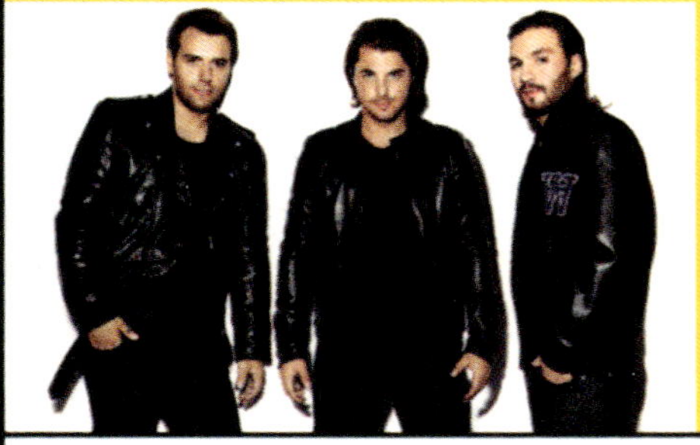

The EDM trio scores its first Hot 100 top 10 with its first chart entry. The cut ranks at No. 2 on the new Dance/Electronic Songs chart (see page 79).

LAST WEEK	THIS WEEK	TITLE / PRODUCER (SONGWRITER)	Artist / IMPRINT/PROMOTION LABEL	CERT.	PEAK POS.	WKS. ON CHART
7	8	**BEAUTY AND A BEAT** MAX MARTIN,ZEDD (MAX MARTIN,A.ZASLAVSKI,S.KOTECHA,O.T.MARAJ)	Justin Bieber Featuring Nicki Minaj SCHOOLBOY/RAYMOND BRAUN/ISLAND/IDJMG		5	14
6	9	**HOME** D.PEARSON (D.PEARSON,G.HOLDEN)	Phillip Phillips 19/INTERSCOPE		6	29
10	10	**I CRY** THE FUTURISTICS,SOFLY & NIUS,P.BAUMER,M.HOOGSTRATEN (T.DILLARD, A.SCHWARTZ,J.KHAJADOURIAN,R.JUDRIN,P.MELKI,B.RUSSELL,S.CUTLER,J.HULL,M.CAREN)	Flo Rida POE BOY/ATLANTIC		6	16

2 WKS. AGO	LAST WEEK	THIS WEEK	TITLE / PRODUCER (SONGWRITER)	IMPR
22	21	24	**LET ME LOVE YOU (UNTIL YOU LEARN TO LOVE Y** STARGATE,REEVA,BLACK (S.C.SMITH,S.FURLER, T. E.HERMANSEN,M.HADFIELD,M.DIS CALA)	
42	34	25	**DAYLIGHT** A.LEVINE,MDL,MAX MARTIN (A.LEVINE,MAX MARTIN,SAMM,M.LEVY)	
28	32	26	**HALL OF FAME** The Script Featu D.O'DONOGHUE,M.SHEEHAN,J.BARRY (D.O'DONOGHUE, M.SHEEHAN,W.ADAMS,J.BARRY)	
38	27	27	**LITTLE TALKS** Of Monst OF MONSTERS AND MEN,A.ARNARSSON (N.B.HILMARSDOTTIR,R.TH	
30	33	28	**I'M DIFFERENT** DJ MUSTARD (T.EPPS,D.MCFARLANE)	
23	26	29	**CLIQUE** Kanye West, Ja HIT-BOY,K.WEST (C.HOLLIS,S.M.ANDERSON, K.O.WEST,S.C.CARTER,J.E.FAUNTLEROY II)	
19	23	30	**CRUISE** Florida J.MOI (B.KELLEY,T.HUBBARD,J.MOI,C.RICE,J.RICE)	
25	31	31	**WANTED** H D.HUFF,H.HAYES (T.VERGES,H.HAYES)	ATLANT
46	35	32	**I WILL WAIT** Mu M.DRAVS (MUMFORD & SONS)	GENTLEMAN OF TH
39	40	33	**BETTER DIG TWO** Th D.HUFF (B.CLARK,S.MCANALLY,T. ROSEN)	
44	36	34	**ADORN** MIGUEL (M.J.PIMENTEL)	
41	44	35	**EVERY STORM (RUNS OUT OF RAIN)** G.ALLAN,G.DROMAN (G.ALLAN,M.WARREN,H.LINDSEY)	
33	37	36	**LITTLE THINGS** O J.GOSLING (E.SHEERAN,F.VEVAN)	
34	28	37	**TOO CLOSE** DIPLO,SWITCH,A.RECHTSCHAID (A.CLARE,J.DUGUID)	
29	38	38	**NO WORRIES** Lil Wayne Fea DETAIL (D.CARTER,N.C.FISHER,B.WILLIAMS,J.A.PREYAN,R.DIAZ)	YOUNG
17	25	39	**WE ARE NEVER EVER GETTING BACK TOGET** MAX MARTIN,SHELLBACK,D.HUFF (T.SWIFT,MAX MARTIN,SHELLBACK)	
27	29	40	**CALL ME MAYBE** Car J.RAMSAY (J.RAMSAY,C.R.JEPSEN,T.CROWE)	604
51	49	41	**RADIOACTIVE** Ima ALEX DA KID (IMAGINE DRAGONS,A.GRANT,J.MOSSER)	KI

Wie man die Hitparaden stürmt

Billboard

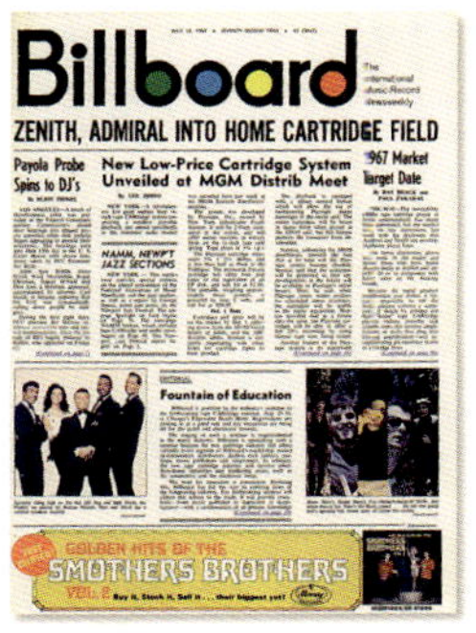
Billboard
ZENITH, ADMIRAL INTO HOME CARTRIDGE FIELD
Payola Probe Spins to DJ's
New Low-Price Cartridge System Unveiled at MGM Distrib Meet
1967 Market Target Date
Fountain of Education
GOLDEN HITS OF THE SMOTHERS BROTHERS VOL. 2

Linke Seite
Die seit Jahrzehnten akribisch ermittelte Liste der 100 besten Singles (hier in ihrer Originalgröße abgebildet) ist so reich an Information, dass derjenige belohnt wird, der sich wirklich für Musik interessiert.

Oben
Die Bibel der Musikindustrie in den Sechzigerjahren.

Wie viele Kinder der Sechzigerjahre war auch ich besessen von Musik. Aber im Unterschied zu vielen Freunden war ich oft nicht mit den »Top 40 Charts« zufrieden, die von den Radiosendern gespielt wurden. Anstatt dessen ging ich fast jede Woche in den Zeitschriftenraum unserer Stadtbibliothek, um dort mehrere Stunden die Bibel der Musikindustrie zu lesen: *Billboard*.

Billboard wurde 1894 gegründet und ist damit eine der ältesten Zeitschriften in den USA. Ursprünglich diente sie als Fachmagazin für Plakatwerbung – daher der Name *Billboard*. Bald berichtete die Redaktion auch über Werbung in Zirkussen, Varietés und auf Straßenfesten, und mit der Erfindung der Jukebox fand sie im Laufe der Dreißigerjahre ihr heutiges Hauptthema: Musik! Berühmt wurde *Billboard*, als das Magazin mit dem Aufstieg des Rock'n'Roll die legendären »Hot 100 Singles Charts« erfand. Die erste Liste der besten Songs wurde wenige Tage vor meinem ersten Geburtstag im August 1958 veröffentlicht.

Ich kann nicht genau erklären, was mich an den »Hot 100« und auch der Liste der 200 besten Alben so sehr faszinierte. Vielleicht empfand ich es einfach als beruhigend, dass man Popularität genau errechnen kann, nachdem ich in der Cafeteria unserer Schule immer wieder meine Schwierigkeiten damit hatte, den anderen meinen Musikgeschmack zu erklären. Es erfüllte mich mit innerer Freude, wenn eine meiner Lieblingsgruppen wieder die Liste anführte. Da konnten alle reden, was sie wollten – in diesen Moment gab es keinen Zweifel, dass ich einer war, der dazu gehört – ein Insider!

Mit dieser Jugenderfahrung konnte es mich gar nicht kalt lassen, als ich 40 Jahre später den Auftrag bekam das Magazin *Billboard* neu zu gestalten – oder besser gesagt: ihm ein neues Kleid im Zeitalter der digitalen Musik zu schneidern. Es war auch Zeit! Das Logo hatte sich kaum verändert seit Tommy James and the Shondells mit *Hanky Panky* im Jahr 1966 einen Nummer-eins-Hit gelandet hatten. Und da heute alles Mögliche ein »Hit« sein kann – ein mexikanischer Schlager genauso wie ein Klingelton fürs Telefon – überraschte es uns auch nicht, dass es eine undurchsichtige Menge verschiedener »Top 100«-Listen gab.

Im Rückblick war *Billboard* eine meiner schwierigsten gestalterischen Aufgaben. Gemeinsam mit Art Director Andrew Horton entwickelten wir ein 14-Spalten-Raster für alle Seiten, um das Layout von vorne bis hinten zu vereinheitlichen. Auch gaben wir dem Logo neuen Glanz, indem wir seine einfache Geometrie und die Grundfarben betonten. Und den Seiten mit den Hitparaden, die zu einem pastellfarbenen Haufen von Daten verkommen waren, verhalfen wir mit einer klaren Schwarz-Weiß-Optik wieder zu Lesbarkeit – und zu neuem Einfluss!

Die schönste Überraschung bestand für uns darin, dass Musiker selbst im digitalen Zeitalter noch gerne auf ihre erste Erwähnung als Nummer Eins in den gedruckten Charts verweisen. Für sie schufen wir eine Seite, die sich gut rahmen lässt – als perfektes Print-Souvenir!

Rechts
Der Name des Magazins ist der Traum eines jeden Gestalters, denn die Buchstaben bestehen fast nur aus Kreisen, vertikalen Linien – oder beidem. Selbst als wir den Schriftzug vollständig auseinander nahmen, war er noch lesbar. Das Logo vor der Überarbeitung ist oben abgebildet. Die neue Version unten. Einige unserer Dutzend Varianten und Ansätze dazwischen.

Billboard

billboard

Billboard

billboard

Billboard

billboard

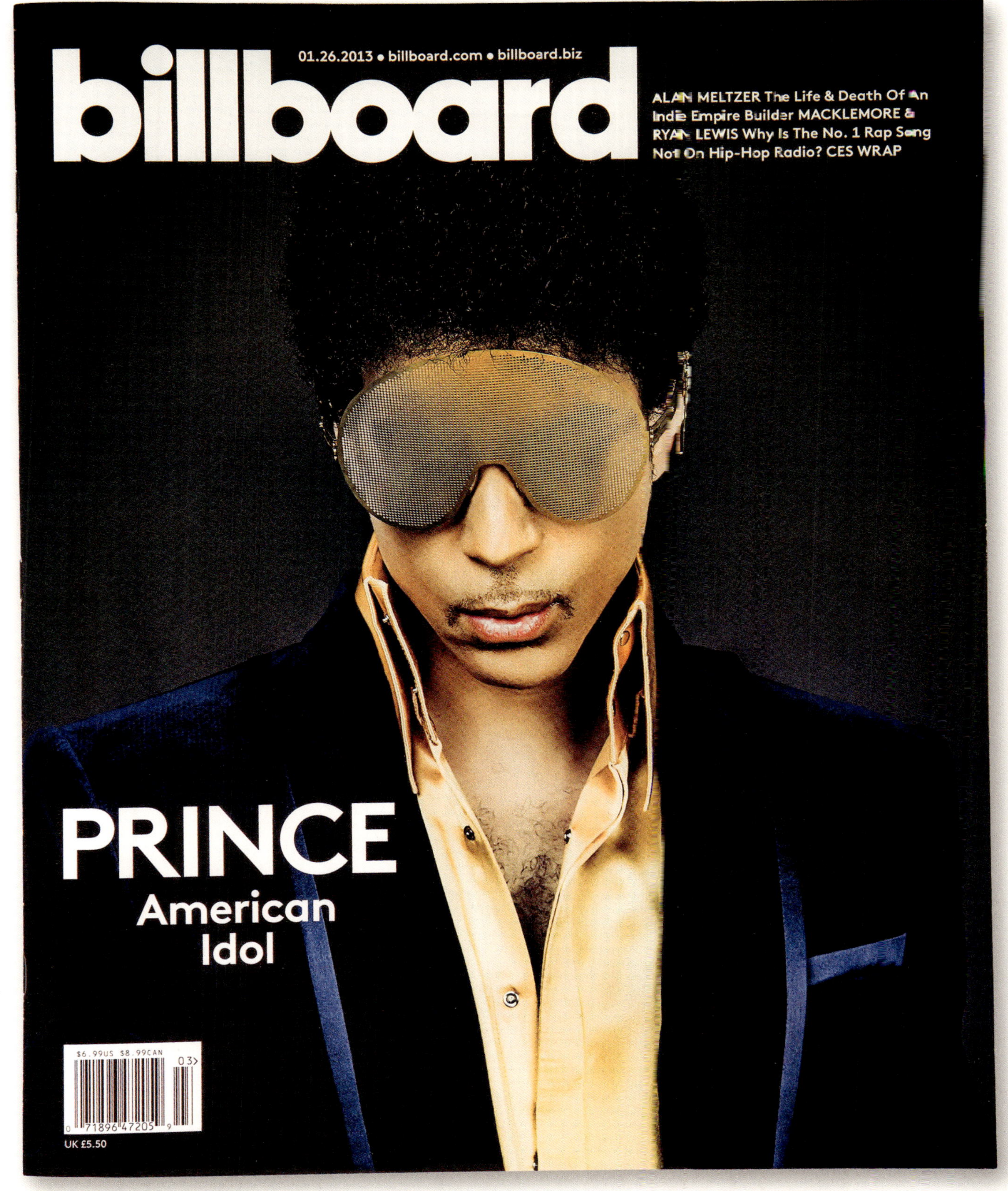

Rechts
Das neu konzipierte Titelblatt soll massentauglicher sein und Musikenthusiasten zugleich signalisieren, dass das Magazin unverzichtbar für die Profis ist.

Rechts
Die klare und plakative Schwarz-Weiß-Optik des Billboard-Logos legte es nahe, mit den Überschriften im Heft ähnlich umzugehen und auf den Seiten ebenfalls mit stark kontrastierenden Gestaltungselementen zu arbeiten.

Rechte Seite
Die Listen, die nach mehreren Jahrzehnten total überladen wirkten und bloß noch ein Anhängsel des Magazins darstellten, mussten wieder herausgehoben werden. Die beiden Pentagram-Gestalter Laitsz Ho und Michael Deal leisteten Großartiges, um die berühmten Billboard-Charts wiederzubeleben.

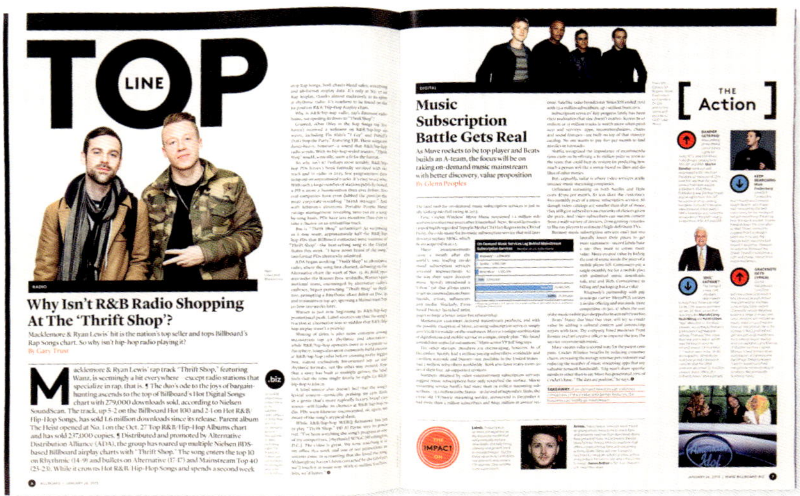
TOP LINE

Why Isn't R&B Radio Shopping At The 'Thrift Shop'?

Music Subscription Battle Gets Real

THE Action

IMPACT

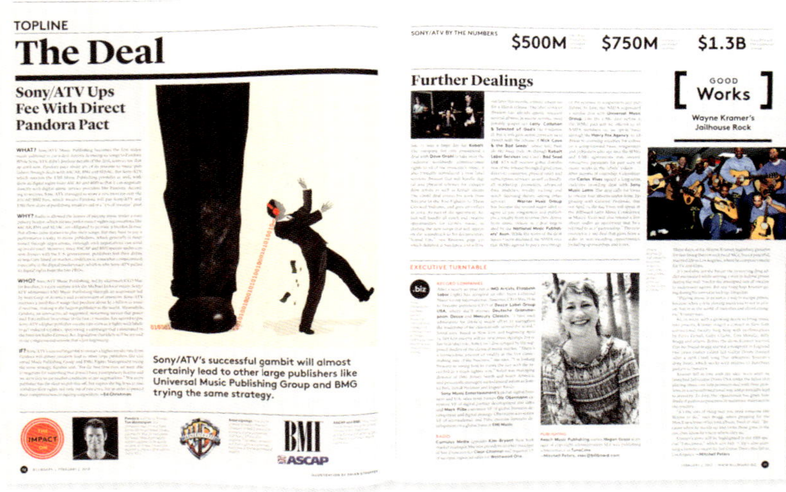
TOPLINE

The Deal

Sony/ATV Ups Fee With Direct Pandora Pact

Sony/ATV's successful gambit will almost certainly lead to other large publishers like Universal Music Publishing Group and BMG trying the same strategy.

$500M $750M $1.3B

Further Dealings

GOOD Works

Wayne Kramer's Jailhouse Rock

EXECUTIVE TURNTABLE

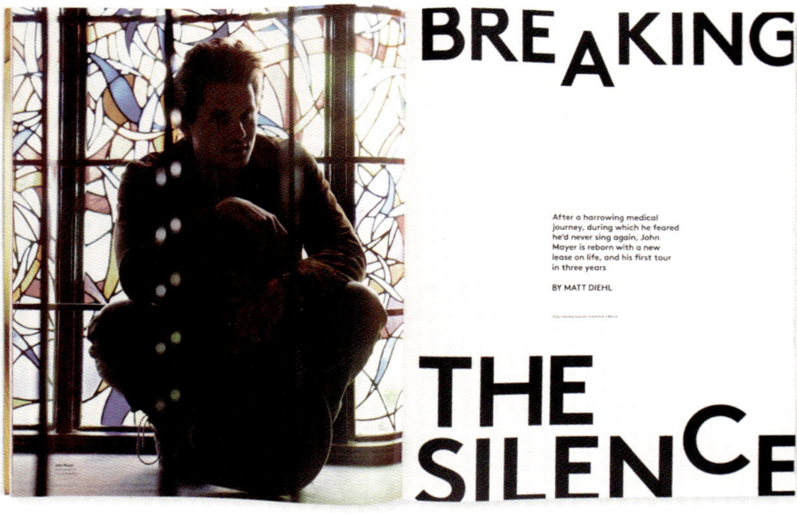
BREAKING THE SILENCE

After a harrowing medical journey, during which he feared he'd never sing again, John Mayer is reborn with a new lease on life, and his first tour in three years

BY MATT DIEHL

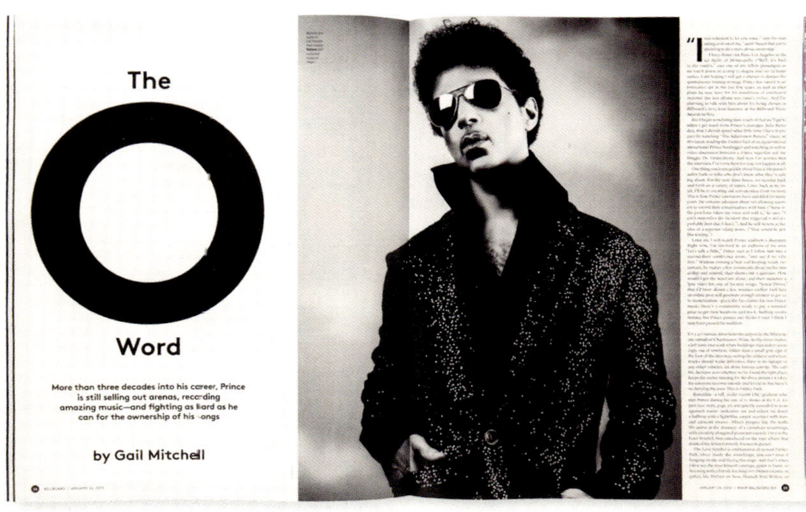
The
O
Word
More than three decades into his career, Prince is still selling out arenas, recording amazing music—and fighting as hard as he can for the ownership of his songs
by Gail Mitchell

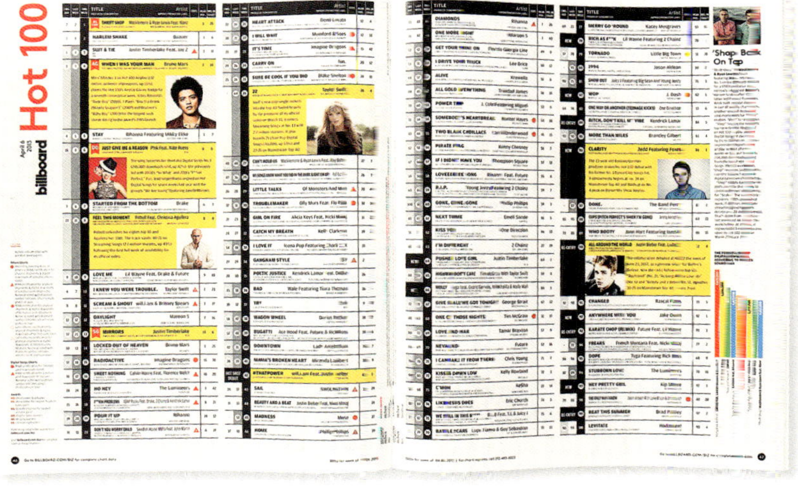
Hot 100
billboard

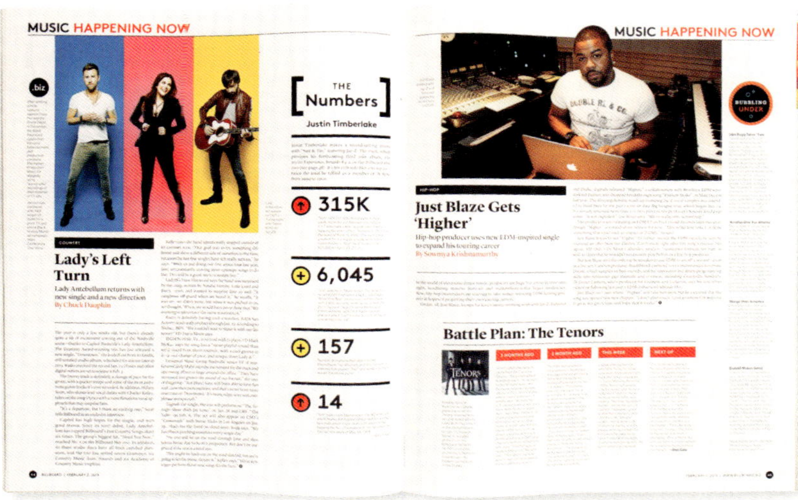
MUSIC HAPPENING NOW
Lady's Left Turn
THE Numbers
Justin Timberlake
315K
6,045
157
14
Just Blaze Gets 'Higher'
Battle Plan: The Tenors

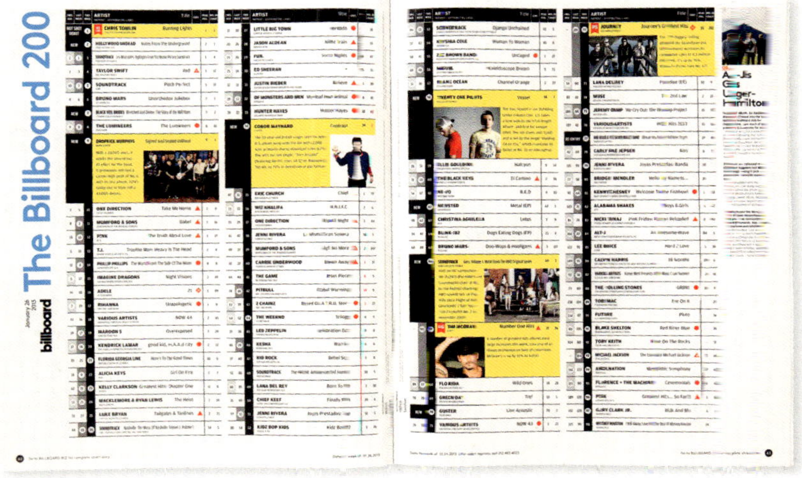
The Billboard 200
billboard

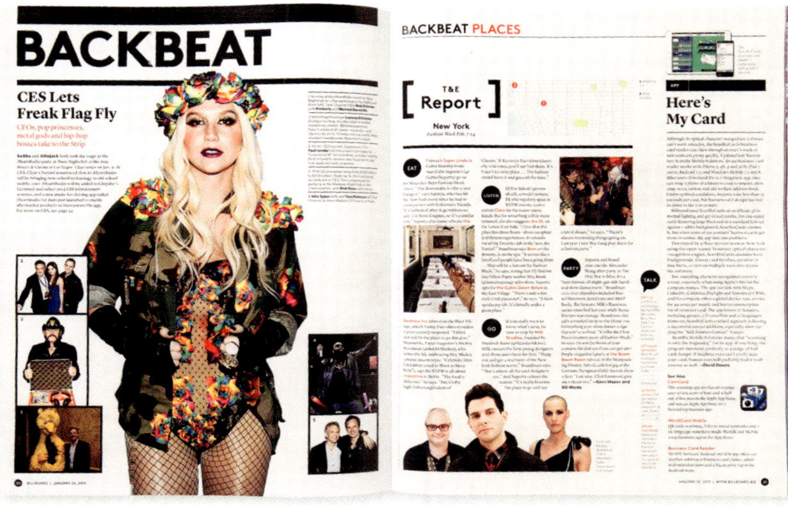
BACKBEAT
CES Lets Freak Flag Fly
BACKBEAT PLACES
T&E Report
New York
Here's My Card

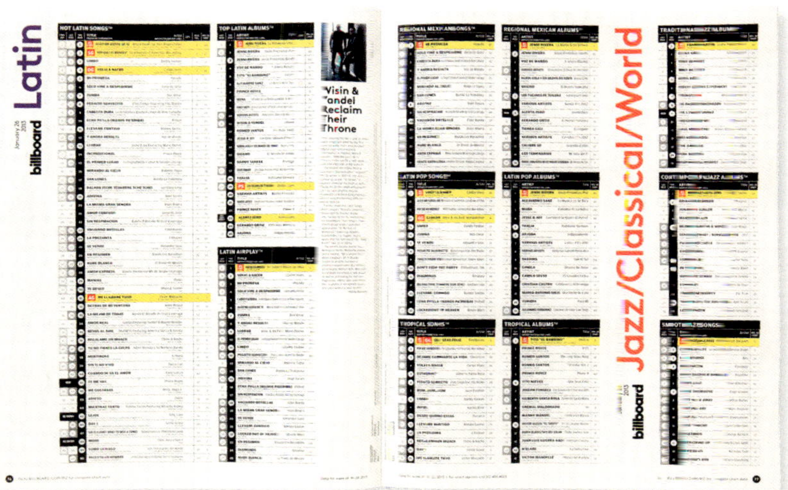
Latin
billboard
Jazz/Classical/World

Rechts
Die Liste der »Hot 100«, also die sogenannten »Billboard Charts«, besitzen Kultstatus in der Popkultur. Unsere Umgestaltung sollte es Lesern leichter machen, den Weg eines Songs durch die Charts zu verfolgen. Wer schnell aufsteigt, erhält einen weißen Punkt und die Aufsteiger der Woche werden mit kleinen roten Bannern markiert. Die beste Position, die ein Stück erreicht hat, wird ganz rechts aufgeführt. Die Daten sind in der leicht lesbaren Schrift Amplitude von Christian Schwartz, die Namen wie die Überschriften im gesamten Magazin in Aurèle Sacks LL Brown gesetzt – die so rund ist wie eine Schallplatte.

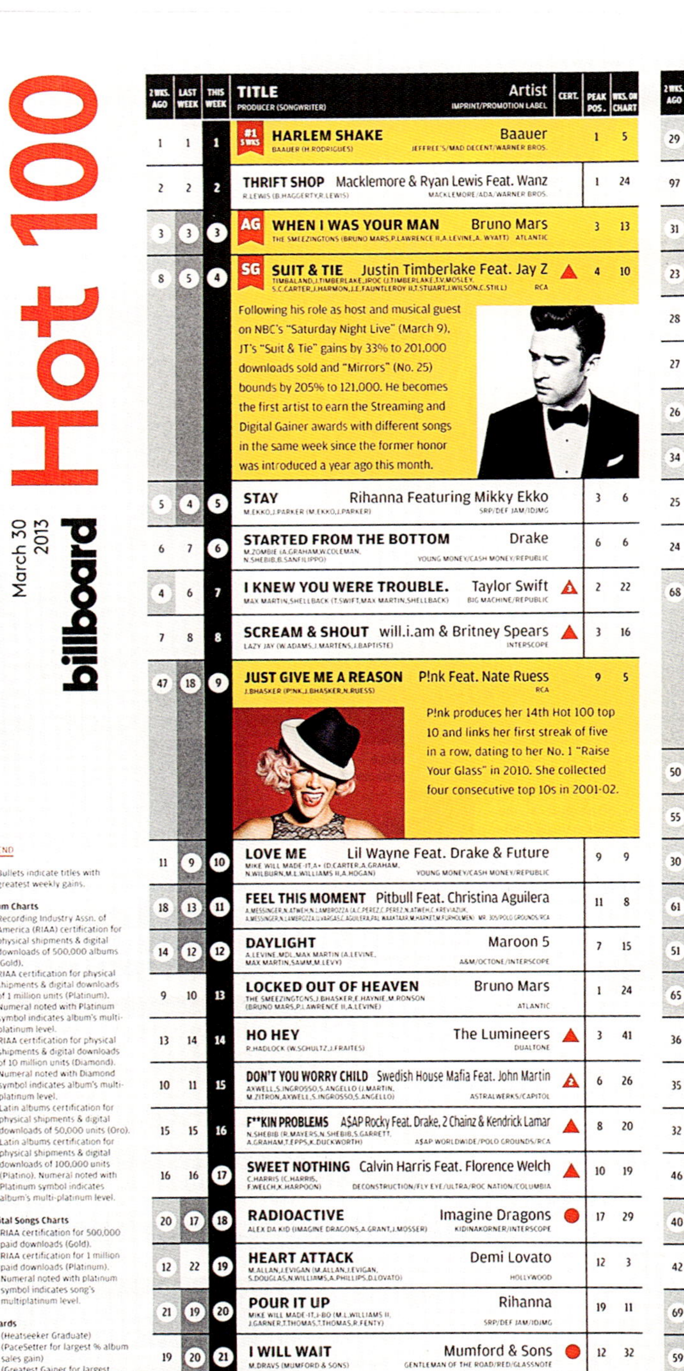

billboard March 30 2013

Hot 100

2 Wks. Ago	Last Week	This Week	Title	Artist	Cert.	Peak Pos.	Wks. on Chart
1	1	1	HARLEM SHAKE (#1 5 Wks)	Baauer		1	5
2	2	2	THRIFT SHOP	Macklemore & Ryan Lewis Feat. Wanz		1	24
3	3	3	WHEN I WAS YOUR MAN (AG)	Bruno Mars		3	13
8	5	4	SUIT & TIE (SG)	Justin Timberlake Feat. Jay Z	▲	4	10
5	4	5	STAY	Rihanna Featuring Mikky Ekko		3	6
6	7	6	STARTED FROM THE BOTTOM	Drake		6	6
4	6	7	I KNEW YOU WERE TROUBLE.	Taylor Swift	▲3	2	22
7	8	8	SCREAM & SHOUT	will.i.am & Britney Spears	▲	3	16
47	18	9	JUST GIVE ME A REASON	P!nk Feat. Nate Ruess		9	5
11	9	10	LOVE ME	Lil Wayne Feat. Drake & Future		9	9
18	13	11	FEEL THIS MOMENT	Pitbull Feat. Christina Aguilera		11	8
14	12	12	DAYLIGHT	Maroon 5		7	15
9	10	13	LOCKED OUT OF HEAVEN	Bruno Mars		1	24
13	14	14	HO HEY	The Lumineers	▲	3	41
10	11	15	DON'T YOU WORRY CHILD	Swedish House Mafia Feat. John Martin	▲2	6	26
15	15	16	F**KIN PROBLEMS	A$AP Rocky Feat. Drake, 2 Chainz & Kendrick Lamar	▲	8	20
16	16	17	SWEET NOTHING	Calvin Harris Feat. Florence Welch	▲	10	19
20	17	18	RADIOACTIVE	Imagine Dragons	●	17	29
12	22	19	HEART ATTACK	Demi Lovato		12	3
21	19	20	POUR IT UP	Rihanna		19	11
19	20	21	I WILL WAIT	Mumford & Sons	●	12	32
22	23	22	IT'S TIME	Imagine Dragons	▲	15	41
17	21	23	GIRL ON FIRE	Alicia Keys Feat. Nicki Minaj		11	28
29	25	24	SURE BE COOL IF YOU DID	Blake Shelton	●	24	10
97	77	25	MIRRORS (DG)	Justin Timberlake		24	5
31	29	26	CARRY ON	fun.		20	11
23	24	27	CATCH MY BREATH	Kelly Clarkson		19	21
28	26	28	LITTLE TALKS	Of Monsters And Men	▲	20	43
27	27	29	GANGNAM STYLE	PSY	▲2	2	28
26	28	30	POETIC JUSTICE	Kendrick Lamar Feat. Drake		26	21
34	32	31	TROUBLEMAKER	Olly Murs Feat. Flo Rida	●	31	9
25	30	32	TRY	P!nk		9	21
24	31	33	BEAUTY AND A BEAT	Justin Bieber Feat. Nicki Minaj		5	23
68	54	34	I LOVE IT	Icona Pop Featuring Charli XCX		34	7
50	42	35	DOWNTOWN	Lady Antebellum		35	6
55	47	36	MY SONGS KNOW WHAT YOU DID IN THE DARK (LIGHT EM UP)	Fall Out Boy		26	6
30	34	37	SAIL	AWOLNATION	▲2	30	28
61	45	38	BAD	Wale Featuring Tiara Thomas		38	5
51	38	39	MAMA'S BROKEN HEART	Miranda Lambert		38	8
65	40	40	CAN'T HOLD US	Macklemore & Ryan Lewis Feat. Ray Dalton		40	6
36	37	41	HOME	Phillip Phillips	▲3	6	38
35	36	42	ONE MORE NIGHT	Maroon 5		1	39
32	33	43	DIAMONDS	Rihanna	▲	1	25
46	43	44	TWO BLACK CADILLACS	Carrie Underwood	●	41	14
40	44	45	ALL GOLD EVERYTHING	Trinidad James		36	14
42	41	46	ADORN	Miguel		17	33
69	56	47	WAGON WHEEL	Darius Rucker		47	6
59	52	48	BUGATTI	Ace Hood Feat. Future & Rick Ross		48	5
38	39	49	SOME NIGHTS	fun.	▲	3	56
37	35	50	HALL OF FAME	The Script Feat. will.i.am	▲	25	25

Following his role as host and musical guest on NBC's "Saturday Night Live" (March 9), JT's "Suit & Tie" gains by 33% to 201,000 downloads sold and "Mirrors" (No. 25) bounds by 205% to 121,000. He becomes the first artist to earn the Streaming and Digital Gainer awards with different songs in the same week since the former honor was introduced a year ago this month.

P!nk produces her 14th Hot 100 top 10 and links her first streak of five in a row, dating to her No. 1 "Raise Your Glass" in 2010. She collected four consecutive top 10s in 2001-02.

Swedish duo reaches the top 40 with its first Hot 100 entry following its maiden appearance at South by Southwest in Austin (March 13). Aided by the exposure, track soars 37-17 (72,000, up 39%) on Hot Digital Songs.

LEGEND

Bullets indicate titles with greatest weekly gains.

Awards: HG (Heatseeker Graduate), PS (PaceSetter for largest % album sales gain), GG (Greatest Gainer for largest volume gain), DG (Digital Sales Gainer), AG (Airplay Gainer), SG (Streaming Gainer)

Publishing song index available on billboard.com/biz.

Visit billboard.com/biz for complete rules and explanations.

52 Go to BILLBOARD.COM/BIZ for complete chart data

Data for week of 03.30.2013

2 WKS. AGO	LAST WEEK	THIS WEEK	TITLE / PRODUCER (SONGWRITER)	Artist / IMPRINT/PROMOTION LABEL	CERT.	PEAK POS.	WKS. ON CHART
53	53	51	**I DRIVE YOUR TRUCK** K.JACOBS,M.MCCLURE,L.BRICE (J.ALEXANDER,C.HARRINGTON,J.YEARY)	Lee Brice / CURB		51	11
56	50	52	**GET YOUR SHINE ON** J.MOI (T.HUBBARD,B.KELLEY,R.CLAWSON,C.TOMPKINS)	Florida Georgia Line / REPUBLIC NASHVILLE		50	8
RE-ENTRY		53	**MADNESS** MUSE (M.BELLAMY)	Muse / HELIUM-3/WARNER BROS.	●	53	26

After a four-week break, the song returns at a new peak. After setting the mark for the longest reign in the Alternative chart's history (19 weeks), it continues gaining on Adult (14-13) and Mainstream Top 40 (30-29).

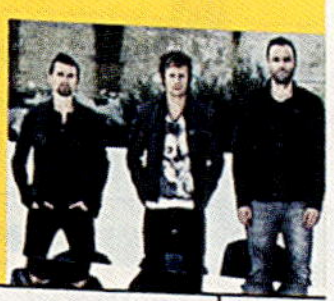

2 WKS. AGO	LAST WEEK	THIS WEEK	TITLE / PRODUCER (SONGWRITER)	Artist / IMPRINT/PROMOTION LABEL	CERT.	PEAK POS.	WKS. ON CHART
60	55	54	**SOMEBODY'S HEARTBREAK** D.HUFF,H.HAYES (A.DORFF,L.LAIRD,H.HAYES)	Hunter Hayes / ATLANTIC/WMN	●	54	17
49	51	55	**KISS YOU** C.FALK,RAMI (SHELLBACK,R.YACOUB, C.FALK,S.KOTECHA,K.LUNDIN,K.FOGELMARK,A.NEDLER)	One Direction / SYCO/COLUMBIA		46	12
57	59	56	**LOVEEEEEEE SONG** FUTURE (N.WILBURN,R.FENTY,D.ANDREWS,G.S.JACKSON,L.S.ROGERS)	Rihanna Feat. Future / SRP/DEF JAM/IDJMG		55	7
72	68	57	**ALIVE** RAIN MAN (J.YOUSAF,Y.YOUSAF,K.TRINDL,N.LIM,J.UDEL...)	Krewella / KREWELLA/COLUMBIA		57	5
66	62	58	**PIRATE FLAG** B.CANNON,K.CHESNEY (R.COPPERMAN,D.L.MURPHY)	Kenny Chesney / BLUE CHAIR/COLUMBIA NASHVILLE		58	6
-	100	59	**GONE, GONE, GONE** G.WATTENBERG (D.FUHRMANN,T.CLARK,G.WATTENBERG)	Phillip Phillips / 19/INTERSCOPE		59	2
80	70	60	**POWER TRIP** J.L.COLE (J.COLE,H.LAWS)	J. Cole Featuring Miguel / ROC NATION/COLUMBIA		60	5
63	60	61	**R.I.P.** DJ MUSTARD (J.W.JENKINS,D.MCFARLANE,T.EPPS,W.DEVAUGHN,A.YOUNG,E.WRIGHT,L.PATTERSON, O.JACKSON,G.WEBSTER,A.NOLAND,L.BONNER,R.MIDDLEBROOKS,W.MORRISON,M.JONES,M.PIERC)	Young Jeezy Featuring 2 Chainz / CTE/DEF JAM/IDJMG		59	6
43	49	62	**BETTER DIG TWO** D.HUFF (B.CLARK,S.MCANALLY,T. ROSEN)	The Band Perry / REPUBLIC NASHVILLE	▲	28	20
45	48	63	**ONE OF THOSE NIGHTS** B.GALLIMORE,T.MCGRAW (L.LAIRD,R.CLAWSON,C.TOMPKINS)	Tim McGraw / BIG MACHINE	●	32	16
RE-ENTRY		64	**22** MAX MARTIN,SHELLBACK (T.SWIFT,MAX MARTIN,SHELLBACK)	Taylor Swift / BIG MACHINE/REPUBLIC		44	3

Following the start of her *Red* tour in Omaha, Neb. (March 13), the third pop single from her like-titled album re-enters Hot Digital Songs at No. 57 (32,000, up 163%) and arrives as the highest debut (No. 61) on Hot 100 Airplay (18 million in audience, up 115%).

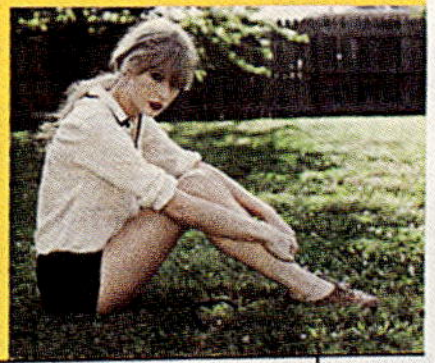

2 WKS. AGO	LAST WEEK	THIS WEEK	TITLE / PRODUCER (SONGWRITER)	Artist / IMPRINT/PROMOTION LABEL	CERT.	PEAK POS.	WKS. ON CHART
52	61	65	**I'M DIFFERENT** DJ MUSTARD (T.EPPS,D.MCFARLANE)	2 Chainz / DEF JAM/IDJMG		27	18
70	67	66	**IF I DIDN'T HAVE YOU** NV (S.THOMPSON,K.THOMPSON,J.SELLERS,P.JENKINS)	Thompson Square / STONEY CREEK		66	11
73	65	67	**NEXT TO ME** CRAZE,HOAX (A.E.SANDE,H.CHEGWIN,H.CRAZE,...PAUL)	Emeli Sande / CAPITOL		65	4
41	58	68	**C'MON** DR. LUKE,BENNY BLANCO,CIRKUT (K.SEBERT,L.GOTTWALD,B.LEVIN,MAX MARTIN,B.MCKEE,H.WALTER)	Ke$ha / KEMOSABE/RCA		27	13
62	66	69	**NEVA END** MIKE WILL MADE-IT (N.WILBURN,M.L.WILLIAMS II,P.R.SLAUGHTER)	Future / A-1/FREEBANDZ/EPIC		52	15
54	57	70	**TORNADO** J.JOYCE (N.HEMBY,D.MAID)	Little Big Town / CAPITOL NASHVILLE	●	51	19
71	72	71	**GIVE IT ALL WE GOT TONIGHT** T.BROWN,G.STRAIT (M.BRIGHT,P.O'DONNELL,T.JAMES)	George Strait / MCA NASHVILLE		71	11
95	80	72	**LOVE AND WAR** D.CAMPER, JR. (M.RIDDICK,L.DANIELS,T.BRAXTON)	Tamar Braxton / STREAMLINE/EPIC		57	8
67	69	73	**MERRY GO 'ROUND** L.LAIRD,S.MCANALLY,K.MUSGRAVES (K.MUSGRAVES,J.OSBORNE,S.MCANALLY)	Kacey Musgraves / MERCURY NASHVILLE		63	14
44	64	74	**ONE WAY OR ANOTHER (TEENAGE KICKS)** J.BUNETTA,J.RYAN (D.HARRY,N.HARRISON,J.O'NEILL)	One Direction / SYCO/COLUMBIA		13	5
-	98	75	**SHOW OUT** MIKE WILL MADE-IT (J.HOUSTON,J.W.JENKINS,S.M.ANDERSON)	Juicy J Featuring Big Sean And Young Jeezy / KEMOSABE/COLUMBIA		75	2
64	71	76	**WICKED GAMES** DOC,C.MONTAGNESE,THE WEEKND (A.TESFAYE,C.MONTAGNESE,D.MCKINNEY)	The Weeknd / XO/REPUBLIC		53	20
HOT SHOT DEBUT		77	**FREAKS** RICO LOVE,E.THOMASON (K.KHARBOUCH,O.T.MARA,RICO LOVE, D.L.DAVIS,Q.RILEY,E.BONNER,S.DUNBAR,J.C.TAYLOR,L.O.WILLIS)	French Montana Feat. Nicki Minaj / BAD BOY/INTERSCOPE		77	1
83	76	78	**I CAN TAKE IT FROM THERE** J.STROUD (C.YOUNG,R.AKINS,B.HAYSLIP)	Chris Young / RCA NASHVILLE		76	6
79	78	79	**BATTLE SCARS** PRO J (W.JACO,G.SEBASTIAN,D.R.HARRIS)	Lupe Fiasco & Guy Sebastian / 1ST & 15TH/ATLANTIC		73	12
-	96	80	**KISSES DOWN LOW** MIKE WILL MADE-IT,MARZ (M.L.WILLIAMS II, M.MIDDLEBROOKS,T.THOMAS,T.THOMAS,K.ROWLAND)	Kelly Rowland / REPUBLIC		80	2
-	84	81	**HIGHWAY DON'T CARE** B.GALLIMORE,T.MCGRAW (B.WARREN,B.WARREN,M.IRWIN,J.KEAR)	Tim McGraw With Taylor Swift / BIG MACHINE		59	3
82	75	82	**WE STILL IN THIS B****** MIKE WILL MADE-IT,MARZ (B.R.SIMMONS, JR.,M.L.WILLIAMS II, M.MIDDLEBROOKS,C.J.HARRIS, JR.,J.HOUSTON)	B.o.B Feat. T.I. & Juicy J / REBELROCK/GRAND HUSTLE/ATLANTIC		75	5
58	63	83	**HEY PORSCHE** DJ FRANK E,D.GLASS,M.FREESH,T.MAZUR,H.KIPNER (D.E.GLASS,H.KIPNER,B.S.ISAAC,J.FRANKS,C.HAYNES, JR.)	Nelly / REPUBLIC		42	4
86	81	84	**LIKE JESUS DOES** J.JOYCE (C.BEATHARD,M.CRISWELL)	Eric Church / EMI NASHVILLE		81	4
74	73	85	**WHO BOOTY** RAW SMOOV (D.J.GRIZZELL,S.A.WILLIAMS,K.KHARBOUCH)	Jonn Hart Featuring IamSU! / COOL KID CARTEL/EPIC		66	14
78	82	86	**DON'T JUDGE ME** THE MESSENGERS (C.M.BROWN,N.ATWEH,A.MESSINGER,M.PELLIZZER)	Chris Brown / RCA		67	20
NEW		87	**DONE.** D.HUFF (R.PERRY,N.PERRY,J.DAVIDSON,J.BRYANT)	The Band Perry / REPUBLIC NASHVILLE		87	1
75	79	88	**THE ONLY WAY I KNOW** M.KNOX (D.L.MURPHY,B.HAYSLIP)	Jason Aldean With Luke Bryan & Eric Church / BROKEN BOW	●	40	19
84	87	89	**STUBBORN LOVE** R.HADLOCK (W.SCHULTZ,J.FRAITES)	The Lumineers / DUALTONE		70	14
NEW		90	**SO MANY GIRLS** NOT LISTED (NOT LISTED)	DJ Drama Feat. Wale, Tyga & Roscoe Dash / APHILLIATES/EONE		90	1
90	83	91	**GOLD** D.MUCKALA (B.NICOLE,D.MUCKALA,J.CATES)	Britt Nicole / SPARROW/CAPITOL CMG/CAPITOL		83	3
98	93	92	**MORE THAN MILES** D.HUFF (J.EDDIE,B.GILBERT)	Brantley Gilbert / VALORY		92	3
NEW		93	**1994** M.KNOX (THOMAS RHETT,L.LAIRD,B.DEAN)	Jason Aldean / BROKEN BOW		93	1

Aldean's ode to the year that Joe Diffie ruled Hot Country Songs with two No. 1s becomes the eighth Hot 100 hit whose title is a year. Others include Phoenix's "1901," Bowling for Soup's "1985" and Prince's "1999." See the full list in Billboard.com's Chart Beat column. *—Gary Trust*

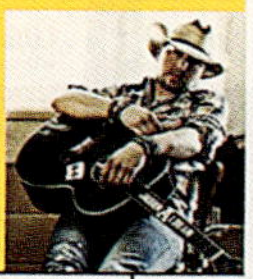

2 WKS. AGO	LAST WEEK	THIS WEEK	TITLE / PRODUCER (SONGWRITER)	Artist / IMPRINT/PROMOTION LABEL	CERT.	PEAK POS.	WKS. ON CHART
99	90	94	**LEVITATE** LOADSTAR (HADOUKEN,A.SMITH,N.HILL,G.HARRIS)	Hadouken! / SURFACE NOISE		90	3
85	85	95	**CUPS** C.BECK,M.KILIAN (A.P.CARTER,L.GERSTEIN,D.BLACKETT,H.TUNSTALL-BEHRENS,J.FREEMAN)	Anna Kendrick / UME		64	12
87	86	96	**DOPE** M.ROBERTS (M.NGUYEN-STEVENSON,W.L.ROBERTS II, M.ROBERTS,L.JACKSON,C.C.BROADUS JR.,C.WOLFE,A.YOUNG)	Tyga Featuring Rick Ross / YOUNG MONEY/CASH MONEY/REPUBLIC		68	8
91	88	97	**LOVE SOSA** YOUNG CHOP (K.COZART,T.PITTMAN)	Chief Keef / GLORY BOYZ/INTERSCOPE		56	14
93	92	98	**CHANGED** D.HUFF,RASCAL FLATTS (G.LEVOX,N.THRASHER,W.MOBLEY)	Rascal Flatts / BIG MACHINE		73	4
-	74	99	**BUZZKILL** J.STEVENS (L.BRYAN,R.THIBODEAU,J.SEVER)	Luke Bryan / CAPITOL NASHVILLE		74	2
89	94	100	**LITTLE THINGS** J.GOSLING (E.SHEERAN,F.BEVAN)	One Direction / SYCO/COLUMBIA	●	33	18

I'M NOT 'BOUT TO JUDGE YOU, DON'T JUDGE ME. YOU AIN'T GOTTA REALLY SING ABOUT YOUR RAP SHEET.

"BAD"—WALE FEATURING TIARA THOMAS

Q&A

Tiara Thomas

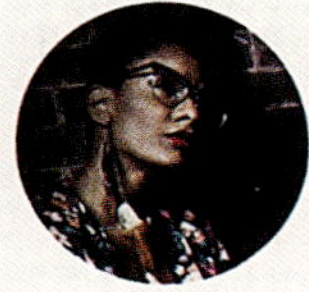

You co-wrote and sang on Wale's "Bad," which jumps 45-38 on the Billboard Hot 100 this week. You're signed to his Board Administration management/label. How did you first link with him?
[A friend] was like, "Hey, let's go to Atlanta for spring break." We went and I had a fake ID; I was under 21 at the time. We wanted to go to the club. It was like, "There's Wale, let's take a picture with him." Afterward, I sent him some YouTube videos I had online. Three months later, he hits me up: "Yo, I'm gonna fly you out to New York."

How did you come up with "Bad"?
There was this rap song called "Some Cut" by Trillville. It used to be one of my favorite songs when I was younger. It's really vulgar; I wanted to find a way to cover the song and make it sound pretty. Seven months after I dropped it on YouTube, Wale listened to it, and he really liked it. He put his verses on it and took the song to a whole new level.

So it started as your YouTube clip, and now it's the lead single on his new album?
It was just a cover at first. I just had other lyrics on there on top of the hook. Wale kind of created a story out of it—it's like a girl anthem. That's crazy. That's what I like so much about it: A rapper puts out a girl anthem. *—Chris Payne*

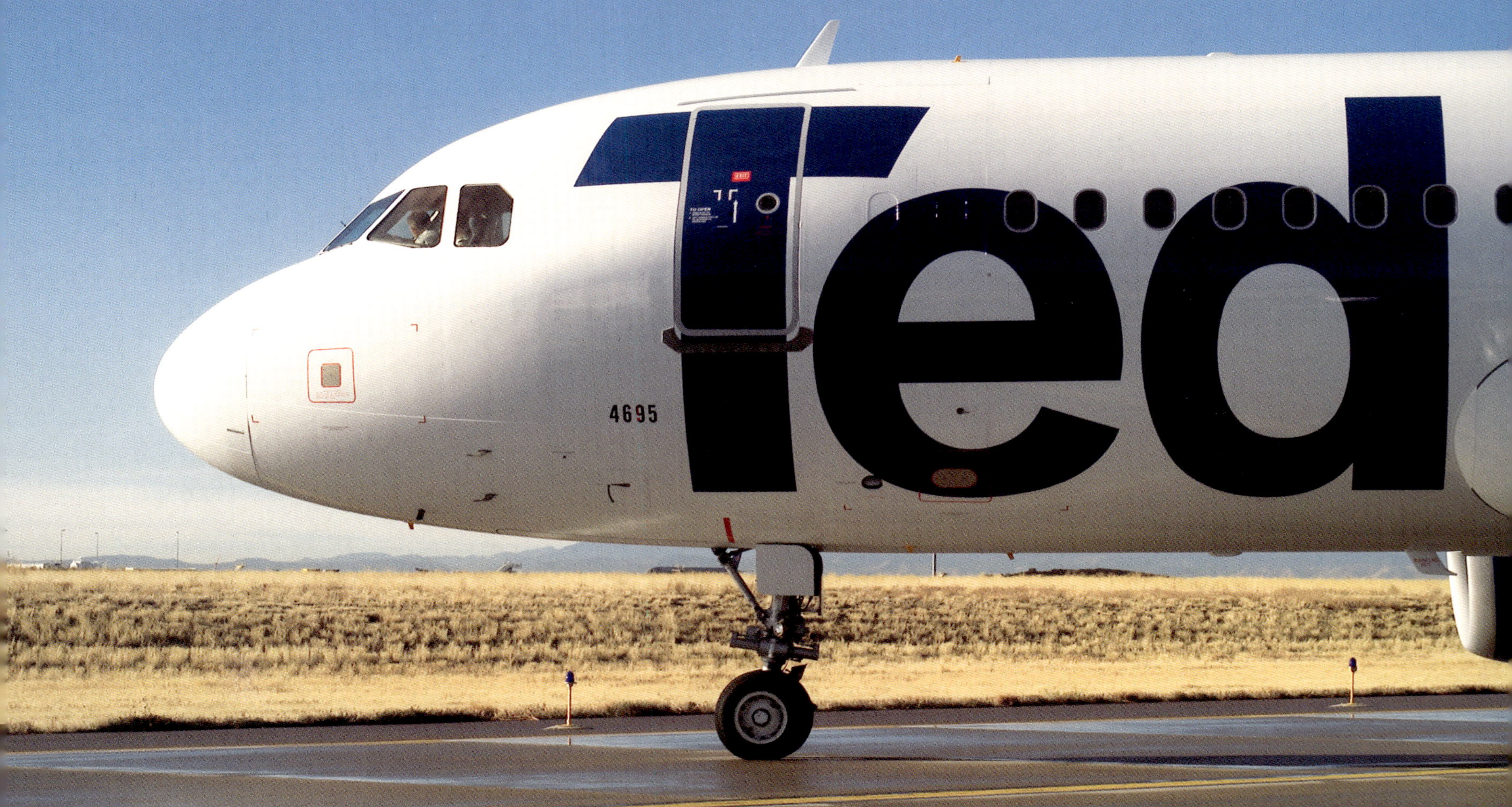
Ted
4695

Wie man Menschen überzeugt
Ted

Als ich mein Studium in grafischer Gestaltung abschloss, dachte ich noch, dass sich eine großartige Idee immer von alleine verkauft. Das war ein Irrtum. Vielmehr habe ich gelernt, dass es nie mehr als der erste Schritt ist, wenn man die Lösung für ein gestalterisches Problem gefunden hat. Der nächste wichtige Schritt besteht dann darin, andere Menschen davon zu überzeugen, dass man den richtigen Weg gefunden hat. Doch warum ist das eigentlich so schwierig?

Zunächst ist einem nicht immer das Glück gegeben, mit einem einzigen, selbstbewussten und willensstarken Kunden zusammenzuarbeiten. Oft haben wir es mit ganzen Gruppen zu tun, die wir überzeugen müssen. Und je wichtiger das Projekt ist, desto größer (und unbändiger) ist die Gruppe. Außerdem lässt es sich nicht mit einem Computer errechnen, wie richtig oder falsch man mit der Entscheidung für einen gestalterischen Entwurf liegt. Sie stützt sich vielmehr auf unsichere Faktoren wie Intuition und Geschmack. Zu guter Letzt verlangt jede Entscheidung einen Funken Vertrauen. Um unsere risikoaversen Gesprächspartner von ihren Qualen zu erlösen, müssen wir unsere Termine in den Vorstandsetagen häufig in Erweckungstreffen verwandeln.

Im Jahr 2003 gründete unser Kunde United Airlines eine Billigfluglinie, um mit Wettbewerbern wie JetBlue oder Southwest fertig zu werden. Andere große Gesellschaften hatten bereits denselben Schritt gemacht, zum Beispiel Air Canada mit Tango oder Delta mit Song. Bei United bat man uns, die Marke für das neue Unternehmen zu entwerfen und – um die Aufgabe noch weiter zu erschweren – einen passenden Namen vorzuschlagen. (Zwar hält sich nicht jeder für einen Designer, aber wer schon einmal ein Haustier hatte, ist geneigt, sich für einen Namensexperten zu halten…)

Nach einigen Monaten Arbeit, in denen wir mehr als 100 Namen geprüft und ein paar unreife Präsentationen gehalten hatten, kamen mein Partner Daniel Weil und unser Kollege David Gibbs auf die perfekte Bezeichnung für eine Fluglinie, die sich als kleiner, freundlicher und unkomplizierter Bruder von United positionieren sollte: Ted. Der Name war genau genommen ein Spitzname, abgeleitet von den drei Buchstabens seines sehr etablierten großen Bruders UniTED.

Wir waren überzeugt. Doch was bedeutete das schon! Schließlich wussten wir, dass es nicht leicht werden würde, die vielen Vertreter des Kundens für den Vorschlag zu gewinnen, zu denen für dieses große Vorhaben auch der Chef des Marketings, John Teague, und der Vorstandsvorsitzende Glenn Tilton zählten. Schnell zimmerten wir eine 65-seitige Präsentation zusammen, die eine Entscheidung zugunsten von Ted nicht bloß als zwingend, sondern auch als sympathisch und witzig darstellte. Bis zum heutigen Tag hat mir diese Präsentation am meisten Spaß gemacht.

Linke Seite
Eine überzeugende Marke mit wenigen Zutaten: ein weißes Flugzeug, ein schlichter Name – und viel Platz. Der *New York Times* erzählte ich, als United seine neue Tochter Ted an den Start brachte: »Wir waren auf etwas besonderes gestoßen… ein Spitzname, der wie ein kleines Wunder bereits in der großen Marke United angelegt ist – fertig zum Mitnehmen!«

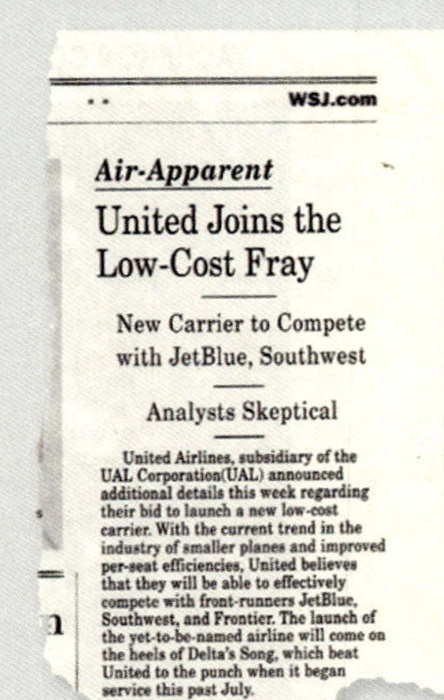

WSJ.com

Air-Apparent

United Joins the Low-Cost Fray

New Carrier to Compete with JetBlue, Southwest

Analysts Skeptical

United Airlines, subsidiary of the UAL Corporation(UAL) announced additional details this week regarding their bid to launch a new low-cost carrier. With the current trend in the industry of smaller planes and improved per-seat efficiencies, United believes that they will be able to effectively compete with front-runners JetBlue, Southwest, and Frontier. The launch of the yet-to-be-named airline will come on the heels of Delta's Song, which beat United to the punch when it began service this past July.

WSJ.com

Sky's The Limit

For United, a Truly Bold Transformation

A New Vision of "Customized Travel"

Goal: Everywhere You Want, Any Way You Want

"It's different than anything they've ever tried before–the creation of a family of branded travel products to meet the specific needs of their customers," says Airline expert Robert Hogan, Professor at USC and former PanAm executive.

Fundamental to its success will be the launch a new low-cost carrier that, while competing with the likes of JetBlue and Southwest, will have the distinct advantage of United's route network.

Links
Wir positionierten die neue Fluglinie Ted als notwendige Ergänzung des Angebots und der Marke United – anstatt eines späten und verlegenen Einstiegs in ein Spiel, das die Wettbewerber längst spielten. Um die Stärke dieses Arguments zu demonstrieren, begannen wir unsere Präsentation mit zwei erfundenen Geschichten aus dem *Wall Street Journal*.

Als wir zu dem Projekt hinzugezogen wurden, hatte sich das Management von United bereits fast ein Jahr mit dem Geschäftsmodell für einen neuen Billigflieger beschäftigt. Uns erschien es in dieser Phase wichtig, sie daran zu erinnern, dass die Außenwelt eine vollkommen andere Sicht auf den Luftverkehr hat als sie selbst. Es war also wichtig, die Fragen aus Sicht der Kunden und mit Blick auf ihre Bedürfnisse zu beantworten – anstatt die Entscheidungen daran auszurichten, was die Geschäftsführung für opportun hält oder was zum Beispiel Wettbewerber erwarten. Unser Ansatz war mutig, aber er war machbar, weil wir einen überzeugenden Vorschlag gemacht hatten – einer, der sich fast von alleine verkauft hätte.

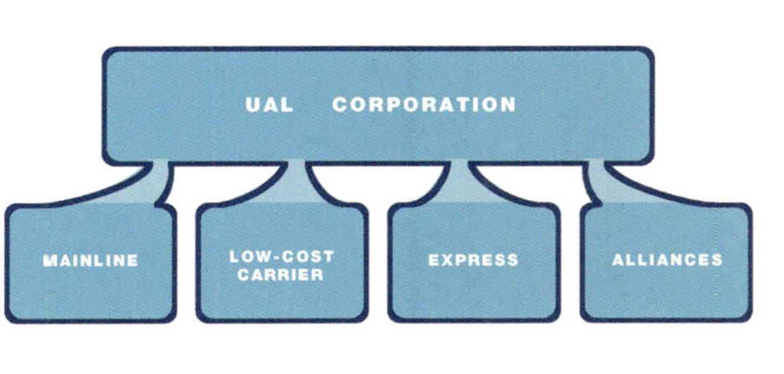

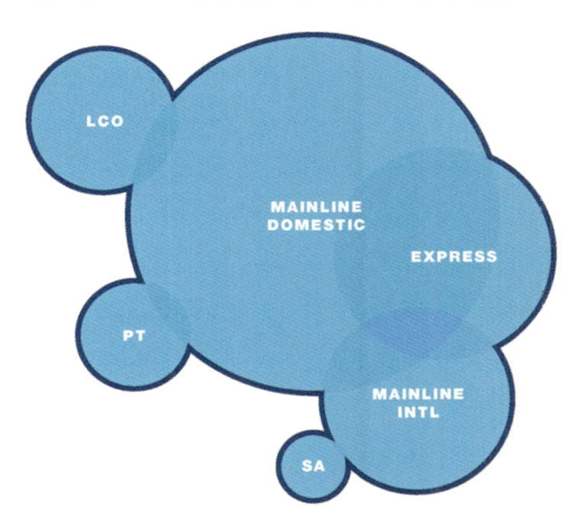

Two tools

The look and feel of the LCO identity
The LCO name

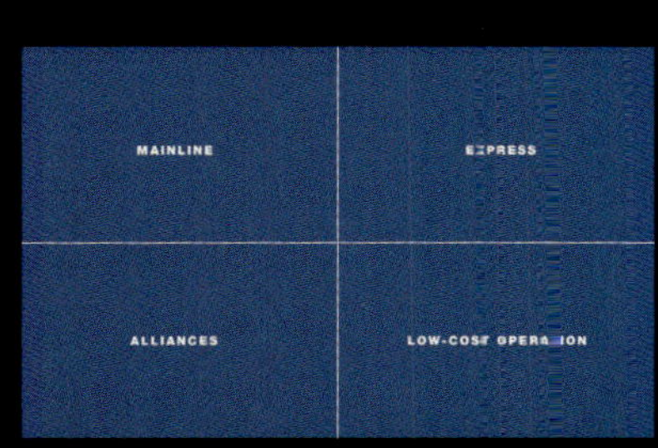

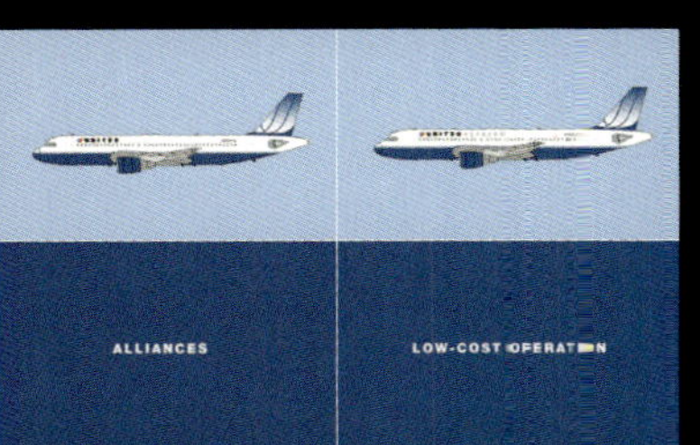

ALLIANCES
LOW-COST OPERATION

STAR ALLIANCE
LOW-COST OPERATION

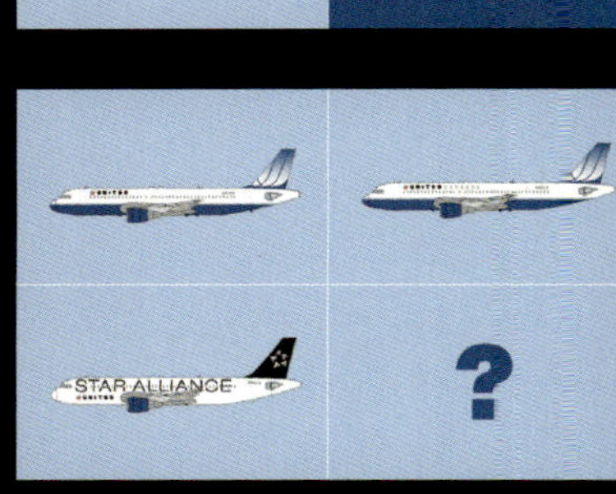

LCO brand profile

Brand advantages

Competitive pricing
Mileage Plus benefits
Options and frequency
Connected network
A United brand

Brand attributes

Trustworthy
Reliable
Good service
Customer first
Understanding
Open
Energized

Brand experience

Retail
Friendly
Active
Engaging
Entertaining
Attractive
Simple
Changing
Social

Oben
In unserer Präsentation vor den höchsten Gremien von United zeigten wir zwei Organisationsdiagramme, um die unterschiedlichen Sichtweisen der Geschäftsführung und der Kunden auf ein Luftverkehrsunternehmen gegenüberzustellen.

Rechts
Die bestehenden drei Geschäftsbereiche von United – die Hauptlinie, die Express-Linie und die internationale Allianz mit Lufthansa und anderen Linien – besaßen jeweils einen etablierten Markenauftritt. Wie würde sich Ted hier einfinden?

Oben
Normalerweise ziehe ich es in Präsentationen vor, mit Illustrationen und Bildern zu arbeiten. Doch diesmal verhalfen uns Worte zum Erfolg.

Close-in vs. further out

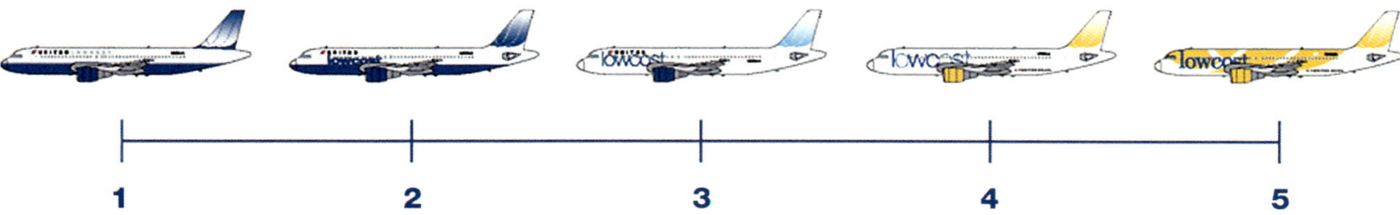

Oben
Die Fragen nach dem passenden Namen und nach dem besten Design sollten gemeinsam diskutiert, aber unabhängig voneinander entschieden werden. Damit verhinderten wir, dass sich die Kunden gegen die Optik entschieden, weil sie vielleicht den Namen nicht mochten – oder umgekehrt.

Rechts
In unserer gestalterischen Empfehlung – »nah genug an der Muttermarke, um sich wohl zu fühlen und entfernt genug, um zu überraschen« – benutzten wir die Schrift von United und beließen es beim Tulpen-Symbol. Zugleich wählten wir mit Orangegelb eine neue Farbe.

Approach

No invented words (Allegis, Avolar)
Be energetic and inspiring
A clear relationship with United
Avoid "me too" options
Manage expectations

Expected vs. Unexpected

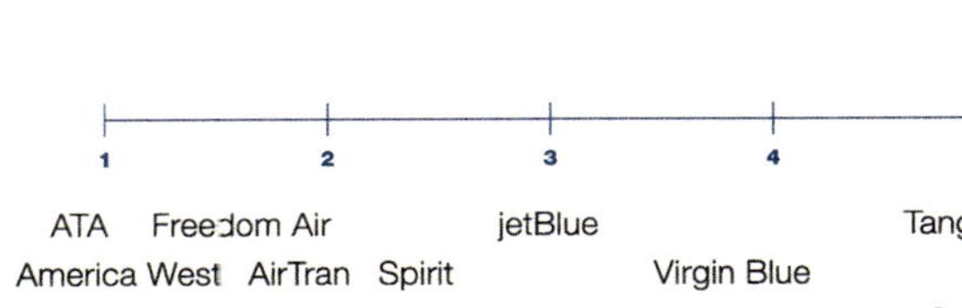

Oben
Präsentationen werden oft in fensterlosen Räumen gehalten, wo man manchmal

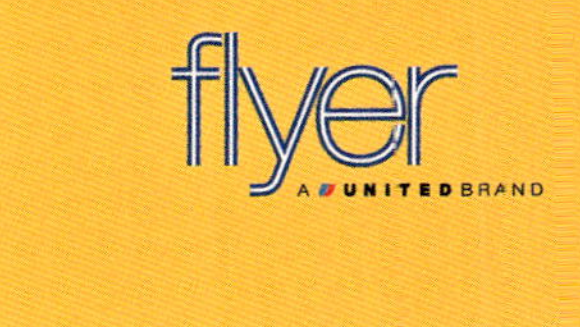

Indigo!
A UNITED BRAND

DEFINITION:
One who flies
PROS:
Passenger-focused
Simple and familiar, but hip
Participatory, energetic
Comfortable fit with current culture
FlyerFares, I'm a Flyer, Be a Flyer
CONS:
Vaguely retro

flyer

DEFINITION:
A variable color averaging a dark, silvery ou
PROS:
Indi (as in independent) + go
A shade of (United) blue
Sounds modern
Direct spanish translation
CONS:
Unfamiliar word to most

Indigo!

UNITED RED

LOOP
A UNITED BRAND

DEFINITION:
The color at the long-wave extreme of the visible spectrum
PROS:
The energetic "other half" of United
Clear implications for visual rollout
Takes on Virgin Blue and jetBlue
Easy to say, remember, pronounce
Means "network" in spanish
CONS:
In the red, seeing red

UNITED RED

DEFINITION:
A curved line forming a closed or partly open curve; a circuit
PROS:
Describes the flight network
Sounds fun
Additional meaning in Chicago area
Easy to say, remember, pronounce
CONS:
Whimsical, "loopy"

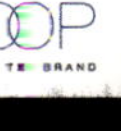

Oben
Wir hatten fünf Namen im Köcher, jeweils mit Vor- und Nachteilen. Sie hätten wohl alle

U N I T E D

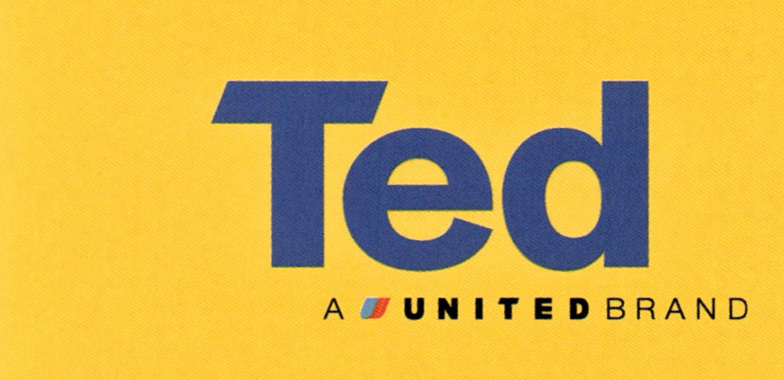

T E D

DEFINITION:

Short for Theodore (Greek, “Divine Gift”)
A literal “part of United”

PROS:

Friendly, “first name basis”
Unique to the industry
Easy to say, remember, pronounce
Trus**ted**, exci**ted**, libera**ted**, res**ted**
“Ted E-fares”, I’m with Ted

CONS:

Unorthodox, riskier

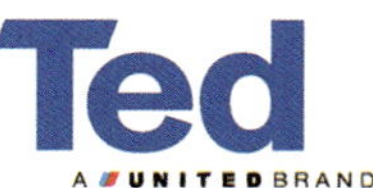

Oben
Der beste Moment der Präsentation war die Preisgabe unserer Namensempfehlung. Ich fragte: »Wie viel Geld haben Sie bisher ausgegeben, um diesen Namen in den vergangenen 75 Jahren in der Öffentlichkeit bekannt zu machen?« Der Grund für diese rhetorische Frage lag in dem enormen Wert, den das Kürzel Ted bereits besaß, weil es sich aus United ableitete. Man kann solche Summen nur schätzen – wir tippten auf 500 Millionen Dollar. Die Zuhörer mochten über solche Mutmaßungen lachen, doch unser Punkt war klar: Der neue Name existierte längst – und kostete nichts.

Rechts
Vielen Menschen gefiel es, dass wir uns für einen menschlichen Namen (und zugleich noch einen Spitznamen) entschieden hatten. Es war eine Form der vertrauten Ansprache, die einen besonders persönlichen Service versprach und die Namen der Konkurrenz zugleich gekünstelt wirken ließ. Das Logo lieh sich das große »T« von der Schrift, die United benutzte. Später fügten wir den Slogan »Part of United« hinzu. Das war direkt, einfach und wahr – und das auf mehrere Arten.

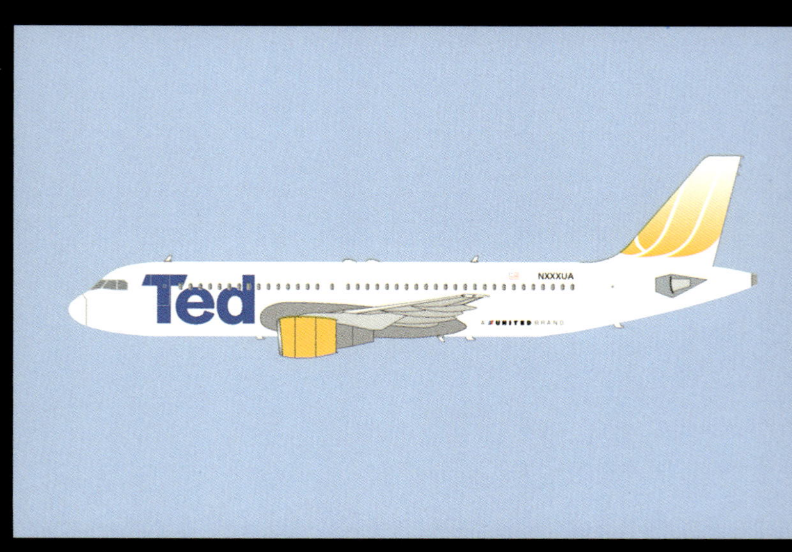

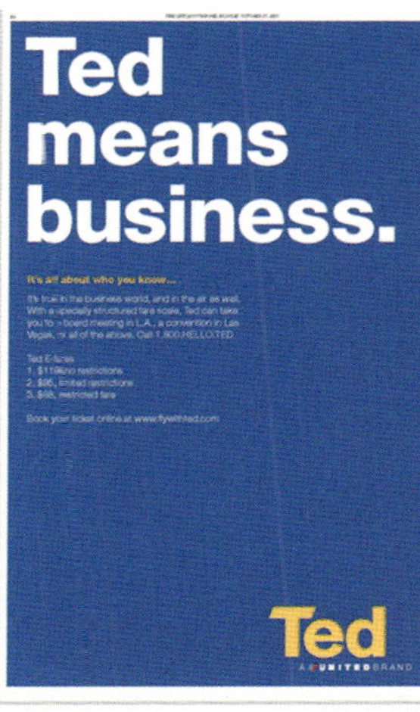

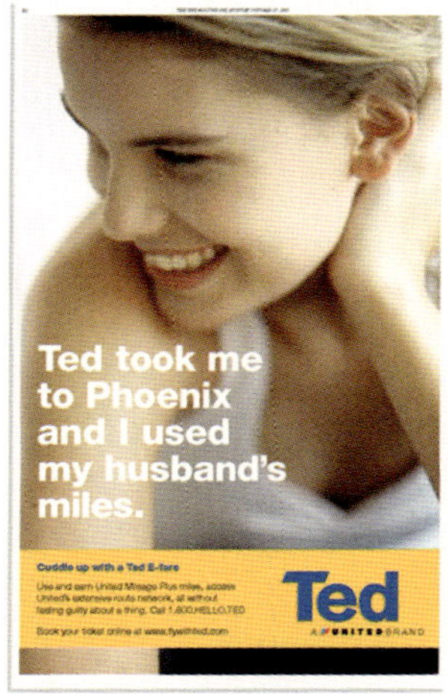

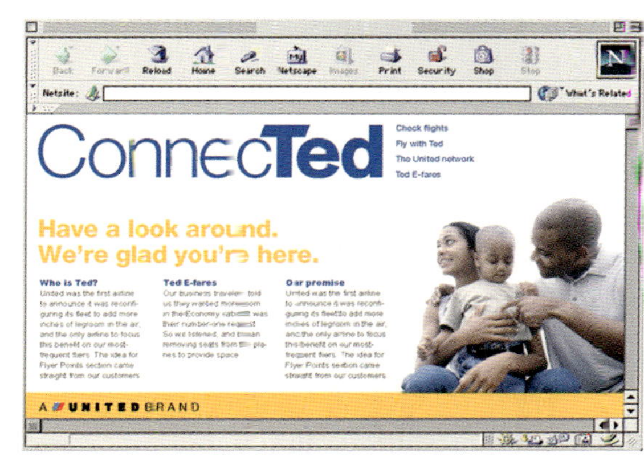

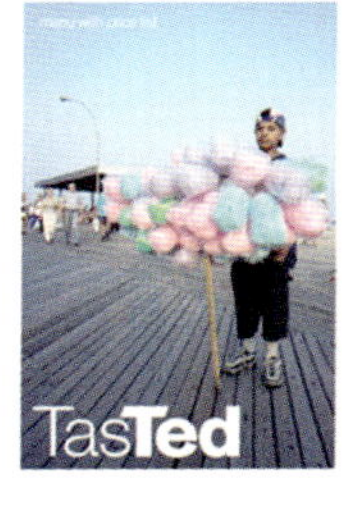

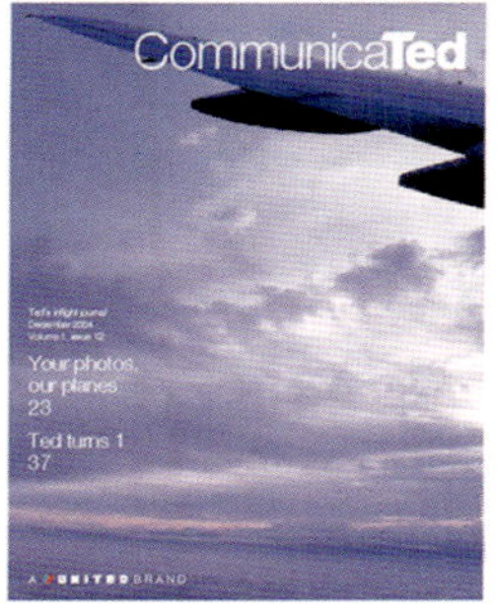

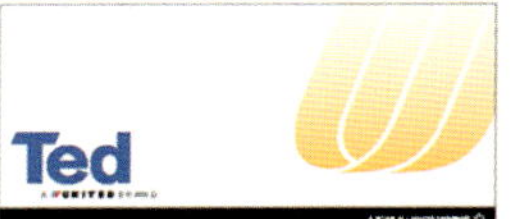

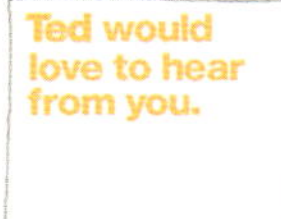

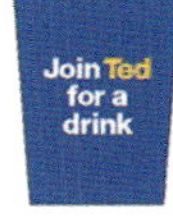

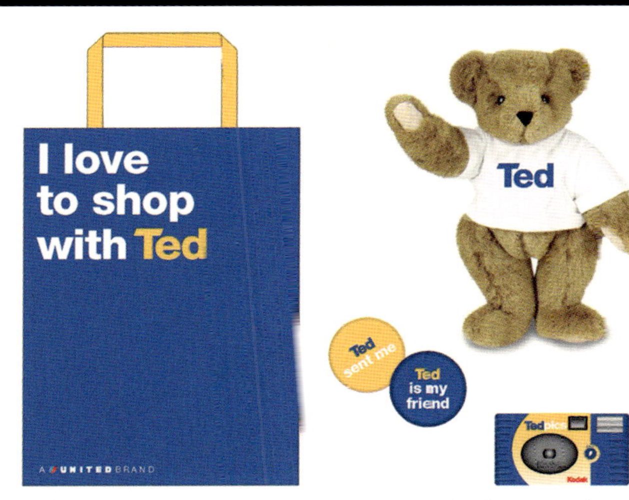

Oben
Prototypen von Werbeseiten und anderen Objekten machten es leichter, sich die neue Marke im realen Leben vorzustellen. Die Überschrift, die sich unser Gestalter Brett Traylor nur ausgedacht hatte, wurde später tatsächlich verwendet: »Ted took me to Phoenix and I used my husband's miles.«

Rechts
Der Markteinführung der neuen Fluglinie Ted ging eine geniale Ankündigungskampagne voraus, die sich Stuart D'Rozario und Bob Barrie von der Agentur Fallon Worldwide ausgedacht hatten. Mit mehr als 100 verschiedenen Aktionen weckten sie über Monate hinweg mit einem mysteriösen Ted die Neugier der Menschen. So gab er in einem Restaurant eine Runde Kaffee für alle aus, spendete an gemeinnützige Einrichtungen oder unterstütze Marathonläufer. Das Geheimnis wurde gelüftet, als Ted im Februar 2004 zum ersten Mal in Denver abhob. Allerdings existierte das Experiment an der Billigfront am Ende nur vier Jahre, danach wurde Ted ins Hauptangebot von United integriert. Doch das Geschäft war durchgehend profitabel gewesen und hatte sogar dazu beigetragen, dass sich United mit neuen innovativen Angeboten aus einer Insolvenz befreien konnte. Am Ende hat Ted also Großes geleistet, nicht zuletzt, weil es viele Mitarbeiter von United kreativer und mutiger gemacht hat!

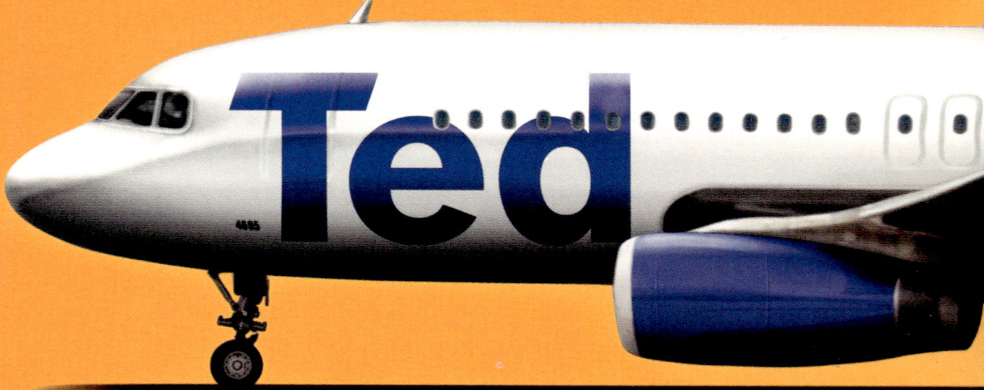

Be on a first-n

Meet Ted. A new, low-fare service that flies to fun de

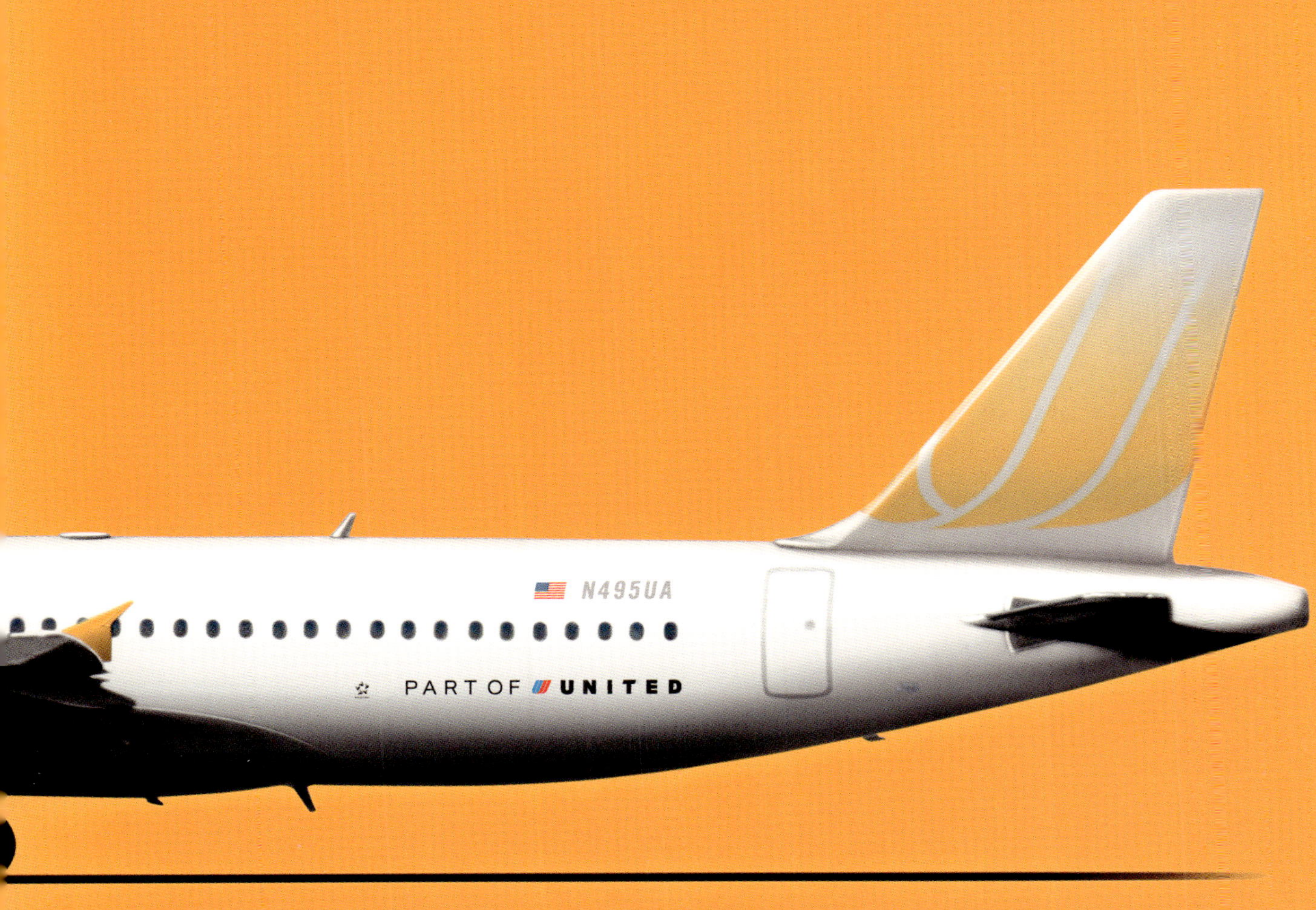

me basis with an airline.

tions. You can book now for flights that start February 12. Ted. Part of United.

www.FlyTed.com

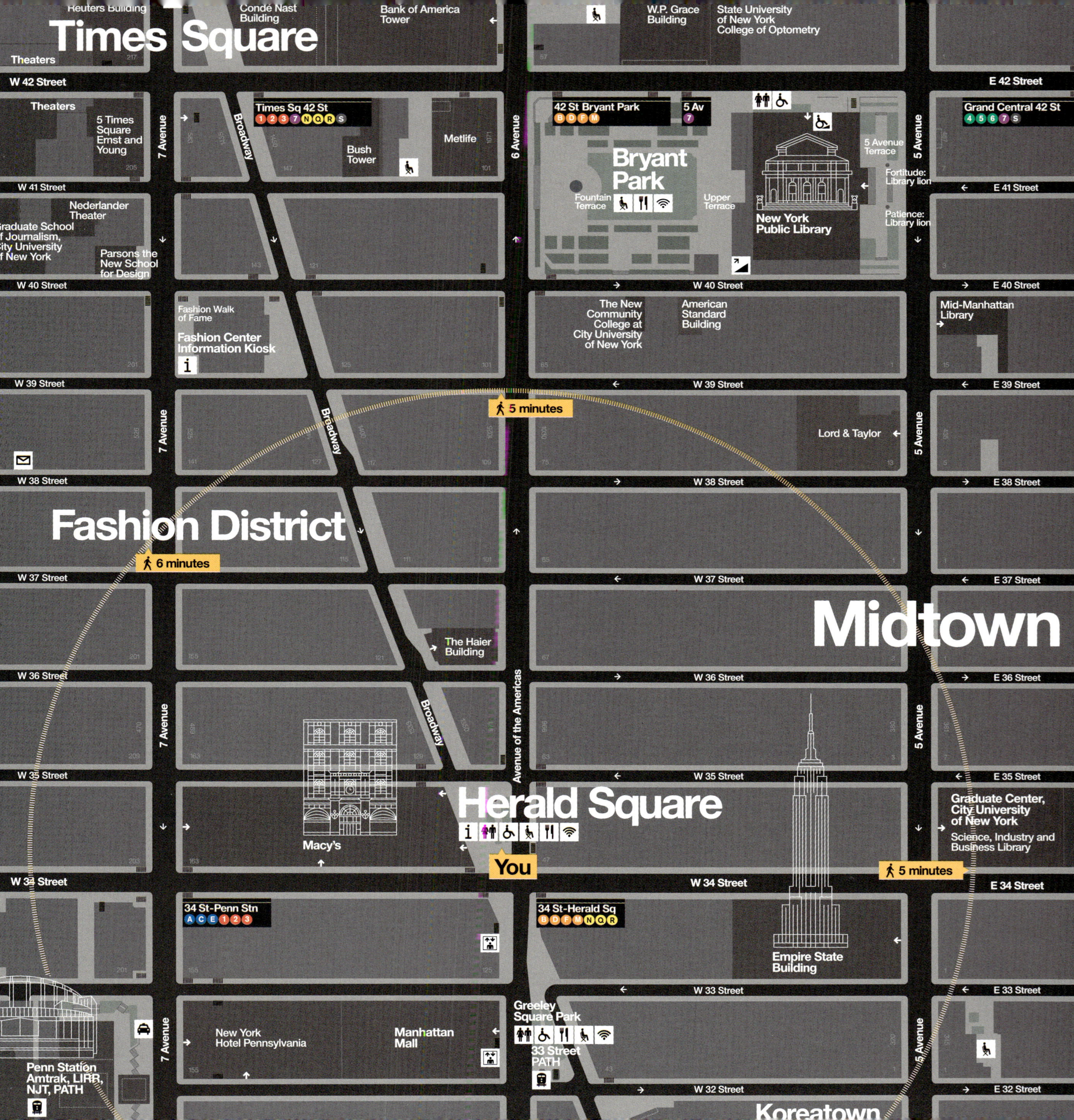

Times Square
Reuters Building
Conde Nast Building
Bank of America Tower
W.P. Grace Building
State University of New York College of Optometry
Theaters
W 42 Street
E 42 Street
Theaters
5 Times Square Ernst and Young
Times Sq 42 St
Bush Tower
Metlife
42 St Bryant Park
5 Av
Bryant Park
Fountain Terrace
Upper Terrace
New York Public Library
5 Avenue Terrace
Fortitude: Library lion
Patience: Library lion
Grand Central 42 St
W 41 Street
E 41 Street
Nederlander Theater
Graduate School of Journalism, City University of New York
Parsons the New School for Design
W 40 Street
E 40 Street
Fashion Walk of Fame
Fashion Center Information Kiosk
The New Community College at City University of New York
American Standard Building
Mid-Manhattan Library
W 39 Street
E 39 Street
5 minutes
Lord & Taylor
W 38 Street
E 38 Street
Fashion District
6 minutes
W 37 Street
E 37 Street
Midtown
The Haier Building
W 36 Street
E 36 Street
W 35 Street
E 35 Street
Macy's
Herald Square
You
Graduate Center, City University of New York
Science, Industry and Business Library
5 minutes
W 34 Street
E 34 Street
34 St-Penn Stn
34 St-Herald Sq
Empire State Building
W 33 Street
E 33 Street
Greeley Square Park
New York Hotel Pennsylvania
Manhattan Mall
33 Street PATH
Penn Station Amtrak, LIRR, NJT, PATH
W 32 Street
E 32 Street
Koreatown
7 Avenue
Broadway
6 Avenue
Avenue of the Americas
5 Avenue

Wie man ans Ziel kommt

New York City Department of Transportation

New York City ist ein kompliziterter Ort – und das, obwohl der Stadtplan seit dem Jahr 1811 ein einfaches Gitternetz aus nummerierten Straßen und Avenues bildet. Verwirrend ist zum Beispiel eine Kreuzung im West Village, wo auf einmal zwei Straßen aufeinanderstoßen (die 4. und die 11.), anstatt eine Straße und eine Avenue. Im Stadtteil Queens gibt es eine 11. Straße, die sich mit drei verschiedenen 44. Achsen kreuzt: 44th Drive, 44th Road und 44th Avenue. So schlüssig das Straßensystem von Manhattan also meistens ist – so unschlüssig kann es auch sein. Und wer eine Logik im Stadtplan von Brooklyn sucht, dem sagen die Leute nur: »Forget about it!«

Früher hatte jeder Stadtteil von New York eigene Stadtpläne und Schilder, um orientierungslosen Fußgängern und Fahrradfahrern weiterzuhelfen – und sie manchmal noch mehr zu verwirren. Bis wir in den Neunzigerjahren neue Wegweiser und Stadtpläne für den überfüllten und oft verwirrenden Financial District am unteren Ende der Insel entwarfen. Es war ein total neues Orientierungssystem, das bald Schule machen sollte. Im Jahr 2011 beteiligte uns das Amt für Transportwesen in New York City am Projekt »WalkNYC«, um für zunächst fünf Bezirke in Manhattan einheitliche Karten, Symbole und Schilder zu entwerfen.

Rasch bemerkten wir, dass wir unsere gewohnte Navigation manchmal auf den Kopf stellen müssen – und das auch buchstäblich. Wer sich früher in einer Stadt orientieren wollte, kämpfte mit großen statischen Karten, die so gestaltet waren, wie wir es in der Schule gelernt hatten: Oben Norden, unten Süden. Seit wir nun überall die bequeme Satellitennavigation nutzen, haben sich unsere Gewohnheiten radikal verändert. Wir sind es mittlerweile gewohnt, dass sich Karten unserem Standort und unserer Fahrrichtung anpassen und dass man sie leicht vergrößern kann. Zwangsläufig stellte sich im Projekt »WalkNYC« die Frage, ob wir den neuen Bedürfnissen überhaupt noch mit gedruckten Karten gerecht werden könnten? Die Lösungen, die wir am Ende präsentierten, beantworteten die Frage erstaunlich positiv. Es war uns gelungen, eine analoge Navigation zu entwickeln, die mitten in einer Metropole äußerst hilfreich ist.

Als Aufsteller wurden sehr elegante Kästen aus Glas und Stahl gefertigt und im Jahr 2013 installiert. Sie befinden sich heute neben den Verleihplätzen für Fahrräder, in U-Bahn-Stationen oder an Bushaltestellen. Und obwohl eigentlich jeder in New York über ein mobiles Gerät verfügt, übt »WalkNYC« eine große Anziehung auf alle Menschen aus, die in dieser wunderschön unübersichtlichen Großstadt nach Orientierung suchen.

Linke Seite Das Projektteam für eine neue Ausschilderung von New York City wurde von der erfahrenen Agentur City ID geleitet. Sie entwickelte auch das Grundkonzept für das Projekt »WalkNYC«. T-Kartor baute eine kartografische Datenbank. Die Industriedesigner von Billings Jackson konstruierten die Präsentationskästen, die von der RBA Group über die gesamte Stadt verteilt installiert wurden.

In einer riesigen Stadt wie New York City ein kartografisches System zu schaffen, das Fußgängern und Fahrradfahrern wirklich Orientierung bietet, erfordert nicht nur das Zusammenspiel verschiedener Experten, sondern auch Dutzende Interviews und Workshops mit Passanten, um viele Fragen zu beantworten: Wie orientieren sich die Menschen im urbanen Raum? Welche Informationen benötigen sie, welche nicht? Wie und wo wollen sie informiert werden?

Unser Auftraggeber, das Amt für Verkehrswesen in New York City, stellte klar, dass das Projekt »WalkNYC« nicht nur der Orientierung diene, sondern auch andere positive Effekte mit sich bringen könne. Zum Beispiel die Gesundheit zu fördern (indem es Menschen motiviert zu gehen) oder die Wirtschaftsleistung der Geschäfte zu steigern (wenn die Menschen die Gehwege mehr benutzen, kaufen sie auch mehr). Obwohl die Hauptaufgabe darin bestand, das Orientierungssystem einfach und verständlich zu halten – war unser Weg dahin alles andere als simpel. Schließlich wollten wir als Gestalter mehr erreichen, als komplexe kartografische Daten in etwas Praktisches zu verwandeln. Vielmehr dachten wir auch an etwas Schönes. So schön und stilprägend wie die Beschilderung der New Yorker U-Bahn, die mein früherer Boss Massimo Vignelli geschaffen hatte. Oder das berühmte »I Love NY« Logo von Milton Glaser.

Oben rechts
Berater der Agentur City ID befragten in verschiedenen Bezirken von Manhattan Bewohner und Touristen, um das Informationsbedürfnis der Menschen zu hinterfragen und um die besten Standorte für die neuen Karten und Schilder zu ermitteln.

Mitte rechts
Schon an einem Flughafen wäre es nicht leicht, die Wege der Menschen zu verstehen, obwohl sie dort oft denselben Eingang nehmen und dasselbe Ziel haben. Auf den Straßen einer Großstadt ist die Situation unendlich komplexer, weil sich die Wege der Menschen nur selten vorausbestimmen lassen: Jeder kommt irgendwo her und geht irgendwo hin, egal ob er neu ist oder zur Bevölkerung zählt, ob er es eilig hat oder bummelt. Aus dieser Komplexität heraus zu entscheiden, wo wir in welcher Weise informieren – das war die größte Herausforderung dieses Projekts.

Unten rechts
Sollten wir den Norden als »uptown« bezeichnen? Wie sollten wir die Wegstrecken anzeigen? Welche Orientierungspunkte gehören unbedingt in eine Karte? Welche Farben und Farbtöne sind tags und nachts am besten lesbar? Die Fragen und Feinheiten waren scheinbar endlos.

Rechte Seite
Auf der Suche nach der besten Schriftart waren wir uns schnell einig, dass keine andere eine so große Verbindlichkeit ausstrahlt wie die Helvetica. Das war keine Überraschung, schließlich kennen die New Yorker die Schrift bereits seit den Siebzigerjahren aus der U-Bahn. Wir nahmen allerdings eine Veränderung vor, die mich insgeheim schon seit langem gereizt hatte: Wir machten aus den Quadraten Punkte.

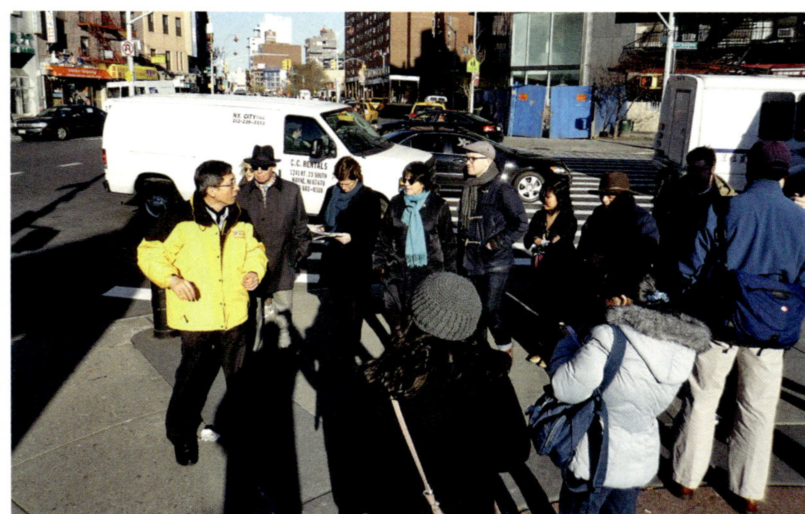

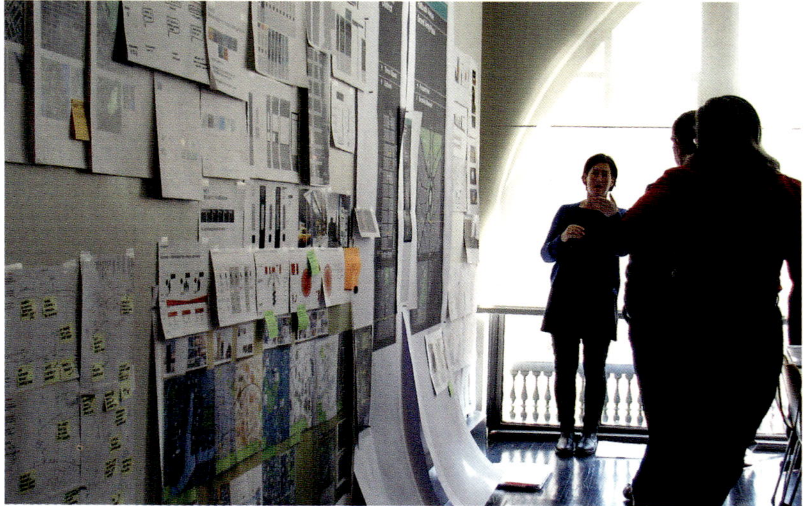

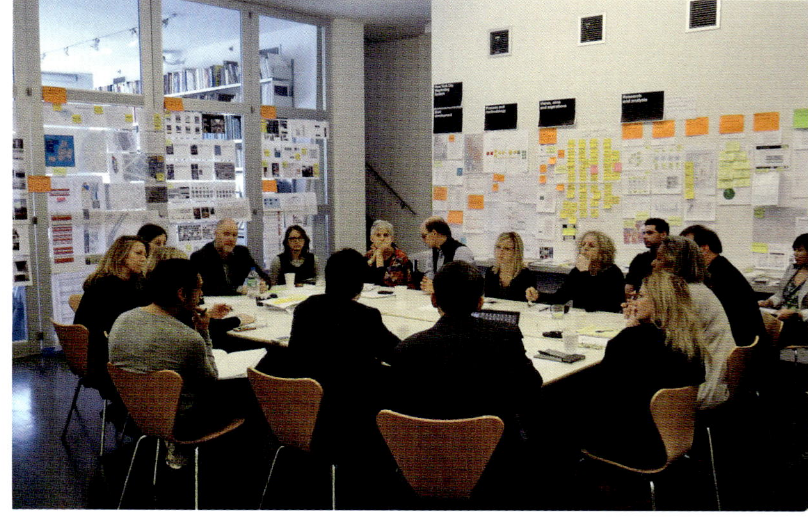

Midtown
Tribeca
Chinatown
Flatiron
You are here
ij!?:;.

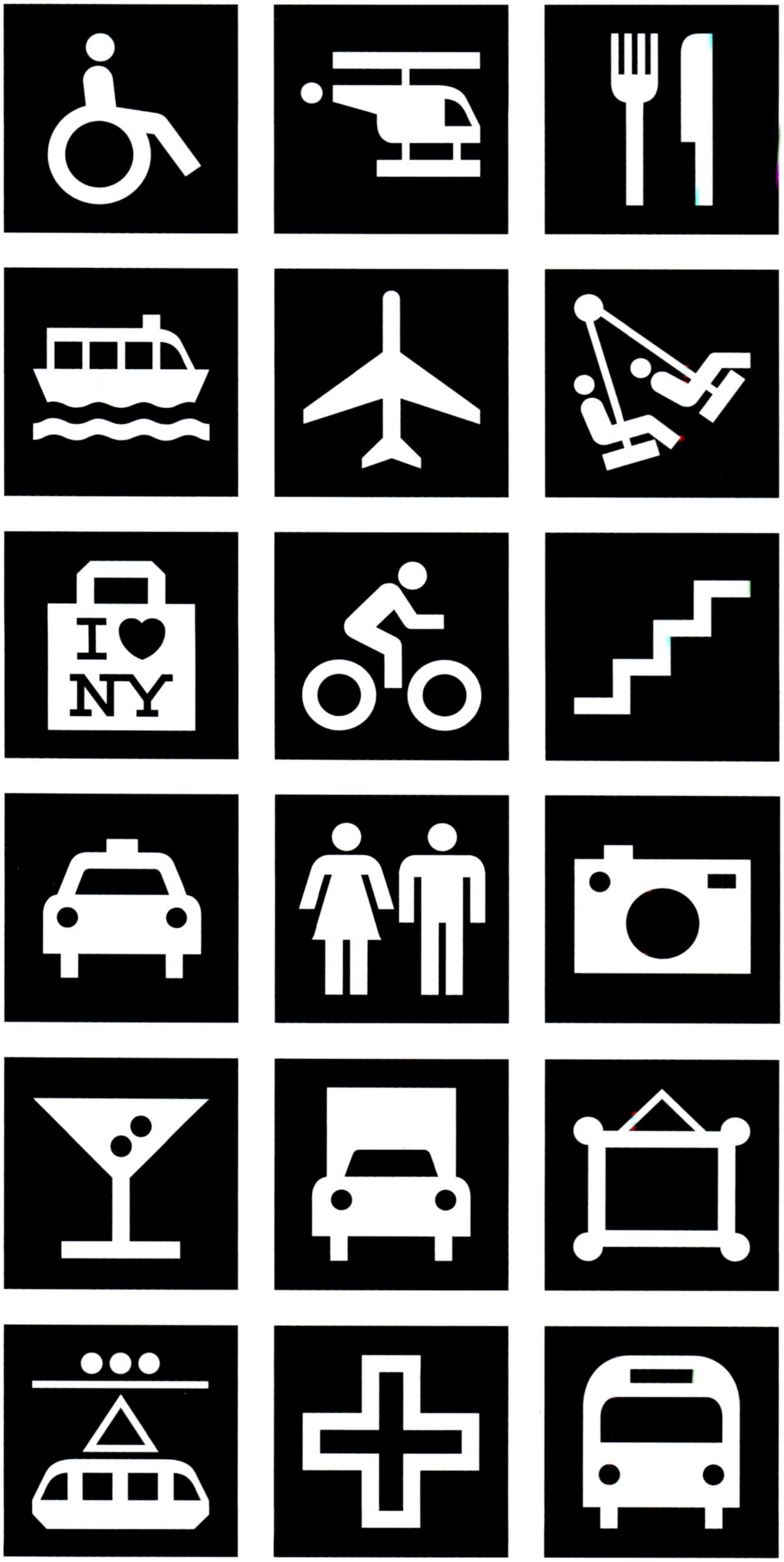

Links
Weil sich die Menschen in New York in einem dichten Dschungel aus Information bewegen, müssen alle grafischen Symbole gründlich durchdacht und sauber entwickelt sein. Wir orientierten uns an den Signets, die 1974 von Roger Cook und Don Shanosky am American Institute of Graphic Art für das US-Transportministerium entwickelt wurden. Da sie nicht alle Symbole umfassen, die wir brauchten, veränderten wir einige (indem wir zum Beispiel das Fahrrad in das Logo des neuen Fahrradverleihs verwandelten), und wir erfanden andere (eine Einkaufstüte mit dem berühmten Slogan »I ♥ NY«).

Unten
Wir wollten dass die Piktogramme wie aus einem Guss mit der Schrift wirkten. Für unseren Gestalter Jesse Reed bedeutete das Hunderte kleiner Veränderungen.

Rechte Seite
Designer Hamish Smyth leitete das Projektteam von »WalkNYC«, und er entwickelte auch die Miniaturen der architektonischen Wahrzeichen, die jede Karte schmücken. Da sich trotz der heutigen Technologie einige Dinge noch nicht automatisieren lassen, beschäftigten wir eine Armee von Studenten, die mehr als hundert Abbildungen von Hand zeichneten – jede ist ein kleines Juwel.

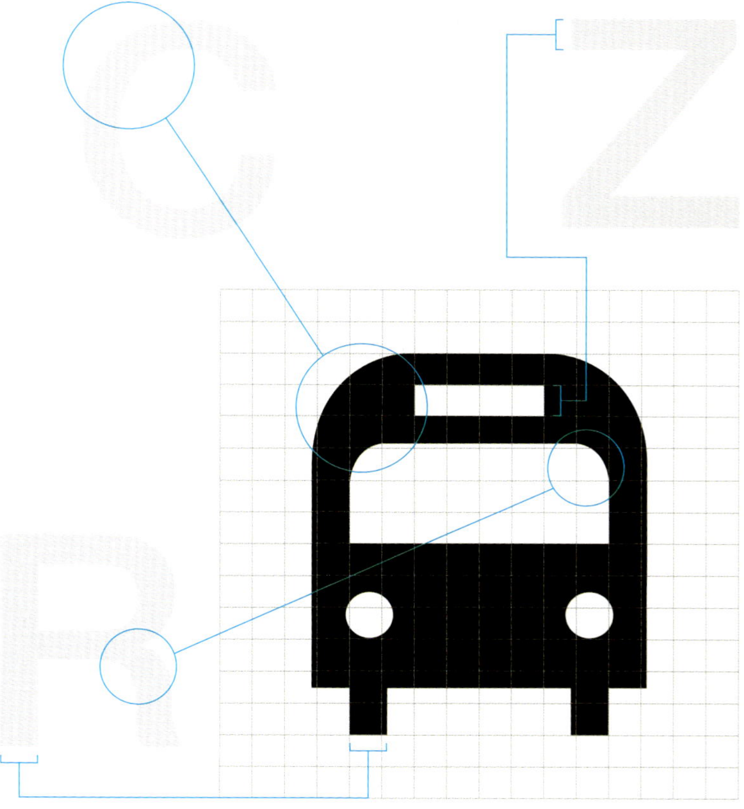

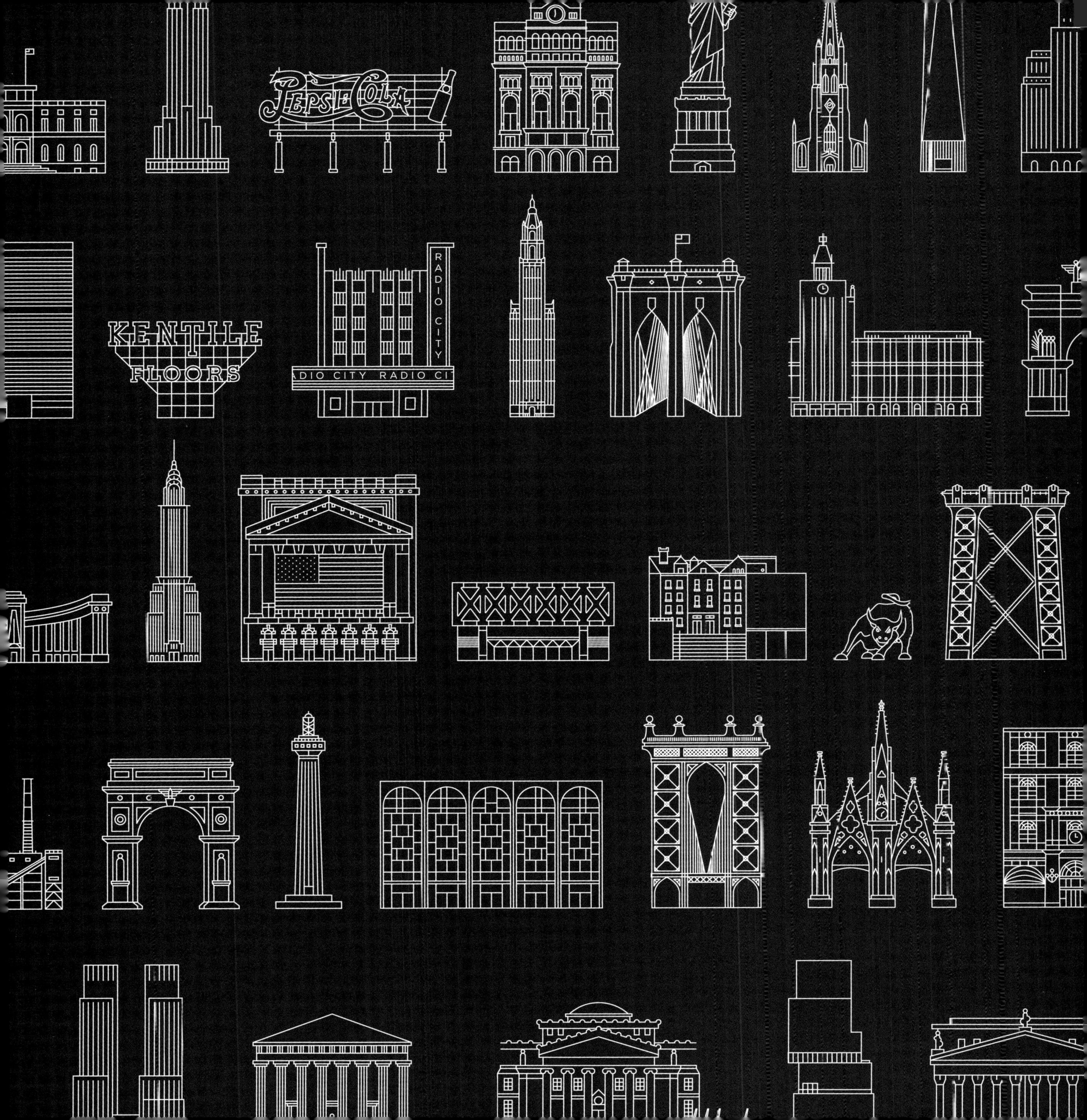
Pepsi-Cola
KENTILE
FLOORS
RADIO CITY
ADIO CITY RADIO CI

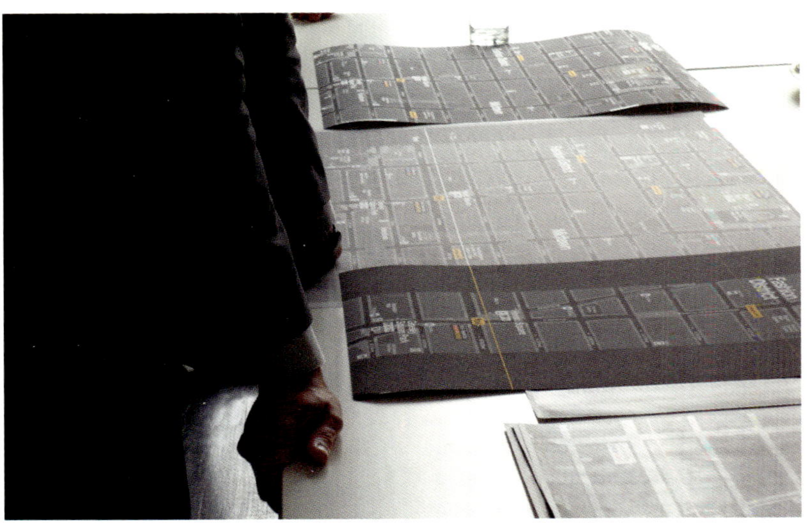

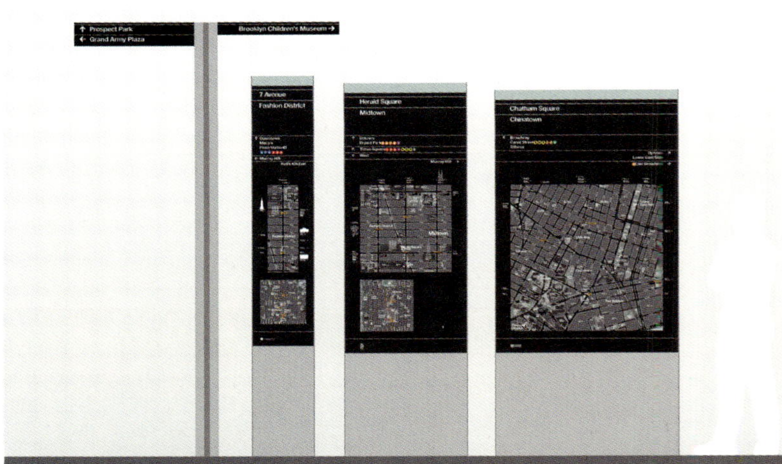

Oben links
Das Farbschema unserer Stadtpläne und Schilder wurde viel diskutiert. Unsere Empfehlung war eine Palette dezenter Grautöne, die den Schattierungen der Stadt ähneln.

Unten links
Eine Familie von Präsentationskästen in unterschiedlichen Formen und Größen. Sie wurden über die gesamte Stadt verteilt aufgestellt. Die großen Kästen stehen heute an den bekanntesten Orten. Die kleinen dienen der Orientierung an hoch frequentierten Orten, wo sich wenig Platz bietet. Es ist ganz einfach: Das Format passt sich seiner Umgebung an.

Rechts Seite
Jedes Schild transportiert eine große Menge Information. Die Straßenpläne werden auf Vinyl gedruckt. Die Glasflächen, hinter denen sie befestigt sind, lassen sich leicht öffnen, so dass alte Versionen leicht gegen neue ausgetauscht werden können.

Nächste Doppelseite
Unsere Karten wurden schnell stadtbekannt, als sie für den ersten Fahrradverleih überall in Manhattan und Brooklyn aufgestellt wurden. Tausende Menschen nutzen die Fahrräder – und Millionen nutzen die Karten.

»Heads-up mapping« nennt man in der Kartografie die Ausrichtung eines Straßenplans nach der Richtung, in die sich der Nutzer bewegt. Auf traditionellen Karten zeigt der Norden immer nach oben. Mit einer »heads-up map« muss der Süden hingegen oben sein, wenn der Betrachter in diese Richtung schaut. Es kamen viele Zweifel auf, dass dieses Prinzip in einer Stadt funktionieren könnte, wo man sagt, dass die Bronx immer oben und Battery immer unten ist.

Mich überzeugten Umfragen, die zeigten, dass 84 Prozent der Befragten diese Methode vorziehen würden, wenn sie die Wahl haben. Bestimmt haben digitale Navigationssysteme zu dieser Präferenz beigetragen. Als die *New York Times* später über unsere neuen Karten berichtete, unternahm sie eine Straßenumfrage und fand heraus, dass sechs von zehn Menschen in New York nicht zeigen konnten, in welcher Himmelsrichtung Norden sei. »Heads-up mapping« macht ihnen die Orientierung erheblich leichter.

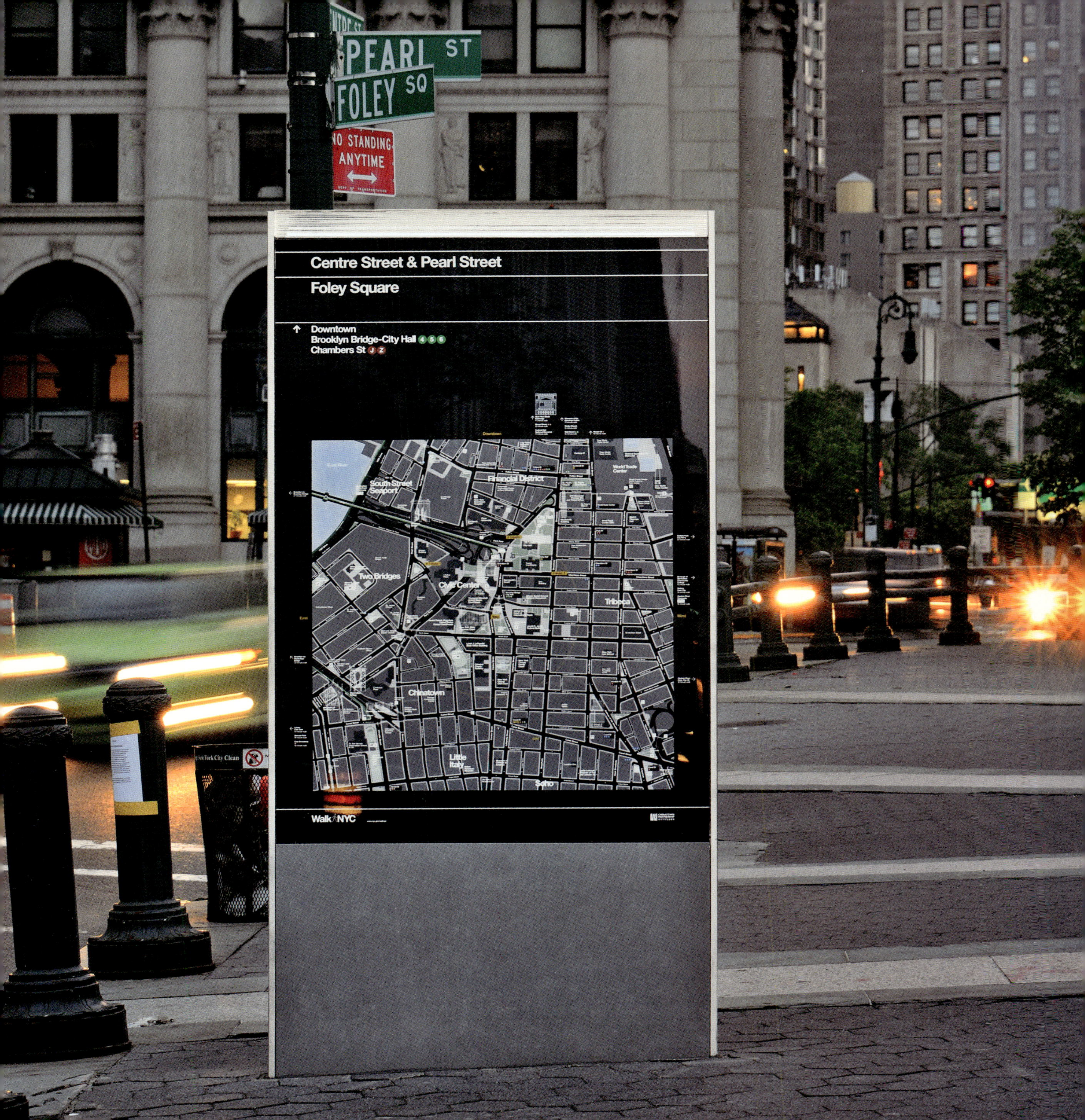
PEARL ST
FOLEY SQ
NO STANDING ANYTIME
Centre Street & Pearl Street
Foley Square
Downtown
Brooklyn Bridge-City Hall 4 5 6
Chambers St J Z
South Street Seaport
Financial District
World Trade Center
Two Bridges
Civic Center
Tribeca
Chinatown
Little Italy
Soho
WalkNYC

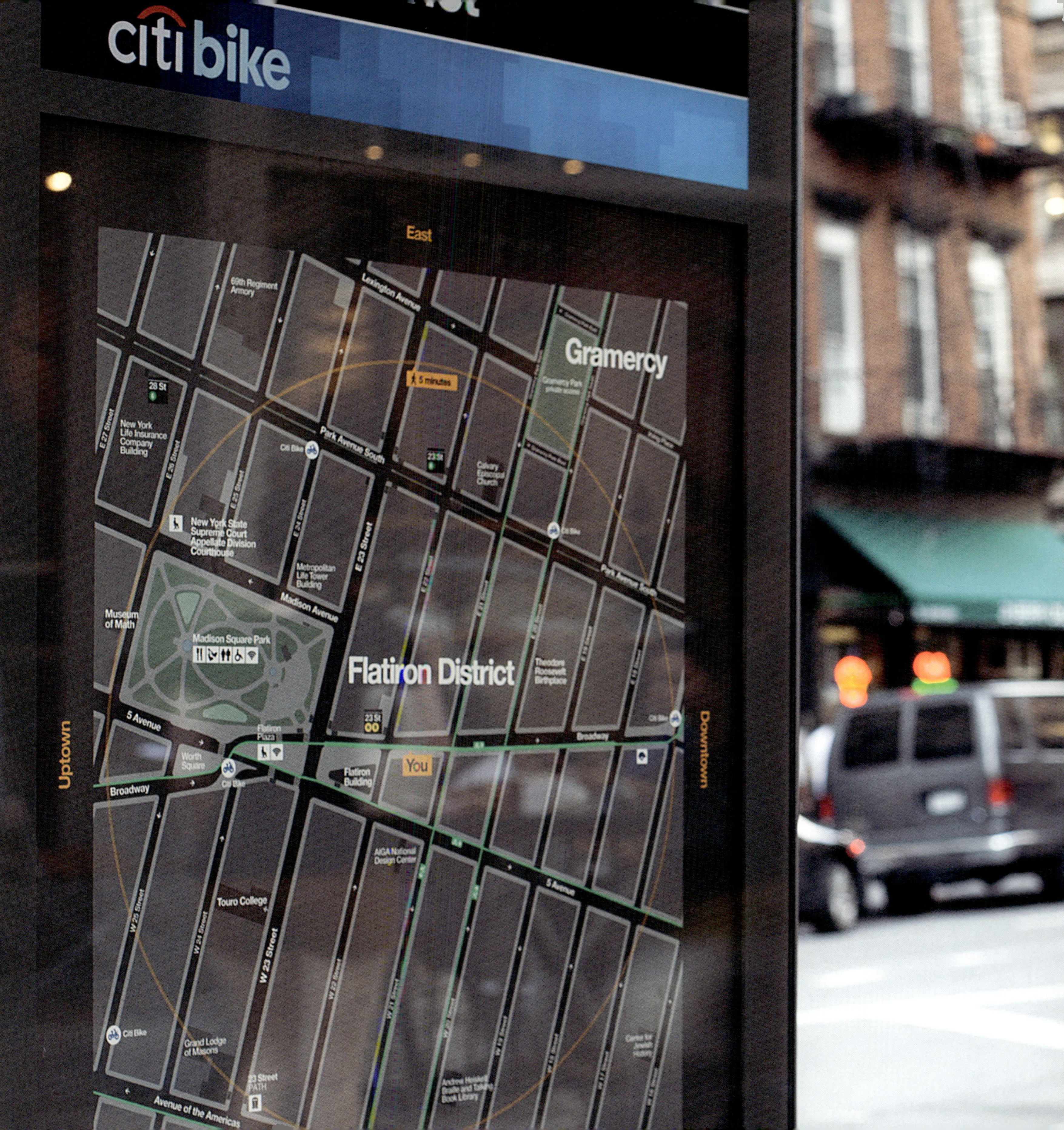
citi bike
East
Uptown
Downtown
Gramercy
Flatiron District
Madison Square Park
You
5 minutes
Lexington Avenue
Park Avenue South
Madison Avenue
5 Avenue
Broadway
Avenue of the Americas
E 23 Street
W 23 Street
69th Regiment Armory
New York Life Insurance Company Building
New York State Supreme Court Appellate Division Courthouse
Metropolitan Life Tower Building
Museum of Math
Flatiron Building
Worth Square
Flatiron Plaza
AIGA National Design Center
Touro College
Theodore Roosevelt Birthplace
Citi Bike
23 St
28 St

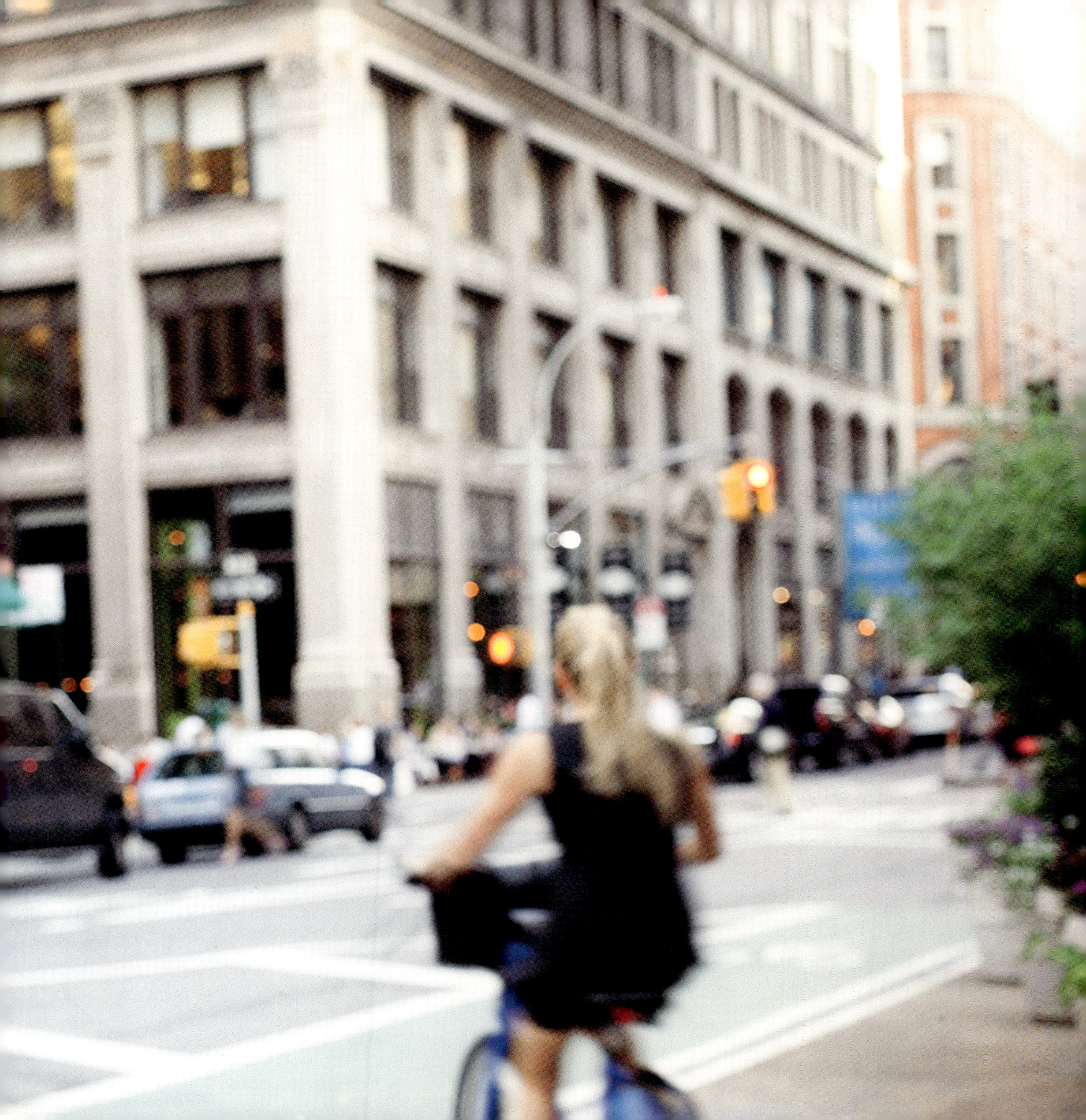

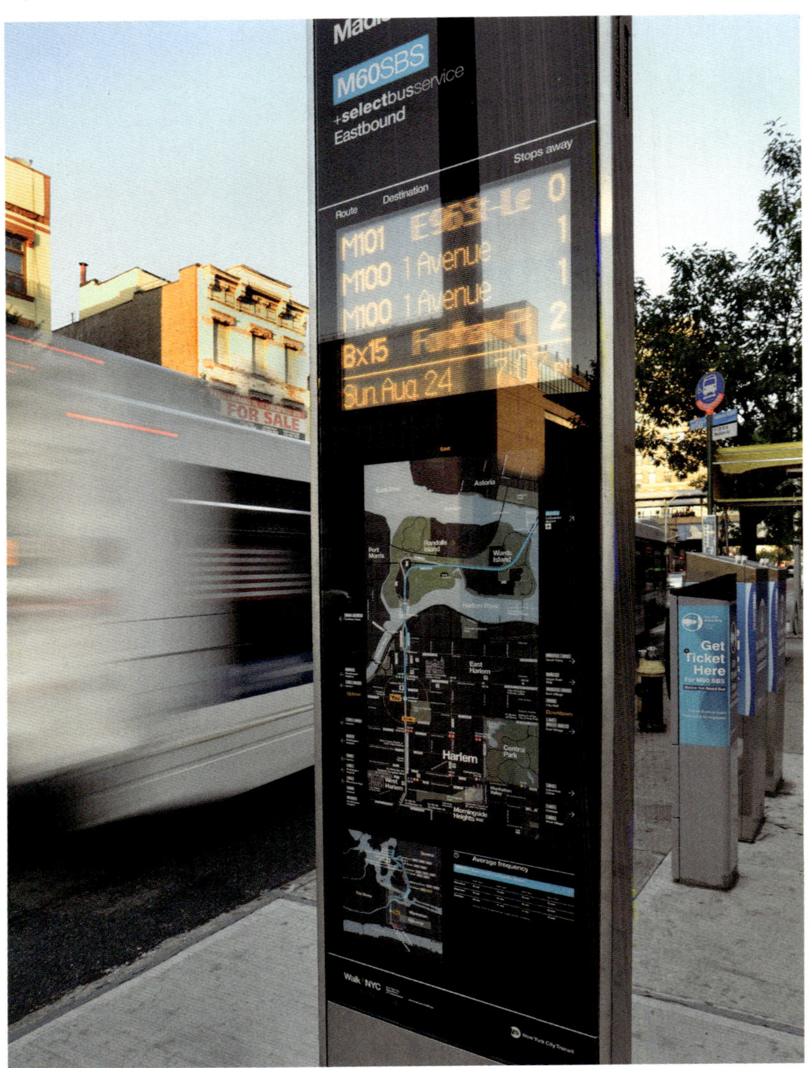

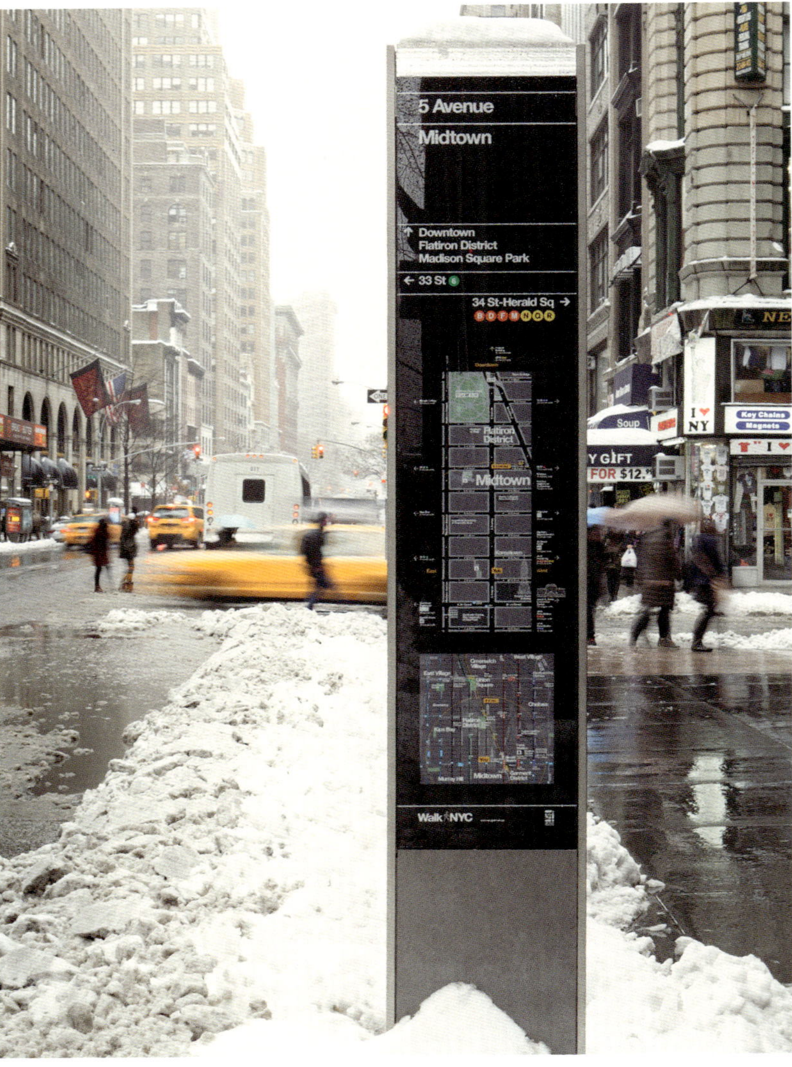

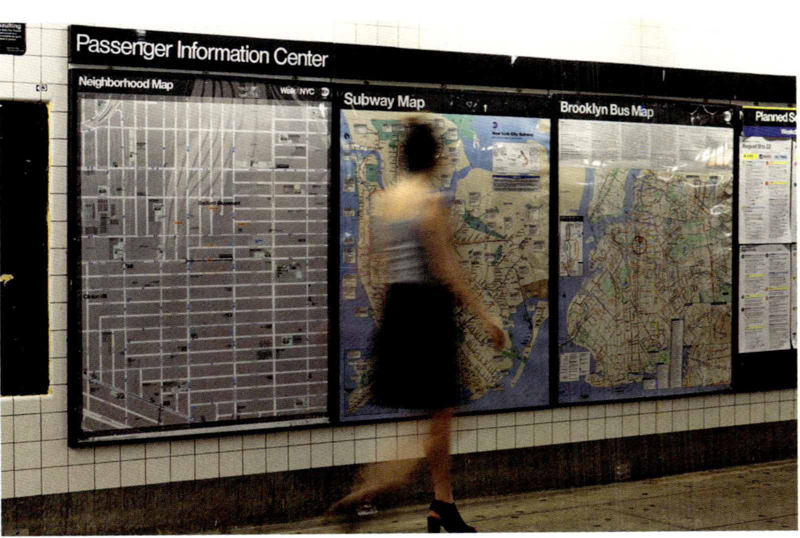

Oben links
Wir glauben, dass Anzeigen nur digital sein sollten, wenn es wirklich erforderlich ist. Die Haltestellen des New Yorker »Select Bus Service« liefern digitale Informationen in Echtzeit.

Oben rechts
Die Aufsteller wurden so entwickelt und gebaut, dass sie Zusammenstöße, Vandalismus und die typischen rauen Winter in New York überstehen.

Links
Unsere Karten befinden sich heute in allen New Yorker U-Bahn-Stationen. Für das künstliche Licht unter Tage haben wir das Farbschema leicht verändert.

Rechte Seite
Die Präsentationskästen für unsere Karten wurden bewusst in Anklang auf die New Yorker Architektur der Moderne gestaltet.

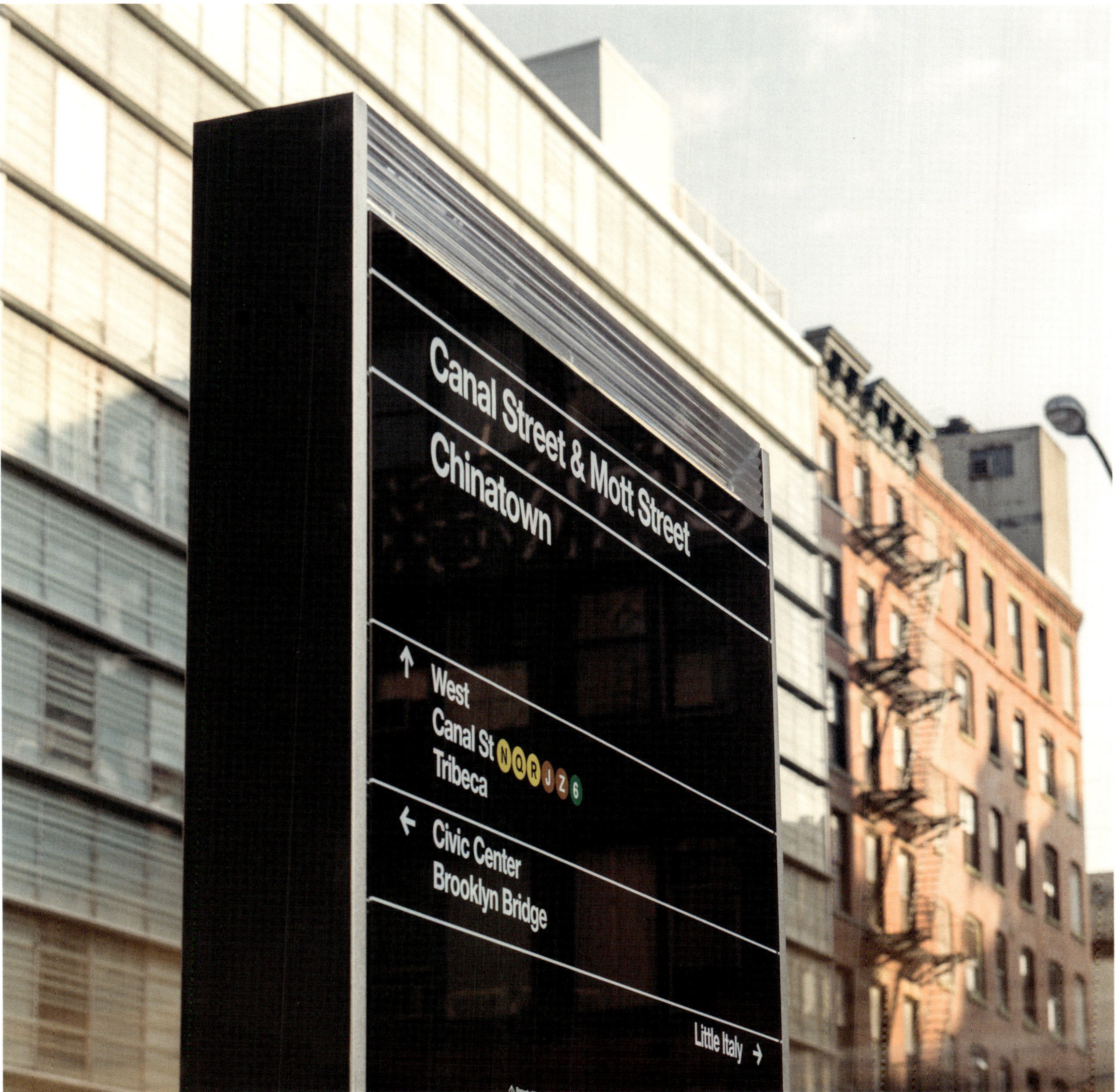
Canal Street & Mott Street
Chinatown
West
Canal St
N Q R J Z 6
Tribeca
Civic Center
Brooklyn Bridge
Little Italy

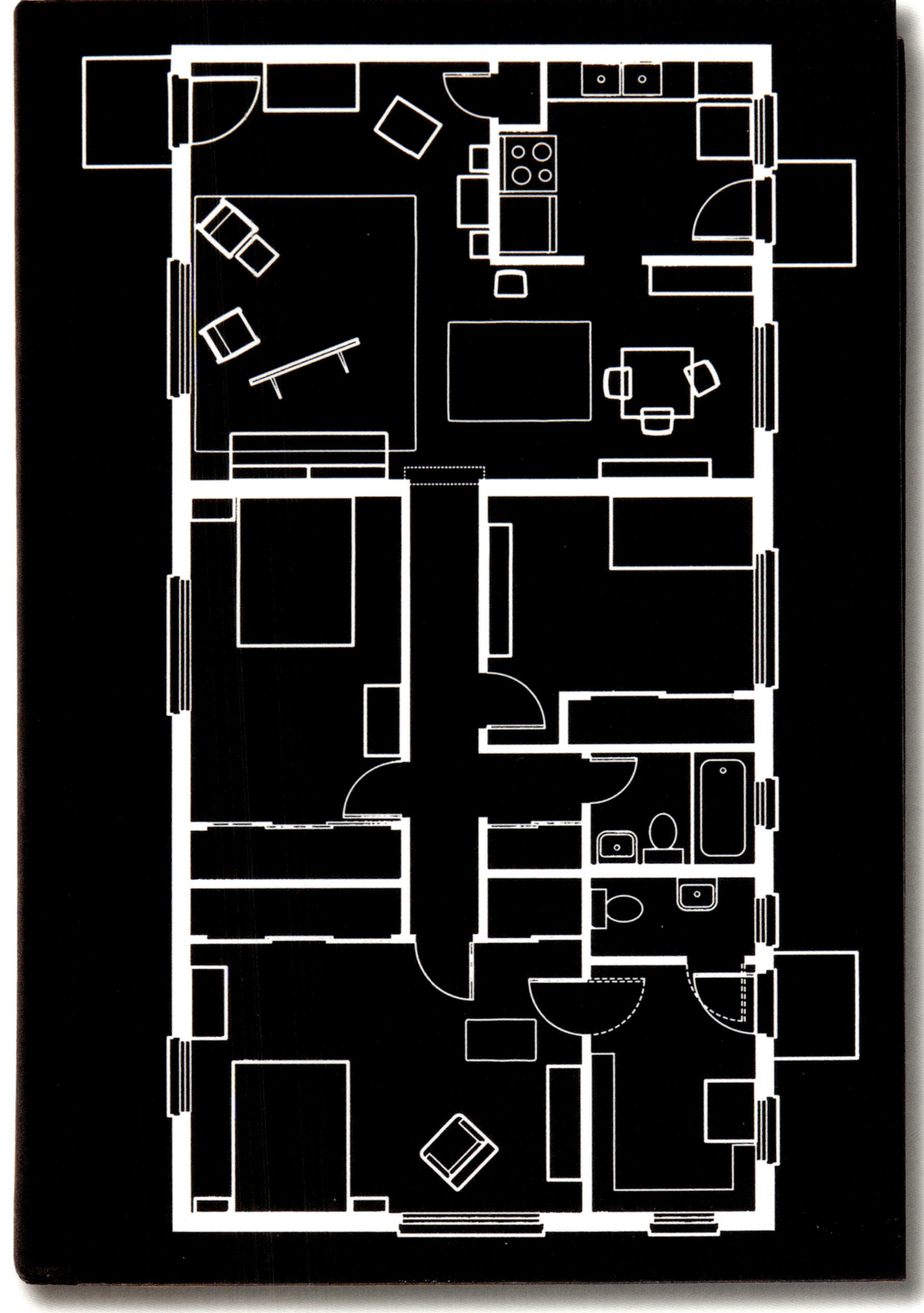

Wie man in einem Mordfall ermittelt

Das Buch A Wilderness of Error

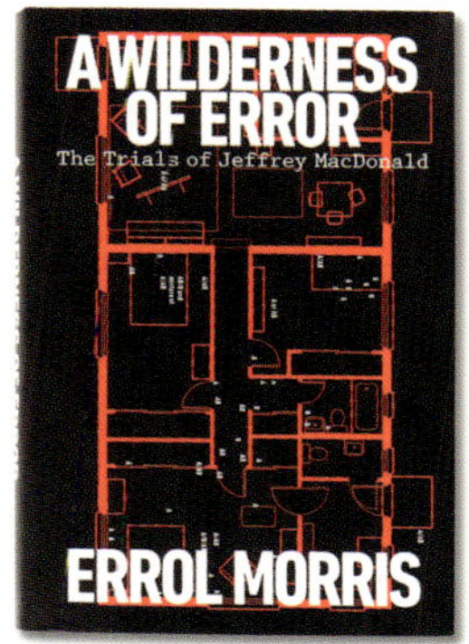

Linke Seite und oben Das Titelbild und der Umschlag des Buchs *A Wilderness of Error*. Errol Morris untersucht darin den Mord einer Mutter und ihrer beiden Kinder – so wie er auch den Grundriss der Wohnung untersuchte, in der sich das Verbrechen nachts ereignete. Als Ermittler am nächsten Morgen feststellten, dass alle vier Familienmitglieder unterschiedliche Blutgruppen besaßen, war unmittelbar klar, dass die Aufklärung dieses Falls kompliziert werden könnte.

Filmemacher Errol Morris ist besessen von der Wahrheit. In all seinen Filmen stehen Menschen im Mittelpunkt, die entweder die Wahrheit kennen oder sie verdrängen. Die andere davon abhalten wollen, die Wahrheit zu erfahren oder die zu ihrer Aufklärung beitragen. Als ehemaliger Privatdetektiv weiß Morris sehr genau, wie wichtig physische Beweismittel sind, um den Wahrheitsgehalt widersprüchlicher Aussagen zu überprüfen. Deshalb gibt er toten Gegenständen in seinen Filmen eine übergeordnete Bedeutung: Dokumente, Fotografien, ein Regenschirm, eine Teetasse. Seinen künstlerischen Durchbruch erlebte Morris im Jahr 1988, als er sich mit dem faszinierenden Film *The Thin Blue Line* der Wahrheit eines echten Mordfalls widmete: In Dallas war ein Polizist erschossen worden, und Morris rekonstruierte mithilfe von Interviews und nachgestellten Szenen den unklaren und umstrittenen Tathergang. Am Ende gelang es ihm, die Entlastung eines Mannes zu zeigen, der zu Unrecht zum Tode verurteilt worden war.

Immer wieder schreibt Errol Morris auch herausragende Bücher. In einem Buch widmete er sich im Jahr 2012 einem Fall, der lange Zeit geklärt zu sein schien. Das Verbrechen ereignete sich am 17. Februar 1970, als die Frau und die Kinder des Militärarztes Jeffrey MacDonald Opfer eines äußerst brutalen Mordes wurden. Obwohl MacDonald stets behauptet hatte, dass Einbrecher seine Familie in ihrem Haus in Fort Bragg getötet hätten, wurde er schuldig gesprochen. Seit 1982 sitzt er im Gefängnis, wo er immer wieder seine Unschuld beteuert hat. Der Fall war schon Thema verschiedener Bücher und Fernsehsendungen, doch Morris glaubte, es gebe noch mehr zu erzählen.

Seinem Buch über den Mord gab er den Titel *A Wilderness of Error*, was im Deutschen so viel bedeutet wie »Ein Meer von Fehlern«. Es ist die schwarz-weiß gehaltene Darstellung eines Falls, der alles andere als schwarz-weiß ist – und mit dessen grafischer Ausgestaltung uns Morris beauftragt hatte. Unser Hauptanliegen war es, nicht mit den optischen Klischees von Kriminalgeschichten zu arbeiten. Viel lieber konzentrierten wir uns auf die Sammlung der Asservate: ein Beistelltisch, eine Blumenvase, eine Puppe, ein Schaukelpferd oder das Oberteil eines Schlafanzugs. Als die stillen Zeugen eines grausigen Verbrechens, dessen Aufklärung unmöglich erschien, waren sie immer und immer wieder untersucht worden – so oft, dass sie für jeden, der den Fall kannte, einen Kultstatus besaßen. Wir reduzierten sie alle auf eine schlichte schwarz-weiße Strichzeichnung und machten sie mit ihrer ergreifenden Schlichtheit zum zentralen gestalterischen Motiv. Morris nutzte am Ende 50 dieser Objekte. Auf dem Einband des Buchs bildeten wir den Grundriss der kleinen Wohnung ab, in der die MacDonalds gelebt hatten. Sie ist Ausdruck der klaustrophobischen »Wilderness«, in der sich der mysteriöse Fall ereignete und wo – irgendwo! – die Wahrheit liegt.

Rechts und nächste Doppelseite Errol Morris bekam einen Oscar für den Film *The Fog of War* sowie ein »Stipendium für Genialität« (»genius grant«) der MacArthur Foundation. Ich lernte seine Arbeit durch seinen Film *The Thin Blue Line* kennen – ein Film, wie ich ihn nie gesehen hatte. Alles war daran anders: die unverblümten, unangenehmen Aussagen von Kriminellen, Polizisten, Anwälten und Zeugen. Die ungewöhnlich surreal nachgespielten Szenen eines Verbrechens. Die seltsamen Abschweifungen vom Erzählstrang, die eindringliche Musik von Philip Glass. Das alles wirkte auf mich wie eine Revolution des Dokumentarfilms. Bis heute habe ich das Werk viele Male gesehen. Meine Lieblingsszene ist der Moment, in dem ein Schokoladenmilchshake in Zeitlupe durch die Luft fliegt und auf den Boden platscht – die banale Zuspitzung einer Situation, die außer Kontrolle geraten und zum Albtraum geworden ist. Der Fall des Soldaten MacDonald war voll von solchen alltäglichen Produkten. Als Kultobjekte, denen das Verbrechen anhaftete, machten wir sie zum grafischen Leitmotiv für Morris' Buch *A Wilderness of Error*. Yve Ludwig von Pentagram entwickelte die Optik des Buchs, während Niko Skourtis das Team für die Zeichnungen koordinierte.

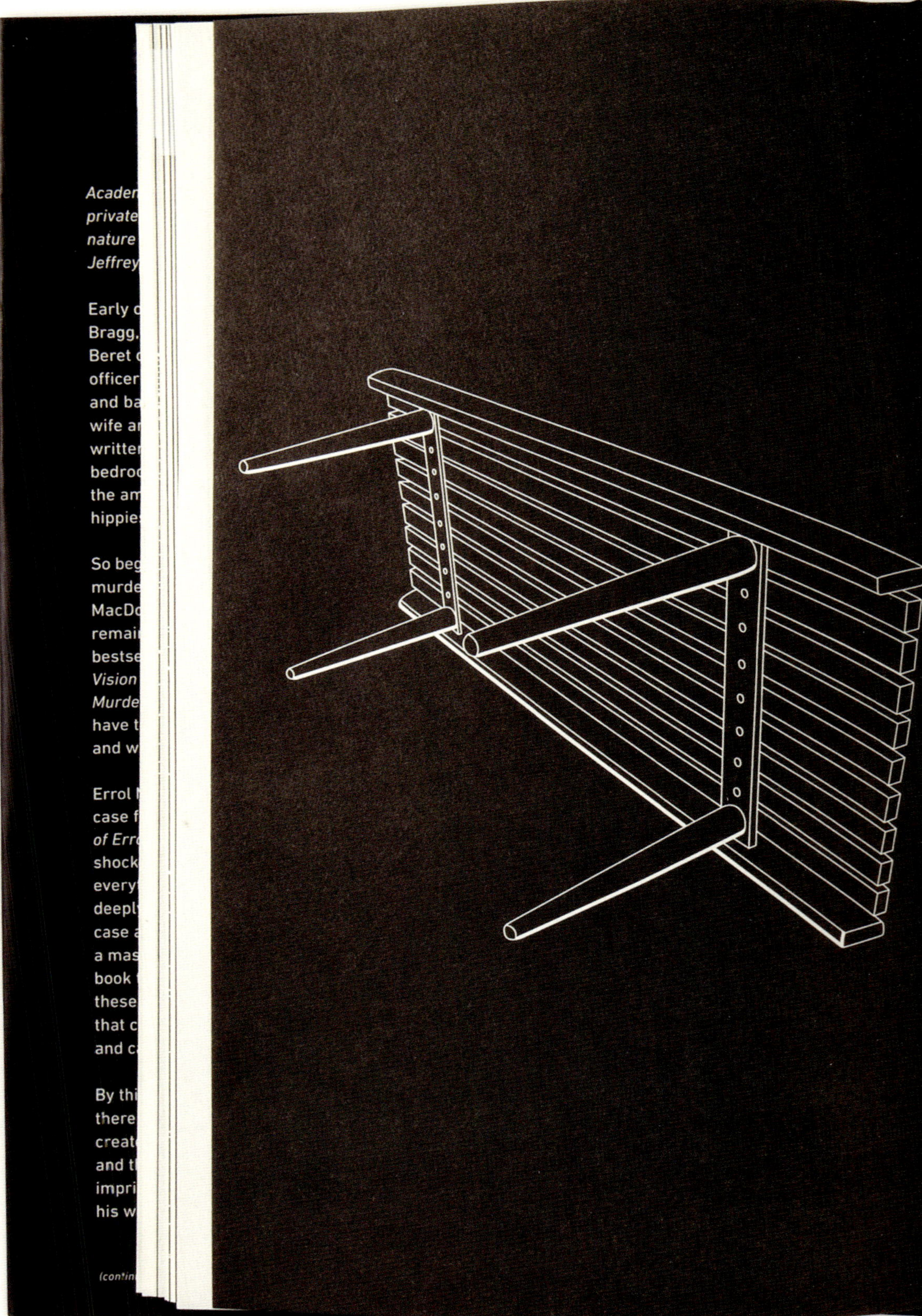

5

THE IMPOSSIBLE COFFEE TABLE

You'd better think less about us and what's going to happen to you, and think a bit more about yourself. And stop making all this fuss about your sense of innocence; you don't make such a bad impression, but with all this fuss you're damaging it.
—Franz Kafka, *The Trial*

When Jeffrey MacDonald was brought in for questioning on April 6, 1970, less than two months after the murders, he was read his rights, declined to have an attorney present, and a tape recorder was turned on. The interview was conducted by CID chief investigator Franz Grebner, Agent William Ivory, and Agent Robert Shaw. Grebner first asked for MacDonald's account of the events of February 17.

> And I went to bed about—somewheres around two o'clock. I really don't know; I was reading on the couch, and my little girl Kristy had gone into bed with my wife.
>
> And I went in to go to bed, and the bed was wet. She had wet the bed on my side, so I brought her in her own room. And I don't remember if I changed her or not, gave her a bottle and went out to the couch 'cause my bed was wet. And I went to sleep on the couch.
>
> And then the next thing I know I heard some screaming, at least my wife; but I thought I heard Kimmie, my older daughter, screaming also. And I sat up. The kitchen light was on, and I saw some people at the foot of the bed.

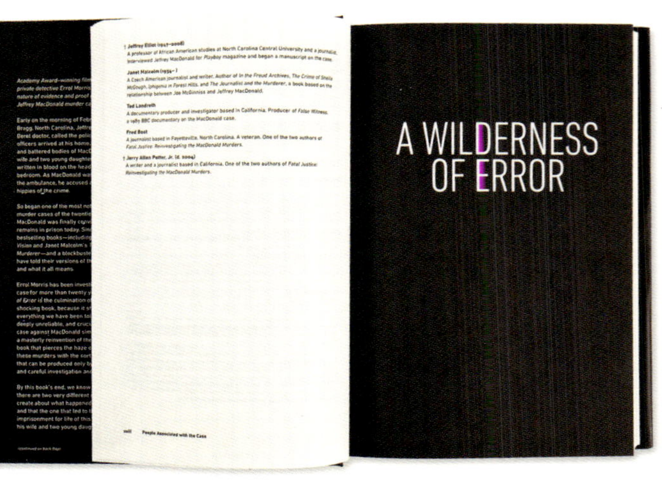

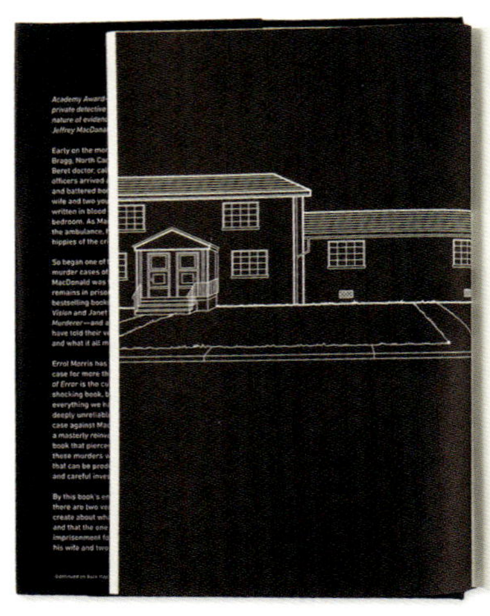
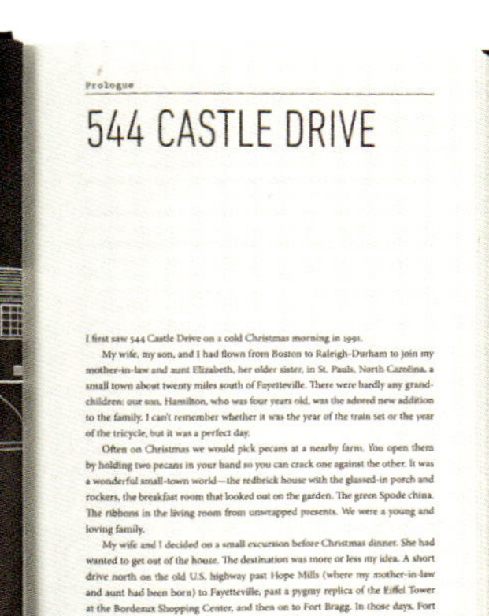

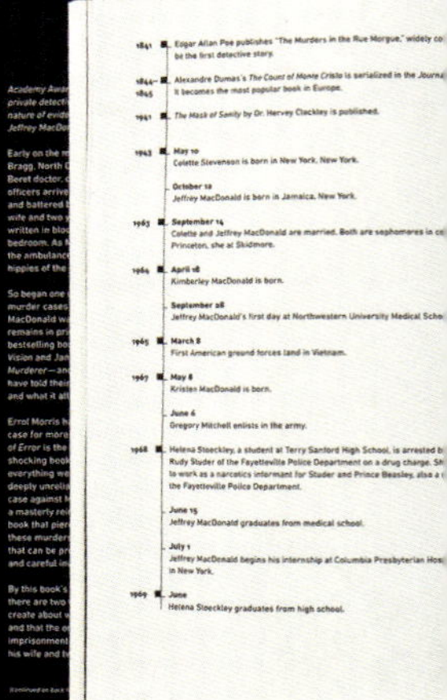
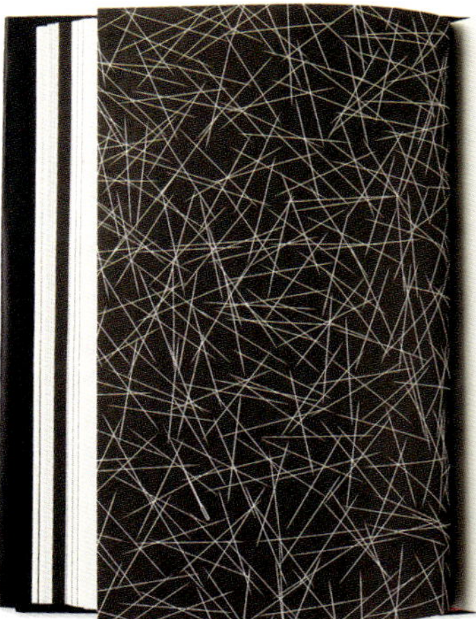
THE JAIL CELL
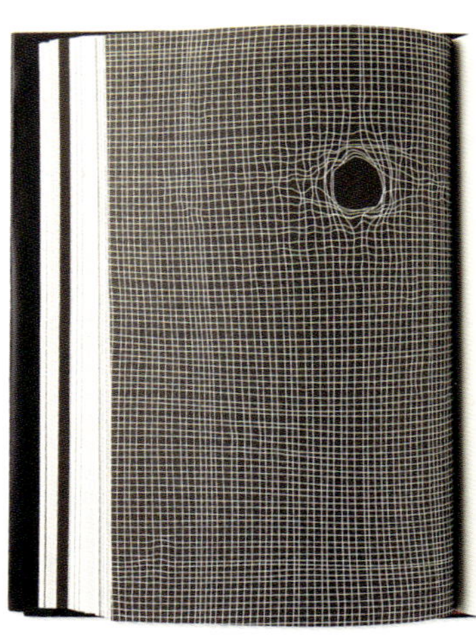
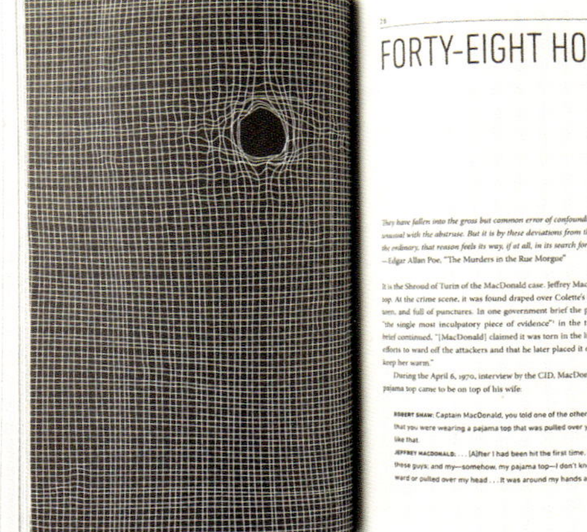

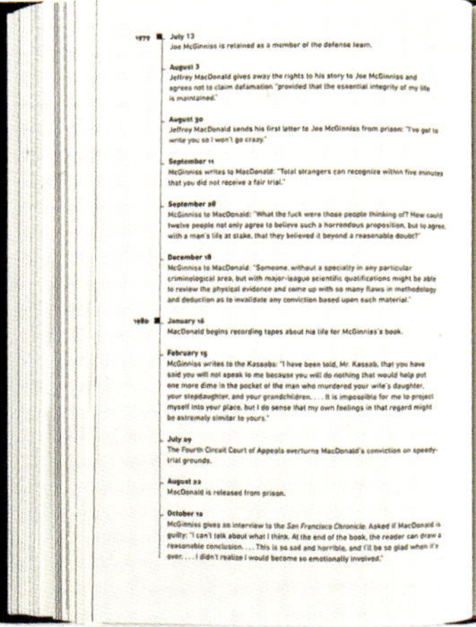
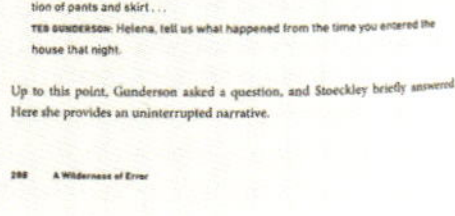
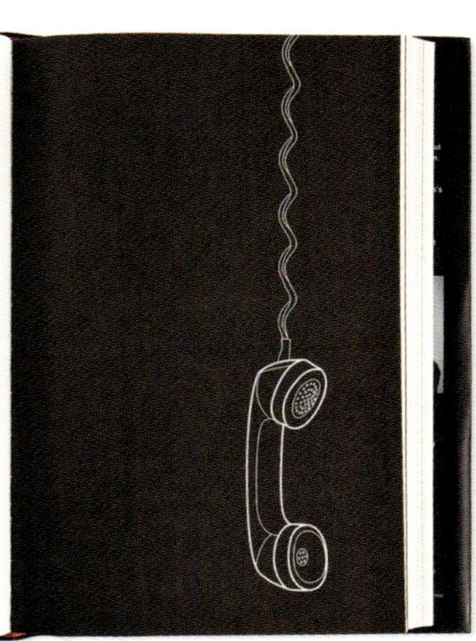
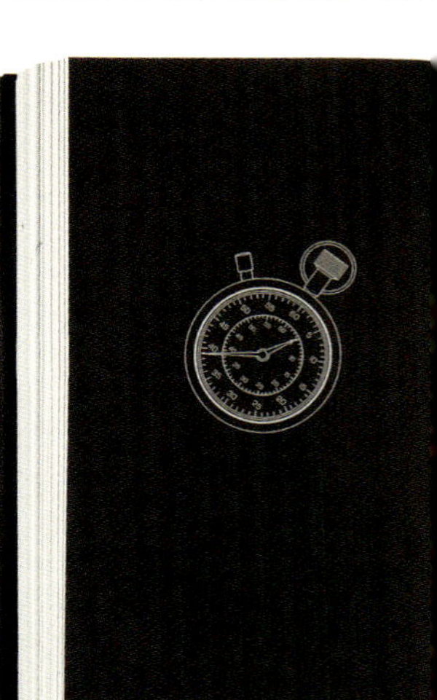

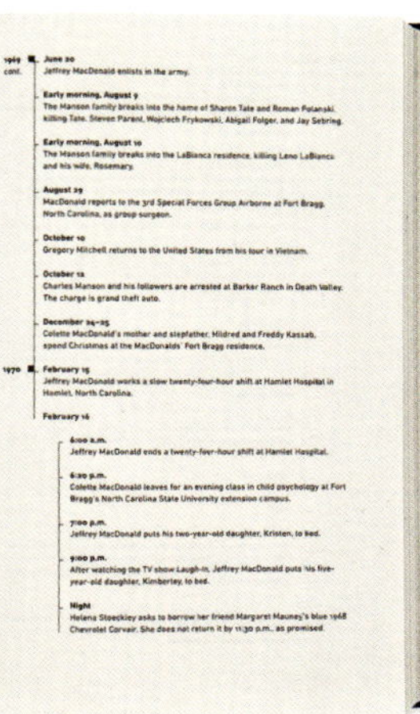

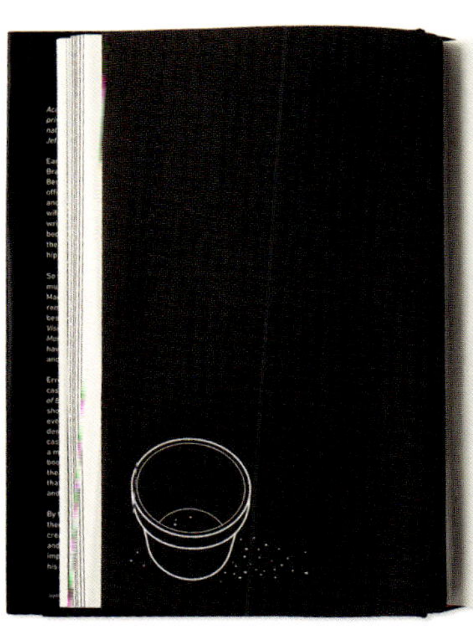

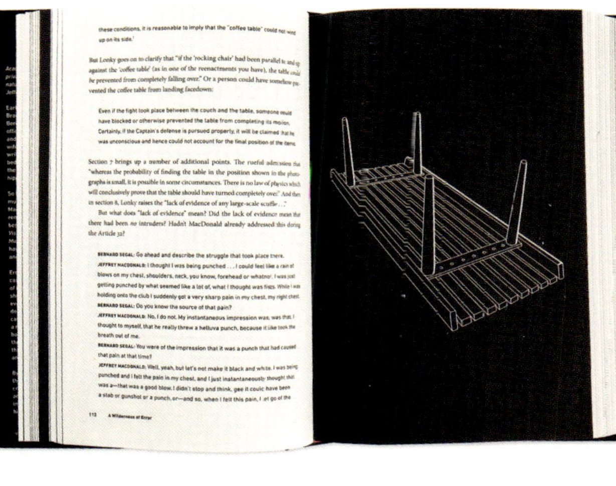

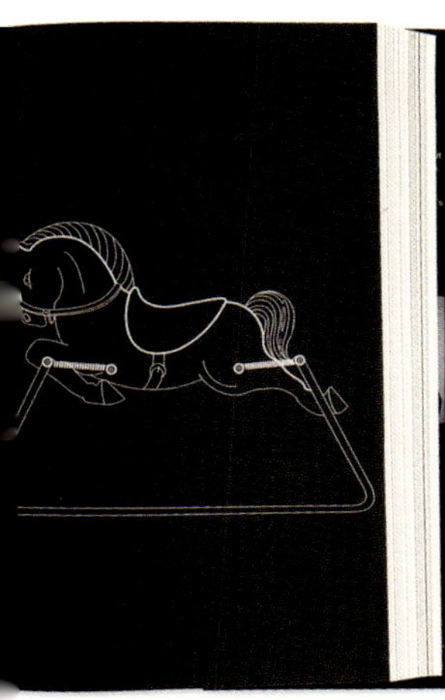

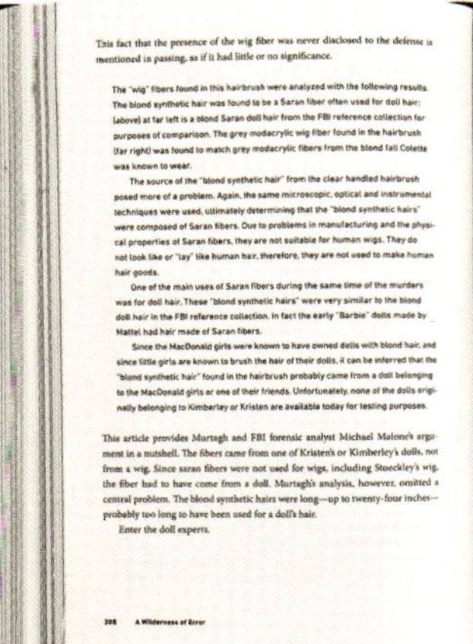

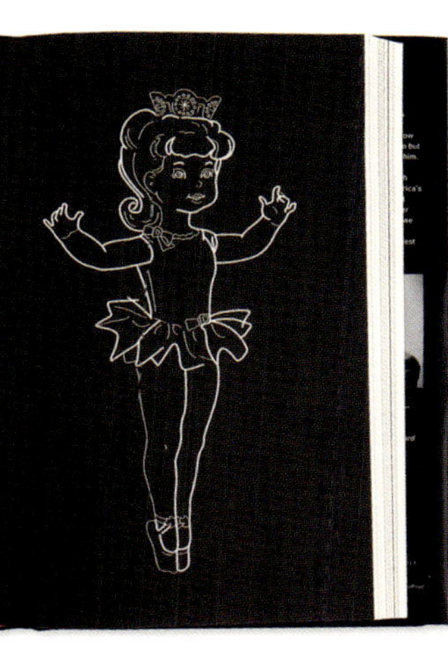
1-821-3266

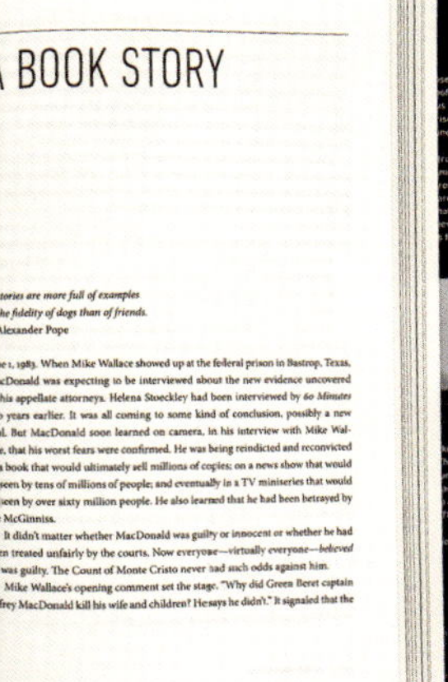
A BOOK STORY

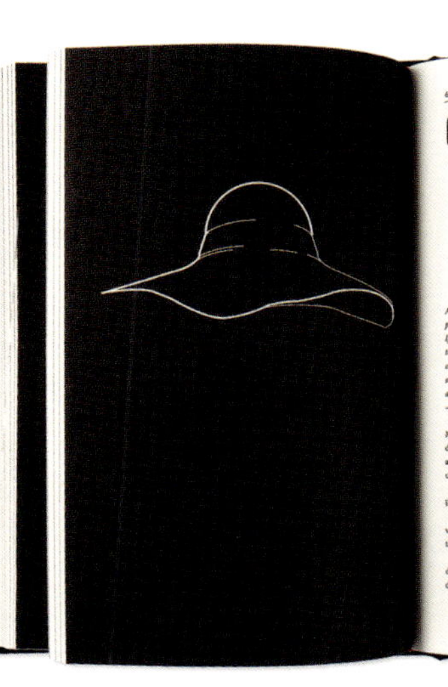

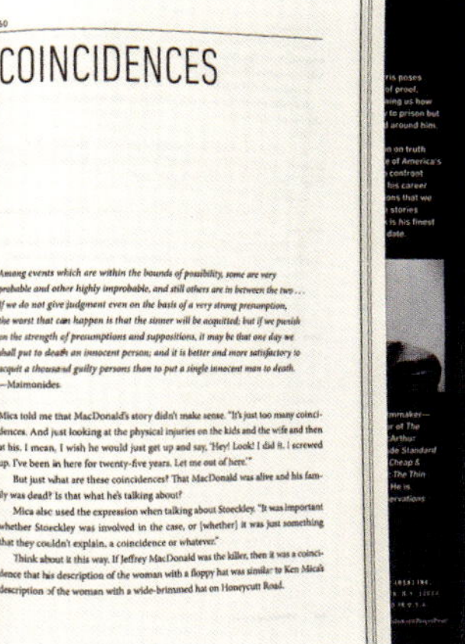
COINCIDENCES

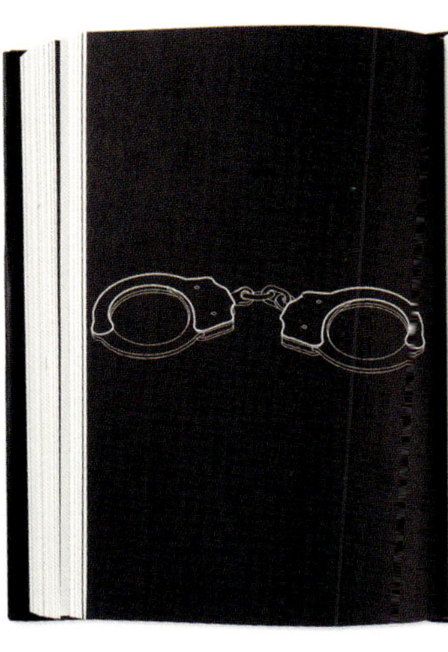
TWO PRISONERS

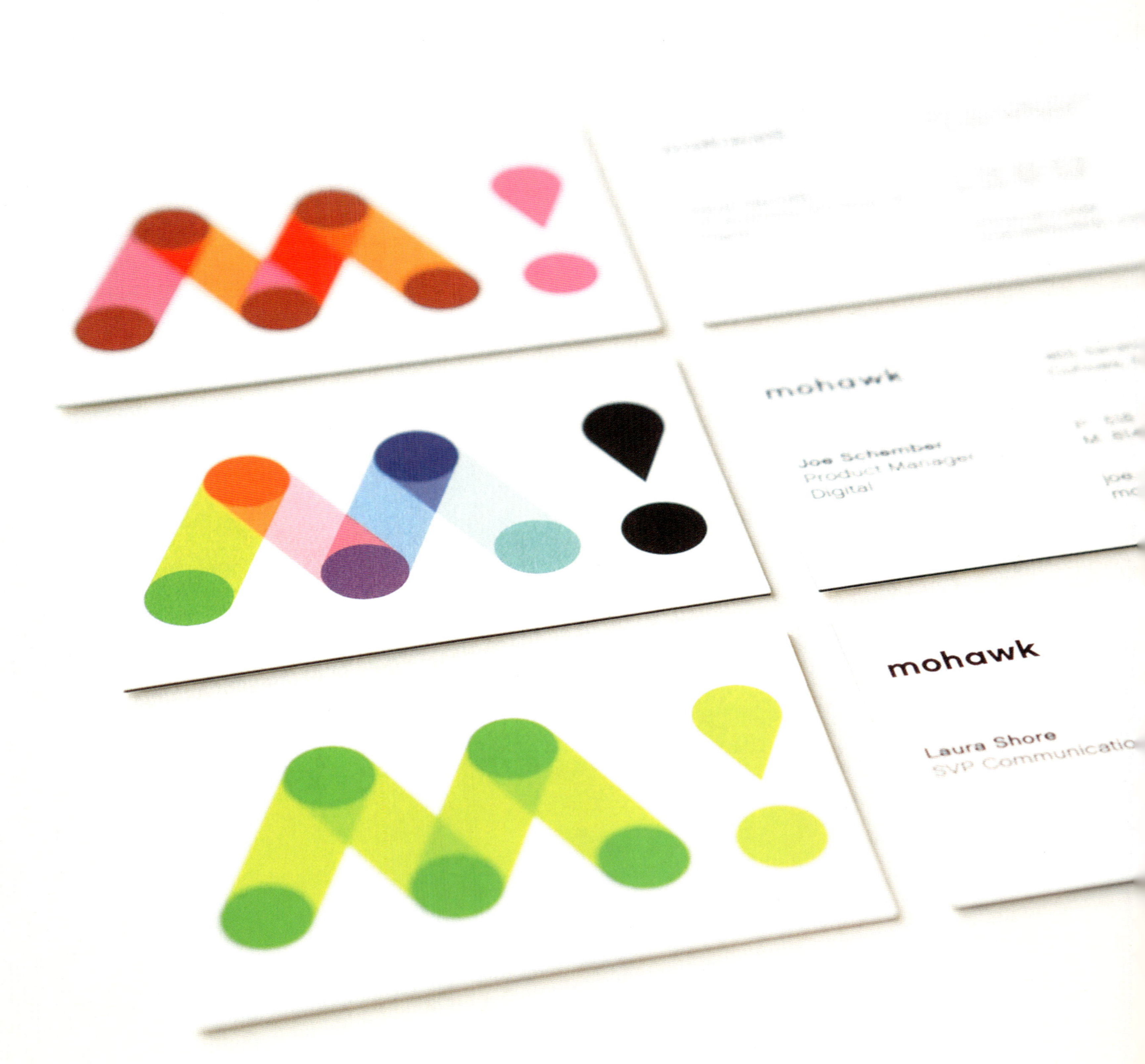
mohawk
Joe Schember
Product Manager
Digital
mohawk
Laura Shore

Wie man sich treu bleibt
Mohawk Fine Papers

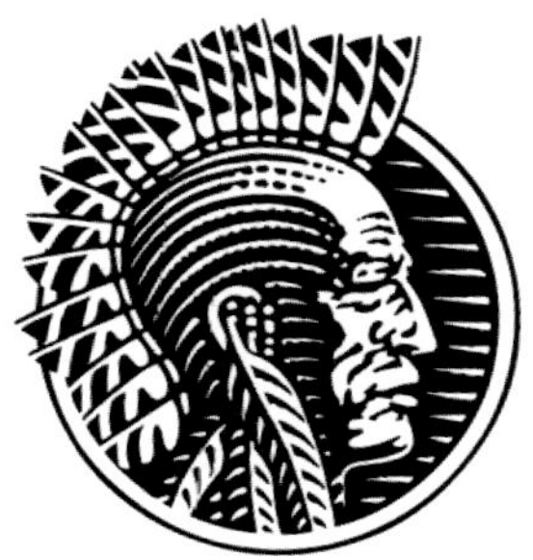

Linke Seite
Die neue Markenidentität des Unternehmens baut auf den Großbuchstaben »M«, der in jeder Größe und auf jedem Medium eine große Wirkung erzielt und stets seine grundlegende Geometrie behält.

Oben
Je länger unterschiedliche Abbildungen von Mohawk Indianern das Unternehmen Mohawk im 20. Jahrhundert repräsentierten, desto anachronistischer wirkte die Marke. Zu Beginn der Neunzigerjahre begann ich mit der Marketingchefin Laura Shore eine Anmutung zu entwickeln, die zur Wirklichkeit des Unternehmens passte.

Früher galten Firmenlogos als heilig bis in alle Ewigkeit. Einige sind es noch immer – und in manchen Fällen ist das richtig so. Aber genauso ist es manchmal auch wichtig, dass man sich rasch verändert und neuen äußeren Anforderungen anpasst, um nicht auf einmal übersehen zu werden und in Vergessenheit zu geraten – was gestern funktionierte, ist dann kein Mittel mehr für morgen. Die Markenidentität eines Unternehmens sollte immer glaubwürdig und beständig sein, doch darf man niemals seiner Zeit hinterherhinken.

Das Unternehmen Mohawk Fine Papers war im Jahr 1931 im Bundesstaat New York gegründet worden – und zwar an der Stelle, wo sich die Flüsse Mohawk und Hudson treffen. Seitdem gehört es der Familie O'Connor in der dritten Generation. Die Herstellung von Papier ist auch noch im digitalen Zeitalter ein sehr industrieller Prozess – und wer einmal eine Papiermühle besucht hat, wird wohl nie mehr vergessen, wie wabernder Brei in riesigen Bottichen zu Stapeln aus feinstem Papier gezaubert wird. Unter den Kennern dieses antiken Handwerks gibt es nur wenige, die so innovativ sind wie Mohawk. Zunächst dominierten sie in den Vierziger- und Fünfzigerjahren den Weltmarkt für farbige Feinpapiere, in den Achtziger- und Neunzigerjahren erfanden sie Methoden für beste Ergebnisse im Offset- und im Digitaldruck. Und schließlich waren sie die erste Papierfabrik in den USA, die ihren CO_2-Ausstoß vollständig mit Windenergie ausgeglichen hat – so dass man sagen darf, dass dieses kleine Unternehmen neuen Anforderungen immer mit viel Fantasie und Selbstbewusstsein begegnet ist.

Hochwertiges Papier unter die Leute zu bringen, ist nicht einfach. Über viele Jahre hinweg verkauften Unternehmen ihr Papier an Zwischenhändler, die das Papier an Druckereien weiterverkauften, deren Nachfrage sich wiederum an den Ansprüchen von Gestaltern orientierte. Das 21. Jahrhundert hat diese Vertriebswege verändert – sie sind etwas komplizierter geworden. Großaufträge von Konzernen, zum Beispiel für Geschäftsberichte, haben sich in Luft aufgelöst, je mehr diese Informationen nur noch digital verfügbar sind. Zugleich sind neue Vertriebswege und Märkte für kleine Kontingente und individuelle Produktionen entstanden.

Um immer wieder auf äußere Veränderungen zu reagieren, haben wir Mohawks Markenidentität dreimal verändert, alle zehn Jahre einmal. Die neueste Version – mit einem stilisierten »M« im Zentrum – kann unterschiedliche Formen annehmen, um die Rolle des Unternehmens in der digitalen Welt zu verdeutlichen: seine handwerkliche Tradition und seine moderne Vernetzung.

Nun hat die beste grafische Umsetzung keinen Wert, wenn es ihr nicht gelingt, den wahren und tieferen Charakter einer Organisation zu vermitteln. Dolly Parton hat den besten Rat für eine Markenführung, den ich je gehört habe: »Finde heraus, wer Du bist, und mach es dann absichtlich.« Wir waren sehr froh einen Kunden zu haben, der wusste wer er ist.

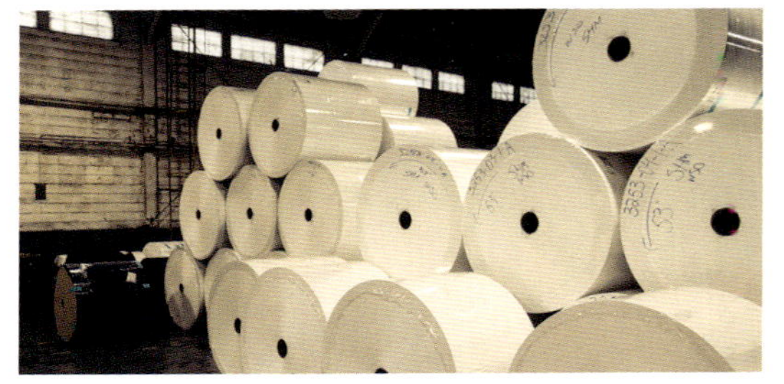

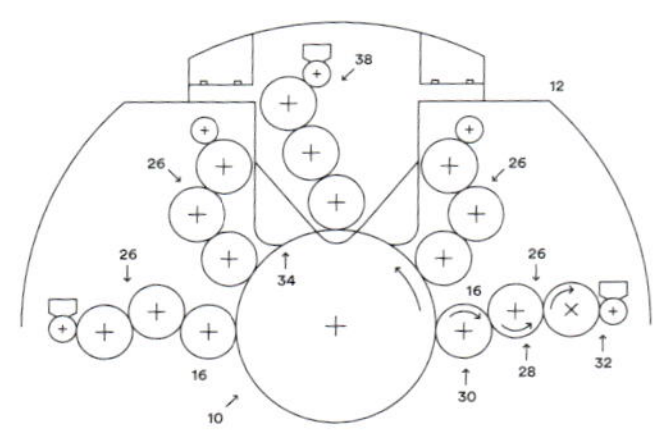

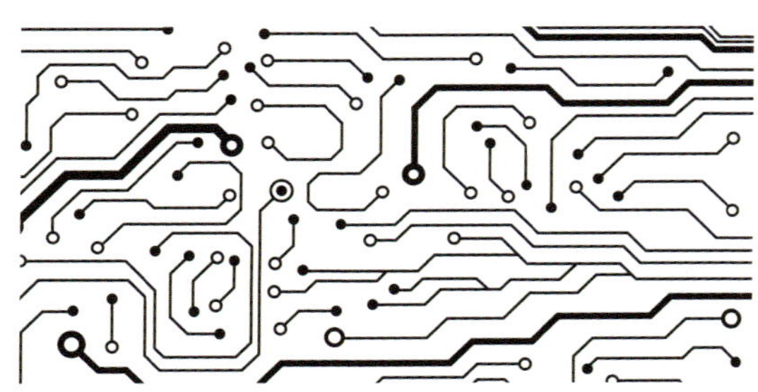

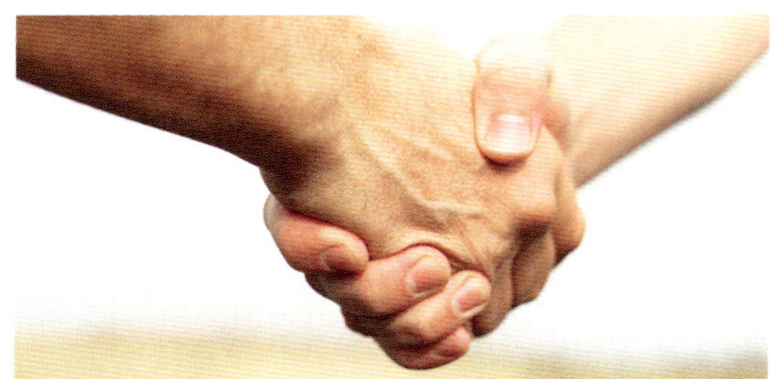

Rechts
Das »M«-Symbol kann mal als Linienzeichnung und mal in zahlreichen monochromatischen und mehrfarbigen Varianten verwendet werden.

Oben
Die Konstruktionszeichnungen des »M« sollten vier gleichzeitige Assoziationen herstellen: Papierrollen, Druckmaschinen, digitale Schaltkreise und Verbundenheit.

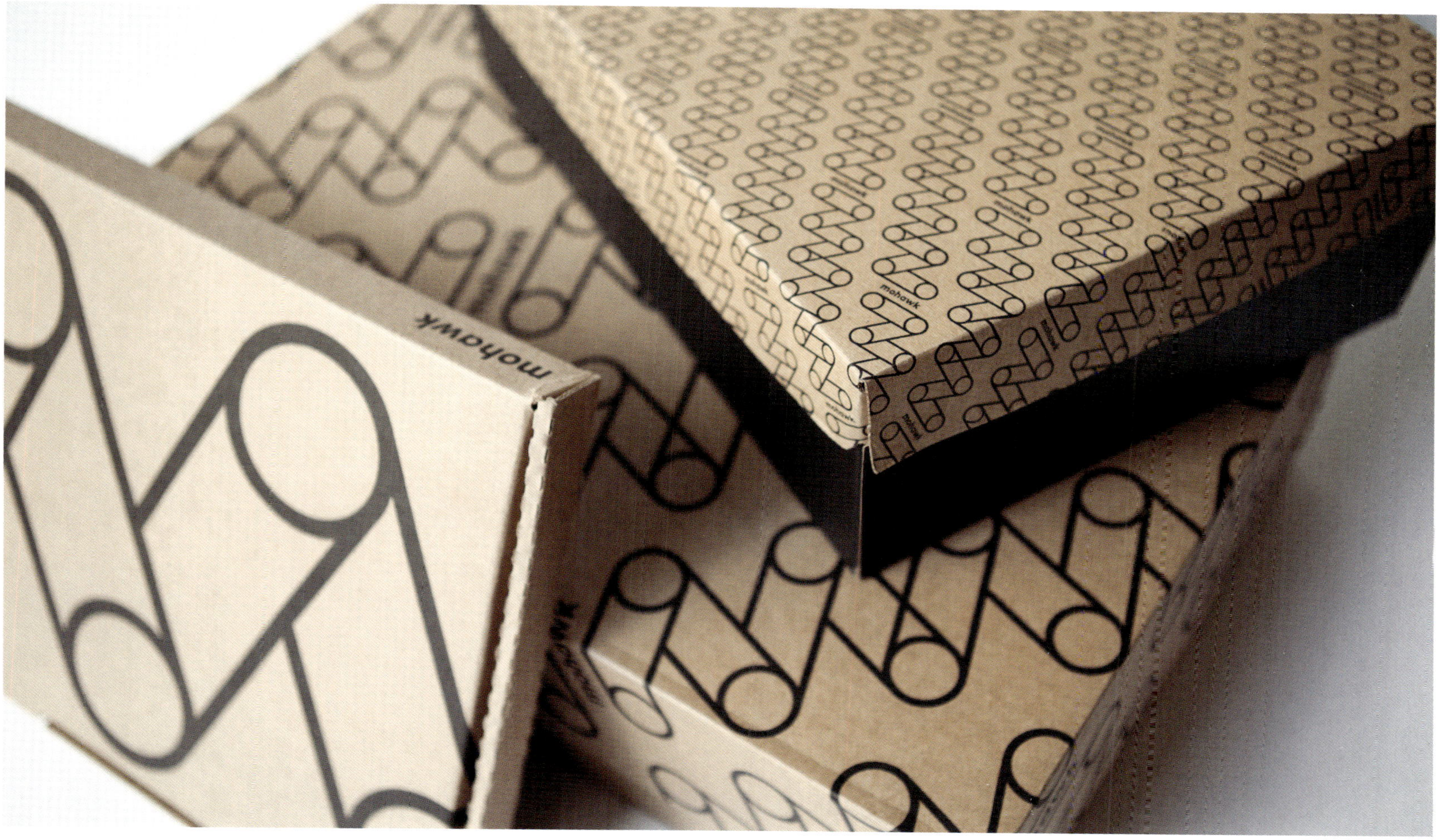

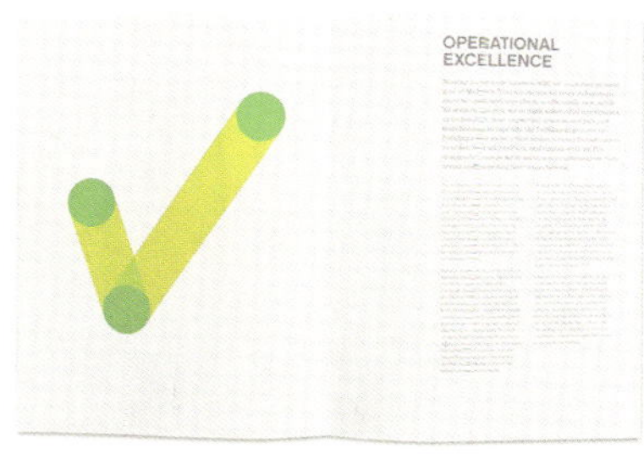

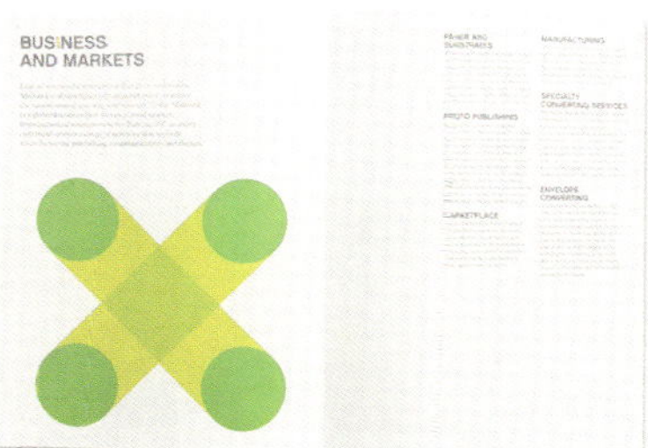

Links
Je nach Einsatzort und Aussage können die Grundelemente des »M« auch dekonstruiert werden und in anderen bekannten Symbolen aufgehen.

Oben
Ein einfaches schwarzes Signet macht die stabilen Mohawk-Kartons unverkennbar.

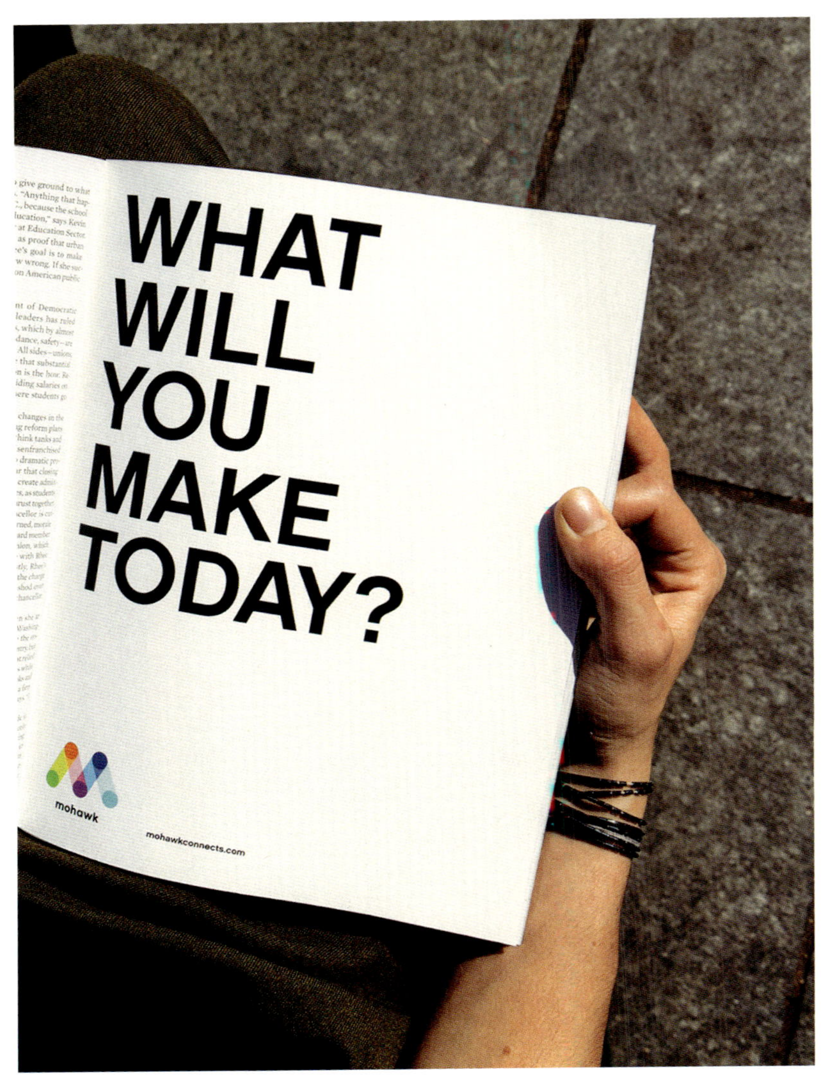

Links
Mit der Einführung der neuen Markenidentität ging eine Leitfrage einher: »What will you make today?« (»Was werden Sie heute herstellen/fertigen/basteln?«) Es war auch eine Aussage über die ganzheitlich produzierten und zugleich durchdachten Produkte von Mohawk.

Rechte Seite
Lebendige Farben lassen Mohawk-Produkte in Geschäften und Lagern angenehm hervorstechen.

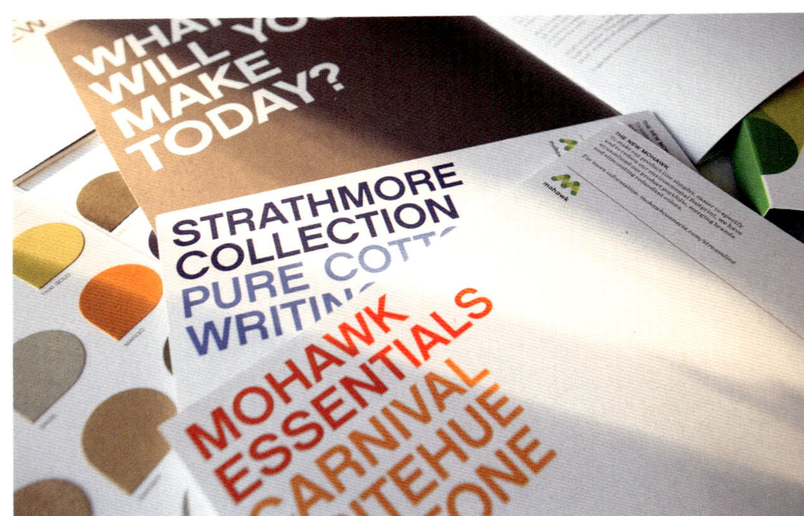

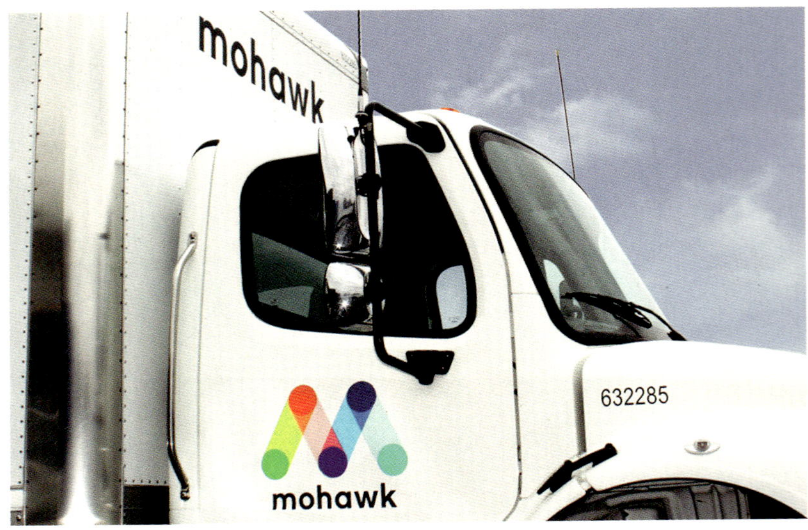

Oben rechts
Den Verkaufsbroschüren des Unternehmens gelingt es, den grafischen Rahmen der Markenidentität nicht zu sprengen, und sie thematisch dennoch zu erweitern.

Unten rechts
Mohawks Auslieferungsflotte genießt im Bundesstaat New York große Bekanntheit.

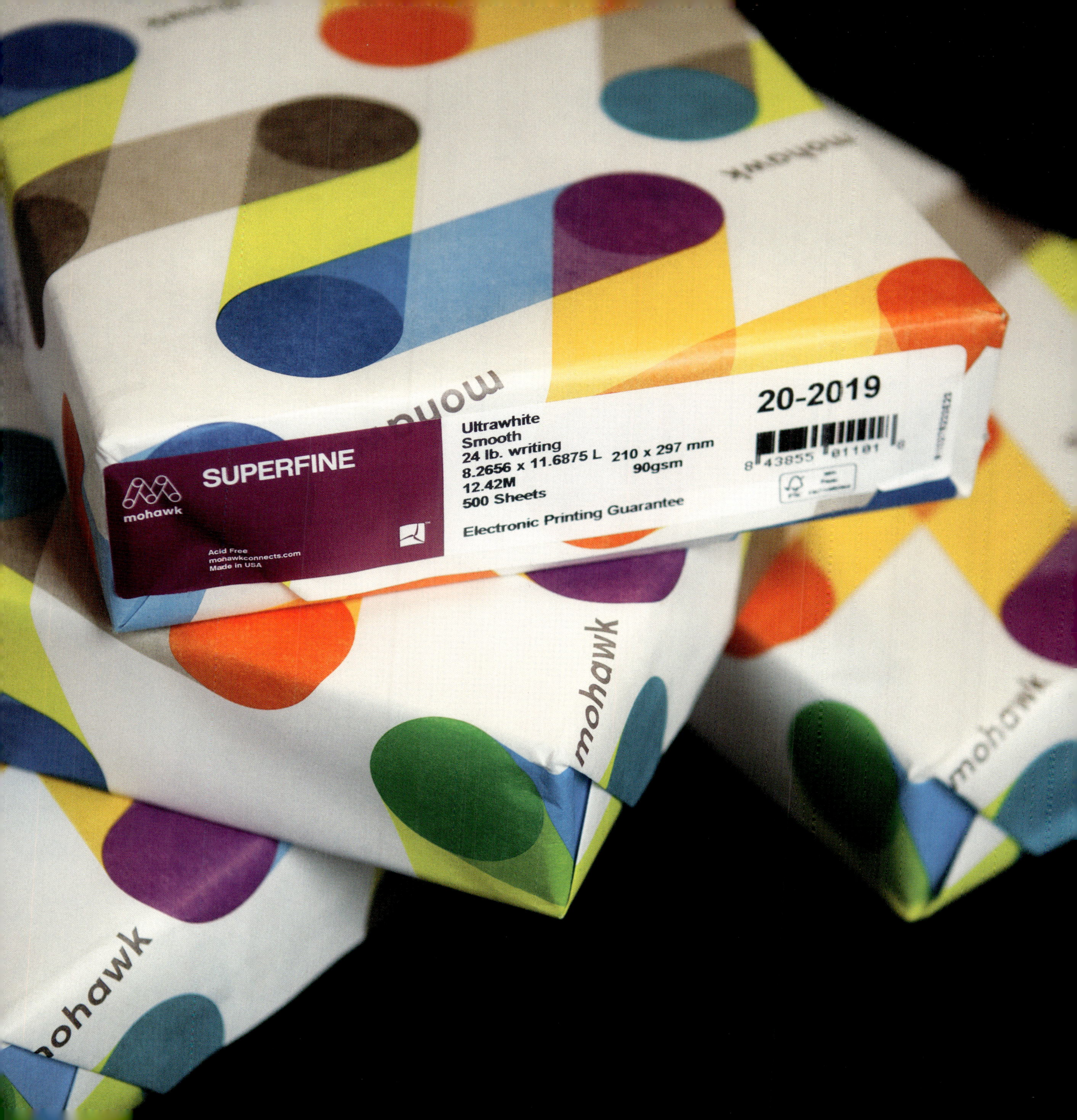
mohawk
SUPERFINE
Acid Free
mohawkconnects.com
Made in USA
Ultrawhite
Smooth
24 lb. writing
8.2656 x 11.6875 L 210 x 297 mm
90gsm
12.42M
500 Sheets
Electronic Printing Guarantee
20-2019
mohawk
mohawk
mohawk
mohawk

AIA

A[]A

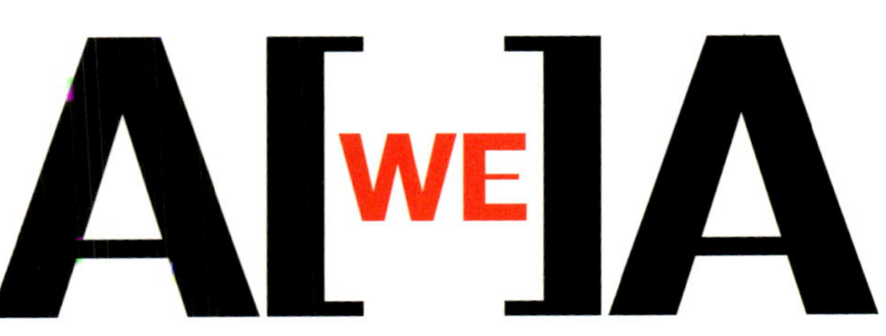

Wie man die Leidenschaft neu entdeckt

American Institute of Architects

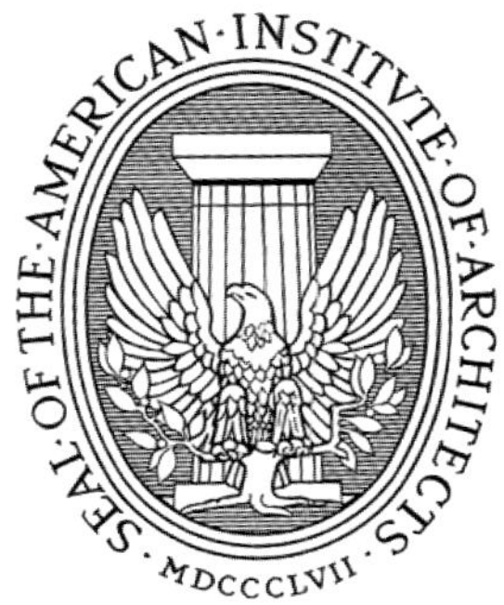

Linke Seite
Unser animiertes Logo für das neue AIA betont die Kraft einer großen Vereinigung, die Schutz für jedes einzelne Mitglied – und für die Gruppe – bietet.

Oben
Das ursprüngliche Logo des AIA sollte Autorität vermitteln und das Bild von der Architektur als ein geschützter und abgeschirmter Berufsstand.

Mit mehr als 80 000 Mitgliedern ist das 1857 gegründete American Institute of Architects die älteste und größte Organisation, die sich in den USA der Formgebung in unserer Gesellschaft verschrieben hat, kurz: dem Design. Die 13 Gründungsmitglieder, allesamt weiße Männer mit Bärten, würden nach fast 160 Jahren sehr wahrscheinlich ihr eigenes AIA nicht wiedererkennen. Das hat viel damit zu tun, dass der Berufsstand der Architekten und Gestalter heute mit großen Unsicherheiten und ungeahnten Schwierigkeiten zu kämpfen hat. Dazu zählen das unberechenbare Auf und Ab der Wirtschaft, revolutionäre technologische Veränderungen und eine zunehmend heterogene Mitgliederbasis mit immer neuen Profilen und Qualifikationen, Ansprüchen und Problemen. Um den Anschluss nicht zu verpassen, leitete der entschlossene und genauso bedachte Vorsitzende Robert Ivy einen beeindruckenden Prozess der Veränderung und Neuerfindung ein. Uns fragte er, wie sich das AIA in Zukunft nach außen darstellen könnte.

Nun kann es für einen Berater in ein traumatisches Erlebnis ausarten, eine alte und große Organisation wie das AIA neu zu erfinden. Wie oft bestand die Herausforderung zunächst darin, eine Vorstellung davon zu erlangen, wie groß die Herausforderung überhaupt war. Das AIA hatte auch die Absicht, die öffentliche Meinung über Architektur und Architekten zu verbessern. Doch darin sahen wir gar nicht das Problem: Eine Analyse meines Kollegen Arthur Cohen zeigte, dass Architekten in der Bevölkerung beliebt waren. Das Problem war vielmehr, dass Architekten meistens andere Architekten nicht mögen. Und weil sie der große Stress in ihrem Beruf oft niederschlägt, können viele Architekten kaum noch nachvollziehen, warum sie überhaupt Architekten geworden sind. Also wenden sie sich an das AIA, um dort Weiterbildung, Bestätigung und Unterstützung zu bekommen. Wir wollten darüber hinaus die Leidenschaft wiederherstellen.

Die komplexe Aufgabenstellung brachte es mit sich, dass wir es mit verschiedenen Zielgruppen zu tun hatten, doch im Mittelpunkt standen die Architekten, die gerne über ihre eigenen Wertvorstellungen sprechen. Zunächst sorgten wir dafür, dass die Kommunikation der unterschiedlichen Ausschüsse und Abteilungen des AIA zusammengeführt wurde, so dass ein neuer, einheitlicher Ton entstand, der zu den Plänen von Robert Ivy passte. Dann schufen wir mit der AIArchitype eine spezielle Schrift, die sich am Buchstaben »I« orientierte, der wie eine dorische Säule inmitten ihres Kürzels AIA steht. Und ein mitreißend formuliertes Manifest, das nicht mehr Platz als eine einzige Seite erforderte. Es brachte die Motivation von Menschen zum Ausdruck, die gerne gestalten, und erklärte, warum wir alle besser sind, wenn wir zusammenhalten. Als wir den Text zum ersten Mal dem Vorstand des AIA vortrugen, gestanden einige Mitglieder, dass sie zu Tränen gerührt seien. Das war der Durchbruch, auf den es ankam: Wir hatten die Leidenschaft neu entdeckt!

Unten
Eine Anzeige, die ein Kollege der Werbeagentur LaPlaca Cohen entworfen hatte, beschäftigte sich nicht direkt mit Architektur, sondern mit den Menschen, denen Architektur dient.

Rechte Seite
Der neue Schriftsatz, den wir AIArchitype nannten, half auch dabei, die Kommunikation der Organisation zusammenzuführen. Entworfen hatte ihn Jeremy Mickel, der sie auf das architektonische Prinzip eines Sturzes aufgebaut hatte: Starke vertikale Linien tragen weniger kräftige horizontale Linien.

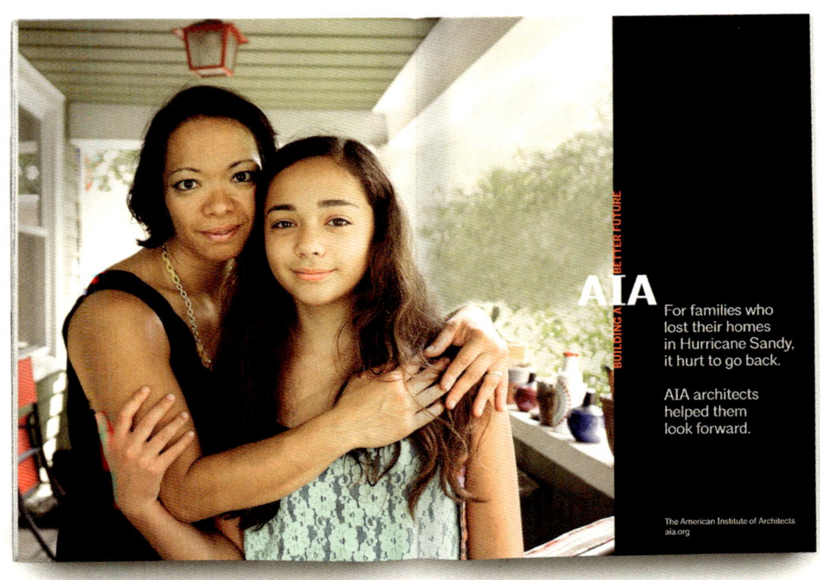

TECTONIC STRENGTH

God is in the Details

BUILDING COMMUNITIES

Cantilevered Support Structure

2419 Design Iterations

One Corbusier Lamp

Mister Wright

PRESERVING LANDMARKS

Computer Aided Design

Rechts und rechte Seite Die Jahresversammlung des AIA wurde im Jahr 2014 in Chicago abgehalten, die Stadt mit der großartigsten Architektur in den USA. Es war der perfekte Ort, um die neue Stimme der Vereinigung vorzustellen. Von Pentagram aus unterstützte Hamish Smyth den AIA bei den Vorbereitungen. Die Konferenz bekam ein eigenes, starkes Logo, das den AIA förmlich in die gastgebende Stadt einbrannte. Anzeigen und Werbeartikel gaben einen berühmten Satz von Chicagos Stadtplaner Daniel Burnham wieder: »Macht keine kleinen Pläne. Denn ihnen mangelt es an Magie, um die Seele eines Mannes zu bewegen.«

Nächste Doppelseite Umfragen, die mehrere Monate in Anspruch nahmen, halfen uns herauszufinden, was Architekten motiviert und was sie von einer Berufsvereinigung erwarten. Unsere Erkenntnisse fassten wir schließlich auf einer einzigen Seite zusammen.

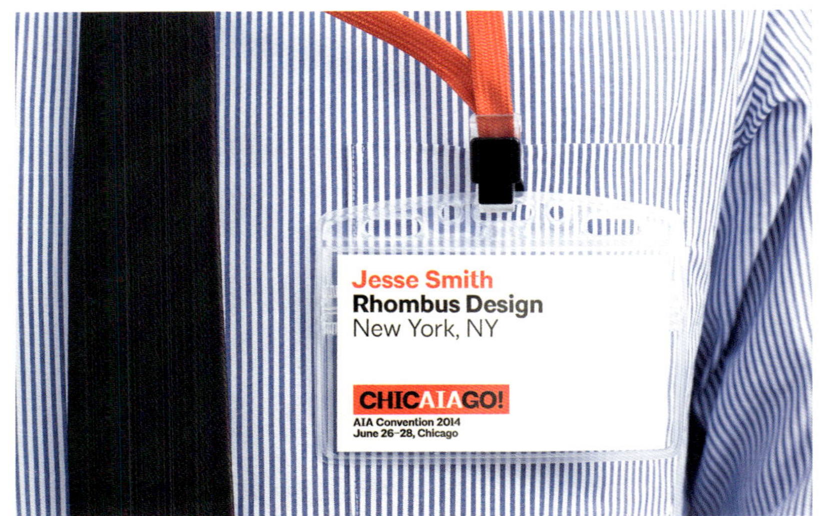

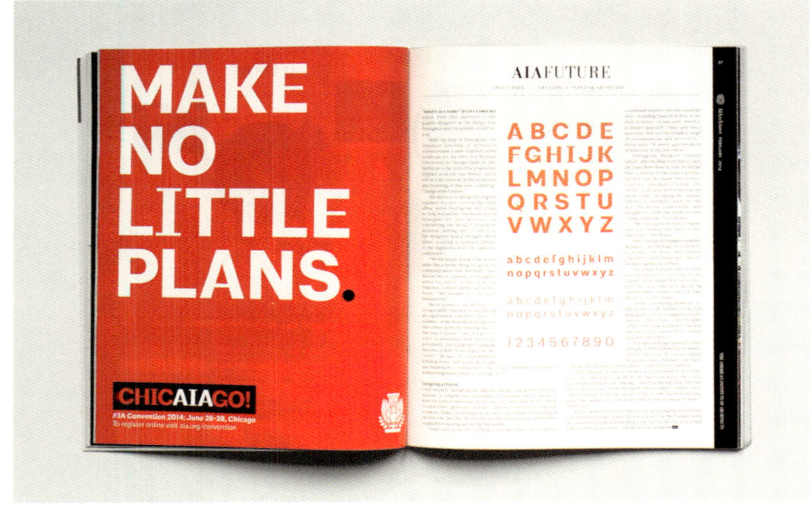

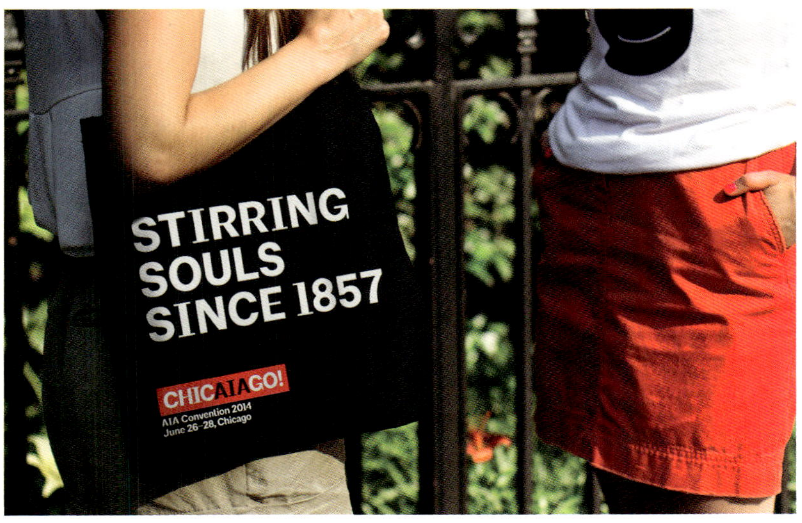

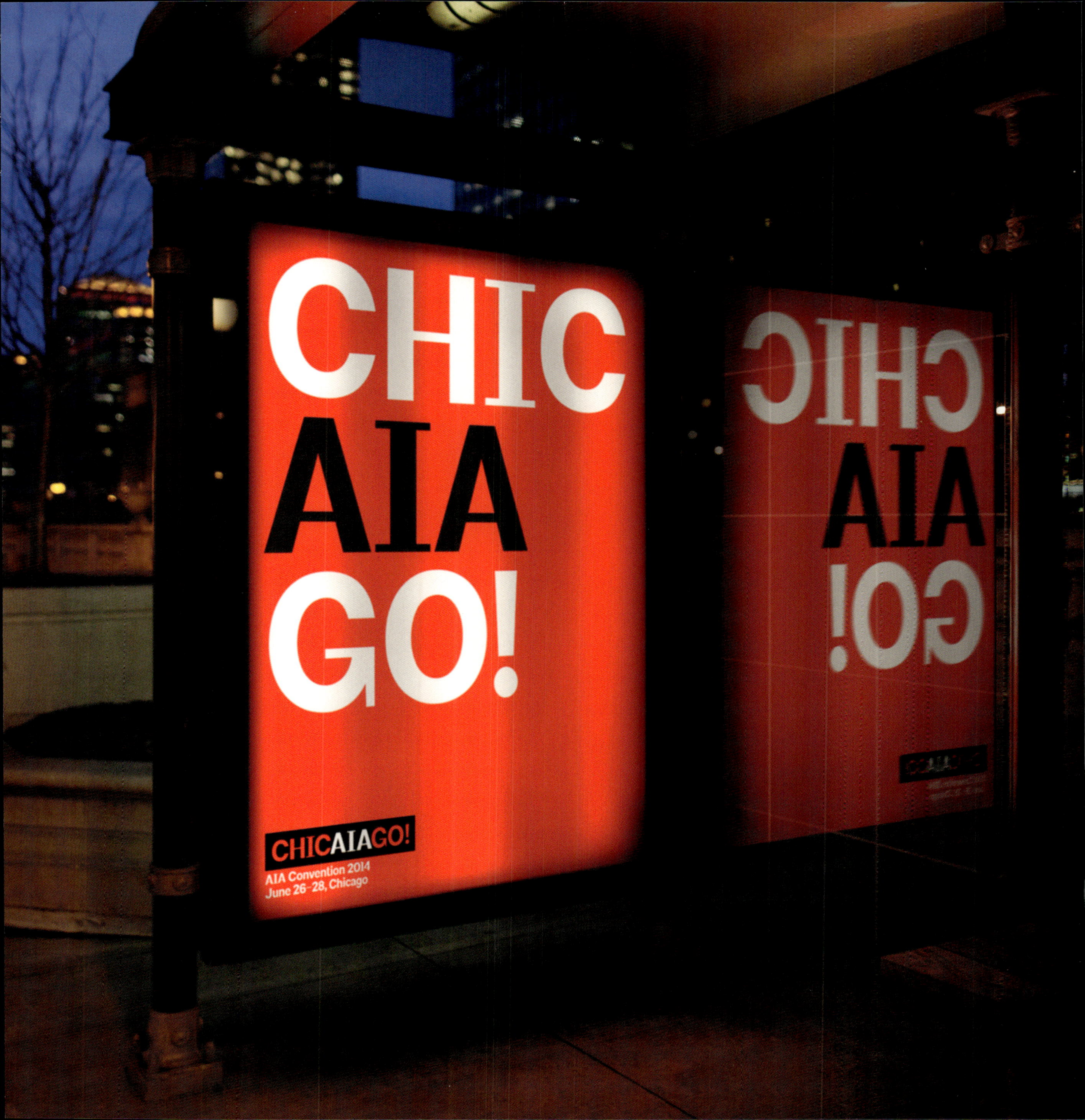

CHIC
AIA
GO!

CHICAIAGO!
AIA Convention 2014
June 26–28, Chicago

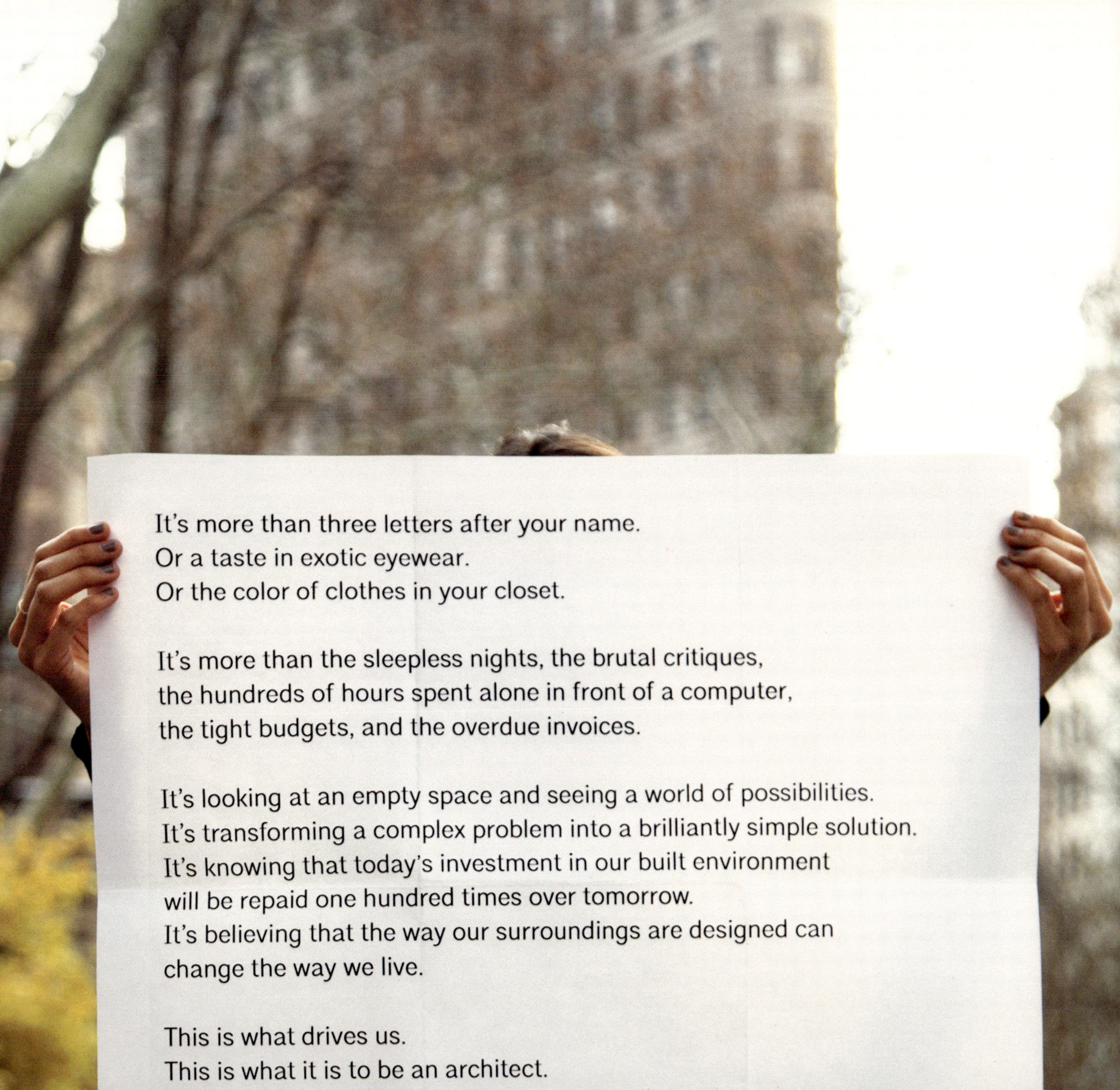
It’s more than three letters after your name.
Or a taste in exotic eyewear.
Or the color of clothes in your closet.
It’s more than the sleepless nights, the brutal critiques,
the hundreds of hours spent alone in front of a computer,
the tight budgets, and the overdue invoices.
It’s looking at an empty space and seeing a world of possibilities.
It’s transforming a complex problem into a brilliantly simple solution.
It’s knowing that today’s investment in our built environment
will be repaid one hundred times over tomorrow.
It’s believing that the way our surroundings are designed can
change the way we live.
This is what drives us.
This is what it is to be an architect.

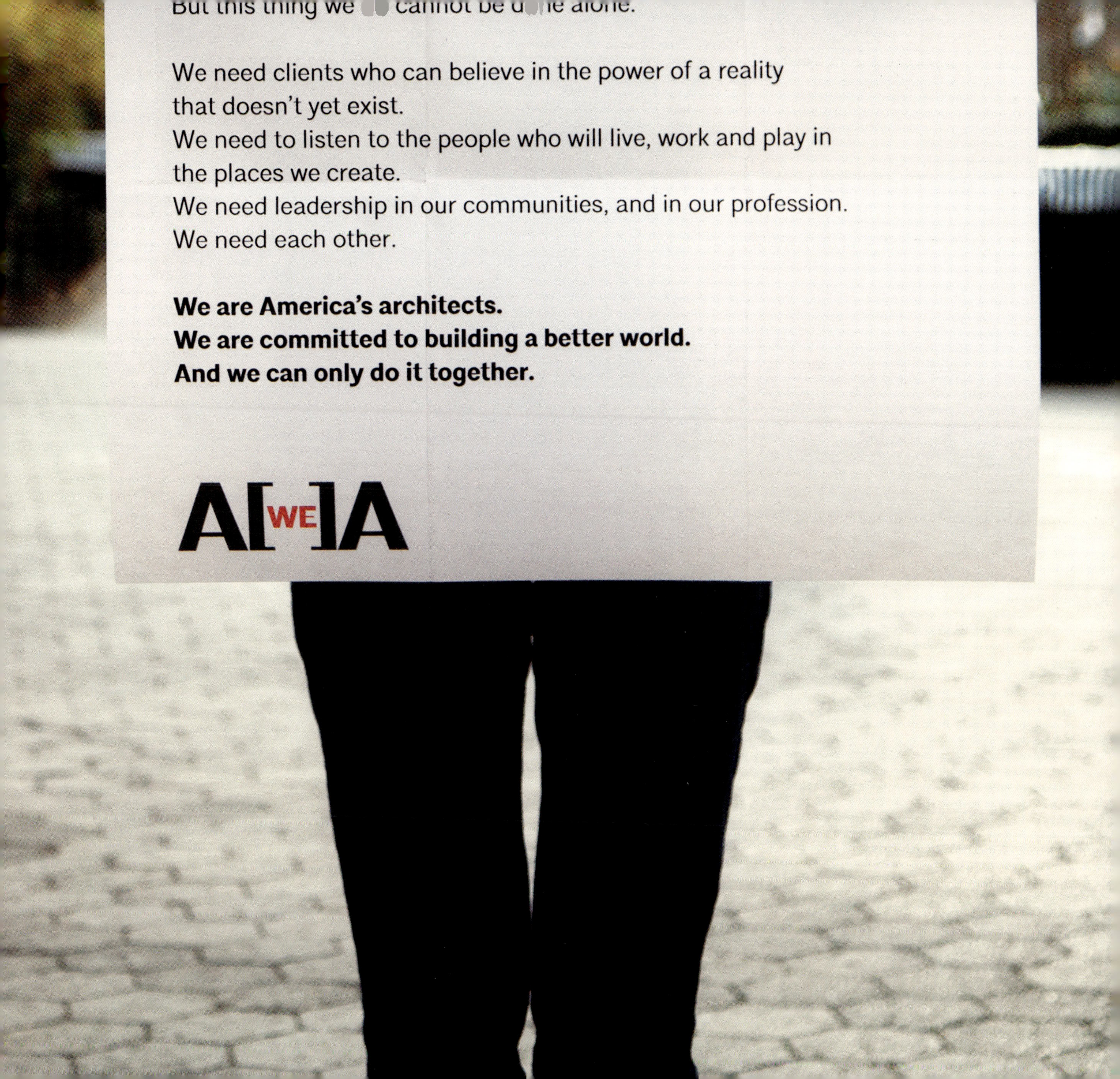

But this thing we [illegible] cannot be done alone.

We need clients who can believe in the power of a reality
that doesn't yet exist.
We need to listen to the people who will live, work and play in
the places we create.
We need leadership in our communities, and in our profession.
We need each other.

We are America's architects.
We are committed to building a better world.
And we can only do it together.

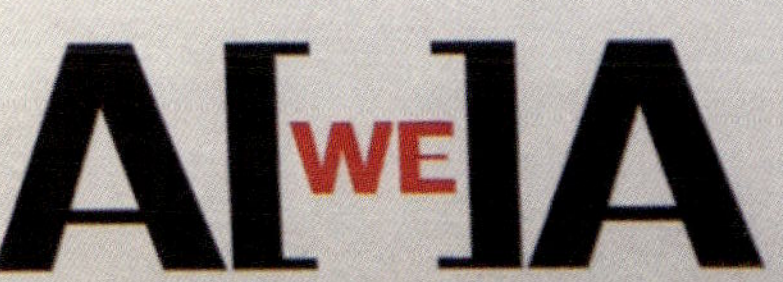

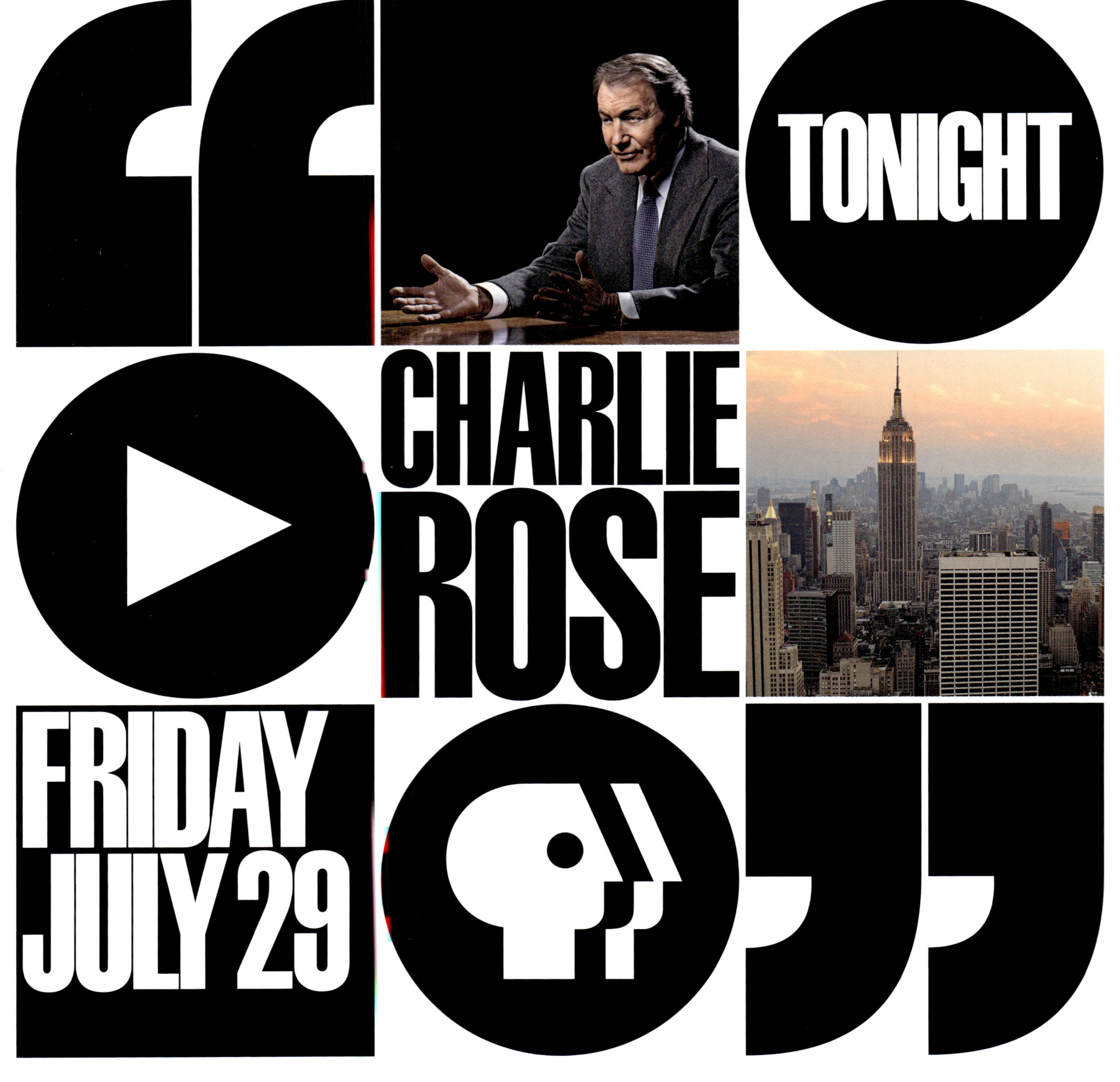
TONIGHT
CHARLIE
ROSE
FRIDAY
JULY 29

Wie man Nachrichten macht

Charlie Rose

Linke Seite
Unser grafisches Konzept für Charlie Roses Interviewsendung baut auf Kreise und Quadrate – die geometrische Analogie zu den wichtigsten Ausstattungsmerkmalen der Sendung: ein runder Tisch und ein leerer schwarzer Hintergrund.

Billige Effekte, kitschige Animationen und unschöne Typografie – für mich ist viel von dem Screen Design, das man aus dem Fernsehen kennt, kaum schöner als in Szene gesetzter Müll. Besonders übel sind in meinen Augen amerikanische Nachrichten-»Shows«. Der andauernde Krach dieses hektischen 24/7-Journalismus' hat eine ganz eigene, optische Begleiterscheinung: ein gewaltiger Tsunami von Bildern, Grafiken, Farben und Schriften, der so wirkt, als solle er ganz bewusst verwirren anstatt zu informieren.

Gegen die heillos überladene Welt der meisten privaten Nachrichtenprogramme ist die öffentlich finanzierte Nachrichtensendung des Journalisten Charlie Rose eine Oase der Klarheit und Anschaulichkeit. (Außerhalb der USA kann man ihn übrigens bei Bloomberg Television sehen.) Die Kulisse, in der Rose seit 1991 Interviews führt, ist angenehm schlicht – und geradezu enthaltsam: ein runder Holztisch vor einem schwarzen unbestimmten Nichts. Die Gäste an diesem Tisch waren Präsidenten und Premierminister genauso wie Schauspieler und Schriftsteller. Die höfliche Art des Gastgebers und seine lakonische Mundart aus North Carolina lassen zunächst nicht ahnen, dass er oft bohrende Fragen stellt, die wiederum zu überraschenden Antworten führen können. Die vielen hundert Gespräche, die Rose in mehr als drei Jahrzehnten aufgezeichnet hat, sind unübertroffen in ihrer Art, das Weltgeschehen zu dokumentieren.

Doch im Laufe der Jahre zeigte die Sendung auch eine Schwäche: Ihre Optik hatte sich seit den frühen Neunzigerjahren nicht weiterentwickelt. Als treuer Zuschauer war ich deshalb selten so froh wie diesmal, als mich Charlie Rose anrief und fragte, ob wir helfen könnten. Innerhalb von Sekunden waren wir uns über die Aufgabe einig: Das passende grafische Umfeld zum runden Holztisch zu finden!

Unsere Lösung passte zur direkten und klaren Art der Sendung. Um die Relevanz auszudrücken, die klassischen Zeitungsüberschriften innewohnt, benutzten wir einen schmalen Schriftschnitt. Damit setzten wir den Namen des Moderators in zwei Zeilen, so dass sie ein perfektes Quadrat andeuteten, das einen fast idealen Gegensatz zur runden Tischfläche bildete. Diese Verbindung aus runden und quadratischen Elementen bildete die Basis für unser grafisches Konzept für Werbeseiten genauso wie für Webseiten. Und selbstverständlich das erforderliche Screen Design – und das ohne dreidimensionale oder metallartige Effekte. Ein vorab festgelegter Satz von An- und Abführungszeichen, die sich ebenfalls aus Kreisen und Quadraten ableiten, vollendete unsere grafischen Stilmittel für die Sendung. Sie betonen, was Charlie Rose ausmacht: Interaktion und Konversation, beides spontan und ungeschminkt, also Journalismus in Reinnatur als ein wichtiger Schlüssel, um unsere immer komplexer werdende Welt ein wenig besser zu verstehen.

ABCDEFGHIJ
KLMNOPQRS
TUVWXYZ
1234567890

THE FOOTNOTES GET

“VERY VERY ADDICTIVE”

IT’S A VERY

“PERSONAL CHOICE”

“HIP-HOP IS WHAT YOU LIVE”

RAP IS WHAT YOU DO.

Linke Seite
Um einen unverwechselbaren typografischen Charakter zu erzeugen, modifizierte Pentagram-Gestalterin Jessica Svendsen eine wenig benutzte Schrift aus den Fünfzigerjahren: Schmalfette Grotesk. In ihr steckt das Selbstbewusstsein und die Relevanz, die den Zeitungsjournalismus in seiner Hochphase ausmachten – und zugleich kommt sie vollständig ohne die überflüssigen Schnörkel und abgenutzten Effekte des Fernsehjournalismus’ aus.

Links
Beinahe jede Sendung von Charlie Rose erzeugt großartige und erinnerungswürdige Zitate – was ein positives Licht auf die Gäste und auf die Fähigkeiten des Moderators wirft. Um mit der Sendung zu werben, gestalteten wir kleine Poster mit den besten Sätzen.

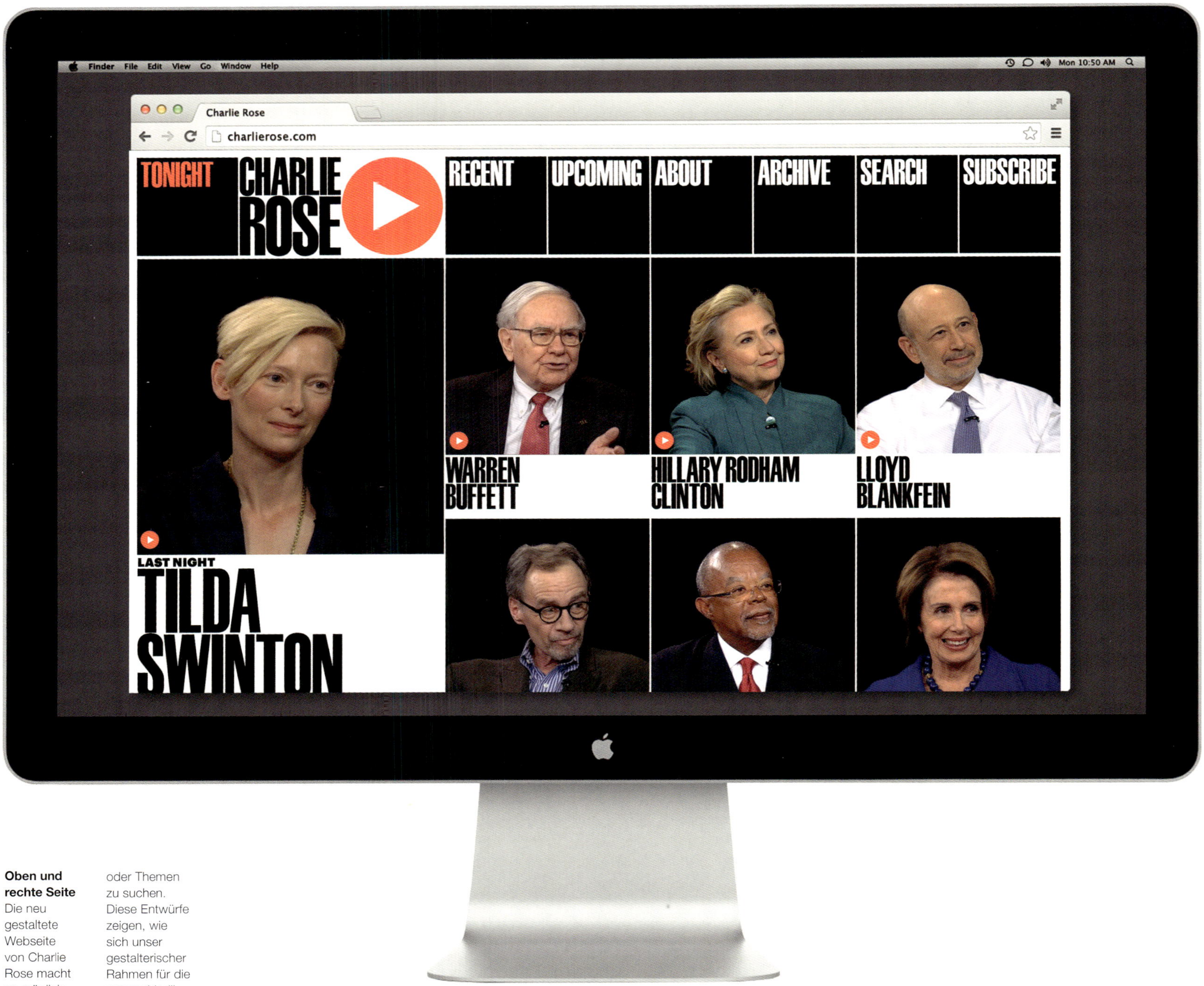

Oben und rechte Seite Die neu gestaltete Webseite von Charlie Rose macht es möglich, im Repertoire der Sendung nach Gästen oder Themen zu suchen. Diese Entwürfe zeigen, wie sich unser gestalterischer Rahmen für die unterschiedlichen Aufgaben einsetzen und ausweiten lässt.

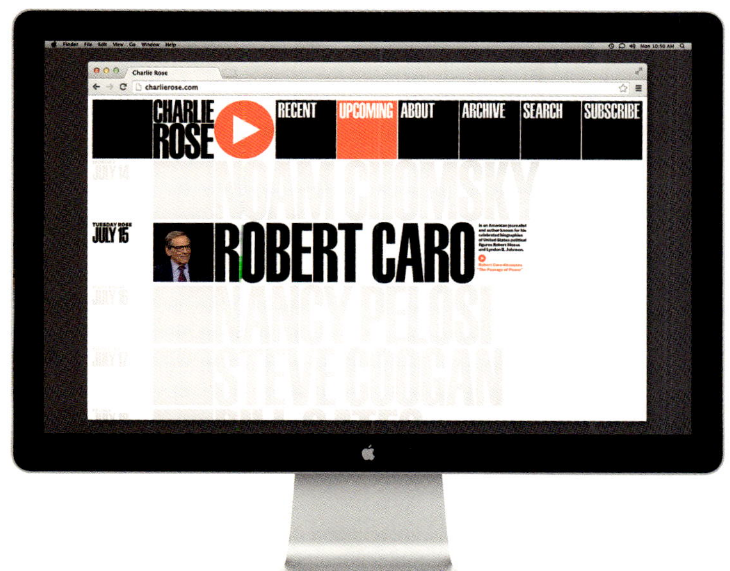
Charlie Rose
charlierose.com
CHARLIE ROSE
RECENT
UPCOMING
ABOUT
ARCHIVE
SEARCH
SUBSCRIBE
NOAM CHOMSKY
JULY 15
ROBERT CARO
NANCY PELOSI
STEVE COOGAN

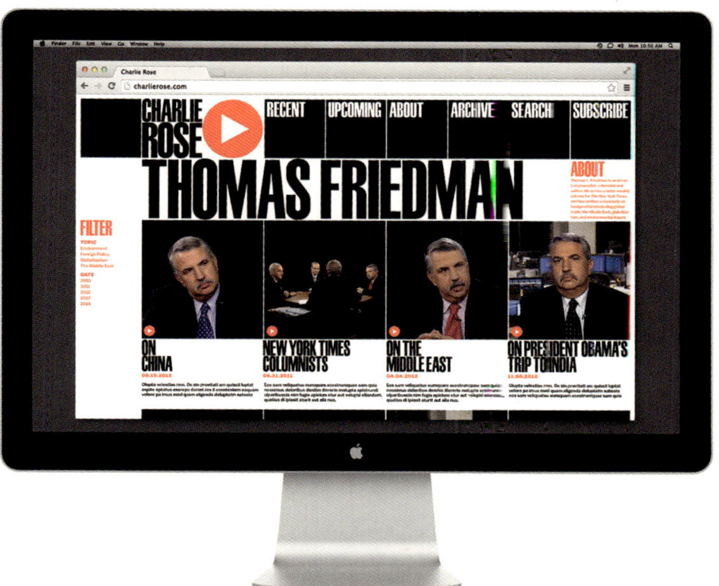
Charlie Rose
charlierose.com
CHARLIE ROSE
RECENT
UPCOMING
ABOUT
ARCHIVE
SEARCH
SUBSCRIBE
THOMAS FRIEDMAN
ABOUT
FILTER
ON CHINA
NEW YORK TIMES COLUMNISTS
ON THE MIDDLE EAST
ON PRESIDENT OBAMA'S TRIP TO INDIA

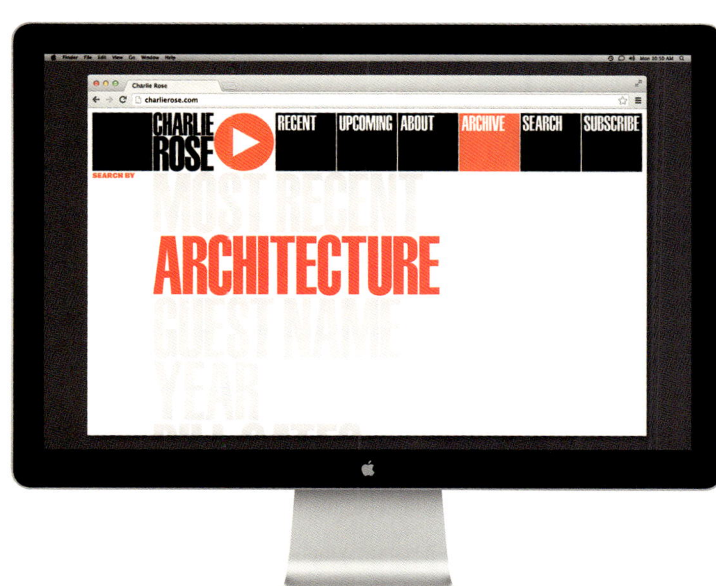
Charlie Rose
charlierose.com
CHARLIE ROSE
RECENT
UPCOMING
ABOUT
ARCHIVE
SEARCH
SUBSCRIBE
SEARCH BY
MOST RECENT
ARCHITECTURE
GUEST NAME
YEAR

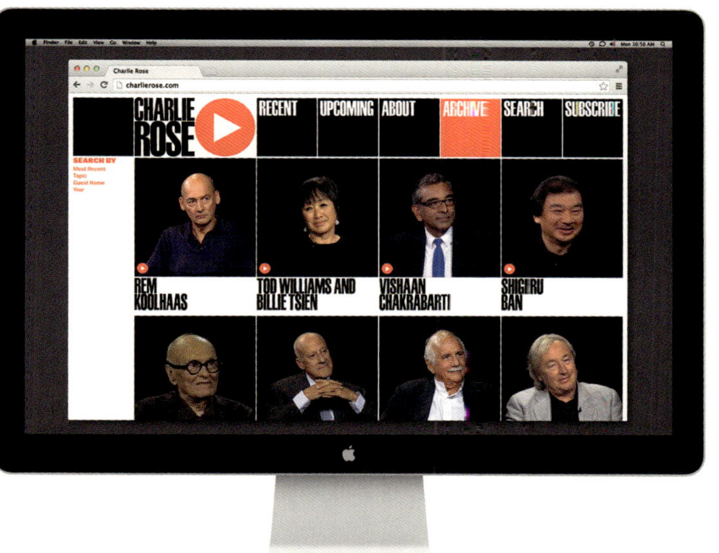
Charlie Rose
charlierose.com
CHARLIE ROSE
RECENT
UPCOMING
ABOUT
ARCHIVE
SEARCH
SUBSCRIBE
SEARCH BY
REM KOOLHAAS
TOD WILLIAMS AND BILLIE TSIEN
VISHAAN CHAKRABARTI
SHIGERU BAN

Rechts
Als Charlie Rose im Jahr 1991 auf Sendung ging, hatten seine Zuschauer genau eine Alternative: den Fernseher im richtigen Moment einzuschalten – oder ihn zu verpassen. Heute können sie frei wählen, wann, wo und wie sie die Sendung sehen wollen. Hier zu sehen: Charlie Rose in den Apps von Facebook, Instagram und Twitter auf dem iPhone.

Rechte Seite
Die *Charlie Rose Show* wird zwar in allen Erdteilen gesehen, aber sie wird zugleich als eine Sendung aus New York wahrgenommen – es ist deshalb kein Zufall, dass sie die Aufregung und den Geist der Stadt in sich trägt.

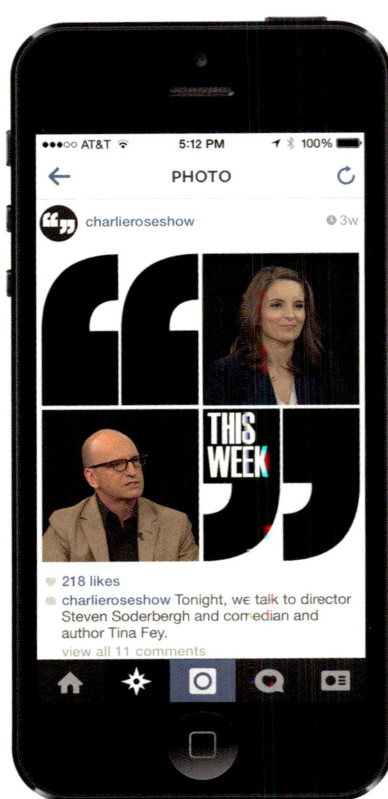

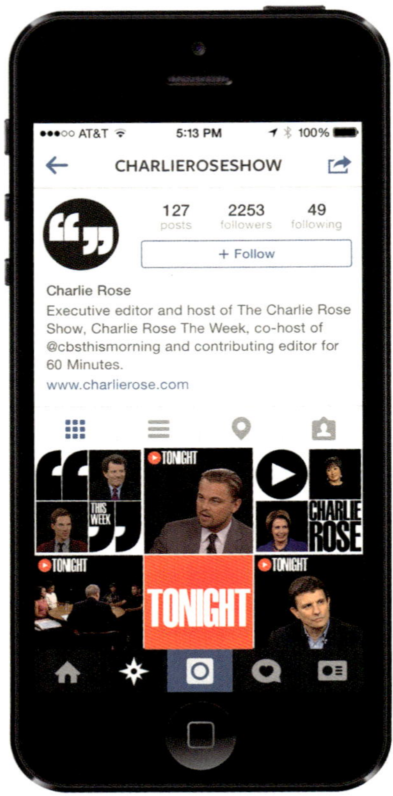

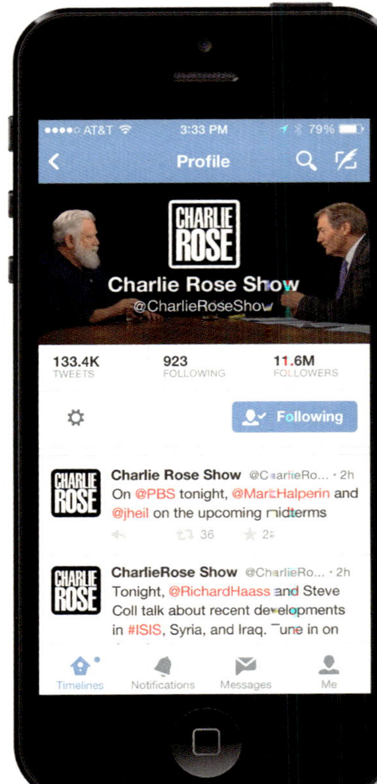

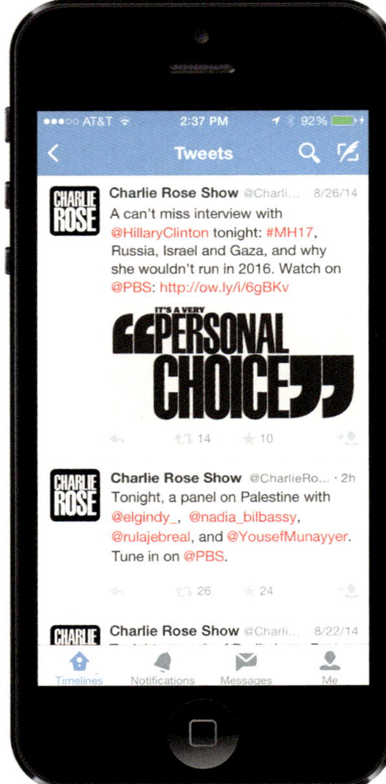

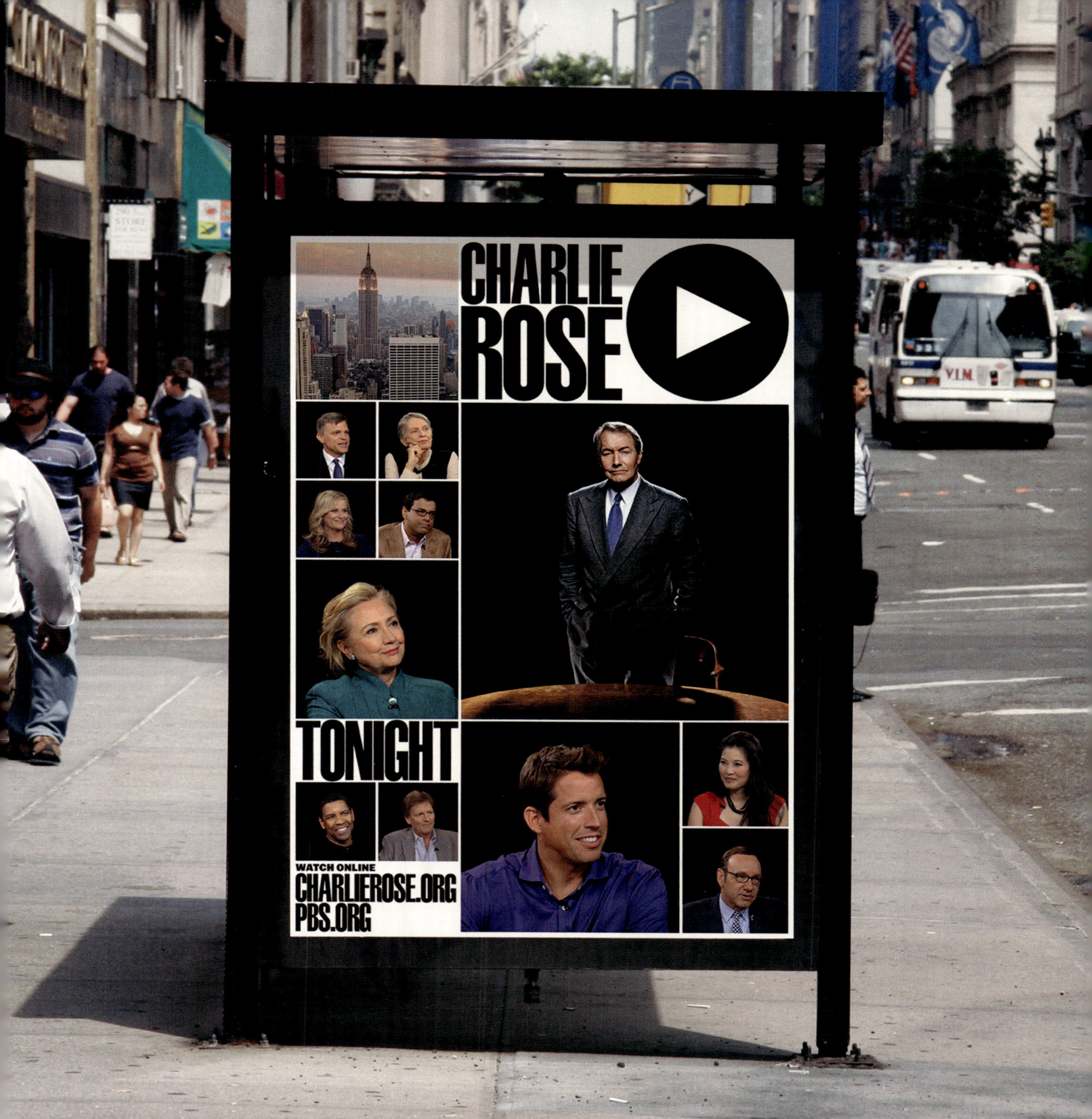
CHARLIE
ROSE
TONIGHT
WATCH ONLINE
CHARLIEROSE.ORG
PBS.ORG

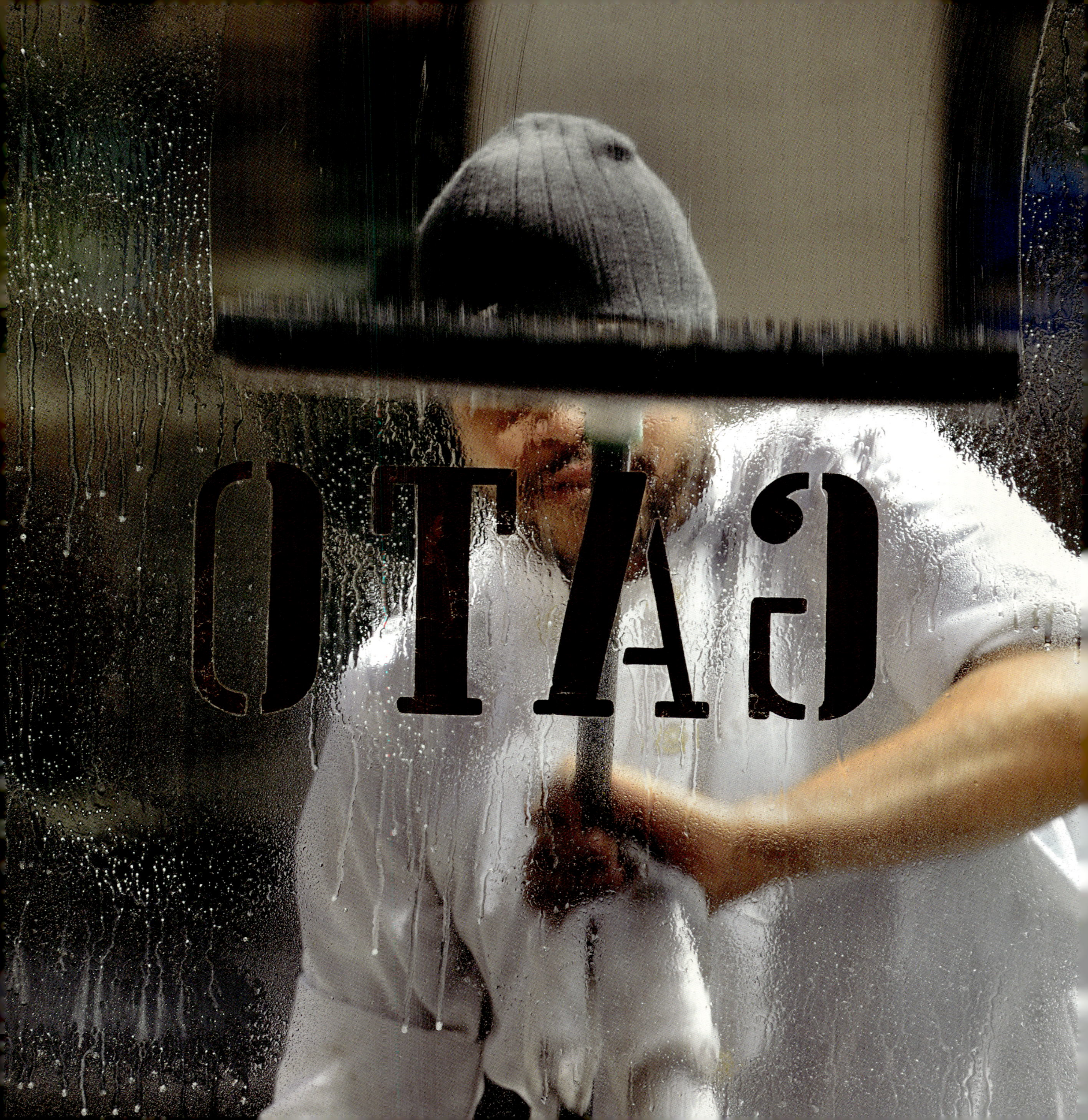

Wie man den Tisch deckt

Die Restaurants von Bobby Flay

Vor ein paar Jahren war der Begriff »erlebbares Design« in aller Munde. Gestalter, Werber und Vermarkter schienen bemerkt zu haben, dass Konsumenten nicht nur durch Logos und Werbung ihr Bild von einer Marke prägen. Vielmehr lassen sie sich von Eindrücken leiten, die sie an allen möglichen Orten sammeln, wenn sie mit der Marke in Berührung kommen. Im Marketing-Jargon spricht man in diesem Zusammenhang auch von einer »360-Grad Erfahrung«: Alles, was den Menschen umgibt, wird ihn irgendwie prägen und beeinflussen. So wie in einem Restaurant, in das Menschen nicht nur deshalb zurückkehren, weil ihnen die Werbung und das Logo geschmeckt haben.

Gute Gastronomen verstehen, dass ein gastronomisches Erlebnis alle fünf Sinne ansprechen sollte. Sie wissen auch, dass schon die Begrüßung am Eingang einen wichtigen Eindruck hinterlässt – der manchmal sogar entscheidender ist als die Qualität des Essens. Und sie können damit umgehen, dass ihr Restaurant immer auch ein Theater ist, in dem die Gäste beides sind: Publikum und Schauspieler.

Bobby Flay ist einer der bekanntesten Chefköche der Welt. Geboren und aufgewachsen in New York, wird er dort heute auch als »culinary wunderkind« bezeichnet. Im berühmten Mesa Grill in Las Vegas und auf den Bahamas hat er die Küche aus dem Südwesten der USA perfektioniert. In der Bar Americain hat er hingegen ein neues gastronomisches Erlebnis im Herzen von Manhattan geschaffen. Er und sein Partner Laurence Kretchmer kennen die erforderlichen Zutaten für ein erfolgreiches Restaurant.

Dieser Erfolg hat viel mit Kommunikation zu tun: Sie sollte mindestens so präzise auf den Geschmack der Gäste abgeschmeckt sein wie ein Gericht. Um das zu erreichen, muss sich der Gastronom fragen: Was dürfen die Gäste erwarten? Und wie lassen sich die Erwartungen übertreffen? Bobby's Burger Palace soll zum Beispiel immer ein »schnelles und zwangloses« Erlebnis bieten: großartige Burger, Pommes und Shakes, ohne große Wartezeiten und doch mit Hingabe am Tisch serviert. Und die Innenarchitektur soll dieses Erlebnis unterstützen: die Theken, die sich eilig durch den Raum schlängeln und horizontale Linien, die dynamisch wirken. Als wir ein Logo für die Kette entwarfen, orientierten wir uns an diesen Formen und konstruierten einen Hamburger daraus: Das Brötchen, die Bulette und dazwischen der Salat in einem perfekten Gleichgewicht.

Gato ist Bobbys exklusives Restaurant im New Yorker Stadtteil Noho. Anders als Bobby's Burger Palace ist hier alles originell und extravagant. Schon die Formen des Geschirrs bringen zum Ausdruck, dass das Team großen Wert auf Details legt und keinen Wunsch übersieht. Die Marke soll entsprechend maßgeschneidert und dezent wirken.

Zwei Restaurants, zwei Marken, zwei Erlebnisse: Unsere Projekte für Gato und Bobby's Burger Palace waren die beste Schule, um zu begreifen, worauf es in Restaurants ankommt – und dass es längst nicht immer auf Tellern liegt.

Linke Seite
Meine Partner bei Pentagram und ich haben für fast alle Restaurants von Bobby Flay gearbeitet. Sein neuestes ist Gato, mitten in Manhattan.

Bobby's Burger Palace ist Bobby Flays Hommage an die Schnellrestaurants seiner Jugend. Auf vielen Reisen durch die USA hat er alle möglichen Rezepte gesammelt, die er für seine Gäste zubereiten lässt: Etwa den Philadelphia Burger (Provolone, gebackene Zwiebel, scharfe Paprika), den Dallas Burger (gewürzte Frikadelle, Krautsalat, Monterey Jack-Käse, Grillsauce, Essiggurken) oder den LA Burger (Avocado-Sauce, Wasserkresse, Cheddar, Tomaten). Den Anfang der Kette bildete 2008 das erste BBP in einem Vorort von New Jersey. Heute betreibt Flay 18 Läden in den gesamten USA.

BOBBY'S
BURGER
PALACE

Oben
Die Schrift für das Logo von Bobby's Burger Palace ist genauso aufgestapelt wie ein Hamburger. Es wird auch nur mit den drei Anfangsbuchstaben BBP verwendet, wie auf dem Polohemd der Kellnerin.

Rechts und rechte Seite
Optisch ist die BBP-Marke hell und lebendig. Das Konzept dafür ist dem Farbschema der Inneneinrichtung entlehnt, die von der Rockwell Group hergestellt wird und die je nach Raum in allen Formen und Größen angepasst werden kann. Bobby bietet seinen Gästen immer an, jeden Burger extra knusprig zu machen (indem er Kartoffelchips hinzufügt). Auch Gestalter Joe Marianek und ich waren deshalb überzeugt, dass die Marke eine Extraportion Pepp verdient hat.

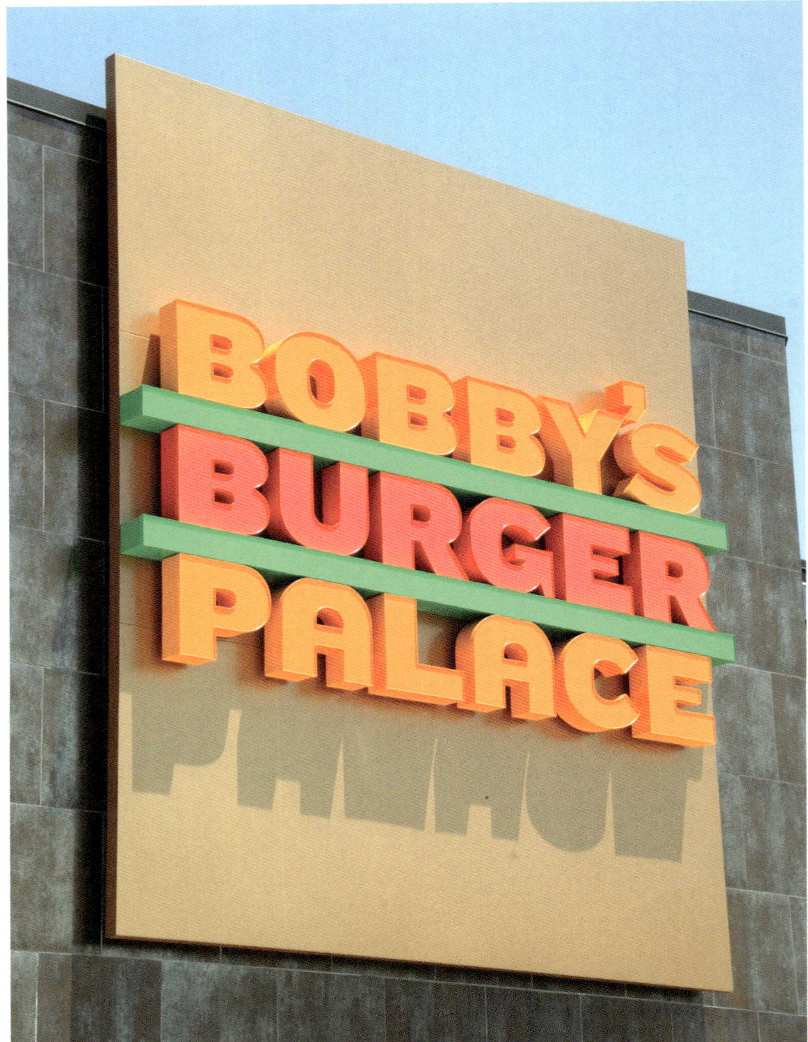

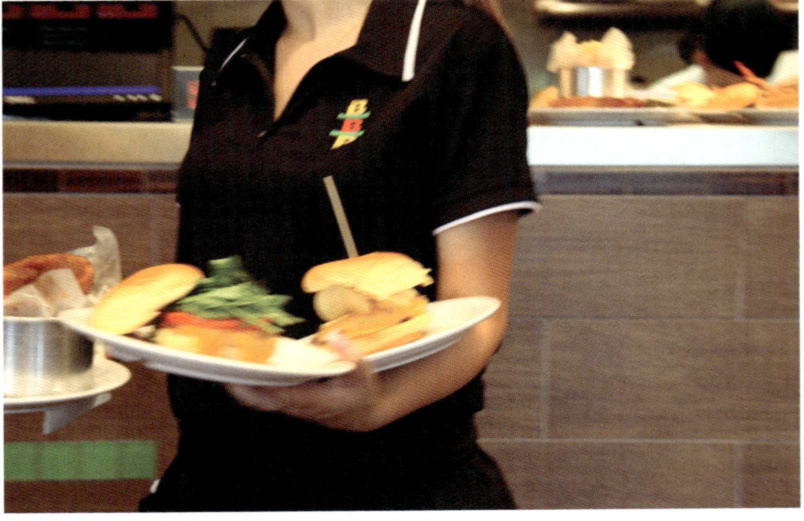

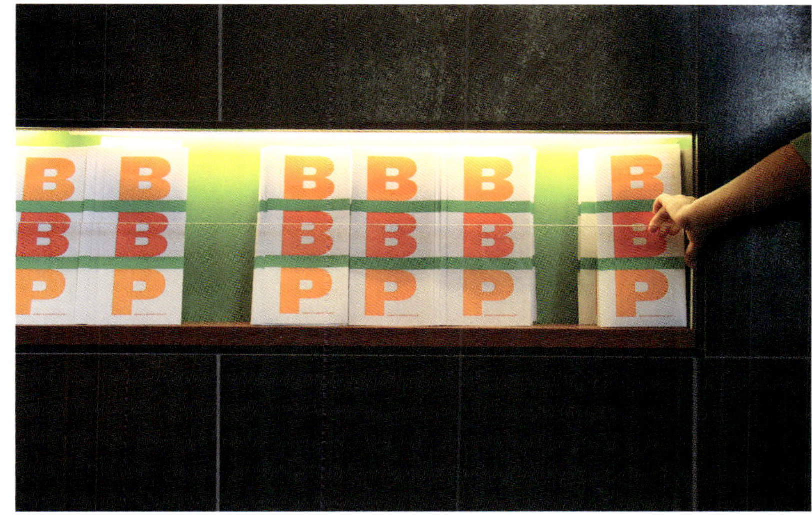

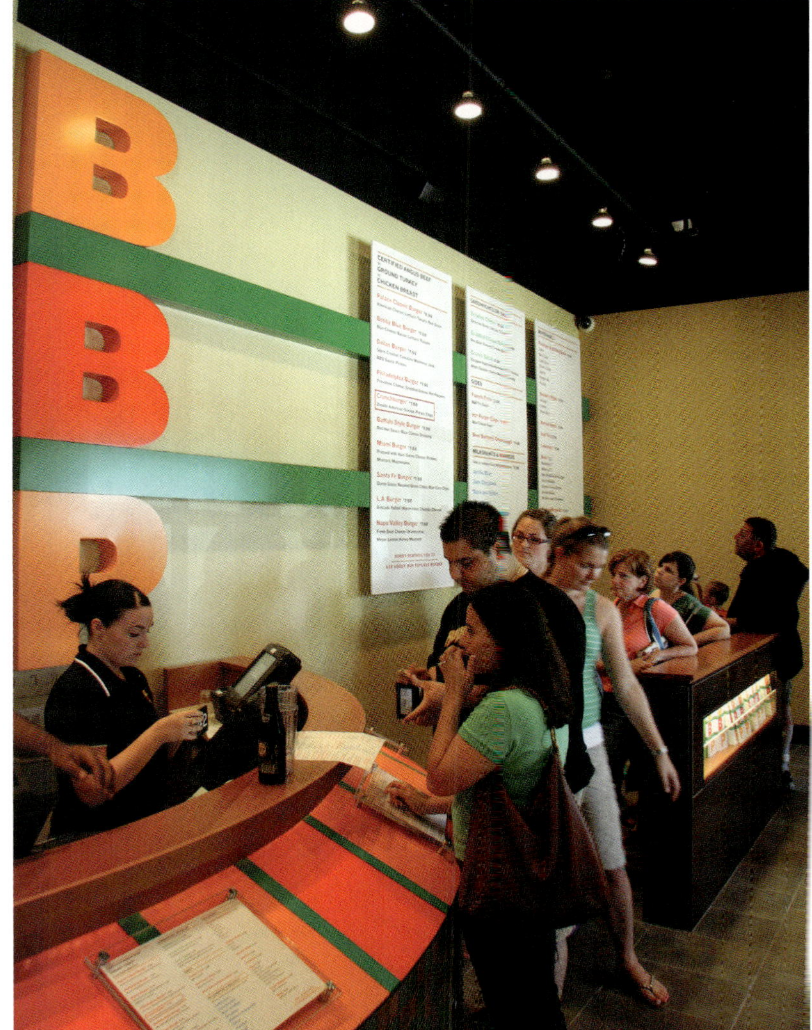

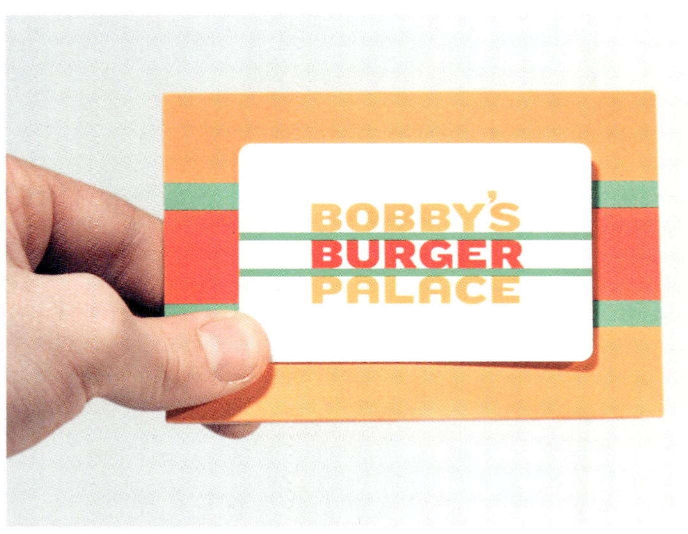
BOBBY'S
BURGER
PALACE

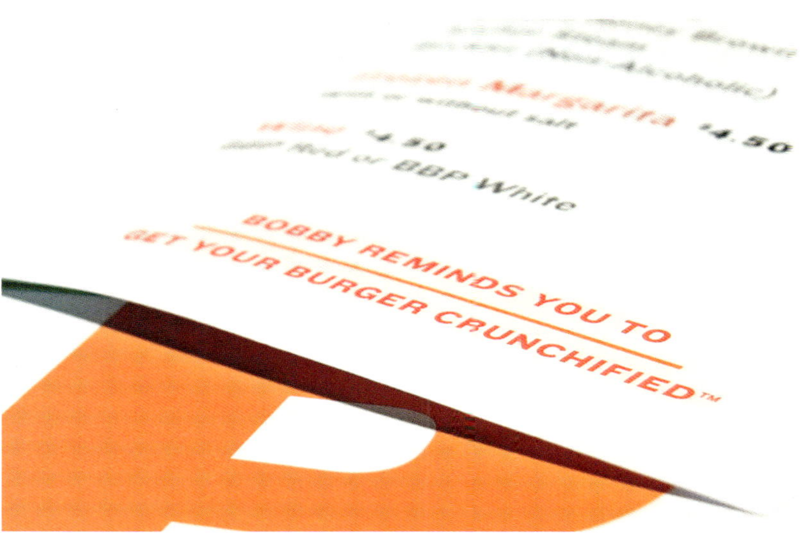
BOBBY REMINDS YOU TO
GET YOUR BURGER CRUNCHIFIED™

Gato ist ein mediterranes Restaurant, mit Rezepten und Zutaten aus Spanien, Italien, Frankreich oder Griechenland. Bobby Flay eröffnete es im Jahr 2014 in der New Yorker Lafayette Street, wo es in einem renovierten Lagerhaus von 1897 untergebracht ist. Die Sanierung des Innenraums lag wieder in den Händen der Rockwell Group. Die von Pentagram entworfene Marke drückt aus, was der Ort verbindet: kosmopolitische Eleganz und großstädtische Bodenständigkeit.

Rechts und rechte Seite
Das Zusammenspiel aus Luxus und Einfachheit spiegelt sich in vielen Details. Pitch, der zweite Schriftsatz des Restaurants, ist eine Weiterentwicklung klassischer Schreibmaschinenschriften. Das tiefe Blau stammt von den handverlegten Fliesen auf den Böden. Pentagrams Gestalter Jesse Reed war für die Arbeiten mit der Hausschrift Lisbon verantwortlich, egal ob sie auf die ledernen Speisekarten geprägt, mit Schablonen, Pinseln und Farbe an die Wände gemalt oder mit Goldschnitt auf Fenster geschrieben wurde.

Nächste Doppelseite
Das Restaurant in der Lafayette Street. Der Chef des Hauses ist übrigens durch das rechte Fenster zu erkennen.

GATO

Oben
Gatos Logo baut auf Anthony Burrills Schrift Lisbon, die von den Straßenschildern der portugiesischen Hauptstadt und anderer mediterraner Orte inspiriert wurde.

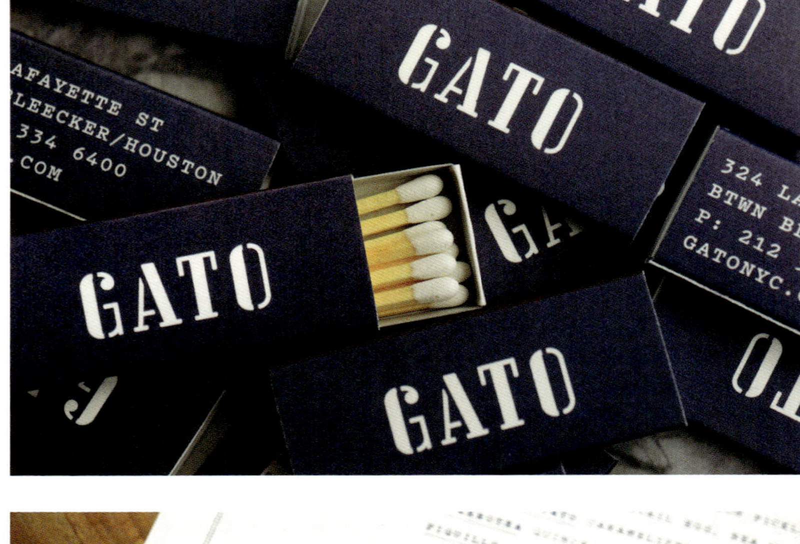

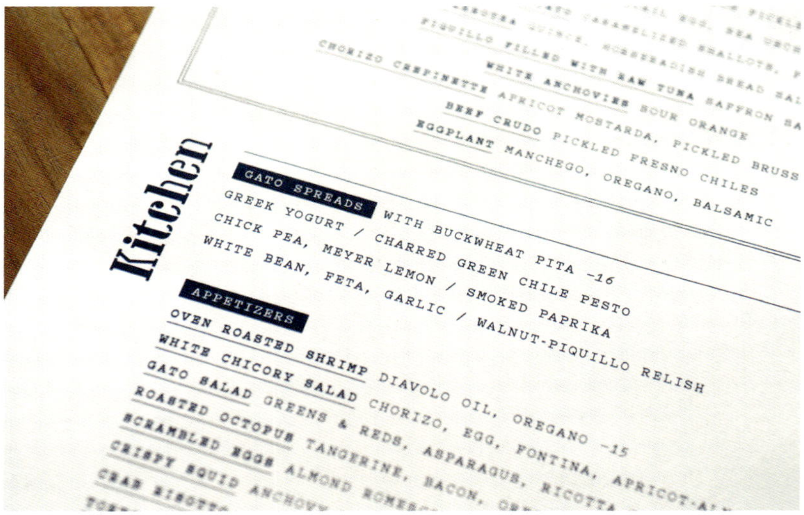

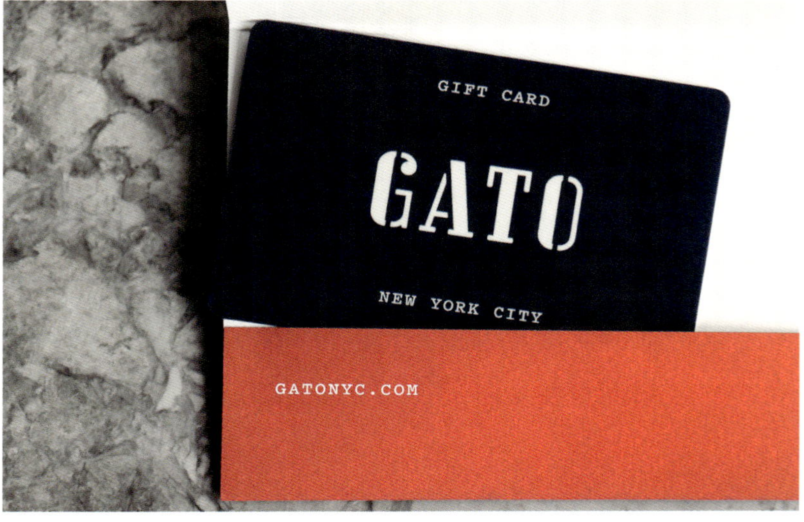

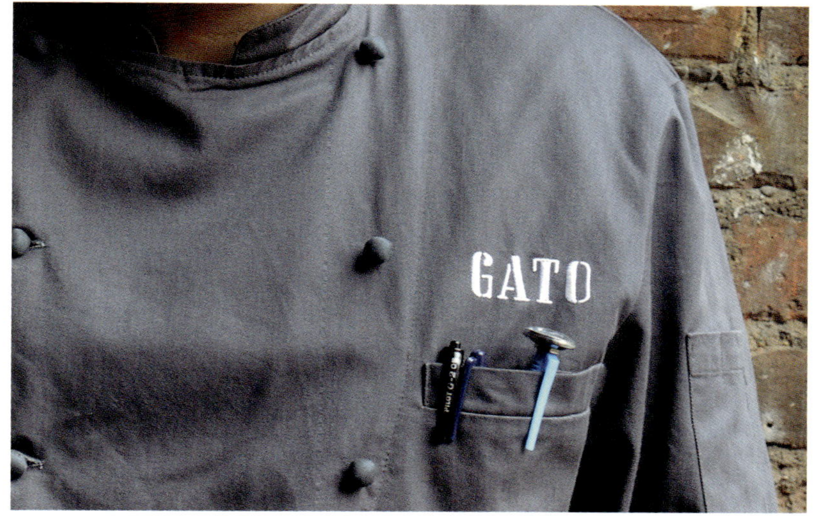
GATO

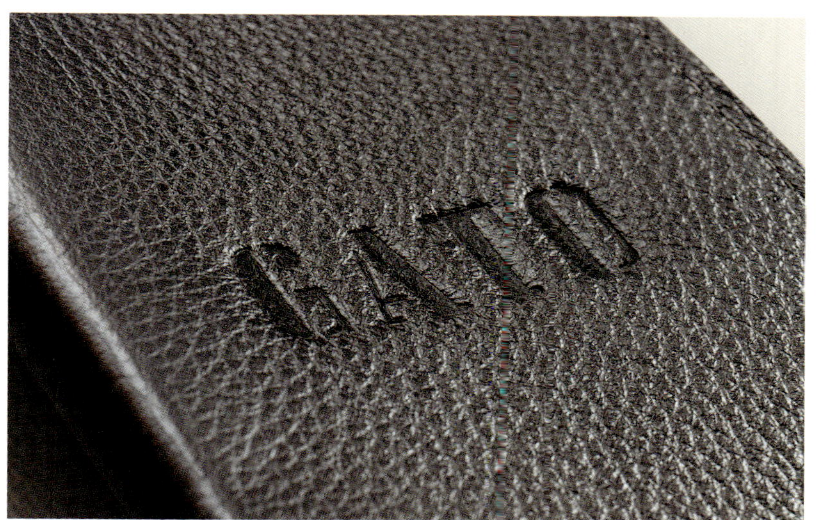
GATO

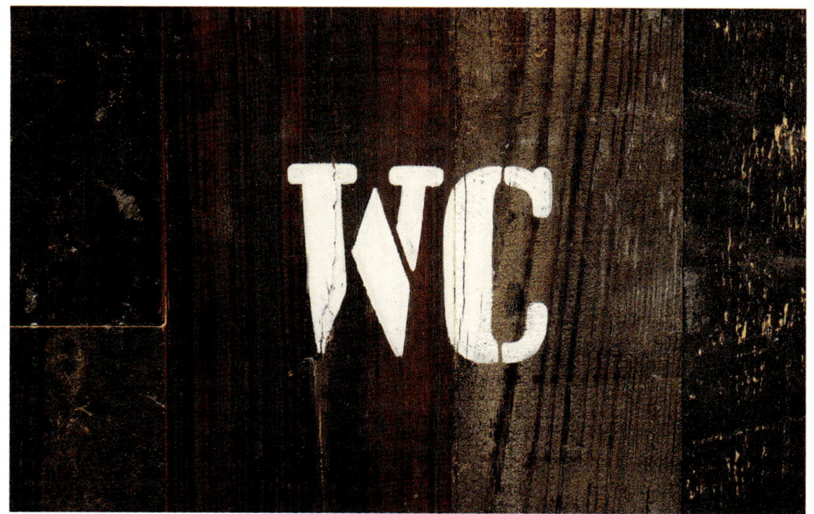
WC

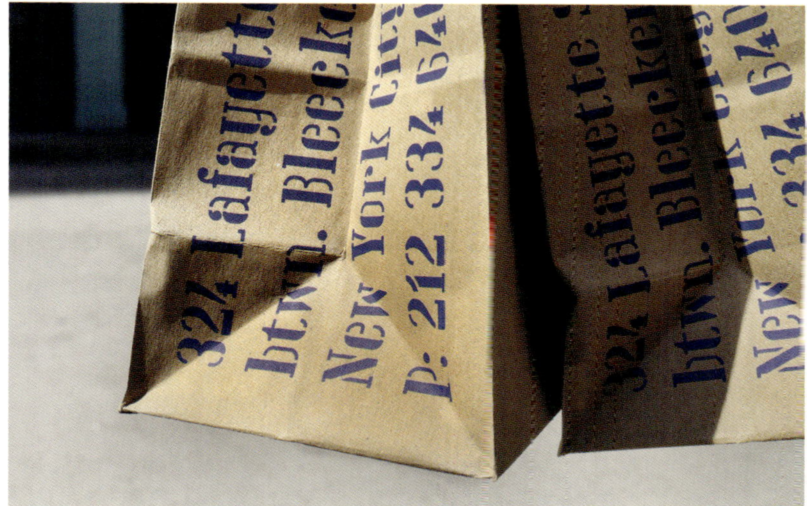
324 Lafayette
btwn. Bleeck
New York cit
p: 212 334 64

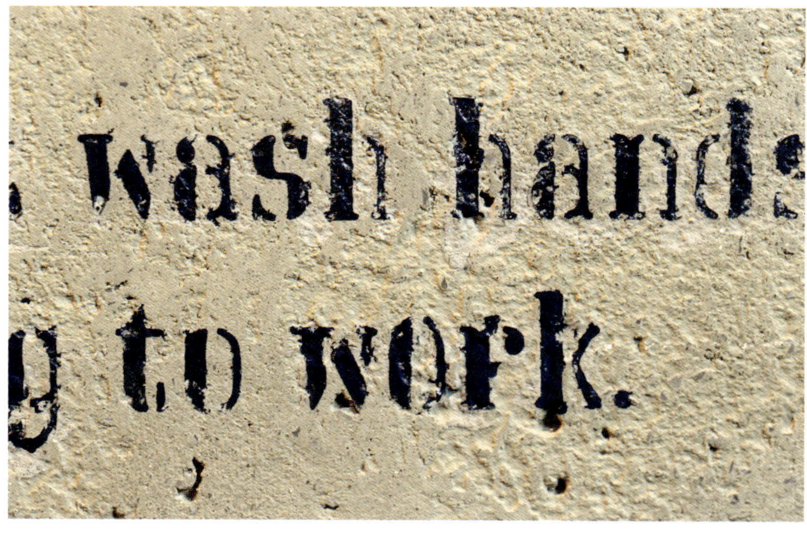
wash hands
to work.

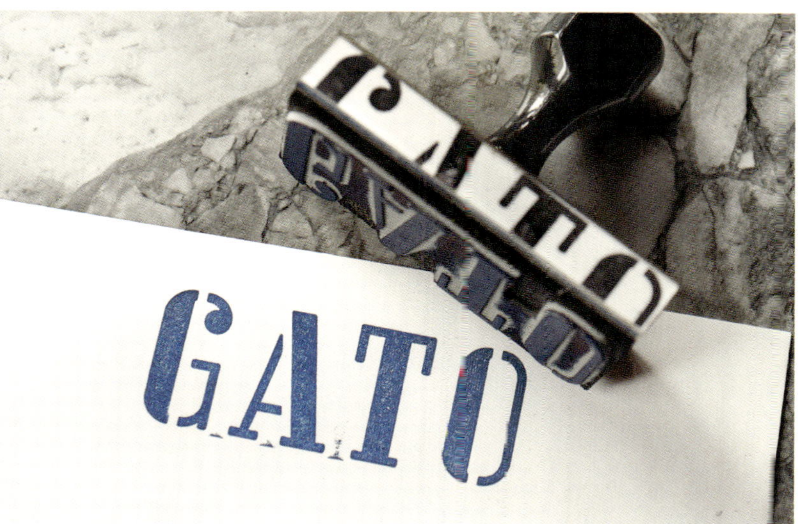
GATO

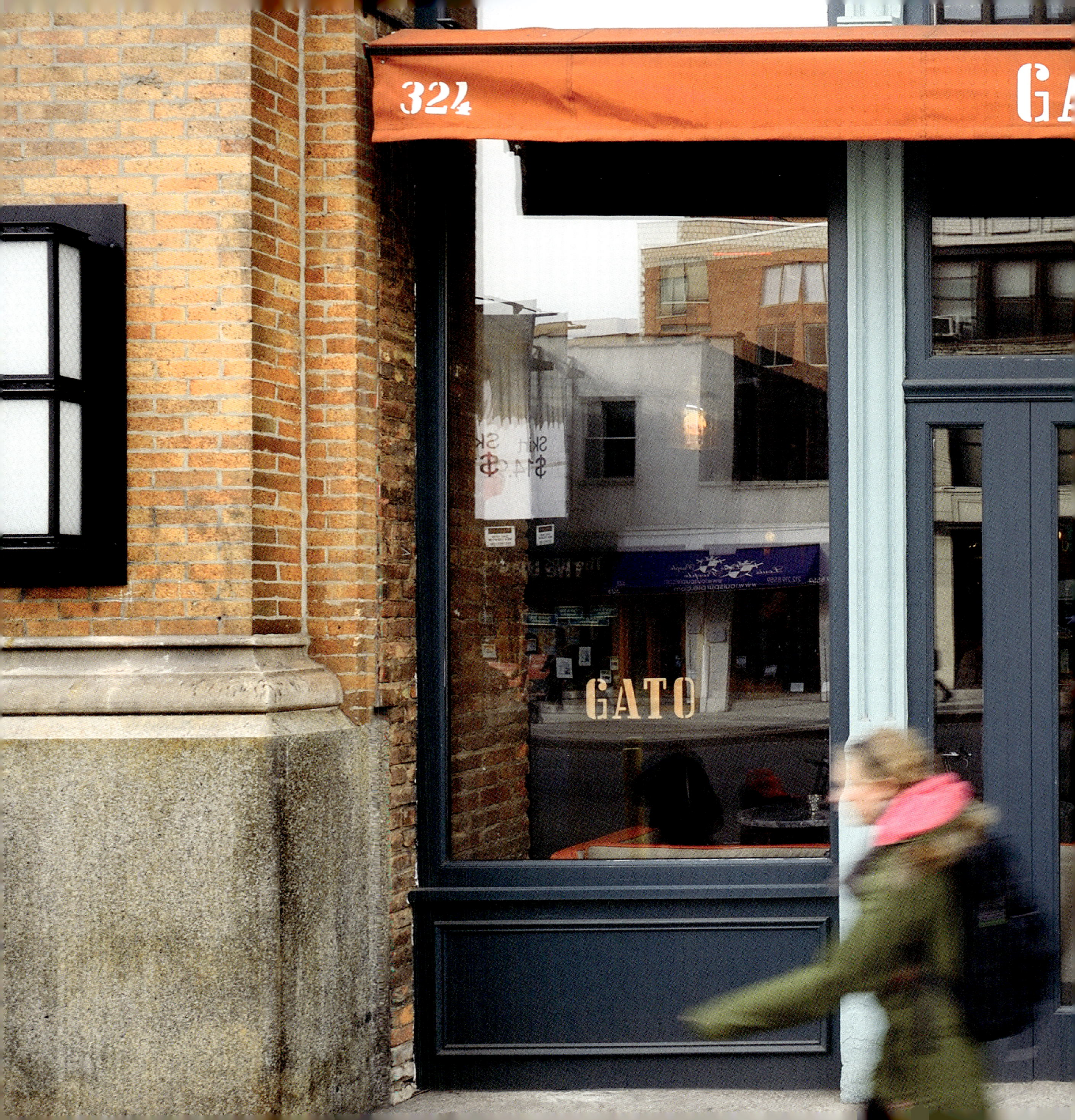
324
GATO

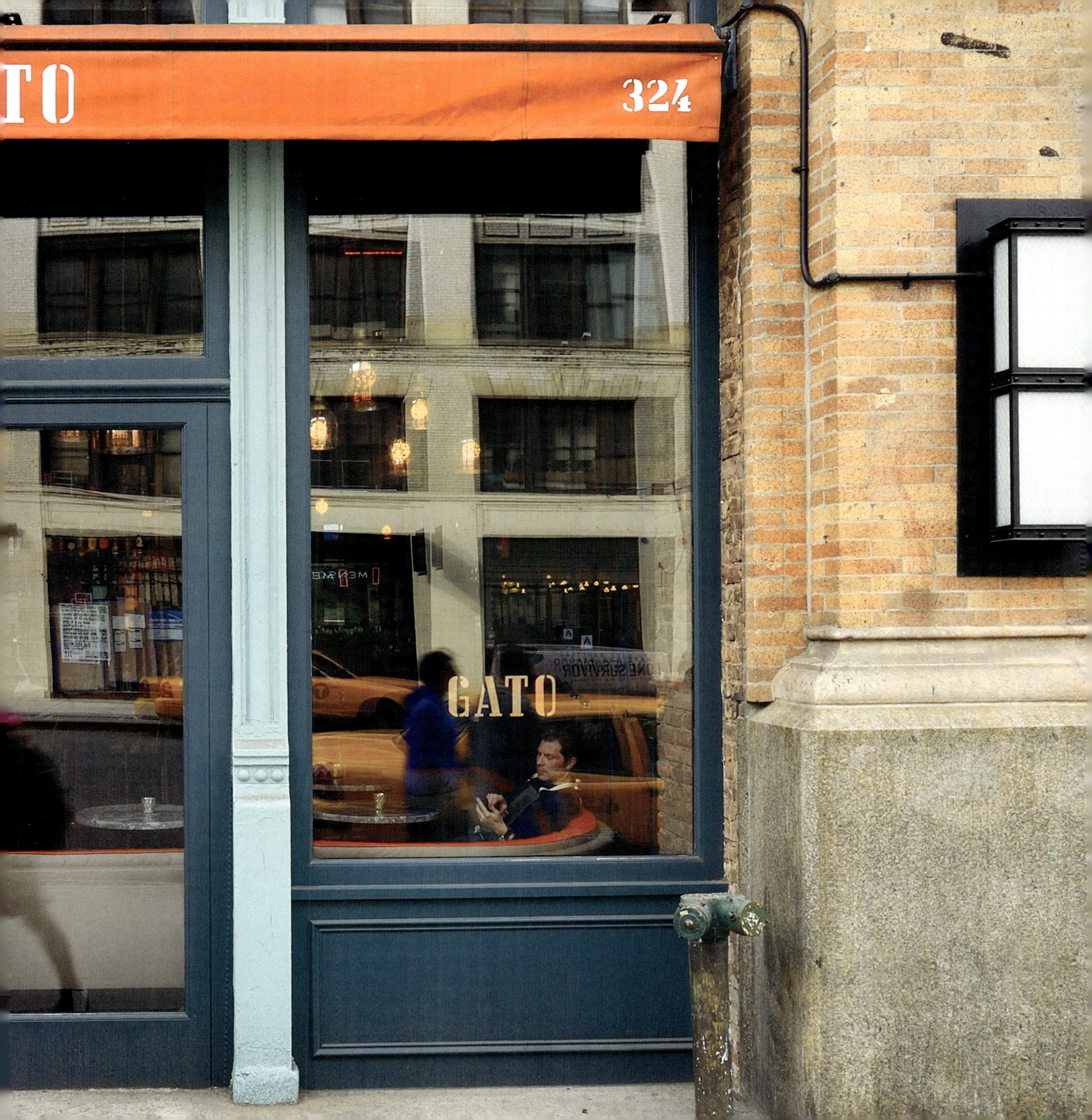
TO
324
GATO

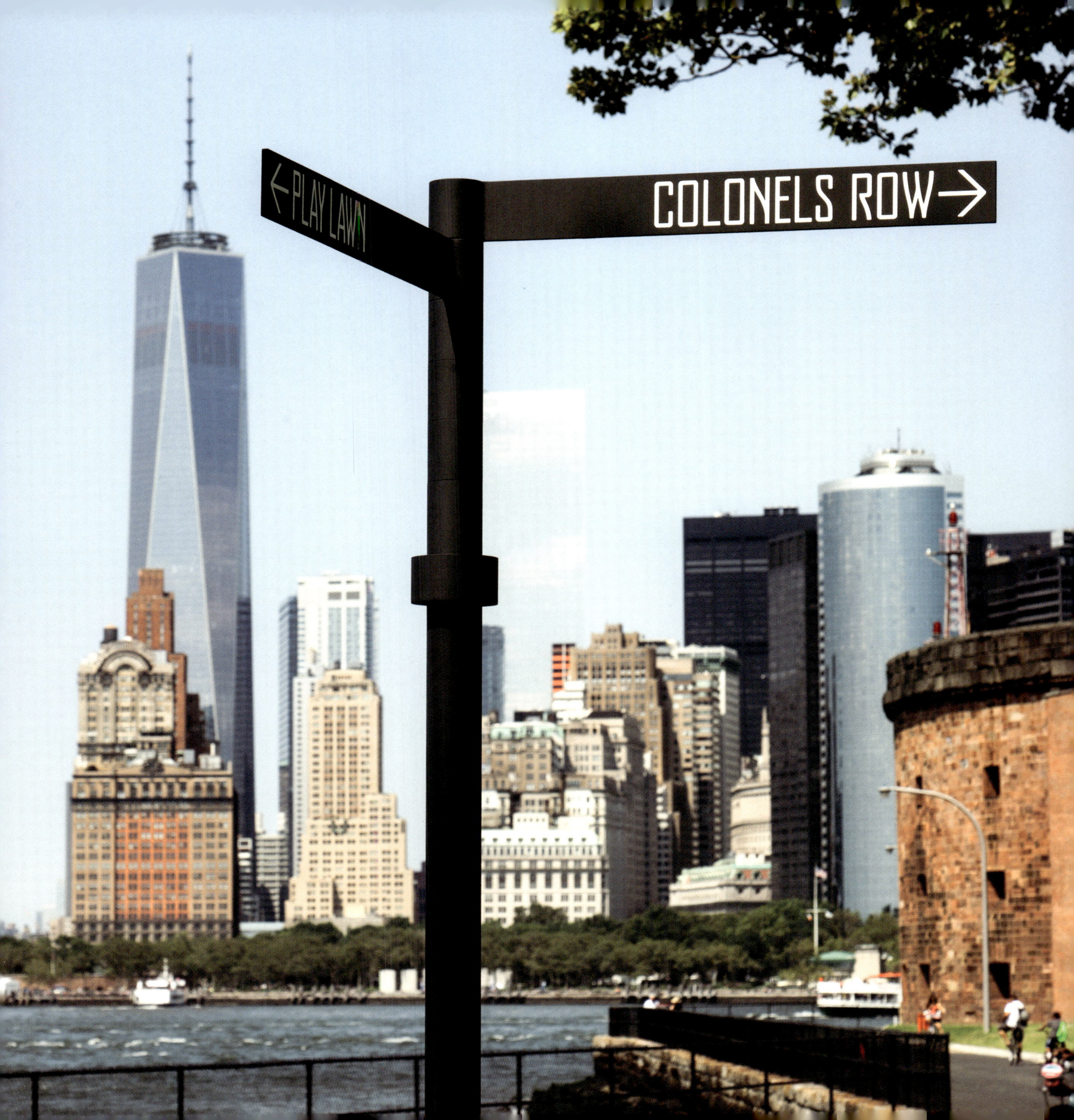
PLAY LAWN
COLONELS ROW

Wie man auf einer Insel überlebt

Governors Island

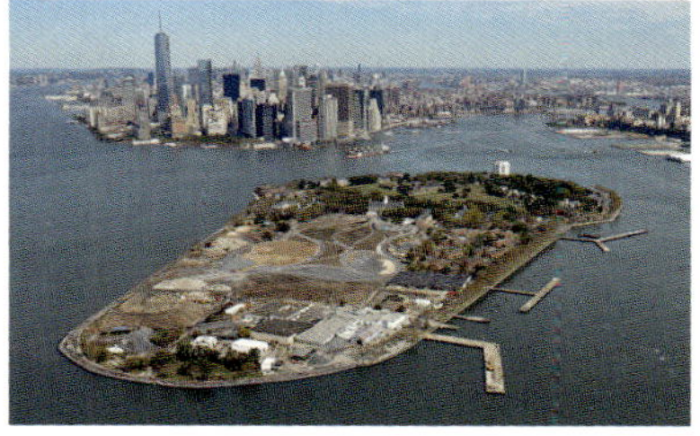

Linke Seite und oben Die Insel Governors Island liegt nur eine halbe Meile vor der Küste von Manhattan. Trotzdem war sie viele Jahrzehnte ein Geheimtipp unter New Yorkern. Heute ist sie den gesamten Sommer hindurch für Besucher geöffnet und leicht per Fähre erreichbar. Der Blick auf die Wolkenkratzer der Metropole ist beeindruckend und bietet zugleich eine perfekte Orientierung auf dem unbewohnten Eiland.

Nächste Doppelseite Die großen und markanten Stahlkonstruktionen über den Bootsanlegern wirken wie Tore, die man nach der An- und vor der Abreise passieren muss. Sie lieferten die perfekte Inspiration für die Gestaltung der Wegweiser.

Die Insel Governors Island liegt gute 700 Meter vor der südlichen Küste von Manhattan. Man kann dorthin nur per Fähre gelangen, und die Fahrt dauert nicht länger als 8 Minuten. Der Kontrast zur großen Stadt könnte hingegen kaum größer sein – und das auf eine sehr positive Art. Auf der Insel fahren keine Autos. Im Norden befindet sich ein ehemaliger Militärstützpunkt, der vor ungefähr hundert Jahren gebaut wurde und dem eine geisterhafte Eleganz innewohnt. Im Süden erstreckt sich eine langweilige Mülldeponie, von der aus man allerdings einen atemberaubenden Blick auf Manhattan, Brooklyn, den Hafen von New York und die Freiheitsstatue hat.

Leslie Koch war ernannt worden, um das rund 70 Hektar große Areal der Insel zu entwickeln. Sie wollte den New Yorkern eine neue Grünanlage schenken und organisierte eine Ausschreibung, die die niederländischen Landschaftsarchitekten West 8 unter der Leitung des brillanten Adriaan Geuze gewannen. Unsere Aufgabe bestand wieder einmal darin, die Wege auszuschildern – damit sich kein Besucher auf der Insel verirrte!

Doch wer sollte sich schon verirren? Die Insel hat nur zwei Eingänge: die Anleger für die Fähren aus Manhattan und aus Brooklyn. Und wirklich groß ist das Eiland auch nicht – außerdem garantiert der herrliche Ausblick eine ständige Orientierung. Der Job schien uns also alles andere als schwierig zu sein.

Trotzdem war er nicht leicht. Das lag auch daran, dass ich mich zu früh auf einen Ansatz versteift hatte: Ich wollte klobige, zylinderförmige Aufsteller schaffen, die rundherum beschriftet sind und aus jedem Blickwinkel betrachtet und verstanden werden können – genau wie die Insel. Doch je mehr ich diese Idee verfolgte, desto weniger mochte ich sie. Auch schien sich niemand der anderen zu begeistern, so dass ich den Plan schließlich fallen ließ.

Das war der Zeitpunkt, meine Partnerin Paula Scher bei Pentagram um Rat zu bitten. Ich breitete meine monatelange Arbeit vor ihr aus, zusammen mit Bildern von unseren vielen Abstechern auf die Insel. Paula war nie dort gewesen. Spontan zeigte sie auf die Abbildung einer riesigen Stahlkonstruktion, die zu einem der Bootsstege gehörte: »Genauso sollten die Schilder aussehen! Es geht doch um die Sicht – warum macht ihr keine Schilder, durch die man hindurchgucken kann?«

Ich rief sofort unsere niederländischen Kollegen an und bat sie alle bisherigen Entwürfe zu vergessen und mich noch einmal von vorne anfangen zu lassen. Während ich etwas Angst vor ihren Reaktionen hatte, waren sie erleichtert. Paulas Ansatz funktionierte sehr gut, und schon nach der ersten Präsentation gab mir Leslie Koch zu verstehen, dass wir – im wahrsten Sinne des Wortes – den Weg gefunden hatten. Noch heute spricht sie von den »schönsten Wegweisern in New York«.

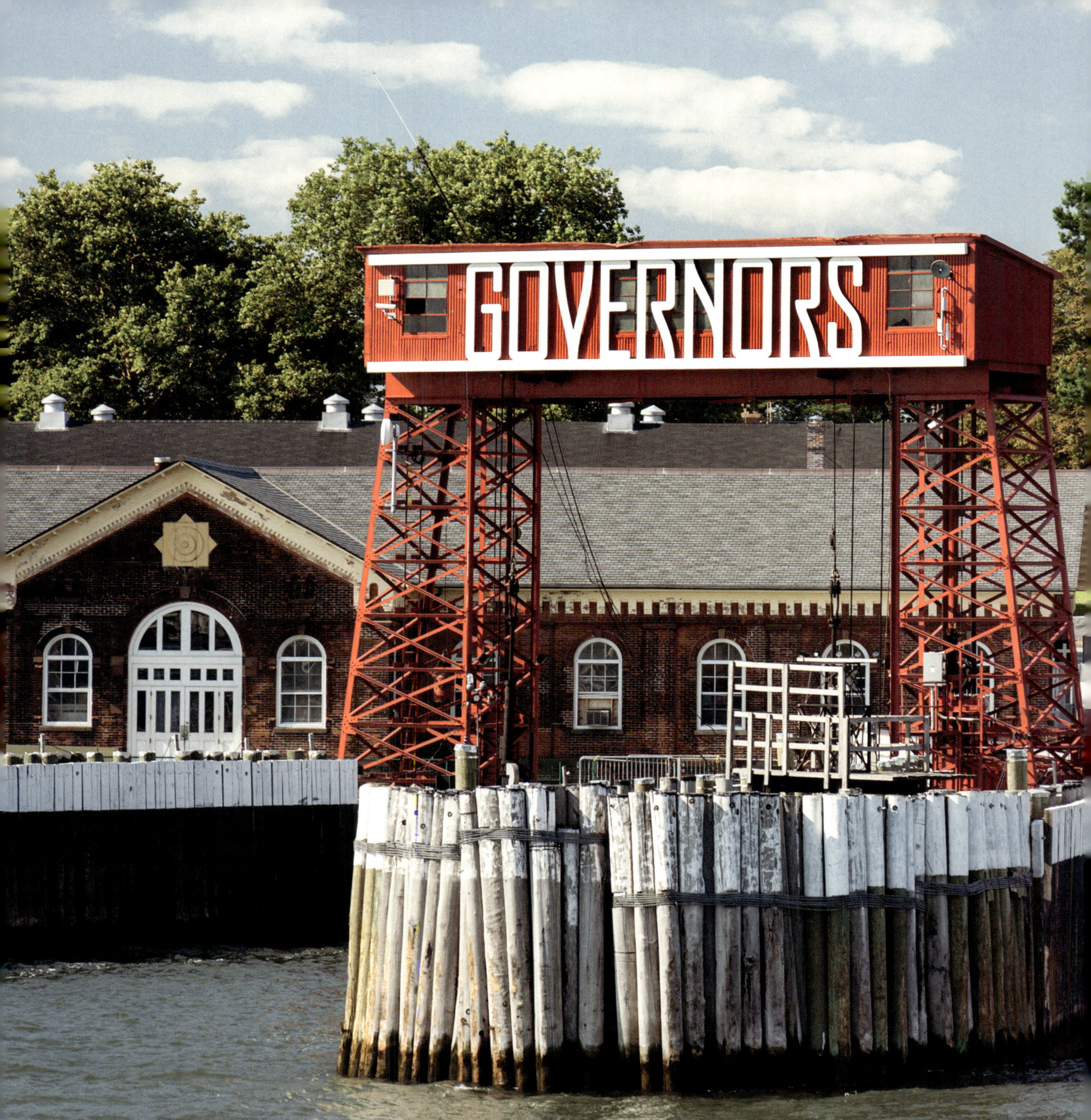
GOVERNORS

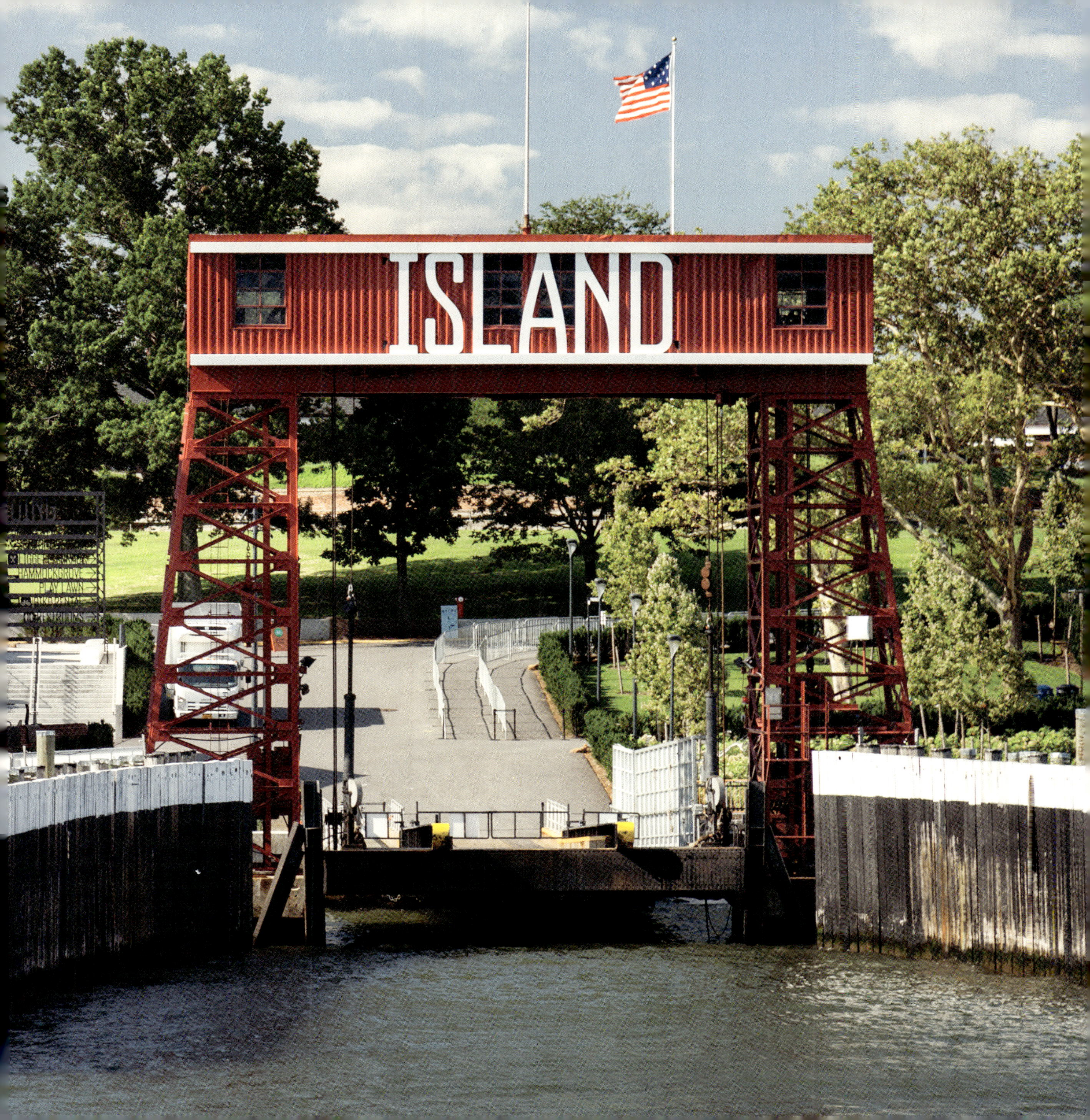
ISLAND
HAMMOCK GROVE
PLAY LAWN
RESTROOMS

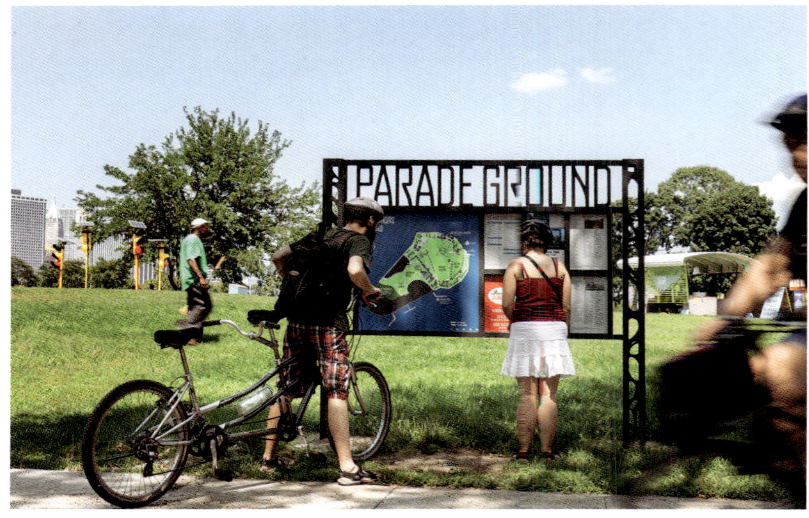

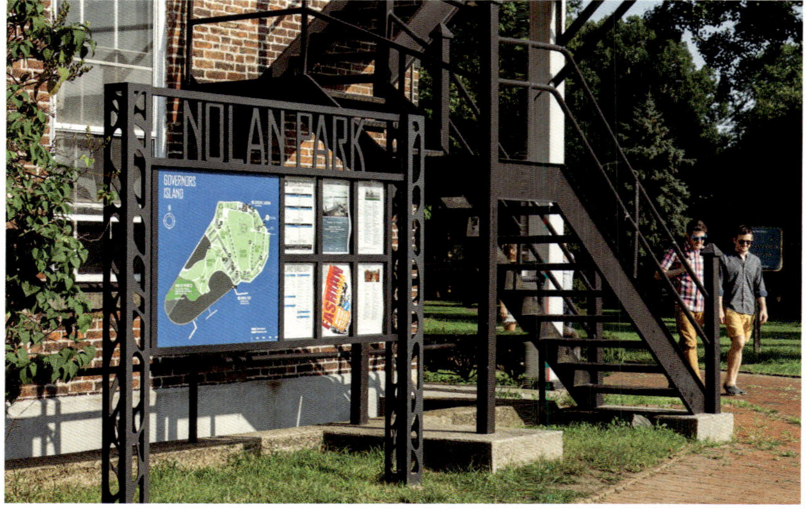

Oben
Die Schilder sollen robust und zugleich spielerisch wirken, so wie sie einerseits auffallen und sich andererseits in die Landschaft integrieren müssen. Adriaan Geuze, Jamie Maslyn Larson und ihr Team bei West 8 halfen dabei, die gusseisernen Gerüste zu gestalten, deren filigrane und zugleich grobe Musterung zum Markenzeichen für den öffentlichen Raum der Insel wurde.

A B C D E
F G H I J K
L M N O P
Q R S T U
V W X Y Z

Oben
Unsere Gestalter Britt Cobb und Hamish Smyth verbrachten viel Zeit auf der Insel, um eine Spezialschrift zu entwerfen, die zur Umgebung passt. So entstand Guppy Sans: eine nüchterne, serifenlose Alltagsschrift aus der Vergangenheit (um die frühere Funktion der Insel zu unterstreichen), die auch eine dekorative Zierschrift ist (um dem neuen angenehmen Park gerecht zu werden).

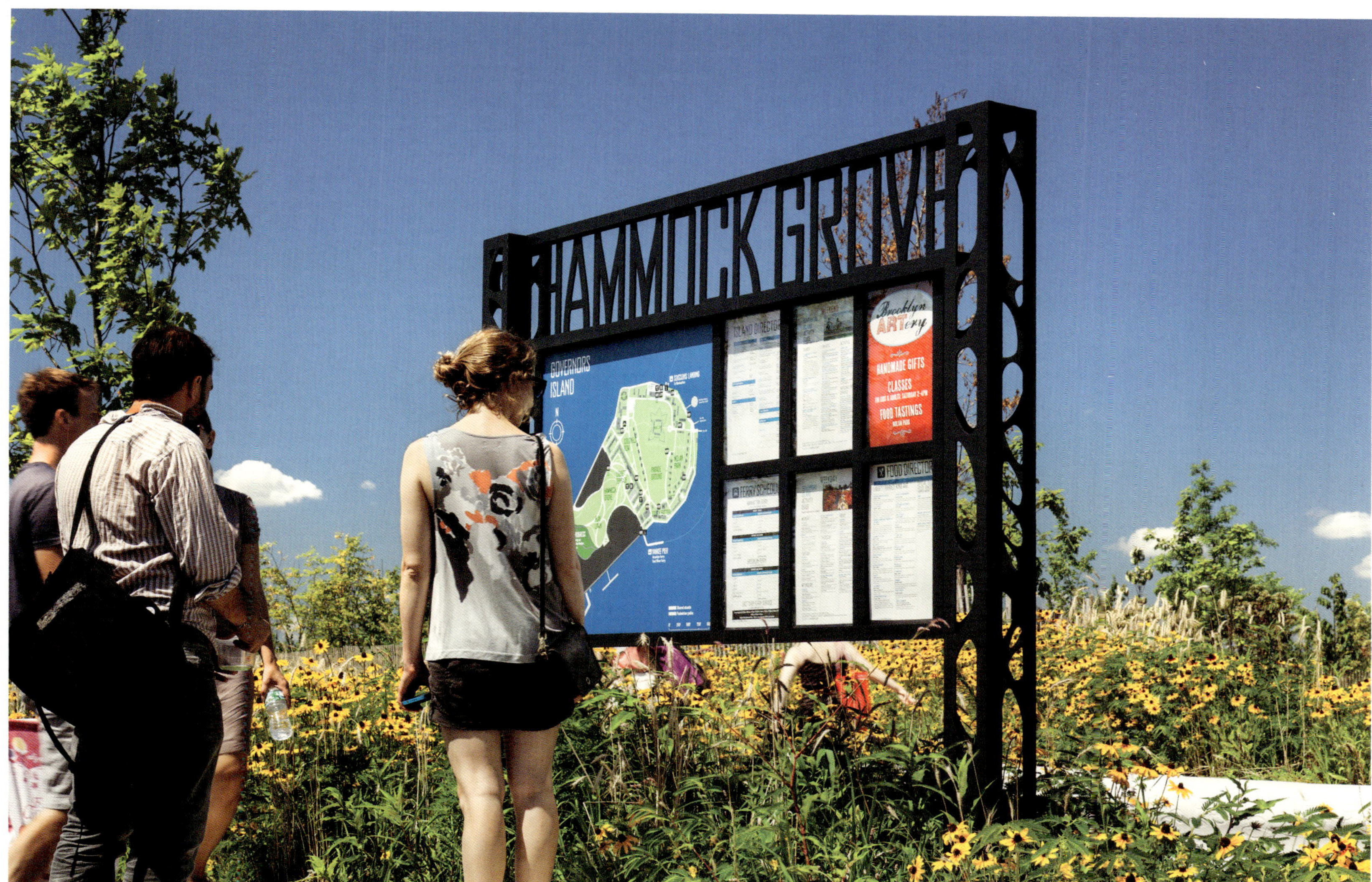

Oben
Für die Ausschilderung der Insel ist es besonders wichtig, dass sie einerseits Beständigkeit und andererseits Veränderung ausdrückt. Schließlich müssen manche Hinweise wöchentlich aktualisiert werden. Außerdem werden jede Saison neue Orte hinzugefügt. Wir entwickelten für diese Zwecke den perfekten Baukasten.

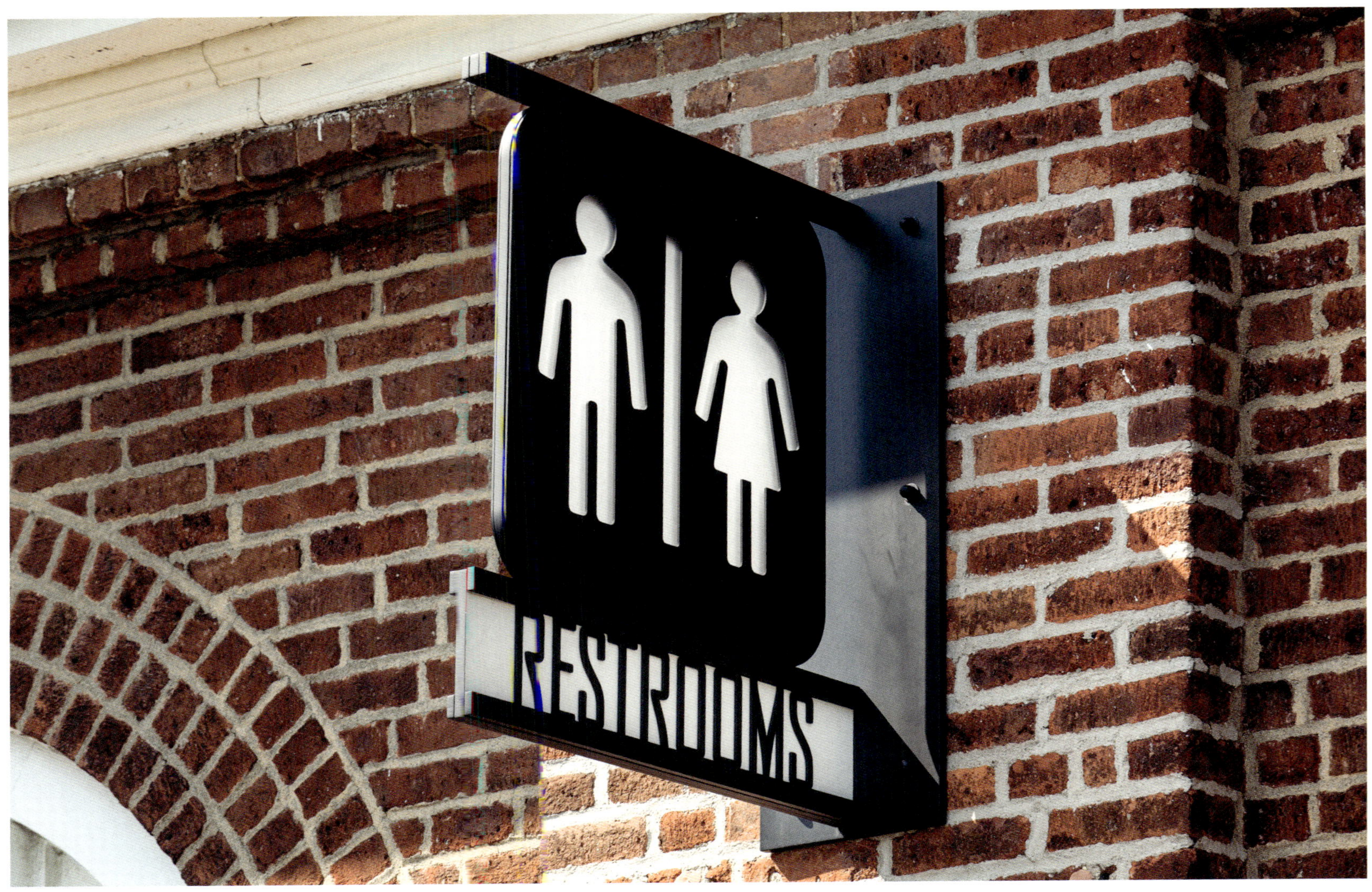

Oben
Egal wie vielseitig eine Beschilderung ist – ein Schild darf nirgendwo fehlen.

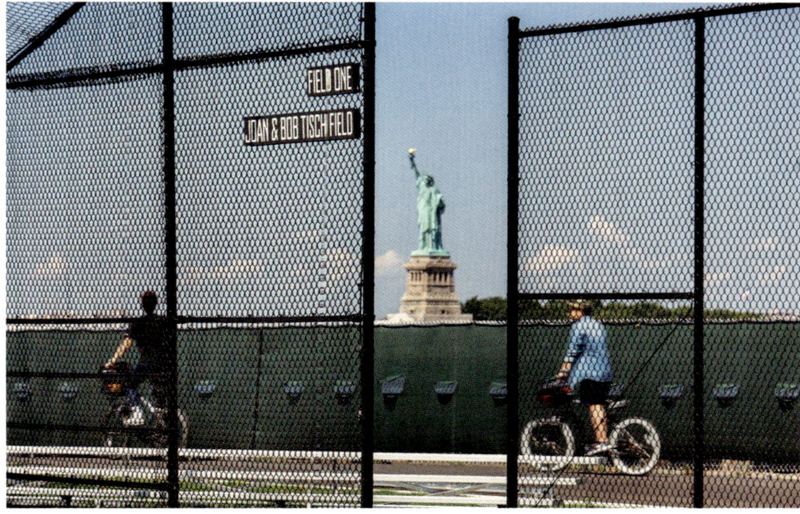

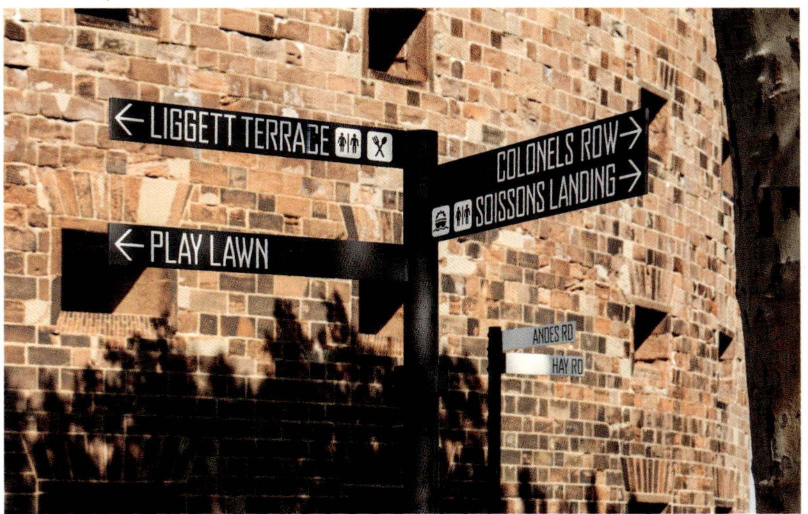

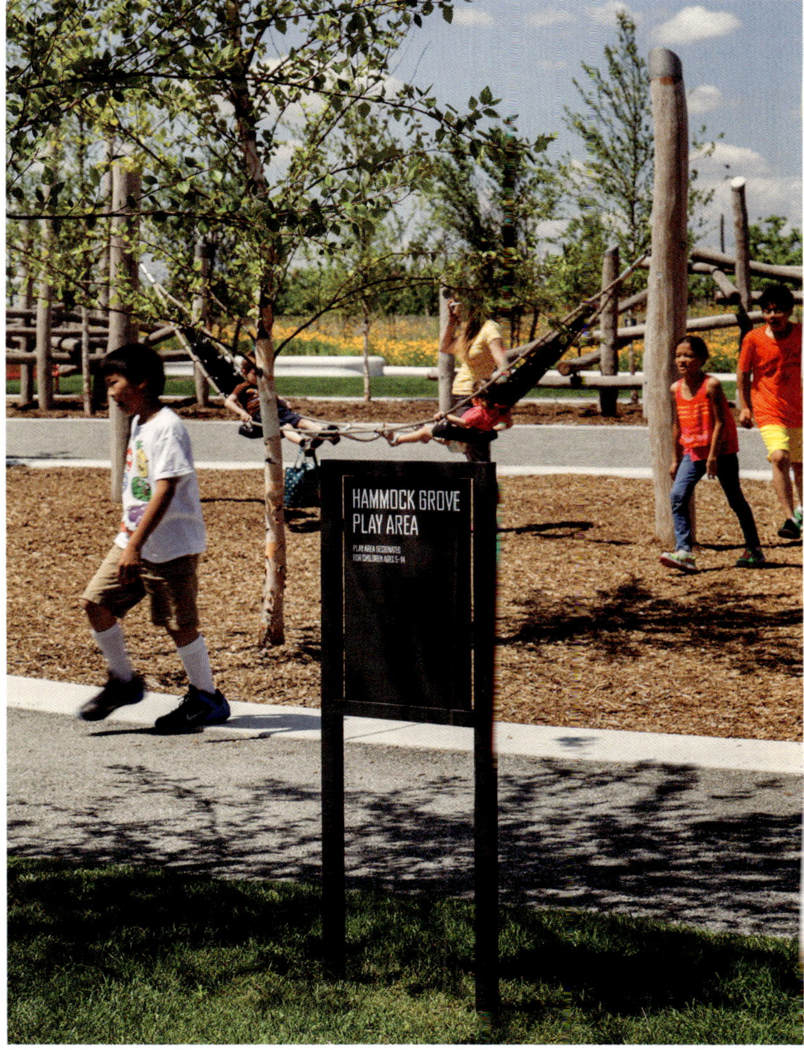

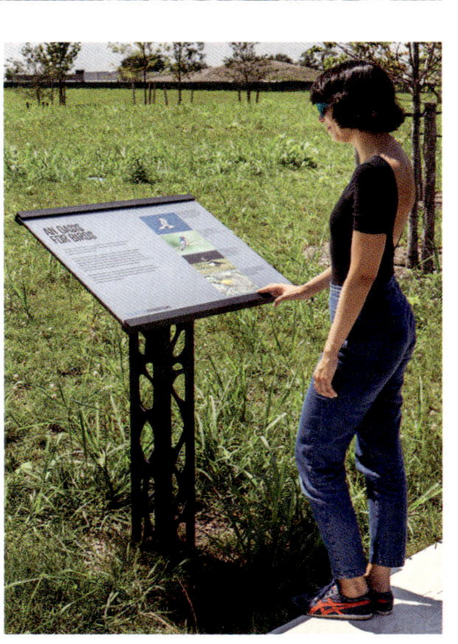

Oben links, Mitte und unten
Die Inselschrift Guppy Sans wird für sämtliche Ausschilderungen verwendet: Straßenschilder, Warn- und Hinweisschilder, Informationstafeln und typische Wegweiser. Sie trägt zur eigenen herausragenden Identität des Ortes bei.

Oben
Leslie Koch hat immer wieder betont, dass denkwürdige Ortsnamen der Orientierung dienen. Manche dieser Namen auf der Insel haben eine Geschichte (Colonels Row). Andere haben wir einfach erfunden (Hammock Grove).

Nächste Doppelseite
Die Ausschilderung der Insel hat einen industriellen und zugleich exklusiven Charakter. Die Anordnung der Information und ihre Platzierung wirken inmitten der üppigen Parklandschaft wie Gitter und Zäune, gegen die Kinder Bälle schießen können – oder an denen in ein paar Jahren vielleicht Weinreben ranken. In meiner Vorstellung wäre das die perfekte Symbiose aus Design und Natur!

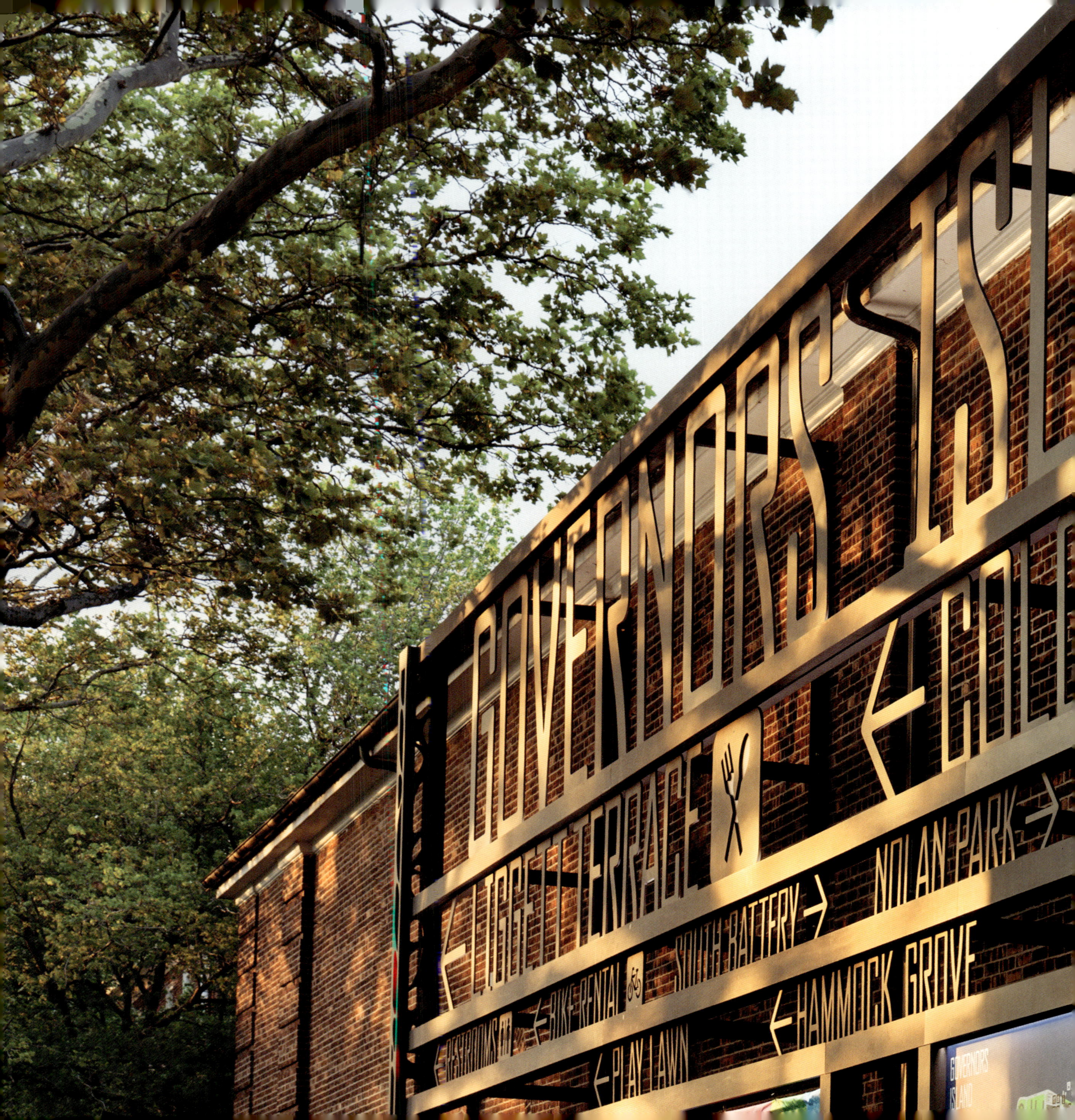
GOVERNORS
LIGGETT TERRACE
NOLAN PARK
SOUTH BATTERY
BIKE RENTAL
HAMMOCK GROVE
RESTROOMS
PLAY LAWN
GOVERNORS ISLAND

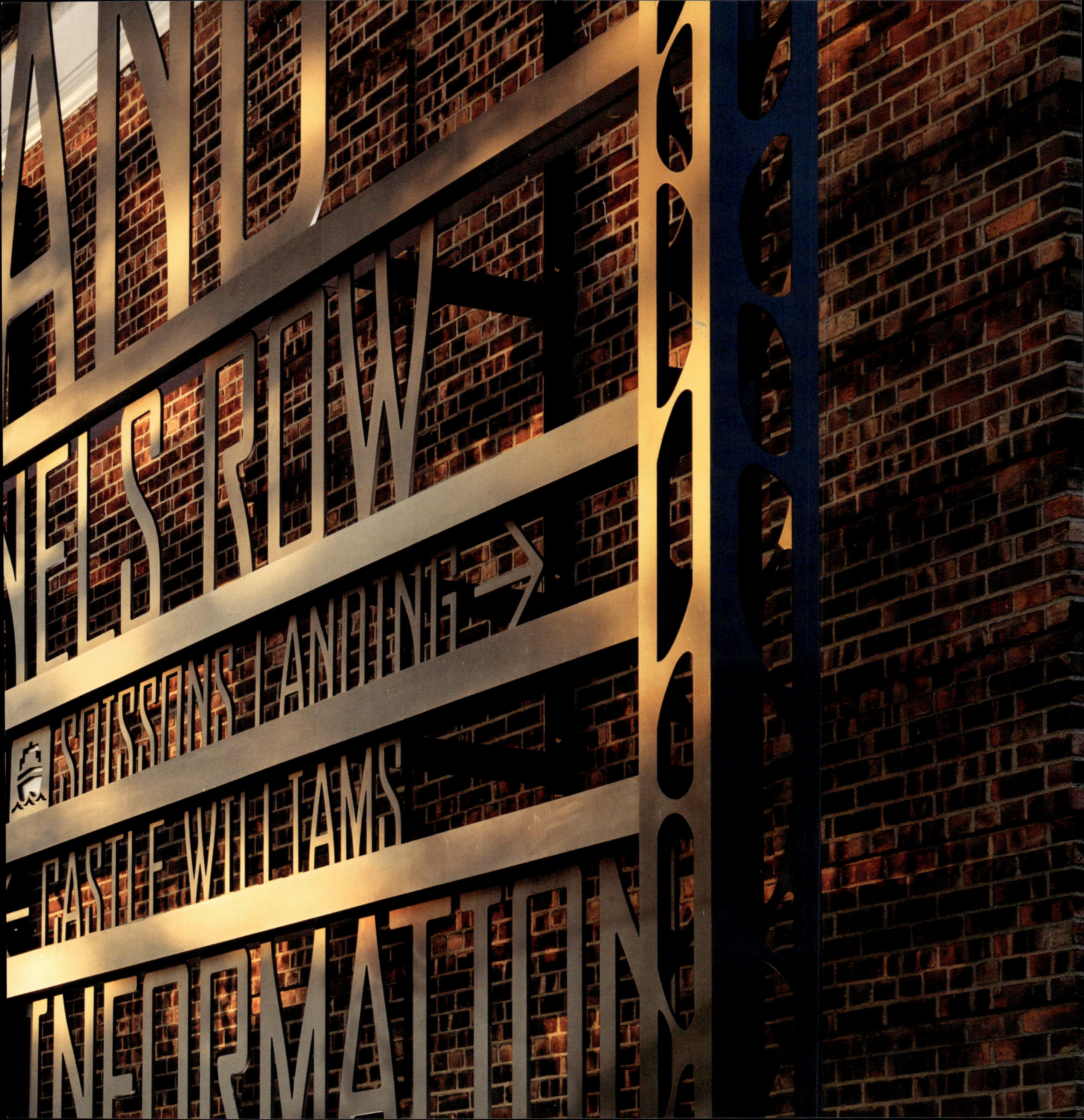

SOISSONS LANDING
CASTLE WILLIAMS

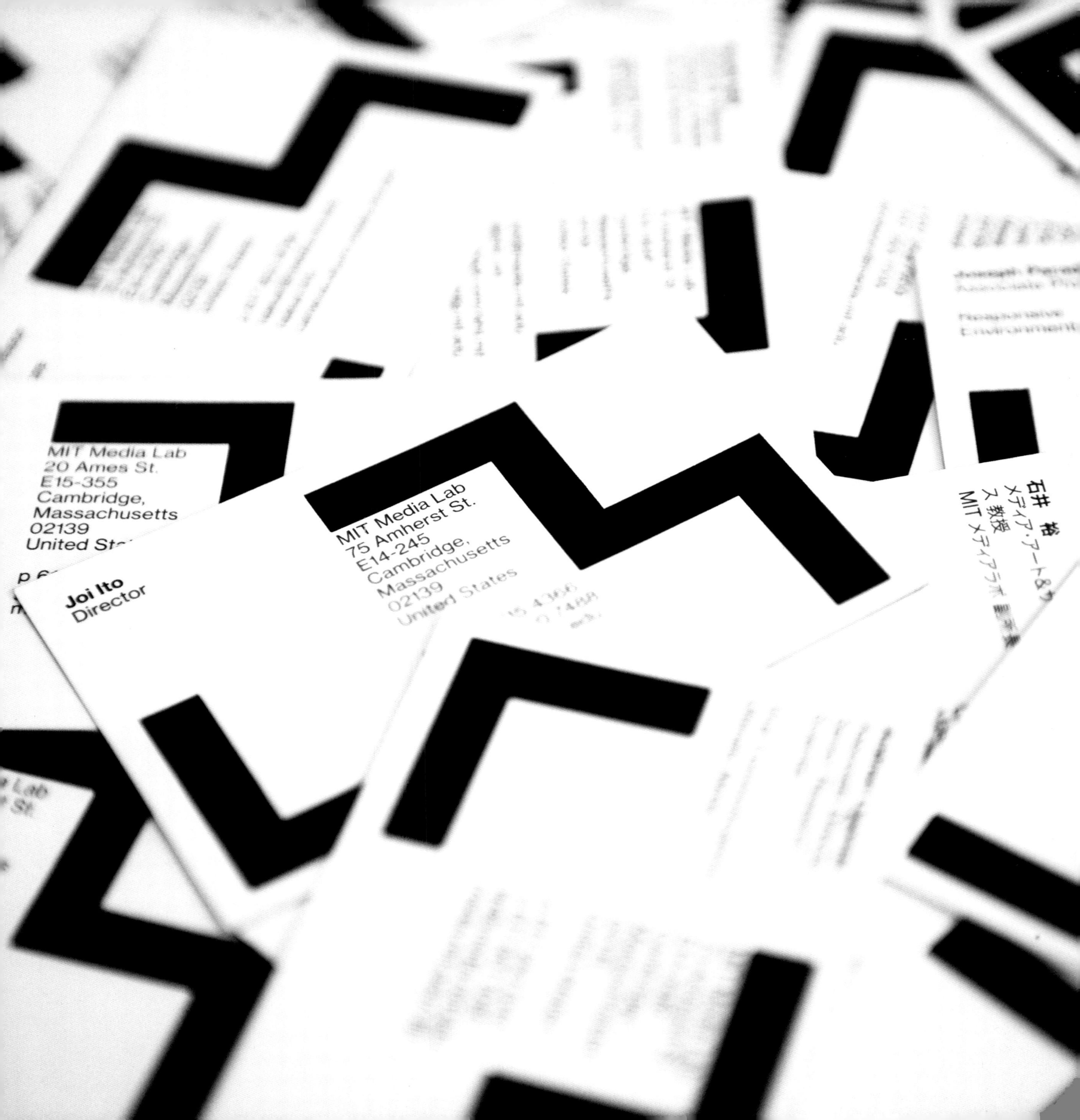
MIT Media Lab
20 Ames St.
E15-355
Cambridge,
Massachusetts
02139
Joi Ito
Director
MIT Media Lab
75 Amherst St.
E14-245
Cambridge,
Massachusetts
02139
United States
石井 裕

Wie man zwei Dutzend Logos auf einmal entwirft
Das Media Lab am Massachusetts Institute of Technology

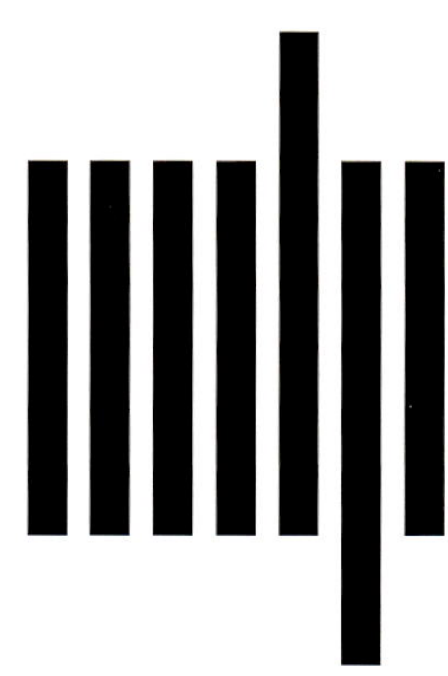

Linke Seite
Das Logo des MIT Media Lab soll Zeitlosigkeit und zugleich große Veränderungsbereitschaft ausdrücken. Das Team, mit dem wir es am MIT entwickelten, wurde von Nicholas Negroponte, Neri Oxman, Hiroshi Ishii und Ellen Hoffman geleitet.

Oben
Gestalterin Muriel Cooper, die bereits der Kopf des bahnbrechenden »Visual Language Workshop« am MIT war, hat viel zur Gründung des Media Lab beigetragen. Das Symbol, das sie 1962 für die MIT Press entwarf, hat bis heute nichts von seiner Wirkung eingebüßt. Es diente als Vorbild für unsere Arbeit.

Digitale Technologien haben unsere Kommunikation für immer verändert. Und mit der Verbreitung der digitalen Medien haben sich auch unsere Kriterien für die Praxistauglichkeit eines Logos gewandelt. Während man früher vorsichtig war (Kann man das Logo faxen?), ist man heute anspruchsvoll (Kann man das Logo animieren?). Plötzlich ist es nicht nur möglich, die Symbole dynamischer und komplexer zu machen – vielmehr sind Dynamik und Komplexität selbst zu Markenzeichen zeitgemäßer Markenlogos geworden.

Seit 1985 liegt das globale Epizentrum digitaler Innovation in den medialen Labors des Massachusetts Institute of Technology, kurz: im Media Lab des MIT. Das erste Logo für diese außergewöhnliche Einrichtung stammte von Jacqueline Casey. Es bestand aus sich verformenden farbigen Balken, deren Inspiration in einer Installation des Künstlers Kenneth Noland lag. Zum 25. Geburtstag des Media Lab schuf der Gestalter Richard The ein neues Logo, das so dynamisch und komplex war, dass es in Wahrheit nicht ein Logo, sondern unendlich viele waren. Da es auf einem Algorithmus basierte, konnte man damit 40 000 Mutationen erzeugen – ein unmissverständlicher Ausdruck für den ständigen Wandel durch Technologie. Ganz anders ist dagegen das minimalistische und klassische Logo des institutseigenen Verlags MIT Press, das Muriel Cooper 1962 entworfen hatte. Es besteht aus sieben vertikalen Linien und schwebt unverändert als Teil seiner Identität über dem MIT. Als das Team vom MIT Media Lab auf uns zu kam, stellte es uns vor allem eine Frage: Kann ein einziges Logo diese beiden Traditionen von Zeitlosigkeit und Flexibilität in sich vereinen?

Ich hatte schon früher darüber nachgedacht – und es hatte damit zu tun, dass ich schon relativ viele dynamische Identitäten und zum Beispiel auch zahlreiche Logos ohne Logo entwickelt hatte. Ich gehörte also längst zu den Kritikern dieser Formen, weil ich ihre Kraft in Zweifel zog. Der Wandelbarkeit wohnt immer ein Charakter von Beliebigkeit inne – es wird nie ganz deutlich, welcher Sinn dahinter steckt. Die großen Symbole US-amerikanischer Unternehmen, die Cooper und ihresgleichen in der goldenen Ära klassischer Corporate Identity geschaffen hatten, ragen hingegen immer noch heraus, weil sie so auffallend klar und selbstbewusst sind – und noch immer großes Vertrauen erzeugen.

Unsere Lösung kam nach einer Reihe von Fehlstarts. Mithilfe eines 7x7-Rasters kreierten wir ein einfaches »ML«-Monogramm, das als Logo für das Media Lab dienen sollte. Mit demselben Raster entwickelten wir danach Symbole für alle 23 Forschungsgruppen, die im Herzen des Labors forschen. Das Ergebnis war eine Familie von Zeichen, die die gemeinsame Identität innerhalb des Labors festigen und zugleich jeder Aktivität genügend Platz für einen angemessenen eigenen Auftritt lassen.

Rechts
Unser Logo für das MIT Media Lab basiert auf einem recht einfachen »ML«-Monogramm auf einem 7x7-Raster.

Rechte Seite
Nicht das gesamte Logo des MIT Media Lab verändert sich, sondern das Größenverhältnis zwischen dem Schriftzug und dem Symbol.

Nächste Doppelseite
Das 7x7-Raster diente auch dazu, die unterschiedlichen Forschungsgruppen des Labors darzustellen, von »Affective Computing« bis hin zu »Viral Communications«. Jedes dieser Logos verwendet den Anfangsbuchstaben seiner Gruppe, um unverwechselbar zu sein.

Übernächste Doppelseite
Weil den einzelnen Logos, die aus unserem Konzept hervorgingen, dieselbe Geometrie zugrunde liegt, werden sie immer als Familie wahrgenommen – und als ein Ganzes, das mehr ist als die Summe seiner Einzelteile.

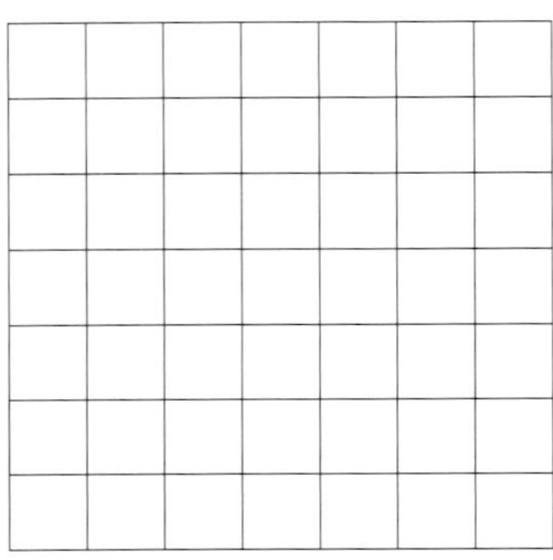

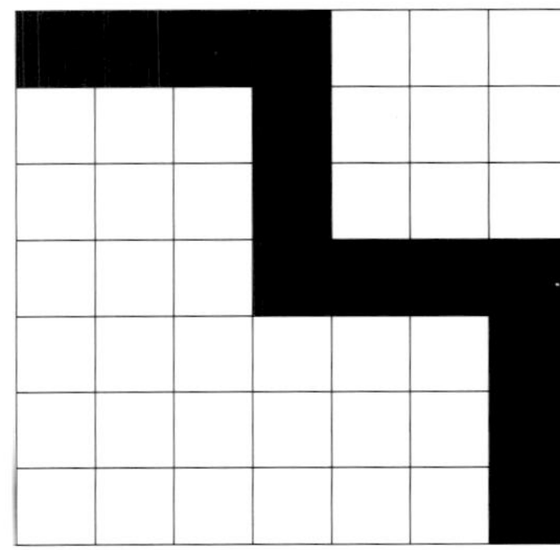

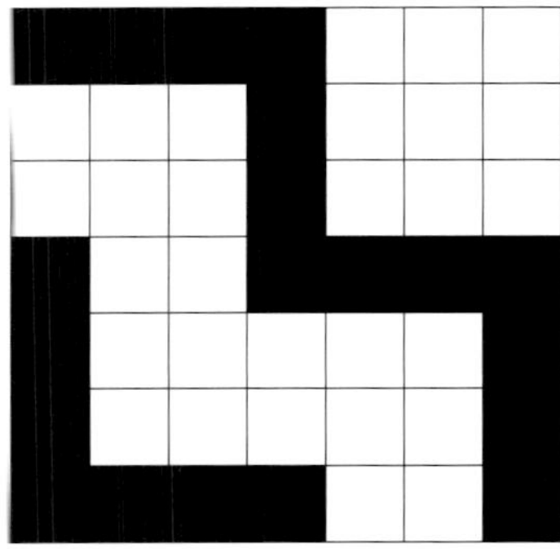

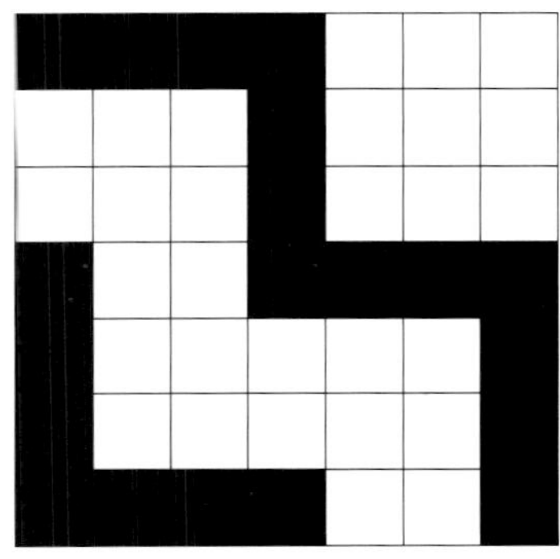

mit
media
lab

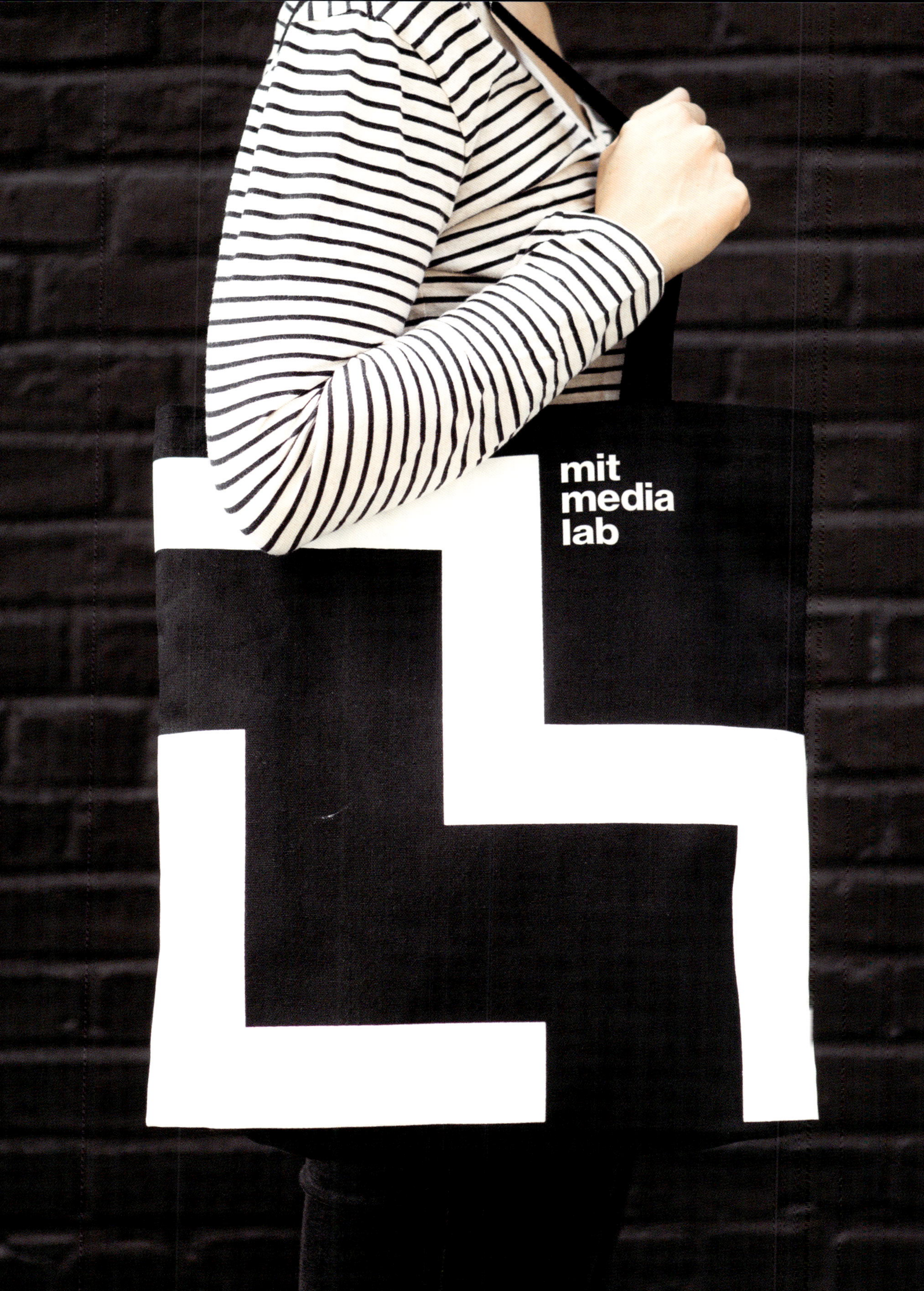
mit
media
lab

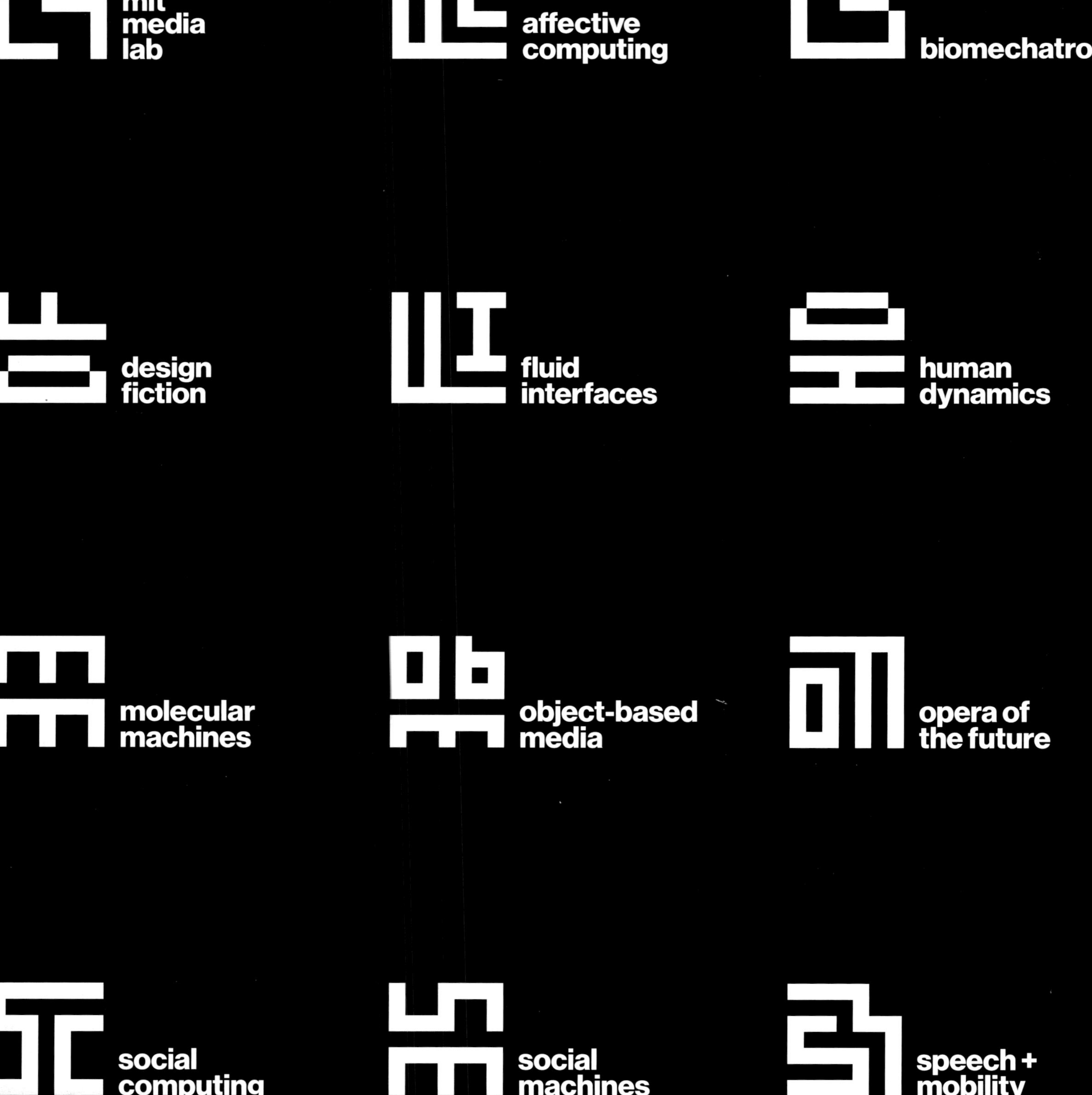
mit
media
lab
affective
computing
biomechatronics
design
fiction
fluid
interfaces
human
dynamics
molecular
machines
object-based
media
opera of
the future
social
computing
social
machines
speech +
mobility

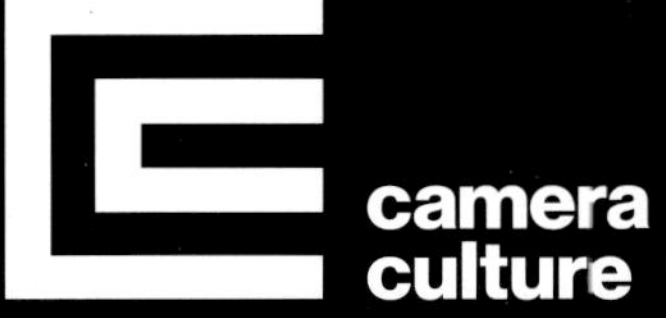
camera
culture

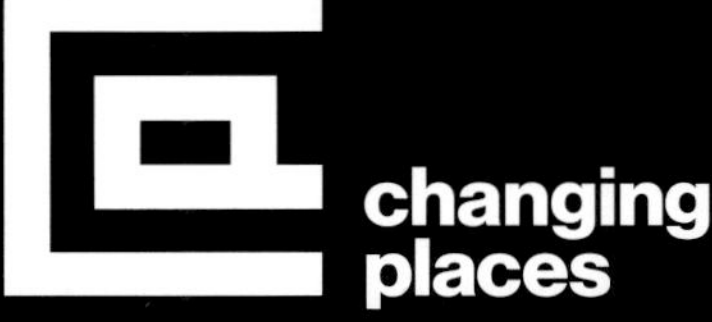
changing
places

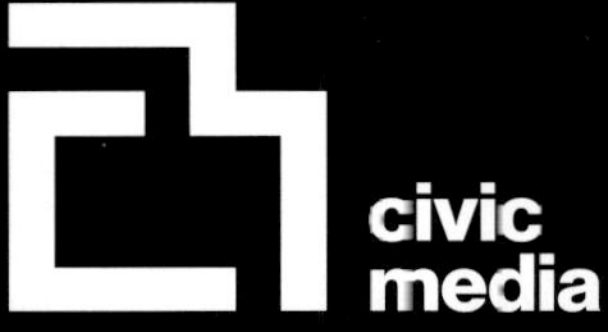
civic
media

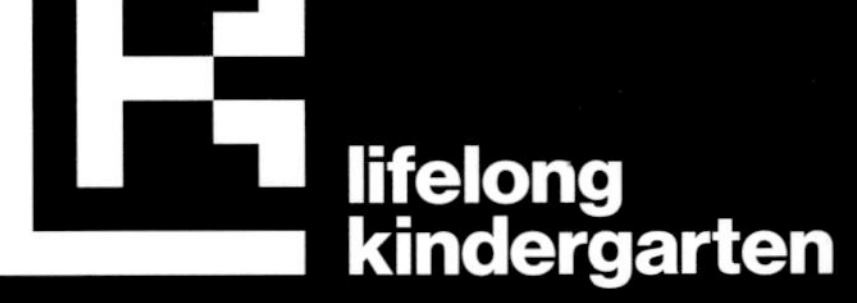
lifelong
kindergarten

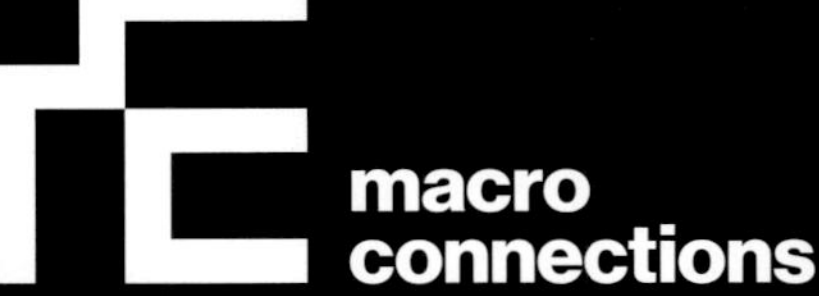
macro
connections

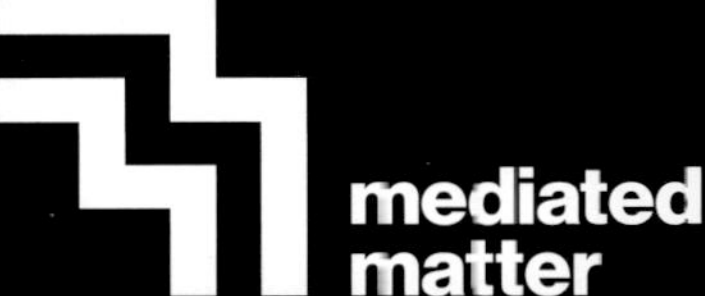
mediated
matter

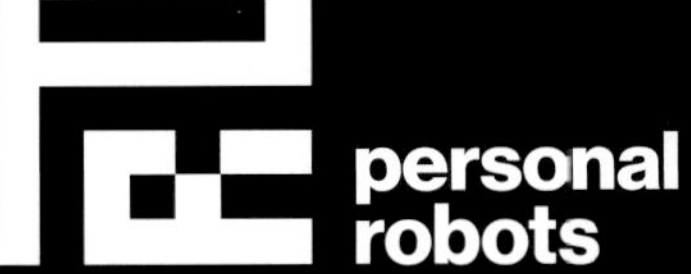
personal
robots

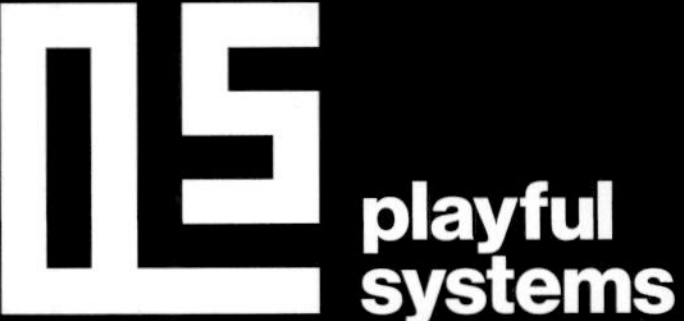
playful
systems

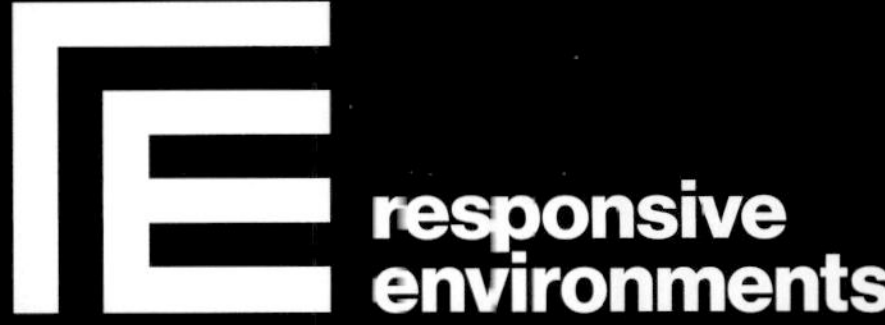
responsive
environments

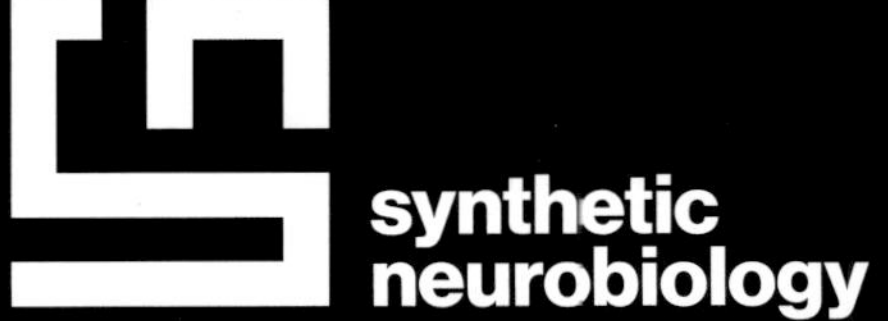
synthetic
neurobiology

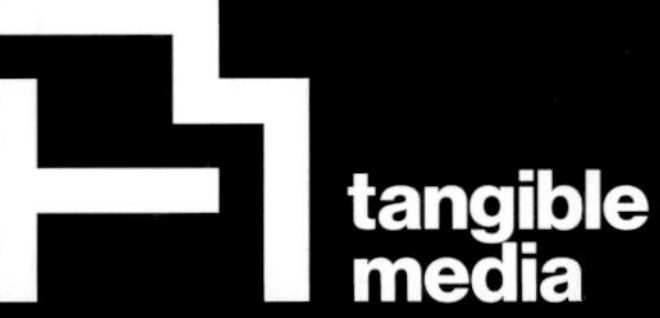
tangible
media

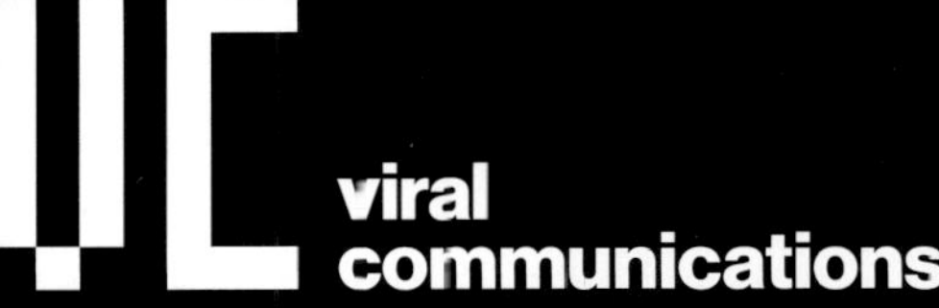
viral
communications

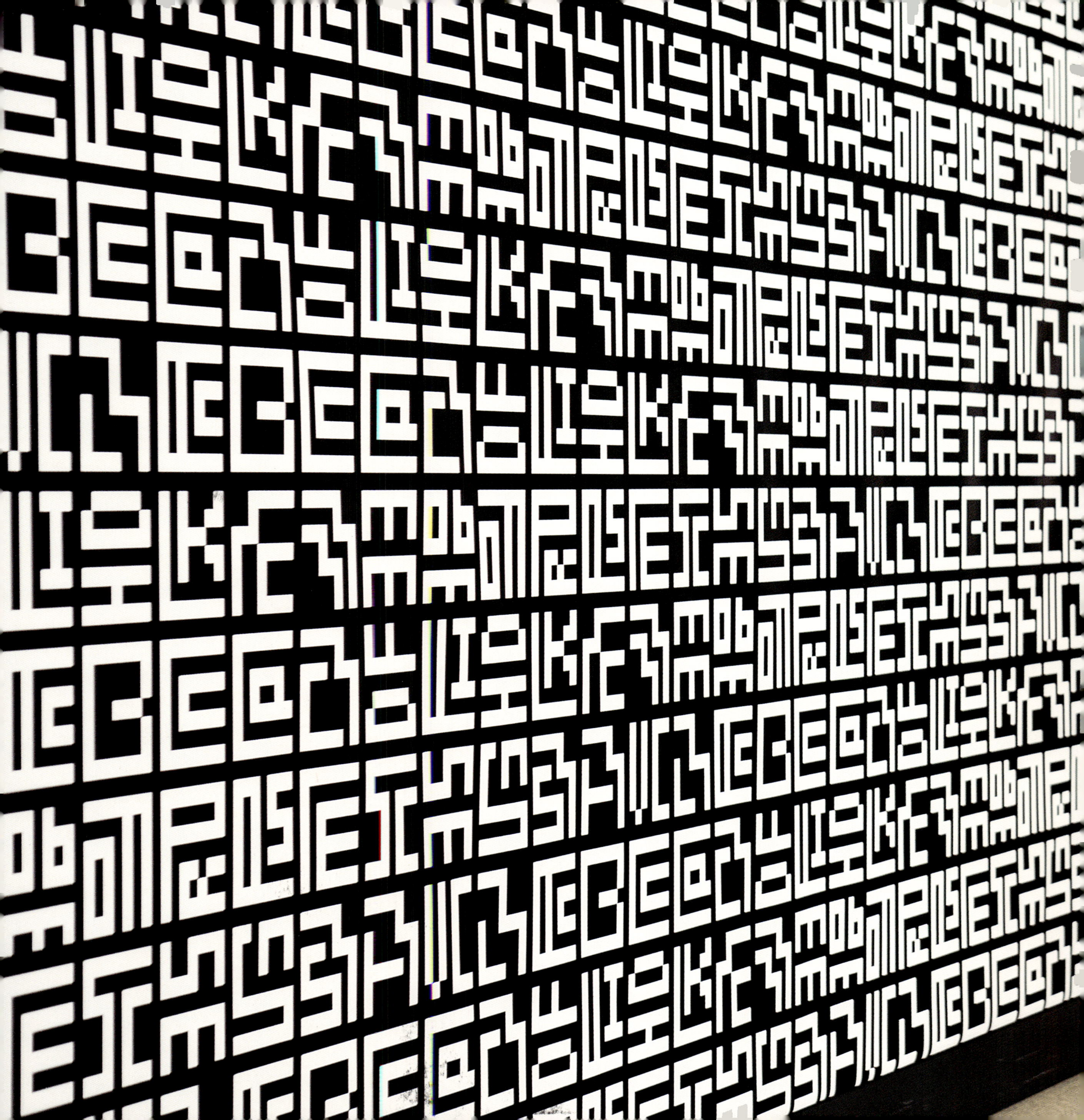

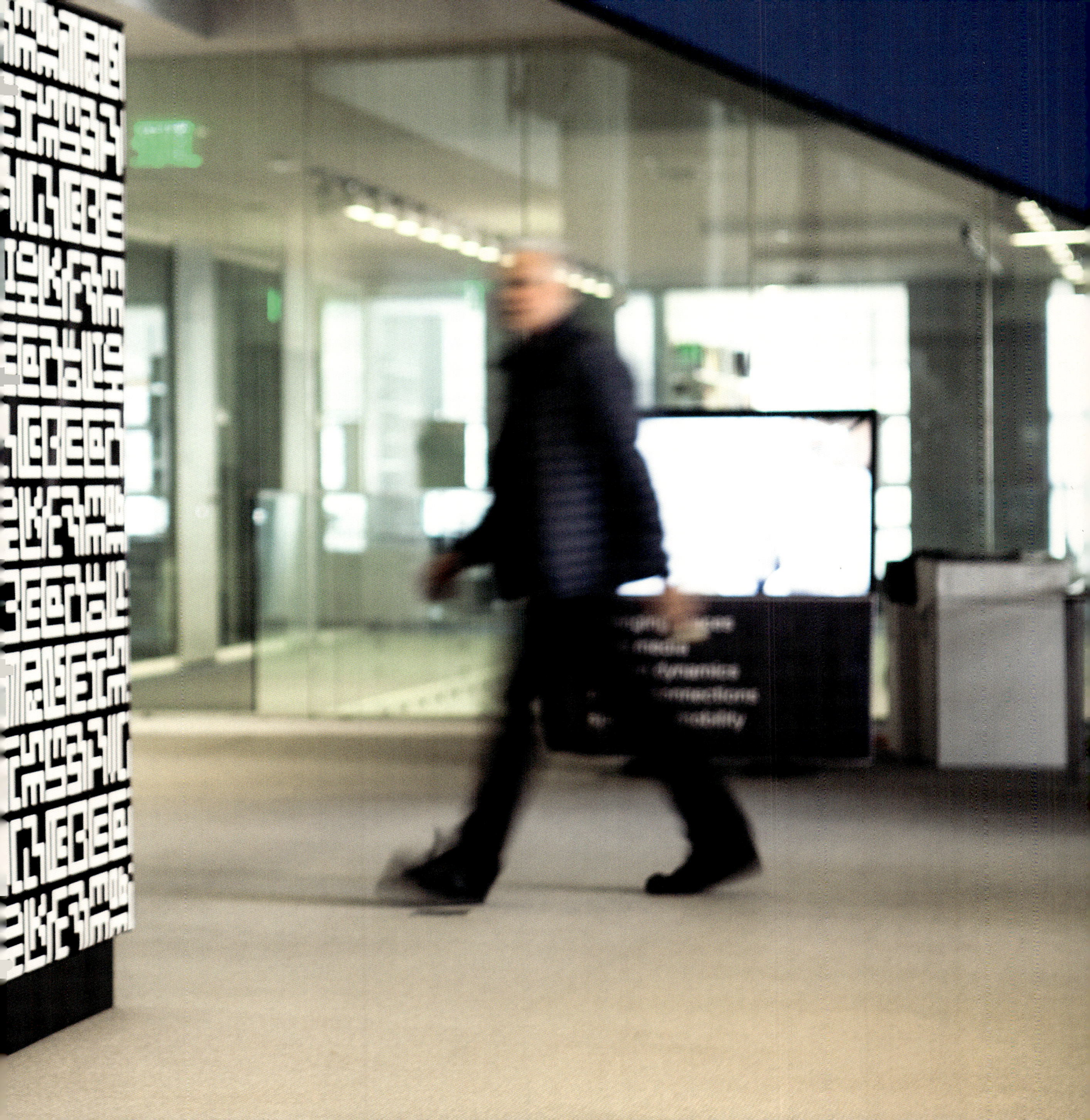

Oben rechts
Die Schrift Helvetica wird schon seit den Sechzigerjahren mit dem Markenauftritt des MIT in Verbindung gebracht. Damals zählten Jacqueline Casey, Muriel Cooper, Ralph Coburn und Dietmar Winkler zu den ersten Gestaltern, die den »International Style« von der Schweiz in die USA exportierten. Wir griffen auf diese Sprache zurück und verwendeten sie für das Markenkonzept und für die Ausschilderung am MIT.

Unten rechts
Wenn man das Logo neu und spielerisch verändert, kann es sich in einen Pfeil verwandeln, der den Weg in die oberen Etagen des Labors weist.

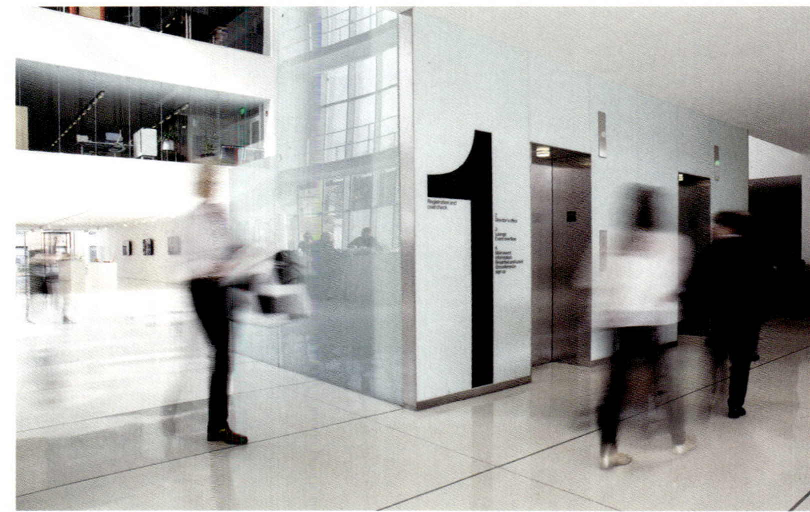

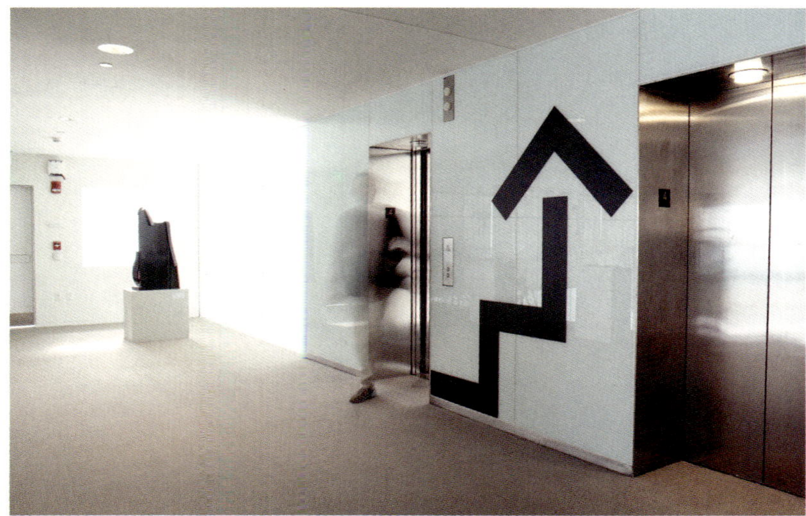

Oben rechts und unten
Interaktive Bildschirme helfen Besuchern am MIT Media Lab, leichter ihren Weg durch das Gebäude zu finden und kündigen zugleich Veranstaltungen und neue Programme an.

Nächste Doppelseite
Im Herbst 2014 trafen sich die Mitglieder des MIT Media Lab unter dem Motto »Deploy«. Das bedeutet »etwas einführen« und passte zur Vorstellung der neuen Markenidentität zum selben Zeitpunkt.

Übernächste Doppelseite
Designer Aron Fay war der Kopf hinter der Einführung des anspruchsvollen grafischen Konzeptes. Dazu zählte auch, das grafische Prinzip auf Poster zu übertragen, zum Beispiel um für den »Deploy Member Event« zu werben.

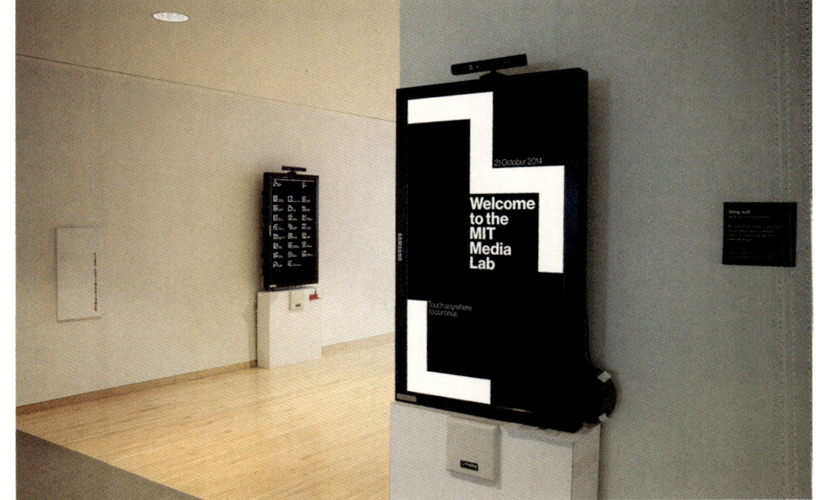

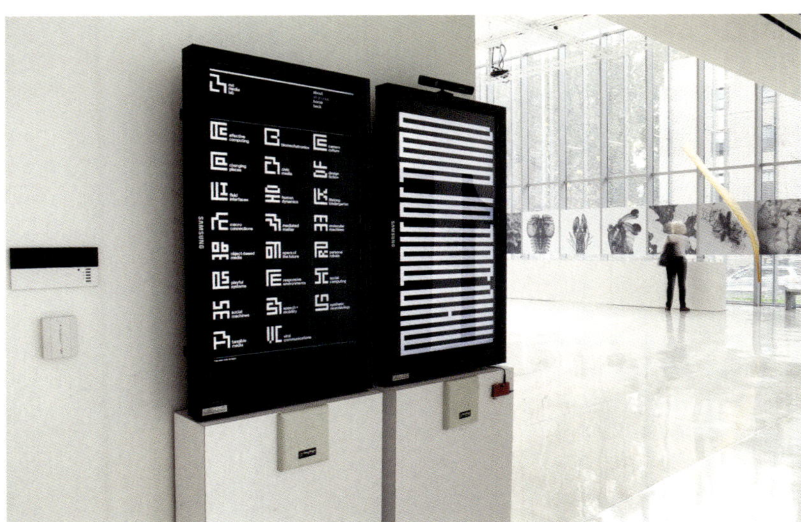

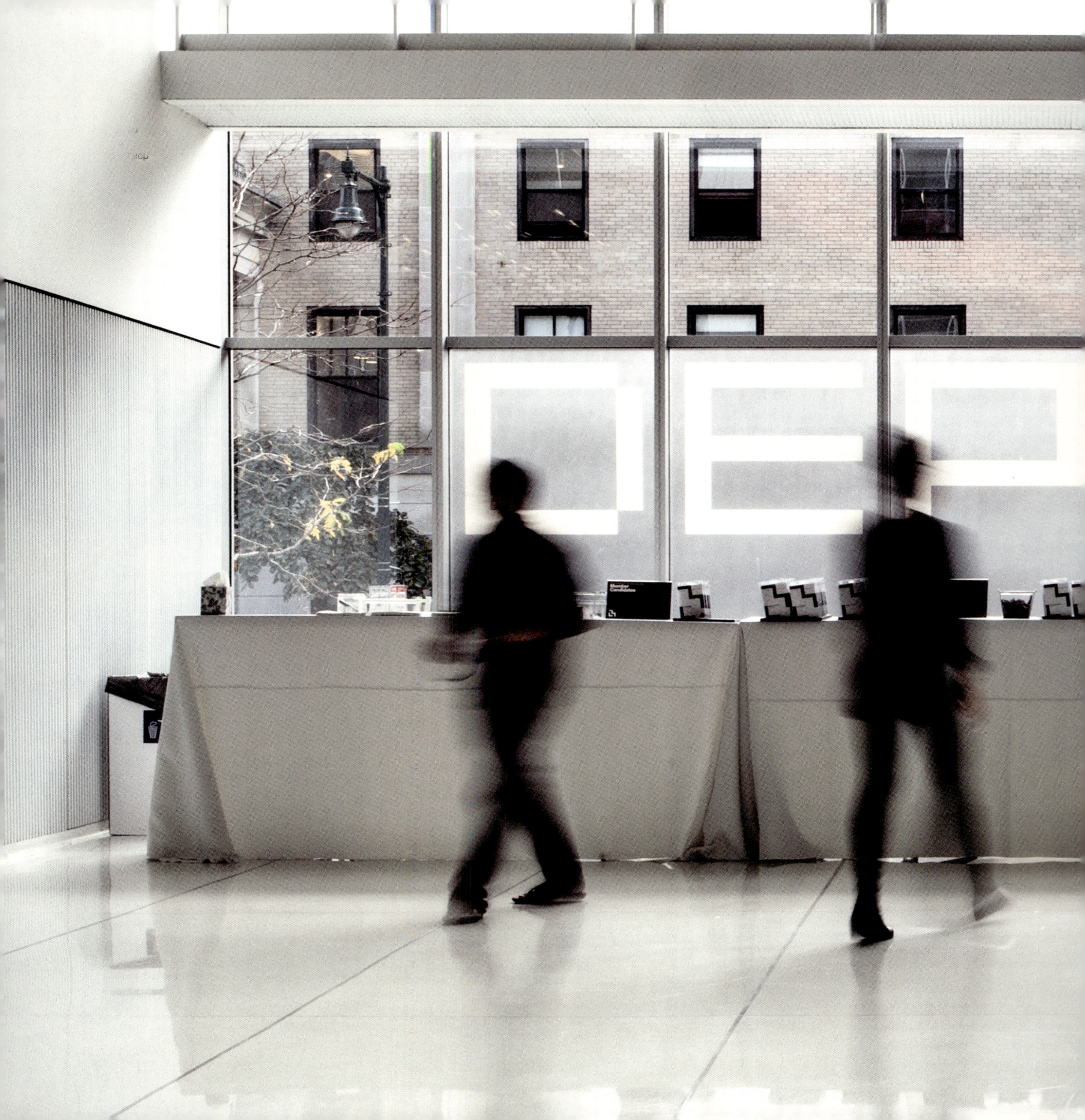

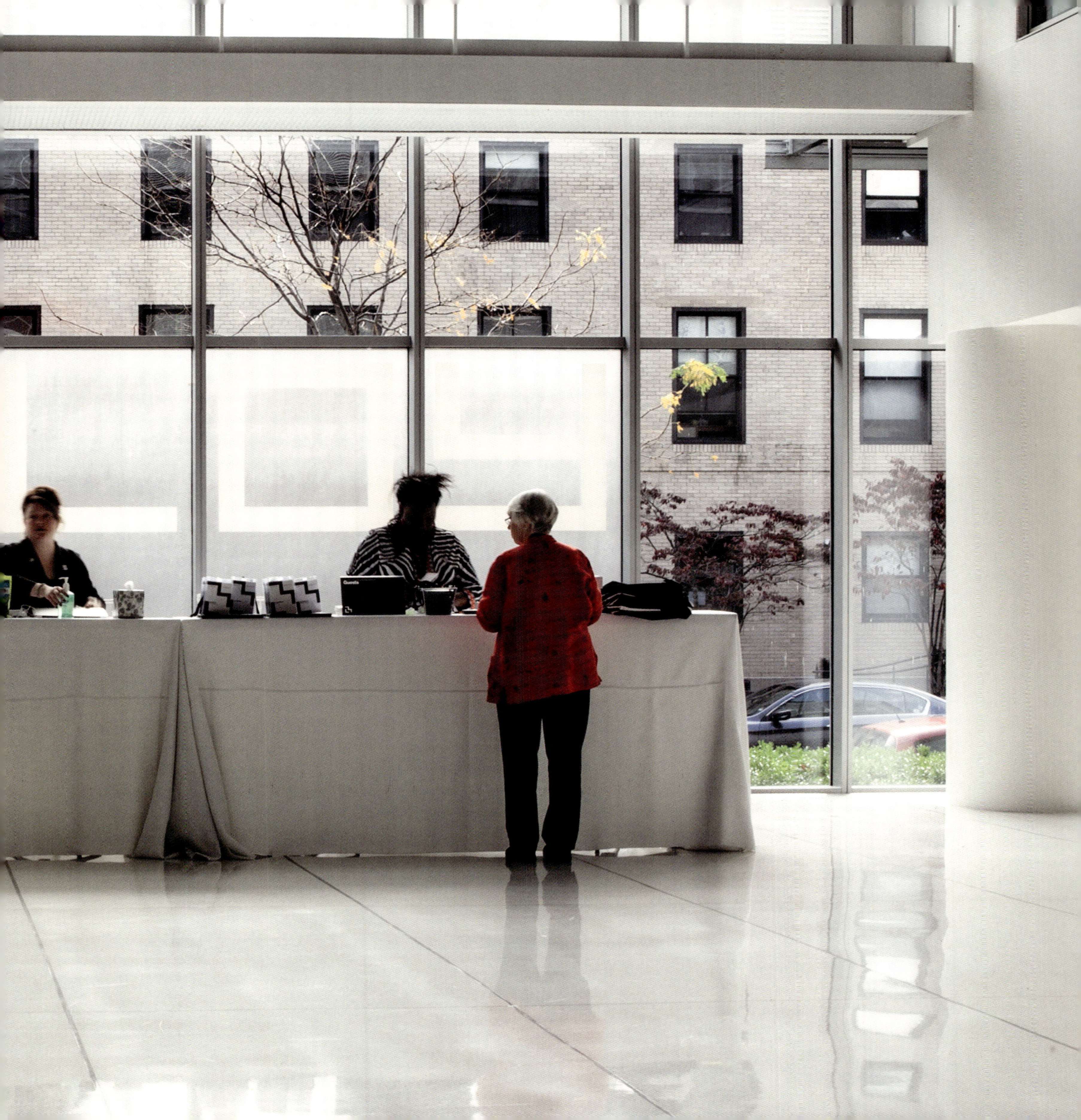

9:05
Special Presentation:
Bunnie Huang and
Jie Qi
10:05
Session Three:
Connecting
10:55
Morning Break
11:15
Session Four: Exploring
12:05
Lunch and Unconference
Sign Up
1:00pm
Special Presentation:
Yen-Jie Lee, MIT
2:00
Open House
4:30
Unconference Sign Up
5:00
Unconference Sessions
6:30
Reception and Dinner at
McDermott Court
DEPLOY
12:30pm
Lunch and Unconference
Sign Up
1:20
Special Presentation:
Bob Langer, MIT
2:05
Open House
4:30
Unconference
Sign Up
5:00
Unconference
Sessions
6:00
Reception and Dinner at
McDermott Court
Deploy
MIT Media Lab
October 21–23
Thursday
October 23 Agenda
Deploy
MIT Media Lab
October 21–23
Tuesday October 21
Agenda
Member Candidate
Breakfast
9:00
Welcome
9:20
Special Presentation:
New Media Lab Identity

Deploy
MIT Media Lab
October 21-23
Tuesday October 21
Agenda
8:00am
Registration and Breakfast
Member Candidate Breakfast
9:00
Welcome
9:20
Special Presentation:
New Media Lab Identity
10:05
Deploy: Introduction
10:15
Session One: Participating
Andy Lippman
Mitch Resnick
Ethan Zuckerman
Michael Bove
Deb Roy
Ramesh Raskar
11:15
Break
11:30
Session Two: Living
Cesar Hidalgo
Kent Larson
Roz Picard
Pattie Maes
Kevin Slavin
Goran Gordon
12:30pm
Lunch and Unconference Sign Up
1:20
Special Presentation:
Bob Langer, MIT
2:05
Open House
4:30
Unconference Sign Up
5:00
Unconference Sessions
6:00
Reception and Dinner at McDermott Court
Featuring Boston's Best Food Trucks
8:00am
Breakfast
9:00
Workshops
12:00
Lunch and adjourn
8:00am
Registration and Breakfast
Member Candidate Breakfast
10:05
Deploy: Introduction

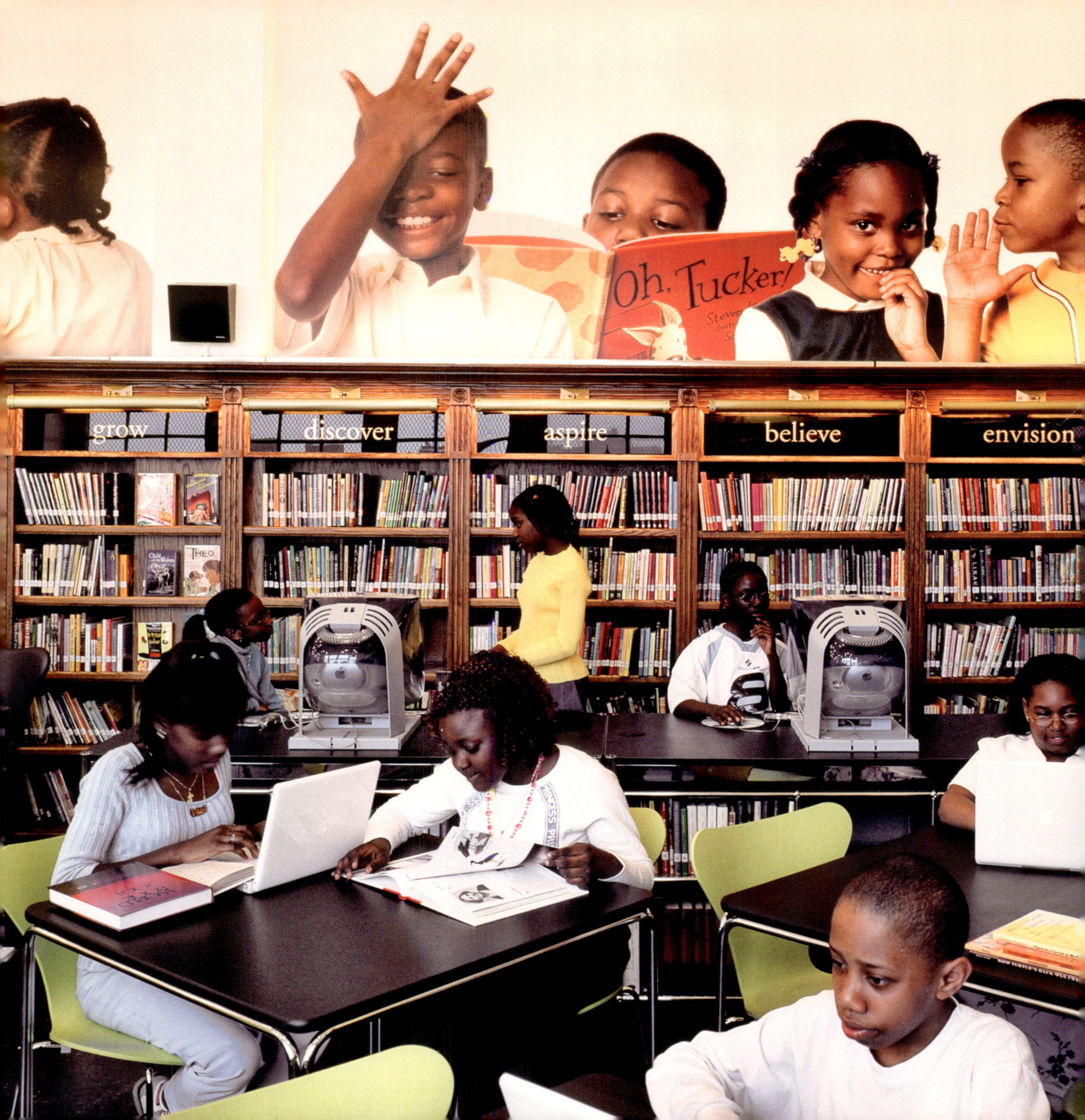
Oh, Tucker!
grow
discover
aspire
believe
envision

Wie man mit guter Gestaltung die Welt rettet

Die Schulbibliotheken der Robin Hood Stiftung

Die Robin Hood Stiftung hatte sich ein großes Ziel gesetzt: Mithilfe einer Initiative wollte sie in den Problembezirken von New York einen Beitrag zur Ausbildung an öffentlichen Schulen leisten. Ihr Fokus galt dabei einem einzigen Raum: der Schulbibliothek. Während eine Gruppe Architekten mit dem Innenausbau beauftragt war, sollten wir sie einladend gestalten.

Unsere Aufgabe war leicht erklärt: Gib der Initiative ein Logo, und gestalte ein Signet für alle teilnehmenden Schulen. Als wir damit zu gut wie fertig waren, bat uns einer der Architekten noch um Hilfe: Die Wandfläche zwischen den Kinder-hohen Regalen und der Raumdecke sollte kreativ genutzt werden. Sofort dachte ich an eine Art antiken Fries mit modernen Motiven – also nicht, um die Götter der Antike zu preisen, sondern die Schüler von heute. Meine Frau Dorothy fotografierte einige Kinder, und schnell wurde unser Ergebnis zu meiner Lieblingsarbeit in diesem Projekt. Jede Schule wünschte sich eine eigene Wandverkleidung.

Bald öffneten die neuen Bibliotheken ihre Türen: in Harlem, East Brooklyn und in South Bronx. Hunderte Kinder profitierten von dem Angebot – und mit ihnen die Schulen und die Gemeinden. Für die Wände sollten tatsächlich überall unterschiedliche Friese entstehen. Die Illustratoren Lynn Pauley und Peter Arkle halfen uns mit den Porträts. Eine Handvoll Designer machten auch mit, darunter Christoph Niemann, Charles Wilkin, Rafael Esquer, Stefan Sagmeister und Maira Kalman. Als alle Bibliotheken fertig waren, machten wir eine Tour. Ich war begeistert, die Räume voller Kinder zu sehen und mir vorzustellen, wie sie dort in den Büchern ihre Zukunft entdeckten – vielleicht so, wie es mir viele Jahre zuvor selbst in meiner Schulbibliothek ergangen war. Als wir die letzte Schule besuchten, kamen wir ungefähr zeitgleich mit dem Schulschluss und hatten kaum Zeit. Während die Bibliothekarin den Raum bereits abschloss, fragte sie: »Darf ich Ihnen zeigen, wie ich das Licht ausmache?« Etwas überrascht stimmte ich zu. »Ich mache immer dieses Licht als letztes aus«, sagte sie und zeigte auf den Scheinwerfer, der bis gerade noch den Wandfries beleuchtet hatte. »Das Licht erinnert mich immer wieder daran, warum ich hier arbeite.«

Erst in diesem Moment verstand ich einen weiteren Sinn des Projekts: auch der Bibliothekarin und ihren Kollegen ein wenig zu helfen. Rückblickend würde ich sogar sagen, dass diese Art der Hilfe der einzige Sinn ist, den mein Beruf hat. Schließlich sind es nicht Schriften, Formen oder Farben, die die Welt verändern, sondern es sind immer wir: die Menschen. Die Gestaltung bietet uns allerdings die notwendige Inspiration, das erforderliche Werkzeug und den passenden Rahmen. Design kann also sehr dabei helfen, das Beste zu geben. So wie es auch uns in jedem Projekt geholfen hat!

Linke Seite
Wenn man mit der Gestaltung von Schulbibliotheken in New York City beauftragt wird, hat man es sehr oft mit sehr hohen Wänden in alten Gebäuden zu tun. Die Kinder sind hingegen relativ klein, so dass die höchsten Regale, die sie mit ihren Händen erreichen können, gerade die Hälfte der Raumhöhe ausmachen. Und was passiert dazwischen? Die Antwort wurde zu einem meiner Lieblingsprojekte, wie an dieser Schule in Brooklyn: überdimensionierte Porträts von Kindern, aufgenommen von meiner Frau Dorothy Kresz.

Die Robin Hood Foundation ist die bemerkenswerteste gemeinnützige Einrichtung, die ich in New York kenne. Passend zu ihrem Namen verwendet sie das Geld, das sie von den reichsten Bürgern bekommt zu hundert Prozent für die Ärmsten der Stadt. Die Organisation versteht es, ihre Mittel besonders wirkungsvoll einzusetzen – und sie setzt nicht selten Design ein, um die Wirkung zu steigern. Die »Library Initiative« der Stiftung, an der sich Dutzende Verleger, Bauunternehmer und Architekten beteiligten, ist ein ausgezeichnetes Beispiel. Als diejenigen, die für das gestalterische Konzept und die Ausgestaltung der Innenräume verantwortlich waren, verpflichteten wir einige der besten Illustratoren und Gestalter von New York. Unser gemeinsames Ziel war es, den Raum möglichst attraktiv zu machen, in dem Kinder lernen, alleine und in Teams zu arbeiten: die Bibliothek.

Unten
Mit dem Argument, dass eine neue Idee einen neuen Namen erfordere, verschwendete ich viel Zeit. Mich trieben Wortspiele um wie »The Red Zone« oder Abkürzungen wie »OWL« (was »Our World Library« oder etwas Ähnliches bedeuteten sollte…). Lonni Tanner, der führende Kopf der Stiftung lehnte sie alle ab. Ich bestand darauf, dass Kinder Bibliotheken langweilig finden. »Michael«, sagte sie, »viele der Kinder hier haben nie eine Bibliothek von innen gesehen.« Als das klargestellt war, entschieden wir uns für einen glasklaren Namen und ein schnörkelloses Logo, das durch eine kleine Spielerei andeutete, dass es sich um einen besonderen Ort handelt.

Rechte Seite
Da wir nicht für eine kommerzielle Filialkette arbeiteten, konnten wir jeden Raum unterschiedlich aufwendig ausgestalten. Diese unpraktische Herangehensweise erschwerte unsere Arbeit erheblich, doch durch individuelle Lösungen konnten wir jedem Ort zu einem eigenen Charakter und mehr eigener Bedeutung verhelfen – wie dieser großartige Eingang einer Schule in der Bronx. Entworfen hat ihn der Architekt Henry Myerberg.

Nächste Doppelseite
Es gelang uns herausragende Künstler aus New York für die »Library Initiative« zu gewinnen. Illustrator Peter Arkle sprach mit Schülern und verwendete ihre Worte in seinen schwarzweißen Porträts an einer Schule in Brooklyn. Der Architekt war Richard Lewis.

L!BRARY

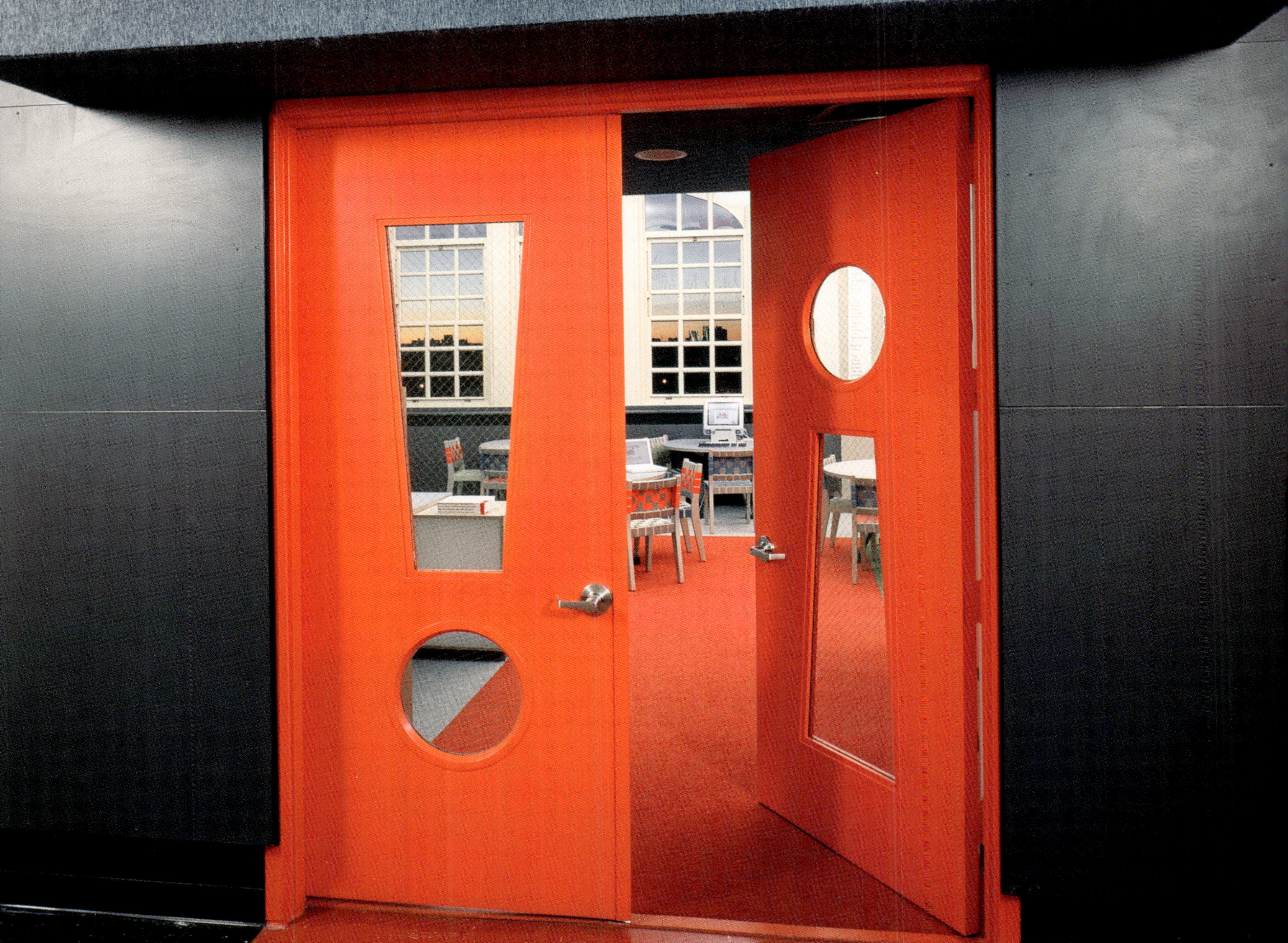
L!BRARY

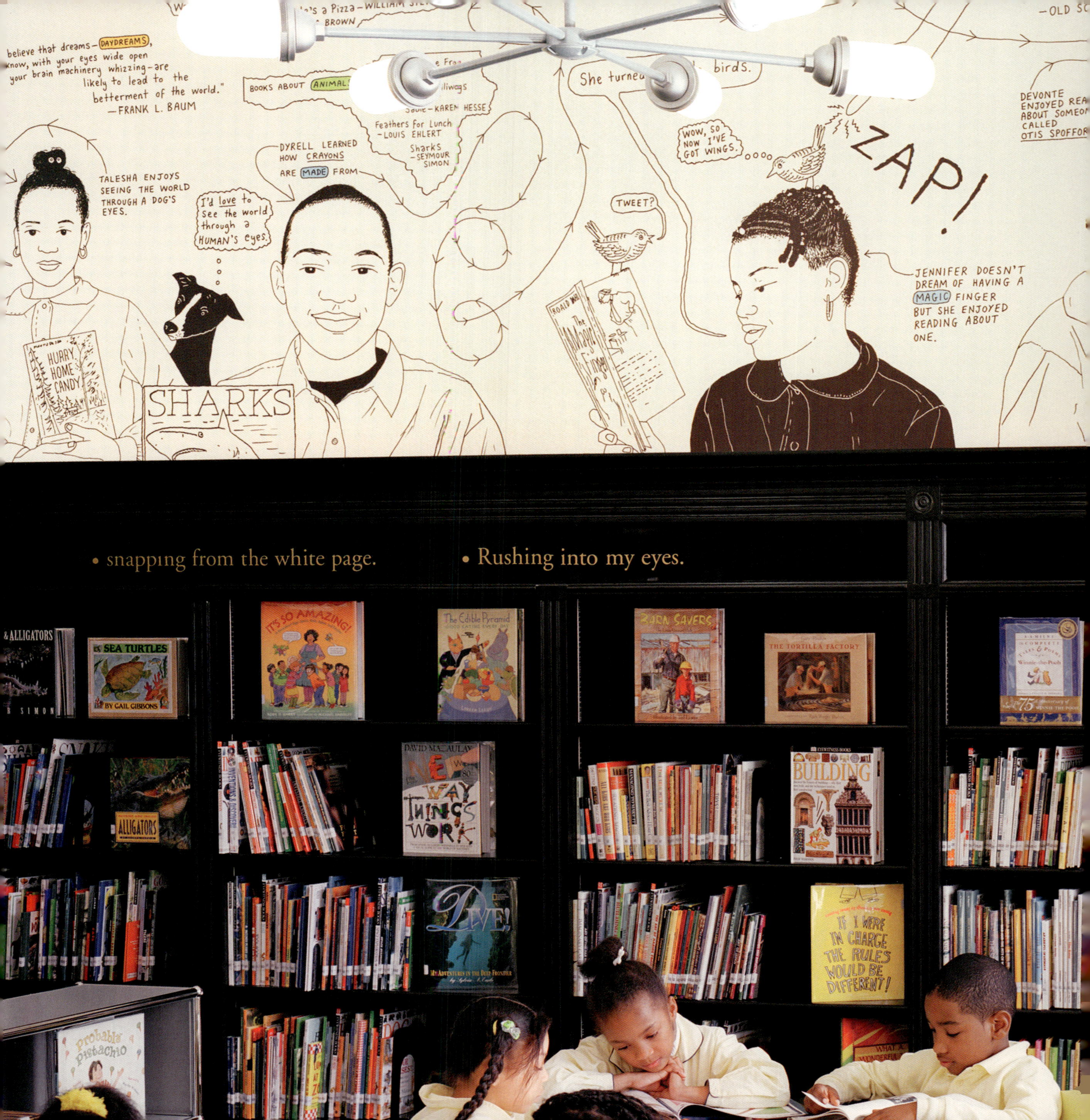

• snapping from the white page. • Rushing into my eyes.

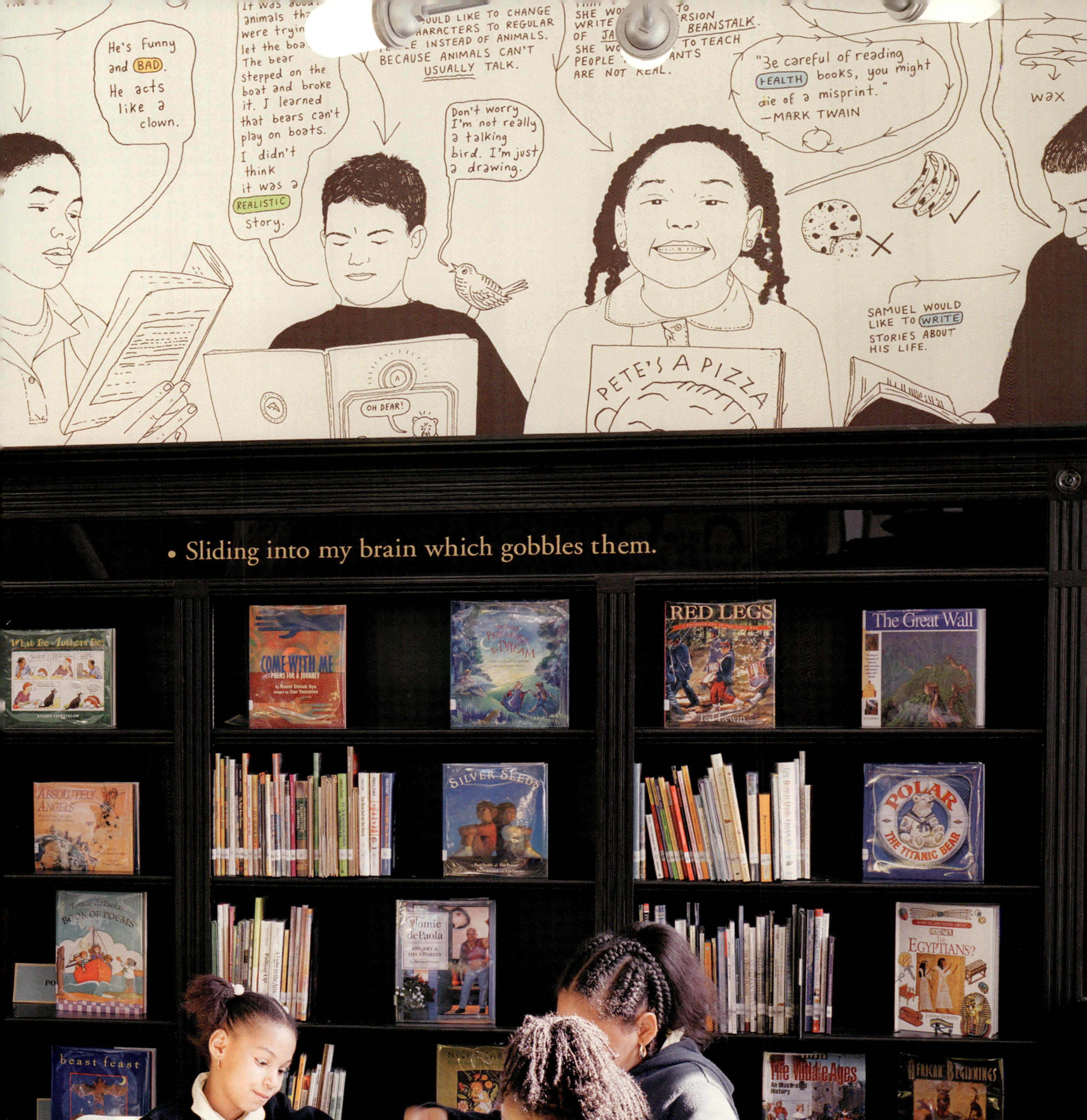

• Sliding into my brain which gobbles them.

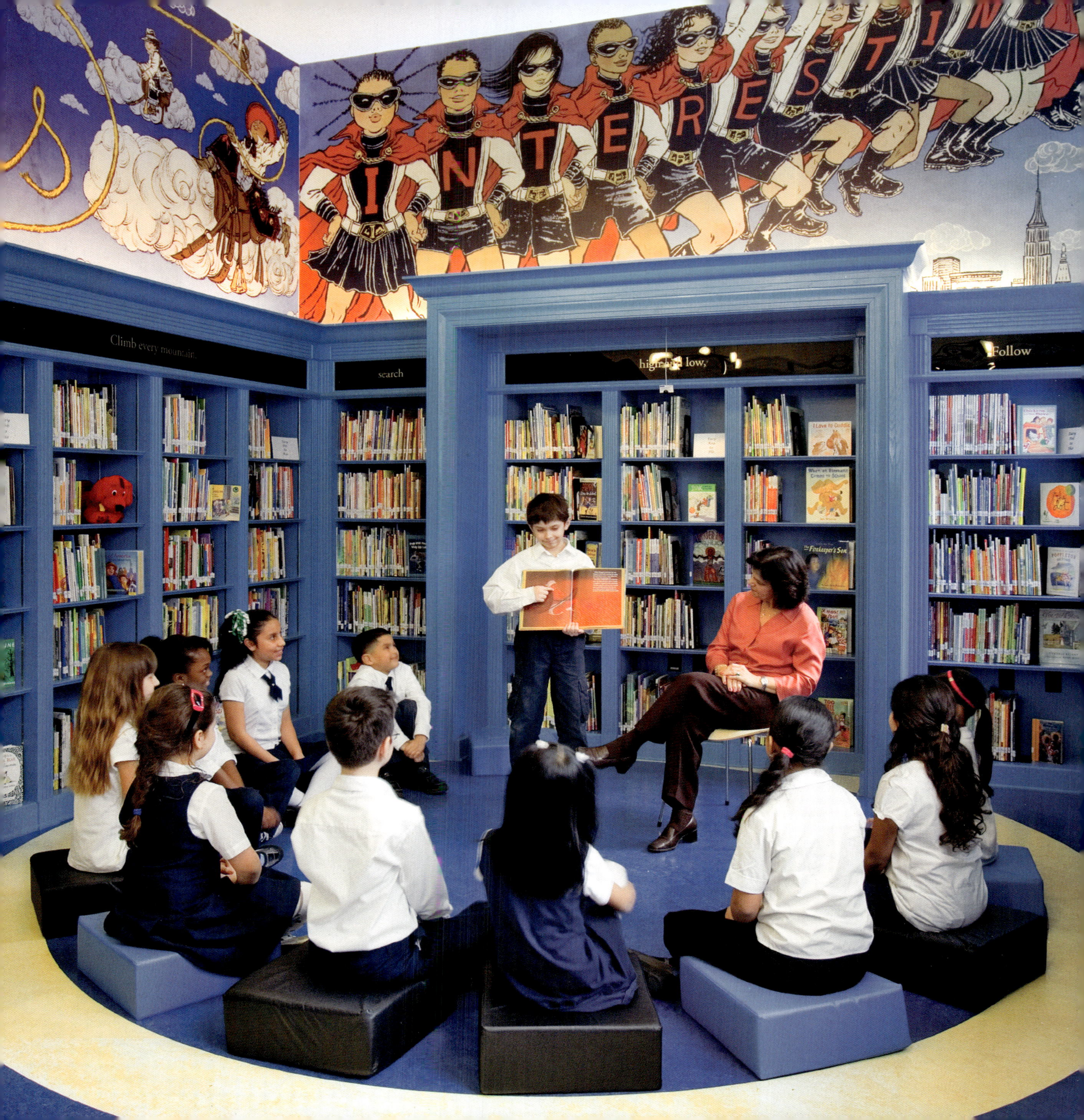
Climb every mountain.
search
high and low,
Follow

Linke Seite
»Wer ehrlich ist, ist interessant« – der Designer Stefan Sagmeister und der Illustrator Yuko Shimizu haben diesen Satz an den Wänden einer Schule in der Bronx mit Leben gefüllt.

Oben rechts
Illustratorin Lynn Pauley fuhr von Schule zu Schule, um in unterschiedlichen Stilrichtungen Porträts von Schülern zu fertigen, so wie hier in der Bronx.

Unten rechts
An einer Schule in Brooklyn schuf Gestalter Rafael Esquer Wandfriese mit Tausenden von Silhouetten, die den Worten von Schülern entsprungen sind.

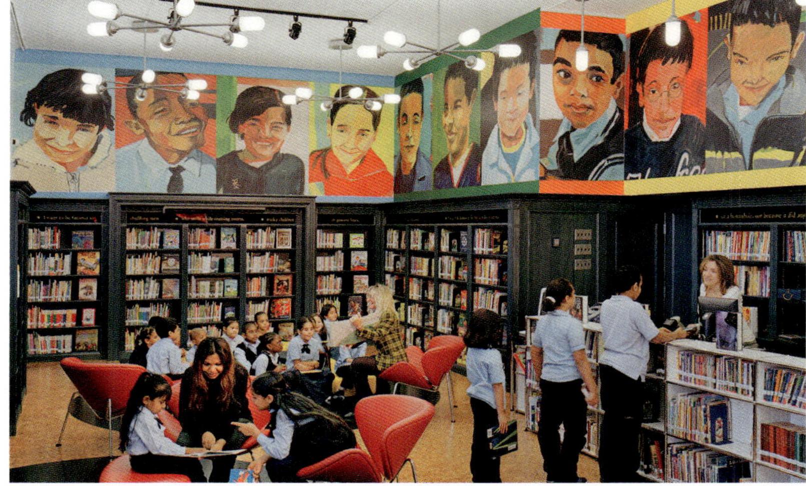

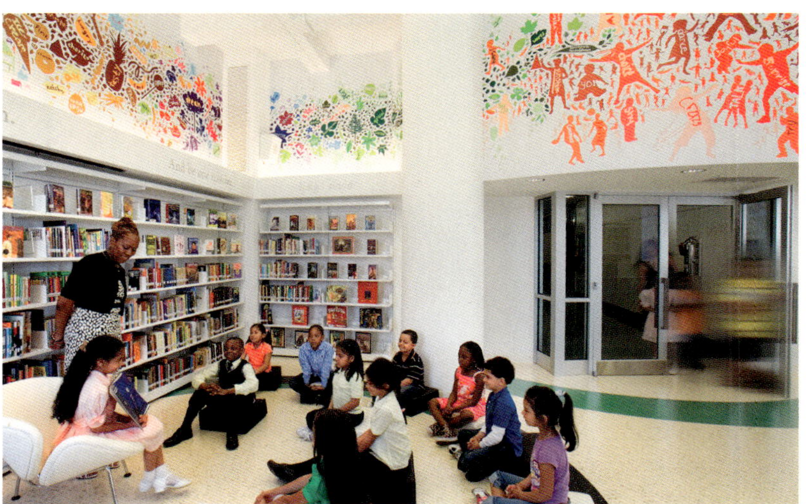

Nächste Doppelseite
Christoph Niemanns Wandfries in der Bronx spielte mit Büchern und Themen: mit Shakespeares *Hamlet* genauso wie mit den Symbolen der USA.

Übernächste Doppelseite
Autorin und Illustratorin Maira Kalman schuf eine dreidimensionale Wandinstallation aus Bildern, Objekten und ihrer ganz eigenen Handschrift.

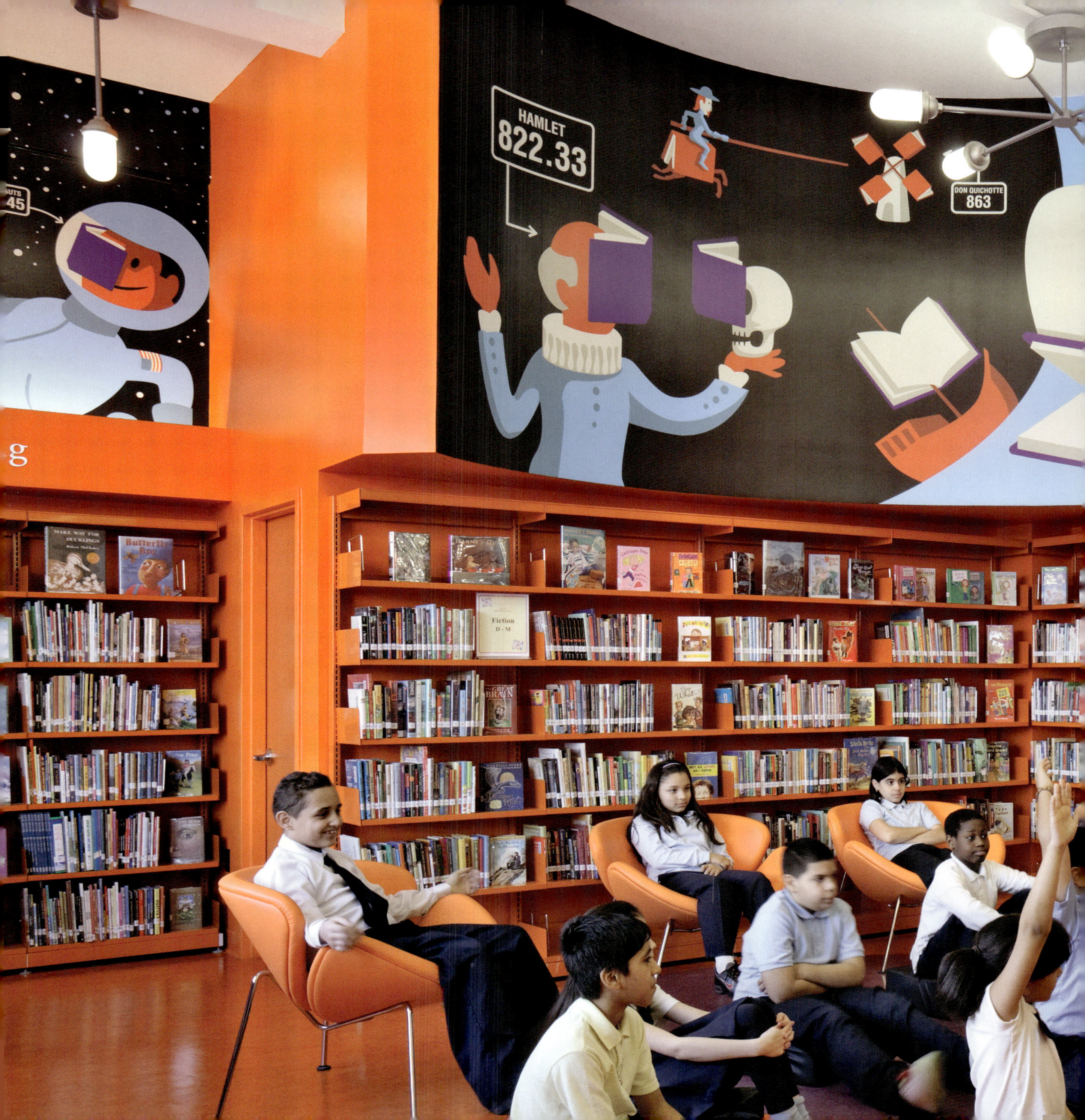
HAMLET
822.33
DON QUICHOTTE
863
Fiction
D - M

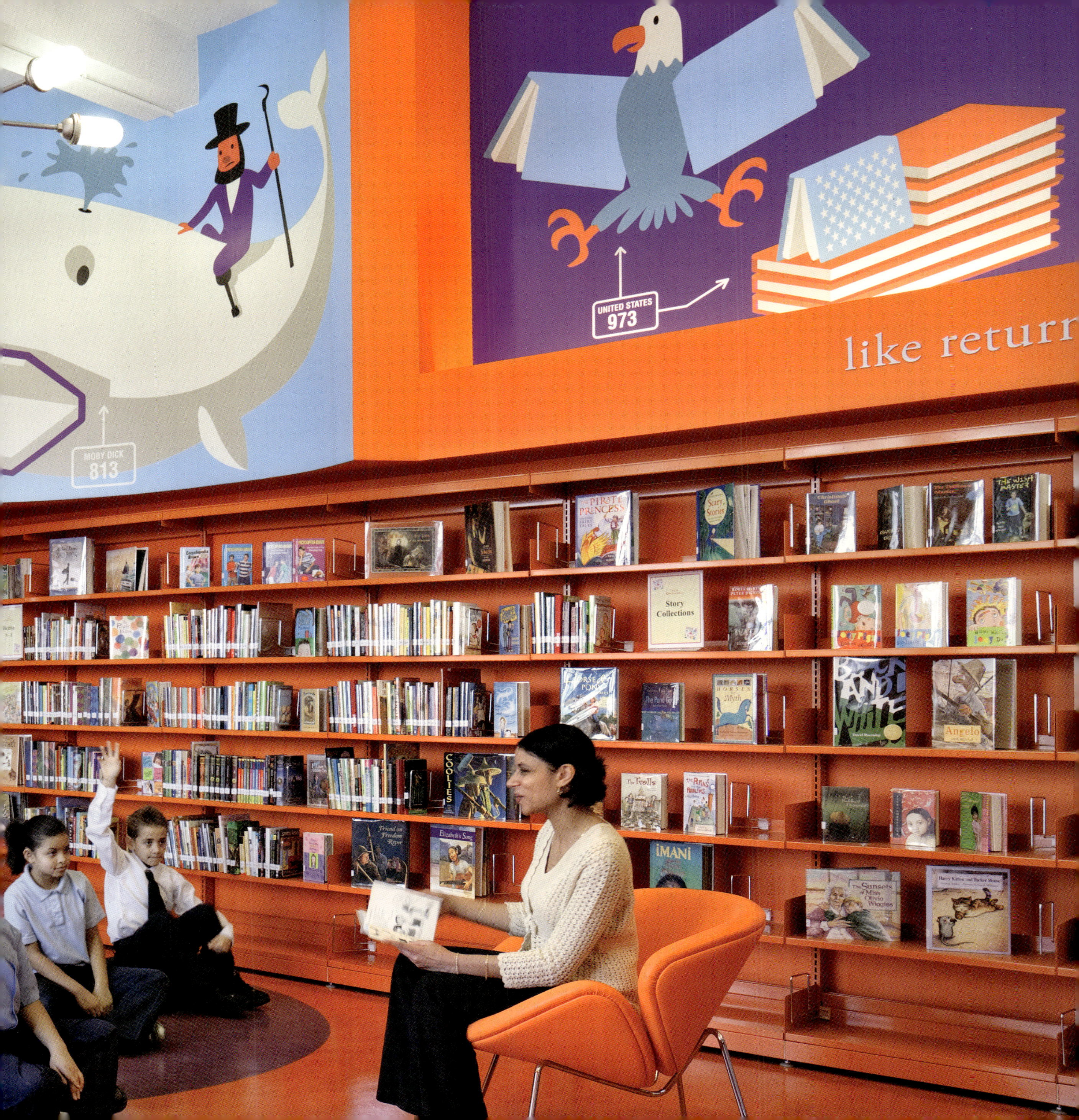

UNITED STATES
973
MOBY DICK
813
like retur
Story Collections
PIRATE PRINCESS
Angelo
IMANI
AND WHITE
COOLIES

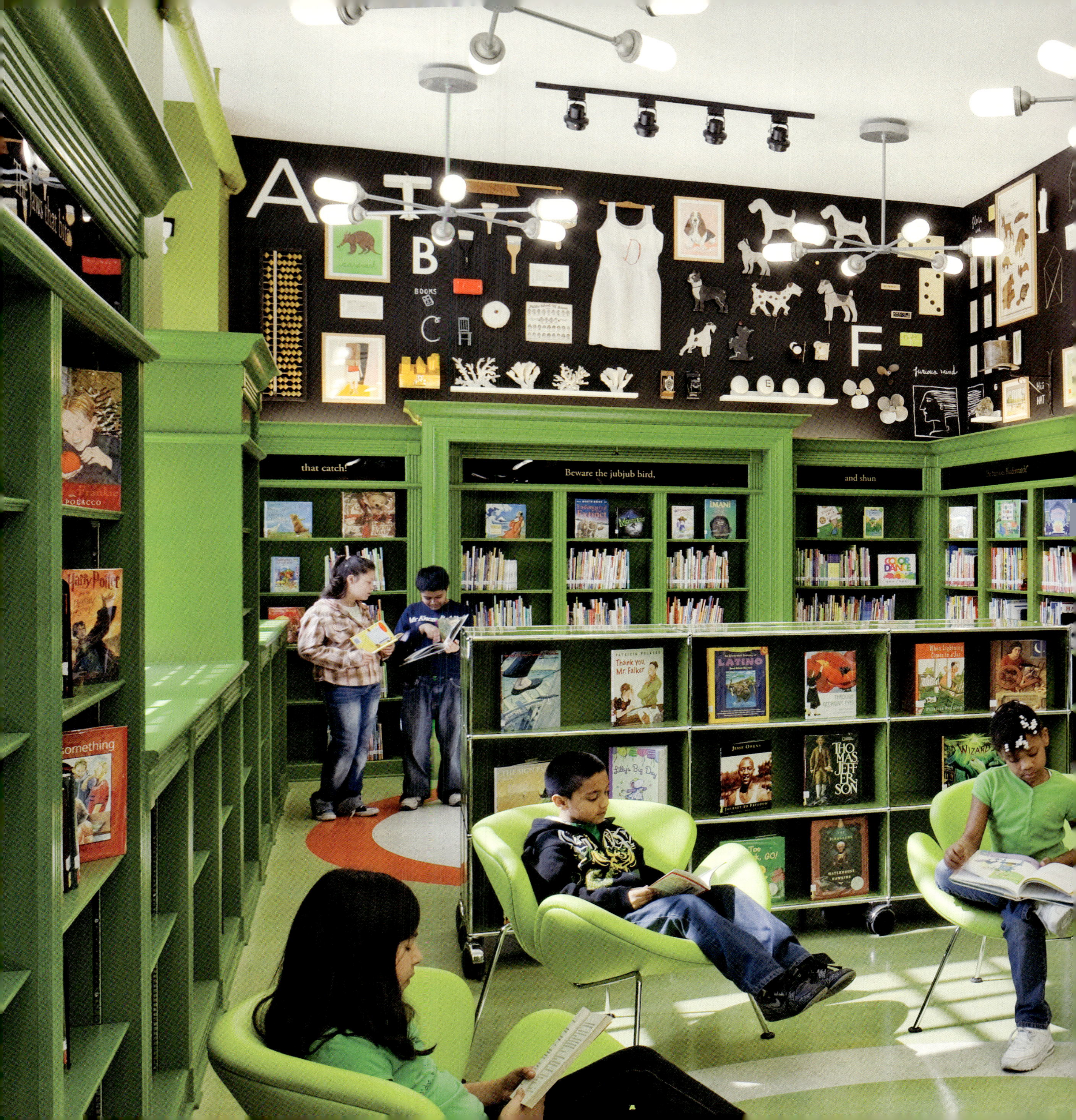
A
B
C
F
that catch!
Beware the jubjub bird,
and shun
Frankie
POLACCO
Harry Potter
something
Thank you, Mr. Falker
LATINO
IMANI
THOMAS JEFFERSON

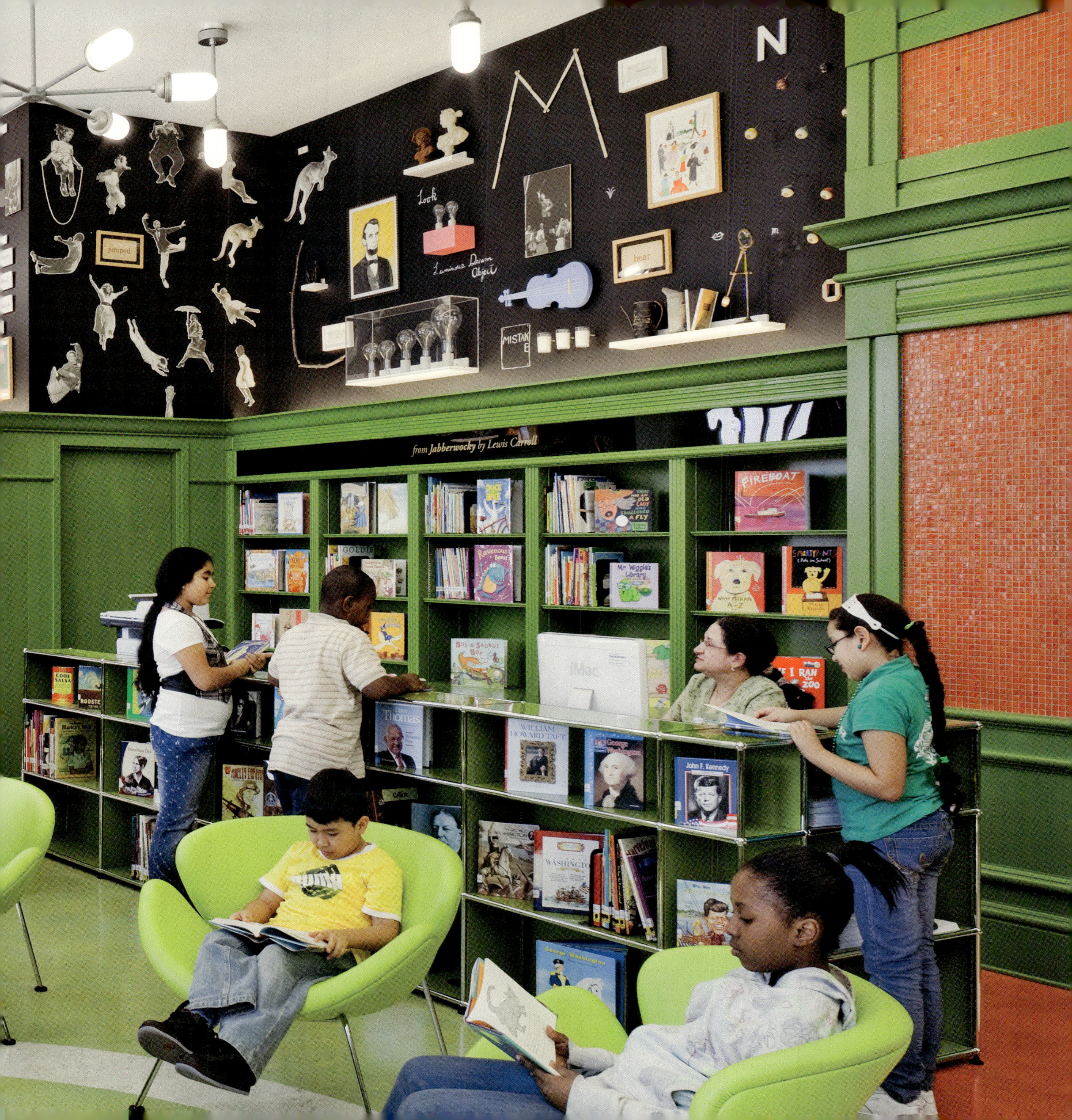

jumped
Look
hear
from Jabberwocky by Lewis Carroll
FIREBOAT
COOL SALSA
BUS-A-SAURUS BOP
iMac
Thomas
WILLIAM HOWARD TAFT
George Washington
John F. Kennedy

Danksagung

Ich widme dieses Buch dem Andenken an zwei herausragende Menschen: Massimo Vignelli und William Drenttel. Massimo machte mich zum grafischen Gestalter. Und von Bill habe ich gelernt, dass es in diesem Beruf keine Grenzen gibt, die Welt zu bereichern. Es war stets mein Ziel, den Ansprüchen dieser beiden Männer gerecht zu werden.

Lange bevor ich wusste, dass ich Grafikdesigner werden würde, motivierten mich meine Eltern, Leonard und Anne Marie Bierut, künstlerisch zu arbeiten. Für sie und für meine wunderbaren Brüder, Ronald und Donald, war ich wohl immer ein Rätsel. Doch sie waren gut darin, dieses Gefühl zu verbergen. Sie zu haben, war das Beste, was mir in unserem etwas kleinkarierten Vorort von Cleveland passieren konnte.

Egal ob schon früh in der Junior High School, in der High School oder später im College – ich hatte immer das Glück, auf bemerkenswert engagierte Lehrer zu treffen. Ich denke an Sue Ann Neroni, John Kocsis, Gordon Salchow, Joe Bottoni, Anne Ghory-Goodman, Stan Brod, Heinz Schenker und Robert Probst. Als ich noch einfacher Praktikant war und meine allerersten Fingerübungen machte, hatte ich mit Chris Pullman und Dan Bittman außerdem zwei herausragende und unvergessliche Mentoren.

Meine Laufbahn ist stark von dem Vierteljahrhundert geprägt worden, das ich mittlerweile als Partner für Pentagram in Manhattan tätig bin. Ich danke Colin Forbes, Woody Pirtle und Peter Harrison, die mir zu Beginn der Zusammenarbeit ihr Vertrauen schenkten. Es macht mich stolz, für dieses Unternehmen zu arbeiten, wenn ich alleine daran denke, wie viele ausgezeichnete Gestalter sich unter dem internationalen Dach von Pentagram versammeln: Lorenzo Apicella, Angus Hyland, Domenic Lippa, Justus Oehler, Harry Pearce, John Rushworth, William Russell, DJ Stout, Marina Wille, nicht zu vergessen Daniel Weil, den ich auch als Reisebegleiter sehr schätze.

Besonders viel bedeuten mir meine Partner in New York – sowohl die früheren als auch alle, die heute dazugehören und die mich jeden Tag aufs Neue inspirieren: James Biber, Michael Gericke, Luke Hayman, Natasha Jen, Abbott Miller, Emily Oberman, Eddie Opara und Lisa Strausfeld. Und selbstverständlich Paula Scher, die zur selben Zeit wie ich zu Pentagram kam – und bis heute ist sie die Person, die mir immer eine Nasenlänge voraus ist.

Es wäre falsch, dieses Buch, auf das ich sehr stolz bin, als meine alleinige Leistung zu beschreiben. Es ist das Werk vieler Menschen, die ich in den zurückliegenden Jahren zu meinem Team zählen durfte, darunter auch viele brillante Grafikdesigner. Ich denke an Katie Barcelona, Josh Berta, Rion Byrd, Tracey Cameron, Emily Hayes Campbell, Lisa Cerveny, Britt Cobb, Karla Coe, Elizabeth Ellis, Aron Fay, Sara Frisk, Agnethe Glatved, Sunnie Guglielmo, Lisa Anderson Hill, Laitsz Ho, Elizabeth Holzman, Melissa Jun, Sera Kil, Jennifer Kinon, Julia Lemle, Michelle Leong, Dorit Lev, Julia Lindpaintner, Yve Ludwig, Joe Marianek, Susan May, Katie Meaney, Asya Palatova, Karen Parolek, Kerrie Powell, Jesse Reed, Nicole Richardson, Kai Salmela, Jena Sher, Niko Skourtis, Hamish Smyth, Trish Solsaa, Robert (»P.M.«) Stern, Jessica Svendsen, Jacqueline Thaw, Brett Traylor, Armin Vit und ganz besonders Tamara McKenna. Sie ist die besondere Kraft, alles und jeden bei uns zusammenzuhalten.

Ich danke auch allen, die mich als Autoren unterstützt haben, vor allem Steve Heller, Chee Pearlman, Rick Poynor und Jessica Helfand.

Ich will nicht verschweigen, dass dieses Projekt auf Anregung von Lucas Dietrich bei Thames & Hudson entstanden ist. Thank you, Lucas! Andrea Monfried ermutigte mich letztendlich zuzustimmen. Sie hat mich in einer Weise unterstützt, die ich niemals von ihr verlangt hätte. Mein Dank geht auch an Liz Sullivan und ihr Team bei Harper Design und an Markus Braun und Peter Littger, die dafür gesorgt haben, dass wirklich jeder Punkt auf den Umlauten der deutschen Ausgabe rund geworden ist.

Chloe Scheffe bin ich für einige wegweisende Vorschläge und Ideen dankbar, die in die Gestaltung dieses Buchs eingeflossen sind. Auch will ich erwähnen, dass ich ohne die beinahe heldenhaften Bemühungen von Sonsoles Alvarez niemals zu einem Abschluss gekommen wäre. Großer Dank geht auch an Julia Lindpaintner, die gemeinsam mit Kurt Koepfle und Claire Banks die Bildquellen und die Rechte und Namen der Fotografen recherchierte. Rebecca McNamara leistete als Textredakteurin herausragende Dienste. Und Joshua Sessler und Judy Scheel gaben mir wichtige, einschlägige Tipps.

Am Schluss möchte ich noch unterstreichen, wer mir zu all dem verholfen hat, das ich im Leben geschafft habe – und ich meine auch den Beitrag zu drei unglaublichen Menschen mit den Namen Elizabeth, Drew und Martha. Ich verdanke es der Liebe meines Lebens: Die erste und einzige Frau, die ich jemals geküsst habe. In mehr als 40 Jahren hat sie mich unterstützt wie kein anderer Mensch. Dorothy, ich danke Dir, dass Du immer für mich da gewesen bist!

Michael Bierut

Bildnachweis

Peter Aaron/OTTO: 54–59; Richard Bachmann: 68 (oben); Bob Barrie und Scott D'Rozario/Fallon: 232–233; Benson Industries: 158; Jim Brown: 170–171; Bulletin of the Atomic Scientists: 107; Emilio Callavino: 210; The Cathedral of St. John the Divine: 131, 136; Kevin Chu und Jessica Paul: 312, 313 (unten); Brad Cloepfil: 166 (links oben); Commodore Construction Corp: 283; Fred R. Conrad/The New York Times/Redux: 155 (unten); Whitney Cox: 49 (unten), 50–51; Songquan Deng/ Shutterstock: 266 (Mitte rechts); Steve Freeman, Christopher Little und Rita Nannini: 66–69 (Princeton University "With One Accord" Fotos); Michael Gericke: 15 (unten); Mitchell Gerskup: 52; Gori910/Shutterstock: 262 (oben); Timothy Greenfield-Sanders: 44 (Handfoto); David Grimes: 46–47; Peter Harrison: 15 (oben); David Heald: 165 (oben rechts); Ronnie Kaufman/CORBIS: 231 (oben links); Robert King/Getty: 36 (unten); Dorothy Kresz Bierut: 100; Cocu Liu: 263; Peter Mauss/Esto: 115 (oben & unten links), 116–117, 154, 159–163, 192, 194 (rechts), 282, 284–291, 306, 309–311, 313 (oben), 314–317; Daniel Mirer/ CORBIS: 231 (unten rechts); Mohawk: 253, 254 (oben links), 256 (rechts); PentaCityGroup: 236, 240 (links oben), 244 (oben rechts); Pentagram: 16, 18–35, 38–39, 40, 41 (unten), 42, 44, 48–49, 62–65, 68 (links), 69 (links), 70, 72–79, 86, 88–99, 106, 108–111, 118, 120, 122–124, 126–129, 132, 134–135, 137, 164, 168–169, 172–177, 196, 199 (unten), 200–201, 204–205, 207–209, 215–216, 219, 220 (Mitte & unten), 221 (Mitte links & oben rechts), 222–223, 226–231, 242–243, 244 (oben links & unten links), 245–252, 255 (oben rechts & oben links), 257, 260, 262 (Mitte & unten), 264–265, 276–277, 292, 295, 298–305; Antonov Roman/Shutterstock: 254 (unten links); Saks Fifth Avenue: 112–113, 114 (rechts), 115 (rechts), 116–117, 119, 121; Martin Seck: 241, 274, 278–281, 284–291; James Shanks: 220 (oben), 221 (oben links, unten links, Mitte rechts, unten rechts); Boris Spremo/Getty: 53; Ezra Stoller/Esto, 165 (oben links), 193–194; Takito/Shutterstock: 254 (obere Reihe, drittes Bild von links); The New York Times: 156–157; Brad Trent: 266, 273 (Charlie Rose Porträts); United Airlines: 199 (oben links & oben rechts), 202–203, 224; Massimo Vignelli: 41 (oben); Lannis Waters/The Palm Beach Post/ZUMAPRESS.com: 36 (oben); Stephen Welstead/LWA/CORBIS: 231 (oben rechts); Don F. Wong: 101–105; Reven T. C. Wurman: 80–85.

Besonderer Dank an Claudia Mandlik für die Pentagram Projektdokumentation.